COMENTARIOS
BÍBLICOS
CON APLICACIÓN

APOCALIPSIS

del texto bíblico
a una aplicación
contemporánea

CRAIG KEENER

NVI

La misión de Editorial Vida es ser la compañía líder en satisfacer las necesidades de las personas, con recursos cuyo contenido glorifique al Señor Jesucristo y promueva principios bíblicos.

COMENTARIO BÍBLICO CON APLICACIÓN NVI: APOCALIPSIS
Editorial Vida–©2013
Publicado en Nashville, Tennessee, Estados Unidos de América.

Este título también está disponible en formato electrónico

Originally published in the U.S.A. under the title:
The NIV Application Commentary: Revelation
Copyright © 2000 by Craig Keener
Published by permission of Zondervan, Grand Rapids, Michigan.
All rights reserved.

Editor de la serie: *Dr. Matt Williams*
Traducción: *Pedro L. Gómez Flores*
Edición: *Loida Viegas Fernández y Juan Carlos Martín Cobano*
Diseño interior: *José Luis López González*

Reservados todos los derechos. A menos que se indique lo contrario, el texto bíblico se tomó de la Santa Biblia Nueva Versión Internacional. © 1999 por Bíblica Internacional.

Esta publicación no podrá ser reproducida, grabada o transmitida de manera completa o parcial, en ningún formato o a través de ninguna forma electrónica, fotocopia u otro medio, excepto como citas breves, sin el consentimiento previo del publicador.

CATEGORÍA: Comentario bíblico / Nuevo Testamento

Al Dr. Danny McCain del Instituto Internacional de Estudios Cristianos, y a todos los preciosos estudiantes a quienes me permitió enseñar en el norte de Nigeria durante los veranos de 1998 y 1999

Contenido

5
Introducción a la Serie CBA NVI

10
Prefacio del editor

12
Prefacio del autor

15
Abreviaturas

18
Introducción a Apocalipsis

46
Bosquejo

49
Bibliografía comentada

56
Texto y comentario de Apocalipsis

Introducción a la Serie CBA NVI

Los *Comentarios bíblicos con aplicación: Serie NVI* (CBA NVI) son únicos. La mayoría de los comentarios bíblicos nos ayudan a recorrer el trecho que va desde el siglo XXI al siglo I. Nos permiten cruzar las barreras temporales, culturales, idiomáticas y geográficas que nos separan del mundo bíblico. Sin embargo, solo nos ofrecen un billete de ida al pasado y asumen que nosotros mismos podemos, de algún modo, hacer el viaje de regreso por nuestra cuenta. Una vez nos han explicado *el sentido original* de un libro o pasaje, estos comentarios nos brindan poca o ninguna ayuda para explorar su *significado contemporáneo*. La información que nos ofrecen es sin duda valiosa, pero la tarea ha quedado a medias.

Recientemente, algunos comentarios han incluido un poco de aplicación contemporánea como una de sus metas. No obstante, las aplicaciones son a menudo imprecisas o moralizadoras, y algunos volúmenes parecen más sermones escritos que comentarios.

La meta principal de los *Comentarios bíblicos con aplicación: Serie NVI* (CBA NVI) es ayudarte con la tarea, difícil pero vital, de trasladar un mensaje antiguo a un contexto moderno. La serie no se centra solo en la aplicación como un producto acabado, sino que te ayuda también a pensar detenidamente en el proceso por el que se pasa del sentido original de un pasaje a su significado contemporáneo. Son verdaderos comentarios, no exposiciones populares. Se trata de obras de referencia, no de literatura devocional.

El formato de la serie ha sido concebido para conseguir la meta propuesta. El tratamiento de cada pasaje se lleva a cabo en tres secciones: *Sentido Original, Construyendo Puentes y Significado Contemporáneo*.

Esta sección te ayuda a entender el significado del texto bíblico en su contexto del primer siglo. En este apartado se tratan —de manera concisa— todos los elementos de la exégesis tradicional, a saber, el contexto histórico, literario y cultural del pasaje. Los autores analizan cuestiones relacionadas con la gramática, la sintaxis y el significado de las palabras bíblicas. Se esfuerzan asimismo en explorar las principales ideas del pasaje y el modo en que el autor bíblico desarrolla tales ideas.[1]

Tras leer esta sección, el lector entenderá los problemas, preguntas, y preocupaciones de los *primeros receptores* y el modo en que el autor bíblico trató tales cuestiones. Esta comprensión es fundamental para cualquier aplicación legítima del texto en nuestros días.

Como indica el título, en esta sección se construye un puente entre el mundo de la Biblia y el de nuestros días, entre el contexto original y el moderno, analizando tanto los aspectos circunstanciales del texto como los intemporales.

La Palabra de Dios tiene un aspecto *circunstancial*. Los autores de la Escritura dirigieron sus palabras a situaciones, problemas y cuestiones específicas. Pablo advirtió a los gálatas sobre las consecuencias de circuncidarse y los peligros de intentar justificarse por la ley (Gá 5:2-5). El autor de Hebreos se esforzó en convencer a sus lectores de que Cristo es superior a Moisés, a los sacerdotes aarónicos y a los sacrificios veterotestamentarios. Juan instó a sus lectores a "someter a prueba a los profetas" que enseñaban una forma de gnosticismo incipiente (1Jn 4:1-6). En cada uno de estos casos, la naturaleza circunstancial de la Escritura nos capacita para escuchar la Palabra de Dios en situaciones que fueron *concretas* y no abstractas.

No obstante, esta misma naturaleza circunstancial de la Escritura crea también problemas. Nuestras situaciones, dificultades y preguntas no están siempre relacionadas directamente con las que enfrentaban los primeros receptores de la Biblia. Por ello, la Palabra de Dios para ellos no siempre nos parece pertinente a nosotros. Por ejemplo, ¿cuándo fue la última vez que alguien te instó a circuncidarte, afirmando que era una parte necesaria de la justificación? ¿A cuántas personas de nuestros días les inquieta la cuestión de si Cristo es o no superior a los sacerdotes aarónicos? ¿Y hasta qué punto puede una "prueba" diseñada para detectar el gnosticismo incipiente ser de algún valor en una cultura moderna?

Afortunadamente, las Escrituras no son únicamente documentos circunstanciales, sino también *intemporales*. Del mismo modo que Dios habló a los primeros receptores, sigue hablándonos a nosotros a través

---

[1]. Obsérvese que cuando los autores tratan el sentido de alguna palabra en las lenguas bíblicas originales, en esta serie se utiliza el método general de transliteración en lugar del más técnico (el que utiliza los alfabetos griego y hebreo).

de las páginas de la Escritura. Puesto que compartimos la común condición de humanos con las gentes de la Biblia, descubrimos una *dimensión universal* en los problemas a los que tenían que hacer frente y en las soluciones que Dios les dio. La naturaleza intemporal de la Escritura hace posible que esta nos hable con poder en cualquier momento histórico y en cualquier cultura.

Quienes dejan de reconocer que la Escritura tiene una dimensión circunstancial y otra intemporal se acarrean muchos problemas. Por ejemplo, quienes se sienten apabullados por la naturaleza circunstancial de libros como Hebreos o Gálatas pueden soslayar su lectura por su aparente falta de sentido para nuestros días. Por otra parte, quienes están convencidos de la naturaleza intemporal de la Escritura, pero no consiguen percibir su aspecto circunstancial, pueden "disertar elocuentemente" sobre el sacerdocio de Melquisedec a una congregación muerta de aburrimiento.

El propósito de esta sección es, por tanto, ayudarte a discernir lo intemporal (y lo que no lo es) en las páginas del Nuevo Testamento dirigidas a situaciones temporales. Por ejemplo, si la principal preocupación de Pablo no es la circuncisión (como se nos dice en Gálatas 5:6), ¿cuál *es* entonces? Si las exposiciones sobre el sacerdocio aarónico o sobre Melquisedec nos parecen hoy irrelevantes, ¿cuáles son los elementos de valor permanente en estos pasajes? Si en nuestros días los creyentes intentan "someter a prueba a los profetas" con una prueba diseñada para una herejía específica del primer siglo, ¿existe alguna otra prueba bíblica más apropiada para que podamos hoy cumplir este propósito?

No obstante, esta sección no solo descubre lo intemporal de un pasaje concreto, sino que también nos ayuda a ver *cómo* lo hace. El autor del comentario se esfuerza en hacer explícito lo que en el texto está implícito; toma un proceso que es normalmente intuitivo y lo explica de un modo lógico y ordenado. ¿Cómo sabemos que la circuncisión no es la principal preocupación de Pablo? ¿Qué claves del texto o del contexto nos ayudan a darnos cuenta de que la verdadera preocupación de Pablo es a un nivel más profundo?

Lógicamente, aquellos pasajes en que la distancia histórica entre nosotros y los primeros lectores es mayor requieren un tratamiento más extenso. Por el contrario, los textos en que la distancia histórica es más reducida o casi inexistente requieren menos atención.

Una clarificación final. Puesto que esta sección prepara el camino para tratar el significado contemporáneo del pasaje, no siempre existe una precisa distinción o una clara división entre esta y la sección que sigue. No obstante, cuando ambos bloques se leen juntos, tendremos una fuerte sensación de haber pasado del mundo de la Biblia al de nuestros días.

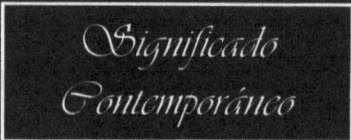

Esta sección permite que el mensaje bíblico nos hable hoy con el mismo poder que cuando fue escrito. ¿Cómo podemos aplicar lo que hemos aprendido sobre Jerusalén, Éfeso o Corinto a nuestras necesidades contemporáneas en Los Ángeles, Lima o Barcelona? ¿Cómo podemos tomar un mensaje que se expresó inicialmente en griego y arameo, y comunicarlo con claridad en nuestro idioma? ¿Cómo podemos tomar las eternas verdades que en su origen se plasmaron en un tiempo y una cultura distintos, y aplicarlos a las parecidas pero diferentes necesidades de nuestra cultura?

Para conseguir estas metas, esta sección nos ayuda en varias cuestiones clave.

En primer lugar, nos permite identificar situaciones, problemas o preguntas contemporáneas que son verdaderamente comparables a las que la audiencia original hubo de hacer frente. Puesto que las situaciones de hoy rara vez son idénticas a las que se dieron en el siglo primero, hemos de buscar escenarios semejantes para que nuestras aplicaciones sean relevantes.

En segundo lugar, esta sección explora toda una serie de contextos en los que el pasaje en cuestión puede aplicarse en nuestro tiempo. Buscaremos aplicaciones personales, pero seremos asimismo estimulados a pensar más allá de nuestra situación personal considerando cuestiones que afectan a la sociedad y a la cultura en general.

En tercer lugar, en esta sección seremos conscientes de los problemas o dificultades que pueden surgir en nuestro deseo de aplicar el pasaje. Y caso de que existan varias maneras legítimas de aplicar un pasaje (cuestiones en las que no exista acuerdo entre los cristianos), el autor llamará nuestra atención al respecto y nos ayudará a analizar a fondo las implicaciones.

En la consecución de estas metas, los colaboradores de esta serie intentan evitar dos extremos. El primero, plantear aplicaciones tan específicas que el comentario se convierta rápidamente en un texto arcaico. El segundo, evitar un tratamiento tan general del sentido del pasaje que deje de conectar con la vida y cultura contemporáneas.

Por encima de todo, los colaboradores de esta serie han realizado un diligente esfuerzo para que sus observaciones no suenen a perorata moralizadora. Los *Comentarios bíblicos con aplicación: Serie NVI* no pretenden ofrecerte materiales listos para ser utilizados en sermones, sino herramientas, ideas y reflexiones que te ayuden a comunicar la Palabra de Dios con poder. Si conseguimos ayudarte en esta meta se habrá cumplido el propósito de esta serie.

Los editores

Prefacio del editor

Ningún libro de la Biblia se ha interpretado de manera tan diversa como el de Apocalipsis. Los estudiantes de la profecía, y especialmente los místicos, han encontrado en las visiones de Apocalipsis un terreno fértil para la especulación y la espiritualización. Es como si cada nuevo comentario de Apocalipsis descubriera un nuevo planteamiento.

Craig Keener, autor de este volumen, nos ofrece un "nuevo" enfoque que se basa en el "antiguo". Para entender este libro fascinante —nos dice— hemos de centrarnos en su trasfondo "antiguo más que en el moderno": "Si los periódicos de hoy son una necesaria clave para interpretar este libro, entonces ninguna generación habría podido entender y obedecer sus demandas hasta nuestros días".

Al concentrarse en el mensaje de Apocalipsis para sus primeros receptores, Keener no está negando el género del libro (apocalíptico), su propósito (profecía), su método (uso de símbolos) o su mensaje para los lectores de nuestro tiempo (la majestad y el control impresionantes de Dios). Por el contrario, Keener reafirma el valor de todos los anteriores planteamientos —idealista, histórico, preterista, futurista— para entender el mensaje de este libro, o al menos ciertos aspectos de él.

Su idea principal, sin embargo, es que centrarnos completamente en una aplicación contemporánea puede servir para vender millones de libros y hablar de boca para afuera de la autoridad de la Escritura sobre todos los aspectos de la vida moderna, pero nada más. De hecho, lo que hace es poner en duda o cuestionar dos de los cimientos fundamentales de la fe cristiana.

(1) Semejante enfoque pone en entredicho la naturaleza universal e intemporal de la verdad de Dios. Cuando las grandes visiones del libro de Apocalipsis se interpretan a tenor de los grandes imperios del siglo XX o XXI —Alemania, Japón, la Unión Soviética, China, el mundo islámico— cada cambio de la política moderna modifica también nuestra comprensión del libro. Como muestra tan hábilmente el profesor Keener, los grandes símbolos del libro de Apocalipsis iban dirigidos al oído de los primeros cristianos, no a los del siglo XX o XXI. Entendemos lo que significan, comprendiendo lo que significaron.

(2) Tendemos a olvidar que Dios actúa y ha actuado en todos los contextos políticos. No tenemos el monopolio de la atención de Dios. Las grandes profecías de Apocalipsis significaron para San Agustín, Tomás

de Aquino, Lutero, Calvino, Wesley, Edwards y Barth tanto como para nosotros hoy. Así como las visiones de Apocalipsis conforman interpretaciones paralelas, más que seriadas, de los poderosos hechos de Dios, cada era cristiana desarrolla una comprensión de lo que significa el Apocalipsis que es paralela, no cronológica, a todas las demás.

Sin duda, una de las grandes maravillas de la misericordiosa actividad de Dios hacia nosotros es que esta se produce en tiempo real, sin ningún favoritismo hacia ninguna época en particular. El mero hecho de que seamos los últimos no significa que seamos los mejores. Los efectos del pecado impiden que cualquier era —incluida la nuestra— pueda ser "dorada", al menos en el sentido espiritual. Cada generación cristiana aprende las mismas lecciones de Apocalipsis: que Dios tiene control de la situación, que los poderes del mundo son minúsculos cuando se los compara con él, que Dios actúa tanto por medio de la aparente debilidad y el fracaso como a través de la fortaleza y el éxito, y que al final el pueblo de Dios prevalecerá.

Apocalipsis es el último libro de la Biblia. Nos revela importantes verdades sobre el tiempo del fin. Pero es también el último en otro importante sentido, y es que demanda todo el valor, la sabiduría y la madurez hermenéuticos para entenderlo como es debido. En muchos sentidos es como un trabajo de graduación de la serie de Comentarios con aplicación de la NVI, una oportunidad de aplicar plenamente el gran número de lecciones que hemos aprendido en las secciones *Construyendo puentes* de volúmenes anteriores.

Es Dios quien marca los tiempos, no nosotros. La historia de la misericordiosa actividad de Dios a nuestro favor se consumará en una conclusión extraordinaria y gloriosa. Pero todos los cristianos, independientemente del lugar y del momento histórico en que hayan vivido, tienen igual acceso a este tiempo. El mensaje de Dios en el libro de Apocalipsis ha hecho y sigue haciendo posible este acercamiento.

Terry C. Muck

Prefacio del autor

Al haber sido ateo, cuando me convertí al cristianismo comencé a leer con avidez las cartas de Pablo, deseando llegar lo antes posible al libro de Apocalipsis. Sin embargo, cuando por fin comencé a leerlo, me di cuenta de que no entendía ni una palabra. Escuché con atención a los primeros y escasos "maestros de profecía" a los que tuve acceso, pero, aunque no se contradecían entre sí, con el paso de los años vi que la mayor parte de sus detalladas predicciones no se habían cumplido.

Unos seis años después de mi conversión, cuando comencé a leer el Apocalipsis en griego por primera vez, este libro cobró vida para mí. Puesto que ahora me movía por el texto con mayor atención, noté las transiciones y la estructura, y me di cuenta de que probablemente el autor estaba comunicando algo muy distinto de lo que suponía en un principio. Por otra parte, hice un catálogo de paralelismos que encontré entre el libro de Apocalipsis y los de profetas bíblicos como Daniel, Ezequiel y Zacarías. También comencé a leer 4 Esdras (2 Esdras en los escritos apócrifos), un texto apocalíptico contemporáneo de Apocalipsis, para entender mejor cómo podían haber oído sus afirmaciones los primeros receptores del libro en el siglo I.

En mis dos primeros años como cristiano, el libro de Apocalipsis y otros pasajes sobre los últimos tiempos ya demostraron ser decisivos para mí. En esta etapa inicial de mi vida cristiana se me instruyó de inmediato en una concepción específica y popular de los últimos tiempos, que yo engullí con todo respeto (no es relevante para lo que ahora quiero decir especificar cuál era dicha concepción). Sin embargo, al seguir leyendo la Biblia en su contexto, me sentía cada vez más inseguro de lo que se me había enseñado. En 1976, un evangelista itinerante, viendo mi dilema, dedicó pacientemente toda una tarde a explicarme en detalle todos sus argumentos a favor de la posición popular. Pero en cada punto analicé el contexto y le mostré que su idea no encajaba con el texto en que la fundamentaba. Al final, exasperado, exclamó: "¿Quién te crees que eres para cuestionar este punto de vista? ¡Todos los hombres de Dios sostienen este criterio: Jim Baker, Jimmy Swaggart y todos los demás! ¡Y tú hace menos de dos años que eres cristiano!". Me di cuenta de que estaba en lo cierto; ¿quién era yo para cuestionar a todos aquellos hombres de Dios, por mucho que pensara ver en el texto algo distinto de lo que enseñaban?

Prefacio del autor

Un par de meses más tarde, visité una iglesia en la que el pastor comenzó a enseñar sobre el tiempo del fin. Aquel hombre empezó a expresar la misma idea que yo creía haber encontrado en el texto, y observó que había sido el punto de vista dominante a lo largo de toda la historia de la iglesia: era la misma opinión que sostenían los padres de la iglesia primitiva, San Agustín, Lutero, Calvino, Wesley y otros. También mencionó a algunos destacados hombres y mujeres de Dios de nuestro tiempo que sostenían aquella misma perspectiva. Por otra parte, hasta hacía un siglo y medio, nadie había adoptado el punto de vista de la Escritura que se me había inculcado. Aquel día decidí que nunca creería nada que alguien me enseñara sobre la Biblia sin comprobar por mí mismo su veracidad. También tomé la decisión de estudiar e investigar a fondo cualquier tema antes de enseñarlo a otras personas. En un sentido fue por aquel tiempo, a los dieciséis años, cuando inicié la búsqueda que me llevaría hacia la erudición bíblica, no porque estuviera interesado en el mero conocimiento de todos los puntos de vista que sostenían los distintos eruditos, sino porque quería tener acceso a las mejores herramientas para entender el mensaje de la Biblia.

Con el paso de los años, este asunto fue perdiendo su interés como tema de controversia a medida que iba entendiendo cada vez más el mensaje de Apocalipsis que la iglesia de hoy necesitaba escuchar. Dios quería despertar a su iglesia para que participara en sus proyectos y se ocupara de las cosas que le importaban (como evangelizar al mundo o satisfacer las necesidades humanas) más que de las cosas que nos importan a la mayoría de nosotros (como conseguir la mayor comodidad posible en este mundo). Seguí guardando los resultados de mi investigación sobre Apocalipsis, predicando y enseñando sobre este libro.

Después de acabar un comentario de Mateo, y en medio de uno de Juan, sentí como si el Señor quisiera que contactara con Zondervan y les propusiera la redacción de una aplicación pastoral de los principios contenidos en el libro de Apocalipsis. Sin embargo, encontrándome tan atareado con la redacción de Juan, decidí esperar un poco para contactar con ellos. Antes del plazo que me había fijado para llamarlos, fui yo quien recibió la llamada de Jack Kuhatschek de Zondervan preguntándome si podría escribir un comentario del Nuevo Testamento para su editorial, de la serie de Comentarios con aplicación de la NVI.

"Estoy bastante atrasado con mi comentario sobre el Evangelio de Juan que estoy escribiendo en este momento —le dije un tanto indeciso—, aunque sería un honor trabajar en esta serie". "¿En qué libro del Nuevo Testamento están pensando?". "Apocalipsis", respondió. Inmediatamente reconocí la providencia del Señor en la invitación de

Zondervan. Pido a Dios que este comentario sea de algún modo digno de una asignación tan importante.

Agradezco a mis editores de Zondervan que hayan invertido tanto tiempo en este volumen, en especial a Jack Kuhatschek, Terry Muck, Scot McKnight y Verlyn Verbrugge. Doy gracias a todos mis alumnos que me han permitido probar este material con ellos: los del curso de Apocalipsis en el Centro para Estudios Teológicos Urbanos (CUTS) de Filadelfia, los de Literatura Apocalíptica y Joanina en el Seminario Teológico Hood de Carolina del Norte y a los estudiantes del Instituto Internacional de Estudios Cristianos (IICS) procedentes de varias instituciones de Jos, Nigeria, y alrededores que me permitieron enseñarles la parte de "trasfondos de la Biblia". Expreso también mi agradecimiento a Emmanuel Itapson, mi ayudante y querido amigo, que se graduó en el curso de Apocalipsis en CUTS.

Las limitaciones de espacio me han obligado a omitir una buena parte de material y mucha documentación; sin embargo, espero que aun así este comentario resulte útil. En las secciones de aplicación, la mayor parte de las citas seculares proceden de una o dos revistas; quiero observar que con ello no pretendo avalarlas por encima de otras, sino reconocer que, por razones económicas, solo he leído una de manera habitual durante los últimos diez años y he decidido citar aquella cuya información estaba ya en mis archivos.

Craig S. Keener
Semana Santa, 1999

Abreviaturas

Nota: Además de las abreviaturas que se consignan en este apartado, este comentario utiliza abreviaturas estándar para aludir a las fuentes clásicas de la antigüedad, Rollos del Mar Muerto, escritos seudoepigráficos, literatura rabínica y los padres de la iglesia.

AB	Anchor Bible
ABD	*Anchor Bible Dictionary*
AGJU	Arbeiten zur Geschichte des Judentums und Urchristentums
ANET	*Ancient Near-Eastern Texts Relating to the Old Testament*, ed., J. Pritchard.
ANRW	*Aufstieg und Niedergang der römischen Welt*
AUSS	*Andrews University Seminary Studies*
BA	*Biblical Archaeologist*
BAR	*Biblical Archaeology Review*
BASOR	*Bulletin of the American School of Oriental Research*
BibNot	*Biblische Notizen*
BibSac	*Bibliotheca Sacra*
BibTrans	*The Bible Translator*
BJRL	*Bulletin of the John Rylands Library*
BTB	*Biblical Theology Bulletin*
BZ	*Biblische Zeitschrift*
CIG	*Corpus inscriptionum graecarum*
CIJ	*Corpus inscriptionum judaicarum*
CIL	*Corpus inscriptionum latinarum*
CPJ	*Corpus papyrorum judaicarum*
CT	*Christianity Today*
ÉPROER	Études préliminaires aux religions orientales dans l'empire romain
ETL	*Ephemerides theologicae lovanienses*
EvQ	*Evangelical Quarterly*
HTR	*Harvard Theological Review*
IEJ	*Israel Exploration Journal*

Interp	*Interpretation*
ITQ	*Irish Theological Quarterly*
JBL	*Journal of Biblical Literature*
JBLMS	Journal of Biblical Literature Monograph Series
JHS	*Journal of Hellenic Studies*
JJS	*Journal of Jewish Studies*
JPFC	*The Jewish People in the First Century* (2 vols., ed. S. Safrai, M. Stern, D. Flusser, and W. C. van Unnik)
JQR	*Jewish Quarterly Review*
JRS	*Journal of Roman Studies*
JSJ	*Journal of Study of Judaism*
JSNT	*Journal for the Study of the New Testament*
JSNTSup	Journal for the Study of the New Testament Supplements
JSP	*Journal for the Study of the Pseudepigrapha*
JSS	*Journal of Semitic Studies*
JTS	*Journal of Theological Studies*
LCL	Loeb Classical Library
LEC	Library of Early Christianity
MM	*Mountain Movers*
MNTC	Moffatt New Testament Commentary
Neot	*Neotestamentica*
NICNT	New International Commentary on the New Testament
NIV	New International Version
NovT	*Novum Testamentum*
NovTSup	Supplements to *Novum Testamentum*
NTA	*New Testament Abstracts*
NTS	*New Testament Studies*
NW	*Newsweek*
OTP	*The Old Testament Pseudepigrapha* (2 vols., ed. by James H. Charlesworth)
PGM	*Papyri graecae magicae*
POTTS	Pittsburgh Original Texts and Translation Series
RB	*Revue biblique*
RevExp	*Review and Expositor*
RevQ	*Revue de Qumran*

RHPR	*Revue d'histoire et de philosophie religieuses*
RSR	*Recherches de science religieuse*
SBLBMI	Society of Biblical Literature, the Bible and Its Modern Interpreters
SBLDS	Society of Biblical Literature Dissertation Series
SBS	Sources for Biblical Study
SCP	*Spiritual Counterfeit Project*
SEG	*Supplementum Epigraphicum Graecum*
SJT	*Scottish Journal of Theology*
SNTSM	Society for New Testament Studies Monographs
SNTU	Studien zum Neuen Testament und seiner Umwelt
ST	*Studia Theologica*
TDGR	Translated Documents of Greece and Rome
TDNT	*Theological Dictionary of the New Testament*, ed. G. Kittel
TNHL	*The Nag Hammadi Library*
TrinJ	*Trinity Journal*
TynBul	*Tyndale Bulletin*
UNDCSJCA	University of Notre Dame Center for the Study of Judaism and Christianity in Antiquity
USNWR	*U.S. News and World Report*
WPR	*World Press Review*
ZAW	*Zeitschrift für die alttestamentliche Wissenschaft*
ZNW	*Zeitschrift für die neutestamentliche Wissenschaft*

Introducción a Apocalipsis

Aunque muchos detalles del libro de Apocalipsis (y de este comentario) son discutibles, la idea general no lo es. El Dios vivo y verdadero nos llama a salir de nuestra preocupación por este mundo para reconocer, en vista de su plan decisivo para la historia, lo que es realmente importante y lo que no. Dios entregó el libro de Apocalipsis a una cultura que escucharía sus palabras e imaginaría sus pavorosas y aterradoras imágenes; para que este libro nos llegue con toda su fuerza, también nosotros hemos de usar la imaginación para poderlas captar. El libro de Apocalipsis no está pensado para una lectura informal o "ligera"; escucharlo genuinamente nos lleva a vérnoslas con el juicio de Dios sobre un mundo que está en rebeldía contra él.

¿La clave de la interpretación?

Algunos lectores creen que los acontecimientos de la actualidad son los que desentrañan el significado de las profecías bíblicas. Así, por ejemplo, un escritor opina que aun Lutero y Calvino "conocían poco sobre profecía", pero que el editor de la Biblia de estudio, C. I. Scofield, señaló acertadamente que el libro de Apocalipsis se redactó para que los estudiantes bíblicos de los últimos tiempos dilucidaran su significado.[1]

Sin embargo, en mi opinión, este acercamiento va mal encaminado; es más, creo que va en contra de los propios datos que aporta el libro de Apocalipsis. Juan escribe a siete iglesias literales de Asia Menor, cuya ubicación sigue la misma secuencia geográfica que escogería un mensajero itinerante romano para entregar el libro (ver comentario más detallado en la sección "Construyendo Puentes" de 1:4-8). Si tomamos en serio lo que afirma el propio libro, se trata de un texto fácil de entender para sus primeros receptores, quienes, de hecho, iban a ser "dichosos" por obedecer sus palabras (1:3). Que Juan escribiera probablemente en griego sugiere también que utilizó figuras literarias y símbolos que formaban más parte de su cultura que de la nuestra. Que el libro no fuera a ser "sellado", ni siquiera en su generación, indica también que Dios quería que se entendiera desde aquel momento en adelante (22:10; contrastar Daniel 12:9-10).

Puede que exista una razón aún más consistente para defender la necesidad de trabajar con el trasfondo antiguo, más que con el moderno,

---

1. Lindsey, *New World Coming*, 21.

Introducción a Apocalipsis

para entender el libro de Apocalipsis. Si los periódicos de hoy son la clave necesaria para interpretar el libro, entonces ninguna generación hasta la nuestra lo podría haber entendido y obedecido (contrariamente a lo que se asume en 1:3). No lo podrían haber leído como Escritura útil para enseñar y corregir, enfoque este bastante incompatible con una elevada idea de la autoridad bíblica (*cf.* 2Ti 3:16-17). Si, por el contrario, el libro era comprensible para la primera generación, las posteriores pueden beneficiarse de sus enseñanzas simplemente aprendiendo un poco de historia. Algunos populares maestros de profecía han ignorado mucha de la historia de dominio público, y han preferido interpretar el libro a la luz de los titulares de los periódicos de la actualidad. Esta es probablemente la razón por la que la mayoría de ellos tienen que revisar sus predicciones cada pocos años, a medida que cambian los encabezados.

Otra cuestión relativa a la interpretación es que algunos pretenden entender literalmente todo el Apocalipsis. La legitimidad de este enfoque depende, en cierto modo, del sentido que demos al término *literalmente*. Cuando reformadores como Lutero hablaban de interpretar la Biblia "literalmente", estaban utilizando una expresión técnica (*sensus literalis*) que significaba tomar cada parte de la Escritura según su "sentido literario", es decir, prestando atención al género o tipo literario en que estaba escrito el texto en cuestión. No querían decir que tengamos que restar importancia a las figuras literarias o a los símbolos. Hemos de entender de manera literal las narraciones históricas de la Biblia; sin embargo, el libro de Apocalipsis pertenece a un tipo distinto, una mezcla del género profético y "apocalíptico", que está llena de símbolos. Los reformadores no exigieron que interpretásemos los símbolos como si no lo fueran, y esta clase de literalismo está de hecho en conflicto con lo que estos querían decir.[2]

De hecho, entender todos los símbolos de Apocalipsis de manera no simbólica es tan difícil que nadie lo ha intentado realmente. Nadie considera que Babilonia la grande sea una prostituta o madre de prostitutas

---

2. Sproul, *Last Days*, 65-66; Robert B. Strimple, "An Amillennial Response to Craig A. Blaising", 256-76 en *Three Views of the Millennium*, ed. Bock, 262. Juan Crisóstomo y sus seguidores "antioqueños" utilizaron con mayor frecuencia este sentido "literal", en contraste con los gnósticos y, a menudo, los alejandrinos (Carl A. Volz, "The Genius of Chrysostom's Preaching", *Christian History* 44 [1994]: 24-26 [p. 24]); Stephen M. Miller, "Malcontents for Christ", *Christian History* 51 [1996]: 32-34 [p. 32]). Algunos autores norteamericanos se sirvieron de lo que consideraban "literalismo" para justificar la esclavitud, mientras que otros les respondieron con principios bíblicos ("Broken Churches, Broken Nation", *Christian History* 33 [1992]: 26-27 [p. 27]).

literales (17:5), nadie toma la nueva Jerusalén como una novia literal, y pocos protestantes entienden que la madre del capítulo 12 es una persona literal (sin duda no puede estar literalmente vestida del sol). La respuesta es: "interpreta literalmente todo lo que *puedas*". Sin embargo, el alcance de "lo que puedas" se decide por regla general sobre la base de las propias presuposiciones. ¿Es posible que monstruos como los del capítulo 9 sean seres literales? No hay duda de que Dios podría crearlos; sin embargo, estos guardan muchas similitudes sorprendentes con criaturas que, en el libro de Joel, representan simplemente a langostas. ¿No es acaso más importante ser coherente con el modo en que el resto de Apocalipsis y la literatura profética nos invitan a interpretar estas imágenes (muchas de las cuales son abiertamente simbólicas) que intentar entender todo su lenguaje de manera literal? ¿No es más respetuoso para con Apocalipsis escuchar el texto en sus propios términos (símbolos incluidos) que imponerle un sistema de interpretación que el libro no reivindica en ninguna parte? El hecho de que Apocalipsis presente claros símbolos y que a veces el propio texto nos diga lo que significan (p. ej., 1:20) ha de llevarnos a sospechar algún método interpretativo que ignora el intenso simbolismo del resto del libro.

El libro de Apocalipsis comienza diciéndonos que Dios "significó" el libro a Juan (1:1; NVI, "dio a conocer"), una palabra relacionada con la que el apóstol utiliza ocasionalmente para aludir a "señales" o "símbolos" (12:1, 3; 15:1). Esto sugiere que los primeros versículos anuncian abiertamente un libro comunicado por medio de símbolos.[3] Los judíos del tiempo de Apocalipsis estaban habituados al tipo de símbolos que utiliza el libro. Así, por ejemplo, en un añadido del siglo I a 1 Enoc, el temprano apocalipsis judío, se mencionan misteriosos animales (1 Enoc 85:3) fecundados por estrellas (cap. 86), una visión que, en su contexto, es evidente que no pretendía ser literal. De igual modo, las "langostas" de Juan (Ap 9:3-11) tienen mucho en común con las de Joel; quienes reconocemos acertadamente que no deberíamos interpretar de forma literal todo el lenguaje gráfico sobre un ejército de langostas en Joel 1–2 (1:4; 2:11, 20, 25) hemos de interpretar del mismo modo el libro de Apocalipsis. Como observan muchos comentaristas evangélicos y de otro signo, las visiones son principalmente para confrontarnos con las demandas y promesas de Dios, y no para satisfacer nuestra

---

3. Ver Beale, *Revelation*, 50-51, que encuentra un trasfondo para este lenguaje en el uso que hace Daniel de sueños y visiones (Dn 2:28-30, 45 LXX). La profecía podría incluir el uso del *mashal* (Nm 23:7, 18), un recurso literario que consiste en la utilización de "parábolas".

curiosidad acerca de los detalles más nimios de los últimos tiempos. El libro de Apocalipsis no comparte un terreno común con pronosticadores no bíblicos como Jeanne Dixon, Edgar Cayce o los horóscopos de los tabloides.

Errores proféticos

La masiva pérdida de vidas humanas entre los seguidores de David Koresh en Waco, Texas, se produjo por una interpretación errónea del libro de Apocalipsis.[4] La especulación profética no es, sin embargo, un fenómeno nuevo. Las obras judías solían proponer conjeturas sobre números y situaciones todavía futuras, y la historia demostró que estaban equivocados (p. ej., Oráculos sibilinos 11.265-67; Testamento de Moisés 2:3). Los padres de la iglesia primitiva se permitieron también ciertas especulaciones que nunca se cumplieron, como por ejemplo la idea de Hipólito de que el mundo terminaría en el año 500 d.C. Lamentablemente, a muchos intérpretes modernos de la profecía no les ha ido mucho mejor.[5]

Jerónimo estudió en tierras bíblicas para entender mejor las formas literarias y contextos de la Biblia, y del libro de Apocalipsis. Muchos comentaristas, sin embargo, no han descubierto el marco original del libro y han "añadido algo" al mensaje profético, a pesar de la advertencia (22:18), imponiendo sistemas teológicos no justificados por el texto.[6] Naturalmente, a los Testigos de Jehová se les conoce especialmente por estas prácticas. Mientras que la mayoría de grupos que han pronosticado fechas dejaron de hacerlo tras constatar que se equivocaron una o dos veces, "los Testigos de Jehová no tiran la toalla. Sus dirigentes han señalado los años 1874, 1878, 1881, 1910, 1914, 1918, 1925, 1975, y 1984 como periodos de significación escatológica".[7] Los eruditos de este ámbito han observado que varias sectas como los mormones, los Testigos de Jehová y los adherentes de la Ciencia Cristiana han utilizado el libro de Apocalipsis de manera arbitraria para apoyar

---

4. Craig L. Nessan, "When Faith Turns Fatal: David Koresh and Tragic Misreadings of Revelation", *Currents in Theology and Mission* 22 (junio de 1995): 191-99.
5. Sobre Hipólito, ver Lewis, *Questions*, 16. Sobre los modernos maestros de la profecía, ver Dwight Wilson, *Armageddon Now! The Premillenarian Response to Russia and Israel Since 1917* (Grand Rapids: Baker, 1977).
6. Ver la observación de John Randall, *The Book of Revelation: What Does It Really Say?* (Locust Valley, N.Y.: Living Flame, 1976), 11.
7. Kyle, *The Last Days*, 93.

unos puntos de vista que ya sostenían.⁸ Puesto que los Testigos de Jehová son los agentes más conocidos del pesimismo profético frustrado, y teniendo también en cuenta que los lectores de este comentario serán bastante unánimes en su convicción de que están equivocados, me permito utilizarlos muchas veces en este comentario para ilustrar errores evidentes en su método interpretativo.

Pero, lamentablemente, aunque l son los transgresores másconocidos de la sana interpretación profética, la historia está repleta de este tipo de predicciones erróneas procedentes de todos los segmentos de la cristiandad, quizá haya que buscar las más evidentes en el evangelicalismo popular del siglo XX. En la década de 1920, algunos intérpretes dispensacionalistas consideraron que *los Protocolos de los ancianos de Sión* —reconocidos hoy como una falsificación promovida por los Nazis— eran una confirmación de sus ideas proféticas. (Más adelante, algunos repudiaron los Protocolos, pero otros nunca lo hicieron).⁹ En su favor hay que decir que esta corriente de interpretación profética resultó ser sorprendentemente acertada en su importante predicción de que Israel llegaría a ser una nación (aunque también es cierto que no fueron los únicos que lo esperaban).¹⁰ Los sectores del cuerpo de Cristo involucrados en esta corriente de interpretación demostraron también, muchas veces, un compromiso con las misiones y la evangelización mundial singular dignos de encomio. Pero cuando especularon con los detalles, muchos pronosticadores populares se equivocaron sobre la identidad del anticristo y otras cuestiones. "Nadie anticipó la desaparición del Imperio soviético o los aspectos esenciales de la Guerra del Golfo. Cuando la historia da giros insospechados, los expertos tienen que hacer correcciones, volver a trazar sus mapas y presentar nuevas ediciones".¹¹

Y para que no pensemos que los evangélicos en general aprendieron humildad a partir de sus antiguos errores, tenemos muchos ejemplos que nos advierten en sentido contrario. En 1979, el libro de Colin Deal que explicaba que Cristo regresaría en 1988 difundió una información

---

8. Ver W. Thiede, "Ein süsses und doch schwerverdauliches Büchlein: Zur Auslegung der Johannes-Offenbarung in christlichen Sondergemeinschaften", *Kerygma und Dogma* 41 (1995): 213-42.
9. Timothy P. Weber, "How Evangelicals Became Israel's Best Friend", *CT* (5 de octubre de 1998), 38-49 (p. 43).
10. Muchos, ajenos a esta tradición, esperaban al menos una conversión masiva del pueblo judío antes de la Segunda Venida, como el premilenarista del siglo XIX Lord Shaftesbury (John Wolffe, "Dismantling Discrimination", *Christian History* 53 [1997]: 37-39 [38]).
11. Weber, "Israel's Best Friend", 49.

Introducción a Apocalipsis

sobre un ordenador situado en Bélgica y conocido como "la bestia", afirmando que esta máquina era el anticristo.[12] Su fuente parecía "no saber que dicho ordenador no era sino una ficticia creación de una novela".[13] No es sorprendente que el diablo consiguiera seducir a los intérpretes modernos para que cometieran este tipo de errores; San Martín de Tours, que murió en el año 397 d.C., afirmó en su tiempo que "no hay duda de que el anticristo ya ha nacido". (Si Martín está en lo cierto, el anticristo demuestra tener una asombrosa longevidad). Otros predijeron su venida en los años 1000, 1184, 1186, 1229, 1345, 1385, etc.[14]

Todos los puntos de vista sobre los últimos tiempos pueden parecer razonables si uno nunca ha estudiado otras perspectivas con una actitud abierta y seria. Me gustaría, pues, que todos aquellos que están comprometidos con algún escenario específico de los últimos tiempos dieran un vistazo al libro de Richard Kyle, *The Last Days Are Here Again* [Los últimos días aquí una vez más] (Grand Rapids: Baker, 1998), al de Dwight Wilson, *Armageddon Now! The Premillenarian Response to Russia and Israel Since 1917* [¡Armagedón ahora! La respuesta premilenarista a Rusia e Israel desde 1917] (Grand Rapids: Baker, 1977), o al de Gary DeMar *Last Days Madness: The Folly of Trying to Predict When Christ Will Return* [Locura profética: la insensatez de predecir el tiempo del regreso de Cristo] (Brentwood, Tenn.: Wolgemuth & Hyatt, 1991), o a otras obras de este tipo. Examinar la historia de las especulaciones sobre los últimos tiempos, tan llena de predicciones erróneas, y los diversos puntos de vista sobre los principales aspectos de los últimos tiempos de respetados dirigentes cristianos, nos ayuda a poner en perspectiva nuestros propios puntos de vista.

Tomemos como ejemplo los diversos criterios entre los cristianos sobre el milenio o reinado de mil años de Cristo en Apocalipsis 20. ¿Va a regresar Jesús antes del futuro milenio (la perspectiva premilenarista y más común entre los evangélicos norteamericanos de nuestro tiempo) o después de él (la idea postmilenarista), o es este periodo solo un símbolo para el tiempo presente (la idea amilenarista)? Puede que a muchos lectores les sorprenda saber que la mayoría de los dirigentes cristianos a lo largo de la historia han sido amilenaristas (como San Agustín, Lutero y Calvino), que muchos dirigentes que participa-

---

12. Colin Deal, *Christ Returns by 1988—101 Reasons Why* (Rutherford College, N.C.: Colin Deal, 1979), 86, citado en Richard Abanes, *American Militias* (Downers Grove, Ill.: InterVarsity, 1996), 91.
13. Abanes, *American Militias*, 91.
14. *Ibíd.*, 90.

ron en los avivamientos norteamericanos eran postmilenaristas (como Jonathan Edwards y Charles Finney) y que la mayor parte de los Padres de la iglesia primitiva eran premilenaristas (pero postribulacionistas).

Si Calvino, Wesley, Finney, Moody y la mayoría de los cristianos de hoy han mantenido puntos de vista distintos, ¿es posible que la bendición de Dios no descanse únicamente sobre aquellos que sostienen una idea específica sobre los últimos tiempos?[15] Si las eras de la historia han sido fuertemente dominadas por perspectivas distintas (p. ej., el amilenarismo durante la Reforma; el postmilenarismo durante los grandes avivamientos norteamericanos; el premilenarismo en nuestros días), ¿es posible que nuestros puntos de vista estén más determinados por influencias históricas de lo que estamos dispuestos a reconocer? Estudiar varias opiniones nos equipa mejor para leer el libro de Apocalipsis en sus propios términos, de un modo más objetivo.

En su momento, el Imperio turco otomano representó una gran amenaza para el mundo occidental desde el Este, sin embargo, tras su caída, la generación de la Segunda Guerra Mundial comenzó a leer de manera natural "los reyes de Oriente" (16:12) como referencia a Japón (las siete iglesias de Asia no se situaban en Turquía). Tras el colapso de Japón y el ascenso del comunismo en China, el título se transfirió según este criterio. La mayoría de las profecías se han aplicado de nuevo conforme cambiaban los titulares de los periódicos, de modo que la moderna enseñanza de la profecía es rara vez relevante durante más de una década. Como se lamenta un historiador, "el pensamiento sobre los últimos tiempos ha sido increíblemente elástico"; los elementos del "rompecabezas profético" han adquirido "un carácter camaleónico, ajustándose habitualmente a los cambios de los acontecimientos contemporáneos".[16] Como veremos, la "revelación de Jesucristo" a Juan (1:1) no solo utiliza el idioma griego, sino que se sirve también de imágenes y símbolos que tenían lógica en su generación, y los modernos maestros de la profecía han intentado con frecuencia pasar a lo que estos "significan" sin entender primero lo que "significaron".

En un sentido, no obstante, el libro de Apocalipsis y otros textos bíblicos alusivos a los últimos tiempos se prestan a comparaciones más moderadas con los acontecimientos actuales. ¿Quién duda que el

---

15. D. L. Moody fue el primer evangelista norteamericano premilenarista importante; sin embargo, no parecía estar comprometido con detalles dispensacionalistas como el pretribulacionismo (Stanley N. Gundry, "Questions About Moody's Theology", *Christian History* [1990]: 19), no al menos en público.
16. Kyle, *The Last Days*, 187, 99.

regreso de Israel a su territorio (aceptado por muchos maestros de distintas persuasiones proféticas a lo largo de la historia) tenga algún significado en el plan de Dios, aunque podamos debatir cuáles son los textos que aluden a este acontecimiento? El reconocimiento de anticristos y otras señales que nos hacen anhelar más fervientemente la venida de Cristo es algo natural cuando reconocemos que cada generación podría ser la última. (Bien pensado, si Jesús dijo que nadie conoce la hora de su regreso, esto incluye al diablo que debe tener, por tanto, anticristos esperando en cada generación). Sin embargo, hemos de tener la humildad de decir "podría ser la última generación" en lugar de ir más allá y cambiar el "podría ser" prematuramente por "es".

Aunque es probable que Juan no esperara una dilación del regreso del Señor de tantas generaciones como separan la suya de la nuestra, puede que haya una cierta sintonía entre el apóstol y quienes desean aplicar de nuevo las imágenes de Apocalipsis a su propia generación, igual que tuvo sentido en su tiempo.[17] Cualquier generación es potencialmente la última, y es posible que Juan conociera a comentaristas *pesher* entre sus contemporáneos que aplicaban las profecías bíblicas al tiempo en que vivían.[18] El peligro de este planteamiento es que muchos asumimos, como los intérpretes *pesher* de Qumrán, que hemos de ser la última generación —basándonos, por lo general, en una interpretación errónea de Marcos 13:28— y que estas profecías se aplican literal y únicamente a nuestra generación.[19] Hasta ahora, esta suposición ha demostrado ser errónea para cada generación que la ha reivindicado, aunque es probable que se cumpla en alguna de ellas, ¡simplemente porque el Señor volverá algún día!

---

17. Sobre el simbolismo de Juan como "tenso, evocador y polivalente", ver especialmente Boring, *Revelation*, 55; las gráficas imágenes verbales del libro están concebidas para suscitar reflexión, no armonización (*ibíd.*, 57; *cf.* Michaels, *Interpreting Revelation*, 16-17; hay un ejemplo de deliberada polivalencia en 17:9-10; Michaels, *ibíd.*, 106).
18. Sobre los intérpretes *pesher*, ver, p. ej., Devorah Dimant, "Pesharim, Qumran", *ABD*, 5:244- 51; J. G. Harris, "Early Trends in Biblical Commentaries as Reflected in Some Qumran Texts", *EvQ* 36 (1964): 100-105.
19. En Marcos 13:30 y pasajes paralelos la palabra "generación" significa lo que casi siempre en los Evangelios: la generación de Jesús, cuando se produjo la destrucción del templo (aunque el regreso de Jesús no tenía que producirse necesariamente en este periodo; ver, p. ej., Craig Keener, *Matthew* [Downers Grove, Ill.: InterVarsity, 1997], 343, 348-49, 353. Quienes deseen considerar la idea de que también el regreso de Cristo es simbólico y ya se produjo, ver, p. ej., *Sproul*, Last Days, 51-68).

Planteamientos

A lo largo de la Historia se han producido distintos planteamientos del libro de Apocalipsis, muchos de los cuales tienen ciertos elementos relevantes, siempre que no forcemos demasiado sus negaciones de los elementos de otras posiciones.

El planteamiento idealista

El planteamiento idealista encuentra en Apocalipsis principios intemporales. Todo aquel que predica sobre este libro afirmará esta convicción general; sin embargo, en su forma más extremista y mientras afirma tales principios intemporales, esta perspectiva niega que el libro tenga algún significado específico histórico o futuro. Como observa Tenney, "casi cualquier intérprete de Apocalipsis podría estar de acuerdo (con sus principios) al margen de la escuela a la que pertenezca. En la perspectiva idealista no hay mucho que sea cierto. Su deficiencia no está tanto en lo que afirma como en lo que niega".[20] ¿Se limita el libro de Apocalipsis a enseñar meros principios generales e intemporales, sin preocuparse por los acuciantes problemas que afrontan las siete iglesias?

El planteamiento historicista

Algunos han argumentado, al menos desde el tiempo del escritor del siglo XIV, Nicolás de Lyre, que el libro de Apocalipsis proporciona un detallado mapa de la historia desde el tiempo de su redacción hasta el futuro regreso de Jesús. Esta perspectiva historicista de Apocalipsis como bosquejo de la historia de la iglesia dominó las perspectivas sobre el libro durante los siglos XVII y XVIII. En nuestro tiempo, rara vez se propone; los vínculos entre el contenido del libro de Apocalipsis y los acontecimientos de la historia siempre han demostrado ser un tanto forzados.

El planteamiento preterista

Los preteristas leen Apocalipsis del mismo modo que consideran que lo hicieron los primeros receptores de Juan en las siete iglesias. En otras palabras, se esfuerzan en aplicar al libro de Apocalipsis el mismo método interpretativo que aplicamos a cualquier otro libro de la Biblia, es decir, que hemos de leerlo en su propio contexto histórico. Puesto que los preteristas más radicales insisten, no obstante, en que los acontecimientos de Apocalipsis se cumplieron completamente durante el siglo I, leen el libro de un modo en el que probablemente no lo hubieran

---

20. Tenney, *Revelation*, 143.

Introducción a Apocalipsis

hecho los primeros receptores de Juan. Al margen de los eventos que ya se hubieran podido cumplir (y Apocalipsis, como la mayoría de las obras apocalípticas, incorpora al menos un cierto análisis del pasado; ver 12:1-5), la mayoría de los primeros cristianos no habrían reconocido en ningún acontecimiento del siglo I el cumplimiento del juicio del gran trono blanco (20:11-15) o el descenso de la santa ciudad (21:1–22:5). Por ello, los preteristas más moderados no insisten en que todos los sucesos del libro de Apocalipsis se cumplieron en el siglo I. Incluso la mayoría de comentaristas de nuestro tiempo, que no son totalmente preteristas, aceptan la opinión preterista en el sentido de que el libro de Apocalipsis debía tener sentido para sus primeros oyentes (22:10).

El planteamiento futurista

No hay duda de que los futuristas tienen razón cuando afirman que ciertos acontecimientos del libro todavía tienen que cumplirse, como por ejemplo el que la ciudad eterna de Dios sustituya a los reinos de este mundo (21:1–22:5). Pero la posición futurista, como las demás, puede llevarse demasiado lejos; en su forma radical, "implica que el libro no tenía nada que decir a las muchas generaciones entre Juan de Patmos y el intérprete".[21] Por otra parte, algunas claves fundamentales del libro (ver comentario sobre 12:5-6) pueden sugerir que el marco temporal que presenta una buena parte de su contenido no es solo una tribulación futura, sino también presente.

El futurismo, aun siendo el enfoque dominante de nuestro tiempo, no fue popular en muchos periodos de la historia de la iglesia. Algunos eruditos evangélicos sostienen este punto de vista, generalmente en la tradicional forma dispensacionalista o, más a menudo, en la perspectiva histórica premilenarista. La primera requiere una tribulación de siete años, o a veces la mitad de este periodo; normalmente, la última no distingue de forma tan marcada la tribulación futura de la pasada o la presente, aunque muchos mantienen una tribulación futura seguida del regreso de Cristo.

Un planteamiento ecléctico

Otros prefieren una cierta mezcla de planteamientos histórico o preterista con otro futurista. Al menos desde el tiempo del finado jesuita español del siglo XVI, Francisco Ribera, algunos intérpretes han propuesto que en Apocalipsis se describen acontecimientos que estaban

---

21. González, *Revelation*, 9. Muchos intérpretes han tomado a la ligera la trascendencia de Apocalipsis para sus primeros receptores (ver Guthrie, *Relevance*, 12-17).

por ocurrir en el tiempo de Juan e inmediatamente antes del regreso de Jesús, y poco entre estos dos periodos. Alcázar, otro jesuita español (m. 1614), sugirió que Apocalipsis 4–19 se cumplió en los conflictos del tiempo de Juan pero los capítulos 20–22 representan el triunfo de la iglesia después de Constantino.[22]

Pero existen también otros planteamientos eclécticos (mezclados). La mayoría de los comentaristas que intentan aplicar el libro de Apocalipsis suelen optar por algún tipo de enfoque ecléctico, combinando por regla general elementos futuristas, preteristas e idealistas. Algunos elementos del libro son claramente futuros (¡cuando menos la Segunda Venida y la resurrección de los santos!); otros pertenecen al pasado; es probable que algunos tipifiquen los juicios característicos de la edad presente.[23] Sobre la mayor parte de estos asuntos hay espacio para juiciosas y humildes diferencias de opinión. Pero en cualquier interpretación, todos los elementos nos invitan a contemplar los caminos de Dios y a vivir de un modo coherente.[24]

Una vez entendamos lo que Dios les estaba diciendo a las iglesias de Asia a través de Juan, podremos comenzar a establecer analogías sobre la pertinencia de este mismo mensaje para nuestras iglesias. Es importante pensar concretamente en cómo salvar el vacío que separa las palabras de la Escritura en el pasado y nuestra cultura de hoy; las mismas razones por las cuales los autores bíblicos dijeron lo que dijeron en un contexto determinado los llevó a decir otras cosas en otros contextos, y es vital que los escuchemos y entendamos claramente antes de aplicar de nuevo sus palabras a nuestro propio contexto. En ocasiones, tanto nosotros como nuestros predecesores históricos nos hemos limi-

---

22. Quienes deseen considerar este resumen pueden ver Mounce, *Revelation*, 40-41; ver también el resumen en Johnson, *Revelation*, 12-15. Quienes estén interesados en un compendio completo de las distintas perspectivas, ver Isbon T. Beckwith, *The Apocalypse of John* (Nueva York: Macmillan, 1922), 318-34; Craig R. Koester, "On the Verge of the Millennium: A History of the Interpretation of Revelation", *Word & World* 15 (1995): 128-36; y el comentario de InterVarsity sobre Apocalipsis a partir de los escritos de los padres de la iglesia primitiva (al redactar esta obra, el volumen de Apocalipsis no se ha publicado todavía).
23. Un problema esencial es relacionar elementos y categorías. Este comentario sugiere que una buena parte del libro proporciona principios para la iglesia de los últimos tiempos que vive en la era actual, entre la primera y segunda venida, y sostiene que los capítulos 19–22 son totalmente futuros.
24. Ver Gordon D. Fee, *New Testament Exegesis: A Handbook for Students and Pastors* (Filadelfia: Westminster, 1983), 42-43, quien sigue un acercamiento parcialmente apocalíptico; ver asimismo el acercamiento ecléctico en Beale, *Revelation*, 44-49.

tado a transmitir tradiciones, añadiendo por el camino algunas nuevas para las generaciones futuras. Sin embargo, a lo largo de la historia de la iglesia, muchos dirigentes como los reformadores, numerosos misioneros y líderes en grandes avivamientos se han esforzado por contextualizar de nuevo el mensaje bíblico para su generación y cultura, del mismo modo que los autores bíblicos contextualizaron sus revelaciones para adaptarlas a sus generaciones y culturas. También nosotros hemos de hacer lo mismo, pero, antes de ello, hemos de estar seguros de entender correctamente el texto de la Biblia.

Simbolismo

Como se ha dicho anteriormente, desde todos los puntos de vista se reconoce que Apocalipsis utiliza mucho simbolismo. Aunque la mayoría de las narraciones de la Biblia deberían leerse literalmente, los textos proféticos y apocalípticos (ver la siguiente sección sobre géneros) son distintos, como reconocerá todo aquel que haya dedicado mucho tiempo a su consideración. Contiene una considerable cantidad de simbolismo, que, a menudo, se cumplieron de maneras completamente inesperadas. Varios textos, tanto del Antiguo Testamento (p. ej., Jue 5:4; Sal 18:4-19) como del tiempo de Juan (p. ej., Oráculos sibilinos 3.286-92; 4.57-60) utilizaban el lenguaje de las catástrofes cósmicas para describir acontecimientos que se estaban produciendo en su propio tiempo, o habían tenido lugar recientemente. Muchos de estos textos repasan la historia (como los sueños-visiones de 1 Enoc), y algunos de ellos llegan a mezclar claramente acontecimientos del pasado con imágenes del tiempo del fin (Oráculos sibilinos 5.336).

Aunque, a nosotros, los símbolos de Apocalipsis pueden parecernos oscuros, eran, sin embargo, comprensibles (o evocadores, como mínimo) para los creyentes de las siete iglesias, al menos después de una cierta reflexión. Un comentarista observa que "Juan utilizó símbolos para comunicar aquello que no podía expresar de ninguna otra manera, y no para encubrir algo que podría haber dicho de un modo más franco y abierto".[25] Como sucede también en otras muchas obras apocalípticas, el uso simbólico de los números es un rasgo característico del libro de Apocalipsis.[26] No es de sorprender, teniendo en cuenta lo común de esta práctica en el mundo mediterráneo de la antigüedad,

---

25. Boring, *Revelation*, 55.
26. P. ej. los sietes en el T. de Moisés 3:14. Sobre el simbolismo numérico, ver Adela Yarbro Collins, "Numerical Symbolism in Jewish and Early Christian Apocalyptic Literature", *ANRW* 2.21.2, 1221-87.

especialmente por la influencia de una secta filosófica griega llamada los pitagóricos.²⁷ Richard Bauckham nos proporciona un minucioso listado de detallados patrones numéricos consignados en Apocalipsis, especialmente el número siete, como por ejemplo el "Cordero" que se menciona veintiocho veces (siete de las cuales aparece junto a Dios).²⁸ No hay duda de que ciertas expresiones de tiempo, como por ejemplo "una hora" en 17:12, no son literales; los intérpretes no están, pues, obligados a considerar textualmente otras referencias de tiempo sin alguna razón de peso. Entre los contemporáneos de Juan, los números como el siete y el doce se utilizaban a menudo de un modo simbólico.²⁹ En los textos judíos, el doce representaba casi siempre a las tribus de Israel, pero funcionaba también de varias otras maneras.³⁰ En el libro de Apocalipsis, donde el doce y sus múltiplos aparecen alrededor de sesenta veces, este número apunta casi siempre a Israel.³¹

Género

Aunque la específica clasificación literaria de Apocalipsis sigue siendo objeto de debate, la mayoría de eruditos modernos concuerdan en que nuestro libro encaja, al menos en parte, en lo que ellos llaman "apocalipsis" (como género) u "obras apocalípticas".³² Algunos han utilizado el término apocalipsis para referirse, en líneas generales, a cualquier texto judío alusivo a los últimos tiempos; otros le han dado un uso más concreto aplicándolo a la literatura visionaria e incluyendo a menudo relatos de ascensiones y revelaciones celestiales. El género apocalíptico floreció en el judaísmo temprano, y la mayoría de los eruditos incluyen

---

27. Ver Plut. *La E de Delfos* 8, *Mor.* 388C; *Gen. of Soul* 18, *Mor.* 1018C; R. A. Laroche, "Popular Symbolic/Mystical Numbers in Antiquity", *Latomus* 54 (1995): 568-76; M. J. J. Menken, *Numerical Literary Techniques in John: The Fourth Evangelist's Use of Numbers of Words and Syllables*, NovTSup 55 (Leiden: E. J. Brill, 1985), 27-29. Muchas culturas utilizan números simbólicos en relación con las cuestiones divinas (p. ej., John S. Mbiti, *African Religions and Philosophies* [Garden City, N.Y.: Doubleday, 1970], 73).
28. Bauckham, *Climax of Prophecy*, 22-37.
29. Para el siete, ver, p. ej., Aulus Gellius, 3.10; Apuleyo, *Metam.* 11.1; Jos. & Asen. 2:6/10-11; Filón, *Abraham* 28; *Creación*, 99-100, 111-16; *Spec.* 2.56-62.
30. Quienes deseen considerar otras funciones en los textos antiguos, pueden ver T. T. Abram. 2:5A; Jos. & Asen. 3:2/3; *p. Meg.* 1:9, §12; Arriano, *Alex.* 5.29.1; *PGM*, 36.19.
31. Ver A. Geyser, "The Twelve Tribes in Revelation: Judean and JudeoChristian Apocalypticism", *NTS* 28 (julio 1982): 388-99 (p. 388).
32. Algunos lo ven de otra forma, como una dramatización (Bowman, *First Christian Drama*, 9; J. L. Blevins, "The Genre of Revelation", *RevExp* 77 [1980]: 393-408).

el libro de Apocalipsis en esta categoría.[33] En estos textos, en su sentido más específico, el vidente tiene visiones y revelaciones —"apocalipsis" significa literalmente "revelación"— que a menudo incluyen especulaciones cosmológicas (p. ej., 1 Enoc 72-82). En Apocalipsis hay poca especulación cosmológica y carece de viajes (1 Enoc 17-18); a diferencia de lo que opinan algunos de sus intérpretes modernos, Apocalipsis no se desvía de su curso para tratar curiosidades.

No obstante, es más frecuente que los eruditos modernos apliquen el término apocalíptico a la mayoría de textos judíos antiguos que tratan sobre revelaciones de algún modo relevantes para el tiempo del fin.[34] Como sucede con la mayoría de las obras apocalípticas, Juan hace uso del lenguaje semítico y de las figuras literarias de las visiones usadas en los libros proféticos de la Biblia (p. ej., "miré, y allí...", Ap 4:1; 6:2, 5, 8); esto explica muchas de las diferencias de lenguaje que existen entre el Apocalipsis y otros libros del Nuevo Testamento.

Como los maestros judíos, los autores proféticos judíos utilizaban con frecuencia predicciones enigmáticas o enigmas para suscitar la reflexión (p. ej., Oráculos sibilinos 5.14-42). Algunos han sugerido incluso que el autor de Apocalipsis utiliza un lenguaje codificado para evitar la persecución; sin embargo, los lectores romanos reconocerían, de inmediato, el retrato anti romano que se traza de la poderosa ciudad asentada sobre siete montes (17:9).[35] Los enigmas de Apocalipsis pretenden provocar la reflexión, no encubrir una parte de su significado.

Observando las diferencias entre el Apocalipsis y muchas de las obras apocalípticas mencionadas anteriormente, así como la profundidad de sus raíces en la profecía bíblica, algunos eruditos han argu-

---

33. De hecho, el título del género, "literatura apocalíptica", procede del título griego del libro, *Apocalypsis*. Sobre el género, ver, p. ej., James H. Charlesworth, *The Old Testament Pseudepigrapha and the New Testament: Prolegomena for the Study of Christian Origins*, SNTSM 54 (Cambridge: Cambridge Univ. Press, 1985), 87; F. F. Bruce, *The New Testament Documents: Are They Reliable?* (5th rev. ed.; Grand Rapids: Eerdmans, 1981), 11; Hugh Anderson, "A Future for Apocalyptic?" 56-71 en *Biblical Studies: Essays in Honor of William Barclay*, ed. J. R. McKay y J. F. Miller (Filadelfia: Westminster, 1976), 68.
34. Otros utilizan también este lenguaje; ver imágenes similares de una futura edad de oro en Virgilio, *Ecl.* 4.4-25; presagios romanos de fatalidad (p. ej., Herodiano, 1.14.1); incluso visiones del más allá (Plutarco, *Sobre el retraso de la venganza divina*, Mor. 548A-568A) y visiones del mundo espiritual (*PGM*, 4.662-64).
35. Ver Caird, *Commentary on Revelation*, 216-17. Los esclavos utilizaban, asimismo, fábulas para representar la realidad sin castigo (*Phaedrus* 3, prólogo 33-44).

mentado que se trata de un libro profético más que apocalíptico.[36] No hay duda de que, si comparamos el Apocalipsis de Juan con las obras apocalípticas de su tiempo, el primero está más cerca de los profetas bíblicos.[37] No tiene sentido, sin embargo, forzar una elección entre literatura "apocalíptica" y "profética". Por supuesto, en los profetas del Antiguo Testamento pueden encontrarse paralelos de casi todo lo consignado en Apocalipsis, pero las características específicas que predominan en nuestro libro son también las más comunes entre los textos judíos contemporáneos de Apocalipsis. Es arbitrario trazar una línea de demarcación; los profetas bíblicos preexílicos como Isaías y Joel, y especialmente los exílicos y postexílicos como Ezequiel, Daniel y Zacarías, utilizan el tipo de imágenes en que se inspiran los textos apocalípticos posteriores. Juan tiene también buenas razones para expresar su revelación en términos inteligibles para sus coetáneos, ¡como Dios había venido haciendo a lo largo de la historia!

Las obras apocalípticas posteriores se autoconsideraban también como "profecía" (p. ej., 4 Esdras 12:42); no es, pues, de extrañar que Apocalipsis haga lo mismo (1:3; 22:7, 10, 18-19).[38] Se debate si los escritores apocalípticos utilizaban las visiones como meros recursos literarios o si también creían haberlas experimentado.[39] Parece probable, no obstante, que al menos Juan consigne visiones auténticas determinantes del género que escogió para escribir, aunque el apóstol se tome después la libertad de expresarlas en un estilo literario y dramático.[40]

La parte occidental de Asia Menor (donde estaban situadas las siete iglesias) se jactaba de tener varios centros de predicciones esotéricas, por lo que sabemos que aun los nuevos convertidos gentiles de las siete

---

36. Ver James Kallas, "The Apocalypse—An Apocalyptic Book?" *JBL* 86 (marzo 1967): 69-80; *cf.* Ellul, *Apocalypse*, 20-35; Fiorenza, *Revelation*, 170.
37. Ver el juicio de Bowman, *First Christian Drama*, 11.
38. Ver Talbert, *Apocalypse*, 4; sobre la fusión de elementos, ver también Aune, *Prophecy in Early Christianity*, 274; Beasley-Murray, *Revelation*, 19. Muchos escritores consideran que el género de Apocalipsis es una combinación (Feuillet, *Apocalypse*, 8; Corsini, *Apocalypse*, 24-34; Roloff, *Revelation*, 8; Hill, *New Testament Prophecy*, 71-75; Beale, *Revelation*, 37-43; Aune, *Revelation*, 1:lxxxc).
39. M. E. Stone, "Apocalyptic—Vision or Hallucination", *Milla wa-Milla* 14 (1974): 47-56 (*NTA*, 20:91), sostiene que los escritores creían estar genuinamente inspirados.
40. Ver Rissi, *Time and History*, 20-21; Richard J. Bauckham, "The Role of the Spirit in the Apocalypse", *EvQ* 52 (1980): 66-83. Aune, *Prophecy in Early Christianity*, 274-75, defiende "una combinación de experiencias proféticas y artificios literarios".

iglesias estaban familiarizados con la idea de la profecía.[41] Más adelante, estos oráculos podían resultar de naturaleza política, y en un periodo anterior se habían convertido a veces en denuncias de Roma.[42]

Sin embargo, es evidente que el principal trasfondo a tener en cuenta para leer las profecías de este libro, compartido con otras obras de la literatura apocalíptica judía, es el Antiguo Testamento.

El libro de Apocalipsis, como el cuarto Evangelio, está lleno de alusiones implícitas al Antiguo Testamento; contiene más alusiones bíblicas que cualquier otra obra cristiana antigua, unas menciones que para algunos están presentes en casi un setenta por ciento del texto de Apocalipsis. Sin embargo, y a diferencia del Evangelio de Juan, en el texto de Apocalipsis no hay citas veterotestamentarias de gran extensión. Muchas de estas alusiones recuerdan también los contextos de sus fuentes bíblicas; no obstante, en un buen número de ellas el autor mezcla distintas referencias bíblicas y recicla sus imágenes para aplicarlas de una manera nueva. (Todo el mundo está de acuerdo, por ejemplo, que la plaga de granizo mezclado con fuego, el agua convertida en sangre, etcétera, recuerdan a las del tiempo de Moisés, pero también que Apocalipsis no solo está haciendo referencia a acontecimientos bíblicos pasados). Otros textos judíos podrían tomar prestadas las imágenes literarias de los últimos tiempos utilizadas por los profetas bíblicos (Oráculos sibilinos 3.788-95); algunas otras obras, como el *Manual de Disciplina de Qumrán*, pueden consignar pocas citas bíblicas (p. ej., 1QS 5.15; 8.15), pero muchas alusiones. Como otros intérpretes judíos de la antigüedad, el libro de Apocalipsis mezcla también de manera ecléctica algunas imágenes de los últimos tiempos y recicla las de anteriores profecías —incluso ya cumplidas— de nuevas maneras.[43]

---

41. T. L. Robinson, "Oracles and Their Society: Social Realities as Reflected in the Oracles of Claros and Didyma", *Semeia* 56 (1991): 59-77.
42. John J. Collins, *The Sibylline Oracles of Egyptian Judaism*, SBLDS 13 (Missoula, Mont.: Society of Biblical Literature, 1972), 4-5, 117; G. W. Bowersock, *Augustus and the Greek World* (Oxford: Clarendon, 1965), 110; en el judaísmo, Oráculos sibilinos 3.350-80. En este periodo, muchos aceptaban, no obstante, la propaganda de Roma (A. Erskine, "The Romans as Common Benefactors", *Historia* 43 [1994]: 70-87); los profetas habían sido utilizados para legitimar a los gobernantes (ver, p. ej., J. N. Bremmer, "Prophets, Seers, and Politics in Greece, Israel, and Early Modern Europe", *Numen* 40 [1993]: 150-83).
43. Quienes deseen considerar los distintos puntos de vista escatológicos consignados en los Rollos del Mar Muerto pueden ver S. L. Mattila, "Two Contrasting Eschatologies at Qumran (4Q246 vs 1QM)", *Biblica* 75 (1994): 518-38; sobre la reutilización del lenguaje profético, ver, p. ej., H. W. Parke, *Sibyls and Sibylline Prophecy in Classical*

Estructura

Sirviéndose de un temprano acercamiento crítico de cortar y pegar, algunos comentaristas como R. H. Charles reorganizaron el libro de Apocalipsis en un orden más de su agrado, considerando que su editor original era un incompetente.[44] En nuestro tiempo, existe un amplio consenso, no obstante, en el sentido de que Apocalipsis es una obra unificada,[45] un exquisito producto de diseño literario, a pesar de la sintaxis apocalíptica esencial de una buena parte de su lenguaje.[46]

En algunos puntos se debate cuál es la estructura específica; sin embargo el bosquejo general está claro.[47] Entre las cartas a las siete iglesias y el prometido futuro hay, además de escenas de adoración celestial e interludios periódicos, tres series de siete juicios que concluyen (normalmente en el sexto elemento) con un cataclismo final que se resuelve después, en el séptimo elemento (6:12-17; 8:1; 9:13-21; 11:15-19; 16:12-21). Esta clase de imaginería cataclísmica y cósmica alude de vez en cuando a ciertos acontecimientos dentro de la historia, pero en la mayoría de los casos la encontramos en la antigua literatura judía en

---

Antiquity, ed. B. C. McGing (Nueva York: Routledge, 1988), 15. Quienes estén interesados en un minucioso examen del modo en que Apocalipsis utiliza el Antiguo Testamento (con reconocimiento del valor de los contextos veterotestamentarios), ver Beale, *Revelation*, 76-99.

44. Generalmente, los comentaristas de nuestro tiempo solo llegan a sugerir una disposición de tradiciones heterogéneas recopiladas por un solo autor (Elisabeth Schüssler Fiorenza, "The Revelation to John", 99-120 en *Hebrews-Revelation*, ed. G. Krodel [Filadelfia: Fortress, 1977], 100-101), aunque Ford piensa que se trata de un apocalipsis judío (con material procedente de Juan el Bautista) editado más adelante por cristianos (*Revelation*, 4-7, 22-26). El minucioso comentario de Aune es, no obstante, excepcional en su avivamiento de la crítica de las fuentes (Aune, *Revelation*, 1:cxviii-cxxxiv, en mi opinión no tiene aquí suficientemente en cuenta los distintos géneros de Ap 2–3).
45. P. ej. Feuillet, *Apocalypse*, 23-36; Rissi, *Time and History*, 17-18; Fiorenza, *Revelation*, 163; Charlesworth, *The Old Testament Pseudepigrapha and the New Testament*, 87.
46. En las alusiones veterotestamentarias se producen muchas irregularidades gramaticales, que reflejan especialmente el lenguaje de la LXX (Beale, *Revelation*, 100-105); sobre la sintaxis de Apocalipsis, ver además Aune, *Revelation*, 1:clxii-ccvii.
47. Quienes deseen acceder a distintos bosquejos de ideas específicas, pueden ver, p. ej., Tenney, *Revelation*, 32-35; Bowman, *First Christian Drama*, 13; Caird, *Commentary on Revelation*, 105; Ford, *Revelation*, 46-50; Talbert, *Apocalypse*, 12. Es muy interesante —aunque improbable— la vinculación de Apocalipsis con un calendario de leccionario (M. D. Goulder, "The Apocalypse as an Annual Cycle of Prophecies", *NTS* 27 [abril 1981]: 342-67; *cf.* la liturgia pascual en Shepherd, *Paschal Liturgy*, 77-84).

referencia al fin de la era; es, por tanto, de lo más natural entender del mismo modo estas imágenes en el libro de Apocalipsis.

Algunos autores han intentado presentar Apocalipsis como un relato continuo y cronológico de principio a fin, pero en nuestro tiempo este punto de vista no es demasiado popular. La idea dominante, propuesta por Victorino a finales del siglo III, es que las diferentes series de juicios son paralelas más que sucesivas.[48] Puesto que todas estas series parecen concluir con el fin de la era (como se ha dicho anteriormente), es muy probable que esta línea de interpretación sea correcta. La clase de acontecimientos con que concluyen los sellos, las trompetas y las copas no pueden repetirse, ¡a no ser que el mundo tal como lo conocemos pueda acabarse varias veces (estas tres referencias más 19:11-21)!

¿Pero cuál es el principal periodo que se describe en el libro de Apocalipsis? Parece terminar con el fin de la era, pero lo que no es tan evidente es cuándo comienza. Los sellos parecen encajar con el tiempo presente (ver comentario sobre 6:1-8), pero la clave más clara la encontramos en 12:5-6: El periodo de la tribulación parece comenzar con la exaltación de Jesús hace casi dos milenios. Si esto es en realidad lo que quiere decir el pasaje, entonces, lo que hace Apocalipsis es aplicar de un modo radicalmente distinto la imagen de la tribulación escatológica del libro de Daniel. (Con esto no pretendo afirmar que Juan disienta del sentido de Daniel, sino solo argumentar que recicla la misma imagen para decir otra cosa). Otras claves de este pasaje y la habitual reaplicación de símbolos anteriores que se sucede en Apocalipsis pueden apoyar este punto de vista que sostienen muchos eruditos.

Los mil doscientos sesenta días pueden aludir al periodo entre la primera y segunda venida de Jesús, caracterizando en cierto sentido toda la edad de la iglesia como un período de tribulación. Esto no excluiría una intensificación final del sufrimiento hacia el fin de este periodo, algo en consonancia con su carácter escatológico; sin embargo, este no es probablemente el mensaje principal de Apocalipsis. En tal caso, este libro ni siquiera trataría directamente la clase de "tribulación" futura que con frecuencia hemos comentado en la "enseñanza profética" moderna. Con esto no pretendo comentar si otros pasajes bíblicos tratan o no esta cuestión, sino sugerir que Apocalipsis se centra más en el estado de los creyentes durante este periodo y que se trata, por tanto, de un

---

48. Mounce, *Revelation*, 39, 45; Beale, *Revelation*, 108-51 (aunque Aune, *Revelation*, 1.xci-xciii, es un tanto escéptico). Talbert, *Apocalypse*, 7, aporta paralelismos dentro de la literatura apocalíptica y una explicación procedente de un manual de retórica.

buen recurso para alentar a los creyentes de esta era; los cristianos han de estar siempre dispuestos a sufrir por Cristo y preparados para ello.

El texto parece querer mostrar que la extensión de la "tribulación" de Apocalipsis no se limita a mil doscientos sesenta días literales; sin embargo, no es una cuestión que esté fuera de debate. Podría argumentarse que existe un vacío entre la exaltación de Cristo y el comienzo de los días, aunque no se exprese explícitamente ninguna laguna de este tipo y la "resimbolización", también de los números, sea algo profundamente característico de este libro. No obstante, en el plano de la aplicación, el asunto seguiría siendo el mismo aunque el periodo de tiempo fuera de mil doscientos sesenta días literales: podemos aprender del modelo de los "santos de la tribulación" igual que leyendo el Antiguo Testamento o los Evangelios. De este modo, comentaristas de varios trasfondos teológicos pueden a menudo predicar y aplicar el texto de formas similares.

Fecha y trasfondo

Puesto que afirmamos que el libro de Apocalipsis ha sido inspirado por Dios, algunos lectores pueden preguntarse qué cambia conocer su fecha y trasfondo. ¿Acaso su mensaje no es intemporal? Claro, pero también es intemporal el mensaje de Romanos, Filipenses y 1 Pedro y, sin embargo, reconocemos que Dios inspiró a los apóstoles para que escribieran estas cartas dirigidas a personas reales a quienes identifican explícitamente como sus receptores. Igual que estas cartas, Apocalipsis consigna la identidad de sus destinatarios (1:4, 11). Conocer el trasfondo que los primeros lectores de la Biblia asumían con naturalidad nos ayuda a entender los asuntos que el autor fue inspirado para tratar especialmente. Podemos aplicar los principios bíblicos de manera mucho más concreta si entendemos las necesidades específicas que trataron inicialmente.

Los padres de la iglesia primitiva sugirieron que el libro de Apocalipsis tiene su origen en el periodo del perverso emperador Domiciano, a finales del siglo I, y que Juan no regresó de Patmos, sino tras la muerte de Domiciano (p. ej., Ireneo, *Her.* 5.30.3; Eusebio, *H.E.* 3.18.1-3; 3.20.9; 3.23.1).[49] Algunos han propuesto una fecha anterior durante el

---

49. Quienes deseen más referencias pueden ver Mounce, *Revelation*, 32; ver de un modo más completo Beale, *Revelation*, 4-27. Clemente de Alejandría, *¿Quién es el rico que se salvará?* 42, lo sitúa menos explícitamente bajo el "tirano". Este seguía siendo el punto de vista mayoritario al menos a finales del siglo XX (Hemer, *Letters to the Seven Churches*, 3; H. Koester, *Introduction to New Testament* (Filadelfia: Fortress, 1982),

gobierno del perverso Nerón, que encajaría con lo que sabemos de la persecución en Roma (Tácito, *Ann.* 15.44; 2Ti 4:16-18).[50] Una parte de la evidencia externa menos explícita podría entenderse también en este sentido, pero no el testimonio mucho más directo de Ireneo.[51] Sin embargo, la persecución de Nerón parece limitada mayormente a Roma (aunque quienes escribían desde esta ciudad podían esperar que la persecución se extendiera a otros lugares, 1P 1:1; 4:12; 5:9, 13), y la profecía de Jesús a Éfeso en 2:1-7, que sugiere que la iglesia se protegió bien contra el error, no encaja con el tiempo de Nerón (Hch 20:29-30; 1Ti 1:3-7; 2Ti 2:17-18).

Además, se diría que Apocalipsis describe el regreso del impío gobernante Nerón (Ap 17:11), algo que no parece un probable tema de atención antes de la desaparición de dicho emperador en el año 68 d.C. En cambio, Domiciano persiguió tanto a la iglesia que la tradición lo consideraba explícitamente el sucesor de Nerón (Eusebio, *H.E.* 3, 17, 20). Otros prefieren el periodo de los disturbios inmediatamente posteriores a la muerte de Nerón o al tiempo de Vespasiano, pero los datos explícitos en este sentido son escasos.[52] Las fechas anteriores permiten que algunos intérpretes identifiquen la venida de Cristo en Apocalipsis como su inminente destrucción de Jerusalén; sin embargo es difícil que este pueda considerarse el sentido más natural de imágenes como la remoción de los montes e islas (6:14; 16:20) o la resurrección de los justos (20:4-5).[53] Es, pues, bastante probable que la tradición de la iglesia que

---

2:250; A. C. Isbell, "The Dating of Revelation", *Restoration Quarterly* 9 [1966]: 107-17; Charlesworth, *Old Testament Pseudepigrapha and New Testament*, 87).

50. Ver Sproul, *Last Days*, 141-45, siguiendo a Kenneth L. Gentry Jr., *Before Jerusalem Fell: Dating the Book of Revelation* (Tyler, Tex.: Institute for Christian Economics, 1989).

51. En contra de ciertos argumentos en sentido contrario, cuando Ireneo habla de algo "visto" en el tiempo de Domiciano, se refiere sin duda a la visión que Juan "vio" y que él acaba de mencionar.

52. John A. T. Robinson, *Redating the New Testament* (Filadelfia: Westminster, 1976), 221-53; E. Lipinski, "L'apocalypse et le martyre de Jean à Jérusalem", *NovT* 11 (1969): 225-32; Albert A. Bell, Jr., "The Date of John's Apocalypse: The Evidence of Some Roman Historians Reconsidered", *NTS* 25 (oct. 1978): 93-102, plantean fechas entre los años 68 y 70 d.C. Otros sugieren que escribió en el tiempo de Domiciano, pero como otros escritores de obras apocalípticas fechó su obra en un periodo anterior (al de Vespasiano: Feuillet, *Apocalypse*, 93).

53. Quienes deseen considerar la inminente destrucción de Jerusalén en estas imágenes, ver, p. ej., Brooke Foss Westcott, *The Gospel According to St. John: The Authorized Version with Introduction and Notes* (Grand Rapids: Eerdmans, 1950, reimpresión de 1881 ed.), p. lxxxvii.

fecha Apocalipsis en el tiempo de Domiciano, a finales del siglo I, sea correcta; aunque no podemos decir que sea segura, está mejor fundamentada que sus alternativas. La reivindicación de divinidad por parte de Domiciano y la centralidad de su culto en Asia encajan especialmente con la última parte de su mandato, aproximadamente a mediados de la década entre el año 90 y 100 d.C.[54]

Un asunto que habría sido central en la última parte del reinado de Domiciano es la adoración del emperador. Los griegos ya habían trazado, desde hacía mucho tiempo, los límites entre los seres humanos y las deidades, y lo habían hecho de un modo bastante impreciso.[55] No es, pues, de extrañar que cuando Alejandro Magno conquistó la mayor parte de Oriente Medio, adoptara rápidamente la noción común de que los gobernantes eran dioses y aceptara la adoración de aquellos súbditos propensos a ofrecérsela.[56] Cuando Roma obtuvo el control del Mediterráneo oriental, permitió que los territorios imperiales del Este, donde estaban las prósperas ciudades de Asia Menor, mostraran la lealtad al estado romano adorando al emperador.[57] En los antiguos santuarios, utilizados para la adoración de otras deidades, a menudo se veneraba también al emperador.[58]

La mayoría de los romanos mismos eran mucho más comedidos en esta cuestión; sabían que el emperador era mortal y solo podía reconocérselo como Dios después de la muerte (una acción que requería la aprobación del senado).[59] En la ciudad de Roma, que un emperador reivindicara

---

54. Aune, *Revelation*, 1:lvii-lxx, fecha las tradiciones en los años 60 o antes, pero la edición definitiva del libro a finales del reinado de Domiciano o a comienzos del de Trajano. Las afirmaciones de que Apocalipsis se opone también a un proto-gnosticismo mediante la revitalización de la escatología (Elisabeth Schüssler Fiorenza, "Apocalyptic and Gnosis in the Book of Revelation", *JBL* 92 [dic. 1973]: 565-81 [p. 581]) son versosímiles pero carecen de una evidencia sólida.
55. *Cf.*, p. ej., Homero, *La Ilíada* 2.407; 7.47; *Od.* 3.110; 17.3, 54, 391; Sófocles, *Edipo Rey*, 298; Eurípides, *Andrómaca* 1253-58.
56. P. ej., Arriano, *Alex.* 4.10.5-7; 7.29.3; para sus sucesores, p. ej., *P. Petr.* 3.43, col. 3.11-12.
57. La gente llegaba incluso a jurar por el emperador (*CIL*, 2.1963; Apuleyo, *Metam.* 9.42; por un judío en *CPJ* 2:213-14, §427); los juramentos de lealtad al emperador eran muy comunes (p. ej., *CIG*, 3.137; *CIL*, 2.172), pero los cristianos se resistían a practicarlos (ver B. F. Harris, "Oaths of Allegiance to Caesar", *Prudentia* 14 [1982]: 109-22). Sobre la atribución de honores divinos al emperador, ver fuentes en Jane F. Gardner, *Leadership and the Cult of Personality* (Londres: J. M. Dent, 1974), 117-24.
58. Cf. Pausanias, 1.40.1; 3.11.5.
59. P. ej. Herodiano, 4.2.1, 11. Sobre el ideal romano limitando en teoría las reivindicaciones imperiales, *cf.* A. Wallace-Hadrill, "Civilis Princeps: Between Citizen and King",

deidad mientras todavía estaba vivo se consideraba un acto de *hibris*, de suprema arrogancia y acarreaba normalmente la maldición del nombre del emperador después de su muerte. Gayo Calígula, Nerón y Domiciano fueron los únicos emperadores del siglo I que demandaron adoración mientras vivían; por consiguiente, fueron los únicos emperadores a quienes, habiendo reinado por un espacio de tiempo considerable, el estado les negó el privilegio de ser llamados dioses después de su muerte.[60]

No obstante, en las provincias del Mediterráneo oriental la mayoría de los pueblos mostraban su lealtad a Roma adorando no solo a la diosa Roma, sino también al emperador. Distintas ciudades de Asia habían competido por el honor de albergar templos dedicados al emperador, con Éfeso y Esmirna como principales emplazamientos de estos cultos. Las siete ciudades de Asia Menor, a cuyas iglesias se dirigen las cartas de Apocalipsis 2 y 3, estuvieron expuestas al culto imperial.[61] A medida que su reinado se desarrollaba, el pueblo llamaba a Domiciano cada vez más "amo" y "dios" (Dión Casio, 67.13.4).[62] Este emperador fue también un tirano que reprimió a algunos grupos minoritarios que constituían una potencial amenaza, como los judíos romanos, los filósofos y los astrólogos.[63]

JRS 72 (1982): 32-48; en S. R. F. Price, "Gods and Emperors: The Greek Language of the Roman Imperial Cult", *JHS* 104 (1984): 79—95, se habla de las limitaciones griegas.

60. Sobre evitar esta acción de *hubris* en Occidente, ver *P. Lond.* 1912.48-51; Tácito, *Anales.* 4.38; para similares actitudes aun entre los griegos, ver Sófocles, *Ajax* 758-79; Arriano, *Alex.* 4.11.1-9; 4.12.1. Para execración póstuma, ver Dión Casio, 60.4.5-6; Herodiano, 1.15.1.

61. Ver Yamauchi, *The Archaeology of New Testament Cities*, 57, 66, 83-85; Ramsay, *Letters to the Seven Churches*, 231-32, 283, 366-67, 410; Aune, *Revelation*, 2:775-79. Para Éfeso en particular, ver Sjef van Tilborg, *Reading John in Ephesus*, NovTSup 83 (Leiden: Brill, 1996), 40-47, 174-212; R. Oster, "Christianity and Emperor Veneration in Ephesus: Iconography of a Conflict", *Restoration Quarterly* 25 (1982): 143-49.

62. El título "señor" se aplicó también a emperadores anteriores, incluyendo a Augusto y a Nerón; Ver G. Adolf Deissmann, *Light From the Ancient Past* (Grand Rapids: Eerdmans, reimpr. 1978), 351-55 (contra Arthur Darby Nock, *Early Gentile Christianity and Its Hellenistic Background* [Nueva York: Harper & Row, 1964], 34; Dión Casio muestra que no se trataba simplemente de costumbres egipcias). Esto contrasta por completo con el título aplicado a Cristo (Oscar Cullmann, *The Christology of the New Testament* [Filadelfia: Westminster, 1959], 228).

63. P. ej. Suetonio, *Dom.* 12; Aulus Gellius, 15.11.3-5; Filostrato, *V.A.* 7-8; *cf.* M. H. Williams, "Domitian, the Jews and the 'Judaizers'—A Simple Matter of Cupiditas and Maiestas?", *Historia* 39 (1990): 196–211; *Sifre Deut.* 344.3.2; Oráculos sibilinos 5.39-46.

En Asia, todo el mundo entendía que los judíos estaban eximidos de adorar explícitamente al emperador porque adoraban solo a un Dios.[64] Esta dispensa extraoficial protegió probablemente a algunos cristianos de origen judío impidiendo que se los invitara a participar de los ritos de la religión popular pagana. En la Asia romana, no obstante, muchos judíos habían ascendido en el escalafón social y eran más aceptados en la sociedad que en otros lugares; se los recibía mejor que en Alejandría e incluso que en Roma. Sabían que tenían mucho que perder con los movimientos proféticos que afirmaban seguir a otro rey que César; como los judíos por todo el imperio, tuvieron que pagar un impuesto especial por la sublevación de los judíos de Judea en el año 66 d.C.[65]

Por otra parte, tras la destrucción de Jerusalén en el año 70 d.C., muchos judíos palestinos que recelaban del cristianismo judío se establecieron sin duda en Asia Menor, exacerbando las tensiones que ya existían en esta zona (Hch 19:9, 33-34; 21:27-29).[66] Probablemente, por estas y otras razones, a finales del siglo I los cristianos de origen judío eran mal recibidos en algunas importantes sinagogas de Asia Menor (2:9; 3:9).[67] Los cristianos afirmaban ser judíos desde un punto de vista religioso, representando la verdadera fe del Israel de la antigüedad; debían, por tanto, beneficiarse de la tolerancia que Roma concedía a las comunidades locales judías. No obstante, cuando quedó claro que las autoridades no consideraban que los cristianos fueran judíos —una vez que las sinagogas los expulsaron—, fueron objeto de la represión y hasta de la muerte a manos de ellas.[68]

A comienzos del siglo II, durante el mandato de Trajano, un gobernador relativamente nuevo del territorio asiático de Bitinia vio que un masivo movimiento de conversiones a la fe de Cristo diezmaba los

---

64. Roma los obligaba a otras formas de respeto; ver Alfredo Mordechai Rabello, "The Legal Condition of the Jews in the Roman Empire", *ANRW* (1980) 10.13.662-762 (pp. 703-4).
65. P. ej., *CPJ*, 2:125-28, §§183-93.
66. Otras pruebas, como una inscripción esmírnea, demuestran que la inmigración de Judea a Asia continuó en el siglo II d.C. (*IGR* 4.1431.29 en Aune, *Revelation*, 1:164).
67. Para analizar el conflicto en el siglo II y fuentes posteriores, ver, p. ej., R. T. Herford, *Christianity in Talmud and Midrash* (Clifton, N.J.: Reference Book, 1966), 221-26, 282-85.
68. En las siguientes citas se tratan los potenciales problemas suscitados por la colisión de la iglesia con el culto imperial en este periodo, ver, p. ej., F. C. J. D. Cuss, *Imperial Cult and Honorary Terms in the New Testament* (Friburgo: Fribourg Univ. Press, 1974); S. R. F. Price, "Between Man and God: Sacrifice in the Roman Imperial Cult", *JRS* 70 (1980): 28-43.

templos paganos. Este gobernador torturó a los cristianos para conseguir información y se ofrecía a liberarlos si adoraban la imagen de César; pero, encontrándoles demasiado "arrogantes" para adorar a César, mandó ejecutarlos (Plinio, *Ep.* 10.96). De su correspondencia con Trajano colegimos que la práctica de arrestar cristianos fuera de Roma no se inició con Trajano; es más que probable que comenzara algún tiempo antes, posiblemente durante el mandato de Domiciano.[69] A comienzos del siglo II, el estado demandaba que los cristianos llamaran "Señor" a César y le ofrecieran sacrificios para ponerlos en libertad (Martirio de Policarpo 8). Los cristianos afrontaron así una crisis que recordaba a las vividas por los judíos en el tiempo de Daniel y Antíoco IV Epifanes: no puede darse a César lo que solo pertenece a Dios.[70]

Tradicionalmente, los eruditos han considerado que Apocalipsis se dirige a cristianos oprimidos que experimentan la persecución del poderoso estado romano. Hoy, sin embargo, muchos subrayan que este libro se dirige a "cristianos satisfechos de sí mismos y espiritualmente anémicos".[71] De hecho, cuando analizamos las cartas a las siete iglesias, encontramos que ambas situaciones coexistían en distintos lugares. Apocalipsis interpela tanto a iglesias vivas como muertas; sin embargo, son más las que corren el peligro de acomodarse al mundo que de morir en sus manos. Esto hace que el libro sea pertinente para el cristianismo del mundo occidental de nuestro tiempo.

Mensaje de Apocalipsis

Por su propia naturaleza, la aplicación es casi siempre contextual, adaptada para una cultura, iglesia (en la predicación), o individuo (a menudo en sus devociones personales) específicos. Por ello, la mayoría

---

69. Ver Tertuliano, *Apol.* 5.4. Las siguientes referencias atestiguan las reivindicaciones de deidad por parte de Domiciano: Suetonio, *Dom.* 12; Dión Casio, 67.13.4. Para la verdadera persecución bajo Domiciano (oficial o extraoficial), ver Hemer, *Letters to the Seven Churches*, 7-11; W. M. Ramsay, *The Church in the Roman Empire Before A.D. 170* (Nueva York: G. P. Putnam, 1893), 196-213; algunos textos rabínicos sugieren también la persecución romana de los cristianos. Otros opinan que estos reflejan meramente una persecución esporádica (Adela Yarbro Collins, "Dating the Apocalypse of John", *Biblical Research* 26 [1981]: 33-45); en cualquier caso, Apocalipsis refleja un cierto sufrimiento (p. ej., 2:13) y la expectativas de que vaya a más.
70. Para el desafío que supone la supresión de las religiones locales por parte de un imperio, ver, p. ej., Dn 3:1-18; Judith 3:8; 2 Mac 11:23. Los gobernantes orientales demandaban también reverencia (Filostrato, *V.A.* 1.27-28).
71. Talbert, *Apocalypse*, 25. Beale, *Revelation*, 28-33, considera que ambas cosas son verdad; sin embargo, ve la transigencia como la principal amenaza.

de las aplicaciones de este comentario son una muestra del tipo de las que podemos plantear. Aunque he intentado poner ejemplos procedentes de una gama de culturas que serían relevantes para la mayoría de los posibles receptores del comentario, mi trasfondo personal en sectores determinados del evangelicalismo norteamericano, iglesias afroamericanas, círculos judeo mesiánicos y otros contextos no cubre, ni mucho menos, todas las bases concebibles para la aplicación del texto. Sí confío, no obstante, en que los lectores encontrarán útiles modelos para trazar analogías entre ciertas cuestiones que plantea el texto bíblico y otras de nuestro tiempo.

Por otra parte, el libro de Apocalipsis trata muchas cuestiones que no han cambiado, puesto que tanto la naturaleza humana como el carácter de Dios han permanecido constantes. Estos son los temas en los que nos centramos en esta sección. Felizmente, surgen repetidamente a lo largo de Apocalipsis. Puesto que el libro fue entregado como una unidad y que, aparte de las cartas a las siete iglesias, no estaba concebido para ser leído o predicado de manera fragmentada, es importante que cada vez que leemos, enseñamos o predicamos algún pasaje de Apocalipsis, lo hagamos en vista de los temas de todo el libro, reflejados en dicho pasaje.

Me he esforzado al máximo por honrar el texto y desarrollar mis puntos de vista basándome en lo que este dice, más que imponiéndole nociones preconcebidas; mis ideas actuales difieren considerablemente de las que se me enseñaron en un principio. Al mismo tiempo, quiero subrayar que cuando cito otras posiciones teológicas, lo hago con mucho respeto y con el deseo de dialogar con ellas. Dudo, por ejemplo, que la mayoría de lectores me clasifique como dispensacionalista (¡aunque uno de mis amigos dispensacionalistas progresivos ha trazado las fronteras del dispensacionalismo de un modo tan amplio que dice que podría considerarme un dispensacionalista honorario!). Pero sería injusto para cualquier posición evangélica ignorar sus puntos de vista, de modo que los cito tanto cuando disiento como cuando aprendo de ellas. Sin embargo, a pesar de que distintos eruditos tengan perspectivas distintas sobre los pormenores de los acontecimientos escatológicos, todos los lectores pueden estar de acuerdo sobre los asuntos más importantes de Apocalipsis. Los eruditos de diversas opiniones compartirán también muchas de mis convicciones exegéticas sobre varios pasajes.

Cuando pensamos en el libro de Apocalipsis, muchos lo hacemos en términos de debates sobre detalles escatológicos; no obstante, tales pormenores no pueden considerarse el principal mensaje del libro de Apocalipsis. De hecho, sobre ciertos asuntos, es posible que la mayor parte de nosotros quedemos sorprendidos. Después de mostrar que Dios sorprendió constantemente a su pueblo por la manera en que cumplió tanto las profecías del Antiguo Testamento como las del Nuevo, un escritor se pregunta, "¿No es, acaso, posible que Dios pueda cumplir alguna de sus predicciones de maneras que los humanos no hayamos concebido todavía?".[72]

Algunas de las revelaciones de Juan ni siquiera fueron concebidas para ser entendidas en nuestro tiempo (10:4), aunque la mayoría de ellas sí lo fueron en sus puntos más importantes (22:10). Los detalles escatológicos no forman parte de las confesiones de fe ni en el Nuevo Testamento, ni entre las antiguas confesiones cristianas; los detallados puntos de vista escatológicos no constituyen una prueba de ortodoxia cristiana. El único "consenso entre los cristianos conservadores [es] que, en el núcleo esencial de la doctrina cristiana, está la segunda venida de Jesús, de manera personal, literal y visible; pero, más allá de esto, el consenso se desvanece".[73]

No obstante, como señala Billy Graham, en lugar de perdernos en las pinceladas más baladíes, debatiendo todos los detalles del texto, necesitamos dar un paso atrás y captar la majestad del "grandioso diseño" del libro.[74] Podemos reconocer la presencia de ambigüedades e incertidumbres, y hasta discrepar de otros cristianos sobre algunos escenarios escatológicos más amplios, como la naturaleza del milenio; sin embargo, por regla general, las aplicaciones más importantes para nuestras vidas están claras. Al hablar de la enseñanza del Nuevo Testamento sobre el regreso de Jesús, ¿podemos pasar por alto el marcado llamamiento a la santidad vinculado a la preparación para la venida de Cristo como uno de los temas escatológicos más dominantes del Nuevo Testamento (Mr 13:33-37; 1Ts 3:13; 5:6-7, 23; Tit 2:12-13; 1P 1:7; 2P 3:14; 1Jn 2:28–3:3)?

¿Cuál es entonces el mensaje de Apocalipsis? A continuación voy a mencionar varios puntos al respecto, aunque la mayoría de ellos los desarrollaré más adelante en el comentario de determinados pasajes.

- Que Dios es formidablemente majestuoso, y soberano en nuestros problemas.

---

72. Lewis, *Questions*, 133; ver también 89.
73. *Ibíd.*, 129-30.
74. Graham, *Approaching Hoofbeats*, 19-20.

- Que, en última instancia, el sacrificio de Jesús como Cordero proporciona una completa liberación a aquellos que confían en él.
- Que los juicios de Dios sobre el mundo son, a menudo, para dejarle constancia de que él vengará a su pueblo.
- Que independientemente de lo que parezcan las cosas a corto plazo, "el pecado no queda impune", y Dios juzgará.[75]
- Que Dios puede conseguir sus propósitos por medio de un remanente pequeño y perseguido; no depende de lo que el mundo valora como poder.
- Que la adoración nos lleva desde la aflicción de nuestro sufrimiento hasta los propósitos eternos de Dios vistos desde una perspectiva celestial.
- Que proclamar a Cristo genera persecución: el estado normal de los creyentes comprometidos en esta era.
- Que merece la pena morir por Cristo.
- Que existe un contraste radical entre el reino de Dios (ejemplificado en la novia, la nueva Jerusalén) y los valores del mundo (ejemplificado en una prostituta, Babilonia).
- Que la esperanza que Dios nos ha preparado trasciende con mucho nuestros sufrimientos presentes.
- Que el plan de iglesia de Dios incluyen en última instancia a representantes de todos los pueblos.

El libro de Apocalipsis proclama también el señorío de Cristo de manera más explícita y frecuente que algunas partes del Nuevo Testamento; bajo circunstancias normales no nos enfrentamos a la oposición cuando suavizamos nuestro testimonio de Cristo, sino cuando lo damos de manera más osada. No hay duda de que, aunque Apocalipsis distingue al Padre del Cordero, atribuye plena deidad a Jesús, un lenguaje que llegaría a ser común poco después de su redacción (Plinio, *Ep.* 10.96; Ignacio, *Rom.* 3; Justino, *Primera Apología* 67; *Segunda Apología* 13). El libro de Apocalipsis invoca repetidamente pasajes del Antiguo Testamento que aluden a Dios y los aplica a Jesús (Dn 7:9 en 1:14; Is 2:19 y Os 10:8 en 6:15-17; Is 49:10 en 7:17; Dt 10:17 en 17:14 y 19:16; Is 63:2 en 19:13; Is 60:19-20 en 21:23).

Otros títulos o expresiones aplicados a Jesús se dedicaban a la deidad en las culturas circundantes (p. ej., 2:18), y ciertos títulos que en el

---

75. Como se observa en *ibíd.*, 23.

judaísmo se aplican a Dios, como "el que vive" se atribuyen a Jesús (1:18). Jesús realiza funciones divinas; mientras que en el Antiguo Testamento expresiones como "así dice el Señor" introducen con frecuencia profecías, en Apocalipsis es Jesús quien, por el Espíritu, inspira la profecía (2:1, 8, 12, 18; 3:1, 7, 14). Los judíos contemporáneos de Juan atribuían solo a Dios la posesión de las llaves del reino de los muertos (Sabiduría de Salomón 16:13); sin embargo, el libro de Apocalipsis confiere dicha posesión a Jesús (Ap 1:18). En contraste con las expectativas judías de aquel tiempo, Jesús es objeto de doxologías (1:5-6) de plena adoración (5:8-14) y se le invoca en las bendiciones pronunciadas sobre los lectores (1:4-5).

La aplicación de títulos divinos a Jesús que se produce en Apocalipsis podría ser más explícita cuando lo denomina "el Primero y el Último" (1:17; 2:8; 22:12-13), título que, según Isaías, solo es aplicable a Dios (Is 41:4; 44:6; 48:12), y exactamente equivalente en sentido al "Alfa y la Omega", que en 1:8; 21:5-7 se aplica al Padre, y en 22:13 a Jesús. Para sus oyentes, la cristología de Juan era también sumamente práctica: el libro de Apocalipsis se escribió para asegurar a los creyentes bajo presión que "su victoria estaba fuera de dudas; era Jesús, y no César, quien había sido investido por el Todopoderoso como soberano del mundo".[76]

Pero la aportación más característica de Apocalipsis al Nuevo Testamento es algo que nos hace sentir incómodos, especialmente cuando encontramos plena satisfacción en este mundo. El libro de Apocalipsis ofrece una esperanza mejor a una iglesia enamorada de esta era o que desespera de la siguiente: "Es únicamente en este intervalo entre el *ya* y el *todavía no* donde se sitúa la esperanza, en lo que puede experimentarse como el silencio de Dios o la aridez, cuando parece difícil seguir creyendo".[77] Apocalipsis nos recuerda que no pertenecemos a este mundo y que no debemos dejarnos seducir por sus valores. El Apocalipsis de Juan llama a las iglesias perseguidas a permanecer vigilantes (2:10; 3:11), y a las demás a no transigir con el espíritu de esta era (2:16, 25; 3:3, 18-20).[78]

---

76. Bruce, *New Testament Documents*, 11; *cf.* ídem, *The Message of the New Testament* (Grand Rapids: Eerdmans, 1981), 86-87; Vincent Taylor, *The Atonement in New Testament Teaching* (Londres: Epworth, 1945), 34.
77. Ellul, *Apocalypse*, 58.
78. Muchos eruditos se han esforzado por entender y expresar la relevancia del libro de Apocalipsis; ver ejemplos en Wainwright, *Mysterious Apocalypse*, 161-222.

Bosquejo

I. Introducción (1:1–3:22)
   A. Título y bendición (1:1-3)
   B. Introducción epistolar (1:4-8)
   C. Introducción narrativa (1:9-20)
      1. Trasfondo (1:9-11)
      2. Visión del Hijo del Hombre (1:12-16)
      3. Mensaje de Jesús (1:17-20)
   D. Cartas a las siete iglesias (2:1-3:22)
      1. Éfeso: el amor perdido (2:1-7)
      2. Esmirna: santos sufrientes (2:8-11)
      3. Pérgamo: facción fornicaria (2:12-17)
      4. Tiatira: cristianos acomodadizos (2:18-27)
      5. Sardis: sueño pecaminoso (3:1-6)
      6. Filadelfia: pilares perseverantes (3:7-13)
      7. Laodicea: pobres prósperos (3:14-22)

II. Visiones del templo celestial (4:1-5:14)
   A. Adoración en el cielo (4:1-11)
   B. Digno de abrir el libro (5:1-7)
   C. En alabanza del Cordero (5:8-14)

III. Los sellos (6:1–8:1)
   A. Los jinetes (6:1-8)
      1. Conquista (6:1-2)
      2. Guerra (6:3-4)
      3. Hambre (6:5-6)
      4. Muerte por varios medios (6:7-8)
   B. Martirio y Juicio Final (6:9-17)
      1. Martirizados por sus buenas nuevas (6:9-11)
      2. Disolución cósmica (6:12-17)
   C. Interludio: santos en la tierra y en el cielo (7:1-17)
      1. El ejército escatológico de Dios (7:1-8)
      2. La muchedumbre multicultural de mártires (7:9-17)
   D. El séptimo sello (8:1)

IV. Las trompetas (8:2–11:19)

A. Oraciones como prefacio del juicio (8:2-6)
B. Primeras cuatro plagas (8:7-13)
C. Dos plagas de invasiones (9:1-21)
  1. Un ejército de langostas diabólicas (9:1-12)
  2. Partos diabólicos (9:13-21)
D. Segundo interludio (10:1-11)
  1. Los siete truenos secretos (10:1-7)
  2. Una comisión profética (10:8-11)
  3. Medición del templo oprimido (11:1-2)
  4. Los dos testigos de Dios (11:3-14)
E. La última trompeta: el fin de la era (11:15-19)

V. Los santos frente a la serpiente (12:1-14:20)
  A. La mujer y su semilla (12:1-17)
    1. El pueblo de Dios, Cristo y Satanás (12:1-6)
    2. Guerra celestial (12:7-12)
    3. La persecución del dragón (12:13-17)
  B. Las dos bestias del dragón (13:1-18)
    1. El falso mesías (13:1-10)
    2. El falso sacerdote (13:11-18)
  C. Los mártires victoriosos (14:1-5)
  D. Triunfo de Dios sobre Babilonia (14:6-20)
    1. Canciones del triunfo de Dios sobre Babilonia (14:6-8)
    2. Condenación de los adoradores de la bestia (14:9-11)
    3. Los santos descansan en paz (14:12-13)
    4. Juicios sobre el mundo (14:14-20)

VI. Copas de ira (15:1–16:21)
  A. Introducción narrativa a las copas (15:1–16:1)
    1. Anuncio de plagas (15:1)
    2. Mártires victoriosos del nuevo éxodo (15:2-4)
    3. Juicios del templo celestial (15:5–16:1)
  B. Copas de plagas (16:2-21)
    1. Cinco plagas (16:2-11)
    2. Armagedón (16:12-16)
    3. Destrucción del orden mundial (16:17-21)

VII. Destino de Babilonia (17:1–19:21)
  A. Babilonia, la gran ramera (17:1-18)

1. La personificación de la inmoralidad espiritual (17:1-5)
2. Explicación del misterio (17:6-18)
B. Lamento por la Babilonia caída (18:1–19:4)
1. Lamento fingido por la prostituta (18:1-3)
2. Llamamiento a resistir la seducción del mundo (18:4-8)
3. El llanto de los reyes (18:9-10)
4. El llanto de los mercaderes (18:11-19)
5. Se invita a los aliados de Dios a gozarse (18:20)
6. Venganza de los oprimidos (18:21-24)
7. El cielo celebra la destrucción de Babilonia (19:1-4)
C. Cristo viene en juicio (19:5-21)
1. Cena de bodas para los justos (19:5-10)
2. El guerrero vengador de Dios (19:11-16)
3. Festín con los malvados (19:17-21)
VIII. La esperanza de los santos (20:1–22:5)
A. Juicios para justos e impíos (20:1-15)
1. El diablo atado (20:1-3)
2. Resurrección de los justos (20:4-6)
3. La última resistencia del diablo (20:7-10)
4. El juicio final de los condenados (20:11-15)
B. La nueva Jerusalén, la novia del Cordero (21:1–22:5)
1. La nueva creación (21:1-8)
2. Las riquezas de la nueva Jerusalén (21:9-22)
3. La gloria de la nueva Jerusalén (21:23-27)
4. El nuevo Edén (22:1-5)
IX. Conclusión (22:6-21)
A. El foco está en Dios, no en sus instrumentos (22:6-7)
B. Exhortaciones finales (22:10-17)
1. El tiempo está cerca (22:10-12)
2. El primer imprimátur divino de Jesús (22:13)
3. El destino de los justos y los impíos (22:14-15)
4. El segundo imprimátur divino de Jesús (22:16)
5. Invitación a Jesús y a los receptores (22:17)
C. No alteren el libro (22:18-19)
D. La prometida venida de Jesús (22:20)
E. Conclusión epistolar (22:21)

Bibliografía Comentada

Comentarios

Aune, David E. *Revelation*. 3 vols. Word Biblical Commentary 52a–c. Dallas: Word, 1997–1998. El análisis más concienzudo de los paralelismos grecorromanos con las imágenes y conceptos de Apocalipsis y, junto con el de Beale, el comentario más actualizado y minucioso de este libro.

Beale, Gregory K. *The Book of Revelation: A Commentary on the Greek Text*. Grand Rapids: Eerdmans, 1999. Con una monumental cantidad de información en un solo volumen, este será para muchos lectores el comentario más útil de Apocalipsis. Junto con el de Aune, es, hasta la fecha, el comentario más actualizado y minucioso (aunque su publicación es demasiado reciente para que en este comentario haya podido considerarlo de un modo tan completo como merece).

Beasley-Murray, G. R. *The Book of Revelation*. The New Century Bible. Greenwood, S.C.: Attic; Londres: Marshall, Morgan & Scott, 1974. Uno de los comentarios más concienzudos y útiles sobre Apocalipsis, que ofrece una detallada exposición del trasfondo y varios puntos de vista sobre cada pasaje.

Boring, M. Eugene. *Revelation*. Interpretation. Louisville: John Knox, 1989. Esta obra es minuciosa y rica en matices en sus explicaciones de los métodos interpretativos, y muestra gran interés en la aplicación desde una perspectiva protestante tradicional.

Bowman, John Wick. *The First Christian Drama: The Book of Revelation*. Filadelfia: Westminster, 1968. Es una obra de nivel popular, legible, conservadora, amilenarista, que considera la tribulación como el curso total de la historia entre la primera y la segunda venida de Cristo.

Caird, G. B. *A Commentary on the Revelation of Saint John the Divine*. Harper's New Testament Commentaries. Nueva York: Harper & Row, 1966. Como el de Beasley-Murray reseñado anteriormente, se trata de uno de los comentarios más concienzudos y útiles de Apocalipsis, con detalladas exposiciones del trasfondo y varios puntos de vista sobre cada uno de los pasajes.

Corsini, Eugenio. *The Apocalypse: The Perennial Revelation of Jesus Christ*. Traducido y editado por Francis J. Moloney. Good News Studies 5. Wilmington, Del.: Michael Glazier, 1983. A pesar de algunas buenas reflexiones, esta obra fuerza las imágenes de Apocalipsis dándoles una interpretación histórico-salvífica en la que no encajan con naturalidad.

Ellul, Jacques. *Apocalypse: The Book of Revelation*. Traducido por George W. Schreiner. Nueva York: Seabury, 1977.

Feuillet, André. *The Apocalypse*. Staten Island, N.Y.: Alba House, 1965. Este libro es especialmente valioso por la amplitud de su trabajo bibliográfico hasta su tiempo.

Fiorenza, Elisabeth Schüssler. *The Book of Revelation: Justice and Judgment*. Filadelfia: Fortress, 1985. Esta obra aporta numerosas reflexiones exegéticas y se ocupa de ciertos temas liberacionistas y aplicaciones del libro.

Ford, J. Massyngberde. *Revelation*. Anchor Bible 38. Garden City, N.Y.: Doubleday, 1975. A pesar de algunas excentricidades (especialmente su idea de que una buena parte del texto surge de las profecías de Juan el Bautista), esta obra ofrece mucha información de trasfondo útil, especialmente de fuentes judías.

González, Catherine Gunsalus, y Justo L. González. *Revelation*. Westminster Bible Companion. Louisville, K.Y.: Westminster/John Knox, 1997.

Johnson, Alan F. *Revelation*. The Expositor's Bible Commentary. Grand Rapids: Zondervan, 1996. Evangélico, premilenarista.

Lindsey, Hal. *There's a New World Coming: A Prophetic Odyssey*. Santa Ana, Calif.: Vision House, 1973. Una lectura a nivel popular de los símbolos de Apocalipsis en vista de los acontecimientos modernos, desde una perspectiva dispensacionalista. Lindsey ha revisado ya algunas de sus declaraciones (como por ejemplo la sospecha de que Cristo vendría durante los cuarenta años posteriores a 1948). No obstante, muchos dispensacionalistas progresivos ven su obra como excéntrica y no representativa del dispensacionalismo.

Metzger, Bruce M. *Breaking the Code: Understanding the Book of Revelation*. Nashville: Abingdon, 1993. Una obra útil y legible escrita por un eminente erudito bíblico; mucho menos documentada que la de Talbert.

Michaels, J. Ramsey. *Revelation*. The IVP New Testament Commentary Series. Downers Grove, Ill.: InterVarsity, 1997. Un comentario de nivel popular, con una orientación a la aplicación, escrito por un veterano erudito neotestamentario evangélico.

Moffatt, James. "Revelation.", páginas 281-494 en el vol. 5, *The Expositor's Greek Testament*. Editado por W. Robertson Nicoll. Reedición: Grand Rapids: Eerdmans, 1979. Aunque se trata de una obra escrita a comienzos del siglo XX, este comentario sigue siendo un valioso recurso por el excelente dominio de las fuentes históricas que exhibe Moffat, así como por su evaluación crítica de las opciones académicas disponibles en su tiempo.

Mounce, Robert H. *The Book of Revelation*. The New International Commentary on the New Testament. Grand Rapids: Eerdmans, 1977. Un juicioso comentario, bien investigado y bien documentado que se encuentra entre los más útiles.

Richard, Pablo. *Apocalypse: A People's Commentary on the Book of Revelation*. The Bible & Liberation Series. Maryknoll, N.Y.: Orbis, 1995.

Roloff, Jürgen. *The Revelation of John: A Continental Commentary*. Traducido por John E. Alsup. Minneapolis: Fortress, 1993.

Ryrie, Charles Caldwell. *Revelation*. Chicago: Moody, 1968. Un comentario de nivel popular, desde una perspectiva tradicional dispensacionalista.

Talbert, Charles H. *The Apocalypse: A Reading of the Revelation of John*. Louisville, Ky.: Westminster/John Knox, 1994. Una lectura literaria del libro de Apocalipsis que se preocupa de la exégesis y la praxis contemporánea. Una de las obras más útiles a nivel moderadamente popular, escrita por un erudito experto en el trasfondo del libro. En contraste con muchos comentarios (que a menudo reciclan anteriores exposiciones), Talbert ofrece también una nueva lectura de las principales fuentes.

Tenney, Merrill C. *Interpreting Revelation*. Grand Rapids: Eerdmans, 1957.

Walvoord, John F. *The Revelation of Jesus Christ: A Commentary*. Chicago: Moody, 1966. Uno de los comentarios más concienzudos desde la perspectiva dispensacionalista más antigua.

Wesley, John. *Commentary on the Bible: A One-Volume Condensation of His Explanatory Notes*. Editado por G. Roger Schoenhals. Grand Rapids: Zondervan, 1990.

Estudios especiales

Aune, David Edward. *The New Testament in Its Literary Environment*. Library of Early Christianity 8. Filadelfia: Westminster, 1987. Esta obra (que cubre todos los géneros del Nuevo Testamento) es importante para explicar la clase de texto que es el Apocalipsis y, por tanto, para interpretarlo.

_____. *Prophecy in Early Christianity and the Ancient Mediterranean World.* Grand Rapids: Eerdmans, 1983. Esta obra nos ayuda a comprender cómo entendían las profecías los antiguos pueblos mediterráneos. El trabajo de Aune sobre Apocalipsis (al parecer de próxima aparición) resultará también inestimable.

Bauckham, Richard. *The Climax of Prophecy: Studies on the Book of Revelation.* Edimburgo: T. & T. Clark, 1993. Uno de los recursos más completos y sugerentes sobre Apocalipsis disponible para el estudio académico. Por las nuevas reflexiones que ofrece constituye una de las herramientas más útiles publicadas en la década de 1990.

Beale, G. K. "The Use of Daniel in the Synoptic Eschatological Discourse and in the Book of Revelation", Páginas 129-53 en el vol. 5, *Gospel Perspectives.* Editado por R. T. France, David Wenham, y Craig Blomberg. Sheffield: JSOT, 1980–1986. (Vol. 5: *The Jesus Tradition Outside the Gospels.* Editado por David Wenham. Sheffield: JSOT, 1984.)

Bock, Darrell L., editor. *Tres puntos de vista del milenio y el más allá.* Miami, FL.: Editorial Vida, 2004.

Bruce, F. F. "The Spirit in the Apocalypse." Páginas 333-44 en *Christ and Spirit in the New Testament: Studies in Honour of C. F. D. Moule.* Editado por Barnabas Lindars y Stephen S. Smalley. Cambridge: Cambridge Univ. Press, 1973.

Charlesworth, James H., editor. *The Old Testament Pseudepigrapha.* 2 vols. Garden City, N.Y.: Doubleday, 1983–1985. Después del Antiguo Testamento y junto con los Rollos del Mar Muerto, es probablemente la fuente más importante para entender las imágenes del libro de Apocalipsis; de enorme valor (aproximadamente en orden de importancia) son 1 Enoc; 4 Esdras; 2 Baruc; Oráculos sibilinos.

Collins, Adela Yarbro. *Crisis and Catharsis: The Power of the Apocalypse.* Filadelfia: Westminster, 1984. Una exposición de la función del lenguaje apocalíptico de Apocalipsis desde la óptica de la crítica literaria.

Fekkes, Jan. *Isaiah and Prophetic Traditions in the Book of Revelation: Visionary Antecedents and Their Development.* JSNTSup 93. Sheffield: Sheffield Academic, 1994.

George, David C., ed. *Revelation: Three Viewpoints.* Nashville: Broadman, 1977. Esta obra proporciona algunas reflexiones y perspectivas distintas sobre Apocalipsis por parte de algunos eruditos bautistas sureños.

Graham, Billy. *Approaching Hoofbeats: The Four Horsemen of the Apocalypse*. Waco, Tex.: Word, 1983. Evitando las cuestiones escatológicas más polémicas, esta obra desarrolla una aplicación contemporánea de las impresionantes imágenes de Apocalipsis.

Guthrie, Donald. *The Relevance of John's Apocalypse*. Grand Rapids: Eerdmans, 1987.

Hanfmann, George M. A., editor. *Sardis From Prehistoric to Roman Times: Results of the Archaeological Exploration of Sardis 1958–1975*. Con la colaboración de William E. Mierse. Cambridge, Mass.: Harvard Univ. Press, 1983.

Hemer, Colin J. *The Letters to the Seven Churches of Asia in Their Local Setting*.
JSNTSup 11. Sheffield: University of Sheffield, 1986. Actualizando (aunque siguiendo a menudo su mismo perfil) el comentario de Ramsay, esta obra incorpora una densa utilización de inscripciones y pruebas numismáticas.

Hill, David. *New Testament Prophecy*. New Foundations Theological Library. Atlanta: John Knox, 1979.

Keener, Craig S. *The IVP Bible Background Commentary: New Testament*. Downers Grove, Ill.: InterVarsity, 1993. La sección de Apocalipsis de esta obra se centra casi exclusivamente en los detalles de orden cultural e histórico relevantes para la interpretación de Apocalipsis; está escrita a un nivel popular.

Kraabel, Alf Thomas. "Judaism in Western Asia Minor Under the Roman Empire, With a Preliminary Study of the Jewish Community at Sardis, Lydia". Tesis Doctoral; Cambridge, Mass.: Harvard Divinity School, 1968.

Kraybill, J. Nelson. *Imperial Cult and Commerce in John's Apocalypse*. JSNTSup 132. Sheffield: Sheffield Academic, 1996. Kraybill ha realizado una concienzuda investigación para esta obra que está bien documentada y actualizada con las últimas fuentes arqueológicas y epigráficas, y ofrece una perspectiva genuinamente nueva. Se trata de una obra imprescindible para los eruditos de Apocalipsis.

Kyle, Richard. *The Last Days Are Here Again: A History of the End Times*. Grand Rapids: Baker, 1998. Detalla la intrigante historia de las especulaciones escatológicas sobre los días del fin, incluyendo predicciones que no se han cumplido desde el siglo II hasta finales del siglo XX. Es una obra legible y accesible. Entre varios buenos libros relacionados con este tema, este es el más reciente y uno de los más amplios en lo que respecta a su alcance.

Ladd, George Eldon. *The Last Things*. Grand Rapids: Eerdmans, 1978. Ladd es un respetado erudito evangélico y aporta muchas reflexiones sobre el tiempo del fin y sobre el estado intermedio desde una perspectiva histórica premilenarista.

Lewis, Daniel J. *3 Crucial Questions About the Last Days*. Grand Rapids: Baker, 1998. Esta obra valora los diferentes marcos teológicos para interpretar el libro de Apocalipsis en su contexto veterotestamentario.

Michaels, J. Ramsey. *Interpreting the Book of Revelation*. Grand Rapids: Baker, 1992. Esta obra ofrece e ilustra concretamente algunos principios esenciales para interpretar el libro de Apocalipsis.

Morrice, W. G. "John the Seer: Narrative Exegesis of the Book of Revelation." *Expository Times* 97 (Nov. 1985): 43-46. Escrito en primera persona del singular, como redactado por el propio Juan, este artículo comunica las principales características de Apocalipsis de manera vívida, y representa un recurso extraordinariamente útil para enseñar el libro a estudiantes o laicos.

Moyise, Steve. *The Old Testament in the Book of Revelation*. JSNTSup 115. Sheffield: Sheffield Academic, 1995.

Newton, Sir Isaac. *Observations Upon the Prophecies of Daniel and the Apocalypse of St. John. In Two Parts*. Londres: J. Darby y T. Browne, 1733. Útil por su perspectiva histórica sobre un antiguo punto de vista premilenarista e historicista.

Osei-Mensah, Gottfried. *God's Message to the Churches: An Exposition of Revelation 1–3*. Achimota, Ghana: Africa Christian, 1985. Una exposición de Apocalipsis 1–3 desde una óptica africana y orientada hacia la aplicación.

Petersen, Rodney L. *Preaching in the Last Days: The Theme of "Two Witnesses" in the Sixteenth and Seventeenth Centuries*. Nueva York: Oxford Univ. Press, 1993.

Peterson, Eugene H. *Reversed Thunder: The Revelation of John and the Praying Imagination*. San Francisco: Harper & Row, 1988. Una aplicación muchas veces poética del contenido de Apocalipsis en el conocido y atractivo estilo literario del autor.

Ramsay, William M. *The Letters to the Seven Churches of Asia*. Londres: Hodder & Stoughton, 1904; reedición: Grand Rapids: Baker, 1979.

Bibliografía Comentada 55

Revelation: Its Grand Climax At Hand! Nueva York: Watch Tower Bible & Tract Society, 1988. Puesto en circulación por los Testigos de Jehová; con 19,5 millones de ejemplares impresos en 65 idiomas, se ha leído más que cualquier otra obra de esta bibliografía. Lo incluyo en esta exposición como uno entre varios ejemplos de grave interpretación errónea de Apocalipsis.

Rissi, Mathias. *The Future of the World: An Exegetical Study of Revelation 19.11– 22.15.* Studies in Biblical Theology, 2d ser., 23. Naperville, Ill.: Alec R. Allenson, n.d.; de la edición alemana de 1966.

———. *Time and History: A Study on the Revelation.* Traducido por Gordon C. Winsor. Richmond, Va.: John Knox, 1966.

Shepherd, Massey H., Jr. *The Paschal Liturgy and the Apocalypse.* Ecumenical Studies in Worship 6. Richmond, Va.: John Knox, 1960.

Sproul, R. C. *The Last Days According to Jesus.* Grand Rapids: Baker, 1998. Defendiendo lo que él denomina un moderado acercamiento preterista, Sproul deja margen para ciertos acontecimientos futuros tales como la resurrección de los justos, pero considera que una buena parte de la profecía futurista del Nuevo Testamento se cumplió en el año 70 d.C. (Considera atractiva una fecha anterior al año 70 para el libro de Apocalipsis.)

Wainwright, Arthur W. *Mysterious Apocalypse: Interpreting the Book of Revelation.*

Nashville: Abingdon, 1993. Esta obra ofrece una perspectiva histórica sobre la variedad de interpretaciones de Apocalipsis.

Walvoord, John F. *The Prophecy Knowledge Handbook.* Wheaton: Victor, 1990. Manual sobre la profecía bíblica desde un punto de vista dispensacionalista más antiguo; incluye las profecías de Apocalipsis.

Yamauchi, Edwin M. *The Archaeology of New Testament Cities in Western Asia Minor.* Grand Rapids: Baker, 1980. Incluye una actualización de algunos de los datos arqueológicos de Ramsay sobre las siete iglesias de Asia Menor.

Apocalipsis 1:1-3

Ésta es la revelación de Jesucristo, que Dios le dio para mostrar a sus siervos lo que sin demora tiene que suceder. Jesucristo envió a su ángel para dar a conocer la revelación a su siervo Juan, ² quien por su parte da fe de la verdad, escribiendo todo lo que vio, a saber, la palabra de Dios y el testimonio de Jesucristo. ³ Dichoso el que lee y dichosos los que escuchan las palabras de este mensaje profético y hacen caso de lo que aquí está escrito, porque el tiempo de su cumplimiento está cerca.

Sentido Original
Estos primeros versículos declaran la identidad de quienes, en última instancia, son los autores de la revelación (Dios Padre y Jesús), su contenido ("lo que sin demora tiene que suceder"), su pretendida audiencia ("sus siervos") y sus mensajeros (el ángel de Cristo y Juan). Teniendo en cuenta que la introducción prepara el terreno para el resto del libro, trataremos (como hacen otros muchos comentaristas) este primer capítulo (y hasta cierto punto las cartas a las siete iglesias) con más detalle que casi todo el resto del libro.

La revelación de Jesucristo (1:1a)

El título y tema de este libro es "la revelación de Jesucristo". Los escritores de la antigüedad solían poner títulos en la parte exterior de sus rollos; sin embargo, hacia mediados del siglo II, algunos escribas comenzaron a transcribir textos anteriores en códices que son esencialmente la clase de libros que usamos hoy.[1] Por consiguiente, los títulos que al principio aparecían en la parte externa de los documentos se muestran ahora en nuestras obras como la primera línea del texto;[2] esto es probablemente lo que sucede con el libro de Apocalipsis.

Una cuestión más difícil, no obstante, es cómo se relaciona la palabra "revelación" con el nombre "Jesucristo": ¿Significa la frase en su conjunto "la revelación sobre Jesucristo" (una construcción griega llamada "genitivo objetivo") o "la revelación de Jesucristo" ("genitivo subje-

---

1. Bowman, *First Christian Drama*, 10. Algunos sostienen que el título abarca todo el contenido de 1:1-3 (Michaels, *Revelation*, 46); Aune, *Revelation*, 1:22, observa que los escritores de la antigüedad utilizaban con frecuencia la primera frase del texto como título.
2. P. ej. *PGM*, 13.343; 36.211-12.

tivo"), o ambas cosas?³ Si se trata del primer sentido, Jesús será el tema del libro de Apocalipsis de principio a fin; si el significado es el último, entonces puede que otros asuntos sean fundamentales en el libro. Por una parte, la primera posición es acertada desde un punto de vista teológico: Jesús es, sin duda, la figura central del libro. Los juicios del libro reflejan su señorío (p. ej., 6:1, 16; 8:4-6); ciertas similitudes con las plagas de Egipto nos recuerdan que Jesús es mayor que Moisés y que el cordero pascual original. El libro comienza con una revelación directa de Jesús a Juan (1:13-20) y promete desde el comienzo que su clímax será la revelación de Jesús desde el cielo (1:7; 19:11-16).

Por otra parte, tanto el contexto y estructura del libro como la función habitual de las obras apocalípticas y los títulos parecen dar un apoyo más fuerte a esta última propuesta. El contenido de la revelación es "lo que sin demora tiene que suceder" (1:1) y la transmite el Padre a Jesús, y este a un ángel que se la comunica a Juan para que la haga llegar a las iglesias; procede, por tanto, de Jesús. Asimismo, los sellos, trompetas y copas, que llenan una buena parte del libro, detallan inminentes juicios sobre el mundo. Este es un tema característico de los escritos apocalípticos, aunque es evidente que Juan concede un papel mucho más relevante a Jesús del que las demás obras apocalípticas otorgaban a cualquier personaje que pudiera compararse vagamente con él. La "revelación" en cuestión podría centrarse en el propio Señor (2Co 12:1) o, como pensamos aquí, en su mensaje (Ro 16:25). Por último, los títulos de los libros consignaban a menudo al supuesto autor, como sucede en "El libro de las palabras de Tobías" (trad. lit. de Tobías 1:1); o, "Ésta es la palabra del Señor que vino a Oseas" (Os 1:1). Jesucristo es el autor, no solo el tema; él reveló su mensaje por medio de su ángel a Juan.

En el último análisis, no obstante, es posible que los primeros receptores del libro, siendo como eran de habla griega, no se hubieran esforzado tanto como nosotros para establecer una diferencia entre ambos conceptos (la gramática en sí no clarifica ninguna diferencia). El mensaje procede de Jesucristo, pero, en última instancia, Jesús es el centro de atención de todos los temas del Nuevo Testamento, directa o indirectamente. Sus propósitos en la historia también manifiestan su carácter y nos invitan a adorarle.

Los agentes de la revelación (1:1b-2)

Juan y el ángel. Los autores de las obras apocalípticas judías más tradicionales utilizaban como pseudónimos los nombres de los famosos

---

3. A favor del genitivo objetivo, ver, p. ej., Corsini, *Apocalypse*, 67-72; Peterson, *Reversed Thunder*, 26 explica ambas posibilidades.

siervos de Dios de la antigüedad, quizá porque muchos de sus contemporáneos creían que la profecía no estaba ya muy activa en su tiempo. Por el contrario, Juan no se sirve de ningún nombre ilustre de siglos anteriores, sino que declara abiertamente su identidad.[4] Que el autor no tenga necesidad de añadir ninguna especificación a su nombre puede sugerir que se trata del Juan más evidente entre los primeros cristianos, es decir, el apóstol, el hijo de Zebedeo, que había conocido personalmente a Jesús en la carne (*cf.* Jn 21:22).[5] Hasta el tiempo del escritor Dionisio, a mediados del tercer siglo, la evidencia externa para el libro de Apocalipsis entre los cristianos ortodoxos es unánime, y hasta sus detractores reconocen que, de entre todos los textos del Nuevo Testamento, la de Apocalipsis es de las más sólidas.[6]

Aunque Juan es un apóstol, no se identifica en términos de su autoridad sobre las iglesias, sino más bien como "siervo de Dios", título que se aplica muchas veces a los profetas del Antiguo Testamento (*cf.* Jer 29:19; 35:15). Este título puede reflejar honor y sumisión a la vez: en el mundo antiguo, el siervo de un poderoso amo como César podía ostentar más prestigio que un aristócrata romano.[7] Pero Juan no se está autoexaltando; como siervo de Cristo, el Señor, Juan escribe a sus consiervos (1:1), sus compañeros en el sufrimiento por causa de Jesús (1:9). Asimismo, y a diferencia de algunos videntes apocalípticos como aquel que se hace llamar "Esdras" (4 Esd. 10:38-39; 13:53-56), Juan no atribuye su revelación a ningún mérito especial por su parte.

Como en 1:1 y otros pasajes (10:9; 17:1, 7; 21:9; 22:6, 8, 16), en la literatura apocalíptica se consigna muchas veces a Dios enviando revelacio-

---

4. Así opinan p. ej., Leon Morris, *Apocalyptic* (Grand Rapids: Eerdmans, 1972), 52; M. A. Knibb, *The First and Second Books of Esdras* (Cambridge: Cambridge Univ. Press, 1979), 106-7; Hill, *New Testament Prophecy*, 72.
5. Algunos dudan que uno de los doce hubiera escrito Ap 21:14 (p. ej., Michaels, *Revelation*, 19); sin embargo, en este pasaje, Juan escribe sobre los doce como grupo, y lo hace de un modo bien establecido ya en la tradición apostólica, p. ej., Ef 2:20; ver Feuillet, *Apocalypse*, 107-8. Juan no habla de sí mismo como apóstol, pero Pablo tampoco lo hace algunas veces (Fil 1:1; 1Ts 1:1; 2Ts 1:1; Flm 1).
6. Ver el resumen en Mounce, *Revelation*, 27-28. Quienes deseen considerar pruebas más completas a favor de la paternidad literaria joanina (aunque reconociendo también sus puntos débiles), pueden ver Donald Guthrie, *New Testament Introduction*, 4ª ed. rev. (Downers Grove, Ill.: InterVarsity, 1990), 932-48; D. A. Carson, Douglas J. Moo y Leon Morris, *An Introduction to the New Testament* (Grand Rapids: Zondervan, 1992), 468-73. Sin embargo, incluso algunos eruditos evangélicos no están seguros de a qué Juan se refiere (Aune, *Revelation*, 1:xlvii-lvi; Beale, *Revelation*, 34-36).
7. Epicteto, *Disc.* 1.19.19; 4.7.23; ver más comentarios en Dale B. Martin, *Slavery As Salvation* (New Haven: Yale Univ. Press, 1990), 49, 55-56.

nes por medio de ángeles;[8] esto no es sorprendente, puesto que en algunos casos Dios se había revelado de este modo en la Biblia (Dn 9:21-22; Zac 1:9, 14, 19; 2:3; 4:1, 4-5; 5:5, 10; 6:4-5). En algunas obras apocalípticas judías antiguas, los ángeles acompañan a la persona que recibe las visiones, dándole explicaciones orales sobre lo que está viendo en el cielo.[9]

El testimonio de Juan. Juan da testimonio de "todo lo que vio", a saber, "la palabra de Dios y el testimonio de Jesucristo" (1:2). Estos títulos no son sorprendentes; en el Antiguo Testamento, la expresión "Palabra de Dios" no solo se empleaba para aludir a la ley escrita, sino también para hacer referencia a la revelación de Dios por medio de los profetas (1S 3:1, 7). Que al mensaje se le llame también "testimonio" de Jesús puede aludir al testimonio que Juan da sobre Jesús (19:10) o a que el propio Jesús (1:5; 22:20) dio testimonio de su mensaje por medio de su ángel a Juan, quien, a su vez, lo transmite a otros. La expresión "da fe" suele ser terminología legal, apropiada para Juan y otros cristianos de aquel tiempo, que tenían que concurrir ante los tribunales de justicia (cf. 1:9; Jn 16:2); la ley romana siempre permitía que los acusados hablaran en su propia defensa, y durante sus audiencias los cristianos aprovechaban muchas veces la oportunidad para proclamar a Cristo independientemente de las consecuencias (Mr 13:9). Este tipo de lenguaje podía, no obstante, aludir más en general a alguna clase de certificación pública. En su momento, la expresión "dar testimonio" (*martyreo*) comenzó incluso a adquirir el significado de "mártir"; no obstante, aunque el testimonio era con frecuencia una invitación al martirio, es improbable que esta fuera la implicación del término en sí en una etapa tan temprana como la de Apocalipsis.[10]

Los que leen y escuchan (1:3)

Antes de que se inventara la imprenta, la gente pudiente "publicaba" a menudo obras para ser leídas especialmente en público, sobre todo en

---

8. P. ej. 1 Enoc 1:2; 72:1; 74:2; 75:3; Jub. 1:27; 2:1; 32:21; 4 Esd. 4:1; 3 Baruc 1:8; 5:1; 6:1; también textos gnósticos posteriores en *TNHL*, 308-28, 453. *Cf.*, p. ej. James C. VanderKam, "The Putative Author of the Book of Jubilees", *JSS* 26 (otoño de 1981): 209-17 (p. 217).
9. Ford, *Revelation*, 373-74.
10. Otros escritores apocalípticos "testificaron" también de lo que vieron (p. ej., 1 Enoc 104:11), y, por lo general, los primeros cristianos "testificaban", o "daban testimonio", de lo que Dios les había revelado (p. ej., Jn 15:27; Hch 1:8). Para el tema del "testimonio" en Apocalipsis, ver Allison A. Trites, *The New Testament Concept of Witness*, SNTSM 31 (Cambridge: Cambridge Univ. Press, 1977), 154-74.

los banquetes.¹¹ Sin embargo, que el libro de Apocalipsis se leyera en las iglesias locales junto a las Escrituras del Antiguo Testamento sugiere que los primeros cristianos comenzaron a considerarlo como parte de la Escritura en aquel periodo, o poco tiempo después (*cf.* también 22:18-19).¹² Que una persona leyera el libro ("dichoso el que lee") y toda la congregación escuchara ("dichosos los que escuchan las palabras de este mensaje profético") encaja en lo que conocemos de aquel tiempo; incluso en las zonas urbanas, no había muchas personas que supieran leer.

La expresión "dichosos" es la familiar forma literaria de la antigüedad llamada "bienaventuranza", especialmente prominente en la Biblia hebrea y los textos judíos (p. ej., Sal 1:1; Pr 8:34).¹³ El término "dichoso" es general; sin embargo, el contexto especifica las bendiciones del fin (Ap 21–22) para las cuales solo el oyente estará preparado ("porque el tiempo de su cumplimiento está cerca", 1:3). En el argot bíblico, "escuchar" significaba también con frecuencia "hacer caso de lo oído", es decir, obedecer (p. ej., el hebreo de Génesis 26:5; 27:8); sin embargo, Juan no deja espacio para la ambigüedad, y añade "hacen caso" (lit., "guardan"); un lenguaje que se utilizaba para aludir a la observancia de mandamientos. Aunque el libro de Apocalipsis no es una colección de leyes, su mensaje nos enfrenta a demandas no menos serias (Ap 12:17; 14:12; 22:7).

¿Cómo podemos aplicar una declaración de paternidad literaria como "su siervo Juan, quien por su parte da fe de la verdad, escribiendo todo lo que vio" (1:1-2)? Hay dos formas posibles, aunque la segunda puede ser más provechosa que la primera.

Identificación. Una de las maneras en que algunos lectores se acercan a textos como 1:1 es la de identificarse personalmente con el llamamiento de Juan y contemplar lo que Dios los ha llamado a hacer.

---

11. P. ej., Richard A. Burridge, *Four Gospels, One Jesus?* (Grand Rapids: Eerdmans, 1994), 20; Aune, *The New Testament in Its Literary Environment*, 171. Wayne A. Meeks, *The Moral World of the First Christians*, LEC 6 (Filadelfia: Westminster, 1986), 62, calcula una tasa de alfabetización de un diez por ciento, aunque cabe suponer que, en las ciudades, el índice de competencia lectora moderada era un poco más elevado.

12. Ver Caird, *Commentary on Revelation*, 287.

13. Ver además Craig Keener, *A Commentary on the Gospel of Matthew* (Grand Rapids: Eerdmans, 1999), 165-66.

Otros lectores se oponen a este acercamiento. No hay que olvidar, responden, que Dios no se revela en nuestros días del mismo modo en que se reveló a Juan. Esta objeción se apoya sobre una premisa controvertida; la mayoría de los cristianos de hoy creen que Dios sigue hablando y guiando a su iglesia por el Espíritu, y muchos creen que sigue impartiendo revelaciones impresionantes y sobrenaturales.[14] No obstante, esta objeción tiene sin duda una cierta fuerza en un sentido más general, y es que la inmensa mayoría de los cristianos concuerdan en que el "canon" de la Escritura —la medida con la que evaluamos cualquier otra revelación— está ya cerrado. Aunque la mayoría de nosotros creemos que Dios sigue hablando, muchos dudamos de que ello requiera que imparta en nuestro tiempo otra revelación tan contundente como el libro de Apocalipsis.

Hay, no obstante, una diferencia entre afirmar que nuestra situación es la misma que la de Juan y trazar una analogía entre su situación y la nuestra. (Si no pudiéramos aplicar principios bíblicos trazando analogías, una buena parte de la Biblia no podría ya hablar a nuestra situación contemporánea). Identificarse con el llamamiento de Juan no viola el espíritu del texto; Juan recibe exactamente el mismo título que otros creyentes, a saber, el de "siervo" de Jesucristo, que es precisamente el que este pasaje aplica a todos los demás cristianos (1:1). El propio Juan reconoce que él participa de las mismas experiencias que el resto de los seguidores de Jesús (1:9), y que todos los creyentes han de compartir el mismo Espíritu profético en la proclamación del Evangelio de Jesucristo (19:10). En otras palabras, la receptividad de Juan al Espíritu, su humildad como siervo de Dios, y la obediencia al proclamar un mensaje tan poco popular son un modelo para nosotros.

Comprensión del mensaje total. Sin embargo, aunque es lícito que como siervos de Cristo nos identifiquemos con Juan, otro enfoque del texto nos ofrece también un necesario discernimiento y equilibrio. Los primeros receptores de Apocalipsis, las siete iglesias de Asia Menor (1:4), se habrían identificado más con los siervos a quienes Dios enviaba su revelación de Jesucristo que con el propio Juan. En primer lugar, recibirían la mención de Juan como una certificación de la autoridad del libro y, por tanto, como una invitación a prestar una cuidadosa atención al resto del texto.

---

14. Quienes deseen considerar un argumento a favor de la continuidad de una variedad de revelaciones sobrenaturales, pueden ver especialmente Jack Deere, *Surprised by the Voice of God* (Grand Rapids: Zondervan, 1996); *cf.* también Craig S. Keener, *3 Crucial Questions About the Holy Spirit* (Grand Rapids: Baker, 1996), 131-80.

Esto significa que, si queremos escuchar estos primeros versículos del modo en que lo habrían hecho las siete iglesias, hemos de intentar resumir el resto del libro de la manera en que lo habrían hecho ellas. Este planteamiento funciona más fácilmente cuando estudiamos el libro de Apocalipsis en nuestro tiempo devocional personal que cuando lo enseñamos en público, ¡porque, a diferencia de las siete iglesias de Asia, la mayoría de las congregaciones y grupos de estudio bíblico de nuestro tiempo no nos permitirían leerles el libro entero de corrido (1:3)! (Esto cambiaría, probablemente, si pudiéramos diseñar excepcionales gráficos en video para acompañar al libro). Pero hemos de esforzarnos al máximo para transmitir toda la obra del modo en que lo habrían oído sus primeros oyentes. Después de todo, ¿cómo puede alguien "hacer caso", es decir, "guardar" u "obedecer", el mensaje del libro (1:3) a no ser que hayamos, al menos, resumido su mensaje?

Por ello, hemos de evitar el peligro de tomar fuera de contexto los versículos introductorios. Muchos cristianos explican versículos aislados fuera de su contexto para defender puntos de vista específicos; sin embargo, aunque prediquemos párrafos enteros de la Escritura, es posible interpretarlos fuera de contexto. Estos versículos introducen todo el libro de Apocalipsis y solo nos transmiten su sentido más completo cuando los vinculamos al resto del libro. No obstante, aunque la mayoría de las congregaciones y los grupos de estudio bíblico de nuestro tiempo no nos dejen leer todo el libro, podemos resumir sus temas principales de maneras que los puedan entender (ver "Mensaje de Apocalipsis" en la Introducción). Podemos ayudar a aquellos con quienes compartimos el mensaje de este libro a identificarse con las iglesias de Asia, para que puedan aprender las mismas cosas que sus primeros receptores.

Significado Contemporáneo

El Padre autoriza a su Hijo, Jesús, a impartir una revelación a sus siervos (1:1). Este texto revela la sumisión del Hijo al Padre, y el benevolente y generoso amor del Padre para con el Hijo y la humanidad. Esta clase de versículos nos ofrecen un modelo de nuestra sumisión al Padre, pero también nos invitan a abrazar nuevamente el amor de Dios para nosotros. El corazón del evangelio es el don divino que representa Jesús y, a través de él, Dios continúa impartiéndonos los dones que necesitamos. Entre ellos está el de la sabiduría para los tiempos difíciles que experimentan tanto su iglesia como los creyentes individuales (*cf.* Stg 1:2-5); el libro de Apocalipsis ofrece este tipo de sabiduría.

El propósito de Apocalipsis. Las iglesias de Asia Menor se encontraban en una encrucijada. Vivían, por un lado, bajo el impacto de la persecución mientras que, por otro, estaban siendo seducidas hacia una vida de componendas que pudiera suavizarla (2:10, 14). Aunque en el mundo de hoy los cristianos afrontan a menudo distintas tentaciones, la tentación esencial a sucumbir a la presión del mundo sigue siendo la misma. Cuando afrontamos esta clase de tentación, la revelación de Cristo puede resituar todas las cosas en su correcta perspectiva. No importa lo difícil que sea nuestra situación, Apocalipsis anuncia que Dios sigue teniendo el control en sus manos y que concluirá esta etapa de la historia del modo en que lo ha prometido. A menudo pone un final feliz a nuestras pruebas individuales; sin embargo, aun cuando no lo hace, tenemos la certeza de que se acerca el día en que todo será como debe ser. Precisamente porque Dios rige la historia, puede darnos la certeza de su desenlace.

La revelación de Dios es tanto una promesa como una demanda. Es una promesa, porque nos da una nueva forma de mirar el mundo. Como las antiguas tragedias griegas, las telenovelas de hoy reflejan una manera de mirar el mundo que carece de la esperanza de un final de justicia y sanidad. La perspectiva de Dios, por el contrario, nos anima con la verdad de que su justicia siempre prevalecerá, a corto plazo muchas veces, pero siempre en última instancia. Por cuanto el libro de Apocalipsis llega a nosotros como una promesa, el versículo 3 afirma, "Dichoso el que lee y dichosos los que escuchan las palabras de este mensaje profético".

Pero esta revelación también se nos acerca como una demanda. Como siervos de Dios que reciben su mensaje, nosotros, como Juan (1:2), hemos de ser "testigos" de su mensaje (6:9; 12:11; 17:6). Así, por ejemplo, quienes anhelan verdaderamente un futuro reino de justicia deben obrar justamente en el presente (Am 5:18-24); aquellos que esperan expectantes el día en que Dios vindicará todos los agravios deben evitar producirlos. En muchas partes del mundo, los cristianos están compartiendo su fe con denuedo, y pagando por ello un elevado precio; por ejemplo, en la República Popular China, tras cuatro décadas de intensa persecución, y la tortura y martirio de muchos de sus dirigentes, los protestantes pasaron de ser menos de dos millones de creyentes a unos sesenta millones.¹⁵ En unos veinticinco años (1960–1985) los veinticinco cristianos bautizados de Nepal se multiplicaron por mil, durante un periodo en que estos se enfrentaban a condenas de seis años de cárcel por bautizar a otros.¹⁶

En contraste, muchos cristianos del mundo occidental han demostrado no ser capaces ni siquiera de dar testimonio a sus compañeros de trabajo.¹⁷ Apocalipsis desafía nuestra autocomplacencia, mostrándonos el precio que han de estar dispuestos a pagar los verdaderos cristianos para seguir a Jesús, o revelándonos los peligros de transigir ante un mundo que, inevitablemente, se opone a aquel a quien reconocemos como Señor. Por esta razón, el versículo 3 no solo es una bendición, sino una bendición dirigida en concreto hacia aquellos que escuchan. Pero el libro de Apocalipsis no trae buenas noticias para todos. Debería aterrorizar a quienes están satisfechos con cómo son las cosas, del mismo modo que habría aterrorizado a muchos de quienes oyeron su mensaje en la antigüedad (ver comentario sobre 9:14).

Puesto que Apocalipsis cita la nobleza de su origen (Dios, Jesús, su ángel y un apóstol, 1:1), reivindica una gran autoridad y nos invita a obedecer sus enseñanzas (1:3). Alguien que desee aplicar esta sección debería, por tanto, resumir al menos algunas de sus enseñanzas. Apocalipsis subraya los temas que se mencionan en la Introducción (ver "Mensaje de Apocalipsis").

¿El tiempo está cerca o lo estamos viviendo ya? El tema del libro es "lo que sin demora tiene que suceder" (1:1). Sin embargo, se ha suscitado una gran controversia en torno a lo que significa "sin demora" puesto que (felizmente para los cristianos de hoy) Jesús no volvió a finales del siglo I. Algunos entienden todas las referencias bíblicas a una

---

15. Patrick Johnstone, *Operación mundo: guía diaria de oración por el mundo*. Bogotá, Colombia: Centros de Literatura Cristiana, *1995*, p. 164 del original en inglés, (a pesar de la estimaciones "oficiales" de China, su Instituto Estatal de Estadística da una cifra de setenta y cinco millones de cristianos; pueden ver "Counting China's Christians", *CT* [21 de junio de 1993], 60; aquellos que deseen considerar estimaciones inferiores, ver Kim-Kwong Chan, "The Miracles After Missions", *Christian History* 52 [1996]: 42-44 [p. 43]). Para artículos sobre posteriores persecuciones en China, ver Kenneth Woodward, "Public Enemy Number One", *NW* (26 de agosto de 1991), 47; Andrew Wark, "The Bloody Seed of Chinese Persecution", *CT* (23 de noviembre de 1992), 54-55, 61; Marco Restelli, "China's Secret Holy War", *WPR* (mayo de 1994), 43.
16. Johnstone, *Operation World*, 405-6; acerca de la iglesia nepalí, ver Barbara Thompson, "Nepal's Book of Acts", *CT* (9 de noviembre de 1992), 14-18.
17. Sobre la debilidad del evangelismo personal entre la mayoría de los evangélicos norteamericanos, ver "Evangelism in the '90s", *CT* (16 de diciembre de 1991), 34-45.

venida inminente ("sin demora") como alusiones a un secreto regreso de Jesús a por sus seguidores antes de la gran tribulación; sin embargo, la mayor parte de tales referencias, en su contexto, aluden claramente al regreso de Jesús para consumar la historia, no a una venida anterior a la tribulación (p. ej., 2P 3:10; Ap 1:7; 16:15; *cf.* 1Ts 5:2-3 con 2Ts 2:2-4). "Pronto (o sin demora [NVI])" no puede significar meramente "pretribulacional".

Algunos consideran que, en este versículo, el término "pronto" significa que una vez se inicien los acontecimientos predichos, estos se desarrollarán con gran celeridad (*cf.* 11:14);[18] pero parece más natural entender esta palabra en su sentido más frecuente, implicando que los acontecimientos del fin se producirán con rapidez. Muchos de los acontecimientos prometidos en este libro pueden, de hecho, haber comenzado en el tiempo de Juan o incluso antes (ver comentario sobre 12:5-6); no hay duda, sin embargo, de que el regreso de Jesús se produjo "rápidamente", como el libro podría llevarnos a esperar (3:11; 22:7, 12, 20). Algunos sugieren que la mayor parte de las descripciones del regreso de Jesús en el libro de Apocalipsis aluden a acontecimientos figurativos (al menos este es el caso en ocasiones, p. ej., 2:16), y que Juan solo alude a venidas simbólicas de Jesús en los inminentes juicios que describe el libro.[19] No obstante, este no parece el sentido más evidente del término en la mayoría de las alusiones ni en el de la expresión paralela, el "tiempo" está cerca (*cf.* 11:18).[20] La excepción puede ser si lo que Juan quería decir es que el "tiempo" estaba cerca en el sentido en que lo estaba el reino en el Evangelio de Marcos, donde, aunque la consumación era un acontecimiento futuro, el reino estaba también invadiendo el presente por medio de la actividad de Jesucristo, poniendo sus demandas sobre nuestras vidas (Mr 1:15).[21]

Es posible que la naturaleza de esta profecía se entienda desde otros acercamientos. Teniendo en cuenta que hace más de mil novecientos años que Juan escribió estas palabras, podemos sentirnos tentados a dudar de la "rapidez" con que sus palabras se han cumplido;[22] no obs-

---

18. Henry W. Frost, *Matthew Twenty-Four and the Revelation* (Nueva York: Oxford, 1924), 144.
19. P. ej. Caird, *Commentary on Revelation*, 12, 235-36.
20. Ver, p. ej., Rissi, *Time and History*, 22; hay una fraseología similar en 4 Esdras 4:44-50; 6:18; 8:61-62.
21. Oscar Cullmann, *Christ and Time*, trad. de F. V. Filson (Filadelfia: Westminster, 1950), 40; Beale, *Revelation*, 185, 1134.
22. Algunos comentaristas menos conservadores opinan, pues, sencillamente, que Juan estaba equivocado (Boring, *Revelation*, 73).

tante, puede que este retraso indique simplemente que el tiempo de Dios no es el nuestro (2P 3:8), o que él sigue esperando con paciencia que sus hijos acaben su misión en el mundo (Mt 24:14; 2P 3:9, 12).[23] O puede que la verdadera clave esté sencillamente en determinar cuál es el "tiempo" que está cerca: en el interior del libro de Apocalipsis, este término puede hace referencia al fin (11:18) o a un período de tribulación anterior al fin (12:12), que ya podría haber comenzado incluso en el tiempo de Juan (12:5-6).

Al margen de qué otras cosas pueda significar la expresión "el tiempo de su cumplimiento está cerca" (1:3), esta quiere probablemente decir que los acontecimientos del fin serán inesperados y que deberíamos estar preparados para ellos en cualquier momento (Mr 13:32-37; 1Ts 5:2), de modo que los creyentes deberían vivir "cada momento como si fuera el último".[24] No cabe duda de que la principal función retórica de esta frase es formular un llamamiento a estar preparados, algo que podemos aplicar fácilmente en nuestros días. Como en el tiempo de Juan, hoy la venida de Jesús sigue siendo inminente, una interrupción en nuestro mundo preocupado, firme como una promesa para los quebrantados, pero amenazante para el cristianismo laodiceo demasiado satisfecho con la situación presente. El regreso de Jesús pondrá fin a la escena final de la rebeldía humana; se trata de un anuncio que presenta un final feliz para el pueblo de Dios, pero trágico para todos los que decidan rechazar su camino. Puesto que, aunque el fin está cercano, nadie conoce el momento exacto, no debemos atrevernos a posponer el arrepentimiento. Nunca es un buen momento para que los cristianos tomen cariño a las posesiones o a las alianzas de este mundo, porque nunca hay un tiempo en que las pruebas o el regreso literal del Señor no puedan llamarnos a dar cuenta de todas nuestras decisiones.

Del mismo modo, el carácter impredecible del regreso del Señor implica que nadie debería poner fecha a este acontecimiento. Cristóbal Colón, por ejemplo, zarpó hacia el Nuevo Mundo en parte porque creía que Dios lo había llamado a ser un instrumento para suscitar los nuevos cielos y la nueva tierra profetizados en la Escritura, para él inminentes.[25]

---

23. Obsérvense los comentarios adicionales en Gordon D. Fee y Douglas Stuart, *How to Read the Bible for All Its Worth*, 2ª ed. (Grand Rapids: Zondervan, 1993), 243-44.
24. Michaels, *Revelation*, 48; *cf.* p. 52.
25. Kevin A. Miller, "Why Did Columbus Sail?" *Christian History* 35 (1992): 9-16 (p. 10); Steven J. Keillor, *This Rebellious House: American History and the Truth of Christianity* (Downers Grove, Ill.: InterVarsity, 1996), 37; Reginald Stackhouse, "Columbus's Millennial Voyage", *Christian History* 61 (1999): 19.

El periodo de la Reforma estuvo plagado de expectativas apocalípticas. Como muchos antes que él, Lutero creía encontrarse en el último tiempo y esperaba que el mundo llegara a su fin en el plazo de un siglo; los primeros puritanos pensaban que el milenio terminaría en el año 1300, de modo que esperaban que el mundo finalizara un siglo después de ellos.[26] El dirigente anabaptista Melchior Hoffman regresó valerosamente a Estrasburgo, aceptando su arresto, porque esperaba que esa ciudad se convirtiera en la nueva Jerusalén; Hoffman murió allí diez años más tarde. A continuación, un extremista anunció que Münster se convertiría en la nueva Jerusalén, se autocoronó como rey David y restableció la poligamia, lo que condujo rápidamente a la matanza de todos los habitantes de la ciudad a manos de los luteranos.[27] Tomás Müntzer participó en la revuelta de los campesinos de 1524, con la convicción de que aquel acontecimiento era el juicio final; sin embargo, tras la muerte de seis mil campesinos, Müntzer fue capturado y ejecutado.[28] Lamentablemente, en aquellos días, los cálculos escatológicos erróneos se pagaban caros.

Durante los siglos siguientes, tales ideas siguieron con renovado vigor. Tomás Helwys, dirigente de la primera generación de bautistas, creía que él y sus seguidores habían entrado en los "días de la gran tribulación de que habló Cristo" por las persecuciones del rey Jacobo I (1603–1625).[29] En 1694, cuarenta pietistas alemanes se instalaron en una cueva en las afueras de Filadelfia para meditar y prepararse para el regreso de Cristo, aunque también predicaban el evangelio y se ocupaban de los enfermos.[30] En la primera década del siglo XVIII, algunos cuáqueros entusiastas predijeron inminentes catástrofes y el regreso de Cristo.[31]

---

26. Kyle, *The Last Days*, 55, 61-62, 65; Eric W. Gritsch, "The Unrefined Reformer", *Christian History* 39 (1993): 35-37. Como reacción contra los excesos de los autores apocalípticos, algunos reformadores como Calvino y Zwinglio adoptaron una actitud antiapocalíptica (*The Last Days*, 60).
27. Walter Klaasen, "A Fire That Spread: Anabaptist Beginnings", *Christian History* 4 (1985): 7-9 (p. 9); Robert L. Wise, "Münster's Monster", *Christian History*, 61 (1999): 23-25.
28. "A Gallery of Factions, Friends and Foes", *Christian History* 4 (1985): 13-16 (p. 14).
29. Roger Hayden, "To Walk in All His Ways", *Christian History* 4 (1985): 7-9, 35 (p. 8). Estas se produjeron durante la primera década del siglo XVII en Inglaterra, *cf.* también la creencia de los quintomonarquistas en el sentido de que el quinto reino de Daniel (el Reino de Dios) estaba cerca ("The Fifth Monarchy Movement", *Christian History* 5 [1986]: 10).
30. "The Wissahickon Hermits", *Christian History* 5 (1986): 27.
31. Bruce L. Shelley, "Counter-Culture Christianity", *Christian History* 45 (1995): 32-34 (p. 33).

Jonathan Edwards creía que Dios podía "estar utilizando el avivamiento [de su tiempo] para agrupar finalmente a los escogidos antes del fin".[32]

Una generación más adelante, muchos estadounidenses tenían la convicción de que la Guerra Revolucionaria era la última y que el rey Jorge III era el último anticristo.[33] (En realidad, este monarca tenía simpatías evangélicas y por ello Wesley se opuso a la revolución).[34] En una especie de estado de ánimo postmilenarista, durante esta revolución algunos creyeron que el milenio era inminente; cuando más adelante Jefferson llegó a ser presidente, se propagó una clase de temor apocalíptico más premilenarista, motivado por el deísmo del nuevo presidente.[35]

Asimismo, en vísperas de la Guerra Civil, muchos ministros de los estados norteños esperaban que aquella guerra introduciría el Reino de Dios; algunos ministros del sur también estaban de acuerdo con ellos, aunque esperando que Dios intervendría a favor de los sureños.[36] Anteriormente, decenas de miles de personas habían esperado el regreso de Jesús en la década de 1840–50.[37] A finales del siglo XIX, el gran evangelista urbano William Booth pensaba que su Ejército de Salvación "había sido escogido por Dios como un importante agente para instaurar de manera decisiva y completa" el Reino de Dios en la tierra.[38] Las expectativas escatológicas suscitadas en 1999 por el cambio de milenio no son nuevas; hace un siglo, el 31 de diciembre de 1899, "se pusieron anuncios a toda página en los periódicos de Nueva York y Chicago, anunciando la segunda venida de Jesucristo".[39] Aun cuando alguien afirma haber sido visitado y comisionado por Jesucristo para proclamar nuevos datos sobre los días del fin, como en la desastrosa Cruzada de los Niños de la Edad Media, puede estar equivocado.[40] Todas estas voces, antiguas

---

32. "God's Wonderful Working", *Christian History* 23 (1989): 12-18 (p. 15).
33. Harry S. Stout, "Preaching the Insurrection", *Christian History* 50 (1996): 11-17 (p. 14).
34. Quienes deseen considerar la queja de Wesley sobre el incoherente modelo de justicia y libertad de las colonias (que denunciaba la política británica mientras explotaba a los esclavos africanos), pueden ver "Selfish, Ungrateful Rebels", *Christian History* 50 (1996): 39-41 (p. 39).
35. Ver Mark Noll, "A Revolution in Religion, Too", *Christian History* 50 (1996): 42-44 (p. 43).
36. James H. Moorhead, "Preaching the Holy War", *Christian History* 33 (1992): 38-41 (p. 39).
37. Bruce Shelley, "The Great Disappointment", *Christian History* 61 (1999): 31-33.
38. Roger J. Green, "William Booth's Theology of Redemption", *Christian History* 26 (1990): 27-30 (p. 28).
39. "1899: The Names Have Changed, but the Worries Remain", *NW* (11 de enero de 1999), 10.
40. *Cf.* la creencia de los cruzados en el sentido de que el mar se abriría milagrosamente para dejarles paso; lo que ocurrió, sin embargo, fue que los dueños de los barcos ven-

y modernas, que pronosticaban tiempos y épocas han tenido una importante deficiencia en común: todas ellas han demostrado ser erróneas.

El siglo XX añadió un considerable número de casos a este tipo de predicciones. Clarence Larkin, uno de los representantes más populares de la escuela dispensacionalista, concluyó a partir de su interpretación bíblica que, probablemente, Cristo regresaría a finales del siglo XX. No obstante, otros maestros consideraban, al parecer, que este tipo de afirmaciones eran demasiado ambiguas. En 1988, algunas librerías cristianas se abastecieron de grandes cantidades del superventas de Edgar Whisenant, *88 Reasons Why the Rapture Could Be in 1988* [88 Razones por las que el arrebatamiento podría producirse en 1988] (se distribuyeron más de tres millones de ejemplares).[41] (Si alguien supone que Jesús tiene que regresar durante la generación de cuarenta años posterior a la proclamación de Israel como nación en 1948, este plazo tiene lógica. Sin embargo, ni este es probablemente el sentido del texto en que se basa la predicción [Mt 24:32-34] ni —como es evidente— se cumplió).[42] En diciembre de 1988, una amiga que trabajaba en una librería me comentó que el encargado le había dicho que vendiera todos los ejemplares que pudiera, puesto que en 1989 ya no se venderían. No pensemos que este tipo de predicciones erróneas pasaron desapercibidas por el mundo; un periódico universitario se burlaba en su sección de información meteorológica afirmando que todos debíamos de ser "personas perversas y depravadas" para seguir en la tierra, puesto que "el arrebatamiento estaba previsto para la noche anterior".[43]

En 1989, el autor de dicho libro decía haber revisado sus cálculos y lanzó una nueva edición en la que ofrecía 89 razones por las que Jesús vendría en 1989. Esta edición no vendió tantos ejemplares como su predecesora; ¡que no se diga que a los cristianos de hoy se los engaña fácilmente! Algunas cosas que los cristianos no aprendemos en la Biblia las asimilamos por experiencia.[44] Nuestra afición a centrarnos en los acon-

---

dieron a los niños como esclavos a los musulmanes (Sir Steven Runciman, "The Children's Crusade", *Christian History* 40 [1993]: 30-31).

41. *Cf.* la respuesta más sabia del Christian Research Institute, *99 Reasons Why No One Knows When Christ Will Return*, escrito por B. J. Oropeza.

42. *Cf.*, p. ej., Jack T. Chick, "The Last Generation" (Chino, Calif.: Chick Publications, 1972), 4. Si se desea considerar una lectura distinta y más cuidadosa del contexto del pasaje, ver Craig L. Blomberg, *Matthew* (Nashville: Broadman, 1992), 354-64; Craig S. Keener, *Matthew* (Downers Grove, Ill.: InterVarsity, 1997), 347-53.

43. *Duke Chronicle* (14 de septiembre de 1988), 1 (circulación: 25.000 ejemplares).

44. *Cf.* también "Rapture Seer Hedges on Latest Guess", *CT* (21 de octubre de 1988), 43. Aquellos que deseen considerar una historia de las predicciones fallidas entre los maestros populares de la profecía bíblica, pueden ver Dwight Wilson, *Armageddon Now!*

tecimientos actuales en perjuicio de la historia más amplia nos hace vulnerables a este tipo de modas escatológicas pasajeras. Así, cuando los titulares sobre Saddam Hussein copaban las portadas, parecía pertinente la publicación de un libro más matizado que, naturalmente, se hizo popular durante la Guerra del Golfo; pero lo cierto es que algunos distribuidores que habían acumulado demasiado *stock* tuvieron que regalar muchos ejemplares o devolverlos a la editorial para que les fuera reembolsada su inversión.[45]

Varios maestros han sugerido que el Señor regresaría probablemente alrededor del año 2000.[46] De manera menos responsable todavía, los medios de comunicación sensacionalistas, reflejando puntos de vista populares que sorprenderían a muchos lectores de este comentario, explotan la histeria que provoca el cambio de milenio; en uno de sus artículos, el semanario Weekly World News ha sugerido que el fin del mundo se producirá a lo largo del año 2000[47] y, en otro, que el noventa y uno por ciento de los "expertos" ahora "esperan el Apocalipsis, como muestran una serie de asombrosas nuevas investigaciones".[48] Afortunadamente, la publicación proporciona también una guía práctica para encontrar seguridad en el arca que actualmente está constru-

---

The Premillenarian Response to Russia and Israel Since 1917 (Grand Rapids: Baker, 1977); ver también Paul Boyer, *When Time Shall Be No More: Prophecy Belief in Modern American Culture* (Cambridge, Mass.: Belknapp of Harvard Univ., 1992); Russell Chandler, *Doomsday: The End of the World—A View Through Time* (Ann Arbor, Mich.: Servant, 1995).

45. John F. Walvoord, *Armageddon, Oil and the Middle East Crisis*, ed. rev. (Grand Rapids: Zondervan, 1990), del que se imprimieron más de un millón de ejemplares; ver la crítica de Edwin Yamauchi, "Updating the Armageddon Calendar", *CT* (29 de abril de 1991), 50-51. Aunque Walvoord no participó en estas especulaciones, un quince por ciento de los estadounidenses pensaron que la breve Guerra del Golfo era el comienzo del Armagedón ("Goodbye, Armageddon", *CT* [27 de mayo de 1991], 57).

46. Kyle, *The Last Days*, 120, cita las aproximaciones de Grant R. Jeffrey, *Armageddon: Appointment with Destiny* (Toronto: Frontier Research, 1988) 193; y Jack Van Impe (que también aseguró en 1975 que la "bandera soviética ondearía en el Independence Hall de Filadelfia en 1976"). El empecinamiento en este marco temporal, en ciertos círculos ocultistas (ver *The Last Days*, 151-56), puede poner de relieve algo sobre los planes de Satanás (Matthew Fox espera para entonces la venida del Cristo cósmico; ver Steven Keillor, *This Rebellious House* [Downers Grove, Ill.: InterVarsity, 1996], 303); no obstante, no han de resultar influyentes para el pensamiento cristiano (Ro 16:19).

47. "Will God Destroy the World in the Year 2000?", *Weekly World News* (29 de diciembre de 1998), 10-11.

48. Lisa Merakis, "The Millennium Countdown Has Begun!", *Weekly World News* (29 de diciembre de 1998), 36.

yendo un grupo de alienígenas.⁴⁹ En una edición del año anterior se afirmaba que ciertas "grabaciones secretas del gobierno demuestran" que Jesús ya está en la tierra, preparado para el fin del mundo (a pesar de la explícita advertencia en sentido contrario de Mt 24:26-28 y Mr 13:21, 22); según la publicación, se estaba encubriendo la verdad.⁵⁰ En preparación para el día del juicio, el periódico invita a los lectores a la salvación y lo hace resumiendo de tal manera las enseñanzas morales de Billy Graham que lleva al lector a pensar erróneamente que Graham promueve la salvación por obras.⁵¹

Sin embargo, quienes hicieron este tipo de predicciones esperando su venida dos mil años después de su primer cumpleaños, llegaron un poco tarde: Jesús nació probablemente alrededor del año 7 d.C., de modo que su celebración bimilenial debería haberse producido alrededor de 1993.⁵² Poner fechas —o pronosticar las señales que las sugieren— es perder de vista lo esencial. Con señales o sin ellas, siempre hemos de estar preparados.

---

49. Lila Schvandt, "Space Aliens Building New Noah's Ark ... and Here's How You Can Get on It, Says Expert!" *Weekly World News* (29 de diciembre de 1998), 35. Esta misma publicación consigna una supuesta aparición de María en Egipto ("Glowing Image of Virgin Mary Dazzles Thousands!", *Weekly World News* [19 de diciembre de 1998], 15).
50. George Sanford, "Jesus Is Back on Earth AND the End of the World Is Near!", *Weekly World News* (12 de agosto de 1997), 8-9.
51. R. Neale Lind, "Judgment Day—Are You Prepared?" *Weekly World News* (29 de diciembre de 1998), 38-39. En otro artículo, Beatrice Dexter, "Simple 12-Point Plan That Will Get You Into Heaven!", *Weekly World News* (29 de diciembre de 1998), 38-39, señala como indicadores de la vida eterna el aprecio por todas las criaturas de Dios ("Puedes considerar incluso hacerte vegetariano", 38), llevar "símbolos religiosos" y ofrendar "a la iglesia".
52. Herodes el Grande quería dar muerte a Jesús, que por aquel tiempo tenía ya dos años (Mt 2:16), y Herodes murió en el año 4 a.C. Nuestros calendarios están equivocados. El pastor Lee Changrim anunció el arrebatamiento para el 28 de octubre de 1992, aunque se disculpó cuando no se produjo (*CT* [11 de enero de 1993], 54). Un poco más sabio, Harold Camping no lo esperaba hasta septiembre de 1994 ("Rapture Date Set—Again", *CT* [23 de noviembre de 1992], 48; "End-Times Prediction Draws Strong Following", *CT* [20 de junio de 1994], 46-47; "Are You Ready?" [tratado de la organización Year of Jubilee Ministries]; "Camping Misses End-Times Deadline", *CT* [24 de octubre de 1994], 84).

Apocalipsis 1:4-8

Yo, Juan, escribo a las siete iglesias que están en la provincia de Asia:

Gracia y paz a ustedes de parte de aquel que es y que era y que ha de venir; y de parte de los siete espíritus que están delante de su trono; ⁵ y de parte de Jesucristo, el testigo fiel, el primogénito de la resurrección, el soberano de los reyes de la tierra.

Al que nos ama
y que por su sangre
nos ha librado de nuestros pecados,
⁶ al que ha hecho de nosotros un reino,
sacerdotes al servicio de Dios su Padre,
¡a él sea la gloria y el poder
por los siglos de los siglos! Amén.
⁷ ¡Miren que viene en las nubes!
Y todos lo verán con sus propios ojos,
incluso quienes lo traspasaron;
y por él harán lamentación
todos los pueblos de la tierra.
¡Así será! Amén.

⁸ «Yo soy el Alfa y la Omega —dice el Señor Dios—, el que es y que era y que ha de venir, el Todopoderoso».

Sentido Original

Si 1:1-3 proporciona un título apropiado para la introducción de una revelación apocalíptica, 1:4-8 representa una introducción epistolar en la que se especifica la identidad de los receptores (de "siervos" en 1:1 a las "siete iglesias que están en la provincia de Asia" en 1:4). Y lo que es más importante, expone la identidad del Dios que envía dicha revelación y, al hacerlo, anima a los cristianos que sufren con la verdad de que Dios es mayor que sus pruebas.

Las iglesias de Asia (1:4a)

"Asia" era una forma común de aludir a la provincia romana más occidental de Asia Menor (la moderna región occidental de Turquía), donde el cristianismo florecía hacia finales del siglo I. A comienzos del siglo II, un gobernador de Bitinia (norte de Turquía) se quejaba incluso al emperador de que los templos paganos estaban cayendo en desuso por cuanto los cristianos se multiplicaban con gran rapidez.[1] Sin embargo, los puntos fuertes de las iglesias no las eximían de la necesidad de un mensaje de parte Dios, ya fuera advirtiéndolas de más sufrimiento (2:10) o llamándolas a desarrollar una santidad más profunda (2:14-16).

Las iglesias se habían extendido por toda la provincia de Asia y no estaban limitadas a las ciudades que se mencionan en Apocalipsis (Hch 19:10). Pero Juan escribe a las siete ciudades más destacadas y estratégicas de la región, desde las cuales la palabra alcanzaría rápidamente las zonas más alejadas. El concilio de los asiarcas (Hch 19:31, "autoridades de la provincia") se reunía cada año en una sucesión de siete ciudades que son exactamente las mismas a las que escribe Juan (la única excepción es que Juan sustituye Cícico, mucho más al norte, por la más céntrica Tiatira).[2] Éfeso, la primera ciudad que menciona Juan, era la más importante de la provincia, pero también la primera de las siete ciudades a las que habría llegado un mensajero procedente de Patmos, una isla situada en el mar Egeo a unos ochenta o noventa kilómetros de Éfeso.

Puesto que Juan no disponía de siete secretarios a quienes dictar el libro al mismo tiempo, y puesto que este tendría que copiarse a mano, el apóstol no comenzó con siete ejemplares del libro, uno para cada iglesia (aunque también puede ser que algún miembro de las iglesias lo hubiera copiado a su llegada). El mensajero de Juan llevó probablemente el rollo de una congregación a otra hasta que las siete oyeron el llamamiento a despertar que Cristo les mandaba.

Entretanto, la palabra se habría propagado a partir de estas siete iglesias; por ejemplo, otras importantes ciudades, como Hierápolis, Trallis y Magnesia, estaban de hecho en la misma carretera que, probablemente, los mensajeros siguieron para llevar el rollo de Apocalipsis a las siete iglesias.[3] Es más, todas las iglesias estaban ubicadas de manera estratégica para alcanzar varias poblaciones de Asia. Desde Pérgamo podía accederse a la costa norteña; desde Tiatira, a la zona interior y regiones del este y noreste; desde Sardis, al amplio valle central del Hermo; desde Filadelfia a la región superior de Lidia; desde Laodicea, al valle del Lico y Frigia central; desde Esmirna, a la zona inferior del valle del Hermo y a las costas jónicas del norte; y desde Éfeso, a los valles del Caístro y Menderes inferior y a las propias zonas metropolitanas de la

---

1. Plinio, *Ep*. 10.96. Dado el gran número de cristianos a finales del siglo II, Tertuliano ridiculiza la imprecisión retórica de quienes piden que los cristianos sean arrojados al león: "¿Cómo? ¿Todos ellos a un solo león?" (Tertuliano, *Apol*. 40.2).
2. Bo Reicke, *The New Testament Era: The World of the Bible from 500 B.C. to A.D. 100*, trad. de D. E. Green (Filadelfia: Fortress, 1974), 231.
3. Ramsay, *Letters to the Seven Churches*, 188.

ciudad.⁴ De este modo, las siete iglesias extenderían el mensaje a toda la región asiática romana.

De Dios con amor (1:4b)

Después de su "apocalíptico" prefacio (1:1-3), Juan comienza con una introducción epistolar que se parece mucho a las redactadas por Pablo. Las cartas de la antigüedad comenzaban normalmente con el nombre y, a veces, con el título del remitente; a continuación se consignaban los destinatarios y, generalmente, una oración o acción de gracias sobre ellos.⁵ La expresión "gracia y paz" es un ejemplo de una clase especial de oración en la que alguien se dirige directamente a sus oyentes o lectores en lugar de a Dios, aunque de hecho pronuncia las palabras como una petición a Dios, invocando su bendición sobre los receptores.⁶

La palabra "gracia" (*charis*) está relacionada con el típico saludo griego, "saludos" (*charein*),⁷ y el término "paz" traduce el característico saludo judío, *shalom*. Algunos escritores judíos de habla griega habían ya combinado este tipo de saludo (2 Macabeos 1:1; 2 Baruc 78:2-3), y esta combinación se había normalizado en muchas de las primeras cartas cristianas (p. ej., Ro 1:7; 1P 1:2; 2P 1:2; 2Jn 1:3). Lo más significativo de las primeras cartas cristianas no es que los creyentes invocaran a Dios Padre para bendecir a sus lectores, sino que invocaran también al Señor Jesús en la misma frase, lo que implicaba casi con toda seguridad su fe en la deidad de Cristo.⁸

El prefacio, o exordio, de una obra marca su tono (Quintiliano, *Inst. Or.* 6.1.5); las ampliaciones de alguna parte de la introducción tradicional, también de las bendiciones, a menudo ofrecen claves para los temas que se desarrollarán en el resto de la carta.⁹ Que en 1:5-6 Juan exponga de manera tan completa los roles de Jesús sugiere el importante lugar que desempeñará la cristología en este libro. La descripción de Dios como "aquel que es y que era y que ha de venir", enmarca la

---

4. *Ibíd.*, 191.
5. Ver Stanley K. Stowers, *Letter Writing in GrecoRoman Antiquity*, LEC 5 (Filadelfia: Westminster, 1986), 20.
6. P. ej., *Ep. Arist.* 185; Aune, *The New Testament in Its Literary Environment*, 193.
7. *P. Eleph.* 13.1; *P. Oxy.* 292.2; 299.1; *B.G.U.* 1079.2; Demóstenes, *Carta* 1, 1; 3 Mac 7:1; Hechos 23:26. Los autores judíos grecoparlantes a menudo mantenían las costumbres griegas (p. ej., 1 Mac 10:18; 12:6; T. Abr. 16A; 13B; Hch 15:23; Stg 1:1).
8. Ver A. M. Hunter, *The Epistle to the Romans* (Londres: SCM, 1955), 26.
9. Wilhelm Wuellner, "Paul's Rhetoric of Argumentation in Romans: An Alternative to the Donfried Karris Debate Over Romans", *CBQ* 38 (July 1976): 335-36; *cf.* Stowers, *Letter Writing*, 20-21.

fuente de la bendición (1:4, 8) y es, por ello, un punto que Juan desea sin duda subrayar. Algunos paganos entendían el concepto de la existencia propia de una deidad suprema;[10] sin embargo, el lenguaje de este versículo parece responder a una antigua interpretación judía de la afirmación de Dios en Éxodo 3:14: "Yo soy el que soy".[11]

La identidad de "los siete espíritus" (1:4) no está completamente clara.[12] El judaísmo temprano pensaba en términos de siete arcángeles ante el trono de Dios,[13] y, teniendo especialmente en cuenta a los ángeles de las siete iglesias (1:20), es posible que muchos de los lectores de Juan asumieran al principio que esto era lo que quería decir. En otros pasajes se enumera, a veces, a los ángeles junto al Padre y al Hijo (14:10; ver también Mr 8:38; 1Ti 5:21). Pero el número siete es común en el libro de Apocalipsis, de manera que los "siete espíritus" que están ante el trono de Dios no tienen por qué aludir necesariamente a los siete ángeles que se mencionan en otros pasajes. Ciertamente, Apocalipsis no utiliza el término "espíritus" para referirse a los ángeles, y puesto que en el griego cada grupo tiene su propio artículo, en 3:1 "los siete espíritus" parecen distinguirse explícitamente de los siete ángeles. Por ello, la mayoría de los comentaristas consideran que "los siete espíritus" aluden al "séptuple Espíritu" de Isaías 11:2, o a alguna otra analogía relativa al Espíritu de Dios,[14] una idea que les permite entender los

---

10. P. ej., Plutarco, *E en Delfos* 17, *Mor.* 392A; ver además Aune, *Prophecy in Early Christianity*, 280-81. Los comentaristas citan a Plutarco, *Isis* 9, para aludir a un paralelismo verbal más cercano sobre una deidad que abarca todo lo que importa en el pasado, el presente y el futuro; Aune, *Revelation*, 1:30-32, ofrece muchos paralelismos, sugiriendo que el crecimiento de los judíos citado a continuación puede reflejar la influencia helenista en su redacción.
11. Oráculos Sibilinos 3.15-16. Ver también el Targum de Jerusalén en Éxodo 3:14 y especialmente Deuteronomio 32:39 (Beasley-Murray, *Revelation*, 54; ver además Ford, *Revelation*, 376; Beale, *Revelation*, 187). La extraña expresión griega de Juan en "aquel que es y que era y que ha de venir" probablemente refleja un intento de traducir un texto semítico (Tenney, *Revelation*, 14).
12. Y, aumentando la posible confusión, algunos textos judíos antiguos vinculaban a los ángeles con el Espíritu de Dios (*cf.* Asc Is 9:36); algunos cristianos primitivos mencionan también ángeles junto a la Trinidad, aunque manteniendo, por regla general, la distinción (Justino, *Primera Apología* 6). Talbert, *Apocalypse*, 14, piensa que Juan describe aquí al Espíritu Santo en imaginería angélica.
13. Tobías 12:15; 1 Enoc 20:1-8; 2 Enoc 19:1-3; 4QSerek. Ver distintos grupos de siete espíritus en T. Rubén 2; 2 Enoc 19:6. Aune, *Revelation*, 1:34-35 sostiene este punto de vista.
14. Caird, *Commentary on Revelation*, 15; Beasley-Murray, *Revelation*, 55; Metzger, *Breaking the Code*, 23; Rissi, *Time and History*, 58; *cf.* F. F. Bruce, "The Spirit in the Apocalypse", 333-36 (esp. 336). Fekkes, *Isaiah*, 108-10, es más escéptico con res-

"siete espíritus" de este versículo como una alusión a la tercera persona de la Trinidad.

En Apocalipsis, los siete espíritus que están "delante de su trono" (1:4; *cf.* 4:5) son los siete ojos del Cordero (5:6). Estos "siete ojos" reflejan los ojos de Dios en Zacarías (Zac 3:9; 4:10) que pueden interpretarse como los ángeles de Dios enviados para patrullar los cuatro ángulos de la tierra (1:8-11; ver, sin embargo, el comentario sobre Ap 6:1-8), que son los "cuatro espíritus del cielo" (Zac 6:5, *cf.* 6:1-7); no obstante, en su contexto los ojos podrían aludir al Espíritu de Dios (4:6).

Si entendemos que los siete espíritus son aquí una referencia al Espíritu de Dios, 1:4-5 invoca una bendición de parte de la Trinidad: Padre, Espíritu e Hijo. Independientemente de si en este texto Juan invoca o no a la Trinidad, este termina con Jesús, porque su papel es el foco central. Es, en especial, su adhesión a Jesús lo que hace que los lectores de Juan sufran la oposición de la sinagoga y de Roma (ver la Introducción).

Jesús el libertador (1:5-6)

En 1:5 Juan consigna tres títulos que describen a la persona de Jesús y tres declaraciones sobre su obra en 1:5-6. Todos los títulos de Jesús expresados en 1:5 proporcionan un ánimo especial para una iglesia que sufre: Jesús había testificado (y por ello padeció como muchos de los primeros receptores de Juan), había resucitado de entre los muertos (una promesa de esperanza para ellos) y ahora es el soberano de los reyes de la tierra (una certeza contra sus perseguidores).

Jesús es el "testigo fiel", el que da el testimonio decisivo de parte del Padre (Jn 3:11), el que se mantuvo fiel cuando compareció ante Pilato (1Ti 6:13). Puesto que es "el testigo fiel y veraz" (Ap 3:14), los creyentes pueden depender de sus promesas (Pr 14:5, 25); de hecho, Jesús cumple un papel divino (Jer 42:5).[15] Pero hay aquí algo aún más importante, y es que Jesús proporciona el modelo perfecto para los cristianos que van a dar testimonio de él (Ap 19:10) y van a sufrir por ello (17:6).[16]

---

pecto al uso de Isaías en este versículo; solo en la Septuaginta es el Espíritu séptuple, a no ser que se incluya "Espíritu del Señor". *Cf.* un séptuple espíritu en 1 Enoc 61:11 y la interpretación mesiánica de Isaías 11:2 en *b. Sanh.* 93b; *Ruth Rab.* 7:2.

15. *Cf.* Moisés como el "testigo sin falsedad" en Filón, *Las insidias de lo peor contra lo mejor* 138.
16. Mitchell G. Reddish, "Martyr Christology in the Apocalypse", *JSNT* 33 (1988): 85-95, observa que los distintos roles de Jesús en el libro de Apocalipsis subrayan su martirio, recordando a sus receptores que el martirio es victoria, y no derrota.

Así pues, el único al que se llama mártir en el libro de Apocalipsis es también llamado "testigo fiel" (2:13).

La expresión "primogénito de los muertos [NVI, 'primogénito de la resurrección']" era una forma en que los primeros cristianos manifestaban que Jesús había sido el primero en levantarse de los muertos (Col 1:18; Heb 1:6; *cf.* Ro 8:29), pero era especialmente pertinente para aquellos que, por causa de su nombre, podían tener que afrontar la muerte en breve. La mayoría de los judíos esperaban que todos los muertos justos resucitaran al final de la era (Dn 12:2). De hecho, los primeros cristianos creían que Jesús había inaugurado este acontecimiento futuro en medio de la historia (por ello predicaban "en Jesús la resurrección de entre los muertos [LBLA]", Hch 4:2). Por su condición de "primogénito", la resurrección de Jesús era una garantía de que sus seguidores muertos también resucitarían (1Co 15:20); por tanto, no tenían nada que temer, ni siquiera de la propia muerte (ver también Ap 1:18). Según la enseñanza judía, los ángeles hostiles a los intereses de Israel gobernaban las naciones;[17] pero, en este versículo, Jesús gobierna sobre los reyes de la tierra. El lenguaje alude a Salmos 89:27, donde el "primogénito" de Dios gobierna sobre los otros "reyes de la tierra". ¡No cabe duda de que a aquellos cristianos que sufrían bajo los agentes del poderoso César este título de Jesús les habría sido de ánimo!

En 1:5, Juan enumera tres títulos de Jesús y en 1:5-6 consigna, asimismo, tres de sus obras (aunque desde un punto de vista gramatical no se aprecia mucho el paralelismo): "nos ama"; "nos ha librado de nuestros pecados"; y "ha hecho de nosotros un reino, sacerdotes al servicio de Dios su Padre". El amor de Jesús por nosotros se expresa en su muerte a nuestro favor, como indican otros pasajes del Nuevo Testamento (Jn 3:16; Ro 5:5-8; Gá 2:20). Esta certeza del amor de Cristo animaría a los creyentes que sufrían entre los lectores de Juan; su muerte proporciona también un ejemplo para los llamados a participar del sacrificio del Cordero en aras de la misión de Dios en el mundo (Ap 6:9).

Al afirmar que Jesús nos hizo un "reino y sacerdotes", Juan recuerda a sus oyentes que la salvación no solo consiste en aquello de lo que Dios nos salva (nuestros pecados, 1:5), sino para qué: un destino como agentes y adoradores suyos (1:6). Éxodo 19 le recordaba a Israel que tenía que ser un pueblo santo, o separado para Dios, y que era su especial y atesorada posesión (Éx 19:5-6). Pero este pasaje declaraba espe-

---

17. P. ej. Dn 10:13, 20; Jub. 15:21-32, 35:17, 49:2-4; 1 Enoc 40:9; 3 Enoc 26:12; 29:1; 30:1-2; *Mek. Shir.* 2:112ff; *Sifre Deut* 315.2.1.

cialmente que la misión de Israel era ser un reino de sacerdotes (19:6). Como otros de los primeros escritores cristianos (1P 2:9), Juan aplica este título y misión a todos los creyentes (Ap 1:6; 5:10; 20:6) que han sido injertados en la herencia de Israel. Para los oyentes de Juan, esta aplicación no es poca cosa: muchos de ellos eran probablemente creyentes judíos expulsados de sus sinagogas por su fe en Jesús (ver comentario sobre 3:8-9). Los judíos no estaban obligados a adorar al emperador, pero algunos acusaban a los cristianos de no ser ya judíos, algo que los hacía susceptibles de represalias por su negativa a adorar a César (ver la Introducción). Al ratificar que sus oyentes seguían unidos a la herencia de Israel, Juan les anima con la afirmación de que sus reivindicaciones son legítimas.

Juan adapta ligeramente la redacción: un reino y sacerdotes (1:6).[18] Aunque un "reino" significaba normalmente el derecho de un gobernante a reinar (Sal 145:11-14), en ocasiones hacía referencia a las personas sobre las cuales este reinaba (105:13); en este caso, la palabra implica una autoridad delegada, como cuando Adán y Eva gobernaban la creación por mandato de Dios (Gn 1:26-27). Estos "reinarán" con Jesús (Ap 5:10; 20:6), como en las promesas bíblicas (Dn 7:22, 27).[19]

Su título como "sacerdotes" es también significativo. La comunidad de Qumrán entendía su misión como una tarea sacerdotal y en su seno había muchos sacerdotes.[20] Pero la clase de sacerdocio a la que alude Juan en este versículo es espiritual, como el que tenía que ejercer en su conjunto el Israel de la antigüedad (*cf.* Is 61:6). Como sacerdotes los seguidores de Jesús ofrecerán adoración (Ap 4:10-11; 5:8-10; *cf.* 22:3) y ofrendas, el incienso de la oración (5:8; 8:4) y el sacrificio de sus propias vidas (6:9).[21]

Tras la oración de Juan en la que pide la gracia y la paz del Dios trino, este hace una pausa para presentar una doxología de alabanza a Jesús (1:6). (No es una conducta sorprendente para un escritor que

---

18. *Cf.* otras fuentes judías tempranas en Beasley-Murray, *Revelation*, 57-58.
19. La exaltación futura de Israel para gobernar las naciones se convirtió en una popular tradición judía (Sabiduría de Salomón 5:16; 1QM 1.5; 12.16; CD 6.5-6; Jub. 22:11-12; 32:19; *Sifre Deut*. 47.2.8).
20. Resaltado por William H. Brownlee, "The Priestly Character of the Church in the Apocalypse", *NTS* 5 (abril 1959): 224-25. Algunos sacerdotes judíos también se convirtieron en cristianos (Hch 6:7).
21. Andrew J. Bandstra, "'A Kingship and Priests': Inaugurated Eschaology in the Apocalypse", *Calvin Theological Journal* 27 (1992): 10-25, subraya la presente intercesión y la mediación del mensaje de Cristo.

forma parte del sacerdocio que acaba de mencionar). Mientras que los textos judíos tradicionales alababan a Dios Padre, en este versículo la alabanza se dirige a Jesús (*cf.* también Ro 9:5), el que murió por nosotros (Ap 1:5) y nos hizo sacerdotes para su Padre (1:6).[22]

Promesa y afirmación final (1:7-8)

Las palabras introductorias de Juan culminan en una promesa antes de concluir con otra afirmación de la eternidad de Dios (1:8): Jesús viene (1:7). El regreso de Jesús en las nubes (probablemente de la gloria divina) alude a Daniel 7:13; que aquellos que le traspasaron lo verán y lamentarán hace referencia a Zacarías 12:10. Puesto que el lenguaje de Mateo 24:30 refleja estos mismos textos, es probable que, en este pasaje, Juan se esté haciendo eco de un dicho anterior de Jesús.[23] Es posible que la expresión los "pueblos [lit., tribus] de la tierra" aluda a la organización de los ciudadanos en las ciudades de Asia, donde se dividían en tribus; Filadelfia, por ejemplo, tenía siete.[24] Ninguna certeza podría estimular mejor a los creyentes que sufrían que saber que Jesús vendrá para poner las cosas en orden, y los opresores de la iglesia tendrán que reconocer sus agravios y daños a los siervos de Dios. Apocalipsis 1:7 no deja del todo claro que la "lamentación" implique arrepentimiento (*cf.* 11:11-13) o —más probablemente en el caso de los gentiles aquí aludidos (*cf.* Mateo 24:30)— temor (Ap 6:16), pero la nota de vindicación es inequívoca.

Por último, Juan confirma de nuevo que toda la historia está en manos de Dios, tanto el futuro como el presente (1:8); por tanto, su pueblo no tiene que temer como si pudiera sucederles algo aparte del plan de Dios. El título "el Alfa y la Omega", así como "el que es y que era y que

---

22. Jesús sigue siendo aclamado explícitamente como deidad incluso más frecuentemente en los primeros textos patrísticos, p. ej., Justino, *Primera Apología* 67; *Segunda Apología* 13; consignado también en Plinio, *Ep.* 10.96. *Cf.* Larry W. Hurtado, *One God, One Lord: Early Christian Devotion and Ancient Jewish Monotheism* (Filadelfia: Fortress, 1988).
23. *Cf.* Mr 13:26; 14:62; ver además, Beale, "Use of Daniel in the Synoptic Eschatological Discourse", 138-39; *cf. Bauckham, Climax of Prophecy,* 319-21. Para Juan, "la perforación" de Jesús significa probablemente el lanzazo que se consigna en Juan 19:37; Por lo que a la redacción se refiere, Apocalipsis 1:7 está más cerca de Juan 19 que la LXX de Zacarías 12:10.
24. Ramsay MacMullen, *Roman Social Relations: 50 B.C. to A.D. 284* (New Haven, Conn.: Yale Univ. Press, 1974), 131-32. Los lectores griegos podían también concebir la realidad de pueblos distintos en otros lugares, p. ej., los estimados 118 "pueblos" de la India (Arriano, *Historia índica* 7.1).

ha de venir" indica la eternidad de Dios, que para él, toda la historia, de principio a fin, es igual. los griegos utilizaban a veces letras simbólicas para describir a sus deidades,[25] pero Juan utiliza las letras primera y última del alfabeto griego para describir a Dios como el "primero" y el "último"; algunos autores judíos utilizaban la primera y última letras del alfabeto hebreo (*alef* y *tav*) para expresar esto mismo.[26] En ambos casos los escritores aluden al libro de Isaías, donde Dios declara que él es el primero y el último (Is 41:4; 44:6; 48:12). Es también posible que los paganos reconocieran que la expresión "el primero" describía a una deidad suprema,[27] o incluso que utilizaran "el primero y el último" con el mismo sentido que le da Juan;[28] sin embargo, el pueblo judío en particular describía a Dios como el primero y el último,[29] y como "el principio y fin de todo".[30]

Dios no solo es el Señor del tiempo, sino también el que gobierna todo el universo: es el *pantokrator*, "todopoderoso", un título común para Dios en este libro (1:8; 4:8; 11:17; 15:3; 16:7, 14; 19:6, 15; 21:22; en todo el Nuevo Testamento solo aparece en 2Co 6:18). Los textos judíos escritos en griego utilizan constantemente este título para aludir a Dios;[31] los rabinos de periodos posteriores siguieron utilizando términos hebreos y arameos equivalentes.[32] Algunos escritores romanos describen también a la deidad suprema con el título latino equivalente.[33] Sin embargo, en los antiguos relatos griegos de mayor circulación,

---

25. P. ej. Plutarco, *La E de Delfos*, pássim. Sobre el uso de las vocales en la magia, ver Aune, *Revelation*, 1:57-59.
26. *Cf.* Robert Hayward, *Divine Name and Presence: The Memra* (Totowa, N.J.: Allanheld, Osmun & Co., 1981), 34. Muchas veces incluyen también la letra intermedia (Mem) para representar a Dios como "verdad" o "fidelidad" (aleph-mem-tav), *p. Sanh.* 1:1, §4; *Gen. Rab.* 81:2).
27. Plutarco, *Isis* 2, 75; *Mor.* 352A, 381B; otras deidades en Apuleyo, *Metam.* 4.30. En algunas culturas inconexas, ver John S. Mbiti, *African Religions and Philosophies* (Garden City, N.Y.: Doubleday, 1970), 43.
28. Zeus en *Himnos Órficos* 15.7; el principio y el fin le pertenecen a Apolo en *Himnos Órficos* 34.15. El uso de "Alfa" y "Omega" en textos esotéricos (p. ej., P. Köln, 6; citas en David E. Aune, "The Apocalypse of John and GrecoRoman Revelatory Magic", *NTS* 33 [1987]: 481-501) puede reflejar una influencia cristiana.
29. P. ej. Filón, *Sobre la obra de Noé como plantador* 93.
30. Josefo, *Ant.* 8.280; en *Contra Apión* 2.190 añade también el "medio".
31. P. ej. Sabiduría de Salomón 7:25; 2 Mac 6:26; 3 Mac 5:7; Ep. Arist. 185; Oráculos sibilinos 1.66. La Septuaginta utiliza este título más de ciento cincuenta veces, normalmente para Señor "de los ejércitos".
32. P. ej. *b. Shab.* 88b; *Yeb.* 105b; Yoma 12a.
33. P. ej. Virgilio, *En.* 7.141, 770; 9.625; *Georg.* 2.325; Ovidio, *Metam.* 1.154; 2.304 (solo cito aquí un pequeño porcentaje de las referencias que he recopilado durante mi propio

los dioses aparecían a menudo como seres patéticos: podían ser capturados e interrogados por los mortales, o eran incapaces de proteger a un pariente mortal;[34] su poder era algo muy distinto del que muestra el Dios vivo del antiguo Israel.

Para los cristianos que sufren bajo el mandato de César, el *autokrator* o emperador,[35] saber que servían al "Todopoderoso" era sin duda una fuente de fortaleza. César puede gobernar hasta cierto punto a los ciudadanos de un imperio, pero Dios gobierna el cosmos; y Dios, que es el principio y el fin, guiará el curso de la historia mucho después de la muerte de César y de la incineración de su cuerpo en Roma.

Interpretaciones erróneas de Apocalipsis 1–3. Este pasaje ha suscitado varias cuestiones interpretativas para los lectores modernos, especialmente en círculos fuertemente influenciados por ciertos populares maestros de la profecía. Una de las cuestiones que plantea un punto de vista más antiguo es que las siete iglesias son simbólicas. Por supuesto, el género de Apocalipsis es una mezcla de literatura apocalíptica y profecía, algunos de cuyos símbolos han demostrado ser más difíciles que otros de sondear; las cartas, no obstante, son por regla general una clase de literatura distinta. La mayoría de los escritores apocalípticos utilizaban pseudónimos y no se dirigían a unos receptores específicos. Pero el libro de Apocalipsis es distinto, al estar concebido como una carta dirigida a unas iglesias específicas del siglo I,[36] y este hecho sugiere el grado en que hemos de interpretar el simbolismo de este libro de acuerdo con los símbolos que estas comunidades eclesiales habrían entendido.

Algunos de los primeros dispensacionalistas interpretaron simbólicamente el sentido de las siete iglesias de Asia (1:4) como siete "eras de la iglesia", o etapas de su historia, aunque pocos mantienen hoy este punto de vista.[37] Por una serie de razones, esta línea de interpretación

---

estudio de las fuentes). Para el término griego, cf. *Himnos Órficos* 18.17.
34. P. ej. Homero, *Od.* 4.459–61; Eurípides, *Electra* 1298-1300.
35. P. ej. Josefo, *Ant.* 14.199.
36. Fiorenza, *Revelation*, 35; Aune, *The New Testament in Its Literary Environment*, 240. No obstante, nadie se molestaría por esta mezcla de distintos tipos de literatura; por tanto, por ejemplo, una obra de historia podría también comenzar con una carta de introducción (2 Mac 1:1-6).
37. Para una crítica de esta perspectiva, ver Michaels, *Revelation*, 24; Robert L. Thomas, "The Chronological Interpretation of Revelation 2–3", *BibSac* 124 (1967): 321-31;

no es más aceptable que atribuir un sentido alegórico a las iglesias a las que Pablo se dirige en sus cartas. (1) Un buen número de datos, entre ellos ciertos elementos de color local que encajan en cada una de las siete cartas (ver comentarios al respecto), sugieren que Apocalipsis se dirige a siete comunidades eclesiales literales.

(2) Un mapa muestra que Apocalipsis consigna los mensajes a las siete iglesias en el mismo orden que un mensajero de Juan, que navegara primero hasta la ciudad costera de Éfeso, recorrería hasta cada una de las ciudades que se enumeran, probablemente siguiendo las principales carreteras de Asia (ver la Introducción). La distancia promedio entre estas ciudades era de entre cincuenta y setenta y cinco kilómetros.[38]

(3) Únicamente una lectura forzada de la historia de la iglesia (revisada constantemente con el paso del tiempo) ha permitido esta interpretación.

(4) Finalmente, si Apocalipsis requiere que se completen siete eras de la iglesia antes de que Jesús regrese, entonces durante la mayor parte de la historia de la iglesia los cristianos ¡no tenían derecho a esperar el inminente regreso del Señor! Esta sería una curiosa conclusión para los defensores de las siete eras de la iglesia, ya que la mayor parte de ellos subrayan vehementemente la inminencia del regreso de Cristo.

Temarios doctrinales modernos. Otro peligro al interpretar los textos bíblicos es que les impongamos los temarios doctrinales de nuestro tiempo. Por ejemplo, algunos autores se han esforzado en distinguir un arrebatamiento pretribulacional de una Segunda Venida postribulacional arguyendo que, en el mismo, Jesús "viene en las nubes" (*cf.* 1Ts 4:17), pero en la Segunda Venida toca la tierra (Zac 14:4). Cualquiera que sea la idea que uno tenga de esta doctrina, un argumento fundamentado únicamente en esta distinción acabará derrumbándose inevitablemente. La mayor parte de los textos sobre el regreso de Jesús en

---

Lewis, *Questions*, 74-76; un ejemplo moderno es Lindsay, *New World Coming*, 38. Corsini, *Apocalypse*, 103-9, encuentra la historia de la salvación en las cartas.

38. Ver Ramsay, *Letters to the Seven Churches*, 183-86; Hemer, *Letters to the Seven Churches*, 15; Ford, *Revelation*, 382. Algunos de los detalles de Ramsay sobre el sistema viario parecen deducciones, aunque algunas de las carreteras están atestiguadas por mojones (Aune, *Revelation*, 1:131). Cuando la secuencia difería de lo que cabría esperar, a menudo los antiguos lo notaban (p. ej., Plutarco, *T.T.* 4.7, *Mor.* 672). Bowman, *First Christian Drama*, 23, sugiere que las iglesias estaban dispuestas como una menorá herodiana; sin embargo, aunque esto fuera cierto, esta sugerencia requiere más competencia cartográfica por parte de los antiguos receptores de Juan de lo que sería verosímil.

juicio no mencionan los detalles de su llegada a la tierra; por otra parte, la mayoría de textos sobre la venida de Jesús en las nubes hacen claramente referencia a su venida visible a todo el mundo, como en este versículo (1:7; *cf.* Dn 7:13; Mr 13:26; 14:62).³⁹ Tampoco hemos de imponer otras controversias doctrinales modernas en textos que no se escribieron para tratarlas. Juan no escribe como un teólogo moderno, sino como pastor y profeta que anima a los creyentes que sufrían y exhorta a los autocomplacientes.

¿Habla este pasaje a nuestro tiempo? Pero si nos acercamos a este pasaje en sus propios términos, ¿cuán relevante resulta para nuestro tiempo? Si Juan subraya el triunfo de Jesús sobre la muerte (1:5) y el soberano gobierno de Dios sobre la historia (1:8) para animar a creyentes amenazados por un gobierno romano hostil, ¿tiene su mensaje algo que decir al lector moderno mil quinientos años después de la caída de Roma?

No es difícil responder esta pregunta. Todos los cristianos tienen que hacer frente a la muerte (Heb 9:27), y todos los creyentes que dan testimonio experimentarán alguna forma de oposición (2Ti 3:12). Las palabras de Jesús nos llegan como un estímulo en nuestras distintas pruebas personales, asegurándonos que Dios tiene un plan más extenso que los detalles que podemos ver, y que nosotros formamos parte de su plan para la historia, cuya meta es un pueblo que constituirá un reino y sacerdotes.

Estas palabras sitúan nuestros sufrimientos colectivos como iglesia en una perspectiva más amplia. Aparte de la fe, nadie hubiera adivinado que el hostigado movimiento cristiano sobreviviría al poderoso Imperio romano. De igual modo, aparte de los ojos de la fe, ¿quién hubiera adivinado hace casi un siglo que el número de creyentes en el Tercer Mundo excedería fácilmente al de los creyentes en Occidente? ¿O que el muro de Berlín iba a caer? ¿O que el *apartheid* desaparecería en Sudáfrica sin que se produjera una guerra civil?⁴⁰

Los actuales perseguidores de la iglesia son a menudo distintos, pero el principio es el mismo. Algunos regímenes islámicos radicales

---

39. Probablemente también Hechos 1:9-11. Las nubes acompañaban a menudo el juicio de Dios, especialmente en el tiempo del fin (Ez 30:3, 18; 32:6-7; Joel 2:2).
40. Bud Bultmann, *Revolution by Candlelight* (Portland: Multnomah, 1991) habla de la influencia cristiana en la caída de los estados totalitarios de la Europa Oriental; sobre la resistencia cristiana contra el *apartheid*, ver, p. ej., Albert Luthuli, postdata a "Let My People God", 409-26 en *Classics of Christian Missions*, ed. Francis M. DuBose (Nashville: Broadman, 1979); Caesar Molebatsi with David Virtue, *A Flame for Justice* (Batavia, Ill.: Lion, 1991).

en Irán,[41] y especialmente en Sudán,[42] han asesinado a muchos cristianos; pero conocer al Señor de la historia nos emplaza a mirar más allá del presente al supremo plan de Dios. Puesto que una buena parte de Apocalipsis es más pertinente para aquellos creyentes que están experimentando la persecución del estado o se encuentran a sus puertas, este libro nos recuerda nuestra participación en el cuerpo universal de Cristo y nos invita a orar con fe por nuestros hermanos y hermanas que sufren, como cabría esperar que hicieran ellos por nosotros llegado el momento (Mt 24:9).

Significado Contemporáneo

Estrategia misionera y realidad eclesial. Que este libro fuera enviado primero a la mayoría de las ciudades estratégicas de Asia Menor, confiando en que su mensaje se propagaría a partir de estas (1:4), nos invita a pensar de manera estratégica en nuestros planes para extender el mensaje de Dios a nuestras comunidades y al mundo. Deberíamos pensar del modo más estratégico posible cuando nos planteamos movilizar a los creyentes para las misiones,[43] desarrollar estrategias para servir a nuestras comunidades,[44] organizar planes de evangelización por segmentos de población,[45] etcétera.

Sin embargo, puede que nuestra posición estratégica en la historia nos permita también sacar otra aplicación que habría sido menos clara en el tiempo de Juan. Cuando se redactó el libro de Apocalipsis, el

---

41. Ver "The Church Triumphant in Iran", *Mountain Movers* (mayo de 1995), 6-8; "Prominent Church Leaders Slain", *CT* (15 de agosto de 1994), 54; "Protestants Live with Fear, Insecurity", *CT* (6 de febrero de 1995), 58.
42. Ver Charles Colson, "Tortured for Christ—and Ignored", *CT* (4 de marzo de 1996), 80. Acerca de la represión del norte islámico sobre el sur mayoritariamente cristiano y tradicionalista, ver Jeffrey Bartholet, "Hidden Horrors in Sudan", *NW* (12 de octubre de 1992), 49; Shyam Bhatia, "A War's Living Booty", *WPR* (agosto de 1995), 40; "Sudan: The Ravages of War" (Nueva York: Amnesty International USA, 1993); Marcus Mabry, "The Price Tag on Freedom", *NW* (3 de mayo de 1999), 50-51.
43. Comenzando en oración; ver David Bryant, *In the Gap* (Ventura, Calif.: Regal, 1984); Johnstone, *Operation World*.
44. Un manual breve pero extraordinariamente práctico sobre el servicio a nuestras comunidades, que he utilizado para algunas de mis clases, es el de Joy Bolton, *Ideas for Community Ministries* (Birmingham: Women's Missionary Union, 1993).
45. Ver Ralph W. Neighbour Jr. y Cal Thomas, *Target Group Evangelism* (Nashville: Broadman, 1975); un ejemplo de esto es la serie de videos sobre el divorcio (DivorceCare; 1994), dirigida a pequeños grupos de las congregaciones locales.

cristianismo florecía en la región occidental de Turquía; sin embargo, con el paso de los siglos, todas estas iglesias sucumbieron de forma gradual a distintas presiones hasta que la última fue prácticamente erradicada por el islam. Las regiones en las que la iglesia primitiva fue más fuerte (Turquía, Siria y el norte de África) son hoy auténticos baluartes islámicos.

No obstante, fue por lo general la propia iglesia, no el islam, la que destruyó a la iglesia; los invasores musulmanes se limitaron a barrer los escombros que quedaban. En el norte de África, el cristianismo se debilitó por medio de divisiones doctrinales internas y étnicas, por herejías y por la falta de sensibilidad de los cristianos bizantinos y latinos hacia la cultura local. En el reino de Nubia se desarrolló durante muchos siglos una rica cultura africana y cristiana hasta que su creciente debilidad en las misiones y la educación cristiana la llevaron a su colapso ante el islam entre los siglos XIV y XVI.[46] La falta de unidad de la iglesia propició la desaparición de una gloriosa cultura ortodoxa oriental que acabó arrollada por el islam.[47] Algunas regiones, que dos siglos atrás eran relativamente estériles en lo que al evangelio se refiere, están ahora floreciendo con él, mientras que algunas partes del mundo occidental luchan por mantener una voz cristiana. Los candelabros pueden moverse de su lugar (2:5), y esto ha de servir de advertencia a los creyentes en distintas partes del mundo, en nuestros días: no podemos tomar a la ligera nuestro papel en el plan de Dios. Cuando una parte de la iglesia abandona su misión Dios levantará a otros para que la cumplan.

Certeza de la ayuda y presencia de Dios. Más importante para lo que quiere decirnos Apocalipsis es que Dios le asegura a su pueblo que tendrá su ayuda en sus problemas. Puesto que este libro se dirige a algunas iglesias que ya estaban experimentando sufrimiento o se encontraban a las puertas, su autor subraya la suficiencia de su cuidador. El título "el que es y que era y que ha de venir" enmarca este párrafo (1:4, 8), y abarca todos los demás. En palabras de George Caird, esta explicación de Éxodo 3:14 "sitúa la cercana ordalía de la iglesia en el trasfondo de la eternidad de Dios, pero también hace descender a Dios a la palestra de la historia. Él es Señor del pasado, del presente y del futuro". No obstante, la secuencia es también importante: el pasado y el

---

46. Craig S. Keener y Glenn J. Usry, *Defending Black Faith* (Downers Grove, Ill.: InterVarsity, 1997), 15-16, 19.
47. Mark Galli, "Better the Infidel", *Christian History* 54 (1997): 19.

futuro se funden en el eterno presente de Dios.[48] Los cristianos pueden tener plena certeza, porque, como observó un antiguo poeta cristiano, Dios vio claramente el final desde el principio (Odas de Salomón 4:12, 14). Dios contempló al mismo tiempo nuestra generación y todos los mártires de la historia; la iglesia de todos los tiempos forma parte de su plan, y nosotros participamos de un propósito mayor que nosotros individualmente y que no fracasará.

Los cristianos que sufren, como los de las antiguas iglesias de Esmirna y Filadelfia, y otros muchos en nuestros días, necesitan recordatorios de la gran compasión que Dios tiene por ellos; a veces, cuando sufrimos, no sentimos que el Dios soberano nos ame, a no ser que podamos reconocer en la cruz su participación en nuestro sufrimiento. La certeza del amor de Jesús (1:5) llega más hondo que las meras palabras. Como los esposos han de demostrarse su amor de maneras prácticas y diciéndose "te amo" el uno al otro, el Nuevo Testamento habla del amor de Cristo como algo íntimamente relacionado con su sacrificio por nosotros (1:5; Ro 5:59). En el conocido versículo de Juan 3:16, el amor de Dios se expresa mediante un verbo en aoristo que puede sugerir una concreta demostración de su amor en el pasado, cuando "dio" a su Hijo (en la cruz, 3:14-16).

En mis momentos de más profundo quebrantamiento, cuando no encontraba consuelo en ningún sofisticado argumento teológico, la certeza más profunda del amor de Dios ha sido mirar a la cruz y recordar que Dios mismo ha compartido mi dolor. Apocalipsis 1:5 utiliza el tiempo presente, "ama", quizá porque los cristianos que sufren necesitan aquí la certeza de que Dios sigue amándolos y que no se ha olvidado de ellos.

La liberación de sus pecados efectuada por Cristo les recuerda a los creyentes la distinción entre ellos y el sistema mundano que los persigue o los seduce para que comprometan sus convicciones. Aunque en el libro de Apocalipsis los tiempos verbales no siempre son coherentes, la conjugación del verbo "ha librado" podría indicar perfectamente una decisiva liberación pasada del pecado.[49] No vamos renunciando a nuestros pecados de manera gradual para que Dios nos acepte, sino que Jesús nos libera en el nuevo nacimiento, y nos da una nueva vida (Jn 3:3-5).

---

48. Caird, *Commentary on Revelation*, 16.
49. Vincent Taylor, *The Atonement in New Testament Teaching* (Londres: Epworth, 1945), 39. La posterior variante, "lavó", refleja la diferencia de una letra griega, pero esta idea aparece en 7:14; *cf.* 1Jn 1:7.

La medida en que esta transformación se traduce inmediatamente en conducta depende del grado en que abrazamos, por fe, este cambio que Cristo ha conseguido en nosotros, en el nuevo nacimiento (Ro 6:11). Sin embargo, como entendieron algunos de los primeros receptores de Juan, el sufrimiento parece ayudar a este proceso (1P 4:1).

Dios lo tiene todo bajo control. Que Dios sea el principio y el fin, es decir, eterno, nos invita a recordar que nada nos puede suceder que no sea conforme a su plan. Dios juzga a las naciones pecaminosas y este es un recurrente principio bíblico que inevitablemente incluye a nuestro propio país. Pero aunque este tipo de juicios apele quizás a nuestro sentido de la justicia y santidad de Dios, también pueden ser desconcertantes, puesto que nosotros mismos formamos parte del mundo sacudido por su juicio. Sin embargo, los principios bíblicos no son menos enfáticos en su certeza: Dios lo tiene todo bajo control.[50] Este mensaje concuerda, asimismo, con una corriente de esperanza que recorre toda la Escritura. El juicio se acerca, pero Dios protegerá a sus siervos (Gn 19:16; cf. Hab 2:4); aun estando a merced de sus enemigos, nada puede dominarlos aparte de los propósitos de Dios (Mt 10:28-31; 1P 2:15; 3:17; 4:19).

Llamar a Dios "Alfa" y "Omega" y el "el que es y que era y que ha de venir" muestra cuán "Todopoderoso" es (1:8). Las propiedades de ciertas partículas recién descubiertas han llevado a muchos físicos de finales del siglo XX a sostener la necesidad de, al menos, nueve dimensiones en el acontecimiento de la creación, y no solo las cuatro que experimentamos. El acontecimiento de la creación implicó todas estas dimensiones y se originó necesariamente en una fuente externa a ellas. Este descubrimiento es solo un recordatorio de que Dios, nuestro Creador, está por encima del espacio y del tiempo, y no hay ningún punto en la historia del universo —principio o fin— que le sea inaccesible.[51] El concepto de una deidad suprema y todopoderosa está presente en muchas religiones tradicionales, generando, como en la Biblia, un temor reverencial.[52] Pero las Escrituras aluden a este poder de Dios no solo para producir temor, sino también para mostrar que este Dios todopoderoso es nuestro Padre, que se preocupa por nosotros.

---

50. Graham, *Approaching Hoofbeats*, 23; cf. También, David Wilkerson, *The Vision* (Old Tappan, N.J.: Revell, 1974), 113-21.
51. Ver más completamente Hugh Ross, *Beyond the Cosmos* (Colorado Springs: NavPress, 1996).
52. Ver Mbiti, *Religions*, 40-41.

Recordar que Dios es Señor de la historia pone nuestras vidas en perspectiva. Ninguna situación en que nos encontremos toma a Dios por sorpresa. Muchos pueblos contemporáneos de Israel contaban relatos sobre ejércitos que perdían una batalla, mientras su dios protector dormía plácidamente;[53] Elías se burló de los profetas de Baal aludiendo a sus propias tradiciones que afirmaban que Baal podía estar durmiendo u ocupado con mujeres (1R 18:27); pero el Dios de Israel no duerme ni se amodorra (Sal 121:3-4). Rara será la comunidad, la congregación o el individuo que sirva a Dios y no haya de hacer frente a difíciles desafíos para la fe (la muerte de seres queridos, obstrucciones en lo que uno cree ser el plan de Dios, o adversidades en la predicación del evangelio). No obstante, en el ámbito del plan total de Dios, se nos asegura que él hará que todas estas situaciones operen para nuestro bien (Ro 8:28), aunque en ocasiones esta obra se centre principalmente en conformarnos a la imagen de Cristo (8:29).

---

53. P. ej. Homero, Il. 14.352-60; las deidades mesopotámicas en "Prayer to the Gods of Night", *ANET*, 391. Los egipcios mantenían una idea más elevada de la principal deidad Amon-Ra ("Hymn to Amon-Re", *ANET*, 366).

Apocalipsis 1:9-12

Yo, Juan, hermano de ustedes y compañero en el sufrimiento, en el reino y en la perseverancia que tenemos en unión con Jesús, estaba en la isla de Patmos por causa de la palabra de Dios y del testimonio de Jesús. ¹⁰ En el día del Señor vino sobre mí el Espíritu, y oí detrás de mí una voz fuerte, como de trompeta, ¹¹ que decía: «Escribe en un libro lo que veas y envíalo a las siete iglesias: a Éfeso, a Esmirna, a Pérgamo, a Tiatira, a Sardis, a Filadelfia y a Laodicea».

¹² Me volví para ver de quién era la voz que me hablaba y, al volverme, vi siete candelabros de oro.

Sentido Original

Tras finalizar su introducción epistolar (1:4-8), Juan pasa a desarrollar una introducción narrativa (1:9-20). Los tratados, discursos y cartas de la antigüedad comenzaban a menudo con una introducción de este tipo (en los discursos, se llamaba *narratio*) que llevaba al corazón de la comunicación. Después de plantear la escena para la ocasión (1:9-10), Juan describe su visión del Cristo glorificado (1:11-16) y el comienzo del mensaje de Jesús a las siete iglesias (1:17-20). Comenzamos con el marco que introduce la visión de Jesús (1:9-12), un marco que comparte con las siete iglesias a las que se envía la revelación: persecución (1:9) y (más probablemente) adoración (1:10). Cuando ve al Cristo resucitado (1:13-16), contempla también el contexto en que este aparece: en medio de los candeleros (1:12) que representan a las iglesias (1:20).

Marco de la escena (1:9-10)

Juan era "hermano" y "compañero en el sufrimiento", es decir, alguien que sufría junto con estas iglesias por el evangelio (6:11; 12:10). El "sufrimiento" y el "reino" son partes inseparables de nuestra herencia en Jesús. La "perseverancia" requiere fortaleza en vista de las promesas de Dios (13:10; 14:12), durante la presente tribulación (*thlipsis* en 1:9; 2:3, 9-10; 3:10; 7:14). Un teólogo norteafricano registra un dicho de Jesús que, al parecer, seguía circulando en su día: "Nadie puede llegar al reino del cielo sin primero pasar por la prueba".[1]

---

1. Tertuliano, *Baptism* 20, en Joachim Jeremias, *Unknown Sayings of Jesus*, 2d ed., traducido por R. H. Fuller (Londres: SPCK, 1964), 73.

Cuando Juan, hablando de "sufrimiento", declara que estaba en la isla de Patmos "por causa de la palabra de Dios y del testimonio de Jesús", no está dando a entender que Patmos fuera una escala en un crucero de placer. Como expresa acertadamente la NVI (es lo que dice literalmente el texto griego), Juan estaba en esta ciudad "por causa de" la palabra de Dios, es decir, cumpliendo una condena por predicar a Jesús y dar testimonio de él (*cf.* 6:9; 12:11). Mientras que Ezequiel vio su visión del Señor exiliado cerca de la Babilonia literal (Ez 1:1), Juan vio la suya durante su exilio a manos de un estado que se asemejaba a este antiguo imperio. Aunque había distintas clases de exilio, la forma más común era el confinamiento en una isla;[2] un escritor posterior afirma que, durante el mandato del emperador Domiciano, las islas estaban llenas de exiliados.[3] Por lo general, a las personas de inferior posición social se las ejecutaba, se las hacía esclavas, se las destinaba perpetuamente a las minas o se las obligaba a combatir a muerte con los gladiadores;[4] pero Juan era un hombre anciano, y a veces los jueces dictaban sentencias más suaves en deferencia a la edad de los condenados.[5]

Aunque el destierro era una pena menos severa que la ejecución, no hemos de pensar que fuera leve. Es posible que el apóstol fuera tratado con algo más de consideración que otros debido a su edad o porque fuera el gobernador y no el emperador quien lo hubiera sentenciado; pero, en cualquier caso, el destierro conllevaba la pérdida de honor.[6] La forma más severa de destierro —probablemente no la que experimentó Juan— comportaba la pérdida de los propios derechos civiles, algo que incluía la desposesión de casi todas las propiedades personales, que pasaban a engrosar las arcas del estado. A no ser que el gobierno determinara lo contrario, los desterrados a una isla permanecían en ella hasta su muerte. Aquellos que tenían una posición social más elevada podían trabajar en la isla y ganar algo de dinero; los de estatus inferior eran fla-

---

2. Plutarco, *Exilio* 12, *Mor.* 604B; Juvenal, *Sat.* 1.73; Tácito, *Ann.* 1.53; 3.68-69; 4.13, 30; 13.43; Suetonio, *Aug.* 19; *Gayo* 14-15; *Galba* 10. La vida en estas islas era normalmente desagradable (Epicteto, *Disc.* 1.25.20; 2.6.22).
3. Filostrato, *V.A.* 8.5.
4. Paulo, *Sententiae* 5.23.14, 19; John E. Stambaugh y David L. Balch, *The New Testament in Its Social Environment*, LEC 2 (Filadelfia: Westminster, 1986), 35.
5. Ver también *Digest* 47.21.2; Sófocles, *Edipo Rey* 402-3, 1153; Dionisio de Halicarnaso, 10.29.1; Herodiano 2.5.8; Cornelio Nepote, 19 (Foción), 4.1.
6. Apuleyo, *Metam.* 7.6. Los filósofos pueden negarse a preocuparse por este tipo de cuestiones (Epicteto, *Dic.* 1.29.7; 1.30.2-3; 3.24.100, 109, 113; 4.4.34; 4.7.14; Dión Crisóstomo, *13º Disc., En Atenas* 4-5; Wayne A. Meeks, *The Moral World of the First Christians*, LEC 6 [Filadelfia: Westminster, 1986], 49).

gelados (castigo que podía dejar al descubierto los huesos del penado), encadenados, se les daba poca comida o ropa, se los hacía dormir en el suelo y se los sentenciaba a trabajos forzados.[7]

Por cuanto esta sentencia más severa (*deportatio*) requería que fuera el emperador quien juzgara directamente el caso, es probable que el castigo de Juan fuera más ligero (*relegatio*) y ordenado por el gobernador de su provincia local, que no le despojaba de todas sus propiedades.[8] ¡También resulta difícil imaginar que Juan fuera uno de los reclusos condenados a trabajos forzados y que recibiera toda su visión un domingo por la mañana, antes de ir a trabajar! Sin embargo, aunque probablemente experimentó la forma más leve de destierro, sus condiciones serían severas para alguien de su edad.

Roma utilizaba especialmente dos grupos de islas en el mar Egeo, cerca de Asia Menor, para recluir a los prisioneros políticos, a saber, las Cícladas y las Espóradas; Patmos estaba en las Espóradas y, al parecer, Plinio el Viejo la nombró lugar de exilio.[9] La isla no estaba desierta; en ella había un gimnasio griego y un templo a Artemisa en activo (aunque el culto a esta diosa no estaba tan extendido como en la cercana Éfeso).[10] Puesto que se podía visitar a Juan, no cabe duda de que las iglesias de Asia le mandarían mensajeros; Patmos estaba solo a unos setenta u ochenta kilómetros al sudoeste de Éfeso.

Algunas personas en Asia Menor celebraban un día mensual del "emperador" (Sebaste, día de Augusto) en honor al divino emperador.[11] Por el contrario, los cristianos, que podían sufrir represalias por su negativa a adorar al emperador, celebraban un día distinto en honor al verdadero y definitivo rey (*kyriakos* [lit., "del Señor"]), término con

---

7. Ramsay, *Letters to the Seven Churches*, 83-85.
8. Caird, *Commentary on Revelation*, 21-23. Sobre las formas de destierro, ver Aune, *Revelation*, 1:80-81.
9. Plinio, *N.H.* 4.12.69; 4.23; Talbert, *Apocalypse*, 3; J. N. Sanders, "St. John on Patmos", *NTS* 9 (enero de 1963): 75-85 [76]; *cf.* no obstante Aune, *Revelation*, 1:78-79. Algunos citan la (improbable) perspectiva de Victorino de Petau (Comentario sobre Ap 10.3) en el sentido de que Domiciano condenó a Juan a las minas de Patmos. Algunos afirman, pues, que los prisioneros trabajaban en las canteras de mármol (Bowman, *First Christian Drama*, 23), otros, que, según parece, en Patmos no había minas (Sanders, "Patmos", 76).
10. H. D. Saffrey, "Relire l'apocalypse à Patmos", *RB* 82 (1975): 385-417.
11. Ver G. Adolf Deissmann, *Light From the Ancient East* (Grand Rapids: Baker, 1978), 358-59. La mayoría de los eruditos de nuestro tiempo aceptan este trasfondo (Ford, *Revelation*, 382; Beasley-Murray, *Revelation*, 65).

el que los romanos designaban aquello que pertenecía a César, pero que los cristianos aplicaban al verdadero *kyrios* o Señor (1:10).

Lo más probable es que el "día del Señor" se refiera al primer día de la semana, es decir, el domingo.[12] La expresión aparece también en Didajé 14.1 para aludir al día en que los cristianos se reunían para partir el pan; los oficiales romanos reconocían también que los cristianos se reunían en un día fijo (Plinio, *Ep.* 10.96). Según parece, los cristianos se reunían en domingo desde un periodo temprano (Hch 20:7; 1Co 16:2), probablemente para conmemorar la resurrección de Jesús (Jn 20:19, 26).[13] Teniendo en cuenta que los primeros cristianos eran de trasfondo judío, es posible que también evitaran reunirse el viernes por la tarde o el sábado por la mañana, para evitar conflictos con los servicios de la sinagoga. Es, asimismo, probable que, en este pasaje, la expresión "el día del Señor" implique un juego de palabras: en la adoración, Juan estaba experimentando un anticipo del futuro día del Señor, en que el sufrimiento de los creyentes daría lugar al reino (1:9).[14]

Puesto que los contemporáneos de Juan relacionaban casi siempre al Espíritu con la inspiración profética, sus receptores habrían entendido, con toda naturalidad, la expresión "en el Espíritu" en términos de inspiración profética (ver Ez 2:2; 3:12-14; 11:5, 24).[15] Sin embargo, puesto que Juan estaba ya en el Espíritu cuando se inició la visión, quizá la frase "en el Espíritu" no comience aquí con un estado visionario, como en 4:2 y 21:10, sino inicialmente en una experiencia de adoración que

---

12. Con la mayoría de eruditos (p. ej., Arthur Darby Nock, *St. Paul* [Nueva York: Harper & Row, 1963], 58; Oscar Cullmann, *Early Christian Worship* [Filadelfia: Westminster, 1953], 10-11; Rissi, *Time and History*, 28; Ugo Vanni, "Il 'Giorno del Signore' en Apoc. 1,10, giorno di purificazione e di discernimento", *Rivista Biblica* 26 [1978]: 187-99; Beale, *Revelation*, 203), aunque algunos han optado por otros puntos de vista (p. ej., Kenneth A. Strand, "Another Look at 'Lord's Day' in the Early Church and in Rev. I.10", *NTS* 13 [enero de 1967]: 174-81).
13. *Cf. Ep. Barn.* 15.9; Justino, *Primera Apol.* 67; *b. Taan.* 27b. En su momento el domingo llegó a considerarse como una "pequeña Pascua".
14. *Cf.* Shepherd, *Paschal Liturgy*, 78. Ciertos esquemas escatológicos judíos vislumbraban un futuro periodo sabático (*cf. Mek. Shab.* 1.38 y ff.; *Life of Adam* 51.1-2; Samuele Bacchiocchi, "Sabbatical Typologies of Messianic Redemption", *JSJ* 17 [1986]: 153-76), a veces de un milenio de extensión (2 Enoc 33:1-3, rec. J, posiblemente material cristiano), y algunos cristianos posteriores siguieron esto con una "octava" que era tipificada por la resurrección de Cristo en el primer (octavo) día (*Ep. Barn.* 15.8-9).
15. Sobre el Espíritu y la inspiración, ver Craig S. Keener, *The Spirit in the Gospels and Acts* (Peabody, Mass.: Hendrickson, 1997), 10-13.

conduce a este estado.[16] Esta clase de interpretación ayuda a explicar la mención de Juan del "día del Señor", que probablemente se utiliza para aludir a la adoración comunitaria (ver comentario anterior). Teniendo en cuenta el sentido habitual de la frase "en el Espíritu" entre los contemporáneos de Juan, "adoración en el Espíritu" (*cf.* Jn 4:24; Fil 3:3) significaba, sin duda, una adoración guiada y potenciada por él. El cristianismo primitivo se caracterizaba por una adoración proféticamente inspirada (1Co 14:15, 26; Ef 5:18-19) que ya existía en el Israel de la antigüedad (1S 10:5; 1Cr 25:1-5). Es probable que el propio Juan, cuyo mensaje se leería en las iglesias de Asia reunidas en el "día del Señor", estuviera también adorando el día en que vino la visión.[17]

Entre los candelabros (1:11-12)

Juan se da la vuelta cuando oye una voz "como de trompeta" (1:10). Esta expresión alude probablemente a la claridad de la voz de Jesús, una voz que podría producir terror en el corazón de los desprevenidos.[18] Varios eruditos argumentan que algunos judíos entendían la "voz" de Dios como ser divino en sí misma y observan que cuando Juan se da la vuelta, ve la "voz" (1:12) vinculándola, quizá, con el título de Jesús como "el Verbo de Dios" (19:13).[19] Es muy probable, sin embargo, que esta casi personificación de la voz sea un mero modismo semítico (Éx 20:18; Josefo, *Guerras* 6.301).

En ocasiones, los videntes escribían por dictado a medida que veían las visiones; es posible que sea esto lo que sucede en este pasaje (1:11). Algunas veces escribían poco después de recibir la visión, como en 10:4. Sin embargo, Juan no tiene que esperar hasta la finalización de sus visiones (algo que sí sucedía en algunos textos judíos; Tob 12:20; Jub. 32:25-26). Y "vi" (1:12; 5:1) es un lenguaje típicamente visionario, no solo de la Biblia (Ez 1:1; 23:13; Dn 8:7), sino también de la literatura apocalíptica.[20]

---

16. *Cf.* también Hill, *New Testament Prophecy*, 90. De un modo menos verosímil, algunos interpretan "en el Espíritu" como "en la comunidad de fe" (Richard L. Jeske, "Spirit and Community in the Johannine Apocalypse", *NTS* 31 [1985]: 452-66).
17. Ver Cullmann, *Early Christian Worship*, 7.
18. Como la de Aquiles, "clara como una trompeta", en Homero, *Il.* 18.219; *cf.* Is 58:1.
19. T. Abr. 14; 15; 20A; *Apoc. Sedr.* 2:2; James H. Charlesworth, "The Jewish Roots of Christology: The Discovery of the Hypostatic Voice", *SJT* 39 (1986): 19-41; ídem, *The Old Testament Pseudepigrapha and the New Testament*, SNTSM 54 (Cambridge: Cambridge Univ. Press, 1985), 128-30; Ellul, *Apocalypse*, 104. Sobre la expresión "detrás de él", *cf.* Jn 20:14.
20. P. ej. 1 Enoc 17:3-8; 18:1-12; 2 Enoc 20:1; 3 Enoc 42:3; 44:7.

Lo más significativo es que Jesús aparece entre los candelabros (1:12-13; 2:1), que representan a las siete iglesias (1:20), y que probablemente sugiere la presencia de Jesús con su iglesia (cf. Jn 20:19). Puesto que los sacerdotes necesitaban luz para desarrollar su tarea en un santuario al que no llegaba la iluminación del mundo externo, en el templo había un candelabro de oro (Éx 25:31-35; 37:18-21; 2Cr 4:7, 20), que nunca se extinguía ni de día ni de noche.[21]

Por todo el mundo mediterráneo antiguo, este candelabro de siete brazos, o menorá, representaba el símbolo más común de Israel y del judaísmo,[22] también en Asia Menor.[23] Quienes se creían verdaderos herederos de la herencia de Israel, como los samaritanos, se apropiaron naturalmente de este símbolo.[24] Juan anima a los cristianos de origen judío excluidos de sus sinagogas diciéndoles que no son ellos sino sus oponentes quienes han sido cortados de su herencia judía (ver comentario sobre 2:9). Sin embargo, mientras que en la iconografía judía el candelabro puede representar a Israel en su conjunto, para Juan, cada congregación local es un candelabro, quizá porque encarna a "la iglesia universal en toda su plenitud".[25]

En esta sección examinaremos varios puntos de vista sobre el "día del Señor", la adoración llena del Espíritu y algunos aspectos de la relación entre el judaísmo y el cristianismo.

Compartiendo sufrimientos. Creyentes de muchas partes del mundo, y en ciertas situaciones ministeriales, pueden identificarse con la ver-

---

21. Josefo, *Apión* 1,198-99. El simbolismo de la menorá era común en Palestina; p. ej. *CIJ* 2:165, §980; 2:234-35, §1197-98; G. Foerster, "Some Menorah Reliefs from Galilee", *IEJ* 24 (1974): 191-96; Zvi Uri Ma'oz, "Ancient Synagogues and the Golan", *BA* 51 (Junio de 1988): 116-28 (p. 123).
22. P. ej. *CIJ* 1:8, §4; 1:16, §14 (*CIJ* contiene en total unos 200 ejemplos); Harry J. Leon, *The Jews of Ancient Rome* (Filadelfia: Jewish Publication Society of America, 1960), 49, 196-97; Erwin R. Goodenough, *Jewish Symbols in the GrecoRoman Period*, 13 vols (Nueva York: Pantheon Books, 1953–1965), 12:79-83.
23. P. ej. *CIJ* 2:12, §743; 2:32, §771 y *pássim* hasta 2:53, §801; Andrew R. Seager, "The Synagogue and the Jewish Community: The Building", pp. 168-77 en *Sardis from Prehistoric to Roman Times*, ed. George M. A. Hanfmann (Cambridge: Harvard Univ. Press, 1983), 171, 176; Goodenough, *Symbols*, 2:77-78.
24. Goodenough, *Symbols*, 1:262-63; S. Dar, "Three Menorot From Western Samaria", *IEJ* 34 (1984): 177-79.
25. Caird, *Commentary on Revelation*, 24; cf. también Beale, *Revelation*, 207, con respecto al simbolismo de Israel de los candelabros como representación de la iglesia.

güenza y la persecución que Juan soportó por Cristo. Sin embargo, de momento, la mayoría de quienes vivimos en Occidente somos más probados por el materialismo que por la persecución, y el sufrimiento de Juan se debía a esta última. Esto no impide, sin embargo, que podamos trazar ciertas analogías. Si el sufrimiento de Juan es más grave que el nuestro, hemos de preguntarnos: si Dios capacitó a Juan y a sus compañeros para mantenerse firmes en medio de la persecución, ¿cuánto más deberíamos nosotros persistir con firmeza ante pruebas menos severas?

Por otra parte, también en Occidente tenemos hoy una plétora de recordatorios de que el mundo no acepta a la iglesia como aliada (*cf.* Jn 15:18-25). A muchos de nosotros se nos ha negado el acceso a ciertos empleos o se nos ha calumniado por nuestra obediencia a Cristo; algunos hemos sido incluso blanco del "fuego amigo" dentro de la iglesia. porque nos hemos esforzado en hacer la voluntad de Dios. No obstante, igual que entonces, Juan se mantuvo audazmente como modelo para los creyentes, y sigue siéndolo también para nosotros.

El día del Señor, la iglesia y el sabbat. El significado del "día del Señor" es importante para el marco de esta sección, pero en ocasiones se ha aplicado de maneras que arrojan poca luz sobre lo que Juan quiere decir. No obstante, nuestras propias tradiciones pueden llevarnos a ver ciertas ideas en este texto que no sería lícito aplicar.[26] Una esfera de potenciales errores en cuanto a la interpretación del "día del Señor" es entender el domingo como un nuevo sabbat. Cuando estaba en el instituto bíblico, un periódico local organizó un debate entre un pastor tradicional y un adventista del séptimo día sobre el día de la semana en que había que celebrar el sabbat. Como era de esperar, el adventista defendía el sábado, a lo que el pastor respondió: "no estamos bajo la ley, de manera que la celebración del sabbat se lleva a cabo ahora el domingo". Ciertamente, la conclusión del pastor no se desprendía lógicamente de su argumento, en primer lugar porque la enseñanza del sábado es anterior a la ley de Moisés (Gn 2:2-3); en segundo lugar, porque el pastor no definió lo que quería decir "bajo la ley" (un asunto bastante debatido en nuestros días), y en tercer lugar —y más grave—, porque asumía sin más que no estar bajo la ley significaba que la celebración del sabbat se trasladaba al día siguiente.

---

26. Afortunadamente, pocos de nosotros caeremos probablemente en la errónea interpretación de los Testigos de Jehová, quienes, a fin de preservar su tradición, entienden el "día del Señor" como el periodo de 1914 en adelante (*Revelation: Grand Climax*, 22, 24).

Es posible que ya en el siglo II algunos cristianos gentiles contrastaran el "día del Señor" con el sabbat judío (Ignacio, *Magn.* 9,1).²⁷ Sin embargo, en el Nuevo Testamento no hay evidencias de que la celebración del sabbat se "trasladara" del sábado al domingo. La práctica del domingo como un "sabbat" cristiano se extendió en un periodo posterior, probablemente después del año 321 d.C. como señala el historiador Henry Chadwick:

> En una inscripción encontrada cerca de Zagreb se consigna que Constantino cambió la antigua costumbre de trabajar siete días y dedicar el octavo al mercado, decretando que los agricultores vendieran sus productos cada domingo. Esta es la prueba más antigua del proceso por el cual el domingo se convirtió no solo en día de adoración para los cristianos, sino también en día de descanso, y es digno de mención que tanto en la ley como en la inscripción de Constantino se declara que el motivo para introducir esta costumbre es el respeto por el sol.²⁸

Algunos cristianos sostienen que ya no es necesario ningún día de descanso semanal; deberíamos celebrar cada día por igual (Ro 14:5-6) y disfrutar constantemente del reposo sabático introducido por Jesús (Heb 4:9). Otros argumentan que, puesto que Dios introdujo un día de descanso en la naturaleza de la creación (Gn 2:2-3), funcionaremos mucho mejor desde el punto de vista de la salud física y emocional si nos tomamos un día libre del trabajo cada semana, aunque no tiene porque ser un día en concreto.²⁹ Quienes insisten en un día específico, sin embargo, no pueden invocar la autoridad de la Escritura para afirmar que ha de ser el domingo.³⁰ Asimismo, algunos de los que argumentan que el día específico en la Escritura es el sábado, y que esto

---

27. Aunque R. B. Lewis, "Ignatius and the 'Lord's Day'", *AUSS* 6 (1968): 46-59, tiene razón al notar que el término "día" no aparece en el texto griego original.
28. Henry Chadwick, *The Early Church* (Nueva York: Penguin, 1967), 128. Es también posible que Constantino escogiera la fecha de la Navidad para incorporar la adoración del sol a la de Cristo (ver E. Glenn Hinson, "Worshiping Like Pagans?" *Christian History* 37 [1993]: 16-20 [p. 20]). Sobre una fecha del siglo II, ver en más detalle Samuele Bacchiocchi, *From Sabbath to Sunday: A Historical Investigation of the Rise of Sunday Observance in Early Christianity* (Roma: Gregorian Univ. Press, 1977).
29. Sobre la importancia en general de consagrar un día semanal, ver Eugene H. Peterson, "Confessions of a Former Sabbath Breaker", *CT* (2 septiembre 1988), 25-28; ídem, "The GoodforNothing Sabbath", *CT* (4 de abril de 1994), 34-36.
30. Ver "Consider the Case for Quiet Saturdays", *CT* (5 de noviembre de 1976), 42.

no cambió nunca, insisten en que las reuniones de la iglesia han de celebrarse el sábado; pero la Escritura no requiere que se dedique a la iglesia el día en que uno descansa. Las conexiones entre el "día del Señor" y el sabbat por un lado y entre este y las reuniones eclesiales, por otro, son postbíblicas y deberíamos ser flexibles y benévolos con respecto a las diferencias de práctica sobre este asunto.

¿En qué Espíritu? Si hemos entendido correctamente este versículo, como una alusión a la adoración llena del Espíritu, hemos de tener cuidado al aplicarlo hoy. En cada iglesia y cultura hay una interpretación distinta de lo que es la adoración "llena del Espíritu". Algunos prefieren animados coritos bíblicos; otros dan preferencia a los himnos tradicionales que, en ocasiones, reflejan una contemplación más profunda de la Escritura que aquellas canciones que se limitan a citarla (a veces fuera de contexto, como "Este es el día" en Sal 118:24). Ciertas preferencias en el estilo de la adoración reflejan diferencias de tipo cultural o generacional más que la presencia o ausencia del Espíritu y se adaptan mejor a aquellos a quienes invitamos a adorar. Conozco algunas iglesias que no entienden por qué no atraen a un mayor número de jóvenes, ¡pero el estilo de música que utilizan no muestra ninguna sensibilidad hacia la cultura de los más jóvenes!

Cabe decir, al mismo tiempo, que el contenido de las canciones de adoración puede ser importante: ¿Nos invitan a adorar a nuestro impresionante Dios, o simplemente a disfrutar de la música (no quiero decir que la música mala facilite necesariamente una buena adoración)? ¿Aportan solo ciertos sentimientos nostálgicos de seguridad para los creyentes tradicionales, o nos ofrecen la oportunidad de trascender a los sentimientos glorificando a Dios con nuestra obediencia? En cualquier caso, hemos de depender del poder del Espíritu de Dios para que nos lleve a dimensiones más profundas en nuestra intimidad con él; esto no puede conseguirse simplemente con medios "carnales" o mecánicos. Solo dependiendo del poder de Dios podemos ofrecerle una adoración verdaderamente digna de su honor.

Al aplicar este texto hemos de tener también cuidado de no prometer demasiado. Los místicos judíos y autores de textos apocalípticos del tiempo de Juan presentaban a veces fórmulas para ser arrebatados al cielo y recibir visiones o revelaciones; algunas de estas técnicas eran mágicas e implicaban la invocación de espíritus aparte del Espíritu de Dios. Sin embargo, como los profetas bíblicos, lo único que hizo Juan fue estar espiritualmente preparado cuando Jesús vino a él (*cf.* Is 6:1, 5;

2Co 12:2-4); el apóstol no quería provocar una visión.[31] Cierto es que la Escritura permite que los profetas puedan buscar a Dios para que él los dirija (Dn 2:18-19), pero el medio era siempre la oración y no la manipulación esotérica; Dios hablaba también, en ocasiones, a quienes no iban en busca de una revelación (p. ej., Jue 6:11-12; Hch 10:9-13).

No podemos asegurar cómo se encontrará Dios con su pueblo en la adoración o en otras experiencias en el Espíritu. Pero sí podemos prometer que cuando vuelva sus ojos a él encontrará su presencia, y allí comenzará a encontrar las respuestas que necesita. Las contestaciones que precisamos no siempre son las que queremos (Juan promete dificultades mayores), pero estas suelen ser también mejores de lo que podemos conjeturar (ver también la imagen de la nueva Jerusalén).

Candelabros, judaísmo y la iglesia. ¿Cómo debemos aplicar hoy la imagen del candelabro que presenta Juan, un símbolo del judaísmo, a las iglesias en 1:12, 20? No podemos suponer que se dirija solo a los cristianos de origen judío que se reunían en las siete iglesias; mucho antes de este periodo, numerosos gentiles se habían convertido en algunas de aquellas ciudades (p. ej., Hch 19:10, 17). Algunos cristianos han respondido a este y otros pasajes del Nuevo Testamento afirmando que la iglesia ha sustituido a Israel en el plan de Dios; los eruditos judíos tienden a reaccionar con hostilidad a este tipo de afirmaciones, especialmente desde el Holocausto nazi en la Europa "cristiana".[32] ¿Acaso la "iglesia" ha sustituido a Israel?

Entender la perspectiva de Juan requiere que aparquemos por un momento diecinueve siglos de interpretaciones posteriores y que nos imaginemos entre cristianos del siglo I. Un movimiento de cristianos de origen judío que proclamaba un Mesías judío, que era el cumplimiento de antiguas promesas hechas a Israel, ganaba convertidos al Dios de Israel entre personas paganas y, por regla general, politeístas. A diferencia de la mayoría de los demás judíos, los cristianos de origen judío del

---

31. Teniendo en cuenta su lucidez verbal, muchos no creen que el estado de Juan sea extático (Hill, *New Testament Prophecy*, 90; M. Eugene Boring, *Sayings of the Risen Jesus*, SNTSM 46 [Cambridge: Cambridge Univ. Press, 1982], 83). Con respecto a las peticiones de revelación, ver Norman B. Johnson, *Prayer in the Apocrypha and Pseudepigrapha*, JBLMS 2 (Filadelfia: Society of Biblical Literature and Exegesis, 1948, 34-36); sobre el asunto de las visiones no solicitadas, ver Aune, *Prophecy In Early Christianity*, 118.
32. No cabe duda de que muchos cristianos se esforzaron en proteger a los judíos de los agentes de Hitler (ver especialmente David P. Gushee, *The Righteous Gentiles of the Holocaust: A Christian Interpretation* [Minneapolis: Fortress, 1994]); sin embargo estos fueron solo un pequeño porcentaje de cristianos profesantes.

círculo de Pablo no requerían que los gentiles convertidos se circuncidaran, pero los recibían como condiscípulos en su fe judía en Jesús, hijos espirituales de Abraham (Gá 3:29), circuncidados interiormente (Ro 2:28-29). Consideraban a este tipo de conversos gentiles como injertados en Israel, mientras que las ramas incrédulas eran cortadas (11:17).

Aunque antes de la venida de Jesús casi nadie entendía este principio, ya había sido revelado en el Antiguo Testamento (*cf.* Ro 16:25-26). Dios había cortado a los judíos desobedientes de las bendiciones de su pacto; en algunas generaciones, esto llegó a afectar a la mayoría de la nación (Dt 1:35-38), aunque en otras significaba solo una pequeña minoría (Jos 1:16-18). De igual modo, los gentiles se convertían a veces en miembros de la comunidad del pacto (p. ej., Jos 6:25; Rt 1:16; 2S 8:18), aunque siempre fueron una minoría.

Dentro del círculo de Juan, los cristianos se creían los herederos de las promesas del Antiguo Testamento, pero probablemente no pensaban en términos de una iglesia mayoritariamente gentil que "sustituía" a Israel. Lo más probable es que consideraran al pueblo judío, que rechazaba a Jesús, como apóstata de Israel (2:9; 3:9), así como en los Rollos del Mar Muerto se contemplaba al pueblo judío que rechazaba sus enseñanzas; probablemente veían a los cristianos gentiles como convertidos a la forma más verdadera de judaísmo. En otras palabras, Juan se sirve de la imagen del "candelabro" para acentuar el carácter judío de la fe en Jesús y la continuidad de la fe de los cristianos con el legado del antiguo Israel.[33] En nuestra situación actual —ciertamente menos polémica—, los cristianos gentiles deberían seguir viéndose a sí mismos como injertados en el legado espiritual de Israel; sin embargo deberíamos hacerlo reconociendo que somos nosotros quienes hemos cambiado, no la herencia (algo que a menudo no ha sucedido).[34]

Compartir sufrimientos. A veces hablamos con ligereza sobre los sufrimientos de otras personas que no hemos experimentado, y nuestra falta de sensibilidad se

---

33. Puesto que los judíos estaban exentos de la obligación de adorar al emperador, apelar al carácter judío de su fe era también una estrategia para combatir la persecución de las autoridades gubernamentales, aunque da la impresión de que no tuvo mucho éxito (ver comentario sobre 2:9).
34. En cierto sentido, Pablo podría haber considerado a los gentiles como prosélitos del judaísmo espiritual; ver Terence L. Donaldson, "'Riches for the Gentiles' (Rom 11:12): Israel's Rejection and Paul's Gentile Mission", *JBL* 112 (1993): 81-98.

hace evidente. Esto puede suceder con toda clase de penurias, no solo con la persecución que vivió Juan. En una ocasión asistí a una reunión de solteros en la que un pastor, que había estado casado desde que tenía poco más de veinte años, disertó ante sus oyentes sobre la idea de que debían estar contentos con su soltería. Aunque yo estaba de acuerdo con su premisa, no vi ninguna prueba en su vida de que entendiera lo duro que era aquello que pedía, lo mucho que algunos solteros tenían que orar y ayunar, y buscar la fortaleza de Dios para mantenerse contentos mientras esperaban algo muy importante para ellos. Podía haber sido mucho más persuasivo de haberse identificado más con la situación de sus oyentes.

Aquellos que comparten los mismos sufrimientos, o la oposición del mundo, a menudo experimentan una unidad que los lleva a superar otras barreras. En el instituto bíblico, algunos de nosotros casi rompemos las relaciones por nuestra discrepancia en detalles escatológicos, aunque la mayoría éramos de la misma denominación. En cambio, en el instituto y las universidades seculares a las que asistí, así como en ciertos trabajos que tuve, los cristianos comprometidos se mantenían unidos al margen de las diferencias denominacionales.[35]

Deberíamos también tomar nota de lo que dice Juan cuando habla del "sufrimiento" que tenemos "en unión con Jesús"; no se puede seguir a Cristo sin experimentar aflicción. Algunas iglesias de nuestro tiempo enseñan a los posibles conversos que Dios resolverá todos sus problemas y los bendecirá abundantemente si se hacen cristianos; pero esto no era precisamente lo que los apóstoles les enseñaban a los nuevos convertidos (Hch 14:21-22) ni tampoco la vida que los propios apóstoles experimentaron (1Co 4:11-12). Con la proclamación viene la persecución y a veces la privación; el destierro significaba, a menudo, la expropiación de todos los bienes que uno tenía. Los dirigentes de su sociedad privaron a Juan de todo lo que le era familiar, pero el anciano profeta conservaba todavía su mayor seguridad: Dios es soberano en la prueba (1:8), y del mismo modo que padecía con Cristo, también reinaría con él (Ro 8:17; 2Ti 2:12). Si compartía con sus compañeros cristianos los sufrimientos de Cristo, también compartía su perseverancia y,

---

35. Por la misma razón, muchos dirigentes evangélicos norteamericanos de nuestro tiempo han argumentado que, en una sociedad cada vez más secular, católicos y evangélicos conservadores tenemos con frecuencia una voz común sobre cuestiones morales y espirituales a pesar de nuestras diferencias; ver Charles Colson y Richard John Neuhaus, eds., *Evangelicals and Catholics Together* (Dallas: Word, 1995).

finalmente, su reino, como se declara en este pasaje (1:9). Como señala F. F. Bruce:

> El hecho de que Juan pusiera "el reino" entre "la tribulación" y "la paciente perseverancia" subraya un recurrente tema neotestamentario, a saber, que la paciente perseverancia en la tribulación es el camino que nos introduce al reino de Dios. Juan anima, pues, a sus hermanos de las iglesias de Asia a mantenerse firmes, pero no lo hace desde una posición cómoda y segura, sino que está implicado en la misma lucha.[36]

La respuesta de Juan a su sufrimiento puede ser también instructiva para ciertos creyentes de nuestro tiempo que entienden que nuestro derecho de primogenitura incluye una vida fácil y se muestran hostiles con aquellos que la ponen en jaque. Algunos de los contemporáneos de Juan abogaban por resistir a Roma con violencia, pero Juan se encuentra entre quienes esperan la liberación de Dios. Por otra parte, no está totalmente pasivo; el apóstol cree, como algunos de sus contemporáneos judíos, que el sufrimiento y el martirio por la Palabra de Dios apresuran el final (6:9; *cf.* Col 1:24).[37]

Apocalipsis en el contexto de la adoración. Si, como hemos sugerido, Juan estaba adorando "en el Espíritu" (o en cualquier caso abrumado por el Espíritu de Dios), este pasaje insinúa que estaremos más preparados para escuchar más claramente a Dios cuando busquemos su rostro y su gloria. Durante mi primer año en el instituto bíblico conocí a una estudiante llamada Lillian que dedicaba muchas horas cada día a la oración. Su vida estaba tan ungida por ello que cada vez que la veía sentía la necesidad de buscar un lugar tranquilo y orar. Algunos que salían con ella a testificar relataban sus métodos de evangelización. Por ejemplo, en una ocasión en que un hombre se burlaba de su testimonio, ella comenzó a enumerar sus pecados secretos, y esto lo llevó rápidamente al arrepentimiento. Todos tenemos dones distintos; Lillian me dijo que siempre que me veía sentía necesidad de leer la Biblia. Pero la devoción a la oración y la adoración con frecuencia abre más nuestros corazones a otros aspectos del testimonio del Espíritu.

---

36. F. F. Bruce, *El mensaje del Nuevo Testamento*. Buenos Aires: Ediciones Certeza, 1975), p. 85 del original en inglés.

37. Adela Yarbro Collins, "The Political Perspective of the Revelation to John", *JBL* 96 (junio de 1977): 241-56 (esp. 255-56); S. Légasse, "Les chrétiens et le pouvoir séculier d'après l'Apocalypse johannique", *Bulletin de Littérature Ecclésiastique* 80 (1979): 81-95; *cf.* también un equivalente no escatológico en 4 Mac 6:28-29; 17:20-21.

Por todo el libro de Apocalipsis vemos a los santos en el cielo practicando la adoración (4:10; 5:14; 7:11; 11:16; 19:4), mientras los santos están siendo inmolados en la tierra y los seguidores de la bestia la adoran(13:4, 8, 12, 15; 14:9-11). Las escenas del cielo se describen como escenas de adoración, porque el mobiliario celestial es el del templo veterotestamentario: el arca (11:19), el tabernáculo (15:5), los altares del incienso y del sacrificio (6:9; 8:3-5; 9:13), el mar (4:6; 15:2; *cf.* 1R 7:23-25, 39, 44) y, por supuesto, los candelabros (Ap 1:12-13; 2:1,5). La iglesia de la tierra no está nunca más cerca del cielo que cuando le ofrece a Dios y al Cordero la gloria que merecen; es entonces cuando "en el Espíritu" experimentamos un anticipo del cielo (*cf.* 1Co 2:9-10; 2Co 5:5).[38] Una iglesia que sufre en este mundo anhelará el cielo y, al volver nuestros corazones hacia nuestro rey celestial, encontraremos fortaleza para recordar que el mundo futuro nos pertenece.

El libro de Apocalipsis es un libro de adoración que nos emplaza a reconocer la imponente majestad de nuestro Señor. La congregación que pastoreaba utilizaba algunos coritos basados en Apocalipsis para la adoración, de modo que en uno de mis primeros sermones los introduje en varios momentos del mensaje como una forma de explicar el sentido contextual del tema de nuestras canciones y de responder al mensaje de la Escritura adorando al Dios que nos había hablado en ellos.[39]

Jesús entre las iglesias. Una de las declaraciones más importantes de Apocalipsis es que Jesús está presente entre los candelabros (1:12; 2:1), que representan las siete iglesias (1:20). Solo una mirada a las cartas dirigidas a estas comunidades locales en los capítulos 2 y 3 basta para que nos demos cuenta de que cinco de ellas necesitaban una seria corrección. No obstante, hasta que una iglesia llega tan lejos como para ser retirada de su lugar (2:5), sigue siendo el espacio en que se encuentra la presencia de Cristo.[40] Recordemos, por ejemplo, a los cristianos corintios, "santificados en Cristo Jesús" (1Co 1:2); a pesar de su estilo de vida (3:3; 5:2), Dios los seguía viendo según su obra consumada en Cristo (6:11). En todo este libro vemos la fidelidad de Cristo hacia su iglesia y también hacia la iglesia local. Cuando vemos los defectos de

---

38. Sobre reconocer la "adoración en el Espíritu" como un anticipo del mundo futuro, ver David E. Aune, *The Cultic Setting of Realized Eschatology in Early Christianity*, NovTSup 28 (Leiden: Brill, 1972), 12-16.
39. D. L. Barr, "The Apocalypse of John as Oral Enactment", *Interp.* 40 (1986): 243-56, sugiere que Juan diseñó el libro de Apocalipsis para un uso oral, probablemente durante la liturgia eucarística.
40. Ver Bowman, *First Christian Drama*, 25.

las iglesias locales, nuestra tendencia es a reaccionar con cierto desdén; sin embargo, nunca hemos de abandonar la vida espiritual que queda en ella, puesto que el Señor de las iglesias, que dio su sangre para redimirlas, sigue amándolas y andando entre ellas (*cf.* 1:5; 3:4).

Al describir a las iglesias locales simbólicamente como "candelabros", una imagen tradicional judía, Juan subraya el carácter judío de nuestra fe. Frecuentemente, nosotros, los cristianos gentiles, tratamos el Antiguo Testamento como una mera introducción al Nuevo, y sus relatos como datos aburridos e irrelevantes que no tienen ninguna trascendencia para nuestras vidas. ¡Nada más lejos del propósito de la Escritura![41] Deberíamos leer los relatos de los patriarcas y los profetas entendiendo que se trata de nuestros antepasados espirituales, y que nosotros hemos sido injertados por misericordia en el plan de Dios para su pueblo, un plan que se desarrolla a partir de Abraham y a lo largo de la historia. Deberíamos aprender del judaísmo a apreciar una herencia que la tradición judía ha preservado muchas veces con mayor reverencia que nosotros (*cf.* Ro 11:16-18, 24). Por otra parte, el testimonio del Nuevo Testamento es unánime cuando afirma que ninguna herencia o tradición es de por sí adecuada para ponernos en una correcta relación con Dios; solo la fe en su Hijo, Jesús, puede hacerlo (Jn 14:6; Hch 4:12).[42]

Aplicar esta lección será más fácil en ciertos contextos que en otros. Muchos cristianos de las zonas urbanas de los Estados Unidos tienen amigos judíos y pueden sentirse inclinados, de entrada, a reivindicar el carácter judío de su fe; por el contrario, presentar la fe en Jesús como una conversión a la herencia de Israel podría conducir, en el entorno árabe, a serios malentendidos sin una cuidadosa explicación de la enseñanza bíblica sobre el papel, los pueblos árabes en el plan de Dios (*cf.*, p. ej., Is. 19:24-25). En última instancia, el plan de Dios desde el comienzo fue bendecir a todos los pueblos; pero él escogió la historia de un pueblo específico como canal por medio del cual vendría la bendición (Gn 12:3).

---

41. Aquellos que deseen considerar varios puntos de vista sobre la relevancia del Antiguo Testamento para los creyentes de nuestro tiempo, pueden ver Walter C. Kaiser Jr., *The Old Testament in Contemporary Preaching* (Grand Rapids: Baker, 1973); Daniel P. Fuller, *Gospel and Law: Contrast or Continuum?* (Grand Rapids: Eerdmans, 1980); David L. Baker, *Two Testaments, One Bible*, ed. rev. (Downers Grove, Ill.: InterVarsity, 1991); Wayne G. Strickland, ed., *The Law, the Gospel, and the Modern Christian: Five Views* (Grand Rapids: Zondervan, 1993).
42. Ver Keener y Usry, *Defending Black Faith*, 108-35.

Apocalipsis 1:13-20

En medio de los candelabros estaba alguien «semejante al Hijo del hombre», vestido con una túnica que le llegaba hasta los pies y ceñido con una banda de oro a la altura del pecho. ¹⁴ Su cabellera lucía blanca como la lana, como la nieve; y sus ojos resplandecían como llama de fuego. ¹⁵ Sus pies parecían bronce al rojo vivo en un horno, y su voz era tan fuerte como el estruendo de una catarata. ¹⁶ En su mano derecha tenía siete estrellas, y de su boca salía una aguda espada de dos filos. Su rostro era como el sol cuando brilla en todo su esplendor.

¹⁷ Al verlo, caí a sus pies como muerto; pero él, poniendo su mano derecha sobre mí, me dijo: «No tengas miedo. Yo soy el Primero y el Último, ¹⁸ y el que vive. Estuve muerto, pero ahora vivo por los siglos de los siglos, y tengo las llaves de la muerte y del infierno.

¹⁹ »Escribe, pues, lo que has visto, lo que sucede ahora y lo que sucederá después. ²⁰ Ésta es la explicación del misterio de las siete estrellas que viste en mi mano derecha, y de los siete candelabros de oro: las siete estrellas son los ángeles de las siete iglesias, y los siete candelabros son las siete iglesias.

Tras introducir el trasfondo de su visión de Cristo (1:9-12), Juan pasa a la visión en sí (1:13-16) y al comienzo del mensaje de Jesús a las iglesias (1:17-20), para seguir a continuación con las cartas a las siete iglesias (2:1–3:22).

La visión del Hijo del Hombre (1:13-16)

Muchas de las visiones consignadas por los místicos judíos y los videntes apocalípticos se centraban en Dios sobre su trono,[1] pero el Apocalipsis comienza con Jesús como revelador. La túnica y la banda pueden recordar al sumo sacerdote bíblico (Éx 28:4; 39:29; Lv 8:7)[2] y sugieren que Jesús es el sumo sacerdote de su pueblo (*cf.* la similar

---

1. Ver Ira Chernus, "Visions of God in Merkabah Mysticism", *JSJ* 13 (1982): 123-46.
2. Así lo entiende Caird, *Commentary on Revelation*, 25. Otros objetan que la imagen no tiene que ser tan específica; el cinturón ciñe la parte alta del pecho lo cual establece un contraste con el jornalero cuyo trabajo sigue por terminar (Beasley-Murray, *Revelation*, 66-67).

indumentaria de la novia de Jesús en 21:19-20 que la caracteriza como un reino y sacerdotes). Aunque la banda o cinto puede recordar también a Daniel 10:5, algo relevante en este contexto, puede, aun así, derivar su significado simbólico de la imaginería sacerdotal; la otra ocasión en que aparecen bandas en Apocalipsis es 15:6 (son también "de oro"), donde se describe a un grupo de ángeles en el templo celestial. Por tanto, Jesús no solo aparece como rey, sino como sacerdote, una combinación de imágenes que se hizo familiar para el pueblo judío durante el periodo macabeo.[3]

La descripción de Jesús en este pasaje se entreteje con una combinación de imaginerías procedente de tres fuentes del libro de Daniel. La primera (la menos importante) es la revelación angélica de Daniel 10:5-6, pero las dos más importantes emanan de este mismo pasaje: El Hijo del Hombre (7:13-14) y el Anciano de días (Dios), ante quien aparece el Hijo del Hombre (7:9).

Las características angélicas de la visión de Jesús que presenta Juan (ojos como de fuego y brazos y piernas bruñidos en Daniel 10:6,[4] aunque las extremidades como de bronce bruñido pueden también recordar a Ezequiel 1:7) no reducen a Jesús al nivel angélico, sino que probablemente sugieren únicamente su gloria magnificente; Jesús no puede describirse como menos glorioso que un ángel. En la literatura griega, los ojos como de fuego hablan de pasión,[5] pero aluden también a los llameantes ojos de los seres divinos o angélicos;[6] el metal resplandeciente puede, asimismo, describir la gloria de Dios descrita en Ezequiel 1:27.

Sin embargo, otros rasgos sugieren que, si bien Juan describe la gloria de Jesús como en nada menor que la de un ángel, es ciertamente mayor que ella. La voz como "el estruendo de una catarata" (1:15; *cf.* 19:6 lit. "como ruido o estruendo de muchas aguas";ver LBLA, BTX. N. del T.]) puede recordar a la voz como de una multitud en Daniel 10:6, pero

---

3. Ver además Beale, *Revelation*, 208-9, quien también relaciona las imágenes de Daniel con el sacerdocio. Aune, *Revelation*, 1:94, establece paralelismos con las túnicas de oro de las epifanías helenistas.
4. *Cf.* Christopher Rowland, "The Vision of the Risen Christ in Rev. i.13ff.: The Debt of an Early Christology to an Aspect of Jewish Angelology", *JTS* 31 (1980): 1-11; ídem. "A Man Clothed in Linen: Daniel 10.6ff. and Jewish Angelology", *JSNT* 24 (1985): 99-110. *Cf.* las apariciones de ángeles en 3 Enoc 22:4-9; 26:2-7; 35:2; la parecida aparición angélica en Apocalipsis de Sofonías 6:11-15 podría ser una respuesta ebionita a la cristología de Apocalipsis 1:13-16.
5. Furia en Homero, *Il.* 1.104; 12.466; 19.16-17, 365-66, 446; pasión en Ovidio, *Metam.* 4.348-50; belleza en Herodiano 1.7.5.
6. *PGM*, 4,703-4; 3 En. 18:25; 35:2; José y Asenat 14:9; quizá Homero, *Il.* 1.200, 206.

evoca especialmente el sonido de la propia voz de Dios como muchas aguas en Ezequiel 1:24; 43:2 (*cf.* 4 Esd. 6:17).[7] El título de Jesús ("alguien 'semejante al Hijo del hombre'", Ap 1:13) recuerda al personaje que gobernaría como agente de Dios en Daniel 7:13-14; los cabellos como lana y su comparación con blanca nieve (1:14) aluden a Dios, el "Anciano de días" en el mismo pasaje de Daniel (Dn 7:9-10).[8]

El rostro de Jesús también resplandece como el sol (1:16). Los textos griegos describían a veces a las deidades resplandeciendo como el sol o los relámpagos;[9] en los textos judíos aparecían de este modo los ángeles (*cf.* 10:1) y otros seres,[10] pero también Dios mismo.[11] El sentido de los ígneos ojos de Jesús, sus blancos cabellos y pies de bronce (1:14-15) es que su persona irradiaba luz o fuego (en 1:15 se dice que el bronce está "al rojo vivo"), como en otras visiones de Dios en la Biblia (Ez 1:27; Dn 7:9-10; *cf.* Ap 21:23; 22:5).[12] A otras deidades se las describía portando espadas,[13] sin embargo esta imagen es una alusión a Isaías 11:4 ("Destruirá la tierra con la vara de su boca; matará al malvado con el aliento de sus labios")[14] y a ciertas imágenes judías de la Palabra de Dios como un guerrero con una espada (Sab 18:15; *cf.* Ap 19:15).

---

7. La tradición judía posterior comenta sobre estas aguas en sus descripciones del cielo; ver comentario sobre 4:6.
8. La antigua versión griega de Daniel 7:13 también combina ambas figuras; ver Loren T. Stuckenbruck, "'One Like a Son of Man As the Ancient of Days' in the Old Greek Recension of Daniel 7,13: Scribal Error or Theological Translation?" *ZNW* 86 (3-4, 1995): 268-76.
9. Aristófanes, *Lis.* 1285; *PGM*, 4.635-38. De una divinamente aterradora mortal en Homero, *Il.* 18.205-6.
10. Ángeles: p. ej. en Dn 10:6; 2 En. 1:5; 19:1; T. Abr. 2; 7A; Jos. y Asen. 14:9; *cf.* además Mark S. Smith, "Biblical and Canaanite Notes to the *Songs of the Sabbath Sacrifice* from Qumran", *RevQ* 12 (1987): 585-88. Generalmente se creía que los ángeles eran seres ígneos (1 Enoc 17:1; 2 Enoc 20:1; 29:3; 4 Esd. 8:22). *Cf.* Abel en T. Abr. 12A; Moisés en *b. B.B.* 75a; Sión en 4 Esd. 10:25.
11. P. ej. Dn 7:9-10; 1 Enoc 14:18-20; 46:1; 71:10; 3 Enoc 28:7.
12. Que posiblemente esté descalzo (1:15) no sería una sorpresa para los oyentes de Juan, que podrían haber visto los retratos del emperador deificado en que este aparece descalzo (Aune, *Revelation*, 1:95).
13. P. ej. Apolo (*Apolonio Rodio* 3.1283).
14. *Cf.* también el juicio procedente de la boca de Dios en 1 Enoc 62:2; del Mesías en Salmos de Salomón 17:35; 4 Esdras 13:10. *Cf.* la espada como una metáfora relativa a la comunicación verbal en los primeros textos judíos (Pr 12:18; 25:18; además, Aune, *Revelation*, 1:98-99).

El mensaje de Jesús (1:17-20)

Juan responde a esta revelación de la gloria de Jesús postrándose a sus pies "como muerto" (1:17). Otros profetas habían reaccionado de este modo al impacto de la gloria divina y angélica (Ez 1:28; 3:23; 43:3; 44:4; Dn 8:17; 10:9) que llegó, pues, a ser una respuesta normal en la tradición judía basada en la Escritura.[15] La imagen de caer como "muerto" expresa simplemente que Juan quedó totalmente abrumado; este lenguaje es, asimismo, familiar como respuesta a revelaciones o noticias traumáticas (Mt 28:4).[16] Cuando los receptores de una revelación traumática responden de esta manera, a menudo el revelador los ayuda a levantarse o declarar: "No tengas miedo" (Dn 10:11-12; cf. Mt 17:7).[17]

Y, lo que es más importante: Jesús es "el Primero y el Último" (1:17). Esto quiere decir algo más que solo "el primogénito de entre los muertos" (1:5); su sentido es exactamente equivalente a "el Alfa y la Omega", un título solo apropiado para Dios (1:8; 21:6), aplicado probablemente también a Jesús en 22:12-13. Puesto que es precisamente el mismo título que identifica a la deidad en este mismo contexto (cf. Is 41:4; 44:6; 48:12), Jesús comienza, pues, su revelación a Juan anunciando su deidad. El estado puede demandar la adoración de César y muchas sinagogas exigir la abjuración de Jesús como Dios; sin embargo, si es verdaderamente Señor del universo, entonces merece la pena sufrir y hasta morir por él.

Todas las reivindicaciones de 1:18 implican el triunfo de Jesús sobre la muerte. En la Biblia y la tradición judía, Dios es el "Dios vivo" o el "que vive" (cf. también 7:2; 15:7); sin embargo, a Jesús se le llama específicamente "el que vive" en este texto, porque, aunque había muerto, vive para siempre. El pueblo judío creía en una resurrección de los justos en los días del fin; los primeros cristianos reconocieron la resurrección de Jesús como las verdaderas primicias, o el primer plazo, de la futura

---

15. P. ej. Tobías 12:16; 1 Enoc 14:13-14; 60:3; 71:2, 11; 2 Enoc 21:2; 22:4; 4 Esdras 4:12; 10:30; José y Asenat 14:10-11; T. Job 3:4/5; Apocalipsis de Sofonías 6:9-10. Ver también el temor en Gn 15:12; 1 Enoc 89:30-31; 102:1; Ach. Tat. 1.3.4-5.
16. Ver también 1S 25:37; Josefo, Ant. 6.306; 4 Mac. 4:11; Diodoro Siculo, 4.24.5; Petronio, Satiricón 62; la debilidad en respuesta a una revelación se consigna también en PGM, 4.725. Pero Juan tiene un encuentro con aquel que estuvo verdaderamente muerto y ahora vive (1:18).
17. Ver también Tobías 12:17; 1 Enoc 60:4; 71:3; 2 Enoc 1:8; 20:2; 21:3; 22:5; 3 Enoc 1:7, 9; 4 Esd. 5:14-15; José y Asenat 14:11; PGM, 1.77-78; el mandamiento de ponerse en pie en 2 Bar. 13:1-2.

resurrección (ver comentario sobre 1:5). De este modo, al resucitar de los muertos, Jesús garantizaba la vida eterna a todos sus seguidores, aunque hubieran de morir por su nombre (20:4), una promesa de gran relevancia para las iglesias en vista de la revelación que sigue.

Su victoria sobre la muerte, dio a Jesús "las llaves de la muerte y el Hades" (1:18). En los palacios de la antigüedad, las llaves estaban en manos de un importante oficial, que admitía o negaba la entrada a la presencia de rey (ver comentario sobre 3:8). El Hades era una deidad griega que gobernaba el reino de los muertos, "la casa de Hades";[18] por este periodo su territorio era muy conocido como "Hades".[19] "La muerte y el Hades" representan, juntos, el poder de la muerte; como Jesús le había dicho a Pedro, las puertas del Hades no prevalecerían contra la iglesia (Mt 16:18). Los textos griegos hablaban del reino de los muertos como "las puertas" del Hades;[20] algunos textos judíos hablaban también de las "puertas del [Seol]" (Is 38:10) o "las puertas de la muerte" (Job 38:17; Sal 9:13; 107:18) que, en los textos judíos escritos en griego, aparecían como "las puertas del Hades" (p. ej., Is 38:10 LXX; 3 Mac 5:51).

Los griegos contaban relatos de héroes como Orfeo que quiso sacar del Hades a su esposa muerta, pero no lo consiguió; o como Heracles, quien sí consiguió rescatar a algunas personas de este reino (p. ej., Diodoro Sículo, 4.25.4; 4.26.1); pero ninguno de estos héroes tenía el poder de restaurar a los muertos en general. Los paganos asumían que el dios del inframundo (Hades, Plutón o Anubis) tenía las llaves del mismo.[21] En realidad, no obstante, solo aquel que había resucitado verdaderamente, el que vive, "el primogénito de los muertos" (1:5), podía liberar a las personas del Hades, el reino de la muerte. En los textos judíos esta autoridad se atribuía solo a Dios: "Tú tienes el poder sobre la vida o la muerte; llevas a los mortales a las puertas del Hades y los sacas de él" (Sabiduría 16:13). Quien conoce la identidad de Jesús, no obstante, no se sorprenderá de que desarrolle este papel divino (Ap 1:17).

Otros como el emperador, empleando la fuerza bruta del estado, tenían el poder de ejecutar, pero no podían restaurar a los muertos. Sin

---

18. Extendido ya en el tiempo de Homero (p. ej., *Il.* 22.52, 213, 425, 482).
19. P. ej. Homero, *Il.* 11.263, 445; Sófocles, *Ajax* 635; Eurípides, *Ch. Her.* 218; *Electra* 142-43; Apolonio Rodio, 2.609; 3,810.
20. Homero, *Od.* 14.156; Eurípides, *Hipol.* 56-57, 1447; parecidas expresiones en Eurípides, *Hec.* 1.
21. Anubis en *PGM*, 4.340-41, *cf.* Apolodoro, 3.12.6. Naturalmente, en la tradición judía, las llaves las tenía Dios o uno de sus ángeles principales (p. ej., 3 Bar. 11:2; 4 Bar. 9:5; *b. Sanh.* 113a; pero los demonios en 2 En. 42:1).

embargo, puesto que Jesús —no el emperador romano u otros perseguidores de los creyentes— es quien tiene las llaves de la muerte y el Hades, él es quien controla a los que viven y mueren. Ni un pelo de su cabeza caerá al suelo sin que él lo sepa y quiera (Mt 10:29-31); de modo que quienes confían en su tierno cuidado no tienen nada que temer. La muerte no les llegará por accidente; cuando llega, lo hace solo en el momento en que lo permite nuestro amante Señor.[22]

Cuando Jesús le dice a Juan que escriba "lo que has visto, lo que sucede ahora y lo que sucederá después" (1:19), sitúa a Juan en el típico papel de un "testigo" (1:2), alguien que ha de dar testimonio de lo que ha visto personalmente (Hch 22:15; 1Jn 1:1-2).[23] (Sobre "escribir" visiones apocalípticas, ver comentario sobre Apocalipsis 1:11.) La combinación de revelaciones pasadas, presentes y futuras de este versículo nos recuerda de nuevo que Jesús es el Señor de la Historia (1:17): Dios es, era y ha de venir (1:8). Los paganos hablaban de adivinadores proféticos y deidades que relataban el pasado, el presente y el futuro,[24] pero el pueblo judío y los cristianos reconocían que solo el Dios verdadero revela a sus siervos el pasado, el presente y el futuro (Is 42:9; 48:5-7).[25] Juan anima a aquellos de sus receptores que están siendo perseguidos con el hecho de que el verdadero Señor está genuinamente a cargo de la historia y, por ello, de su herencia, de su situación presente y de su destino.

El "misterio" de 1:20 no es algo que Dios desee mantener en secreto (*cf.* 17:7); tanto en la tradición bíblica (Dn 2:27-30, 47) como en la apocalíptica (1 Enoc 103:2), Dios revelaba en ocasiones sus "misterios" a sus profetas y videntes. Que las estrellas que Jesús tiene en la mano representen a los ángeles de las iglesias, y que los candeleros

---

22. La descripción homilética, muy común en nuestro tiempo, que muestra a Jesús derrotando a Satanás y rescatando a los muertos del Hades es, sin embargo, posterior al Nuevo Testamento; ver "Christ's Descent Into Hell" (trad. por F. Scheidweiler en *New Testament Apocrypha*, 1:470-76).
23. Podrían entenderse las cláusulas "ahora" y "después" como explicativas de "lo que ha visto" (Mounce, *Revelation*, 82), sin embargo, esto es menos probable; las tres cláusulas son paralelas en su formulación. Beale, *Revelation*, 152-60, encuentra una alusión a Daniel 2:28-29, 45 (probable al menos en "lo que sucederá después").
24. P. ej. Homero, *Il.* 1.70; Plutarco, *La E de Delfos* 6, *Mor.* 387B; *Libro egipcio de los muertos*, conjuro 172.S-3., los gentiles dividían el tiempo en pasado, presente y futuro (Séneca, *Dial.* 10.10.2) y debatían si las deidades gobernaban genuinamente o se limitaban a predecir el futuro (Lucano, *C.W.* 5.91-93).
25. Normalmente utilizaban el lenguaje sobre las revelaciones pasadas, presentes y futuras de un modo parecido a como Juan lo hace en este pasaje (Jub. 1:4; Oráculos sibilinos 1.3-4; 11.319-20; Ep. Barn. 1,7; incompleta pero análoga, 2 Bar. 14:1).

entre los que está sean una imagen de las propias iglesias, indica el íntimo cuidado que Jesús tiene sobre su pueblo: está entre ellos (*cf.* 21:3), y su futuro está en sus manos (*cf.* Jn 10:28-29). La estrella (de David) aparece esporádicamente como símbolo judío en las inscripciones romanas; sin embargo, nunca en un periodo tan temprano o con tanta frecuencia como el candelabro.[26] Y lo que es más importante, en este periodo, la astrología impregnaba el pensamiento mediterráneo; las gentes tenían la convicción de que el destino controlaba su futuro, dirigido o revelado por medio de las estrellas. También una mayoría del pueblo judío creía que Dios revelaba el futuro de los gentiles a través de las estrellas.[27] Sin embargo, los seguidores de Jesús no tienen nada que temer: Jesús tiene las estrellas de las iglesias en su mano.

La pregunta más difícil es: ¿Qué son los ángeles de las siete iglesias? El término griego que se utiliza en este versículo (*angelos*) puede significar simplemente "mensajero";[28] a veces alude a los "mensajeros" de los dioses.[29] Por ello, algunos entienden que se trata de mensajeros proféticos portadores del mensaje de Juan.[30] Otros aplican este término a los lectores del mensaje en las congregaciones, es decir, a dirigentes cuyo título podría también traducirse como "mensajeros".[31] Puesto que los lectores públicos de las congregaciones funcionaban como sus "mensajeros" o agentes ante Dios, un lector que llevara a cabo su tarea

---

26. P. ej. *CIJ* 1:444, §621; 1:474, §661.
27. P. ej. Josefo, *Ant.* 1.69; 18.216-17; Filón, *Cre.* 58-59; *tos. Kid.* 5.17. Es relevante aquí, que algunos utilizaban también los siete candeleros del templo para simbolizar los "siete planetas" (Josefo, *Guerra* 5.217; *Antigüedades* 3.144-45; Filón, *Heredero* 221; *Moisés* 2.103). Algunos consideraban ángeles a las estrellas literales (1QM 10.11–12; 1 Enoc 18:14; 2 Enoc 4:1; 3 Enoc 46:1). Michal Wojciechowski, "Seven Churches and Seven Celestial Bodies (Rev 1,16; Rev 2–3)", *BibNot* 45 (1988): 48-50, sugiere el sol, la luna y cinco planetas y encuentra paralelismos específicos en las cartas a las iglesias. En cuanto a los datos astronómicos sobre los siete cuerpos celestiales, ver Aune, *Revelation*, 1:97-98.
28. P. ej. Homero, *Il.* 22.438; Eurípides, *Medea* 1120-1230; 1 Mac 1:44.
29. Mensajeros divinos, p. ej., Homero, *Il.* 4.121; 24.169; Eurípides, *Electra* 462; *PGM* 1.76-77, 172; de vez en cuando, en alusión a un mensajero humano de los dioses (Epicteto, *Disc.* 3.22.23).
30. P. ej. Aune, *Prophecy in Early Christianity*, 197; *cf.* quizá Josefo, *Ant.* 15.136 la palabra hebrea para "mensajero" sustituye al término "profeta" en los profetas bíblicos más tardíos (Naomi G. Cohen, "From *Nabi* to *Mal,ak* to 'Ancient Figure'", *JJS* 36 [1985]: 12-24).
31. *Cf.* Talbert, *Apocalypse*, 17. Pero este uso parece limitado a los textos rabínicos (*cf.* b. Ber. 7b.), e incluso en tales textos los dirigentes de las congregaciones probablemente doblaban como lectores solo en contadas ocasiones (*tos. Meg.* 3:21). Brownlee, "Priestly Character", 224, sugiere un trasfondo sacerdotal para esta imagen.

Apocalipsis 1:13-20

de manera impropia podía acarrear problemas a toda la congregación (m. Ber. 5:5). Algunos lo aplican incluso a los obispos de las comunidades locales.[32]

Pero el libro de Apocalipsis, como otras obras apocalípticas, está lleno de ángeles; en los textos cristianos tempranos rara vez se usa la palabra "ángel" para aludir a seres humanos y es, por tanto, más natural entender este versículo como una referencia a algún tipo de ángel. En el libro de Daniel (Dn 10:13, 20-21) y en la mayor parte del judaísmo temprano, se entendía que los ángeles celestiales dirigían las actividades de los gobernantes terrenales y, en ciertas tradiciones judías, se los hacía responsables de la conducta de estos.[33] Por tanto, estos ángeles son probablemente ángeles custodios de las congregaciones.[34] Otra posibilidad es verlos como representantes celestiales de los dirigentes de las congregaciones, también en calidad de ángeles custodios, pero no de congregaciones, sino de individuos (*cf.* Mt 18:10).[35]

El aspecto de Jesús en 1:13-16. Aunque a veces con buena intención, algunos intérpretes han aplicado erróneamente la imagen de Jesús en este pasaje. En algunos círculos se da el peligro de intentar identificar los rasgos étnicos del Jesús glorificado. Algunos han señalado que el cabello "como lana" (1:14) significa que Jesús era africano.[36] Naturalmente, los griegos y los romanos describían el cabello africano como "lanoso";[37] Daniel 7:9 compara la túnica de Dios con la blancura de la nieve (también 1 En 14:20), pero cuando describe su cabello se limita a decir que es "como la lana" (también 3 En. 28:7). Pero Juan se refiere concretamente a sus cabellos con la expresión "blancos como la

---

32. Fréderic Manns, "L'évêque, ange de l'Église", *Ephemerides Liturgicae* 104 (1990): 176-81, observa que los textos judíos comparan a los sacerdotes con ángeles.
33. Ver la documentación en Craig S. Keener, *Paul, Women and Wives* (Peabody, Mass.: Hendrickson, 1992), 41-42 y notas.
34. Caird, *Commentary on Revelation*, 24.
35. Beasley-Murray, *Revelation*, 69 (citando a los *fravashis* persas).
36. Para grupos cristianos, ver algunos mencionados en Walter J. Hollenweger, *The Pentecostals*, trad. por R. A. Wilson (Peabody, Mass.: Hendrickson, 1988), 294; Gayraud S. Wilmore, *Black Religion and Black Radicalism: An Interpretation of the Religious History of AfroAmerican People*, 2ª ed. rev. (Maryknoll, N.Y.: Orbis, 1983), 153-54; además de *Nation of Islam*.
37. Véase Frank M. Snowden Jr., *Blacks in Antiquity: Ethiopians in the GrecoRoman Experience* (Cambridge, Mass.: Harvard Univ. Press, 1970), 6, 264.

lana" (Ap 1:14; también 1 En 46:1; 71:10). Y para que nadie se confunda, Juan clarifica más aún sus palabras: "como la nieve" (Ap 1:14) un símil aun más común en la antigüedad para describir la blancura.[38] Naturalmente, el pelo blanco no significa ni que Jesús fuera rubio (como en algunas descripciones) ni que estuviera en un estado senil, a punto de morir de viejo; la imagen evoca simbólicamente las blancas canas del "Anciano de días" (Dn 7:9), recordándonos que Jesús es Dios encarnado.

Tales reservas no pueden significar que étnicamente Jesús fuera blanco caucásico. No era posible medir su nivel de pigmentación, mientras su cuerpo resplandecía; sin embargo, durante su ministerio terrenal, Jesús se integraba perfectamente en las multitudes de Israel (Jn 7:10-11, 25), sugiriendo que su aspecto era compatible con el de la mayor parte de sus contemporáneos judíos. Los judíos no eran europeos y su herencia étnica era una mezcla de linajes de Oriente Medio y del Norte de África.[39] Mucho más importante para los cristianos de cualquier raza o cultura es el aspecto de Jesús en este estado glorificado: el Señor resucitado es poderoso, divino, y puede, por tanto, proteger y capacitar a su pueblo ante sus opresores. Como comenta un escritor carismático católico, el lenguaje simbólico de este pasaje no nos ofrece un exacto retrato del permanente aspecto de Jesús: "en primer lugar, la imagen de un hombre con una espada que le sale de la boca sería algo horrible".[40] Más bien nos enseña sobre su identidad.

Contenido de la revelación. Uno de los ejemplos más obvios de imponer una preconcepción a un texto bíblico en esta sección es el que cometen los Testigos de Jehová en su intento de eludir las claras implicaciones del título divino de Jesús como "el Primero y el Último" en 1:17 (*cf.* 2:8).[41] Este mismo título se aplica a Dios en Isaías (Is 41:4; 44:6; 48:12) y en otros pasajes de Apocalipsis (21:6), especialmente en su forma "el Alfa y la Omega" (1:8), que es equivalente (21:6; 22:13; ver comentario sobre 1:8), y también se utiliza para Jesús (22:13). En

---

38. P. ej. Homero, *Il.* 10.437; Virgilio, *En.* 11.39; Ecl 2.20; Ovid, *Metam.* 13.789; Babrio, 45.3; Fedro, 5.7.36-37; José y Asenat 5:4/5; 16:18/13; 22:7. A Noé se le describe así en 1 Enoc 106:2; 1QpGen Apoc col. 2; ángeles en 1 En. 71.
39. Véase Glenn J. Usry y Craig S. Keener, *Black Man's Religion* (Downers Grove, Ill.: InterVarsity, 1996), 60-75; Ver también W. E. B. DuBois, *The World and Africa* (Nueva York: International Publishers, 1965), 143.
40. John Randall, *The Book of Revelation: What Does It Really Say?* (Locust Valley, N.Y.: Living Flame, 1976), 45.
41. Afirman que es un título meramente "otorgado" por Jehová y que el "Último" significa el último resucitado "por Jehová personalmente" (*Revelation: Grand Climax*, 27-28), una idea para la que Apocalipsis no ofrece ningún indicio.

este libro se aplican reiteradamente a Jesús imágenes veterotestamentarias relativas a Dios (p. ej., 7:16-17). Pero este tipo de interpretación evasiva puede ser muy útil, como lo fue para mí en mis debates con los Testigos de Jehová cuando era joven: puede forzarnos a reconocer nuestras tácticas evasivas en nuestro deseo de eludir varios textos que chocan con nuestros prejuicios sobre varios asuntos.

Algunos intérpretes, por ejemplo, ven en 1:19 ("lo que has visto, lo que sucede ahora y lo que sucederá después") un recurso para estructurar el resto del libro de Apocalipsis: más allá de lo que Juan ha visto ya, habla del presente (las siete iglesias) y de las cosas que van a suceder (el futuro en el resto de Apocalipsis).[42] No cabe duda de que este versículo promete revelación sobre el presente y el futuro; sin embargo, no especifica qué pasajes de Apocalipsis aluden al presente y cuáles tienen que ver con el futuro.[43] A partir de 12:5-6 puede argumentarse que en Apocalipsis hay muchas más referencias al tiempo de Juan que las cartas a las siete iglesias; no hay duda de que muchas de las promesas y advertencias que encontramos en las cartas a las siete iglesias aluden también al futuro.

Quienes deseen entender los símbolos de Apocalipsis han de prestar una especial atención a 1:20, donde dos de los símbolos clave son explícitamente interpretados. Como subraya Gordon Fee, "Cuando Juan interpreta sus propias imágenes, tales imágenes interpretadas han de considerarse como firmes referencias para entender las demás".[44] El triunfo de Jesús sobre la muerte (1:18) es también relevante para la iglesia contemporánea que afronta oposición; sin embargo, sigue siendo aplicable para todos los creyentes que, finalmente, tendrán que hacer frente a la muerte si no viven hasta el regreso de Jesús.

El aspecto de Jesús en 1:13-16. Flotaba la tensión en la atmósfera cuando comencé a leer este pasaje un domingo por la mañana en la Iglesia Bautista negra de Carolina del Norte, donde yo había sido ordenado al ministerio unos años atrás. En los últimos meses, los supremacistas blancos habían

---

42. *Cf.* Ryrie, *Revelation*, 118.
43. Por esta razón Aune, *The New Testament in Its Literary Environment*, 241, se lamenta de que, aunque es un recurso para dar estructura, esta idea no es muy esclarecedora. Gregory K. Beale, "The Interpretive Problem of Rev. 1:19", *NovT* 34 (1992): 360-87, sostiene que todas las cláusulas se aplican a todo el libro de Apocalipsis.
44. Fee y Stuart, *How to Read the Bible*, 237.

quemado varias iglesias por todo el Sur, y aquella había recibido amenazas de ser la siguiente después de que su pastor hubiera adoptado una valiente postura pública contra las quemas.[45] Las amenazas habían sido tan severas que un rabino local había prometido rodear la iglesia con sus miembros para protegerla (aunque dudo que los supremacistas blancos hubieran considerado a los voluntarios judíos un objetivo menos atractivo).

Antes de que la quema de iglesias representara una amenaza para nosotros, yo tenía ya la convicción de que el Señor quería que hablara de este texto, cuando visitara de nuevo mi iglesia. Expliqué que la descripción de Jesús en estos versículos no pretendía mostrarnos cuál era su complexión física, sino declararnos su poder. Él es el Señor del universo, aquel que tiene el poder sobre la vida y la muerte (1:18). Juan estaba escribiendo a cristianos perseguidos, recordándoles que Dios era mayor que sus pruebas; y aquel día el mensaje de Juan llegó a través de los siglos a nuestra iglesia en sus dificultades. Nuestra tensión dio paso rápidamente a la celebración, cuando reconocimos el imponente poder de nuestro fiel Señor.

El mensaje de Jesús. En contraste con ciertos pasajes de Apocalipsis, este es fácil de trasladar desde el contexto de Juan al nuestro. Entre sus oyentes estaban los que sufrían directamente por su fe (2:10; 3:8-10), los que afrontaban vicisitudes económicas (13:17), los que estaban siendo tentados a comprometer sus convicciones (2:14, 20), y otras clases de desafíos que siguen vigentes en nuestro tiempo. Tanto nosotros como nuestros hermanos afrontamos a diario desafíos que hacen relevante el recordatorio del triunfo de Jesús sobre la muerte y su señorío sobre la historia humana. Las aplicaciones concretas variarán, dependiendo de las experiencias que afrontan las personas a las que ministramos (desempleo, abandono de un cónyuge o de los padres, la muerte de un ser querido, o acoso en el trabajo por razones religiosas, sexuales u otras).

Sobre todo, hemos de escuchar la promesa de que, al margen de lo que tenga que afrontar la iglesia de Cristo, el futuro nos pertenece. Algunos cristianos norteamericanos recuerdan un tiempo en que los símbolos del cristianismo eran ampliamente aceptados como parte del tejido de nuestra cultura. Los tiempos han cambiado; ¡en algunas partes

---

45. El Southern Poverty Law Center ganó finalmente un importante litigio contra un grupo del Ku Klux Klan por la quema de la Iglesia Bautista Macedonia de Carolina del Sur en 1995, un caso que nos muestra un ejemplo de instigación racista en las muchas quemas de iglesias ("'Day of Reckoning': Record Judgment Cripples Klan Group", *SPLC Intelligence Report* [Summer 1998], 6-7).

de los Estados Unidos se reivindica la "libertad de expresión" para crear un arte que insulta a Cristo o estatuas "culturales" de deidades paganas, mientras que se prohíben escenas de la natividad, casi indiscutiblemente "culturales" durante el periodo navideño, como un insulto al pluralismo religioso![46]

Pero esta situación no debe alarmar a los cristianos propiciando respuestas paranoicas por su parte; el libro de Apocalipsis se dirige a comunidades eclesiales en una situación mucho más dura. En el Imperio romano, los cristianos eran una minoría pequeña y perseguida; nadie que no confiara plenamente en Cristo hubiera podido imaginar que sobreviviríamos a aquel imperio. En muchas partes del mundo, los cristianos de hoy hacen avanzar el evangelio ante una inmensa oposición;[47] el futuro de la iglesia es más que el de cualquiera de nosotros individualmente, pero le pertenece a la iglesia y a todos sus miembros que comparten su esperanza y destino (21:2-7). Como el triunfo de Jesús sobre la muerte (1:18), que Jesús tenga a las iglesias en sus manos (1:20) nos da la certeza de que, finalmente, los benevolentes propósitos de Dios triunfarán.

---

46. Véase Stephen V. Monsma, "Yelling 'Fire' in a Crowded Art Gallery", *CT* (Oct. 22, 1990), 40-41; Mark A. Kellner, "City Erects Pagan Sculpture", *CT* (12 de septiembre de 1994), 62-63.
47. Ver, p. ej., la conversión en India de miles de bihals en una región mayoritariamente hindú, y las respuestas de musulmanes al video de Jesús en Jordania y en las Filipinas del Sur ("International Year 1997: Popcorn Testimonies, Various Individuals", Campus Crusade cassettes, 1997); sobre las conversiones de musulmanes, ver, p. ej., Stan Guthrie, "Muslim Mission Breakthrough", *CT* (13 de diciembre de 1993), 20-26.

Apocalipsis 2:1-7

Escribe al ángel de la iglesia de Éfeso:

Esto dice el que tiene las siete estrellas en su mano derecha y se pasea en medio de los siete candelabros de oro: ² Conozco tus obras, tu duro trabajo y tu perseverancia. Sé que no puedes soportar a los malvados, y que has puesto a prueba a los que dicen ser apóstoles pero no lo son; y has descubierto que son falsos. ³ Has perseverado y sufrido por mi nombre, sin desanimarte.

⁴ Sin embargo, tengo en tu contra que has abandonado tu primer amor. ⁵ ¡Recuerda de dónde has caído! Arrepiéntete y vuelve a practicar las obras que hacías al principio. Si no te arrepientes, iré y quitaré de su lugar tu candelabro. ⁶ Pero tienes a tu favor que aborreces las prácticas de los nicolaítas, las cuales yo también aborrezco.

⁷ El que tenga oídos, que oiga lo que el Espíritu dice a las iglesias. Al que salga vencedor le daré derecho a comer del árbol de la vida, que está en el paraíso de Dios.

Sentido Original

Puesto que las cartas a las siete iglesias (capítulos 2–3) son la fuente más utilizada para la predicación y ofrecen tanto material relevante para la vida de la iglesia de hoy, centraremos nuestra atención de manera especial en esta sección. En este capítulo, comentaremos tanto las cartas en general como la dirigida a Éfeso de forma específica.

Las cartas en general

Como todas las cartas no transportadas por los correos imperiales, el libro de Apocalipsis habría sido llevado por viajeros o (en este caso) por mensajeros particulares; en el Imperio romano de aquel tiempo no había ningún otro servicio postal aparte del oficial.[1] Las cartas a las siete igle-

---

1. William M. Ramsay, "Roads and Travel (in NT)", 5:375-402 en *The Dictionary of the Bible*, 5 vols., ed. James Hastings (Nueva York: Charles Scribner's Sons, 1904); S. R. Llewelyn, *New Documents Illustrating Early Christianity*, vol. 7 (North Ryde, N1. William M. Ramsay, "Roads and Travel (in NT)", 5:375-402 en *The Dictionary of the Bible*, 5 vols., ed. James Hastings (Nueva York: Charles Scribner's Sons, 1904); S. R. Llewelyn, *New Documents Illustrating Early Christianity*, vol. 7 (North Ryde, N.S.W.: Ancient History Documentary Research Centre, Macquarie University, 1994), §1 (pp. 1-25). El correo podía, pues, tardar mucho tiempo (Séneca, *Ep. ad. Lucil.* 50.1; M. P.

sias son "misivas proféticas", un tipo de escrito que ya contaba con precedentes en el texto bíblico (2Cr 21:12-15; Jer 29), en la literatura judía temprana (2 Bar. 77:17-19, 78-87; Ep. Jer. 1), y en algunas antiguas fuentes del próximo oriente (las Cartas de Mari). Teniendo en cuenta su autoridad, estas cartas también tienen una cierta similitud con los "antiguos edictos reales e imperiales".[2] No obstante, su formato se parece más todavía al de los oráculos dirigidos a varios pueblos (Is 13–23; Jer 46–51; Ez 25–32; Am 1–2), aplicados aquí más en concreto al pueblo de Dios, disperso por distintas ciudades.[3]

Cada una de las cartas es un mensaje profético de Jesús (p. ej., Ap 2:1) por medio del Espíritu (p. ej., 2:7) que inspira a Juan (1:10).[4] La expresión "Esto dice" (2:1) representa una fórmula profética bíblica típica (p. ej., Hch 21:11; cientos de veces en los profetas del Antiguo Testamento). Cada carta sigue un patrón parecido que mantiene un equilibrio entre alabanza y reprobación:[5]

- Escribe al ángel de la iglesia en una determinada ciudad:
- Jesús (descrito en gloria, a menudo en términos de lo expresado en 1:13-18) dice:
- Yo conozco (en la mayoría de casos consigna una cierta alabanza)
- Pero tengo contra ti (manifiesta una cierta reprobación, cuando es necesaria)
- El que tiene oídos, ha de oír lo que el Espíritu dice a las iglesias
- Promesa escatológica[6]

Charlesworth, *Trade Routes and Commerce of the Roman Empire*, 2ª ed. Rev. [Nueva York: Cooper Square, 1970], 86).

2. Sobre los edictos, ver Aune, *The New Testament in Its Literary Environment*, 159, 242; ídem. "The Form and Function of the Proclamations to the Seven Churches (Revelation 2–3)", *NTS* 36 (1990): 182-204; ídem. *Revelation*, 1:126-28; Deissmann, *Light From the Ancient Past*, 374.
3. *Cf.* Miqueas 1:6-16; sobre oráculos en relación con distintos pueblos o lugares al principio del periodo cristiano, ver Mateo 11:21-24; Or. sib. *pássim* (p. ej., 5.447-67).
4. La expresión "así dice el Espíritu" caracterizó otras profecías cristianas (Hch 21:11). En Odas de Salomón 8:8-19; 17:6-16; 22:1-12; 28:9-20; 31:6-13; 36:3-8; 41:8-10; 42:3-20 también aparecen profecías de Cristo.
5. Como recomendaban los retóricos de la antigüedad (Stowers, *Letter Writing*, 80-81).
6. William H. Shea, "The Covenantal Form of the Letters to the Seven Churches", *AUSS* 21 (1983): 71-84, compara patrones contractuales bíblicos. La mayoría de los profetas bíblicos concluían sus mensajes con una nota de esperanza (como observan también muchos comentaristas de la antigüedad, p. ej., *Pes. Rab Kah.* 13:14).

Que el mensaje proceda de Jesús, siguiendo la misma forma que los oráculos del Antiguo Testamento (también T. Abr. 8A), implica claramente su deidad.[7] De hecho, las descripciones de su gloria se parecen en su forma a la clase de epítetos con que los griegos solían dirigirse a sus deidades (p. ej., Homero, *Il.* 1.37-38, 451-52).

Carta a Éfeso

Que Éfeso sea la primera iglesia tiene lógica no solo desde una perspectiva geográfica (si un mensajero llevara el libro de Apocalipsis desde Patmos), sino también por su prominencia dentro de la provincia. En su competencia con Pérgamo por el poder político y con Esmirna por el culto imperial, Éfeso había superado a ambas ciudades.

El retrato de un perverso gobernante humano exigiendo adoración (13:12-15) habría sido, sin duda, pertinente para los cristianos de Éfeso que vivían rodeados de los símbolos de la religión civil. Augusto había permitido que allí se construyeran dos templos en su honor, y Domiciano había nombrado a la villa "guardiana" del culto imperial, haciendo de ella el principal centro de este culto en la Asia romana. Éfeso albergaba, de hecho, una nueva modalidad de culto imperial que se había iniciado solo media década antes de la redacción de Apocalipsis. Se honraba a Domiciano en los Juegos Olímpicos poco antes de que se escribiera este libro.[8] Sin embargo, el culto al emperador no era el único elemento destacado del paganismo en esta ciudad: Éfeso era conocida por la adoración de Artemisa (Hch 19:23-40) y por la práctica de la magia (19:13-19). Tenía también una numerosa comunidad judía (19:8-9).[9] Todos estos elementos incrementaban la pertinencia para ellos de varios rasgos de Apocalipsis.

La presencia de falsos maestros en Éfeso no puede considerarse sorprendente (Hch 20:29-30; 1Ti 1:3-7); sin embargo, Apocalipsis 2:2 indica que la iglesia había aguzado más su discernimiento desde los días

---

7. Esta forma se utilizaba también en las fórmulas de los mensajeros (p. ej., 2R 18:19; T. Job 7:10/8); sin embargo, los oráculos implican una fuente divina.
8. Para más detalles, ver Kraybill, *Imperial Cult and Commerce*, 27-28; Steven Friesen, "Ephesus: Key to a Vision in Revelation", *BAR* 19 (1993): 24-37.
9. Sobre la comunidad judía de esta ciudad, ver *CIJ* 2:13-14, §§745-47; Kraabel, "Judaism", 51-60. Ciertos oráculos judíos anticipaban el juicio sobre Éfeso y Esmirna (Or. sib. 3.343- 44). Sobre la magia en Éfeso, ver Floyd V. Filson, "Ephesus and the NT", *BA* 8 (septiembre de 1945): 73-80 (p. 78); Clinton E. Arnold, *Ephesians: Power and Magic*, SNTSM 63 (Cambridge: Cambridge Univ. Press, 1989), 14-16; Paul Trebilco, "Asia", 291-362 en *The Book of Acts in Its GraecoRoman Setting*, ed. D. W. J. Gill and C. Gempf (Grand Rapids: Eerdmans, 1994), 314.

de Pablo (2Ti 1:15), práctica que parece haber seguido en las décadas posteriores (Ignacio, *Efesios* 6.2; 8.1).¹⁰ Que estos maestros se presentaran como apóstoles (2:2) no tiene que significar necesariamente que pretendieran ser enviados desde Jerusalén (*cf.* 2Co 11:13, 22), pero sí implica probablemente que han llegado desde fuera de Éfeso (Ignacio, *Efesios* 9.1).¹¹

Sin embargo, todo lo que los cristianos efesios están haciendo bien no es excusa para lo que hacen mal. La fatal deficiencia de su conducta es su falta de amor. Algunos intérpretes han entendido la expresión "abandonado tu primer amor" como una alusión a un decrecimiento de su amor hacia Dios (*cf.* 12:11); más comentaristas entienden hoy esta expresión como una referencia al amor entre los creyentes (como probablemente en 2:19; *cf.* Ef 1:15; Col 1:4; 2Ts 1:3). Ambas opciones son posibles (*cf.* Heb 6:10), aunque sin duda la última se tiene en mente, dado el categórico contraste entre el "aborrecimiento" de las obras de los nicolaítas (2:6) y la falta de "amor" de 2:4.¹²

Aquellos que en otro tiempo sabían lo que estaba bien deberían "recordar" que pueden arrepentirse y regresar a ello (2:5; *cf.* 3:3; Dt 9:7; 16:3).¹³ Algunos han entendido la amenaza de remoción de la iglesia de Éfeso (Ap 2:5) como una alusión a los depósitos de cieno del río Caístro, que, con el tiempo, acabó forzando la reubicación literal de la ciudad.¹⁴ Es más probable que la amenaza de Jesús se dirija solo a la iglesia: la remoción de su candelabro ante Cristo significa que dejará de existir como iglesia (por mucho que pueda seguir siendo otras cosas).

La identidad de los nicolaítas es algo que solo podemos conjeturar. La identificación que hace Ireneo (1.26.3; 3.11.1) en el siglo II de este grupo con el Nicolás bíblico (Hch 6:5) no es, probablemente, más que una hipótesis, como lo es también su relación con el gnosticismo anti-

---

10. Ignacio alaba mucho a los cristianos efesios, pero lo hace por otras obras de las que se mencionan en Apocalipsis (Ramsay, *Letters to the Seven Churches*, 240-41).
11. Véase Michaels, *Revelation*, 70.
12. Muchos comentaristas lo aplican al amor de los hermanos (Ray Frank Robbins en George, *Revelation: Three Viewpoints*, 160; Beasley-Murray, *Revelation*, 75) o a ambas cosas (Hemer, *Letters to the Seven Churches*, 41). Beale, *Revelation*, 230-31, lo aplica a la pérdida de celo por el testimonio, pero esto no parece claro en el texto.
13. La expresión "recuerda" es común en el contexto de la exhortación moral bíblica (Dt 4:10; 8:18; 16:12) y helenista (ver Aune, *Revelation*, 1:147).
14. Ramsay, *Letters to the Seven Churches*, 243-45; de manera un tanto distinta, Hemer, *Letters to the Seven Churches*, 53.

nomiano (Epifanio, *Haer.* 1.2.25; Hipólito, *Haer.* 7.24).[15] Estos herejes tampoco son perseguidores que presionan desde fuera a la iglesia, como los "judíos" de Apocalipsis 2:9 y 3:9. La conjetura más razonable es que estos presentaban puntos de vista parecidos (pero no idénticos) a los de "Balám", como la tolerancia de la inmoralidad y la ingesta de alimentos ofrecidos a los ídolos (2:14-15), cosas que, al parecer, se acababan consintiendo a menudo entre los primeros cristianos (*cf.* 1Co 6; 8-10).[16]

Para que la iglesia de Éfeso pueda "vencer" (2:7) necesita más que la vigilancia de centinelas teológicos; se requiere la unidad interna del amor. La recompensa de este tipo de victoria es comer "del árbol de la vida", una imagen familiar dentro del judaísmo antiguo.[17] Los escritores judíos primitivos describían como un "árbol de vida" al justo (Sal. Sal. 14:3-4), al propio Dios (4 Mac. 18:16), a las palabras edificantes (Pr 11:30; 15:4), y, más frecuentemente entre los maestros de la ley, a la ley de Dios (*Sifre Dt.* 47.3.2; *b. Ab.* 6:7). Pero aquí, como en algunos textos escatológicos judíos (p. ej., 4 Esd. 8:52), el árbol de la vida desempeña su función original en Génesis como fuente de la vida eterna (Gn 3:22; Ap 22:2); es el árbol del "paraíso", el huerto de Dios.[18] Para los cristianos efesios, e incluso al margen de la Escritura, este tipo de imagen no habría sido desconocida; tanto los tradicionales jardines reales de Asia como las ajardinadas haciendas del culto efesio a Artemisa se jactaban de sus árboles, y, en el último caso, también de sus santuarios arbóreos que funcionaban como lugar de asilo para los devotos.[19]

---

15. En su recensión más extensa, Ignacio, *Trall.* 11 y *Philad.* 6 acusa a los nicolaítas de amar el placer, pero esto no forma parte del texto original.
16. *Cf.* asimismo Fiorenza, *Revelation*, 195; Aune, *The New Testament in Its Literary Environment*, 245; Tenney, *Revelation*, 61; Panayotis Coutsoumpos, "The Social Implication of Idolatry in Revelation 2:14: Christ or Caesar?" *BTB* 27 (primavera de 1997): 23-27; *cf.* la conexión etimológica con Balám en Beale, *Revelation*, 251. No obstante, el vínculo con Balám y Jezabel dista mucho de ser seguro (*cf.* W. M. Mackay, "Another Look at the Nicolaitans", *EvQ* 45 [1973]: 111-15).
17. Ver Erwin R. Goodenough, *Jewish Symbols in the GrecoRoman Period*, 13 vols. (Nueva York: Pantheon, for Bollingen Foundation, 1953–1968), 7:87-134 (esp. 134).
18. *Cf.* "Tree of Life", 889-90 en *Dictionary of Biblical Imagery*, ed. Leland Ryken et al. (Downers Grove, Ill.: InterVarsity, 1998). El árbol de la vida puede simbolizar la resurrección en los Rollos del Mar Muerto (Marc Philonenko, "Un arbre se courbera et se redressera [4Q 385 2 9-10]", *RHPR* 73 [1993]: 401–4). Probablemente representa la vida eterna en 1 Enoc 25:4-5.
19. Hemer, *Letters to the Seven Churches*, 44-51.

Las cartas en general. Algunos comentaristas han observado que se invita a todas las iglesias a leer el correo de las demás (lo cual sería, sin duda, un tanto incómodo para los miembros de las iglesias que habían sido objeto de los mensajes más duros; *cf.* Col 4:16). Este principio interpretativo está implícito con suficiente claridad en el texto: a cada una de las iglesias se las exhorta a escuchar "lo que el Espíritu dice a las iglesias" (obsérvese el plural). ¿Hasta qué punto son distintivos los mensajes a las iglesias específicas, y en qué medida han de leerse como muestras de lo que se dice a todas las iglesias?

Existe sin duda un sentido en que cada iglesia recibe la carta apropiada para ella. A comienzos del siglo XX, William Ramsay (y en días más recientes Colin Hemer) subrayó que el mensaje a cada iglesia se parece a lo que conocemos de las ciudades en que se encontraban dichas comunidades eclesiales. Algunos de los paralelismos de Ramsay tienen poco peso intrínseco, ya que ciertas partes del mensaje habrían encajado en distintas ciudades de la antigüedad; otros, sin embargo, son más fuertes y, en muchos casos, su peso acumulativo es suficiente para apoyar una conexión.

Recordemos, no obstante, que cada iglesia recibe también todo el libro de Apocalipsis. Como todos los receptores de Juan (1:3; 13:9; 22:17), cada iglesia ha de "oír", lenguaje este suficientemente conocido tanto en las exhortaciones éticas judías como en las griegas;[20] esta expresión se hace probablemente eco de las enseñanzas de Jesús (Mr 4:9). A cada iglesia se la emplaza también a "vencer", y esto implica perseverancia en la futura prueba que se describe en una buena parte del libro (Ap 21:7); es posible que la invitación sugiera también el matiz de "conquistar", especialmente si los creyentes aparecen como el ejército escatológico de Dios (*cf.* comentario sobre 14:3-4).[21] Cada iglesia comparte la esperanza prometida a las demás; cuando todas ellas hayan oído el mensaje completo, reconocerán que las promesas a todas las iglesias

---

20. Ver Dt 6:4; 9:1; Epicteto, *Disc.* 2.19.12; 3.24.68; Plutarco, *Lecturas* 14, *Mor.* 45D.
21. Hay otros comentarios sintéticos sobre "vencer" en, Stephen L. Homcy, "'To Him Who Overcomes': A Fresh Look at What 'Victory' Means for the Believer According to the Book of Revelation", *JETS* 38 (junio de 1995): 193-201.

se cumplen en la visión del mundo venidero con que concluye el libro (caps. 21–22).²²

Por tanto, el principio esencial para la aplicación de estas cartas en nuestros días parece ser: el que se pica, ajos come. En la medida en que nuestras vidas o iglesias reflejen cualquiera de los síntomas que el Señor resucitado pone de relieve en estas cartas, hemos de escuchar lo "que el Espíritu dice a las iglesias".

La carta a Éfeso. Un serio peligro que corremos al escuchar el mensaje de Jesús sobre el débil amor de la iglesia de Éfeso es que lo despojemos de cualquier relevancia para nosotros. Sin embargo, desechar la exhortación dirigida a esta iglesia es, en cierto modo, como leer el relato del fariseo y el publicano (Lc 18:9-14) y acabar diciendo, "¡Gracias a Dios que no soy como el fariseo!". Hemos de ser receptivos a la advertencia que esta iglesia nos plantea.

Otro peligro es que la condenación de los falsos apóstoles que se hace en este pasaje nos lleve a asumir que, a excepción de Juan, los verdaderos apóstoles habían cesado. ¿Acaso la presencia de falsos judíos que se menciona en 2:9 y 3:9 implica que ya no existían verdaderos judíos? En ambos casos, la falsificación era potencialmente creíble porque los verdaderos apóstoles y los verdaderos judíos seguían existiendo también (*cf.* 18:20; Ef 4:11–13).²³

Algunas cuestiones son difíciles de aplicar o recontextualizar, porque no sabemos lo que significaban. ¿Quiénes eran los nicolaítas? Aunque la Escritura es la Palabra de Dios, en nuestro tiempo nos falta una cierta comprensión, porque no entendemos el inmediato trasfondo conocido por los primeros receptores (p. ej., 2Ts 2:5).²⁴ Sin embargo, aunque no conocemos la naturaleza específica del error en cuestión, la advertencia contra los nicolaítas retiene su lección esencial en el sentido de que hemos de guardarnos contra los falsos maestros: una lección con amplias posibilidades de aplicación.

---

22. Ver G. R. Beasley-Murray, "The Contribution of the Book of Revelation to the Christian Belief in Immortality", *SJT* 27 (1974): 76-93.
23. En otro lugar he defendido que no hay una buena base bíblica para argumentar a favor del cese de algunos dones, aunque en la práctica vemos poca evidencia de algunos de ellos en nuestros círculos (*3 Crucial Questions About the Holy Spirit* [Grand Rapids: Baker, 1996], 81-107).
24. Esto podría suceder con una serie de obras antiguas para las que estamos demasiado lejos de dar el perfil del lector ideal (p. ej., Fedro, 3.1.7); también los antiguos entendían que, desde un punto de vista histórico, podían estar demasiado lejos de algunos textos como para entenderlos completamente (Aulo Gelio 20.1.6).

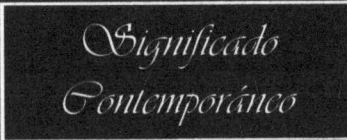

Las cartas en general. Que las cartas a las siete iglesias delaten con frecuencia las características de las ciudades en que florecieron estas comunidades locales nos recuerda que las iglesias pueden reflejar fácilmente los valores de su cultura, si no permanecemos vigilantes contra dichos valores. (Es algo que sucede especialmente en las iglesias menos perseguidas). Estos paralelismos se van señalando en determinados puntos relevantes del comentario, pero una de las demás observaciones de Ramsay debería resumirse en este versículo: las dos ciudades que están ahora totalmente deshabitadas son las que albergaban a dos de las iglesias reprendidas con mayor severidad (Sardis y Laodicea); las dos ciudades que se mantuvieron durante más tiempo antes de la conquista turca son aquellas donde se encontraban las dos únicas iglesias que solo recibieron alabanzas (Esmirna y Filadelfia); y la ciudad de Éfeso, cuya iglesia fue amenazada con ser quitada de su lugar (2:5) fue, más adelante, literalmente reubicada en un enclave situado a unos tres kilómetros de donde estaba en el tiempo de Juan.[25]

Es posible que estos paralelismos se deban a meras coincidencias, pero aun así pueden ilustrar también un patrón que se repite en la historia: la iglesia, por impotente que parezca en una determinada sociedad, es una guardiana de su cultura. Igual que la presencia de los justos en la ciudad de Sodoma era el único factor que podía haber contenido su juicio (Gn 18:20-32), el destino de una cultura puede depender en última instancia de la conducta de los creyentes en ella. Teniendo en cuenta el alto grado de asimilación de los valores de nuestra cultura que muestran los cristianos norteamericanos —invertimos más tiempo en ocio que en dar testimonio, y más dinero en nuestra comodidad que en las necesidades humanas—, el pronóstico para la sociedad en su conjunto no es bueno. (Sobre los peligros de ciertas formas de ocio y entretenimiento, ver comentario sobre 13:14).

Cuando los paganos afirmaron que Roma cayó por su conversión al cristianismo, San Agustín respondió que sucedió porque sus pecados se amontonaban hasta el cielo y porque el compromiso de la mayor parte de la población cristiana había sido demasiado superficial como para impedir la ira de Dios. Naturalmente, reconocemos que no todo el sufrimiento se debe al juicio; pero sí una parte, especialmente en el plano social. ¿Es el cristianismo del mundo occidental lo suficientemente dis-

---

25. Ramsay, *Letters to the Seven Churches*, 432-33.

tinto de nuestra cultura como para retrasar el juicio de Dios sobre nuestras sociedades?

La carta a Éfeso. Entre los modelos positivos que nos proporciona la iglesia de Éfeso está la prueba de los profetas; a medida que el relativismo se extiende en nuestra cultura, el discernimiento y el carácter para resistir el error se hacen cada vez más vitales e impopulares a la vez (ver comentario sobre 2:20).[26] La actual cultura posmoderna de las universidades anima a compartir diversas creencias (y abre nuevas puertas a los cristianos, ofreciéndonos oportunidades impensables hace un tiempo). Pero también nos prohíbe intentar convertir a nadie como si tuviéramos la verdad absoluta; "Pero esto es exactamente lo que pretenden los cristianos".[27] Queremos que las personas entiendan el evangelio, pero también deseamos que lo acepten. No obstante, incluso muchos cristianos se sienten cada vez más incómodos con la idea de una verdad absoluta.

Si en el tiempo de Juan había personas que se autoproclamaban "apóstoles" (2:2) y profetas (2:20) que predicaban lo que llamaban falsamente "profundos secretos" (2:24), en nuestros días su número no parece haber disminuido, y la necesidad de vigilancia contra la infiltración de falsos maestros no es menor. Así, por ejemplo, algunos carismáticos han cerrado filas contra los críticos no carismáticos que advierten de los excesos cometidos en los círculos de la Palabra de Fe, en lugar

---

26. Para la aplicación de esta cuestión, ver Osei-Mensah, *God's Message*, 47-49. Aquellos que deseen considerar algunas críticas del relativismo de nuestro tiempo pueden ver Joe Klein, "How About a Swift Kick?" *NW* (26 de julio de 1993), 30; George Will, "A TrickleDown Culture", *NW* (13 de diciembre de 1993), 84; Tim Stafford, "'Favorite-Song' Theology", *CT* (14 de septiembre de1992), 36-38; Christina Hoff Sommers, "How to Teach Right and Wrong", *CT* (13 de diciembre de 1993), 33-37; Charles Colson, "Postmodern Power Grab", *CT* (20 de junio de 1994), 80; Peter Bocchino, "Words Without Meaning", *Just Thinking* (Ravi Zacharias Ministries; Winter 1995), 4-7; artículos en *Worldwide Challenge* (julio de 1997).
27. Ajith Fernando, *Hechos. Miami: Editorial Vida, 2012*, p. 59 del original en inglés, citando como introducciones al postmodernismo Stanley Grenz, *A Primer on Postmodernism* (Grand Rapids: Eerdmans, 1996); J. Richard Middleton y Brian Walsh, *Truth Is Stranger Than It Used to Be* (Downers Grove, Ill.: InterVarsity, 1995); y Gene Edward Veith Jr., *Postmodern Times* (Wheaton: Crossway, 1994). Quienes quieran examinar otras varias respuestas al postmodernismo pueden ver *Christian Apologetics in the Postmodern World*, ed. T. R. Phillips y D. L. Ockholm (Downers Grove, Ill.: InterVarsity, 1995); *The Challenge of Postmodernism*, ed. David S. Dockery (Wheaton: Bridgepoint, 1995).

de analizar con atención los cargos para valorar su solidez.²⁸ Algunas de las enseñanzas del movimiento de la Palabra de Fe se iniciaron con E. W. Kenyon, un maestro no pentecostal cuyo modo de pensar estaba fuertemente influenciado por el movimiento del Nuevo Pensamiento, que dio también origen a la Ciencia Cristiana; algunos escritores han mostrado que, en algunos puntos, el fundador del moderno Movimiento de Fe copió, casi palabra por palabra, a Kenyon.²⁹

Como profeta y apóstol que era, Juan no estaba, sin duda, en contra de los profetas o los apóstoles en general; pero pidió discernimiento en su día y lo haría también en el nuestro. Si los nicolaítas (2:6) apoyaban los populares valores culturales de la laxitud en materia sexual y religiosa, nos sirven también de advertencia para que tengamos cuidado con quienes se limitan a proclamar lo que sus oyentes quieren escuchar. Hablando con algunos miembros de iglesias que predican la santidad bíblica me ha sorprendido el gran número de personas que aceptan lo que dice su pastor sobre cuestiones que les es fácil aceptar, pero prefieren dirigirse a fuentes más mundanas para aprender sobre temas de moralidad.

No obstante, una parte del discernimiento que proponemos implica saber qué hemos de discernir, y la tragedia del fracaso de la iglesia de Éfeso en este asunto es un infortunio de la naturaleza humana que aparece constantemente a lo largo de la historia y también en nuestro tiempo. La misma iglesia que "aborrecía" acertadamente las obras de los nicolaítas (2:6) abandonaba erróneamente su anterior compromiso con el "amor" (2:4); como muchos cristianos de nuestro tiempo, es posible que tomaran a la ligera el adagio de que hemos de "odiar el pecado pero amar al pecador".³⁰ Es un hecho que, en nuestro tiempo, el

---

28. Quienes estén interesados en una crítica no carismática pueden ver, p. ej., Hank Hanegraaf, *Christianity in Crisis* (Eugene, Ore.: Harvest House, 1993); John F. MacArthur Jr., *Charismatic Chaos* (Grand Rapids: Zondervan, 1992), 264-90; desde una perspectiva carismática, ver Gordon D. Fee, "The Disease of the Health and Wealth Gospels" (Costa Mesa: Word for Today, 1979); Bruce Barron, *The Health and Wealth Gospel* (Downers Grove, Ill.: InterVarsity, 1987); D. R. McConnell, *A Different Gospel* (Peabody, Mass.: Hendrickson, 1988); Charles Hummel, *The Prosperity Gospel* (Downers Grove, Ill.: InterVarsity, 1991). *Cf.* también Larry Bishop, "Prosperity", Cornerstone (Jesus People USA) 10 (mayo de 1981): 12-16.
29. Ver con cierto detalle McConnell, *Gospel*, 8-12, 21-50.
30. Ver Darrell L. Bock, "Arrogance Is Not a Family Value", *CT* (9 de noviembre de 1992), 10; Charles Colson, "Wanted: Christians Who Love", *CT* (2 de octubre de 1995), 112. Muchos tratan el asunto de la conducta homosexual, p. ej., Stanton L. Jones, "The Loving Opposition", *CT* (19 de julio de 1993), 18-25; Tim Stafford, "Ed Dobson

aborrecimiento de lo que rechazamos lo hemos llevado a veces más allá del pecado para dirigirlo hacia quienes lo cometen. No todas las doctrinas son esenciales al evangelio ni todos los errores deben calificarse de herejías, ni merece la pena hacer de todos los desacuerdos materia de enfrentamiento.[31]

No obstante, aparte de importantes y notorias excepciones, muchas de las iglesias más firmemente comprometidas con la verdad del evangelio han trazado también límites demasiado rígidos sobre cuestiones secundarias. Incontables veces hemos presenciado cómo cristianos comprometidos eran marginados por sus puntos de vista sobre cuestiones de género, distintas perspectivas culturales o políticas, o por otras razones de este tipo.[32] En muchos de estos casos, aquellos a quienes hemos marginado han encontrado, como es natural, círculos en los que han sido más aceptados, aunque muchos de estos fueran laxos sobre cuestiones para ellos importantes (círculos con el pecado de Tiatira [ver comentarios posteriores al respecto]).

En algunos de estos casos he visto también que estos cristianos heridos reaccionaban contra el rechazo que experimentaron en su trasfondo más tradicional, de manera completamente desproporcionada, confundiendo la hierba con la maleza. Por ejemplo, una profesora marginada por el ministerio universitario en el que trabajaba hace unos años, por sus ideas sobre el papel de la mujer, expresa hoy su hostilidad hacia la Biblia entre sus estudiantes.

Muchas veces hemos marginado a personas por no pensar detenidamente las cosas; por ejemplo, en nuestra oposición al divorcio bíbli-

---

Loves Homosexuals", *CT* (19 de julio de 1993), 22; Thomas Schmidt, *Straight and Narrow?* (Downers Grove, Ill.: InterVarsity, 1995); Mindy Michels y Jenell Williams, "'Finding Common Ground': AntiGay Violence and Public Discourse", *The Graduate Review* (American University, 1996), 18-27.

31. Sobre lo que aprendieron un calvinista y un arminiano por medio de su separación y reconciliación, ver J. D. Walsh, "Wesley vs. Whitefield", *Christian History* 38 (1993): 34-37.

32. Obsérvese que, durante la generación anterior, las controversias giraban principalmente alrededor de temas escatológicos o carismáticos. Hoy, por el contrario, observamos este tono pacífico y conciliador en muchos de los libros que presentan varios puntos de vista sobre un tema polémico (p. ej., Darrell Bock, ed., *Three Views on the Millennium*; Wayne Grudem, ed., *Are Miraculous Gifts for Today? Four Views* [Grand Rapids: Zondervan, 1996]; la obra de próxima aparición de Zondervan sobre los roles de género, ed. Craig Blomberg y James Beck); o el diálogo público en el que Darrell Bock y un servidor debatimos sobre el papel de la mujer en el seminario de Dallas, en marzo de 1999.

camente correcta, hemos condenado a veces a personas fieles que han sido abandonados contra su voluntad por sus cónyuges (algo equivalente a condenar a una mujer que ha sido violada porque estamos en contra de la violación).[33] Y para más inri, cuando tales personas abandonan después la iglesia, vemos confirmadas nuestras sospechas de que ¡la raíz del problema era una falta de espiritualidad por su parte!

Aun en aquellos casos en que nos las vemos con claros casos de pecado y error, ¿acaso la Escritura no nos llama a corregir al hermano con amor y gracia (Lc 15:1-2; 2Ti 2:24-26)? Como observa acertadamente J. I. Packer, nosotros, los evangélicos occidentales "olemos la falsa doctrina a un kilómetro de distancia", pero los frutos de nuestra experiencia de Dios son a menudo muy escasos.[34]

Una iglesia que deja de amar no puede ya funcionar adecuadamente como expresión local del cuerpo de Cristo formado por muchos miembros. Esta es una de las ofensas por las que un candelabro puede verse desplazado de su lugar (2:5), por las que una iglesia puede dejar finalmente de existir como tal. Algunas iglesias mueren por una falta de evangelización, por falta de planes para integrar a la próxima generación o por falta de cortesía hacia los visitantes; algunas iglesias, como la de Éfeso, pueden arriesgarse a desaparecer por el modo en que tratan a los demás.

---

33. Ver Craig Keener, "Divorce as a Justice Issue", *Prism* 5 (noviembre de 1998): 6-8, 20; ídem. *...And Marries Another* (Peabody, Mass.: Hendrickson, 1991), 1-11; ídem. "Some Reflections on Justice, Rape, and an Insensitive Society", 117-30 en *Women, Abuse and the Bible: How Scripture Can Be Used to Hurt or Heal*, ed. C. C. Kroeger y J. R. Beck (Grand Rapids: Baker, 1996).
34. J. I. Packer, *Hacia el conocimiento de Dios. Miami, Fl: Logoi, 1979*, p. 25 del original en inglés.

Apocalipsis 2:8-11

Escribe al ángel de la iglesia de Esmirna:

Esto dice el Primero y el Último, el que murió y volvió a vivir: ⁹ Conozco tus sufrimientos y tu pobreza. ¡Sin embargo, eres rico! Sé cómo te calumnian los que dicen ser judíos pero que, en realidad, no son más que una sinagoga de Satanás. ¹⁰ No tengas miedo de lo que estás por sufrir. Te advierto que a algunos de ustedes el diablo los meterá en la cárcel para ponerlos a prueba, y sufrirán persecución durante diez días. Sé fiel hasta la muerte, y yo te daré la corona de la vida.

¹¹ El que tenga oídos, que oiga lo que el Espíritu dice a las iglesias. El que salga vencedor no sufrirá daño alguno de la segunda muerte.

El mensaje de Jesús a Esmirna pone de relieve algunos contrastes: aquel que es "el Primero y el Último", el que estuvo muerto pero volvió a la vida, habla a quienes son pobres pero ricos, perseguidos por quienes afirman ser judíos pero no lo son, y que, como Jesús, encontrarán vida en la muerte.[1]

Durante tres siglos, Esmirna había sido una de las ciudades más importantes de Asia Menor; puede que esto sea, junto con su ubicación, lo que la había hecho merecedora de ocupar el segundo lugar en esta lista de iglesias. Junto a Pérgamo (2:12), Esmirna competía con Éfeso por la preeminencia, aunque esta última seguía siendo la ciudad más poderosa de la provincia. Como Éfeso, Esmirna era un importante centro del culto imperial en Asia, la segunda ciudad en recibir este "privilegio" de manos de un emperador.[2] Como se ha observado antes, solo los judíos estaban exentos de la obligación de adorar al emperador, puesto que Roma sabía que los judíos eran monoteístas y representaban una antigua religión étnica que merecía tolerancia. El reconocimiento

---

1. Con Ford, *Revelation*, 394. La "pobreza" aparece en ocasiones como un título de devoción en los Rollos de Qumrán, pero su contraste con la verdadera riqueza sugiere aquí una auténtica aflicción.
2. Tácito, *Anales* 4.55-56. Sobre otras formas de paganismo en esta ciudad, ver Giulia Sfameni Gasparro, *Soteriology and Mystic Aspects in the Cult of Cybele and Attis* (ÉPROER 103; Leiden: Brill, 1985), 71-72.

de que los cristianos formaban parte del judaísmo (estos afirmaban que Jesús cumplió las promesas bíblicas hechas al antiguo Israel) protegía, por tanto, a los cristianos (al menos inicialmente) de una innecesaria persecución. Lamentablemente, muchos dirigentes de las sinagogas parecen haber creído necesario distinguirse drásticamente de los cristianos o incluso convertir a los de origen judío en personas *no gratas* en las sinagogas.

Los gobernantes de Esmirna eran predominantemente griegos de Asia, con quienes la comunidad judía tenía una relación menos estable que, digamos, en Sardis.[3] Al parecer, la comunidad judía de Esmirna era numerosa y tenía una mejor relación con el gobierno romano.[4] Al mismo tiempo, no podían permitirse riesgos; tras la guerra de Judea contra Roma dos décadas antes, que se saldó con un impuesto especial que gravaba a todos los judíos del imperio, muchos dirigentes judíos de Asia se sentían probablemente incómodos ante la posibilidad de que se los asociara con movimientos mesiánicos y proféticos como el cristianismo.

El repudio de los cristianos por parte de los judíos locales siguió, al parecer, durante varias décadas después de este tiempo. A comienzos del siglo II, algunos judíos entregaron a Policarpo, discípulo del apóstol Juan y obispo de Esmirna, a los romanos, que lo ejecutaron.[5] Esta clase de conflictos ayuda a explicar la calumnia de "los que dicen ser judíos pero que, en realidad, no son más que una sinagoga de Satanás" (2:9). Las acusaciones públicas dentro de la comunidad judía habían llevado antes a la persecución de los cristianos de origen judío, a veces por parte de los gentiles (Hch 13:50; 14:2, 19; 17:5; 18:12; 24:5; 1Ts 2:14-15). La expresión "sinagoga de Satanás" sugiere también una complicidad con "el diablo", que metería a algunos de ellos en la cárcel (2:9-10). Muchos

---

3. Aunque prometían paz en Asia, los videntes judíos podían amenazar con la desaparición de Esmirna (Or. Sib. 3.365-67; *cf.* 5.122-23, 306).
4. Ver Claudia J. Setzer, *Jewish Responses to Early Christians: History and Polemics, 30-150 C.E.* (Minneapolis: Fortress, 1994), 114. Sobre la presencia judía, ver *CIJ* 2:9-12, §§739-43; *New Documents Illustrating Early Christianity*, vol. 3, ed. G. H. R. Horsley (North Ryde, N.S.W.: The Ancient History Documentary Research Centre, Macquarie University, 1983), 3:52, §17 (además, Goodenough, *Symbols*, 2:79-81; Colin J. Hemer, "Unto the Angels of the Churches", *Buried History 11* [1975]: 62). Kraybill, *Imperial Cult and Commerce*, 170-94, sugiere que el asunto de las cartas era la exención judía, pero no cristiana, en el comercio pagano.
5. *Mart. Polic.* 13.1; 17.2. Sobre las calumnias posteriores de los judíos contra los cristianos, reivindicadas por Justino, Tertuliano y Orígenes, ver Aune, *Revelation*, 1:162; ver más aspectos de este debate en Kraabel, "Judaism in Western Asia Minor", 32-40. Sobre posteriores martirios en Esmirna, ver James Parkes, *The Conflict of the Church and the Synagogue: A Study in the Origins of Antisemitism* (Nueva York: Atheneum, 1979), 137.

comentaristas reconocen, por tanto, la probabilidad de que, al menos algunos miembros de la comunidad judía estuvieran colaborando con los funcionarios locales para reprimir a la minoría cristiana.[6]

Los eruditos han propuesto otras interpretaciones de los falsos judíos de este pasaje, pero ninguna de ellas ha conseguido algún consenso ni explica adecuadamente la "calumnia" de estos judíos que aparece asociada con la persecución para la que los cristianos de Esmirna han de prepararse. Lo más probable es que esta calumnia aluda a "confidentes", que los romanos llamaban "delatores". Los oficiales romanos dependían normalmente de los confidentes como acusadores antes de entablar acciones judiciales, y esto es lo que sucedió con los cristianos en Asia durante las décadas inmediatamente posteriores a la publicación de Apocalipsis.[7] Una vez admitidas, tales acusaciones se convertían muchas veces en excusas para imputar a otras personas, alegando pruebas inconsistentes si los funcionarios lo autorizaban.[8]

El trasfondo de este pasaje es una persecución oficial a nivel local. El encarcelamiento (2:10), un castigo romano, era por regla general una detención temporal hasta que se celebraba el juicio, tras el cual se producía un castigo oficial o la puesta en libertad.[9] El castigo para el que el texto sugiere que los creyentes deben prepararse es la ejecución ("Sé fiel hasta la muerte"); los cristianos de Esmirna entenderían, pues, lo que significaba conseguir la victoria no amando sus vidas hasta la muerte (*cf.* 12:11).

Puede objetarse que la duración específica de este encarcelamiento ("diez días") sugiere un acento en la detención más que en un castigo posterior; sin embargo, este periodo de tiempo, como muchos otros en el libro de Apocalipsis, es probablemente una alusión simbólica al Antiguo Testamento. Como Daniel y sus colegas (Dn 1:12-14), los creyentes en Esmirna serían pues "probados" durante diez días, pero con el fin de que Dios pudiera exaltarlos para que se cumplan sus propósitos en la historia. Durante su detención podrían ser objeto de tortura para conseguir información que pudiera comprometer a otras personas. El

---

6. P. ej. Setzer, *Responses*, 101; Hemer, *Letters to the Seven Churches*, 67.
7. Sobre la delación en general, ver W. J. O'Neal, "Delation in the Early Empire", *Classical Bulletin* 55 (1978): 24-28; E. A. Judge, *The Social Pattern of the Christian Groups in the First Century* (Londres: Tyndale, 1960), 71.
8. P. ej. Herodiano 7.3.2. Muchas de las acusaciones podían deberse a causas personales o faccionarias (*cf.* Gary J. Johnson, "De conspiratione delatorum: Pliny and the Christians Revisited", *Latomus* 47 [1988]: 417-22).
9. Ver p. ej., Hemer, *Letters to the Seven Churches*, 68.

conocimiento de que ser encarcelado podría suponer este tipo de tortura demandaba fidelidad.[10]

Algunos comentaristas consideran significativo el título específico que Jesús recibe en 2:8. Algunos siglos antes, Esmirna llegó casi al punto de la desaparición, pero se recuperó para convertirse en una destacada y hermosa ciudad (Estrabón, 14.1.37), haciendo que algunos la compararan con la mítica ave fénix, símbolo de la resurrección;[11] Jesús, en cambio, resucitó verdaderamente de la muerte. Cualesquiera que sean los méritos de esta propuesta, el acento esencial sobre la resurrección de Jesús es aquí la promesa a los cristianos de Esmirna; aunque es posible que tengan que hacer frente a la muerte, se atreven a esperar después una corona de vida (2:10) y, por otra parte, su experiencia del martirio les evitará el horror de la "muerte segunda" (2:11).[12] Muchos de los cristianos de Esmirna conocían probablemente las tradiciones judías sobre el martirio que subrayaban la fidelidad al afrontar la muerte (4 Mac. 7:15-16), la promesa de la vida eterna para los mártires (16:25; 17:12) y la corona de la victoria para quienes salieran victoriosos del martirio (17:15).

Las coronas (guirnaldas de olivo, laurel, pino o apio) se confeccionaban para celebrar las victorias militares y, más frecuentemente, en la competición atlética; por ello, se convirtieron en una imagen simbólica familiar para todos los adultos y la mayoría de los niños en toda la región romana de Asia.[13] También se daban coronas para celebrar otro tipo de honores (Sir. 32:1-2), y fue un término que llegó a aplicarse en sentido figurado para connotar cualquier clase de honor o galardón.[14]

---

10. *Cf.* Digest 48.19.29 en Aune, *Revelation*, 3:1166.
11. Ver además Hemer, *Letters to the Seven Churches*, 58-59, 63-64, 76. Sobre su notoriedad, ver Dión Crisóstomo, *40º Disc.* 14.
12. En algunos textos judíos tempranos "la muerte segunda" alude a la aniquilación (I. Abrahams, *Studies in Pharisaism and the Gospels* [2d ser.; Cambridge: Cambridge Univ. Press, 1924], 44; *cf.* Martin McNamara, *Targum and Testament* [Grand Rapids: Eerdmans, 1972], 123; quizá Gn. Rab. 96:5); pero en Apocalipsis esta misma expresión (20:6, 14; 21:8) se refiere a una resurrección para tormento eterno (14:11; 20:10). Esta concepción sería familiar aun sin una alusión exacta al uso judío; se podría incluso hablar de tormento añadido durante la muerte como una "segunda muerte" (Fedro, 1.21.11).
13. Sobre las batallas, ver, p. ej., Dionisio de Halicarnaso, 6.94.1; Arriano, *Alex.* 7.5.4; Aulo Gelio, 5.6; sobre la competición atlética, ver Pausanias, 6.8.4; 6.14.11; Diodoro Siculo, 16.79.3; sobre el uso simbólico, ver Dión Crisóstomo, *9º Disc. Ístmico* 10-12; Sab. Sal. 4:2; Josefo, *Apio* 2.217-18; T. Job 4:10/8; sobre la adjudicación póstuma de coronas, ver Aune, *Revelation*, 1:168-69.
14. P. ej. Apuleyo, *Metam.* 10.12; fig., Job 19:9; Pr 4:9; 12:4; 16:31; 17:6; Is 28:1-3; Ep. Arist. 280; *m. Ab.* 4:13; *Ex. Rab.* 34:2. Representa la prosperidad y la comodidad en

La reflexión escatológica judía también hablaba de las coronas como recompensas para los justos, una tradición que asimismo circulaba ampliamente entre los primeros cristianos.¹⁵ En este pasaje la "corona" puede también representar un sutil contraste con las reivindicaciones de poder de la ciudad: a menudo se comparaba la ciudadela de Esmirna con una corona, y casi el veinte por ciento de las inscripciones de periodos anteriores contienen el emblema de la guirnalda.¹⁶

Mientras que en Éfeso "vencer" requería la restauración del amor (2:4), en Esmirna demandaba firmeza ante la persecución. En la enseñanza popular judía sobre el martirio ya se identificaba el martirio con la victoria (4 Mac. 9:24; 17:15), de manera que nadie podía llamarse a error. Pero Apocalipsis subraya especialmente esta cuestión en la imagen del triunfante león como un cordero inmolado en 5:5-6: la victoria no está en devolver la hostilidad, sino en entregar nuestra vida en la confianza de que Dios nos vindicará.

La expresión "sinagoga de Satanás" (2:9) representa el uso de un lenguaje fuerte que, en la posterior historia de la iglesia, demostró ser fácil de explotar.¹⁷ Aunque en un principio esta frase se pronunció en clave de protesta contra una dominante comunidad judía que oprimía a una minoría cristiana, este lenguaje se recicló para servir a los intereses de posteriores regímenes "cristianos" para perseguir a las minorías judías, y sigue hoy figurando de manera prominente en la propaganda de los violentos supremacistas arios en los Estados Unidos. Los supremacistas blancos de nuestro tiempo se

---

Pr 14:24; Lm 5:16; Or. sib. 5.100; la celebración en Jub. 16:30 (especialmente en las bodas, Cnt 3:11; *Koh. Rab.* 10:5, §1; *Lam. Rab.* 5:16, §1); más adelante, la tradición judía lo aplicó a los israelitas en Sinaí (*b. Shab.* 88a; *Pes. Rab Kah.* 16:3; *Song Rab.* 4:4, §1; *Lam Rab.* 2:13, §17). *Cf.* también la exposición en Aune, *Revelation*, 1:172-75.

15. Ver Is 28:5; 1QS 4.7; Sab. Sal. 5:16; 2 Bar. 15:8; Or. sib. 2.153-54; T. Job 40:3/5; Esdras Gr. 6:17; *b. Ber.* 17a; *Meg.* 15b; *Dt. Rab.* 3:7; 1Co 9:25; Fil 4:1; 1Ts 2:19; 2Ti 4:8; Stg 1:12; 1P 5:4.
16. Ver *New Documents*, 3:52, §17; Ramsay, *Letters to the Seven Churches*, 205; Hemer, *Letters to the Seven Churches*, 59-60, 72-74.
17. Para considerar algunas aplicaciones, ver González, *Revelation*, 27. Sobre la historia del antisemitismo en la iglesia (aunque sus raíces son precristianas), ver Edward H. Flannery, *The Anguish of the Jews: TwentyThree Centuries of AntiSemitism* (Nueva York: Macmillan, 1965); James Parkes, *The Conflict of the Church and the Synagogue: A Study in the Origins of Antisemitism* (Nueva York: Atheneum, Temple Books, 1979).

alinean con la reivindicación del movimiento de identidad cristiana en el sentido de que los negros son holgazanes y los judíos, la descendencia literal de Satanás y Eva (aunque una creciente facción "moderada" afirma que son satánicos pero no descendientes literales de Satanás). Los supremacistas blancos más extremistas siguen fuertemente armados, esperando su Armagedón contra el gobierno de los Estados Unidos controlado por los judíos, tras lo cual instaurarán una nueva Jerusalén en la tierra.[18] Mientras circulen estos puntos de vista, sigue siendo importante que los verdaderos cristianos seamos capaces de expresar con claridad lo que queremos y lo que no queremos decir.[19]

¿De qué manera podemos, los actuales lectores cristianos de Apocalipsis que vivimos en un contexto tan distinto, entender las palabras de Jesús a los cristianos de Esmirna? El primer paso consiste en entender las circunstancias que Jesús está tratando. Los receptores de Juan consideran sus congregaciones como judías y, por ello, se las describe como candelabros (ver comentario sobre 1:12). Los primeros cristianos eran judíos, y sus primeros conversos gentiles se veían a sí mismos como convertidos a la forma más pura de judaísmo. En un mundo en el que las grandes mayorías veneraban a múltiples deidades celebrando sacrificios a ídolos, y que desdeñaba la ética sexual judía y la historia bíblica, los cristianos —que adoraban al Dios de Israel, aceptaban a su Mesías y sus Escrituras, y practicaban la fidelidad sexual— parecían judíos. Sin embargo, a diferencia de otros judíos, ellos creían que en su tiempo era tan necesario obedecer a Jesús como en siglos pasados lo había sido someterse a la revelación de Moisés; por consiguiente, consideraban a los judíos que rechazaban a Jesús como apóstatas de la verdadera fe de Israel. Notemos también que los cristianos no eran el único movimiento judío que consideraba al resto de Israel como infie-

---

18. "Racist Identity Sect Fuels Nationwide Extremist Movement", *Klanwatch Intelligence Report* (ag. de 1995), 1-5 (pp. 3-4); "Mistaken Identity", *Intelligence Report* (Winter 1998), 8- 9; Richard Abanes, *American Militias: Rebellion, Racism and Religion* (Downers Grove, Ill.: InterVarsity, 1996), 162-62; Richard Kyle, *The Last Days Are Here Again: A History of the End Times* (Grand Rapids: Baker, 1998), 160-61; Leonard Zeskind, "Justice vs. Justus", *Intelligence Report* (primavera de 1988), 14-17 (p. 17).
19. Aunque actualmente no ejercen mucha influencia, estos supremacistas blancos se han esforzado en construir "un terreno común" con los fundamentalistas no racistas con quienes comparten algunos proyectos conservadores ("Racist Sect", 5); Sobre la realidad del peligro, ver Abanes, *American Militias*.

les o apóstatas; la misma retórica la encontramos en los Rollos del Mar Muerto.[20]

No es de extrañar que, cuando los dirigentes judíos de lugares como Esmirna denunciaron a los cristianos como colectivo que ya no era verdaderamente judío, los cristianos de origen judío respondieran: "son ustedes quienes se han apartado de su herencia dentro del pacto de Dios".[21] Algunos judíos del siglo I utilizaban de hecho el término "judío" con un sentido peyorativo; en este versículo, no obstante, se aplica a quienes cumplen verdaderamente su papel como pueblo del pacto.[22] La expresión "sinagoga de Satanás" es deliberadamente disyuntiva y chocante, y refleja la misma clase de sentimientos expresada por el autor judío de un himno encontrado en Qumrán que califica al Israel ajeno a la secta del Mar Muerto como "congregación de Belial", o Satanás (1QH 2.22–23).[23]

Los cristianos de hoy no deberían reciclar en clave antisemita las denuncias que los cristianos judíos del siglo I formulaban contra sus oponentes judíos de clases más elevadas. En la sociedad de nuestro tiempo tenemos una oportunidad —quizá única en la historia humana— de dialogar de manera respetuosa con aquellos de quienes disentimos, confiando en que el Espíritu Santo utilizará la verdad para transformar corazones. El antisemitismo cristiano ha levantado el mayor obstáculo para la fe en Jesús que afrontan muchos judíos modernos; la mayor barrera resultante puede ser la extendida premisa de que un judío no puede ser fiel a su herencia ancestral y creer, al mismo tiempo, en Jesús. La polémica refuerza este obstáculo, mientras que el amor y la apreciación por su herencia —y la nuestra— dentro del judaísmo bíblico, puede reducirlo.

Aunque, hasta este momento, la amenaza de muerte solo se había materializado esporádicamente entre las iglesias de Asia (2:13), demos-

---

20. Luke Timothy Johnson, "The New Testament's AntiJewish Slander and Conventions of Ancient Rhetoric", *JBL* 108 (1989): 419–41; *cf.* Craig Keener, *A Commentary on the Gospel of Matthew* (Grand Rapids: Eerdmans, 1999), 536.
21. *Cf.* Setzer, *Responses*, 100. Dar la vuelta a las acusaciones era una forma aceptada de la antigua retórica de conflictos (1R 18:17-18; Mt 12:24, 45; Cornelio Nepote, 7 [Alcibiades].4.6). Sobre su función social en la autodefinición cristiana, *cf.* Adela Yarbro Collins, "Vilification and SelfDefinition in the Book of Revelation", *HTR* 79 (1986): 308-20.
22. Hay una exposición sobre el uso de este lenguaje en Craig S. Keener, "The Function of Johannine Pneumatology in the Context of Late First Century Judaism" (Ph.D. diss.: Duke University, 1991), 330-49.
23. *Cf.* griegos verdaderos y falsos en Diógenes, *Ep.* 28, a los griegos.

tró ser muy real durante los siglos siguientes. A los cristianos del mundo occidental, y en particular a los creyentes de clase media de los barrios residenciales, nos es muy fácil pasar por encima de este tipo de textos considerándolos irrelevantes para los asuntos que afrontamos en el día a día. Pero solo hay que hacer un pequeño ejercicio, planteándonos algunas preguntas hipotéticas del tipo "¿Qué sucedería si...?", para que este asunto nos resulte mucho más cercano. El martirio de nuestros hermanos y hermanas en el pasado, así como el de muchos otros que lo sufren actualmente en distintos lugares del mundo, ha de retarnos a calcular el coste: ¿Cuán valioso es Jesús para nosotros?

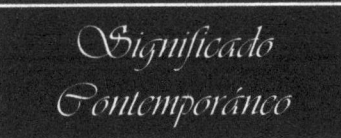

De las siete iglesias, las dos únicas que reciben inequívocos elogios son las sufrientes comunidades de Esmirna y Filadelfia. El sufrimiento tiene su manera peculiar de recordarnos cuáles son las cosas realmente importantes, forzándonos a depender radicalmente de Dios y purificando así nuestra obediencia a la voluntad de Dios.

Pero es importante que, antes de experimentar el sufrimiento, conozcamos el corazón de Dios para que, cualquiera que sea nuestro dolor, podamos entenderlo en vista de su amor por nosotros, verle compartiéndolo en la cruz, y no cometamos el error de interpretar su actitud hacia nosotros basándonos en nuestro sufrimiento. Como señala Billy Graham: "el sufrimiento tiene un elemento misterioso y desconocido"; mientras que Esmirna iba a afrontar un sufrimiento mayor (2:10), la otra iglesia perseguida (Filadelfia) sería liberada (o según nuestro punto de vista, fortalecida) por medio del suyo (3:10). Del mismo modo, mientras que Jacobo fue ejecutado, Pedro fue puesto en libertad (Hch 12:2-7); algunos experimentaron liberaciones milagrosas, mientras que otros murieron (Heb 11:35); Corrie ten Boom sobrevivió a los campos de concentración nazis, pero su hermana murió. No podemos explicar por qué algunos sufren mucho más que otros. "Lo único que veo en las breves cartas de Apocalipsis", concluye Graham, "es esto: Cristo nos manda 'vencer' con la fuerza que solo él puede darnos...".[24]

Tengo amigos íntimos de otros lugares del mundo que afrontan sufrimientos más intensos de lo que la inmensa mayoría de cristianos occidentales pueden asumir. Por ejemplo, he escuchado a algunos de mis amigos nigerianos expresar su dolor, porque los musulmanes radica-

---

24. Graham, *Approaching Hoofbeats*, 60-62.

les de la zona donde vivían habían provocado disturbios, asesinando a pastores cristianos amigos suyos, y observar también que los asesinos nunca fueron llevados ante la justicia por el gobierno musulmán entonces en el poder.[25] Un comentarista africano ha hecho una lista de muchos destacados mártires del continente, un buen número de ellos bajo el dictador musulmán Idi Amin en Uganda y durante un avivamiento de las religiones tradicionales en Chad, un sufrimiento que "soportaron gozosamente por la causa de Jesús". El avivamiento de África oriental preparó también a muchos pastores keniatas para que rechazaran el juramento de los Mau Mau de odiar a los blancos o venerar ídolos ancestrales. Su postura les costó la vida a manos de estos guerrilleros, muchos de los cuales se convirtieron en sus funerales que expresaban su triunfante esperanza.[26]

Por otra parte, no tenemos que trasladarnos necesariamente a otro lugar para que el martirio sea una posibilidad real. Al comienzo de mi vida cristiana, a finales de la década de 1970, fui golpeado y recibí amenazas de muerte en varias ocasiones cuando daba testimonio de mi fe en las calles de los Estados Unidos. Hoy han pasado ya algunos años desde la última vez que me golpearon, pero he seguido recibiendo amenazas de muerte por mi testimonio, y he vivido otras situaciones peligrosas en los lugares donde he decidido vivir para dar testimonio. El lector puede pensar que, al fin y al cabo, no he perdido la vida; pero lo que quiero decir es que, aun en los Estados Unidos, el martirio es una posibilidad viable, y puede llegar a serlo más: Jesús aseguró que seríamos odiados por todas las naciones (Mt 24:9). Muchos creyentes han decidido establecerse en zonas con elevados índices de delincuencia para poder dar testimonio de Cristo, y también esto pone de manifiesto el compromiso de morir por Cristo si este fuera su llamamiento.

Si no nos hemos preparado nosotros ni a nuestras congregaciones para morir por el nombre de Cristo si fuera necesario, no hemos cumplido plenamente con nuestra responsabilidad de hacer discípulos (Mr 8:34-38). Como Daniel y sus amigos, nos preparamos mejor para las

---

25. Quienes deseen considerar varios informes al respecto, pueden ver "Did Muslims Plan Religious Violence?" *CT* (10 de julio de 1987), 43; Sharon Mumper, "Global Report: Nigeria", *EMQ* 24 (enero de 1988): 86-87; "Riots Kill Hundreds", *CT* (24 de junio de 1991), 56; "Christian-Muslim Tensions Prompt Riots", *CT* (25 de novembre de 1991), 58; "Intolerance", *World Press Review* (julio de 1991), 38; Randy Tift, "More Bloodshed Feared in Religious Fighting", *CT* (22 de junio de 1992), 67; "The Fight for African Souls", *World Press Review* (junio de 1992), 48.
26. Osei-Mensah, *God's Message*, 25.

pruebas más duras que están por venir superando las que afrontamos en el presente. Pero cuando permanecemos fieles ante el rechazo y la persecución, Jesús nos promete una recompensa mucho mayor que el poder y la posición que hoy disfrutan nuestros opresores.

Apocalipsis 2:12-17

Escribe al ángel de la iglesia de Pérgamo:

Esto dice el que tiene la aguda espada de dos filos: ¹³ Sé dónde vives: allí donde Satanás tiene su trono. Sin embargo, sigues fiel a mi nombre. No renegaste de tu fe en mí, ni siquiera en los días en que Antipas, mi testigo fiel, sufrió la muerte en esa ciudad donde vive Satanás.

¹⁴ No obstante, tengo unas cuantas cosas en tu contra: que toleras ahí a los que se aferran a la doctrina de Balám, el que enseñó a Balac a poner tropiezos a los israelitas, incitándolos a comer alimentos sacrificados a los ídolos y a cometer inmoralidades sexuales. ¹⁵ Toleras así mismo a los que sostienen la doctrina de los nicolaítas. ¹⁶ Por lo tanto, ¡arrepiéntete! De otra manera, iré pronto a ti para pelear contra ellos con la espada que sale de mi boca.

¹⁷ El que tenga oídos, que oiga lo que el Espíritu dice a las iglesias. Al que salga vencedor le daré del maná escondido, y le daré también una piedrecita blanca en la que está escrito un nombre nuevo que sólo conoce el que lo recibe.

Sentido Original

Pérgamo era una famosa ciudad de entre ciento veinte mil y doscientos mil habitantes que, tiempo atrás, había prosperado.¹ Sus ciudadanos habían sido lo suficientemente perspicaces como para ser los primeros en unirse a Roma para derrotar a los demás reyes del Mediterráneo oriental, consiguiendo con ello ganarse el favor del emperador. Es posible que la imagen de la "espada" aluda al *ius gladii* del gobierno romano, es decir, el derecho a administrar la pena capital, en cuyo caso Jesús estaría recordando a los cristianos que es él, y no el gobernador romano, quien tiene el poder sobre la vida o la muerte (1:18).² Estas palabras serían de ánimo para los perseguidos (2:13). Sin embargo, puesto que esta carta trata sobre los falsos maestros de la iglesia, la "espada" alude posiblemente al juicio de la guerra, como sucede a menudo en los profetas bíblicos, solo que aquí se trataría de la guerra

---

1. Sobre su prosperidad, ver Estrabón, 13.4.1-3; sobre la población, ver las citas de Galeno en Aune, *Revelation*, 1:181.
2. Ramsay, *Letters to the Seven Churches*, 292-93; Hemer, *Letters to the Seven Churches*, 85.

que libraría el Señor Jesús contra los falsos maestros que corrompen a su iglesia (2:15-16).[3]

Esta iglesia experimentaba oposición tanto en el ámbito externo como en el interno. Aunque su sentido general está suficientemente claro, la referencia específica al "trono de Satanás" (2:13) es objeto de debate. El culto de sanidades a Asclepio era famoso en Pérgamo; es posible que los cristianos de esta ciudad reconocieran en la serpiente de Apocalipsis (12:9) el principal símbolo de la deidad de su ciudad.[4] Más a menudo, los eruditos piensan en el enorme y famoso altar en forma de trono de "Zeus Salvador", en cuyas esculturas había serpientes; era "un monumental patio con columnata, en forma de herradura, de unos treinta y siete metros por treinta y cuatro", con un estrado de "casi seis metros de altura".[5]

En Pérgamo, otras conexiones paganas seguían siendo también importantes, especialmente en relación con Demetrio, Dionisio, Atenea y Orfeo.[6] Cualquiera de estas conexiones (o todas ellas) con "el trono de Satanás" es posible. No obstante, si esta expresión es una alusión específica al paganismo, la mayor amenaza inmediata para los creyentes habría sido el culto del emperador; el antiguo templo de Augusto se elevaba sobre la alta ciudadela, bien visible para cualquiera que se acercara a la ciudad.[7] Como sede del culto imperial de la provincia, Pérgamo justificaba su condena como "trono" de Satanás por parte del autor de Apocalipsis.[8] No es de extrañar que aparezca entre las ciuda-

---

3. Beale, *Revelation*, 250-51, cita aquí Nm 22:23, 31 y la tradición judía posterior específicamente sobre la amenaza a "Balám".
4. Sobre el culto de Asclepio en la ciudad, ver Pausanias, 2.26.9; Herodiano, 4.8.3. Ya en Homero, *Il.* 5.446-448 (Apolo) aparece en relación con curaciones. Asclepio era muy popular en este periodo y especialmente en esta ciudad, ver información en Howard Clark Kee, *Miracle in the Early Christian World: A Study in Socio-historical Method* (New Haven: Yale, 1983), 78-104.
5. Yamauchi, *The Archaeology of New Testament Cities*, 35. Sobre la idea de que este puede ser "el trono de Satanás", ver Stambaugh y Balch, *Environment*, 153; Beasley-Murray, *Revelation*, 84; algunos han aplicado este título a toda la acrópolis (Peter Wood, "Local Knowledge in the Letters of the Apocalypse", *ExpT* 73 [1962]: 263–64).
6. Ver W. K. C. Guthrie, *Orpheus and Greek Religion*, 2ª ed. (Nueva York: W. W. Norton, 1966), 260-61; W. W. Tarn, *Hellenistic Civilisation* (Londres: E. Arnold, 1952): 354; Ramsay, *Letters to the Seven Churches*, 284-85; Yamauchi, *The Archaeology of New Testament Cities*, 31.
7. Hemer, *Letters to the Seven Churches*, 82-85; Ford, *Revelation*, 398; Fiorenza, *Revelation*, 193. Los anteriores gobernantes de Pérgamo no fueron adorados mientras vivían (Tarn, *Civilisation*, 51). Aune, *Revelation*, 1:182-84, aplica esta designación de manera más general a la oposición romana local a los cristianos.
8. Bowman, *First Christian Drama*, 31.

des que algunos judíos consideraban como candidatas a la destrucción divina (Oráculos sibilinos 5.119).[9]

Teniendo en cuenta el contexto, la razón del martirio de Antipas que se menciona en 2:13 habría sido el paganismo en general o, más probablemente, el culto imperial en particular. En su calidad de "testigo fiel" es como su Señor (1:5; *cf.* 3:14). Otros de la iglesia han sobrevivido, aunque también han padecido, y Jesús los elogia por su "fe" en él (2:13) que significa probablemente fidelidad a él (*cf.* 2:10; 14:12).[10] Sin embargo, a pesar de la especial sensibilidad de Jesús hacia una iglesia que sufre (2:8-11; 3:7-12), padecer no valida automáticamente todo lo que hacemos o creemos (2:14).

Además de la oposición procedente del exterior, Pérgamo está también experimentando problemas internos. Como "Jezabel" en Tiatira (2:20), "Balám" (2:14) no es precisamente un profeta modélico, sino un nombre en clave que indica que se trata de un falso profeta que conduce al pueblo de Dios por el mal camino. En la Biblia, y más claramente en la tradición judía, Balám actuó por amor al dinero (Nm 22:19; Dt 23:4; Neh 13:2; 2P 2:15; Jud 11).[11] Este profeta hizo pecar a Israel para privarle así del favor de Dios, reconociendo que era la única forma de destruirlo (Nm 31:16). Otros reconocían también que la única forma de subyugar a Israel era seducirlo primero para que desobedeciera a Dios (Judith 5:20-21; 11:10).[12] Los pecados de Israel en relación con Balám fueron la inmoralidad sexual y la ofrenda de comida a los ídolos (Nm 25:1-2; *cf.* 31:8, 16), pecados que siguieron siendo tentaciones en pos-

---

9. Sobre las pruebas arqueológicas de una sinagoga en Pérgamo, ver Goodenough, *Symbols*, 2:78-79.
10. Ver Donald S. Deer, "Whose Faith/Loyalty in Revelation 2.13 and 14.12?", *Bible Translator* 38 (1987): 328-30.
11. También *Ps. Filón* 18:13. Muchos lo consideran el mejor profeta pagano (Josefo, *Ant.* 4.104; *Sifre Dt.* 343.6.1; 357.18.1-2), y rabinos posteriores lo consideraban el mejor "filósofo" pagano (*Pes. Rab Kah.* 15:5; *Gn. Rab.* 65:20; 93:10; *Lam Rab Proem* 2). En general, ver John T. Greene, "The Balaam Figure and Type Before, During, and After the Period of the Pseudepigrapha", *Journal for the Study of the Pseudepigrapha* 8 (1991): 67-110.
12. Más adelante, los rabinos consideraron que hacer pecar a otra persona era peor que matarla (*Sifre Dt.* 252.1.4). Entendían que así era como Balám produjo los problemas de Israel (*p. Sanh.* 10:2, §8; *Taan.* 4:5, §10), y algunos lo relacionaron con la negación del juicio (*Pes. Rab.* 41:3).

teriores sociedades paganas y que trajeron el juicio sobre los cristianos (1Co 10:7-8; Did. 6.3).[13]

Los eruditos debaten si la "inmoralidad sexual" que se menciona en Apocalipsis 2:14 se refiere a la prostitución literal, como la que a veces se producía en los templos paganos, o al adulterio espiritual que nos aparta de Dios.[14] La inmoralidad sexual era tan frecuente en el Mediterráneo oriental como lo es en nuestro tiempo. Sin embargo, en vista del frecuente uso de esta imagen en la Biblia hebrea (p. ej., 2R 9:22; Jer 3:9; 13:27; Ez 16:15-36; 23:7-35; Os 1:2; 4:12; 5:4; Nah 3:4) y, especialmente, en vista de la "prostituta" que aparecerá más adelante en este libro (Ap 17:1, 15-16), el sentido espiritual parece más probable aquí y en 2:20.[15]

La promoción por parte de Balám de la comida ofrecida a los ídolos implicó el fomento del sincretismo por el que el pueblo de Dios fue seducido para que participara en los cultos de otras deidades.[16] Los judíos más conservadores se resistirían a comer alimentos ofrecidos a los ídolos aun bajo la tortura y amenaza de muerte (4 Mac. 5:2-3). Una buena parte de la carne que se vendía en los mercados de las antiguas ciudades había sido ofrecida a los dioses paganos; sin embargo, puesto que este tipo de carne no se distinguía de la que no lo había sido, no puede ser la que el autor tiene en mente en este versículo.[17]

El texto alude más bien a aquellas ocasiones en que se sabía positivamente que la carne había sido sacrificada a una deidad pagana como, por ejemplo, la comida que se ofrecía gratuitamente en las festividades idolátricas, las cenas en los templos (1Co 8:10; *m. A.Z.* 2:3; 3:4) o, más probablemente para los cristianos de esta ciudad, a la participación en los banquetes de algún gremio. Los profetas podían, de este modo, abogar por su participación en el culto imperial, compartiendo

---

13. Sobre la relación de Balám con la inmoralidad, ver también Josefo, *Ant.* 1.129-48; 4.157; Filón, *Moisés* 1.296-97; *Ps. Filón* 18:13.
14. Sobre la prostitución espiritual, ver Caird, *Commentary on Revelation*, 39, 44.
15. Aquellos que deseen considerar un uso figurativo de esta imagen, ver 4QpNah 3.4; probablemente Sab. 14:12.
16. La tradición judía amplió el relato de esta idolatría (Josefo, *Ant.* 4.130, 141, 149; Filón, *Moisés* 1.298-99).
17. Sobre la venta de carne en el mercado, ver E. P. Sanders, *Jewish Law From Jesus to the Mishnah: Five Studies* (Londres: SCM; Filadelfia: Trinity Press International, 1990), 280; Wendell Lee Willis, *Idol Meat in Corinth: The Pauline Argument in 1 Corinthians 8 and 10* (SBLDS 68; Chico, Calif.: Scholars, 1985), 63; Gerd Theissen, *The Social Setting of Pauline Christianity*, tr. por J. H. Schütz (Filadelfia: Fortress, 1982), 124-27; Aune, *Revelation*, 1:191-94.

la comida ofrecida a César; esto encajaría con la experiencia de persecución en Pérgamo (2:13).[18] No obstante, teniendo en cuenta que esta misma enseñanza aparece en Tiatira con pocas trazas de persecución, la tentación podría ser más sutil; también podría reflejar la tendencia general a comer alimentos ofrecidos a los ídolos.

Uno de los aspectos más difíciles de esta tentación era el reto que suponía para la forma de vida de los cristianos ya que les impedía participar en los gremios artesanos. Formar parte de ellos implicaba la celebración de comidas en honor de su deidad protectora;[19] especialmente en Tiatira sería difícil eludir esta clase de gremios artesanos que dominaban por completo la vida de la ciudad. En el plano teológico supone lo mismo transigir con el culto imperial para salvar la propia vida que entrar en componendas con las actividades paganas de los gremios artesanos para asegurar el sustento (*cf.* 13:17); ambas conductas representan acomodarse al mundo en detrimento de la total devoción a las normas de Dios. Quien defiende este tipo de transigencia, como el antiguo Israel cuando era infiel a Yahvé, es una "prostituta" (*cf.* 2:20; 17:1-2). Hacia comienzos del siglo II, los oficiales romanos reconocieron la influencia cristiana en la negativa a comer carne sacrificada y respondieron con dureza (Plinio, *Ep.* 10.96).

Para los cristianos de Pérgamo, "vencer" significaba mantenerse firmes ante la oposición (2:13), pero especialmente resistirse a las enseñanzas de transigir con el mundo y hacer todo lo posible para erradicar este tipo de enseñanzas de sus filas (2:14-16).

A quienes venzan, Jesús les promete el "maná escondido" y una "piedrecita blanca en la que está escrito un nombre nuevo" (2:17). El maná escondido alude probablemente a una tradición judía que afirmaba que el maná depositado en el arca sería restablecido cuando esta fuera restaurada en el tiempo del fin (*tos. Kip.* 2:15). Aunque Jeremías había afirmado explícitamente que el arca original no sería restaurada (Jer 3:16), la tradición judía antigua afirmaba que esta y los vasos del

---

18. Esta clase de comidas como sacrificios en el culto imperial están probablemente implícitas en *CIL* 3.550 y reflejan las costumbres paganas más generalizadas. Algunos eruditos sugieren que se trata de carne de este culto (Bowman, *First Christian Drama*, 31).

19. Ver la obra de E. A. Judge, *The Social Pattern of the Christian Groups in the First Century: Some Prolegomena to the Study of New Testament Ideas of Social Obligation* (Londres: Tyndale, 1960), 40; Ramsay MacMullen, *Roman Social Relations: 50 B.C. to A.D. 284* (New Haven: Yale, 1974), 77, 82.

templo estaban ocultos y serían recuperados en la era mesiánica.[20] Juan se entera pronto de que el arca celestial será revelada (11:19); pero, para él, el maná simboliza probablemente el nuevo éxodo (*cf.* 12:6, 14) y la promesa divina de eterno sostenimiento sin trabajo (7:17; 22:2).[21] Este maná prometido contrasta también rotundamente con la comida idolátrica por la que los seguidores de Balám parecen dispuestos a poner en jaque su futura recompensa (2:14).[22]

El significado de la piedrecita blanca es más controvertido, porque las personas utilizaban las piedras de varias maneras simbólicas; a menudo, en estas *tessera* o pequeños pedazos de piedra, o marfil, se grababan palabras o símbolos.[23] Apocalipsis podría basarse aquí en una serie de matices (*cf.* 17:9-10), pero su trasfondo puede ayudarnos a decidir cuáles son más probables. Es posible que se trate de un contraste con el paganismo de Asia; el sagrado tótem de Cibeles, la destacada diosa madre frigia, era una piedra negra.[24] Es más probable, no obstante, que se trate de una alusión a las piedrecitas que se entregaban como señales de admisión a las festividades o asambleas públicas; la ocasión en este versículo sería la celebración del cielo y el nuevo maná del banquete mesiánico (7:9; 19:9).[25] Puede que la explicación más significativa sea la que hace referencia a ciertos tribunales de la antigüedad en que los miembros del jurado votaban por la absolución del procesado con una piedrecita blanca y por su condenación con una negra. En este caso, se tiene probablemente en mente un caso de pena

---

20. Ver 2 Mac. 2:4-8; 2 Bar. 6:7-9; 4 Bar. 3:10, 19; 4:4; *Vidas de los Profetas* 2:15 (griego en §25, Jer); *m. Shek.* 6:1-2; *Yoma* 5:2. Sobre algunas ideas samaritanas relacionadas, *cf.* Josefo, *Ant.* 18.85; M. F. Collins, "The Hidden Vessels in Samaritan Traditions", *JSJ* 3 (1972): 97-116; Isaac Kalimi y James D. Purvis, "The Hiding of the Temple Vessels in Jewish and Samaritan Literature", *CBQ* 56 (octubre de 1994): 679-85.
21. Ver también el maná escatológico en 2 Bar. 29:8; *Mek. Vayassa* 3.42-45; 5.53-65; *cf. Ex. Rab.* 47:5; la tradición cristiana en Or. sib. 7.149. Sobre el maná como comida de ángeles, ver *b. Yoma* 75b.
22. Es probable que los lectores de la antigüedad reconocieran el contraste rápidamente; quienes deseen considerar un contraste semejante, ver la obra posterior *Nm. Rab.* 21:21.
23. Ramsay, *Letters to the Seven Churches*, 302. La mayoría de los puntos de vista que se consignan a continuación fueron propuestos por Ramsay o por autores anteriores, antes de ser desarrollados por otros eruditos.
24. Stambaugh y Balch, *Environment*, 136. En Sardis también la *Kore* aparece como una roca (David J. Gill, "Religion in a Local Setting", 79-92 en *The Book of Acts in Its Greco-Roman Setting* [ed. D. W. J. Gill y C. Gempf; Grand Rapids: Eerdmans, 1994], 88).
25. Caird, *Commentary on Revelation*, 42; Ford, *Revelation*, 399-400; Beasley-Murray, *Revelation*, 88; Hemer, *Letters to the Seven Churches*, 98-99.

capital (2:13), y Jesús le dará la vuelta al veredicto de los perseguidores de los cristianos de Pérgamo en el juicio final cuando declarará tanto la vida como la muerte segunda (2:13; 20:12-14; *cf.* Hch 7:56-60).[26]

Es también posible que esta piedrecita sea blanca para simbolizar la vida eterna o la purificación del pecado (Ap 3:4-5, 18; 4:4; 6:11; 7:9, 13-14). Las consideraciones prácticas también apoyan la idea de una piedrecita blanca para inscribir en ella un nombre; aunque el principal material para la construcción que se utilizaba en Pérgamo era el granito oscuro, en esta ciudad se utilizaba el mármol blanco para las inscripciones.[27] En ocasiones, las deidades paganas daban nuevos nombres a los adoradores para expresar la obtención de una nueva identidad (del mismo modo que los padres daban un nombre a sus hijos, poco después de su nacimiento).[28] En la historia de Israel, los cambios de nombre se relacionaban muchas veces con una promesa (ver, p. ej., Gn 17:5, 15; *cf.* 17:4, 9, 20).

El nombre nuevo alude, en este pasaje, a Isaías 56:5 y especialmente a 62:2, que promete que Dios dará a su pueblo un nombre nuevo, poniendo fin a su vergüenza (62:4); esto encaja con el tiempo de la nueva Jerusalén y la nueva creación (65:15-19). El nombre nuevo puede ser la descripción de la nueva identidad de la persona (*cf.* Ap 3:1, 5); sin embargo, en el contexto de Apocalipsis es más probable que se trate del oculto nombre de Dios (3:12; *cf.* 2:13; 3:8; Is 43:1) y del Cordero (14:1; 19:12-13, 16), que llevarán eternamente (22:4).

Una advertencia contra la adaptación. Aunque el asunto de la persecución es fundamental en el libro de Apocalipsis, quienes subrayan que este libro advierte en su con-

---

26. Beasley-Murray, *Revelation*, 88; Ford, *Revelation*, 399-400; hay una documentación más completa en Hemer, *Letters to the Seven Churches*, 97. Pero quienes hacían votos también escribían a veces en fragmentos de vasija (Cornelio Nepote 2 [Temístocles], 8.1; 5 [Cimon], 3.1).
27. Hemer, *Letters to the Seven Churches*, 101-2. El hecho de que una piedra blanca con propiedades curativas recibiera el nombre de "piedra de Judea" (Galeno 9.2.5; Dioscúrides, *Materia Médica* 5.137) es probablemente irrelevante; la piedra blanca calcárea era característica de ciertas regiones de Asia (*cf.* J. B. Lightfoot, *Saint Paul's Epistles to the Colossians and to Philemon* [n.p.: Macmillan & Company, 1879], 10).
28. Talbert, *Apocalypse*, 19; Hemer, *Letters to the Seven Churches*, 99-100, citando a Elio Aristides, *Himno a Ascl.* 6.69. A los niños se les ponía generalmente el nombre entre ocho y nueve días después de su nacimiento (Plutarco, *R.Q.* 102, *Mor.* 288aC; Lc 1:59). *Cf.* cambio de nombre figurativo en 1QpHab 8.9.

junto contra la adaptación de los cristianos al mundo están también en lo cierto. Como observa un erudito, "el Apocalipsis de Juan tiene relevancia pastoral en cualquier contexto en que se produce la asimilación cristiana por parte de una cultura con valores y actitudes no cristianas".[29]

Naturalmente, deberíamos tener cuidado de distinguir convenientemente entre lo que sería una apropiada interacción con la cultura circundante y las componendas con ella. Como misionero del siglo I, Pablo no tuvo reparos en utilizar el lenguaje de su cultura (adaptando, por ejemplo, modelos estoicos en pro de su causa en Ro 1:19-32), y tenía amigos entre las clases más influyentes que participaban habitualmente de la religión civil pagana (Hch 19:31). Las advertencias sobre el peligro de mantener relaciones personales íntimas con personas que no creen (Sal 1:1; Pr 13:20) nos previenen contra absorber los valores del mundo, y no sobre mezclarnos con los demás para presentar los valores de Cristo (Mt 11:18-19; Lc 15:1-2). Tanto José (Gn 41:45; 47:22, 26) como Daniel (Dn 2:24; 4:19) trabajaron dentro de una cultura pagana y mostraron respeto por sus colegas y reyes, y Jeremías les dijo a los exiliados que buscaran el bien de la tierra en la que Dios los había puesto (Jer 29:7). Pero hemos de asegurarnos de estar influenciando al mundo con los valores del reino, y no aceptando los suyos cuando estos colisionan con los del evangelio.

En algunas partes del mundo, padres cristianos (a quienes misioneros occidentales les han enseñado que Dios no cura ya en nuestro tiempo) llevan a sus hijos a los curanderos para que los sanen.[30] Aunque la mayoría de los cristianos occidentales de nuestro tiempo no tienen que enfrentarse a ídolos literales, la analogía con las tentaciones a las que nos enfrentamos es tan fácil de entender que raya con la transparencia (si tenemos el valor de afrontarlo). El problema de los ídolos no son las imágenes, y el monoteísmo no es "un Dios o menos", las ideologías paganas pueden incluir tanto las premisas ateas del materialismo secular como la flagrante invocación de otros dioses. En Norteamérica no tenemos que hacer frente explícitamente a la adoración imperial, pero tenemos abundancia de ídolos como el materialismo (Mt 6:24) o

---

29. Talbert, *Apocalypse*, 111.
30. Ver Osei-Mensah, *God's Message*, 28; Madame Nanan, "The Sorcerer and Pagan Practices", 81-87 en *Our Time Has Come: African Christian Women Address the Issues of Today*, ed. Judy Mbugua (Grand Rapids: Baker, 1994).

personas famosas en muchos ámbitos que reciben más atención de la que muchos dan a Dios.[31]

Cuando examinamos seriamente las enseñanzas de Jesús y algunos pasajes de Hechos para entresacar modelos ideales para la iglesia, descubrimos que los cristianos intensamente comprometidos con la evangelización y otros ministerios utilizan todos sus recursos y pagan el precio que sea necesario para llevar a cabo esta tarea (p. ej., Lc 14:26-35; Hch 4:32). Cuando esto lo comparamos con la mayor parte del cristianismo norteamericano de nuestro tiempo, vemos que los cristianos están profundamente comprometidos con su propia prosperidad material, invirtiendo incontables horas cada semana en ocio, pero muchas menos en el aprendizaje de la Palabra de Dios. Ciertos estudios indican que la inmensa mayoría de los cristianos "evangélicos" de hoy nunca comparten su fe con personas no cristianas en el sentido de explicarles la salvación.[32] Si analizamos nuestra cultura a la vista de la Escritura y no al revés, ¿alguien duda que la iglesia necesite urgentemente un despertar espiritual? Hoy, los valores de Balám y Jezabel no solo controlan algunas facciones dentro de la iglesia, sino que la dominan, y la única solución que se nos da en Apocalipsis es el arrepentimiento (2:16, 1-22).

Aunque solo una parte de la iglesia de Pérgamo ha sucumbido a este tipo de enseñanzas (2:14-15), Jesús le dice a toda la congregación que tiene esto contra ellos y, a continuación, los llama a arrepentirse (2:16). En otras palabras, si cuando se produce la apostasía decidimos mirar para otro lado, somos entonces objeto de la reprobación del Señor.

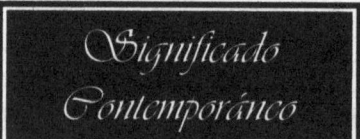

Antipas y el sufrimiento cristiano en nuestro tiempo. Puesto que Apocalipsis solo menciona el martirio de Antipas, es probable que cuando se escribió este libro fueran todavía pocos los cristianos que habían muerto a manos de sus perseguidores. Si los miembros de las iglesias de Asia fueran como muchos de nosotros, probablemente tendrían la esperanza de que Antipas fuera el último mártir, y orarían para que así fuera. Pero

---

31. Sobre los clubes de fans de artistas, ver Ned Zeman, "The Adoration of the Elvii", *NW* (22 de abril de 1991), 82-83; Sobre los problemas que crea la fama, ver Walter Leavy, "The Price of Fame", *Ebony* (septiembre de 1994), 54-59.
32. Ver las estadísticas en James F. Engel, "Who's Really Doing Evangelism?" *CT* (16 de diciembre de 1991), 35-37.

Apocalipsis les advierte que se avecina el sufrimiento; el evangelio siempre implica una cierta medida de padecimiento (Mr 13:9-10; 2Ti 3:12). Si oramos por el regreso del Señor hemos de estar también dispuestos a propagar el evangelio, porque es un prerrequisito para dicho regreso (Mt 24:14; Ro 11:25; *cf.* 2P 3:9, 12, 15); sin embargo, comprometernos con una evangelización actualizada produce inevitablemente sufrimiento (Mt 10:16-39; Col 1:23-24), hasta la última generación (Ap 6:9). Apocalipsis nos prohíbe amar nuestra vida más que el evangelio; nos emplaza a seguir el modelo de Antipas como fiel testigo, cualquiera que sea el coste.

Como se ha dicho anteriormente, Jesús parece especialmente paciente y alentador con una iglesia que sufre (2:8-11; 3:7-12), pero padecer no valida automáticamente todo lo que hacemos o creemos. Por sus componendas, las iglesias en Pérgamo y Tiatira merecían la reprensión de Jesús. Sin embargo, sus tentaciones se parecían mucho al tipo de seducción que han de afrontar todos los cristianos que viven en sociedades no cristianas.

¿Qué hago si el banquete de boda de mi hermano lo sirven sacerdotes del templo pagano contiguo? ¿Como de la carne sacrificada a los ídolos que me sirven o agravio a mi hermano? ¿Rechazo públicamente la comida ofrecida por César a una cierta deidad, y me sitúo bajo sospecha de deslealtad al estado? Puesto que las aplicaciones potenciales de esta advertencia a no comprometer nuestras convicciones son tantas, no podemos sino ofrecer ejemplos; cualquier pastor, responsable de un grupo de estudio bíblico o cristiano de a pie que esté dirigido por el Espíritu de Dios sabrá reconocer las aplicaciones más apropiadas en su propio contexto.

La tentación a las componendas. Cuando vamos más allá de las situaciones de Pérgamo y Tiatira, el principio de comprometer las propias convicciones puede expresarse en innumerables situaciones. Cuando enseñé el libro de Apocalipsis en la clase de escuela dominical de una universidad, hace más o menos una década, los pasajes sobre las iglesias de Pérgamo y Tiatira generaron más debate que todo el resto del libro. Los estudiantes reconocían las presiones para comprometer sus convicciones en las esferas de la moralidad sexual, la adicción a sustancias químicas, la silenciosa aceptación del secularismo reinante en el campus, etcétera. Ya sea que en Apocalipsis la imagen de la inmoralidad sexual se utilice en sentido literal o figurado, esta contiene una clara advertencia contra la inmoralidad literal: la inmoralidad sexual, como cualquier otro pecado, compromete la voluntad de Dios, y en nuestra cultura se adecúa sin duda a los valores del mundo.[33]

La Biblia es firme contra toda relación sexual prematrimonial o extramatrimonial y utiliza muchas veces el término "prostituta" para referirse a quien practica este tipo de conducta (17:5); bien pensado, si es despreciable que una persona (aunque se encuentre en una gran necesidad) venda su sexualidad por un poco de dinero, ¿es acaso mejor regalarla sin cobrar nada?[34] La ética sexual bíblica nos pide que guardemos nuestro cuerpo para alguien que no nos valore en una pequeña cantidad de dinero, sino que nos considere personas de igual valor que él o ella misma y se comprometa plenamente con nosotros.

Pero también hemos de ser sensibles con aquellos que han vivido de manera distinta antes de conocer a Jesús, porque, al margen de cuáles hayan sido concretamente nuestros pecados, todos dependemos de su perdón (Mr 2:14-17; Lc 7:47-50; 15:1-32; Jn 4:16-26). Aquellos que viven todavía en la inmoralidad también han de ser alcanzados en amor cristiano; han de saber lo mucho que valen para Dios. Sin la aprobación de sus contemporáneos más religiosos, Jesús ministró a las prostitutas (Mt 21:31-32); conozco a una hermana con este mismo ministerio que ha experimentado críticas idénticas de parte de algunos cristianos. Por ello, cuando en este pasaje hablamos de inmoralidad sexual, hemos de dejar claro, como en el caso de otros pecados, que advertimos sobre su peligro sin negar la eficacia de la sangre de Cristo para perdonar los pecados del pasado.

Santificación de los valores del mundo. Como "profeta" religioso, "Balám" santificó probablemente los valores de la cultura ofreciéndole justificaciones teológicas como, "sabemos que un ídolo no es absolutamente nada, de modo que adorarlo no hace ningún mal" (p. ej., 1Co 8:4). Como Balám y Jezabel, podemos santificar los valores de este

---

33. Sobre la inmoralidad sexual, ver Andrés Tapia, "Abstinence: The Radical Choice for Sex Ed", *CT* (8 de febrero de 1993), 25-29; Katherine Bond, "Abstinence Education: How Parents Are Making It Happen", *Focus on the Family* (septiembre de 1998), 12-13; Craig Keener, "Sexual Infidelity As Exploitation", *Priscilla Papers* 7 (otoño de 1993): 15-18; ver otras fuentes citadas en la sección "Significado Contemporáneo" de 21:8.
34. En la antigüedad, la mayoría de las prostitutas llegaron a su situación por necesidades económicas (Terencio, *La mujer de andros* 73-79) o, en el tiempo de Pablo, muchas veces se trataba de esclavas forzadas a la prostitución contra su voluntad (Marcial, *Epig.* 9.6.7; 9.8; Apuleyo, *Metam.* 7.9; *ARN* 8A), y esto (en el caso de la esclavitud) ponía sin duda la carga del pecado sobre quienes las explotaban.

mundo atribuyéndolos a Dios. Durante el Movimiento por los Derechos Civiles, el dirigente del Ku Klux Klan Samuel Bowers apeló a la Biblia y al cristianismo para justificar las violentas actividades de su organización, mientras que el popular pastor bautista Douglas Hudgins se basó en ellos para ignorar la segregación y la violencia fomentada incluso por algunos miembros de su iglesia.[35] En cambio, la lucha por los derechos civiles puso de relieve a cristianos firmemente comprometidos contra los valores de su cultura: la activista negra Fannie Lou Hamer perdonó a sus perseguidores blancos y reivindicó justicia en el nombre de Jesús, y Ed King, ciudadano blanco del estado de Misisipí compartió el sufrimiento de sus colegas negros, reconociendo que "cualquiera que se llame cristiano, ha de dejarlo todo y seguir a Cristo".[36]

En pocas palabras, cuando valoramos lo que hace el mundo en lugar de valorar el reino, abandonamos nuestro papel como testigos del reino de Cristo en este mundo. Una gran parte de nuestro cristianismo occidental se ha hecho indistinguible de nuestra cultura; muchos de nuestros esfuerzos "evangelísticos" solo pretenden convencer al mundo de que somos aceptables, porque somos como ellos. Si aseveramos lo que afirma el mundo, o, más a menudo, vivimos como vive el mundo, ¿a qué, pues, los invitamos en la conversión que difiera de lo que ya experimentan?

Apocalipsis llamaba a las iglesias de Asia a despertar a la realidad de que el mundo y la iglesia estaban atrapados en un combate mortal, y que esta solo podría "vencer" asumiendo la lucha y arriesgándose al martirio en su inflexible testimonio de Cristo. En la moderna cristiandad occidental uno casi se pregunta si el campo de batalla ha cambiado de lugar y la divisoria está ahora entre un remanente de cristianos radicales que dan testimonio, por un lado, y el resto de la iglesia con el mundo por otro. Muchos discípulos que sufren por el evangelio, en distintos lugares, lamentan la rapidez con que los Estados Unidos han dejado de ser, en muchos sentidos, una fuente de bendición espiritual para convertirse en un egocéntrico exportador de promiscuidad sexual y avaricia, a

---

35. Para que nadie piense que no se usaría la Biblia en justificación del racismo en nuestro tiempo, George Loeb, ministro de la iglesia supremacista "Church of the Creator", instó a sus compañeros racistas a matar a una gran cantidad de negros que, según él, eran subhumanos. Tras su arresto por asesinar a un hombre negro, Loeb recibió un "Galardón de Honor" de los dirigentes de su movimiento. Sobre George Loeb, ver Morris Dees, *Southern Poverty Law Center mailing* (13 de abril de 1995); "National Alliance Leader William Pierce Sued in Connection with Church of the Creator Case", *Klanwatch Intelligence Report* (marzo de 1995), 9.
36. Ver Charles Marsh, *God's Long Summer: Stories of Faith and Civil Rights* (Princeton: Princeton Univ. Press, 1997), 131.

través de sus medios de comunicación, a un ritmo mucho mayor del que los cristianos difunden el evangelio.

La imagen de "Balám" nos recuerda que fueron las componendas con el paganismo las que llevaron a la derrota del antiguo Israel, y que comprometer nuestras convicciones ante los valores paganos de nuestro tiempo nos llevará al mismo punto. Pero siempre que era posible, los profetas bíblicos terminaban con una nota de ánimo. Puede que no todos los cristianos de Pérgamo "vencieran", pero aquellos que lo hicieran, evitando participar de la comida ofrecida a los ídolos, serían admitidos a un banquete celestial con una ilimitada provisión de maná. Es más fácil para los cristianos evitar el compromiso de sus convicciones ante los seductores valores del mundo cuando tenemos en cuenta ese mucho más excelente que Dios nos reserva. Sean cuales sean las dificultades que tengamos que vencer, Dios tiene para nosotros una esperanza mejor.

Apocalipsis 2:18-29

Escribe al ángel de la iglesia de Tiatira:

Esto dice el Hijo de Dios, el que tiene ojos que resplandecen como llamas de fuego y pies que parecen bronce al rojo vivo: [19] Conozco tus obras, tu amor y tu fe, tu servicio y tu perseverancia, y sé que tus últimas obras son más abundantes que las primeras.

[20] Sin embargo, tengo en tu contra que toleras a Jezabel, esa mujer que dice ser profetisa. Con su enseñanza engaña a mis siervos, pues los induce a cometer inmoralidades sexuales y a comer alimentos sacrificados a los ídolos. [21] Le he dado tiempo para que se arrepienta de su inmoralidad, pero no quiere hacerlo. [22] Por eso la voy a postrar en un lecho de dolor, y a los que cometen adulterio con ella los haré sufrir terriblemente, a menos que se arrepientan de lo que aprendieron de ella. [23] A los hijos de esa mujer los heriré de muerte. Así sabrán todas las iglesias que yo soy el que escudriña la mente y el corazón; y a cada uno de ustedes lo trataré de acuerdo con sus obras. [24] Ahora, al resto de los que están en Tiatira, es decir, a ustedes que no siguen esa enseñanza ni han aprendido los mal llamados "profundos secretos de Satanás", les digo que ya no les impondré ninguna otra carga. [25] Eso sí, retengan con firmeza lo que ya tienen, hasta que yo venga.

[26] Al que salga vencedor y cumpla mi voluntad hasta el fin, le daré autoridad sobre las naciones [27] —así como yo la he recibido de mi Padre— y

"él las gobernará con puño de hierro;
las hará pedazos como a vasijas de barro".

[28] También le daré la estrella de la mañana. [29] El que tenga oídos, que oiga lo que el Espíritu dice a las iglesias.

Si los cristianos efesios estaban siendo tentados por la rigidez y la falta de amor, los de Esmirna por la persecución y los de Pérgamo por el acoso y los profetas de las componendas, las presiones económicas eran lo que invitaba a los cristianos de Tiatira a buscar una vía intermedia. Es posible que las iglesias de Asia vieran en el título bíblico "Hijo de Dios" de Jesús (2:18) un desafío directo al culto imperial. En Asia, los emperadores pretendían ser deidades y salvadores; algunos comentaristas han sugerido además un específico contraste con Apolo, el hijo de Zeus, que era una de las divinidades protectoras de Tiatira con la que se relacionaba a los emperadores deificados.[1] La conexión de Apolo con Helios, el dios Sol, podría también ampliar el contraste implícito con los ígneos rasgos que en este versículo se atribuyen a Jesús, aunque serían también pertinentes para cualquier lector que estuviera familiarizado con los profetas bíblicos (cf. 1:14-16). Aunque el asunto es incierto, podría no ser mera coincidencia que Jesús recuerde que sus pies son como bronce al rojo vivo (1:15) a los creyentes de una ciudad que contaba con una importante industria metalúrgica.[2]

Jesús sabe que los cristianos de Tiatira, a diferencia de los de Éfeso, están llevando a cabo sus obras más que antes (2:5, 19); sin embargo, hay una importante deficiencia en la congregación que demuestra ser lo suficientemente seria para moderar esta alabanza: a diferencia de lo que sucedía en Éfeso, estaban tolerando a una falsa maestra (2:2, 20). Tiatira era bien conocida por sus mercaderes, artesanos y gremios (cf. también Hch 16:14).[3] Aquellos que participaban en este aspecto de la vida económica pública arriesgaban una sustancial medida de su sustento negándose a formar parte de los gremios artesanos. En las reuniones de los gremios, no obstante, se celebraba una comida común dedicada a la deidad protectora del mismo, comida que estaba fuera de los límites para los cristianos más tradicionales (Hch 15:20; 1Co 10:19-22). Comenzando en este periodo general, ciertos aspectos del culto imperial comenzaron también a afectar a casi todos los gremios.

Un gran número de comentaristas ven esta situación como una de las principales razones de la atracción "de Jezabel".[4] No es de extrañar que un profeta o profetisa que dice a las personas lo que quieren oír pueda hacerse rápidamente popular (cf. 2Ti 4:3-4). No obstante, igual que en Éfeso algunos pretendían falsamente ser apóstoles (Ap 2:2), otros en Esmirna y Filadelfia pretendían ser judíos sin serlo (2:9; 3:9), y los

---

1. Hemer, *Letters to the Seven Churches*, 86-87; Fiorenza, *Revelation*, 193; Caird, *Commentary on Revelation*, 43. Sobre los vínculos macedonios de Tiatira, ver Estrabón, 13.4.4.
2. Ver Hemer, *Letters to the Seven Churches*, 111-17, que contiene comentarios sobre algunos términos griegos poco frecuentes que se aprecian concretamente allí; cf. Caird, *Commentary on Revelation*, 43.
3. Su ubicación en la "confluencia más importante de carreteras entre Lidia y Misia" (Aune, *Revelation*, 1:213) podría haberles ayudado también a posicionarse en el comercio.
4. Ver Kraybill, *Imperial Cult and Commerce*, 110-23; Beasley-Murray, *Revelation*, 89-90; Collins, *Crisis and Catharsis*, 88; Talbert, *Apocalypse*, 20; Beale, *Revelation*, 261. Sobre los encantos y peligros del comercio para el judaísmo y las iglesias, ver de manera especial la concienzuda obra de Kraybill, *Imperial Cult and Commerce*, 87-99, 184-93.

cristianos laodiceos pretendían ser ricos (3:17), esta Jezabel pretende falazmente ser profetisa (2:20) y conocer "profundos secretos" (2:24). Como Satanás (12:9; 20:2, 8, 10) y el sistema del mundo (13:14; 18:23; 19:20), Jezabel es una engañadora que confunde a los siervos de Dios.

Como a "Balám", a esta falsa profetisa se la conoce con un apodo que, sin duda, no es de su elección. El título que le da Jesús, "Jezabel", evoca de inmediato múltiples asociaciones. La Jezabel bíblica no era una "profetisa", pero patrocinaba a ochocientos cincuenta falsos profetas (1R 18:19; Josefo, *Ant.* 8.318); Jezabel también se esforzó en quitar la vida a los verdaderos profetas de Dios (1R 18:13; 19:2; Josefo, *Ant.* 8.334, 347). Nunca se la acusa de prostituirse literalmente, pero sin duda promocionó la prostitución espiritual, apartando de Dios a Israel (2R 9:22, donde se habla de sus hechicerías; *cf.* Ap 9:21; 18:23). Es probable que, para modelar a Babilonia, la prostituta que aparece posteriormente en el texto, Juan se base en esta "Jezabel", la encarnación local en Tiatira del sistema más extenso de "Babilonia", puesto que esta mujer defendía la participación en la vida pública y comercial aun en aquellas cosas en que esto demandaba entrar en componendas con el paganismo.[5]

Los primeros cristianos estaban familiarizados con las profetisas piadosas (Hch 2:17-18; 21:9; 1Co 11:5), y ya en una etapa tan temprana como a mediados del siglo II se habla de una profetisa del siglo I llamada Ammia que ministraba en la iglesia de Filadelfia.[6] Pero también eran conscientes de que existían falsos profetas y profetisas (Neh 6:14; Ez 13:17); tanto el judaísmo como el paganismo de Asia respetaban a las figuras proféticas femeninas.[7]

El principal modelo profético femenino de Asia era la antigua y mítica Sibila (que a menudo se asocia con Asia, *cf.* Estrabón, 14.1.34), a quien supuestamente se le habían concedido tanto capacidades ora-

---

5. Ver Bauckham, *Climax of Prophecy*, 377-78; C. S. Keener, "Woman and Man", 1205-15 en *Dictionary of the Later New Testament and Its Developments*, ed. R. P. Martin y P. H. Davids (Downers Grove, Ill.: InterVarsity, 1997), 1211.
6. Ver Eusebio, *H. E.* 5.17.3-4. Sobre Ammia ver Catherine Kroeger, "The Neglected History of Women in the Early Church", *Christian History* 17 (1988): 6–11 (p. 7).
7. Sobre el papel de las mujeres en el culto imperial de Asia, ver Mary R. Lefkowitz y Maureen B. Fant, *Women's Life in Greece and Rome* (Baltimore: Johns Hopkins Univ. Press, 1982), 157 (§159); sobre su presencia en los gremios, ver Hemer, *Letters to the Seven Churches*, 121. Más adelante, Tiatira sucumbió fuertemente al montanismo, movimiento en el que las profetisas desempeñaron un importante papel inicial.

culares como una larga vida sin juventud perpetua.[8] Algunas veces, los escritores de la antigüedad vinculaban a otras mujeres desarrolladas en las artes oraculares con las sibilas e incluso les daban este título. Tanto las tradiciones romanas como las judías situaban a un número significativo de sibilas en el Asia romana, y algunos eruditos han argumentado que a la diosa local Sambate se la identificaba con Sibila, ofreciendo un culto profético particular, con posible implicación judía, que podría haber afectado el modo en que algunos cristianos de Tiatira entendían el profetismo.[9] Para Juan, los verdaderos profetas son aquellos que confiesan la verdad sobre Jesús (Ap 19:10; *cf.* 1 Jn 4:1-2); las señales son menos decisivas, porque pueden acompañar tanto a los profetas verdaderos (11:5-6) como a los falsos (13:13-14).

Pero el Señor no permitirá que quienes extravían a su pueblo se libren como si nada; golpeará a "Jezabel" con enfermedad (2:22). (El castigo está probablemente en consonancia con el delito: el "lecho" sirve, a menudo, para aludir al lugar donde tienen lugar las relaciones sexuales [*cf.* Heb 13:4], pero también es donde uno yace postrado por la enfermedad). Jesús herirá asimismo de muerte a sus "hijos" (2:23. La expresión alude sin duda a sus discípulos, miembros quizá de congregaciones domésticas bajo su dirección [*cf.* 2Jn 1:1]).[10] La expresión "matando con muerte" (que en la NVI se traduce "herir de muerte") refleja una familiar traducción griega de la expresión hebrea para aludir al divino juicio de una plaga o pestilencia, juicio que a veces se asocia con la

---

8. P. ej. Ovid, *Metam.* 14.129-53. Sobre el sibilismo judío, ver especialmente John J. Collins, *The Sibylline Oracles of Egyptian Judaism*, SBLDS 13 (Missoula: SBL, 1972); sobre la Sibila judía ver Or. Sib. 1.287-90; 3.827; *CPJ* 3:47-51; entre los cristianos, ver Herm. 1.2.4; Teófilo, 2.36; una lectura de Tertuliano, *Apol.* 19.1.
9. Hemer, *Letters to the Seven Churches*, 119; Ford, *Revelation*, 405; pero contrastan Ramsay, *Letters to the Seven Churches*, 337; Moffatt, "Revelation", 360. Sobre la población judía en Lidia, especialmente en Tiatira (aunque esta carta no hace ninguna referencia directa a ellos), ver *CIJ* 2:17-18, §752; Kraabel, "Judaism in Western Asia Minor", 155–97; Sobre los temerosos de Dios, ver Hechos 16:14. Hay también ciertas pruebas de la existencia de mentalistas judíos en la Asia del primer siglo (S. Applebaum, "The Social and Economic Status of the Jews in the Diaspora", 701–27 en *Jews in Palestine in the First Century*, 717-18).
10. Una tradición judía subrayaba el juicio de Dios sobre quienes habían nacido como fruto de una relación adúltera (Sab. Sal. 3:13, 16; *cf.* 2S 12:14) o sobre otros hijos de padres impíos (Jub. 5:7; T. Jud. 11:3-5); sin embargo, en Ap. 2:23 se utiliza la imagen en sentido figurado como un insulto (*cf.* Is 57:3, 8); sus hijos perpetúan su espíritu de prostitución (*cf.* Apocalipsis 17:5; también Jn 8:41). Sobre la enfermedad como juicio, ver 1 Corintios 11:30; T. Rubén 1:7-8; T. Zeb. 5:2, 4.

blasfemia (Nm 14:36-38).[11] A su regreso, el Señor pagará a cada uno según sus obras (Ap 22:12).

La presencia de estas falsas doctrinas es la única crítica del Señor a la iglesia de Tiatira (2:23; sobre la expresión "no... ninguna otra carga" de 2:24; cf. Hch 15:28), pero este único desafío es suficientemente importante para que sea necesario advertir que los creyentes han de mantener su fe firme hasta que Jesús venga (Ap 2:24). Como aquel que escudriña la mente y el corazón —es decir, como Dios— Jesús sabe lo que hay en su interior (2:23; cf. Jn 2:24).[12] Al hablar de "profundos secretos" (lit., "las cosas profundas") Jezabel y sus seguidores aluden sin duda a "cosas profundas" obtenidas probablemente por revelación (1Co 2:10; 1 En. 63:3; 3 En. 11:1).[13] Pero como escudriñador verdadero de los corazones, Jesús identifica la fuente de sus revelaciones: Satanás (2:24), que es también el autor de la oposición de la sinagoga (2:9; 3:9).

Jesús promete a quienes venzan esta amenaza de las falsas doctrinas que compartirán con él su autoridad para gobernar las naciones (2:26); no son solo un reino y sacerdotes (1:6; 5:10), sino aquellos que reinarán con él (5:10) durante los mil años (20:6) y también eternamente (22:5). Participarán en el gobierno de Jesús con vara de hierro (2:27), una esperanza derivada de la promesa mesiánica del Salmo 2:9. Al igual que la versión griega más popular del Antiguo Testamento, el libro de Apocalipsis no solo habla de "gobernar" a las naciones con vara de hierro, sino de "pastorearlas", subrayando una vez más que compartirán la autoridad de Jesús (Ap 7:17).[14] La frecuencia de este lenguaje de

---

11. Ver Matthew Black, "Some Greek Words with Hebrew Meanings in the Epistles and the Apocalypse", 135-46 en *Biblical Studies: Essays in Honor of William Barclay*, ed. J. R. McKay y J. F. Miller (Filadelfia: Westminster, 1976), 136. La expresión de la NVI "trataré de acuerdo con" transmite fielmente el matiz semítico del griego (Black, "Greek Words", 145).
12. Sobre Dios como "el que escudriña los corazones y la mente", ver 1Cr 28:9; Ro 8:27; Heb 4:13; *tos. Sanh* 8:3; Epicteto, *Disc.* 2.14.11; A. Marmorstein, *The Old Rabbinic Doctrine of God: The Names and Attributes of God* (Nueva York: KTAV, 1968), 73.
13. El término *bathos* ("hondo") puede significar "profundo/difícil de entender" en griego (p. ej., Longino, *Sobre lo sublime* 2.1; Filón, *Posteridad de Caín* 130), y en toda una serie de fuentes que van desde las religiones de misterio hasta Qumrán se subrayan los misterios revelados a un grupo especial.
14. Con una "vara" hasta un niño podría guiar un rebaño de ovejas (Epicteto, *Disc.* 1.16.5); algunos textos antiguos también describen a Dios, o a algunas deidades, confiriendo su cetro o corona a sus fieles instrumentos (*ibíd.*, 4.8.30; *Ex. Rab.* 8:1; cf. 26:2); sobre el Mesías, ver Salm. Sal. 18:7.

"dar" en el texto griego de estas cartas subraya las promesas hechas a los vencedores (2:7, 10, 17, 26, 28; 3:9, 21).

Aunque el Salmo 2 solo hablaba del virrey mesiánico de Dios (ver también Salmos de Salomón 17:23-25), Jesús comparte su reinado con su pueblo, porque Dios ha delegado el gobierno de la tierra en la humanidad (Gn 1:26-27; Sal 8:6; *cf.* Dn 7:14, 22). A quienes venzan, Jesús les dará también la estrella de la mañana (Ap 2:28). En la antigüedad se subrayaba la gloria del planeta Venus, "la estrella de la mañana" (Sir. 50:6-7), y se aplicaba esta imagen a gobernantes célebres (Is 14:12).[15] Los romanos asociaban a Venus con el triunfo y el reinado y, por ello, alababan a esta diosa por sus conquistas.[16] En el libro de Apocalipsis, no obstante —aunque puede que no nos demos cuenta de ello hasta una segunda lectura del mismo—, la estrella de la mañana es Jesús mismo (Ap 22:16), algo que probablemente alude a la prometida estrella de Números 24:17 que muchos judíos de la antigüedad entendían en sentido mesiánico.[17]

En otras palabras, la promesa de Jesús a la iglesia de Tiatira sugiere que no solo compartirá su victoria en sentido abstracto (2:26) sino a sí mismo como la estrella de la mañana con su pueblo (2:28). Él es mayor que las estrellas que son los ángeles de las iglesias (1:20).

Al parecer, algunos mercaderes de Tiatira, seguros de que Dios no quería limitar su competencia para funcionar dentro de la sociedad, rechazaban los escrúpulos de los cristianos más tradicionales en cuanto a participar en gremios y asociaciones de-

---

15. Algunos identificaban las estrellas de la mañana y las de la tarde (Diógenes Laercio, 8.1.14), pero una "estrella" en general podía simbolizar una conquista (Sófocles, *Electra* 66); en 2 Pedro 1:19 tiene probablemente una función escatológica.
16. Sobre este asunto ver Beasley-Murray, *Revelation*, 93-94, para más detalle. Este trasfondo presenta a Cristo (22:16) como verdadero gobernante del mundo (Beale, *Revelation*, 269).
17. A comienzos del siglo II, algunos rabinos aplicaron erróneamente Números 22:16 a Bar Kochba, que pretendía ser el Mesías. Sal 2:9 y Nm 24:17 en Ap 2:26-28 representan dos de los cuatro pasajes mesiánicos del libro que usan el término "cetro": Ap 22:16 relaciona Nm 24:17 con Is 11:10; Ap 5:5 vincula Gn 49:9 con Is 11:10; y Ap 19:15 asocia Sal 2:9 con Is 11:4. Bauckham, *Climax of Prophecy*, 323, cita asociaciones en Sal. Sal. 17:24-27; 4QPBless. Michael S. Moore, "Jesus Christ: 'Superstar' (Revelation xxii 16b)", *NovT* 24 (1982): 82-91, sugiere un trasfondo mesopotámico para la imagen de la estrella de la mañana.

dicadas a las deidades paganas. "Era un suicidio económico rechazar los requisitos mínimos para ser miembros del gremio", y "cada generación de cristianos ha de hacer frente a esta cuestión: ¿Hasta qué punto he de aceptar y adoptar las normas y prácticas contemporáneas?".[18] ¿Confiamos, en última instancia, en el mundo para nuestra supervivencia, o miramos al Dios que provee maná en el desierto (12:6, 14; 13:17)?

Otro de los aspectos sociales de este conflicto sigue siendo igual de pertinente en nuestro tiempo. ¿Quién de nosotros no se ha sentido tentado a rechazar las advertencias de cristianos más tradicionales sobre cuestiones como estilos de música, forma de vestir o excesiva rigidez en la relación con otros creyentes, descartándolas como parte de un punto de vista cultural ingenuo? Por otra parte, muchas veces nos encontramos al otro lado de la ecuación, advirtiendo a otros cristianos que, en nuestra opinión, se desvían de la verdad fundamental del evangelio, dirigiéndose hacia los inseguros escollos del relativismo liberal. Lo que para un grupo es una preocupación legítima y compasiva, otro lo considera legalismo y culturalmente irrelevante. ¿Dónde deberíamos trazar la línea?

La Biblia es clara en el sentido de que no tenemos que trazar ninguna línea en cuestiones de preferencias culturales, aunque estas puedan fundarse en un criterio teológico (Ro 14:3-10). Por otra parte, ni siquiera los apóstoles se pusieron de acuerdo en todas las cosas fuera del evangelio, aunque parece que reservaban las represiones públicas únicamente para las cuestiones más graves (Gá 2:11; en este caso, Pablo reprende a un apóstol por valorar las sensibilidades culturales de sus colegas por encima de las de los gentiles conversos que estaban siendo tratados como cristianos de segunda). Aunque tengamos opiniones muy firmes y definidas en los debates sobre temas escatológicos, el ministerio de la mujer, los dones espirituales y otras cuestiones de este tipo, hemos de reconocer y afirmar públicamente que quienes sostienen con sinceridad puntos de vista distintos pueden ser cristianos comprometidos, hermanos y hermanas por quienes hemos de estar dispuestos a dar la vida.

Al mismo tiempo, hay otras cuestiones espirituales que son de vida o muerte, como la participación en la idolatría. La deidad de Jesús, por ejemplo, es una implicación de su señorío, una enseñanza central de la proclamación apostólica original de Cristo consignada en el Nuevo Testamento. Que yo sepa, este punto de vista no es objeto de debate en muchas iglesias de nuestro tiempo; desde luego, no en las evangé-

---

18. Metzger, *Breaking the Code*, 37.

licas. Sin embargo, existen otros asuntos que sí son trascendentales y que se están volviendo cada vez más preocupantes en nuestra iglesias, cuestiones que ya no pueden ser ignoradas (ver la sección, "Significado contemporáneo").

La promesa de Jesús a esta iglesia de pastorear o gobernar a las naciones con vara de hierro (2:27) sería, sin duda, de mucho aliento para las demás comunidades de Asia Menor. En aquel tiempo, Roma gobernaba a las naciones y, por tanto, la iglesia sufría.[19] Para aplicar esta promesa de un modo más relevante, hemos de considerar las diferentes formas en que el mundo de hoy restringe la propagación del evangelio y practica la injusticia; hemos de recordarnos a nosotros mismos y a nuestros compañeros cristianos que, finalmente, Dios recompensará a quienes sean hallados fieles a su Palabra.

Tentaciones económicas. Puesto que la tentación a las componendas en Tiatira podría haberse suscitado, en parte, por motivos económicos, consideraremos en primer lugar algunas aplicaciones con un elemento económico.

Naturalmente, cada vez que compramos comida, participamos en un sistema económico internacional que opera con una cierta falta de equidad; en muchos países caribeños, los recolectores de bananas han recibido un sueldo inferior al que necesitan para alimentar a sus familias con una dieta de supervivencia, para, de este modo, ofrecer precios más competitivos a los consumidores norteamericanos. En 1954, el gobierno de los Estados Unidos respondió a una amenaza contra una de sus empresas fruteras ayudando a derrocar a un gobierno elegido democráticamente en Guatemala. Cuando en 1975 los recolectores de bananas demandaban unos salarios más justos para sus obreros, las grandes empresas que controlaban el noventa por ciento del mercado de dicha fruta obligaron a claudicar a la mayoría matándolos de hambre y sobornando a un gobierno para silenciar al resto.[20]

Pero, probablemente, boicotear la venta de bananas solo empeoraría la situación, y aunque todos los consumidores se unieran y exigieran una

---

19. En su obra, *Letters to the Seven Churches*, 333, Ramsay señala que Tiatira era una de las ciudades menos importantes, reforzando con ello la ironía de esta promesa de futuro gobierno.
20. Ronald J. Sider, *Rich Christians in an Age of Hunger*, 3ª ed. (Dallas: Word, 1990), 143-44.

subida del precio de las bananas (¡algo bastante improbable!), tendríamos pocas garantías de que los beneficios que generaran estas subidas fueran a parar a los recolectores. Es correcto subsanar este tipo de injusticias por cualquier medio ético posible; no obstante, para personas sin experiencia política, puede que lo más práctico sea utilizar los beneficios económicos que tenemos como consumidores norteamericanos para invertir en programas cristianos económicos de desarrollo que aliviarán la necesidad de trabajar por salarios tan bajos (y obligará, de este modo, a las empresas bananeras a pagar salarios más competitivos).

A nivel personal, no obstante, las implicaciones de las tentaciones económicas se hacen todavía más claras. ¿De quién dependemos, en última instancia, para conseguir nuestro bienestar? En muchos proyectos, un joven puede ganar cientos de dólares más en un día vendiendo drogas, en un rincón, que trabajando en un McDonalds que es, a menudo, la alternativa mejor remunerada. En algunas empresas solo se puede prosperar con sacrificios que probablemente destruirán a la propia familia o la credibilidad como cristiano. Ciertamente, dentro de la comunidad académica quienes no acatan la disciplina de las instituciones ponen en peligro la continuidad de su empleo (no solo en algunas escuelas conservadoras, sino también en los departamentos de religión de universidades seculares, supuestamente imparciales). La aprobación de Jesús en el día del juicio tiene que importarnos más que la prosperidad económica o la posición en esta vida, o de lo contrario sucumbiremos a la tentación de los creyentes de Tiatira.[21]

El evangelio y el pluralismo moderno. En un sentido más amplio, los principios de la tentación a comprometer nuestras convicciones van más allá de las tentaciones económicas, y muchas de las aplicaciones que hacemos aquí siguen los temas esenciales evidentes en la carta a los cristianos de Pérgamo. Roma era tolerante con las religiones, siempre que no hicieran afirmaciones universales que pudieran competir, en última instancia, con la lealtad al estado; sin embargo, una religión universal sí era una amenaza para Roma, y "tal religión ha de vencer o morir".[22] Un aspecto encomiable del pluralismo moderno es que permite que las minorías se expresen (ya sean étnicas, religiosas, como los cristianos comprometidos, o de otro tipo).

---

21. Por ejemplo, la preocupación de Dave Chapman por los necesitados y los prisioneros lo llevó a perder a sus clientes (Charles Colson, *Loving God* [Grand Rapids: Zondervan, 1987], 217– 44), y el Juez Bill Bontrager perdió su trabajo por hacer lo que creía que Dios le pedía (*ibíd.*, 147-64).
22. Martin Persson Nilsson, *Greek Piety*, tr. H. J. Rose (Oxford: Clarendon, 1948), 185.

No obstante, uno de sus peligros es que, sin darse cuenta, puede dar credibilidad a las afirmaciones del relativismo religioso, moral o filosófico, como sucedió en el Imperio romano.[23] El setenta y dos por ciento de los norteamericanos entre los dieciocho y los veinticinco creen que no hay verdades absolutas; más de la mitad de quienes afirman haber nacido de nuevo parecen compartir este punto de vista.[24] Una buena parte de nuestra sociedad ha absolutizado el relativismo (¡sugerente oxímoron!) como única verdad innegociable, arguyendo en esencia que todos tienen razón, mientras no lo pretendan. Un comentarista advierte, "para algunas personas de nuestro tiempo la tolerancia es la única virtud verdadera y la intolerancia el único vicio";[25] otro que, "mientras el mensaje a Éfeso advierte a la iglesia sobre los peligros de la ortodoxia carente de amor, la carta a Tiatira avisa de los riesgos de un amor 'blando' que lo tolera todo y no juzga nada".[26] Muchos no cristianos ya no niegan la posibilidad de los milagros o de que Jesús sea un camino a Dios. Pero, para ellos, el camino cristiano tan solo es uno entre muchos; la afirmación de que Jesús es el único camino verdadero les pone los pelos de punta.

No obstante, el mundo no está solo en su excesiva tolerancia. Igual que los cristianos de Tiatira, también nosotros podemos tolerar a quienes afirman falsamente poseer enseñanzas "profundas" que menoscaban directamente el evangelio o la ética cristiana. Como se ha dicho anteriormente, pocos evangélicos de nuestro tiempo somos tentados a cuestionar enseñanzas cristianas cardinales como la deidad de Jesús o la resurrección. Sin embargo, puesto que el relativismo es cada vez más popular en nuestra cultura, sostener la necesidad absoluta de fe en Cristo para la salvación se ha convertido en una posición más incómoda

---

23. Por ejemplo, las clases genéticas (raza o género) no deberían equipararse a las conductas inmorales (como por ejemplo la conducta homosexual, o el maltrato de gays y lesbianas), aunque a menudo se agrupan (p. ej., los artistas que aparecen en el artículo de Peter Plagens, "Fade From White", *NW* [15 de marzo de 1993], 72-74); ver Jo Kadlecek, "Blacks, Latinos, Native Americans, Asians—and Gays?", *Urban Family* (primavera de 1993), 34; David Neff, "Two Men Don't Make a Right", *CT* (19 de junio de 1993), 14-15; Matthew James Jr., "Who's Leading the Choir?" *Urban Family* (otoño de 1995), 18-19. Se ha utilizado el Relativismo para justificar o negar la realidad incluso del holocausto nazi (*cf.* Laura Shapiro, "Denying the Holocaust", *NW* [20 de dic. de 1993], 120).
24. George Barna, *What Americans Believe* (Ventura, Calif.: Regal, 1991), 83-85.
25. Michaels, *Revelation*, 78.
26. González, *Revelation*, 31. Por "tolerancia" no entendemos aquí la virtud bíblica de amar a quienes no están de acuerdo con nosotros sino a la parálisis intelectual que procede del temor a disentir.

para muchos. "Más de diecinueve siglos de actividad misionera cristiana giran en torno a esta sola creencia"; sin embargo, algunos estudios ponen de relieve que este sigue siendo, "desde un punto de vista social, el aspecto más ofensivo de la teología cristiana", y que este ha sido el impacto más importante del liberalismo teológico.

Esta tendencia a aceptar el relativismo se hará sentir en los círculos evangélicos y se convertirá, probablemente, en un importante campo de batalla del evangelicalismo durante la primera parte del siglo XXI. Una tercera parte de los estudiantes de los seminarios y las universidades evangélicas liberales de "élite" creen que puede haber otros caminos de salvación para quienes nunca han oído hablar de Jesucristo.[27] La mayoría de ellos no llegaría tan lejos como un amigo mío hindú que reconocía a Jesús como camino de salvación legítimo, pero no exclusivo; solo afirman que Dios podría tener un plan especial para quienes nunca han oído el evangelio.

No obstante, esta afirmación más modesta también destruye el corazón del evangelio que salva. Dejando a un lado los textos que afirman que Jesús es el único camino (p. ej., Jn 14:6; Hch 4:12), ¿qué clase de Padre celestial mandaría a su Hijo a la cruz si cada cual pudiera escoger el plan de la salvación entre varias posibilidades (Gá 2:21)? El Nuevo Testamento presenta la predicación apostólica de la salvación desde varios ángulos complementarios: el nuevo nacimiento por el Espíritu, la justificación por la fe, el paso de muerte a vida o de la oscuridad a la luz, etcétera. No obstante, todos estos modelos comparten un elemento común, a saber, que el criterio para la transición de un estado a otro es la dependencia de Cristo; toda la humanidad permanece alienada de Dios hasta que se salva por medio de este evangelio (Jn 3:17-18; Ro 10:13-17). En la práctica, el evangelio apostólico demanda de nosotros un innegociable compromiso con las misiones.

Sugerir que Dios tiene otros medios de salvación además de la fe en el mensaje de Cristo va, pues, en contra de la fe cristiana. Aunque los cristianos pueden no estar de acuerdo en muchas cuestiones (ver comentarios sobre 2:4), algunos de nosotros han demostrado ser demasiado tolerantes —o faltos de carácter (Pr 25:26)— en cuestiones que afectan directamente a la salvación de las personas. Los judíos sufrieron en el mundo romano por insistir en que Dios es uno; los cristianos dieron un paso

---

27. James Davison Hunter, *Evangelicalism: The Coming Generation* (Chicago: Univ. of Chicago Press, 1987), 34-35. Aproximadamente la mitad de quienes se identifican como cristianos renacidos creen que cristianos y budistas comparten el mismo Dios (Barna, *What Americans Believe*, 212; aunque la pregunta puede interpretarse de más de una manera).

más porfiando que ni siquiera los demás creyentes monoteístas podían salvarse aparte de la fe en Cristo.²⁸ El antiguo desafío de la idolatría era la negación de que Dios es uno y demanda una adoración correcta; en nuestro tiempo, este reto ha adoptado una nueva forma y los cristianos han de estar dispuestos a combatirlo, aun si en ello nos va la vida.

Permanecer fiel hasta el fin. La necesidad de permanecer fieles hasta el fin (2:26) se ajusta a las creencias históricas de calvinistas y arminianos: los primeros argumentan que quienes se apartan demuestran con ello que nunca se convirtieron realmente, mientras que los últimos sostienen que tales personas han perdido la salvación; sin embargo, ambos coinciden en que no serán salvas. Los versículos como este y otros muchos (Hch 14:22; 1Co 9:27; 2Co 13:5; Col 1:23; 1Ts 3:5; 1Ti 4:1; Heb 2:1-4; 4:1-2; 6:4-8; 10:19-31; 12:14-17; Stg 5:19-20; ver comentario sobre Ap 3:5), pueden resultar incómodos a quienes piensan que para ser salvo basta con hacer una oración, aunque luego no se persevere verdaderamente en la fe cristiana.²⁹ No obstante, las amenazas a la perseverancia son distintas para cada iglesia. Para unas puede ser la persecución, mientras que otras son vulnerables a la falta de amor o a comprometer sus convicciones ante el paganismo; suficientes advertencias para emplazar a toda la iglesia por todo el mundo a la vigilancia espiritual.

---

28. Hay un argumento más completo en, "Why Does It Matter?", el último capítulo del libro de Keener y Usry, *Defending Black Faith*, 108-35. Ajith Fernando, *The Christian's Attitude Toward World Religions* (Wheaton, Ill.: Tyndale House, 1987) nos ofrece una excelente y equilibrada presentación. Quienes deseen considerar varios puntos de vista, ver los siguientes ensayos, William V. Crockett y James G. Sigountos, *Through No Fault of Their Own? The Fate of Those Who Have Never Heard* (Grand Rapids: Baker, 1991); Dennis Okholm y Timothy Phillips, *More Than One Way? Four Views on Salvation in a Pluralistic World* (Grand Rapids: Zondervan, 1995).
29. Ver Howard Marshall, *Kept by the Power of God: A Study in Perseverance and Falling Away* (Minneapolis: Bethany Fellowship, 1974); Robert Shank, *Life in the Son: A Study of the Doctrine of Perseverance*, 2ª ed. (Springfield, Mo.: Westcott, 1961) nos ofrece una perspectiva arminiana.

Apocalipsis 3:1-6

Escribe al ángel de la iglesia de Sardis:

Esto dice el que tiene los siete espíritus de Dios y las siete estrellas: Conozco tus obras; tienes fama de estar vivo, pero en realidad estás muerto. ² ¡Despierta! Reaviva lo que aún es rescatable, pues no he encontrado que tus obras sean perfectas delante de mi Dios. ³ Así que recuerda lo que has recibido y oído; obedécelo y arrepiéntete. Si no te mantienes despierto, cuando menos lo esperes caeré sobre ti como un ladrón.
⁴ Sin embargo, tienes en Sardis a unos cuantos que no se han manchado la ropa. Ellos, por ser dignos, andarán conmigo vestidos de blanco. ⁵ El que salga vencedor se vestirá de blanco. Jamás borraré su nombre del libro de la vida, sino que reconoceré su nombre delante de mi Padre y delante de sus ángeles. ⁶ El que tenga oídos, que oiga lo que el Espíritu dice a las iglesias.

Sentido Original

Esta carta se dirige a Sardis, una iglesia "muerta" (3:1). El oráculo de Jesús a Éfeso desafía a una iglesia carente de amor; el que dirige a Esmirna anima a una iglesia perseguida; su mensaje a Pérgamo habla de la persecución y de las componendas; su oráculo a Tiatira denuncia la transigencia en cuanto a las creencias del evangelio. Pero la palabra de Jesús a Sardis es el llamamiento a una iglesia dormida para que despierte.[1]

La ciudad de Sardis estaba impregnada de sofisticado paganismo; por ejemplo, los griegos habían identificado a la antigua diosa madre de Asia con su Deméter y, a comienzos del siglo I, los romanos la emparejaron con la deificada emperatriz Livia.[2] Es significativo que no se mencione ninguna persecución contra los cristianos de una ciudad así; este hecho indica, probablemente, la segura posición que había conseguido la comunidad judía que rechazaba la adoración pagana, y sugiere que los cristianos compartían este beneficio de la tolerancia.[3]

---

1. *Cf.* exhortaciones similares en Ro 13:11; 1Ts 5:6; entre los moralistas y los videntes, ver Séneca *Ep. Lucil.* 20.13; Marco Aurelio, 6.31; 1 Enoc 82:3.
2. Ver Caird, *Commentary on Revelation*, 47; Sobre Deméter y Kore, ver Hanfmann, *Sardis*, 147. Algunos arqueólogos creen también haber encontrado un templo imperial (C. Ratté, T. N. Howe y C. Foss, "An Early Imperial Pseudodipteral Temple at Sardis", American Journal of Archaeology 90 [1986]: 45–68).
3. La iconografía de la sinagoga en Sardis sugiere que los judíos de esta localidad conocían bien la cultura gentil; ver Eric Meyers y A. Thomas Kraabel, "Archaeology,

Sardis albergaba una importante y poderosa comunidad judía.[4] Más adelante, construyó una nueva sinagoga junto al gimnasio de la ciudad (un centro de cultura pagana griega), levantando un edificio que tenía aproximadamente la extensión de un campo de fútbol, sin duda una de las más espaciosas de la antigüedad.[5] A diferencia de lo sucedido en las iglesias de Esmirna y Filadelfia, no obstante (*cf.* 2:9; 3:9), los seguidores de Jesús parecen haber coexistido pacíficamente con la comunidad judía y puede que ello propiciara una buena convivencia con toda la ciudad. Sin la oposición del mundo, habría sido fácil que se desarrollara una cómoda relación con él.[6]

La represión de una iglesia que, aunque tiene nombre de viva, está muerta (3:1) podría haber evocado toda una serie de ideas en Sardis. Por ejemplo, uno de los aspectos más destacados de la religión local giraba en torno a la renovación estacional de la vida.[7] Aunque menos probable, algunos han sugerido también una alusión a la acrópolis y necrópolis de Sardis, emplazadas en dos colinas situadas una frente a la otra, de manera que los cristianos de esta ciudad parecerían llenos de vida como la primera, pero estarían de hecho muertos como la segunda, casi igualmente visible.[8]

No obstante, es más probable que los cristianos de la ciudad recordaran otras imágenes de vida y muerte relevantes en su región. Por ejemplo, varias décadas antes de que se escribiera Apocalipsis, Sardis había sido devastada por un terremoto[9] y, tras su reconstrucción, la arquitectura

---

Iconography, and Nonliterary Written Remains", 175-210 en *Early Judaism and Its Modern Interpreters*, ed. R. A. Kraft y G. W. E. Nickelsburg, SBLBMI 2 (Atlanta: Scholars, 1986), 192.

4. Ver Josefo, *Ant.* 14.235, 259-61; *CIJ*, 2:16, §§750-51; Kraabel, "Judaism in Western Asia Minor", 198-240.
5. Ver David Gordon Mitten, "A New Look at Ancient Sardis", *BA* 24 (mayo de 1966): 38-68 (esp. 65); George M. A. Hanfmann, "The Tenth Campaign at Sardis", *BASOR* 191 (octubre de 1968): 2-41; Marianne Palmer Bonz, "Differing Approaches to Religious Benefaction: The Late ThirdCentury Acquisition of the Sardis Synagogue", *HTR* 86 (abril de 1993): 139-54. Helga Botermann, "Die Synagoge von Sardes: Eine Synagoge aus dem 4. Jahrhundert?" *ZNW* 81 (1990): 103-21, fecha más tarde la evidencia.
6. Pilch, "Lying", 132, sugiere que los cristianos se habían adaptado a los dirigentes de la sinagoga para evitar el conflicto. Sobre el cristianismo en Sardis en un periodo posterior, véase George M. A. Hanfmann y Hans Buchwald, "Christianity: Churches and Cemeteries", 191-210 en *Sardis*, ed. Hanfmann.
7. Sobre Deméter y Perséfone ver Hemer, *Letters to the Seven Churches*, 138-40; Ramsay, *Letters to the Seven Churches*, 363- 65.
8. Peter Wood, "Local Knowledge in the Letters of the Apocalypse", *ExpTim* 73 (1962): 263-64.
9. Estrabón, 12.8.18; Tácito, *Anales* 2.47.

de la ciudad sugiere un permanente temor de que pudiera producirse otro seísmo.[10] Es también posible que los cristianos de Sardis se estén identificando con la conocida tradición de su ciudad. Esta tenía una antigua "reputación" (lit., "nombre") de gran ciudad desde el tiempo de Creso, su más famoso gobernante; pero, en el momento de escribirse Apocalipsis, no le quedaba mucho más que el nombre.[11] Naturalmente, Jesús está hablando de la iglesia, no de la historia de la ciudad.[12] Sin embargo, las ciudades tenían una reputación permanente y sus habitantes crecían conscientes de ella. Cualquiera que sea la base específica de la imagen que aquí se utiliza, su función más importante es establecer un deliberado contraste con el Señor, que estuvo muerto y está ahora vivo (1:18; 2:8). El estado espiritual de los creyentes de esta ciudad no les permite apropiarse del poder de la resurrección de Jesús.

La advertencia del Señor en el sentido de que vendrá a ellos como un "ladrón" en la noche (3:3; supuestamente de manera inesperada), recuerda las palabras de Jesús sobre el tiempo del fin (Mt 24:43; *cf.* Lc 12:39) a menudo repetidas por los primeros cristianos (1Ts 5:2; 2P 3:10; Ap 16:15).[13] Pero esta advertencia habría resultado también especialmente alarmante para los orgullosos ciudadanos de Sardis, conocedores desde su juventud de la historia de su ciudad. Sus enemigos nunca habían conquistado Sardis mediante la guerra convencional; sin embargo, dos veces la habían tomado por sorpresa, porque sus habitantes no habían ejercido una adecuada vigilancia.[14] (La palabra griega que la NIV traduce "despertar" se vierte "velar/mantenerse despierto" en otros textos, p. ej., Mt 24:42-43). Sin duda, una ciudad que parecía

---

10. Mitten, "Look", 61-62; *cf.* Ramsay, *Letters to the Seven Churches*, 375. Or. Sib. 5.289 apunta a Sardis, entre otras ciudades de Asia, como blanco de un juicio por terremoto, sin embargo esto refleja probablemente acontecimientos históricos.
11. Ver Herodoto, 1.26-28; Estrabón, 13.4.5; Colin J. Hemer, "The Sardis Letter and the Croesus Tradition", *NTS* 19 (octubre de 1972): 94-97. Era muy conocida desde hacía mucho tiempo por su tinte rojo (Aristófanes, *Acarnienses* 112). En los ríos se encontraba a menudo polvo de oro (Estrabón, 15.1.69), pero el suministro en el cercano Pactolo se había agotado (Estrabón, 13.4.5); aun así, Sardis seguía siendo una ciudad relativamente rica en el siglo I (Filostrato, *V.A.* 1.11).
12. Michaels, *Revelation*, 82.
13. Ver más completo, Richard Bauckham, "Synoptic Parousia Parables Again", *NTS* 29 (1983): 129-34.
14. Ver Caird, *Commentary on Revelation*, 47; Richard, *Apocalypse*, 59. Sobre las conquistas de Sardis, ver Herodoto, 1.47-91; 7.11; *cf.* Cornelio Nepote 1 (Miltiades), 4.1. La inesperada conquista de Sardis por parte de Ciro se convirtió en una fuente de lecciones morales explotada por autores posteriores (ver Aune, *Revelation*, 1:220).

poderosa y que, sin embargo, había sido fácilmente capturada era objeto de burla (Or. sib. 4.93).

Es significativo que quienes no han "manchado" su ropa anden con Jesús "vestidos de blanco" (3:4). En los templos de Asia y otros lugares, los adoradores no se atrevían a acercarse a las deidades con la ropa manchada; el atuendo normal para aproximarse a los dioses en los templos era blanco.[15] Jesús promete probablemente que sus seguidores que no se han contaminado con el paganismo de su cultura tendrán un lugar en la nueva Jerusalén; aunque esta ciudad no tendrá un templo específico (21:22), toda ella será la morada de Dios (21:3, 16). Aquellos que no velan serán hallados desnudos (16:15).

La promesa de que el nombre de los vencedores de Sardis no será borrado "del libro de la vida" (3:5) implica también otro aspecto, a saber, que una buena parte de la iglesia de esta ciudad está cerca de la muerte espiritual (3:2) y no verá el reino. La imagen de ser borrado surge de Éxodo 32:32-33, que se aplicó después de utilizarse en relación con un libro de la vida celestial (Sal 69:28; Dn 12:1; Lc 10:20; Fil 4:3).[16] Los antiguos receptores podrían haber escuchado esta imagen pensando en las entradas de los registros ciudadanos conocidos por toda Asia Menor; en un periodo anterior, Sardis había sido conocida por sus archivos reales. En ciertos lugares (mejor documentados en la zona de Atenas), los nombres de los ciudadanos errantes se borraban del registro inmediatamente antes de su ejecución.[17] La promesa de que Jesús confesará al fiel remanente delante de su Padre recuerda lo que dijo a sus discípulos (Mt 10:32; Lc 12:8).

---

15. Ver Josefo, *Guerra* 2.1; *Antigüedades de los judíos* 11.327; Filón, *Cont.* 66; Eurípides, *Bac.* 112; Pausanias, 2.35.5; 6.20.3; Diógenes Laercio, 8.1.33; Sobre los sacerdotes, ver Josefo, *Guerra* 5.229; *Pes. Rab.* 33:10; Apiano, *G. C.* 4.6.47; Plutarco, *Isis* 3-4, *Mor.* 352C; Apuleyo, *Metam.* 11.10, 23. *Cf.* Ramsay, *Letters to the Seven Churches*, 386-87; Hemer, *Letters to the Seven Churches*, 146-47, aunque aquí prefiero la imagen de un triunfo romano.
16. Ver además 1 Enoc 10:8; 47:3; 104:1; Jub. 30:18-23; 36:10; 1QM 12.1-2; Hermas 1.1.1; Jean Daniélou, *The Theology of Jewish Christianity* (Londres: Darton, Longman & Todd, 1964), 192-204; quizá Isaías 4:3; también la maldición contra los cismáticos en las Dieciocho Bendiciones. Ver especialmente los nombres de los pecadores que se borran de los libros celestiales en 1 Enoc 108:3.
17. Hemer, *Letters to the Seven Churches*, 148; Ramsay, *Letters to the Seven Churches*, 385; Aune, *Revelation*, 1:225.

Apocalipsis 3:1-6

Construyendo Puentes

Ciertos elementos de la carta interpelan concretamente a Sardis; sin embargo, este hecho no hace más irrelevantes estas exhortaciones para los lectores modernos que las cartas de Pablo, a pesar de su carácter circunstancial. Se invita a todas las iglesias a aprender de las advertencias de Jesús a las demás (2:7, 11, 17, 29; 3:6, 13, 22), y la exhortación a "ser vigilantes" o "mantenernos despiertos" (3:2) se aplican a todas ellas (16:15; *cf.* 1Ts 5:2). Podemos aplicar estas verdades a todo el mundo, porque todos hemos de estar preparados para la venida del Señor o para su juicio. Sin embargo, puesto que hemos de aplicar lo que dice el texto del modo más seguro, centrándonos en aquellas analogías que nos son más cercanas, la advertencia a "despertar" es especialmente pertinente para las iglesias dormidas, es decir, aquellas que se dejan llevar más por su cultura que por la voz de Jesús o por la certeza del futuro juicio delante de él.

Es, asimismo, importante escuchar la franca advertencia del texto y no aligerarla basándonos en nuestras más cómodas presuposiciones teológicas. Nuestra fe en la Biblia como Palabra de Dios requiere que revisemos nuestro pensamiento para que encaje en el texto, y no al revés. Tomemos, por ejemplo, la implicación de perdición para quienes no vencen (3:5, ver la siguiente sección).

Significado Contemporáneo

Advertencia a una iglesia muerta. Los cristianos de Sardis eran diferentes de los de las otras iglesias comentadas hasta ahora. Satanás no tenía que presionarlos por medio de la persecución o la tentación; su iglesia ya estaba muerta. Se habían acomodado en el mundo, no tenían que pagar ningún precio por su fe en Jesucristo y, por ello, serían tomados por sorpresa (3:3). Esta advertencia debería producir introspección en los modernos cristianos del mundo occidental: como iglesia, los creyentes de Sardis soñaban sin duda que estaban despiertos. Puede que Jesús no esté satisfecho con la situación de nuestras vidas o la de nuestras iglesias.

Es difícil mantenerse despierto cuando el mundo que nos rodea sigue dormido (*cf.* 16:15). En la Alemania nazi, unos siete mil de los dieciocho mil pastores de la iglesia estatal se opusieron a la cláusula aria que prohibía trabajar en ella a los cristianos de ascendencia judía.[18] En su

---

18. Richard V. Pierard, "Radical Resistance", *Christian History* 32 (1991): 30-33 (p. 31).

momento, se formó la Iglesia Confesante con la vocación de protestar por las componendas de la iglesia del estado con Hitler. No obstante, el dictador comenzó de forma gradual a buscar el apoyo de la nueva institución, permitiéndole desarrollar algunos de sus rasgos distintivos y concediéndole legitimidad, solo a cambio de que accediera a sus planes expansionistas. Dietrich Bonhoeffer se opuso a tales componendas, pero se convirtió en una voz minoritaria, cada vez más aislado debido a las "realidades prácticas" de la situación de la iglesia.[19] Bonhoeffer afirmó "que la incapacidad de los cristianos alemanes para resistir el ascenso nazi al poder se debía a su carencia de claridad moral"; las únicas personas que pueden mantenerse firmes en este tipo de situaciones son aquellas cuya norma no es la razón o la conciencia, sino Dios y su Palabra.[20] Ya sea que nos esforcemos en ganar a personas reacias al evangelio o que luchemos por los derechos de los pobres, o de los no nacidos, siempre resulta fácil cansarnos de hacer el bien y seguir a la multitud (especialmente cuando la propia iglesia que nos rodea forma parte de ella).

Por otra parte, como les sucedía a los ciudadanos de Sardis y a los cristianos de esta ciudad, es muy fácil depender de los logros del pasado en lugar de esforzarnos en el llamamiento de Dios para el futuro (*cf.* Fil 3:12-14). Recordemos el ejemplo de Gedeón, que fabricó un efod de oro para conmemorar su victoria, pero no fue capaz de destruirlo aun cuando su pueblo lo convirtió en objeto de adoración (Jue 8:27). Al rebajar las normas, este juez preparó el terreno para que Israel volviera a la adoración de Baal después de su muerte y para la desintegración de su legado espiritual, menoscabando el bien que había logrado en otro tiempo (8:33). Gedeón puso su mirada en su victoria pasada, pero debería haber hecho mejores planes para el futuro.

Cambio desde dentro. Que una minoría de Sardis permaneciera impoluta (Ap 3:4) puede cuestionar las posibles presuposiciones de algunos cristianos fieles fuera de iglesias como la de Sardis. Es notable que Jesús no pida a estos creyentes fieles que se vayan a otra ciudad ni tampoco que comiencen una nueva obra en la misma localidad. Hay auténticos cristianos en muchas iglesias "dormidas" (y somnolientas)

---

19. Ver Geffrey B. Kelly, "The Life and Death of a Modern Martyr", *Christian History* 32 (1991): 8-17 (pp. 13-14). Sin embargo, a pesar de las presiones del estado, la Iglesia Confesante acabó condenando oficialmente el asesinato por parte del estado de los enfermos mentales y de los no arios (Pierard, "Resistance" 32).

20. Gary Haugen, *Good News About Injustice: A Witness of Courage in a Hurting World* (Downers Grove, Ill.: InterVarsity, 1999), 91.

de nuestro tiempo, al menos en unas que otros muchos cristianos consideran "dormidas". Algunos cristianos conservadores menosprecian a los cristianos fieles que permanecen en denominaciones que se han apartado de sus raíces bíblicas; pero Dios pone a unos cuantos creyentes en tales denominaciones a fin de llamarlas de vuelta a la fidelidad. Ciertamente, llega un momento en que una iglesia deja de serlo (2:5) y, en este caso, la separación (para formar una diferenciada minoría que da testimonio o para integrarse en otra iglesia) puede ser necesaria (18:4); sin embargo, no es sabio que quienes estamos en situaciones más cómodas desde un punto de vista espiritual juzguemos a nuestros colegas que se han quedado para luchar en una causa que no consideramos nuestra.

Sobre los que no perseveran. La advertencia implícita de 3:5 (que los que no venzan serán borrados del libro de la vida) cuestiona ciertas ideas populares de la religión tradicional norteamericana. Los arminianos enseñan que la apostasía puede neutralizar los resultados de la conversión, mientras que los calvinistas históricos afirman que las personas que no perseveran muestran que nunca se convirtieron. Lo más importante es que ambos concuerdan sobre el resultado final: quienes no perseveran están perdidos. Pero muchos (especialmente dentro de mi tradición bautista) han reinterpretado erróneamente la enseñanza calvinista para permitir la entrada al cielo a cualquiera que haya profesado la salvación, una idea refutada tanto en este versículo como a lo largo del Nuevo Testamento (p. ej., Mr 4:16-19; Jn 8:30-32; 15:6; Ro 11:20-22; Gá 4:19; 5:4; 2P 2:20-22; ver también el comentario sobre Ap 2:26).

En mi ministerio evangelístico he encontrado, a menudo, a evangélicos nominales que rara vez piensan en el Señor Jesucristo y que, sin embargo, suponen que están camino del cielo, porque en su momento se bautizaron o repitieron con alguien una oración para recibir a Cristo. La promesa de que quienes perseveren no serán borrados del libro de la vida contiene también una seria advertencia para muchos cristianos nominales de nuestra cultura, que solo dependen de una pasada profesión de fe para estar seguros de su salvación.

Cuando, a finales de la década de 1940, Mickey Cohen, un famoso gánster de Los Ángeles hizo pública profesión de fe en Cristo, sus nuevos amigos cristianos estaban exultantes. Pero con el paso del tiempo comenzaron a preguntarse por qué no abandonaba su antiguo estilo de vida.[21] Sin embargo, cuando lo confrontaron al respecto, se

---

21. Charles Colson, *Loving God* (Grand Rapids: Zondervan, 1987), 81-92.

quejó diciendo, "nadie me dijo que tuviera que abandonar mi profesión o mis amigos. Hay actores y actrices cristianos, atletas cristianos, hombres de negocios cristianos. ¿Por qué, pues, no puedo yo ser un gánster cristiano? Si tengo que dejar todo esto —si esto es el cristianismo— no cuenten conmigo".[22] Gradualmente, Cohen se alejó de los círculos cristianos y la muerte lo encontró solo y olvidado. Como observa Chuck Colson:

> Cohen se hizo eco de millones de cristianos profesantes que, aunque no están dispuestos a reconocerlo, con su forma de vida plantean la misma pregunta. No es que quieran ser gánsters cristianos, sino versiones cristianizadas de lo que ya son, y quieren seguir siendo.[23]

---

22. *Ibíd.*, 92.
23. *Ibíd.*, 94.

Apocalipsis 3:7-13

Escribe al ángel de la iglesia de Filadelfia:

Esto dice el Santo, el Verdadero, el que tiene la llave de David, el que abre y nadie puede cerrar, el que cierra y nadie puede abrir: ⁸ Conozco tus obras. Mira que delante de ti he dejado abierta una puerta que nadie puede cerrar. Ya sé que tus fuerzas son pocas, pero has obedecido mi palabra y no has renegado de mi nombre. ⁹ Voy a hacer que los de la sinagoga de Satanás, que dicen ser judíos pero que en realidad mienten, vayan y se postren a tus pies, y reconozcan que yo te he amado. ¹⁰ Ya que has guardado mi mandato de ser constante, yo por mi parte te guardaré de la hora de tentación, que vendrá sobre el mundo entero para poner a prueba a los que viven en la tierra.

¹¹ Vengo pronto. Aférrate a lo que tienes, para que nadie te quite la corona. ¹² Al que salga vencedor lo haré columna del templo de mi Dios, y ya no saldrá jamás de allí. Sobre él grabaré el nombre de mi Dios y el nombre de la nueva Jerusalén, ciudad de mi Dios, la que baja del cielo de parte de mi Dios; y también grabaré sobre él mi nombre nuevo. ¹³ El que tenga oídos, que oiga lo que el Espíritu dice a las iglesias.

Sentido Original

A diferencia de las iglesias que se creían fuertes (3:17), pero a semejanza de los cristianos de Esmirna que reconocían su pobreza (2:9), la iglesia de Filadelfia sabe que sus fuerzas son "pocas"; sin embargo, apoyándose en ellas ha dado fruto (3:8). Aunque geográficamente más cerca de Sardis, la situación de los cristianos de Filadelfia se parece más a la de sus hermanos en Esmirna, una ciudad situada a unos cien kilómetros al oeste.

Jesús es aquel "que tiene la llave de David", con autoridad para abrir y cerrar. Esto significa que no solo es la "raíz de David" (5:5; 22:16), sino el mayordomo, aquel que controla la entrada del palacio real, una posición que comporta la autoridad más elevada en el reino (Is 22:15-25, especialmente 22:22; Is 45:1-2; Ez 44:2).[1] Como tal, Jesús determina quién puede o no entrar en su casa.

---

1. Alguien que custodiaba las llaves de las puertas, los tesoros reales, etc., ejercía una considerable autoridad; ver también 9:1; 20:1; y, en especial, el comentario sobre 1:18. Ver Livio, 24.23.1; 24.37.8; Boaz Cohen, *Jewish and Roman Law: A Comparative Study*, 2 vols. (Nueva York: Jewish Theological Seminary of America, 1966), 538-39.

Como sucedía en Esmirna, los creyentes de Filadelfia experimentaban tensiones con la sinagoga local.² Eran, probablemente, como los cristianos de origen judío a quienes Juan les había escrito su Evangelio, muchos de los cuales habían sido expulsados quizá de sus sinagogas (algo parecido a lo que en otro tiempo le sucedió al hombre ciego de Jn 9:34). Pero Jesús defendió a este invidente como a una de sus ovejas, observando que en su condición de pastor divino tenía el derecho de determinar quién pertenecía o no a su pueblo (10:1-15). Así también aquí, aunque estas sinagogas podían haber expulsado a los cristianos de origen judío, Jesús les da la bienvenida a su familia.

Aunque las autoridades creen haber excluido a estos creyentes del pueblo de Dios, es Jesús quien en verdad proporciona el acceso a la nueva Jerusalén (21:12-14). Este es el sentido más probable de abrir y cerrar en este versículo.³ Al parecer, algunos dirigentes judíos de finales del siglo I creían tener la autoridad para controlar el acceso a la sinagoga y al pueblo de Dios (Mt 23:13). Este texto alude también, probablemente, a una puerta al cielo (4:1), o más probablemente a las puertas de la nueva Jerusalén (3:12; 21:12-15, 21, 25; 22:14) o a la entrada del templo (11:19; 15:5), a la comunión con Jesús disponible en la actualidad (3:20), o a Jesús como salvación completa (*cf.* Lc 13:24-25; Jn 10:7-9; 14:6).⁴

Los profetas bíblicos habían prometido al pueblo de Dios que un día los gentiles se inclinarían ante ellos (Is 60:14; *cf.* 45:14; 49:23; *cf.* 45:23; 49:7; 66:23), como reconocía también la tradición judía (1 Enoc 90:30; 1QM 12.14). Pero aquí, los judíos escépticos se unen a los gentiles postrándose ante los creyentes fieles (Ap 3:9).⁵ Han de reconocer que Dios ha escogido a su pueblo (Is 49:7) y que los ama (43:4; esp. Mal 1:2). Siendo aquellos a quienes Jesús ama, están llamados a ser los habitan-

---

Puesto que la mayoría de las puertas tenían una única llave, su portador poseía una importante autoridad (E. F. F. Bishop, *Apostles of Palestine: The Local Background to the New Testament Church* [Londres: Lutterworth, 1958], 232).

2. Sobre el judaísmo de Filadelfia, ver *CIJ* 2:18-19, §754; Ignacio, *Philad.* 6.1; Kraabel, "Judaism in Western Asia Minor", 181-90.
3. *Cf.* Beasley-Murray, *Revelation*, 100; Mounce, *Revelation*, 116–17; contra Caird, *Commentary on Revelation*, 51-53, que entiende que esta imagen alude a oportunidades para la evangelización (el típico sentido paulino: 1Co 16:9; 2Co 2:12; Col 4:3). "Abrir una puerta" era una frecuente expresión figurativa en griego (p. ej., Plutarco, *Contra Colotes* 3, *Mor.* 1108D); *Cf.* también "la puerta de la esperanza" de Dios para un corazón amedrentado (1QM 11.9).
4. *Cf.* Michaels, *Revelation*, 84. *Cf.* puertas del cielo (Jub. 27:25); la apertura por parte de Dios de puertas de salvación (1QM 18.7) o portales celestiales (4:1; 1 Enoc 14:15; 3Mac 6:18; T. Leví 2:6).
5. Fekkes, *Isaiah and Prophetic Tradition*, 134-35, subraya la conexión entre la comunidad oprimida en Isaías y la de Apocalipsis.

tes de "la ciudad que él ama" (Ap 20:9). Lo que los caracteriza como pueblo de Cristo es que han "guardado" o cumplido su palabra (3:10; *cf.* 1:3; 2:26; 3:3, 8; 12:17; 14:12; 16:15; 22:7, 9); por ello los guardará.[6]

Apocalipsis 3:10 introduce primero el característico contraste de este libro entre "los que viven en el cielo" y "los que viven en la tierra". Estos últimos son, normalmente, los impíos que invocan sobre sí el juicio (6:10; 8:13; 11:10; 13:8, 12, 14; 17:2, 8), mientras que los del cielo son una referencia a los justos (12:12; 13:6). Que el termino aquí traducido "los que viven en la tierra" no incluya generalmente a los creyentes que sufren aquí (aunque *cf.* 2:13) puede sugerir que, aunque estas personas sufren temporalmente en la tierra, su hogar final está en el cielo.[7] La hora de la prueba pretende probar a los no creyentes; los creyentes serán protegidos durante este tiempo (ver comentario sobre 7:1-8).[8]

A pesar de las alabanzas de Jesús por la perseverancia hasta este momento de los cristianos de Filadelfia, el asunto aun no ha terminado. Han de seguir aferrándose a lo que tienen (3:11), es decir, mantener el mensaje que demanda su perseverancia (3:10), para que sus perseguidores no tomen su corona (3:11; *cf.* 2:25). La "corona" es una lauréola que se imparte a los vencedores de una competición (ver comentarios sobre 2:10, donde la corona de la vida se contrasta con la muerte segunda en 2:11), y perderla significa básicamente lo mismo que la advertencia a la iglesia anterior: la exclusión del reino (3:5).

No obstante, aquellos que vencen no solo serán bienvenidos a la casa de Jesús, el templo de Dios, sino que formarán parte de él (3:12). Así, aunque expulsados de la "sinagoga de Satanás" (3:9), siguen estando en el templo de Dios. Esta imagen recuerda directamente Isaías 56:5, donde los extranjeros y los eunucos tendrán un lugar y un nombre eterno en la casa de Dios, mejor que el de los israelitas. Aunque a los gentiles se

---

6. Aparte de las referencias veterotestamentarias, *cf.* similares expresiones para guardar mandamientos en Jub. 2:28; 20:2; 1QS 5.9; 8.3; CD 6.18; 10.14, 16; 20.17; 1 Mac. 2:53; Or. sib. 1.52-53, 170. Sobre el hecho de que Dios guarda a quienes "guardan" su Palabra, ver *Midr. Sal* 17.8.
7. Sobre las referencias a la "tierra" y a "los que viven en la tierra" *cf.* también Nah 1:5; Lc 21:35; 1 Enoc 40:6-7; 54:6; 65:12; 80:7; 104:6; 4QpNah prólogo 9; Sab. Sal. 9:18; 4 Esd. 5:6; 7:72; 13:30-31; 2 Bar. 25:3; 27:15; *T. Abr.* 3 A.; T. Job 36:3-6. La expresión "los que viven en el cielo" puede aludir a deidades en textos paganos (Frederick C. Grant, *Hellenistic Religions* [Indianapolis: Bobbs-Merrill, 1953], 136; Cicerón, *De Legibus* 2.8.19).
8. *Cf.* aquí Guthrie, *Relevance*, 97.

les permitía la entrada al templo del Antiguo Testamento (1R 8:41-43), la arquitectura del segundo templo (destruido unas décadas antes de la redacción de Apocalipsis) separaba incluso a las mujeres de los hombres israelitas. Las situaba en un plano inferior que a los hombres, y la zona de los gentiles estaba más lejos incluso del santuario (ver Hch 21:29).

Por otra parte, los eunucos siempre habían sido excluidos del pueblo de Dios (Dt 23:1). Sin embargo, él prometió a los gentiles y a los eunucos que guarden sus mandamientos un lugar mejor que el de los miembros de su pueblo que no le obedecen (Is 56:3-6), convirtiendo de este modo su nuevo templo en una "casa de oración para todas las naciones" (56:7; *cf.* Mr 11:17). En aquel tiempo, que Cristo estableciera a su pueblo como un nuevo templo formado por judíos y gentiles por igual, era una imaginería familiar para los cristianos de Asia (Ef 2:18-22; 1P 2:5). Todo el mundo esperaría que en este nuevo templo hubiera columnas (Ez 40:9–41:3; 1 En. 90:29) como en el antiguo (Éx 27:10-17; 38:10-28; 1R 7:2-6, 15-22), y las columnas personificadas eran específicamente una imagen de fortaleza o bendición (Éx 24:4; Sal 144:12; Jer 1:18; Gá 2:9; 1 Clem. 5.2).[9]

El que estas columnas lleven el nombre de Dios, de la nueva Jerusalén, y el nombre nuevo de Jesús (3:12) simplemente confirma que forman parte de la ciudad santa. Las columnas de la antigüedad llevaban, frecuentemente, inscripciones honoríficas,[10] y cabría esperar lo mismo de

---

9. Sobre las personas como fuertes "columnas", ver también 2 Bar. 2:1; 4 Bar. 1:2; *ARN* 25A; ciertos manuscritos de Jos. y Asen. 17:6; los patriarcas en *Gn. Rab.* 43:8; 75:5; *cf.* fuentes griegas en Aune, *Revelation*, 1:241. Beale, *Revelation*, 295, compara algunas versiones griegas de Is 22:23. Sobre columnas escatológicas, *cf.* Or. sib. 2.240 (aunque posiblemente forma parte de una interpolación cristiana). Puede que las columnas del antiguo templo contrasten con el uso pagano de las columnas (p. ej., Ex 23:24; 34:13; Dt 7:5; 12:3; 1R 14:23; 2R 10:26; 17:10; 18:4; 23:14; 2Cr 31:1; Os 10:1-2; Mi 5:13; Homero, Il. 17.434; Od. 12.14; Cornelio Nepote, 7 [Alcibiades].3.2). La relación con la "columna real" del templo de Salomón (Richard H. Wilkinson, "The *STULOS* of Revelation 3:12 and Ancient Coronation Rites", *JBL* 107 [1988]: 498–501) puede ser, pues, demasiado estrecha de miras. Pero no se puede forzar la expresión "en el templo" hasta el punto de excluir las columnas externas de Salomón (así lo entiende Aune, *Revelation*, 1:241) que formaban parte del complejo del templo.
10. P. ej. Diógenes Laercio, 7.1.11-12; Josefo, *Ant.* 16.165; *cf.* 2S 18:18; 1 Mac 14:27; también inscripciones de maldición (Cornelio Nepote, 7 [Alcibiades], 6.5) y leyes (Lisias, *Sobre el asesinato de Eratóstenes* 30). En las columnas de la sinagoga de Capernaúm hay nombres (M. AviYonah, "Archaeological Sources", 46-62 ein *JPFC*, 53). Sobre el uso figurativo de esta imagen, ver Filón, *Abraham* 4.

las columnas escatológicas.¹¹ Por otra parte, algunos profetas anteriores habían anunciado ya la importancia del futuro nombre de la nueva Jerusalén (Jer 33:16; Ez 48:35; *cf. b. B.B.* 75b). Dios también había prometido a su pueblo un nombre nuevo en el tiempo de su vindicación escatológica (Is 62:2; ver comentarios sobre Ap 2:17). Filadelfia había adoptado dos nuevos nombres durante el siglo I y puede que, por ello, los cristianos de esta ciudad fueran particularmente sensibles a la promesa de un nombre nuevo. Pero este tipo de nombres honorarios aparecen en algunos otros lugares y, por supuesto, todos los creyentes tendrán un nombre nuevo.¹²

La nueva Jerusalén "que baja del cielo" (3:12); para algunos se trata de un presente iterativo que sugiere que la nueva Jerusalén siempre se encuentra con los creyentes en el presente, cuando estos se sujetan al reino de Dios. Es más probable que este tiempo verbal presente se limite a subrayar vívidamente el origen de esta ciudad (de arriba [21:2]) que contrasta con la Jerusalén meramente humana en la que las esperanzas de Israel se habían hecho añicos recientemente y con la sinagoga de la que los cristianos de Filadelfia habían sido expulsados (3:9).

Si la promesa de Jesús a los cristianos excluidos nos tienta hacia un separatismo innecesario, nos es útil recordar las razones para dicha exclusión. Estos cristianos no están excluyendo a otros o apartándose de su testimonio público en un ámbito difícil, sino que están siendo rechazados en contra de su voluntad, por su testimonio.

Teniendo en cuenta que la sección "Construyendo puentes" trata a menudo los peligros interpretativos, podría ser útil comentar una aplicación popular de 3:10. Muchos comentaristas norteamericanos han argumentado que este versículo apoya la doctrina del arrebatamiento de la

---

11. En cuanto a las inscripciones sobre las normas escatológicas de Israel, ver Michael AviYonah, "The 'War of the Sons of Light and the Sons of Darkness' and Maccabean Warfare", *IEJ* 2 (1952): 1-5 (p. 3); Yigael Yadin, *The Scroll of the War of the Sons of Light Against the Sons of Darkness* (Oxford: Oxford Univ. Press, 1962), 61-64 (*cf.*, no obstante, K. M. T. Atkinson, "The Historical Setting of the 'War of the Sons of Light and the Sons of Darkness'", *BJRL* 40 [1957– 1958]: 272-97 [p. 291]).
12. Mounce, *Revelation*, 121, duda que los nuevos nombres de Filadelfia (Neocesarea y Flavia) sean pertinentes para la comprensión de este versículo.

iglesia antes de la tribulación final de tres años y medio, o siete.[13] Con este propósito se observa, por ejemplo, que no solo se nos guarda del sufrimiento, sino de la "hora" del mismo.[14] Esta lectura del texto no es imposible desde un punto de vista gramatical; sin embargo, este versículo no es en sí un buen fundamento para esta doctrina, como sugieren tanto las palabras que se utilizan como el contexto general de Apocalipsis.[15]

La expresión "hora de la prueba" no es determinante. En el libro de Apocalipsis, la palabra "hora" puede aludir a la prueba antes del fin (9:15; 17:12) o al último periodo antes de la venida de nuestro Señor (3:3; 14:7, 15).[16] En cualquier caso, las referencias al tiempo en Apocalipsis son muchas veces cualitativas, aludiendo a la clase del tiempo más que a su duración (ver comentario sobre 12:6). La palabra "prueba" (la NVI traduce "tentación". N. del T.) alude más probablemente a la tribulación antes del regreso de Jesús (cf. 2:10); sin embargo, el tamaño de la muestra para el uso de Apocalipsis es demasiado pequeño.

---

13. P. ej. Jeffrey L. Townsend, "The Rapture in Revelation 3:10", *BibSac* 137 (1980): 252-66; Lindsey, *New World Coming*, 77; con más cautela, Walvoord, *Revelation*, 87. Para aquellos lectores que no están familiarizados con la doctrina, parece haberse originado en 1830 como un corolario de la forma original de dispensacionalismo planteada por John Nelson Darby que aseveraba que Dios no trataría con Israel y con la iglesia al mismo tiempo (ver resúmenes en J. Barton Payne, *The Imminent Appearing of Christ* [Grand Rapids: Eerdmans, 1962], 11-42; Robert H. Gundry, *The Church and the Tribulation* (Grand Rapids: Zondervan, 1973), 172-88; Arthur Katterjohn con Mark Fackler, *The Tribulation People* (Carol Stream, Ill.: Creation House), 104-115; Timothy Weber, "The Dispensationalist Era", *Christian History* 61 (1999): 34-37 (esp. 35). Walvoord, *The Rapture Question* (Grand Rapids: Zondervan, 1972), 52-56, responde apelando a la revelación progresiva que se observa en la historia de la iglesia. Los primeros comentaristas postapostólicos parecen haber sido postribulacionistas (p. ej., Herm. 1.2.2; 1.4.2-3; Ireneo, 5.28.4; 5.29.1; 5.35.1).
14. Así lo entiende Ryrie, *Revelation*, 29-30.
15. Quienes deseen considerar argumentos gramaticales a favor de un arrebatamiento pretribulacionista en este versículo, ver Thomas R. Edgar, "R. H. Gundry and Revelation 3:10", *GTJ* 3 (1982): 19-49; David G. Winfrey, "The Great Tribulation: Kept 'Out of' or 'Through'?", *GTJ* 3 (1982): 3-18; J. F. Strombeck, *First the Rapture* (Eugene, Ore.: Harvest House, 1982), 172-75; para algunos argumentos postribulacionistas, ver Gundry, *The Church and the Tribulation*, 55-60; Payne, *Imminent Appearing*, 78; Mounce, *Revelation*, 119; Beale, *Revelation*, 290-92.
16. Pueden presentarse ejemplos en ambas direcciones, dependiendo de la interpretación que hagamos del contexto (11:13; 18:10, 17, 19); no obstante, la mayor parte de las advertencias de Jesús en el contexto sí tienen que ver con la hora de su regreso, sea de manera figurativa o literal (2:5, 16; 3:11). Sobre el tiempo de prueba como día final del juicio, ver 2 Enoc 50:5-6, rec. A; Lucano, *Guerra Civil* 1.73; sobre la tribulación aquí, ver Schuyler Brown, "'The Hour of Trial' (Rev 3:10)", *JBL* 85 (septiembre de 1966): 308-14; Rissi, *Time and History*, 28-29; Bauckham, *Climax of Prophecy*, 83.

No obstante, la expresión "guardaré de" puede resultar más sugerente. En otros pasajes de Apocalipsis "guardar" alude a la observancia de los mandamientos de Dios. Este es el único versículo de Apocalipsis en que aparece la expresión "guardar de", aunque sí se consigna en otro texto del Nuevo Testamento, donde Juan la pone en boca de Jesús, y en la que el significado queda claro: no se trata de ser quitado de la prueba, sino protegido al atravesarla (Jn 17:15; cf. 1Jn 5:18).[17] Puede que esto encaje con la imagen de sobrevivientes escatológicos que encontramos en algunos textos proféticos (Mr 13:20; 4 Esd. 6:25; 7:27). En la Biblia, Dios libera generalmente a su pueblo cuando este ya está experimentando la prueba (p. ej., Sal 34:19; 107:6; Jer 30:7). Curiosamente, los cristianos de Filadelfia siguieron sufriendo la persecución (Mart. Polic. 19.1).

De mayor importancia es el contexto más amplio de Apocalipsis. Ninguna descripción del regreso de Jesús precede a 19:11-16, y ninguna clara mención de una resurrección colectiva precede a la "primera" resurrección en 20:4-6, al comienzo de los mil años. Aunque a lo largo de Apocalipsis encontramos a creyentes que pierden su vida como mártires, los encontramos también protegidos de la ira de Dios en 7:1-8, algo que daría cumplimiento a la promesa hecha en 3:10 a la iglesia de Filadelfia y a otros cristianos como ellos. Un comentarista se lamenta de que el "efecto de este 'arrebatamiento anterior a la tribulación' es disociar a los lectores cristianos de cualquier persecución y sufrimiento a manos de la bestia y negar la identidad de la iglesia como mártir".[18] Quienes, por una u otra razón, disocian a los cristianos de los santos sufrientes de Apocalipsis pasan por alto mucha de la relevancia de las principales advertencias del libro. Pero, en el último análisis, es posible que Apocalipsis no aluda a la específica tribulación de tres años y medio o siete que se subraya en la moderna enseñanza profética (ver exposición de 12:5-6); si no es así puede que ni siquiera aluda directamente a una cuestión como la que hemos tratado aquí.

Significado Contemporáneo

Dependencia del poder de Dios. Que los cristianos tengan poco poder (3:8) es algo positivo ante Dios; el poder es fácilmente

---

17. Con la mayoría de los comentaristas, p. ej., Brown, "Hour", 310; Tenney, *Revelation*, 65; Beasley-Murray, *Revelation*, 101. Sobre el sentido de "guardar" como "proteger", cf. 1 Enoc 100:5; 1QM 14.10.
18. Michaels, *Interpreting Revelation*, 140.

objeto de abuso; sin embargo, la debilidad lleva muy a menudo a la dependencia del poder de Dios.[19]

Aunque los teólogos debaten algunas de las propuestas más radicales de la teología de la liberación, una de las ideas de esta teología surge sin duda de la perspectiva bíblica, a saber, la especial preocupación de Dios por los quebrantados. Promete vivir con los quebrantados y los humildes, y abrazarlos de manera especial, del mismo modo que se distancia de los orgullosos y los autosuficientes (Sal 51:17; Is 57:15; 66:2; Stg 4:6). Todos procedemos de trasfondos distintos, unos con más ventajas y otros con menos, pero Dios no nos juzga por el poder con que partimos, sino por lo que hacemos con lo que nos ha dado.

Los cristianos de Filadelfia han sido quebrantados por su exclusión de la sinagoga y, por tanto, de su herencia. Ser fieles produce a menudo la exclusión de círculos que significan mucho para nosotros (a veces incluso familiares). Es posible que quienes han crecido en hogares cristianos o tienen familiares en la iglesia no entiendan bien la necesidad de los cristianos solteros, o que viven en matrimonios mixtos, de experimentar los vínculos de la familia cristiana en la iglesia, especialmente si tales personas han sufrido el rechazo de su familia de origen por causa del evangelio. Personalmente, he presenciado este rechazo familiar entre algunos amigos judíos mesiánicos o conversos de hogares cristianos nominales, y yo mismo experimenté algo parecido durante los primeros días de mi testimonio.[20]

Jesús preservará a su pueblo durante la prueba que comparte con el mundo (3:10), y los vindicará (3:9), probablemente a su regreso (3:11). Aun en las peores situaciones, la esperanza aporta a los creyentes fortaleza para perseverar.[21] Pero la persistencia es preceptiva para participar en esta esperanza (3:11; ver comentario sobre 3:5). Todas las imágenes de la recompensa en 3:12 subrayan la profundidad del amor de Dios por su pueblo fiel. Muchas personas asisten a iglesias con un elevado

---

19. Ver comentarios parecidos de Ellul, *Apocalypse*, 138.
20. Esta persecución puede llegar a ser aun más drástica en ciertos contextos, p. ej., un converso hindú en Nepal puede tener que hacer frente a amenazas de muerte por parte de su familia (Barbara Thompson, "Nepal's Book of Acts", *CT* [9 de nov. de 1992], 14-18 [p. 16]).
21. Quienes deseen considerar una excelente perspectiva sobre nuestra esperanza "como forma final de gratificación demorada" pueden ver Philip Yancey, "Why Not Now?" *CT* (5 de febrero de 1996), 112. Sin embargo, la perseverancia para obtener la gratificación que se demora requiere fe en que quien ha hecho la promesa dice la verdad.

número de miembros en las que no conocen de manera personal a otros; sin embargo, Jesús promete comunión y reconocimiento para quienes de otro modo estarían excluidos. Algunos cristianos de nuestro tiempo se sienten incómodos llevando símbolos explícitamente cristianos (como camisetas de la iglesia) o hablando abiertamente de su fe, pero aquellos que sufren algún tipo de exclusión por ella llevarán el nombre que los identifica como ciudadanos del prometido mundo futuro.

Participación en el eterno templo de Dios. Que los cristianos vayan a estar eternamente vinculados al templo celestial indica que viviremos siempre en la presencia de Dios (*cf.* 21:3, 22-25). El libro de Apocalipsis está lleno de alusiones al templo celestial: el arca (11:19), el tabernáculo (15:5), los altares del incienso y el sacrificio (6:9; 8:3-5; 9:13), el mar (4:6; 15:2; *cf.* 1R 7:23-25, 39, 44) y, naturalmente, los candelabros (1:12-13; 2:1, 5). Puesto que a lo largo de Apocalipsis el cielo se presenta como un templo y la adoración como su principal foco de actividad, entendemos que nuestra función en el templo de Dios será la adoración.

Nunca estamos tan cerca de nuestro destino eterno como cuando glorificamos a Dios en adoración o invitando a otros a reconocer su grandeza. Naturalmente, la adoración no es lo que solemos pensar en nuestras iglesias; podemos tomar fácilmente por adoración un sentido de solemnidad que acompaña a ciertos himnos majestuosos o al entusiasmo inherente a canciones familiares de alabanza, mientras ignoramos al verdadero objeto de adoración al que ellos nos dirigen. Adorar conlleva reconocer la verdadera identidad y obra de Dios y de Cristo (*cf.* 5:9-10, 12), de modo que no solo experimentamos el sobrecogimiento provocado por un sonido sublime, sino el que nos produce el propio Señor. Cuando sabemos cómo es Dios verdaderamente, no podemos dejar de darle el honor debido a su nombre.

Apocalipsis 3:14-22

Escribe al ángel de la iglesia de Laodicea:

Esto dice el Amén, el testigo fiel y veraz, el soberano de la creación de Dios: ¹⁵ Conozco tus obras; sé que no eres ni frío ni caliente. ¡Ojalá fueras lo uno o lo otro! ¹⁶ Por tanto, como no eres ni frío ni caliente, sino tibio, estoy por vomitarte de mi boca. ¹⁷ Dices: "Soy rico; me he enriquecido y no me hace falta nada"; pero no te das cuenta de que el infeliz y miserable, el pobre, ciego y desnudo eres tú. ¹⁸ Por eso te aconsejo que de mí compres oro refinado por el fuego, para que te hagas rico; ropas blancas para que te vistas y cubras tu vergonzosa desnudez; y colirio para que te lo pongas en los ojos y recobres la vista.

¹⁹ Yo reprendo y disciplino a todos los que amo. Por lo tanto, sé fervoroso y arrepiéntete. ²⁰ Mira que estoy a la puerta y llamo. Si alguno oye mi voz y abre la puerta, entraré, y cenaré con él, y él conmigo.

²¹ Al que salga vencedor le daré el derecho de sentarse conmigo en mi trono, como también yo vencí y me senté con mi Padre en su trono. ²² El que tenga oídos, que oiga lo que el Espíritu dice a las iglesias.»

Sentido Original

Puede que, por lo que respecta al color local, el mensaje más concreto sea el de Jesús a la iglesia de Laodicea. La ciudad de Laodicea está situada en Frigia, en el valle del Lico, a unos veinte kilómetros al oeste de Colosas (Col 2:1; 4:15-16) y a unos diez al sur de Hierápolis (Col 4:13). La adoración pagana, especialmente de Zeus pero también de otras muchas deidades (como Dionisio, Helios, Hera y Atenea), había adquirido un gran auge.[1] Aunque en Frigia se había establecido una importante comunidad judía (Hch 13:14-50; 14:1-5, 19), al parecer, se había fundido en muchos sentidos con la cultura griega.[2]

---

1. Yamauchi, *The Archaeology of New Testament Cities*, 143-44; J. B. Lightfoot, *Saint Paul's Epistles to the Colossians and to Philemon* (Grand Rapids: Zondervan, 1959; reimpresión de la ed. de 1879), 8-9.
2. Kraabel, "Judaism in Western Asia Minor", 82-86, 146; *cf.* Craig A. Evans, "The Colossian Mystics", *Biblica* 63 (1982): 188-205; F. F. Bruce, "Colossian Problems. Part 1: Jews and Christians in the Lycus Valley", *BibSac* 141 (1984): 3-15.

Hacia el siglo III, las ilustraciones de ciertas monedas habían mezclado versiones judías y paganas de los relatos del Diluvio.[3]

Jesús no reserva nada cuando se dirige a la iglesia de Laodicea. Él es el "Amén" (3:14), un término hebreo de confirmación (p. ej., Jer 11:5; 28:6) que sugiere la certeza de todas sus promesas (cf. 2Co 1:20).[4] Es, asimismo, "fiel y verdadero" (3:14), una manera de subrayar de nuevo el seguro cumplimiento de lo prometido (19:11; 21:5; 22:6). No obstante, para los cristianos de Laodicea no todo eran buenas noticias. Jesús era también "el soberano" (3:14; lit., "el principio"). En otros pasajes de Apocalipsis, "principio" es un título explícitamente divino vinculado a "primero" (21:6; 22:13), un claro título divino en Isaías 41:4; 44:6; 48:12. Algunos cognados de la palabra griega que se utiliza en este versículo (*archē*) significan "gobernante", un término que puede denotar gobierno o poder; de hecho, el emperador romano se llamaba a sí mismo *princeps*, o "primero" entre los romanos, pero era adorado como una deidad.

Laodicea se jactaba de tener grandes recursos (3:17); sin embargo, aunque los cristianos de esta ciudad probablemente compartían en muchos sentidos el orgullo de sus vecinos por su autosuficiencia, también participaban, según parece, de su misma repulsión por el agua que llegaba a la ciudad (3:15-16). El mal estado del agua de Laodicea era bien conocido. Las fuentes antiguas son muy explícitas en el sentido de que, aunque era más aceptable que la de Hierápolis, estaba llena de sedimentos.[5] La excavación de las tuberías de terracota de la ciudad puso de relieve la presencia de gruesos depósitos de cal que indican una gran contaminación del suministro de agua; los depósitos de cal visibles en una catarata frente a Laodicea eran un constante recordatorio de la calidad del agua de la ciudad.[6]

---

3. Eric M. Meyers y A. Thomas Kraabel, "Archaeology, Iconography, and Nonliterary Written Remains", 175–210 en *Early Judaism and Its Modern Interpreters*, ed. R. A. Kraft y G. W. E. Nickelsburg, SBLBMI 2 (Atlanta: Scholars, 1986), 191.
4. Algunos comentaristas sugieren un paralelismo con las fórmulas de juramento (cf. la familiar expresión de Jesús, "de cierto [lit., "Amén"] les digo"); de ahí que Fekkes, *Isaiah*, 137-39, sugiera un posible trasfondo en Isaías 65:16 que encajaría con el comentario sobre la "creación" de 3:14 (Is 65:17; ver además, Beale, *Revelation*, 298-300).
5. Ver Estrabón, 13.4.14.
6. Ver Sherman E. Johnson, "Laodicea and Its Neighbors", *BA* 13 (febrero de 1950): 1-18 (p. 10); Beasley-Murray, Revelation, 105.

Laodicea carecía de agua propia, puesto que no tenía acceso directo a las frescas aguas de los montes ni a los cálidos manantiales de la cercana Hierápolis, situada al norte. En contraste con sus pretensiones de autosuficiencia (3:17), Laodicea tenía que transportar el agua mediante un sistema de canalización; aunque una buena parte del acueducto del sur era subterráneo, al acercarse a las inmediaciones de la ciudad, el agua discurría por tuberías de piedra, y esto hacía que Laodicea fuera vulnerable ante cualquier ejército que quisiera cortarle el suministro.[7] Y lo más importante es que, sometida al calor de su circulación externa, a su llegada a la ciudad el agua era tibia.

La metáfora del agua tibia significa simplemente que, a diferencia de la "caliente" y la "fría" que son agradables y útiles, esta temperatura intermedia hacía que el agua tibia fuera repugnante; todas las iglesias entenderían claramente esta advertencia.[8] El agua caliente (siempre que no lo fuera demasiado) era útil para los baños; las aguas termales, como las de la cercana Hierápolis y otros lugares, se consideraban útiles para aliviar diferentes dolencias. Naturalmente, los laodicenses podrían haber recalentado el agua, pero esto significaba un trabajo añadido que algunos habrían considerado pesado y tedioso.[9] El agua fría era útil para

---

7. Ramsay, *Letters to the Seven Churches*, 415; Johnson, "Laodicea", 10. Los ingenieros de la antigüedad eran más competentes de lo que pensamos. Para reducir la probabilidad de que las tuberías se reventaran, los ingenieros romanos proyectaban a menudo túneles para atravesar montes y elevados arcos para salvar valles, de manera que el agua fluyera a una velocidad relativamente uniforme a lo largo de una distancia de hasta noventa kilómetros (M. Cary and T. J. Haarhoff, *Life and Thought in the Greek and Roman World*, 4ª ed. [Londres: Methuen & Company, 1946], 105-6).
8. *Cf.* M. J. S. Rudwick y E. M. B. Green, "The Laodicean Lukewarmness", *ExpTim* 69 (marzo de 1958): 176-78; Hemer, *Letters to the Seven Churches*, 188–91 (sobre la calidad del agua, no su temperatura); Stanley E. Porter, "Why the Laodiceans Received Lukewarm Water (Revelation 3:15-18)", *TynBul* 38 (1987): 143-49; *cf.* Aune, *Revelation*, 1:258.
9. Los antiguos se esforzaban en mezclar la cantidad apropiada de agua caliente y fría cuando se lavaban los pies (Homero, *Od.* 19.386-89), y a menudo calentaban agua para los baños (Apolonio Rodio, 3.272-73; Petronio, *Sat.* 72; *tos. Shab.* 3:3-4), aunque una excesiva cantidad de agua caliente era peligrosa (Diodoro Sículo, 4.78.2); añadir de manera accidental una excesiva cantidad de agua caliente en el baño de una casa, escaldando así a un protector, podía invitar a una demanda (*P. Enteuxis* 82). Generalmente, los romanos calentaban los baños mediante hornos y conductos subterráneos. Era menos probable que, en los baños calientes, el agua pudiera convertirse en impura (*p. Ter.* 8:5); sin embargo, algunos autores de nuestro tiempo opinan que el agua excesivamente caliente disminuía la fertilidad de los hombres (A. M. Devine, "The Low BirthRate in Ancient Rome: A Possible Contributing Factor", *Rheinisches Museum für Philologie* 128 [3-4, 1985]: 313-317).

beber y frecuente en localidades cercanas como Colosas, sin embargo, la de Laodicea no llegaba a la ciudad en este estado. La mayoría de las personas preferían las bebidas frías, pero las calientes eran también comunes en los banquetes.[10]

Jesús encuentra, pues, a la iglesia de Laodicea distinta de lo que desea (*cf.* Is 5:2-6). En un lenguaje de nuestro tiempo, el Señor está diciendo a la engreída iglesia de Laodicea: "quiero un agua que me refresque, pero ustedes me recuerdan a aquella de la que siempre se quejan. Me provocan náuseas". Los profetas de otros tiempos utilizaron también imágenes de comida corrompida para referirse a personas que se habían hecho detestables para Dios y que él rechazaba (Jer 24), pero Jesús contextualiza esta imagen para aplicarla a Laodicea. Los antiguos aplicaron la analogía de escupir el agua amarga también a las personas.[11]

El reto que Jesús plantea a la autosuficiencia de los creyentes de Laodicea (3:17-18) nos recuerda lo rápidamente que los cristianos absorbemos las actitudes de nuestra cultura sin pararnos a reflexionar críticamente sobre lo que hacemos.[12] Laodicea era conocida por ser un rico centro financiero que había florecido especialmente bajo la dinastía imperial aún en el poder en el tiempo de Juan.[13] Ya en el año 50 a.C. se celebraban combates de gladiadores en Laodicea que también presumía de un anfiteatro.[14] Más importante era su condición de capital de un distrito que agrupaba al menos a veinticinco pueblos.[15] El orgullo local era feroz en algunas ciudades de Asia, y Laodicea competía por el poder con Antioquía, su principal rival en Frigia.[16] Tan arrogante era Laodicea acerca de su riqueza que, en el año 60 d.C., tras un devastador terremoto, los dirigentes de la ciudad se negaron a aceptar la ayuda

---

10. Sobre la utilidad del agua fría como bebida, ver Aquiles Tacio, 4.18.4; Diógenes Laercio, 6.9.104; sobre agua caliente mezclada con vino, Marcial, *Epig.* 1.11.3; sobre lo inapropiado de las bebidas calientes, ver Dión Casio, 57.14.10; 59.11.6; 60.6.7; sobre lo repugnante del agua tibia, Séneca, *Dial.* 4.25.1.
11. *Ahîquar* 148, dicho 59; de manera más explícita, *Ahîquar armenio* 2:8.
12. Para análogas críticas de la autosuficiencia, ver Lucas 12:19; Epícteto, *Disc.* 3.7.29. Sobre el tema estoico de la falta de posesiones que nos libera para poseer lo que importa, ver con cierto detalle Victor Paul Furnish, *II Corinthians*, AB 32A (Garden City, N.Y.: Doubleday, 1984), 348.
13. Varios comentaristas citan a Cicerón, *Ep. Fam.* 3.5; *ad Att.* 5.15; Ver además Hemer, *Letters to the Seven Churches*, 191-92. La cercana Hierápolis era también rica (Or. sib. 5.318).
14. Yamauchi, *The Archaeology of New Testament Cities*, 142-43.
15. Véase Lightfoot, *Colossians*, 6-7.
16. Herodiano, 3.3.3; 3.6.9.

ofrecida por el emperador a las ciudades de la zona, del fondo de emergencia para este tipo de desastres.[17]

Los laodicenses se habrían mostrado perplejos ante la acusación de que estaban "desnudos", ya que la ciudad era famosa por su producción de tejidos, en especial de paños para la confección de ropa y alfombras tejidas con lana negra.[18] Algunos comentaristas observan, por tanto, que la oferta de "ropas blancas" por parte de Jesús expresa, probablemente, un marcado contraste con esta famosa lana negra de Laodicea. Puede que también se sorprendieran de que Jesús les ofreciera un colirio espiritual. Ciertas fuentes de la antigüedad hablan de una escuela de medicina ubicada en Laodicea en el siglo I, donde se fabricaba un ungüento para el oído, un colirio hecho de polvo frigio (que probablemente abundaba en las inmediaciones) y donde pasaba consulta un famoso oftalmólogo.[19] No obstante, la mayoría de los laodicenses reconocía la utilidad de la ayuda divina, además de los tratamientos de sus médicos,[20] y por ello veneraban en gran manera tanto a Apolo, dios de la profecía, como a Asclepio, dios de la medicina y de la sanidad.[21]

El lenguaje de 3:17-18 utiliza la ironía, un recurso muy común en los textos antiguos: así, por ejemplo, un vidente ciego le dice a un rey

---

17. Ver Tácito, *Anales*. 14.27. Una generación anterior había aceptado la ayuda imperial (Estrabón, 12.8.18). Sobre la destrucción y reconstrucción de Laodicea, ver Or. sib. 4.107-8; *cf.* otras profecías de juicio en Or. sib. 5.289-91 (por medio de un terremoto); 7.22 (probablemente material cristiano).
18. Ver Estrabón, 12.8.16; Vitruvio, 8.3.14; ver Ramsay, *Letters to the Seven Churches*, 429.
19. Ver Galeno, *De san. tuenda* 6.4.39; Estrabón, 12.8.20; ver la cautelosa (apropiadamente) aprobación en Hemer, *Letters to the Seven Churches*, 196-99; Horsley, ed., New Documents, 3:56, §17; Aune, *Revelation*, 1:260. El colirio era útil cuando se utlizaba de manera apropiada (Epicteto, *Disc.* 2.21.20; 3.21.21); sin embargo, la aplicación en los ojos de un ungüento erróneo podría producir la ceguera (Diodoro Siculo, 22.1.2; Dionisio de Halicarnaso, 20.5.2-3; Apiano, *R.H.* 3.9.2).
20. Las deidades podían utilizar medicamentos para los ojos (Inscripción de Epidauros. 4, 9), y ciertas fuentes judías hablan de un colirio milagroso (Tob. 6:8; 11:11-13) que se parecía a ciertas costumbres medicinales de la antigüedad (Bernd Kollmann, "Göttliche Offenbarung magischpharmakologischer Heilkunst im Buch Tobit", *ZAW* 106 [1994]: 289-99). Algunos sabios judíos utilizaban los medicamentos como un símbolo de la ley de Dios (*Sifre Dt.* 45.1.1-2; *Lv. Rab.* 12:3; *Dt. Rab.* 8:4); sobre los colirios judíos en general, *cf.* P. R. Berger, "Kollyrium für die blinden Augen, Apk. 3:18", *NovT* 27 (abril de 1985): 174-95; ver además, *b. Shab.* 108b; *Lam. Rab.* 4:15, §18.
21. Yamauchi, *The Archaeology of New Testament Cities*, 145; sobre Hierápolis, ver Lightfoot, *Colossians,* 11-12; sobre sus manantiales curativos, Estrabón, 13.4.14.

que, aunque ahora ve, será ciego y aunque es rico, será, sin embargo, pobre;[22] pero esta metáfora es especialmente común en los profetas bíblicos (Is 6:10; 29:9; 42:19; 43:8; 56:10; Jer 5:21; Ez 12:2; cf. Jn 9:39-41). Reflejando los valores de su próspera sociedad, los cristianos de Laodicea se jactan, "soy rico; me he enriquecido", como el Israel de antaño (Os 12:8).[23] Jesús les aconseja que le compren a él verdaderas riquezas y ropas (Ap 3:18; 21:18, 21; cf. Is 55:1), algo que contrasta marcadamente con la grandiosidad del mundo (Ap. 17:4; 18:12, 16).

Y para que nadie malinterprete el tono y la motivación de su represión, Jesús deja claro que lo que le mueve es el amor (3:19, utilizando el lenguaje de Pr 3:12; cf. Heb 12:6; 1 Clem 56.4).[24] No solo no los rechaza, sino que Jesús quiere cenar con ellos (Ap 3:20), una imagen familiar de la antigüedad para expresar intimidad;[25] invitar a Jesús a compartir una comida era el mínimo acto de hospitalidad que cabría esperar incluso hacia un conocido. ¿Puede acaso un cristiano, que llama Señor a Jesús, hacer algo menos? La naturaleza personal de la invitación no solo sugiere el futuro banquete mesiánico (2:17; 19:9), sino un anticipo presente de la intimidad que pueden disfrutar quienes responden al llamamiento de Jesús; escuchar la "voz" de Jesús puede producir los mismos resultados que en Juan 10:3-4. Jesús está invitando a los cristianos de Laodicea a darse cuenta de que, con su autosuficiencia, lo han dejado fuera de sus vidas.

A quienes, como él, "vencen" (3:21), Jesús les promete compartir su autoridad. Se trata de una promesa familiar para el futuro en Apocalipsis (2:26-27; 5:10; 20:6; 22:5); aunque en el presente los creyentes com-

---

22. Sófocles, Oed. Tyr. 454-55.
23. Ver Beale, Revelation, 304; quienes deseen considerar paralelismos extrabíblicos, en especial sobre el acento estoico en la verdadera riqueza del sabio, ver Aune, Revelation, 1:258-59. En otros lugares la desnudez se utiliza en sentido figurado (4QpNah 2.8-3.1).
24. La idea de que Dios "disciplina" al justo o a sus hijos aparece frecuentemente en los antiguos textos judíos (Sal. Sal. 3:4; 8:26; 10:1-3; 13:9-10; 14:1-2; 18:4; Sab. Sal. 3:5; 12:22; 2 Mac. 7:32-35; Sifre Dt. 32.5.6-7).
25. No está, por tanto, claro si este dicho se refiere a la parábola del portero (Mt 24:42; Mr 13:33-37; Lc 12:37b.; Stg 5:9), como piensa Joachim Jeremias (*The Parables of Jesus*, 2d rev. ed. [Nueva York: Scribner, 1972], 55). Otros creen que se trata de una alusión a Cantar de los Cantares 5:2, especialmente como lo entiende la tradición judía (André Feuillet, "Le Cantique des Cantiques et L'apocalypse. Étude de deux réminiscences du Cantique dans l'Apocalypse johannique", RSR 49 [1961]: 321-53; Enric Cortès, "Una interpretación judía de Cant 5,2 en Ap 3,19b-20", Revista Catalana de Teologia 4 [1979]: 239-58; esto encajaría con la invitación del novio a su banquete (Ap 19:9; cf. Lc 12:36-37). Es posible que exista una conexión con que Jesús comiera con los pecadores (ver Tim Wiarda, "Revelation 3:20: Imagery and Literary Context", JETS 38 [junio de 1995]: 203-12). Sobre llamar, ver Calímaco, Himno 2.1-8.

parten la exaltación de Cristo sobre los poderes diabólicos (Ef 1:20-23; 2:6), el Nuevo Testamento indica que la plenitud de nuestro reinado aguarda el regreso de Cristo (Mt 5:5; Ro 5:17; 8:32; 2Ti 2:12). La entronización y reinado escatológico de los justos es un concepto judío familiar (Dn 7:22; 1 En. 108:12).[26]

Construyendo Puentes

No podemos permitir que nuestras presuposiciones teológicas controlen nuestra lectura del texto. Un ejemplo extremo de esta práctica lo tenemos en la secta que interpreta la frase de 3:14 "principio de la creación de Dios" (que la NVI traduce "soberano de la creación de Dios") como indicación de que, aunque el primero, Jesús es un ser creado.[27] Pero esta interpretación es un intento de forzar los textos bíblicos para que armonicen con un compromiso teológico previo. En el libro de Apocalipsis, la palabra "principio" es, de hecho, un título divino idéntico a "el Primero y el Último" (21:6; 22:13) que en Isaías es explícitamente divino (Is 41:4; 44:6; 48:12). A la vista de este uso, Jesús es aquí la fuente de la creación más que su primer objeto; lejos de ser una prueba en sentido contrario, este texto implica precisamente su deidad. "'Dios no tiene origen', dijo Novaciano, y es precisamente este concepto de no origen lo que distingue a lo que es Dios de aquello que no lo es".[28]

Algunos autores han exagerado nuestros futuros privilegios espirituales afirmando que los cristianos compartirán "igualdad" con Dios.[29] Aunque esta idea va en contra de todo el talante de la Escritura, uno de los textos en el que pueden encontrar más apoyo para este tipo de afirmación es 3:21. Puede argumentarse que compartir un trono quizá

---

26. *Cf.* máxima sobre la sabiduría más en general en Sir. 40:3. Si Ap 3:21 refleja, en algún sentido, el dicho de Jesús en Mt 19:28 y Lc 22:30 (Roloff, *Revelation*, 65), hace entonces extensivo a todos un dicho dirigido a los doce.
27. P. ej. *Revelation: Grand Climax*, 66, aunque con escaso comentario. Ver también la anterior posición arriana sostenida por una parte de la clerecía oriental en Robert Payne, "A Hammer Struck at Heresy", *Christian History* 51 (1996): 11-19 (p. 17).
28. A. W. Tozer, *The Knowledge of the Holy* (Nueva York: Harper and Row, 1961), 32.
29. Según algunos populares maestros de nuestro tiempo, los cristianos son Cristo (Kenneth Hagin, *Authority of the Believer*, 11-12; "Understanding Confession", 25-27; *Zoe: The God-Kind of Life* [1981], 41; *The Name of Jesus*, 105-6); el ser humano pertenece a la clase de ser de Dios (Hagin, *Zoe*, 36; Kenneth Copeland, "The Decision Is Yours" [1978], 6) y "nunca fue creado para ser esclavo, [...] sino en términos de igualdad con Dios, y podría estar en su presencia sin ninguna conciencia de inferioridad" (*Zoe*, 35).

connote la igualdad de quienes lo comparten.[30] El principal objetivo de la imagen es, no obstante, subrayar la exaltación de los creyentes para que reinen con Cristo (5:10; 20:6; 22:5); es evidente que el resto del libro distingue este reinado como algo sujeto a Dios por toda la eternidad (4:10; 22:2-4).

Por supuesto, los cristianos ortodoxos somos también susceptibles de malinterpretar otros textos en virtud de nuestras tradiciones interpretativas, aunque sea a un nivel inferior. En ocasiones, la aplicación que hemos oído de un texto determinado confunde nuestra interpretación. Algunos intérpretes consideran que el término "caliente" significa algo bueno, que simboliza un fervoroso celo por Dios, mientras que "frío" alude a un estado espiritual de muerte, y "tibio" a la condición de quienes, en el ámbito espiritual, pretenden jugar a dos bandas.[31]

Aunque es sin duda cierto que Dios se opone a cualquier intento de un doble juego espiritual (cf. Stg 4:4, 7-8), esta interpretación no consigue captar el objetivo de la analogía. El calor no siempre es un símbolo positivo en la Biblia ni el frío significa en todos los casos algo negativo (cf. el fuego como juicio en Mt 3:10-12); en la literatura antigua, el agua fría es más a menudo un símbolo positivo que la caliente (cf. Mt 10:42). En realidad, lo que quiere decir es que mientras el agua caliente o fría desempeña importantes funciones, incluso a veces como bebida, no es así en el caso del agua tibia que ha de calentarse más o dejarse en alguna sombra para que se enfríe. Igual que algunos remilgados laodicenses se quejaban de que el agua de la ciudad les producía náuseas, Jesús dice a los delicados cristianos de Laodicea que así es exactamente cómo se siente él con respecto a ellos.[32]

Contextualizar el mensaje para la iglesia de hoy no significa endulzarlo, porque, cuando Jesús habla con dureza a los cristianos de Laodicea, se está dirigiendo a una iglesia que es, en muchos sentidos, como muchas de nuestro tiempo (ver comentarios a continuación).

---

30. Aune, *Revelation*, 1:262, sostiene que la imagen de 3:21 podría ser la del biselio, o trono doble, conocido en la antigüedad.
31. P. ej. Walvoord, *Revelation*, 91-92; Richard, *Apocalypse*, 62; cf. Meeks, *Moral World*, 147. En cambio, Aune, *Revelation*, 1:257, sugiere que el término "caliente" alude a algo malo (Pr 15:18), y "frío" a algo bueno (Pr 17:27, NRSV); al menos, esto no fuerza las figuras literarias modernas para que encajen en Apocalipsis.
32. Es incluso posible que vomitar implique, como sugiere John Piper, (*Sed de Dios: meditaciones de un hedonista cristiano*. Barcelona: Publicaciones Andamio, 2001, p. 261 del original en inglés), que la "eternidad está en juego" cuando perdemos nuestro deseo por Dios.

Significado Contemporáneo

Escuchar la reprensión de Jesús. Las palabras de Jesús a la iglesia de Laodicea no solo son incómodas por su contenido, sino por el mero hecho de ser una reprensión (3:19). La atmósfera terapéutica del moderno cristianismo occidental propicia que no queramos oír hablar de un Dios que nos habla con dureza. Muchos cristianos se sienten defraudados (algunos tienen buenas razones para ello) y consideran insensible cualquier crítica de los valores personales, propios o ajenos. Pero Cristo tiene palabras duras para muchos de nosotros.

Naturalmente, Jesús habla con ternura a quienes han sido verdaderamente quebrantados, a los débiles y marginados, a los que han sufrido (2:9-10; 3:8-10). No deberíamos aplicar de manera insensible la directa reprensión de Jesús a la iglesia de Laodicea a nuestros hermanos y hermanas que experimentan verdadero dolor en sus vidas. Pero las palabras de Jesús sacuden como un trueno a aquellas iglesias que están envanecidas y seguras de sus dotes y patrimonios, y que, como la sociedad e iglesia laodiceas, sienten poca necesidad de buscar ayuda fuera de sí mismas.

Sin embargo, ni siquiera cuando Jesús reprende a los cristianos autocomplacientes y engreídos podemos pasar por alto el tono de su voz. Sus lamentos de reprobación no fluyen de una indignación irracional, sino de un corazón quebrantado: "Yo reprendo y disciplino a todos los que amo" (3:19). Después, Jesús nos invita a cenar (probablemente, hablar de "comer juntos" no sea una expresión suficientemente intensa en este caso) si estamos dispuestos simplemente a abrirle la puerta (3:20). Dios desea tener intimidad con nosotros en los recovecos más profundos de nuestras vidas.[33] El enfoque de este texto es la reprobación y llamamiento de Jesús a los cristianos impenitentes.[34]

---

33. Sobre esta clase de intimidad en oración, ver Richard J. Foster, *Prayer: Finding the Heart's True Home* (Nueva York: Harper Collins, 1992), 1. Sobre escuchar la voz de Dios hay exposiciones desde ángulos hasta cierto punto distintos (pero no contradictorios), Jack Deere, *Surprised by the Voice of God* (Grand Rapids: Zondervan, 1996); y Craig S. Keener, *3 Crucial Questions About the Holy Spirit* (Grand Rapids: Baker, 1996), 131-80.
34. Una aplicación secundaria a la evangelización no es necesariamente errónea si se hace en la línea del principio del acercamiento de Jesús a las personas (Wiarda, "Revelation 3:20", 212); *cf.* la aplicación de Pablo del lenguaje evangelizador a los cristianos impenitentes en 2 Corintios 5:20–6:2.

El peligro de la prosperidad material y la pobreza espiritual. La iglesia de Laodicea reflejaba los valores presentes en su cultura del orgullo y la autosuficiencia, considerando innecesaria cualquier ayuda externa, incluida la del Señor (3:17). La actitud de estos cristianos contrastaba con la de las sufrientes iglesias que reconocían la desesperada necesidad de la intervención de Dios (*cf.* 2:9; 3:8). Comparando a las iglesias del mundo occidental con las de otras muchas partes del mundo, temo que los problemas de los cristianos laodicenses se parezcan mucho a los nuestros.[35] Oímos hablar de enormes sufrimientos en otros lugares y, a menudo, les encontramos explicaciones de orden teológico o sociológico para eludir la idea de que nosotros podríamos experimentar las mismas penurias. Muchos tenemos un gran interés en exportar el profundo saber del cristianismo norteamericano sin primero escuchar humildemente las lecciones aprendidas por otras iglesias que han sufrido mucho más que nosotros.

La falta de oración, o la aridez devocional, tan característica de muchas de nuestras vidas en Occidente, son a menudo fruto de no percibir nuestra necesidad ante Dios. Nuestra abundancia material puede, si no estamos en guardia, resultar una fuente de pobreza espiritual como sucedió con los cristianos de Laodicea. Nuestra indiferencia ante la persecución, la opresión política y otras formas de profundo sufrimiento entre nuestros hermanos de muchas regiones delatan también nuestro contentamiento con el mundo como lo experimentamos. Al igual que en Laodicea, la prosperidad puede cegarnos. Observemos este comentario de Richard Stearns de Mundo Visión, exdirector ejecutivo de Lenox, Inc. (empresa fabricante de porcelana fina): "Si el libro de Apocalipsis se escribiera hoy y consignara una carta para la iglesia de los Estados Unidos, creo que censuraría que nuestro materialismo y prosperidad económica nos hayan hecho sordos y ciegos a la causa de los pobres".[36]

A algunos nos cuesta aprender este tipo de comparaciones. Un ministro expresó su estupefacción cuando uno de los miembros de una delegación de visitantes rusos se lamentó de la desilusión que habían supuesto los jóvenes cristianos norteamericanos. "Siendo cristianos, esperaba que tuvieran interés en las cosas espirituales, pero resulta que son más

---

35. Así lo entienden también algunos otros observadores, p. ej., Karen M. Feaver, "Chinese Lessons", *CT* (16 de mayo de 1994), 33-34; J. I. Packer, *Knowing God* (Downers Grove, Ill.: InterVarsity, 1973), 174, sobre algunas iglesias occidentales, y añadiendo que hemos de arrepentirnos "antes de que caiga el juicio" (175).
36. *World Vision News* (verano de 1998), 5.

materialistas que los jóvenes marxistas de mi país".[37] Puede que de manera un tanto exagerada, un estudiante judío recién convertido se quejaba al mismo ministro: "Si alguien tomara las Bienaventuranzas de Jesús (Mt 5:3-12) y decidiera crear una religión que las contradijera por completo, el resultado sería probablemente la iglesia protestante".[38] En la cárcel, el antiguo televangelista Jim Bakker se dio cuenta, horrorizado, de que había estado predicando todo lo contrario de lo que Jesús había enseñado.[39] Tenemos un largo trecho que recorrer para cumplir el llamamiento de Dios.

Algunas iglesias son débiles y, sin embargo, perseveran (3:8); algunos son pobres, pero ricos (2:9), como los cristianos nepaleses, que han crecido de manera asombrosa en medio de mucho sufrimiento y pobreza. Sin embargo, algunas iglesias piensan que son ricas, pero ignoran su enorme carencia de verdadero poder espiritual (3:17-18). No nos vemos a nosotros mismos como arrogantes y faltos de compromiso, y, sin embargo, mientras nuestros hermanos y hermanas en Cristo sufren y mueren por su fe en muchos lugares del mundo, compartimos poco de nuestros recursos para ayudarles, y la mayoría de los cristianos norteamericanos ni siquiera oramos por ellos. Cuando nuestra economía es relativamente fuerte, tenemos ocasión de multiplicar muchas veces nuestros recursos; sin embargo, nuestro tiempo, como el de cualquier otra nación, se terminará. Ojalá que tengamos la sabiduría de sembrar para la eternidad mientras tengamos oportunidad.

"Antes era duro [ser cristiano] porque el coste era elevado —observó un comentarista—, hoy lo es precisamente por lo contrario. De las dos situaciones, la última es sin lugar a dudas la más insidiosa".[40] "No veo cómo puede prolongarse por mucho tiempo un avivamiento de la religión", se quejaba Wesley; puesto que la verdadera religión produce esforzado trabajo y ahorro, lo cual genera prosperidad económica, pero la prosperidad produce a su vez "amor al mundo en todas sus ramas".[41]

---

37. Tony Campolo, *Wake Up America!* (Grand Rapids: Zondervan, 1991), xii.
38. *Ibíd.*, 96.
39. Jim Bakker con Ken Abraham, *I Was Wrong* (Nashville: Thomas Nelson, 1996), 531-44. Las profundas lecciones que ofrecen las francas y pesarosas revelaciones de Bakker en este capítulo bien valen el precio del libro.
40. John Fischer, "When Christianity Pays", *Contemporary Christian Magazine* 8 (diciembre de 1985): 46.
41. Nathan O. Hatch y Michael S. Hamilton, "Can Evangelicalism Survive Its Success?" *CT* (5 de octubre de 1992), 20-31 (p. 31). Sobre el punto de vista de Wesley acerca de los recursos cristianos, ver Theodore W. Jennings Jr., *Good News to the Poor: John Wesley's Evangelical Economics* (Nashville: Abingdon, 1990); sobre vivir una vida

Una advertencia pronunciada por el Dr. Martin Luther King Jr. en el contexto del silencio de la iglesia sobre la segregación racial, tiene hoy plena vigencia en relación con su aislamiento de los asuntos relevantes de nuestro tiempo:

> pero el juicio de Dios está hoy sobre la iglesia como nunca antes. Si la iglesia de nuestro tiempo no recupera el espíritu sacrificado de la iglesia primitiva, extraviará su auténtico círculo, perderá la lealtad de millones y será rechazada como un club social irrelevante que no tiene nada que aportar en el siglo XX. Cada día hablo con jóvenes cuya desilusión con la iglesia se ha convertido en total indignación. Puede que, de nuevo, haya sido demasiado optimista. ¿Está acaso la religión organizada tan inextricablemente vinculada al *statu quo* que es incapaz de salvar a nuestra nación y al mundo?[42]

Este no era un problema especial de la época de Luther King; muchos de los abolicionistas "acabaron desilusionados e indignados" por la tibia respuesta de la mayor parte de la iglesia a su clamor de justicia, "y algunos de ellos perdieron la fe".[43] Esta desilusión ayudó a preparar el terreno para un secularismo creciente en los Estados Unidos.

Experimentando la tribulación. En el plano práctico, el cristianismo occidental ha dado en ocasiones una falsa impresión sobre el coste del evangelio aun fuera de sus círculos. En un memorándum que celebraba la propagación del mensaje de Cristo en China, el director de misiones de una denominación estadounidense observó que, durante las purgas de Mao Tse Tung que llevaron a millones de muertes, muchos cristianos chinos creyeron que "la gran tribulación había comenzado, que se habían perdido el esperado arrebatamiento de la iglesia y que estaban ahora abocados a la fría posibilidad del martirio".[44] No obstante, cuando captamos todo el contexto de Apocalipsis, entendemos que todos los cristianos deberían estar preparados para el martirio y enseñar según este criterio. Como lo dijo el Hermano Andrés, instando

---

sencilla en general, ver Frank Martin, "Lighten Your Load", *Discipleship Journal* 78 (novembre de 1993): 28-31.
42. Martin Luther King, Jr., "Letter from the Birmingham City Jail" (16 de abril de 1963 [p. 12 en mi edición]).
43. Tim Stafford, "The Abolitionists", *Christian History* 33 (1992): 21-25 (pp. 24-25).
44. Carta circular de G. Edward Nelson, Secretario de Relaciones en los EE.UU., Asambleas de Dios, División de Misiones Extranjeras (febrero de 1986), 1.

a los cristianos norteamericanos a arriesgar sus vidas por el evangelio, muchos cristianos chinos no querían que los misioneros regresaran, porque "hemos pasado por la gran tribulación y no había ningún arrebatamiento. Ustedes nos han mentido".[45]

Esta no ha sido la única ocasión en que los cristianos han creído experimentar la gran tribulación; como los padres de la iglesia, por ejemplo, los primeros anabaptistas —un grupo protestante, odiado igualmente por católicos y otros protestantes—, creyeron estar viviendo la tribulación inmediatamente anterior a la Segunda Venida.[46] Nuestra creciente vulnerabilidad al terrorismo internacional está comenzando a hacernos pensar, recordándonos que Estados Unidos, como cualquier otra nación e imperio de la historia, tiene un tiempo limitado dentro del plan de Dios.[47] Nosotros, los cristianos, no deberíamos utilizar el tiempo que le queda a nuestro país como estado relevante para incrementar nuestra opulencia, sino para servir a los propósitos de Dios entre las naciones.

La única solución al cristianismo laodiceo es el arrepentimiento (3:19), la admisión de que consumimos nuestras fabulosas cenas sin la presencia de Jesús (3:20), que solo habita con los contritos y quebrantados (Is 57:15; 66:2; Stg 4:6). Comemos sin él, porque nuestra autoglorificación, que se parece a la del mundo (Ap 18:7), le produce náuseas (3:16). Si humillamos nuestros corazones y escuchamos su voz en las Escrituras y a través de las iglesias de otros lugares, todavía podemos vencer.

---

45. Michael Maudlin, "God's Smuggler Confesses", *CT* (11 de diciembre de 1995), 45-46, donde el Hermano Andrés sostiene que el pretribulacionismo es una ilusión y ha de hacérsele frente.
46. Walter Klaasen, ed., *Anabaptism in Outline: Selected Primary Sources* (Scottsdale, Pa.: Herald, 1981), 317-21. Sobre el sufrimiento cristiano durante la tribulación del periodo de los padres de la iglesia, ver Hermas 1.4.2-3; Ireneo, *Her.* 5.28.4; 5.29.1; 5.35.1; Clemente, *Homilías* 2.17; Ambrosio, *Comentario de Lucas* 10; cf. Did. 10.
47. Ver comentarios sobre el terrorismo bajo 6:4.

Apocalipsis 4:1-11

Después de esto miré, y allí en el cielo había una puerta abierta. Y la voz que me había hablado antes con sonido como de trompeta me dijo: «Sube acá: voy a mostrarte lo que tiene que suceder después de esto». ² Al instante vino sobre mí el Espíritu y vi un trono en el cielo, y a alguien sentado en el trono. ³ El que estaba sentado tenía un aspecto semejante a una piedra de jaspe y de cornalina. Alrededor del trono había un arco iris que se asemejaba a una esmeralda. ⁴ Rodeaban al trono otros veinticuatro tronos, en los que estaban sentados veinticuatro ancianos vestidos de blanco y con una corona de oro en la cabeza. ⁵ Del trono salían relámpagos, estruendos y truenos. Delante del trono ardían siete antorchas de fuego, que son los siete espíritus de Dios, ⁶ y había algo parecido a un mar de vidrio, como de cristal transparente.

En el centro, alrededor del trono, había cuatro seres vivientes cubiertos de ojos por delante y por detrás. ⁷ El primero de los seres vivientes era semejante a un león; el segundo, a un toro; el tercero tenía rostro como de hombre; el cuarto era semejante a un águila en vuelo. ⁸ Cada uno de ellos tenía seis alas y estaba cubierto de ojos, por encima y por debajo de las alas. Y día y noche repetían sin cesar:

«Santo, santo, santo
es el Señor Dios Todopoderoso,
el que era y que es y que ha de venir».

⁹ Cada vez que estos seres vivientes daban gloria, honra y acción de gracias al que estaba sentado en el trono, al que vive por los siglos de los siglos, ¹⁰ los veinticuatro ancianos se postraban ante él y adoraban al que vive por los siglos de los siglos. Y rendían sus coronas delante del trono exclamando:

¹¹ «Digno eres, Señor y Dios nuestro,
de recibir la gloria, la honra y el poder,
porque tú creaste todas las cosas;
por tu voluntad existen
y fueron creadas».

 Los eruditos han leído de distintas maneras la sección de Apocalipsis que sigue a las cartas a las iglesias.[1] Pero lo más probable es que los capítulos 4-5 introduzcan los acontecimientos celestiales que preceden y explican los sellos, trompetas y copas de los capítulos 6-16; los acontecimientos que se producen en el cielo afectan a los acontecimientos de la tierra y se ven afectados por ellos (12:7-12).

La visión del trono consignada en Apocalipsis 4 —como la mayor parte de este libro— se parece a las visiones que encontramos en los profetas bíblicos (esp. Is 6:1-5; Ez 1:4-28; Dn 7:9-14).[2] Sin embargo, aunque el libro de Apocalipsis es bíblico, también es relevante en lo que concierne a los asuntos y el lenguaje de su tiempo: Juan subraya frecuentemente los temas más dominantes de la literatura de sus contemporáneos que llamamos literatura apocalíptica. Desde un principio, los textos apocalípticos judíos se centraron particularmente en las visiones del trono de Ezequiel e Isaías y las desarrollaron.[3] El lenguaje de Juan se hace habitualmente eco de la Escritura, pero comparte esta característica con algunos de sus contemporáneos: la expresión "Y miré y he aquí" (trad. lit. de 4:1) utiliza el mismo lenguaje de Ezequiel (p. ej., Ez 1:4, 15; 2:9; 8:2, 7, 10; 44:4) y Daniel (Dn 8:3, 15; 10:5; 12:5) que también se convierte en algo característico de las visiones apocalípticas (p. ej., 1 Enoc 14:14-15, 18; 85:3).[4]

La similitud temática entre el libro de Apocalipsis y las otras visiones apocalípticas hace que algunas de las diferencias en los detalles sean todavía más sorprendentes. Los textos apocalípticos narran frecuentemente el arduo recorrido del visionario a través de varias puertas celestiales hasta alcanzar el trono de Dios (p. ej., 1 Enoc 14:9-13); algunos

---

1. Corsini, *Apocalypse*, 120-21, lee Apocalipsis 4:1-8:1 como una alegoría de la historia de la salvación que comienza con la caída; André Feuillet, *Johannine Studies*, tr. Thomas E. Crane (Staten Island, N.Y.: Alba House, 1964), 256, sugiere que Apocalipsis 4-11 explica el Apocalipsis sinóptico, comenzando con el año 70 d.C.
2. Por mi parte, considero que el primer capítulo de Ezequiel es aquí una fuente esencial; no obstante, *cf.* G. K. Beale, "The Use of Daniel in the Synoptic Eschatological Discourse and in the Book of Revelation", 130-37 en *The Jesus Tradition Outside the Gospels*, ed. D. Wenham (Sheffield: JSOT, 1984), 134, quien defiende la prioridad de Dn 7. En cualquier caso, los textos de la Merkaba armonizan elementos de las tres fuentes (P. Alexander, "Introduction" to 3 Enoc, *OTP*, 1:247).
3. P. ej. D. Dimant y J. Strugnell, "The Merkabah Vision in Second Ezekiel (4Q385 4)", *RevQ* 14 (1990): 331-48; Ver además Aune, *Revelation*, 1:276-78.
4. Ver también 4 Esd. 11:2, 5, 7, 10, 12, 20, 22, 24-26, 28, 33, 35, 37. Es un modismo semítico común, que aparece unas cincuenta veces en el Antiguo Testamento, pero solo siete en el Nuevo, todas ellas en Apocalipsis (4:1; 6:2, 5, 8; 7:9; 14:1, 14).

sugieren ciertos peligros presentes en este recorrido.⁵ Sin embargo, y coincidiendo con sus predecesores bíblicos, Juan es simplemente transportado a las regiones celestiales por la soberana convocatoria de Dios (Ap 4:1) y la inspiración del Espíritu (4:2; *cf.* 17:3; 21:10). Algunos textos consignan la ayuda angélica para la ascensión (p. ej., 1 Enoc 71:5; 87:3; 2 Enoc 7:1; 2 Bar. 6:3-4), pero Juan es simplemente llevado por el Espíritu, como lo fue Ezequiel (Ez 2:2; 3:12,14,24; 8:3; 11:1,5,24; 37:1; 43:5).⁶

La puerta "abierta" en el cielo (4:1) significa lo que a menudo expresa esta imagen, a saber, la revelación de Dios (11:19; 15:5; *cf.* Ez 1:1; Mr 1:10; Jn 1:51).⁷ Juan no tiene que forzar las cosas para entrar al cielo, como creían algunos de sus contemporáneos, sino que se le invita a hacerlo, y ello en un lenguaje que recuerda al del llamamiento divino a Moisés para recibir su revelación: "Sube aquí" (Ap 4:1; *cf.* Éx 19:20, 24; 24:12; 34:2) que recuerda la primera visión bíblica del trono (Éx 24:10-12; *cf.* también 19:24). La tradición judía reconoció (ver título del libro de Jubileos; Ps. Filón 11:2) y desarrolló el llamamiento de Dios a Moisés, y lo hizo hasta tal punto que, con el tiempo, muchos ase-

---

5. No hay aquí ninguna transformación mística como en ciertos textos (ver al respecto 1 Enoc 71:11; 2 Enoc 22:8-10; 3 Enoc 15:1; C. R. A. Morray-Jones, "Transformational Mysticism in the Apocalyptic-Merkabah Tradition", *JJS* 43 [1992]: 1-31). Ciertos Apocalipsis posteriores (p. ej., T. Jacob) consignan también, a menudo, viajes por el cielo y el infierno, como los que encontramos en Milton; *cf.* Richard J. Bauckham, "Early Jewish Visions of Hell", *JTS* 41 (1990): 355–85. Los "viajes por el infierno" eran en un principio un género griego (p. ej., *Select Papyri* 3:416-21) con raíces no posteriores a las entrevistas con los espíritus del inframundo en *La Odisea* de Homero.
6. Podría contrastarse una ascensión "en espíritu" con una "corporal" como en ciertos textos (1 Enoc 71:1; T. Abr. 8B; 2Co 12:2-3), pero en el contexto de Apocalipsis la palabra "Espíritu" ha de aludir aquí al Espíritu de Dios que inspira a los profetas (Ap 1:10; 2:7; 19:10; *cf.* Odas Sal. 36:1-2; Hermas 1.1.1; 1.2.1; Craig S. Keener, *The Spirit in the Gospels and Acts* [Peabody, Mass.: Hendrickson, 1997], 10-13).
7. Sobre la abertura de los cielos en las epifanías judías, ver 1 En. 14:8; 2 Bar. 22:1; Test. Leví 2:6; 5:1; F. Lentzen-Deis, "Das Motiv der 'Himmelsöffnung' in verschiedenen Gattungen der Umweltliteratur des Neuen Testaments", *Biblica* 50 (1969): 301-27. Tanto los judíos como otros pueblos podían entender la apertura del cielo para enviar o recibir a los portadores de la revelación divina (Virgilio, *En.* 9.20-21; T. Abr. 7 A). Los textos antiguos vislumbran con frecuencia "verjas" o "puertas" celestiales (p. ej., *PGM*, 4.662-63).

guraban que hubo una ascensión al cielo.⁸ Los autores judíos aplicaron también este mismo lenguaje a otras visiones celestiales.⁹

Si la forma de entrada al cielo de Juan (4:1-2) difiere sorprendentemente de las visiones apocalípticas de sus contemporáneos, con su visión de la corte celestial sucede lo mismo (4:3-11). A las principales deidades de las culturas circundantes, entendidas como gobernantes, se las describía naturalmente como entronizadas. El pueblo judío reconocía, pues, con naturalidad que Dios estaba entronizado, y las visiones bíblicas desarrollaban esta imagen (1R 22:19; Is 6:1; 66:1; Ez 1:26; 10:1); sin embargo, las visiones del trono caracterizaban especialmente el misticismo judío y sus obras apocalípticas.¹⁰ La contemplación del trono era, de hecho, la meta de ciertas formas de misticismo judío (p. ej., 3 Enoc 1).

Algunos apocalipsis desarrollan el carácter del trono de Dios con gran lujo de detalle para magnificar su majestad; más dispuesto a reconocer la incapacidad del lenguaje humano para comunicar la grandiosidad de Dios, Juan presenta su visión del trono sin este tipo de adornos.¹¹ La corte celestial plantea también un marcado contraste con la pretensión de una grandeza meramente terrenal que vemos en la corte de los emperadores romanos adorados en Asia.¹² La adoración celestial contrasta, pues, completamente con el culto terrenal de la bestia (13:4-8,

---

8. P. ej. *Sifre Dt.* 49.2.1; *Ex. Rab.* 28:1; 47:5; *Lv. Rab.* 1:15; *Pes. Rab.* 20:4. No está claro si esta tradición estaba ya consolidada en el tiempo de Juan, *cf.* no obstante, Dt 30:12.
9. P. ej. 1 Enoc 14:24-25; 15:1; 2 Enoc 21:3; 3 Enoc 41:1; 42:1; 43:1; 44:1; 47:1; también *b. Hag* 14b (un rabino repitiendo la experiencia de Moisés); *cf.* Plutarco, *Venganza Divina* 33, Mor. 568A. "Ven y escucha" o "ven y te enseñaré" eran maneras comunes de invitar a los oyentes a considerar detenidamente una enseñanza (p. ej., *b. Ber.* 19b; *Men.* 109b.); sin embargo, la expresión "Ven y te mostraré" podría ser también una invitación a ver algo (*b. B.B.* 46a; 73b-74a; *Bek.* 28b).
10. Sobre Dios entronizado, ver Sir. 1:8; 1 Enoc 9:4; 18:8; 2 Enoc 1a:4; 20:3; T. Moisés 4:2; *CIJ*, 2:54, §802; para retratos apocalípticos y místicos, ver *Vida de Adán* 25:3-4; T. Leví 5; Gershom G. Scholem, *Las grandes tendencias de la mística judía*. México: Fondo de Cultura Económica, 1993, p. 44 del original en inglés. En los templos de Asia, como en los de otros lugares, había a menudo tronos para sus deidades (*cf.* David W. J. Gill, "Religion in a Local Setting", 79-92 en *The Book of Acts in Its Greco-Roman Setting*, ed. D. W. J. Gill y C. Gempf [Grand Rapids: Eerdmans, 1994], 89).
11. Algunos textos desarrollan la imaginería bíblica de un modo parecido a como lo hace aquí el libro de Apocalipsis, aunque a menudo de un modo más completo (p. ej., 1 Enoc 14:18-20; 71:5-9). Sobre la magnitud de las realidades celestiales en fuentes de periodos posteriores ver, sin embargo, 3 Enoc 9:2-3; *Pes. Rab.* 20:4.
12. Ver David E. Aune, "The Influence of the Roman Imperial Court Ceremonial on the Apocalypse of John", *Biblical Research* 28 (1983): 5-26; Meeks, *Moral World*, 145.

15).[13] Igual que los coros griegos explicaban la acción de sus obras dramáticas, los cantos celestiales de Apocalipsis nos ofrecen la verdadera imagen de los acontecimientos del libro: Pase lo que pase en la tierra, Dios tiene verdaderamente el control de todo.[14]

El "arco iris" (4:3) recuerda el resplandor del trono de Dios en Ezequiel 1:28. El "jaspe" (4:3) era también transparente y brillante, y por ello los receptores de Juan reconocerán más adelante la nueva Jerusalén como el lugar de su gloriosa morada (21:11, 18-20); en Ezequiel, el trono de Dios se asemejaba al zafiro (Ez 1:26; 10:1).

Como otros adoradores que encontramos en la corte celestial (4:7-9; 5:11-14), los veinticuatro ancianos que están alrededor del trono (4:4), ilustran la apropiada respuesta a la gloria de Dios, a saber, la adoración (4:10-11; 5:8-10, 14).[15] En este sentido, aunque es difícil disputar su función literaria, no sucede lo mismo con su identidad. Algunos los consideran ángeles, otros creen que son santos del Antiguo Testamento.[16] Pero lo más probable es que representen a todos los creyentes. Es posible que el número veinticuatro (doce por dos) represente la unidad entre los pueblos de Dios del Antiguo y Nuevo Testamentos (ver 21:12-14). Sin embargo, teniendo en cuenta su función en la adoración, representan

---

13. Ver Paul S. Minear, "The Cosmology of the Apocalypse", 23-37 en *Current Issues in New Testament Interpretation: Essays in honor of Otto A. Piper*, ed. W. Klassen y G. F. Snyder (Nueva York: Harper & Row, 1962), 31.
14. Ver Tenney, *Revelation*, 36; *cf.* Gerhard Delling, "Zum Gottsdienstlichen Stil der Johannes-Apokalypse", *NovT* 3 (1959): 107-37.
15. Estos rodean el trono como si de una corte real se tratara (algunos citan también la tradición del Sanedrín [Bowman, *First Christian Drama*, 43]), pero también como un coro griego (*cf.* Calímaco, *Himno* 4.301; 4 Mac. 8:4; 13:8; 14:7-8; podían estar formados por veinticuatro miembros), cuya función como personaje colectivo y normalmente confiable llevan a cabo en este versículo. En las visiones judías, tanto los ángeles (T. Abr. 7 A) como los mártires (4 Mac 17:18-19) podían estar junto al trono de Dios.
16. Mounce, *Revelation*, 135-36, prefiere ángeles. Feuillet, *Studies*, argumenta en contra de ellos (185-94) y a favor de los santos del Antiguo Testamento (194-214; ídem. "Les vingtquatre vieillands de l'Apocalypse", *RB* 65 [1958]: 5-32; ídem. "Quelques énigmes des chapitres 4 à 7 de l'Apocalypse: Suggestions pour l'interprétation du langage imagé de la révélation johannique", *Esprit et Vie* 86 [1976]: 455–59); A. Geyser, "The Twelve Tribes in Revelation: Judean and Judeo-Christian Apocalypticism", *NTS* 28 [1982]: 388-99 (p. 396 defiende que se trata del Israel ideal). Los ángeles aparecen normalmente de blanco (1 Enoc 71:1; 87:2); la tradición judía posterior también relacionaba las coronas con Israel en Sinaí (*ARN*, 1A). Hay un análisis de los diferentes puntos de vista en Aune, *Revelation*, 1:288-92.

probablemente a los veinticuatro jefes de las familias sacerdotales en el Antiguo Testamento (1Cr 24:4).[17]

Las túnicas blancas eran características de los sacerdotes y los adoradores de distintas religiones del área mediterránea.[18] Por otra parte, algunas tradiciones judías entienden un especial acceso sacerdotal al trono (3 Enoc 2:3-4) o un modelo sacerdotal de adoración en el cielo (2 Enoc 22:3A). Puesto que las coronas solían adjudicarse a los triunfadores o "vencedores" en las competiciones atléticas, pueden indicar que se trata de cristianos que han perseverado hasta el fin, como demandan todas las cartas a las iglesias. Sin embargo, las coronas solían ser "de oro" cuando se ganaban en los juegos dedicados a un dios, y en la mayoría de los casos cuando las llevaban sacerdotes que se acercaban a una deidad.[19]

Pero probablemente no debamos interpretarlo de manera estricta como el número de los dirigentes del pueblo de Dios. En el arte asiático, un pequeño número de sacerdotes representaban a otro mucho más extenso de adoradores.[20] Los ancianos eran dirigentes del pueblo y actuaron como sus representantes ante la gloria de Dios en Sinaí (Éx 24:9-10) como lo harían en el tiempo escatológico (Is 24:23). Por ello, estos ancianos representan al pueblo de Dios en su conjunto, que, en su totalidad, forma un "reino y sacerdotes" (Ap 1:6; 5:10).[21]

Los truenos alrededor del trono de Dios (4:5; 8:5; 11:19; 16:18) ponen de relieve su soberanía. Esto habría quedado claro para los primeros lectores de Apocalipsis, puesto que la asociación de los relámpagos y los truenos con la deidad suprema no era tan solo característica de los judíos

---

17. Estos se mantuvieron en tiempos posteriores, cf. Lc 1:5, 8; Josefo, *Vida* 2; *Antigüedades de los judíos* 7.366; *tos. Suk.* 4:26–27; *Taan.* 2:1; 3:1; cf. 26 divisiones en 1QM 2.2.
18. P. ej. la adoración de Jerusalén (Josefo, *Guerra* 2.1; *Antigüedades de los judíos* 11.327); el culto imperial (*SEG*, 11.923); la adoración pagana en general (Diógenes Laercio, 8.1.33; Ateneo, 4.149d); sacerdotes de Isis (Apuleyo, *Metam.* 11.10); adoradores de Artemisa (Hechos de Juan 38). Pero el color blanco también simboliza cosas buenas (Diógenes Laercio, 8.1.34), alegría (p. R.H. 1:3, §27), o el sudario de quienes anticipan la resurrección (Ps. Filón 64:6).
19. Ver Gregory M. Stevenson, "Conceptual Background to Golden Crown Imagery in the Apocalypse of John (4:4, 10; 14:14)", *JBL* 114 (1995): 257-72 (pp. 259, 261-65), aunque este autor no se decide por la interpretación sacerdotal aquí (269).
20. Ramsay, *Letters to the Seven Churches*, 62-63.
21. El Tárgum entendía que los ancianos de Isaías 24:23 eran los dirigentes de Israel (Beasley-Murray, *Revelation*, 113); la tradición judía los consideraba normalmente como el tribunal celestial del que el Sanedrín era una replica terrenal (Joseph M. Baumgarten, "The Duodecimal Courts of Qumran, Revelation, and the Sanhedrin", *JBL* 95 [marzo de 1976]: 59-78 [pp. 67-70, 78]).

(Sal 29:3), sino también de otras destacadas religiones mediterráneas.[22] Los relámpagos eran, asimismo, característicos de los cielos, como cabría esperar (cf. 1 Enoc 14:8; 17:3; 69:23); algunos textos judíos atribuían el control de los relámpagos a los ángeles de alto rango (3 Enoc 29:2).[23] Más importante, sin embargo, es que los truenos y relámpagos alrededor del trono recuerdan a la revelación de la majestad de Dios cuando impartió la ley en el monte Sinaí (Éx 19:16; 20:18).[24]

El "mar" (4:6) merece un comentario especial; probablemente sugiere a los lectores la gran gloria del templo celestial. Las muchas aguas (cf. 1:15) aparecen también en las visiones apocalípticas del cielo o el paraíso; puede que este sea el sentido de Salmos 104:3; 148:4 y, en especial, de Ezequiel 1:24; obsérvese también que la lluvia y los relámpagos caen del cielo.[25] Por ello, algunos textos de fecha incierta describen un enorme océano en el primer cielo (2 Enoc 3:3 J; 4:2A) o un mar celestial de fuego (Apoc. Sof. 6:1-2). La fuente más directa de Juan en este versículo es, no obstante, el "mar" de bronce del templo de Salomón donde los sacerdotes se lavaban (1R 7:23-44; 1Cr 18:8; 2Cr 4:2, 6) puesto que, en el libro de Apocalipsis, el cielo aparece como un templo (Ap 7:15; 11:19; 14:15, 17; 15:5–16:1; 16:17; sobre los utensilios del templo en el cielo, ver la sección "Significado contemporáneo" de Ap 1:10). Es probable que en el templo de Salomón hubiera un "mar" por la misma razón que en los templos egipcios de la antigüedad se representaba el cielo en los techos, a saber, para dar testimonio de que su deidad gobernaba todo el cosmos.[26]

---

22. Homero, *Il.* 7.443; 15.377; *Od.* 5.4; Aristófanes, *Lisis*. 773; Pausanias, 10.9.11; entre los judíos de la Diáspora, Or. sib. 1.323; 4.113; 5.302–3. Ver además John Pairman Brown, "Yahweh, Zeus, Jupiter: The High God and the Elements", *ZAW* 106 (1994): 175-97. No obstante, algunos pensadores de la antigüedad dan explicaciones puramente naturalistas para las tormentas (Plinio, *N.H.* 2.18.82).
23. El fuego se relaciona con el trono de Dios en el texto arameo de conjuros 12.14; con el trono del juicio de Abel en T. Abr. 12A.
24. Este siguió enfatizándose en la tradición judía (Josefo, *Ant.* 3.80; Ps. Filón 11:4-5) y samaritana (John Bowman, ed., *Samaritan Documents Relating to Their History, Religion & Life*, POTTS 2 [Pittsburgh, Pa.: Pickwick, 1977], 48). Cf. también la agitada revelación de Ezequiel 1:4, 13.
25. Ver 1 Enoc 14:10; Vida de Adán 28:4; 29:2. La humedad caía por las "puertas" del cielo (Marcial, *Epig.* 4.2; cf. Gn 7:11; 1R 8:35; Mal 3:10).
26. Ver Manfred Lurker, *The Gods and Symbols of Ancient Egypt: An Illustrated Dictionary* (Londres: Thames & Hudson, 1980), 120; Alexander Badawy, *A History of Egyptian Architecture: The Empire* (1580-1085 B.C.) (Berkeley: Univ. of California Press, 1968), 161. Esto no refleja un periodo anterior, sino posterior de los templos (Harold H. Nelson, "The Egyptian Temple", 147-58 en *The Biblical Archaeologist*

Que el mar sea de "vidrio, como de cristal transparente" es un reflejo del "claro" zafiro consignado en la revelación de Dios a Israel en Sinaí (Éx 24:10), pero especialmente de la cristalina expansión celestial que se extiende bajo el trono de Dios y sobre el trono de ángeles en Ez 1:22. Que sea como "cristal" lo relaciona con la nueva Jerusalén, suficientemente claro para que la gran gloria de Dios resplandezca a través de él (Ap 21:11, 18, 21). Probablemente no sea, por tanto, símbolo de una maldad cósmica que ha sido subyugada, como han propuesto algunos comentaristas.[27]

La "transparencia" de este vidrio contrasta con la mayoría del que se usaba en el tiempo de Juan.[28]

En vista de las descripciones de la adoración celestial que tenemos en Isaías 6:1-4, Ezequiel 1:4-28 y Daniel 7:9-14, no es de extrañar que los contemporáneos de Juan creyeran que la adoración fuera un rasgo fundamental de la actividad celestial (ver 1 En. 12:3; 39:7; Ps. Filón 19:16). Los autores de los Rollos del Mar Muerto intentaron incluso alinear su adoración terrenal con la celestial para adorar a Dios junto con los ángeles; los primeros cristianos que oyeron las descripciones de la adoración de Juan durante sus reuniones de adoración se habrían identificado, sin duda, con el coro celestial.[29]

Una vez más, puesto que las descripciones judías del cielo comenzaban casi siempre con lo que ya decía la Escritura, no es de extrañar que la mayoría de ellas subrayaran a los seres vivientes alrededor del trono,

---

Reader, ed. G. E. Wright y D. N. Freedman [Chicago: Quadrangle, 1961], 150-52). Sobre el tabernáculo en su contexto cultural, ver Keener y Usry, *Defending Black Faith*, 139-46; "Tabernacle", 837-40 en *Dictionary of Biblical Imagery*, ed. Leland Ryken et al. (Downers Grove, Ill.: InterVarsity, 1998).

27. Michaels, *Revelation*, 92-93; en contra de Caird, *Commentary on Revelation*, 65–68 (a pesar de 13:1; 21:1), las piedras o aparatos de cristal aparecen en el cielo, p. ej., en 1 Enoc 71:5; T. Abr. 12A. El zafiro de Éxodo refleja probablemente el azul transparente del cielo (con *b. Men.* 43b, bar.); ciertos maestros posteriores vincularon (correctamente) el azul del mar con el del cielo (*Sifre Nm.* 115.2.8).

28. *Cf.* James Moffatt, *The First Epistle of Paul to the Corinthians*, MNTC (Londres: Hodder & Stoughton, 1938), 201. Sobre el raro uso de los vitrales, ver S. Safrai, "Home and Family", 728-92 en *JPFC*, 734; M. Cary y T. J. Haarhoff, *Life and Thought in the Greek and Roman World*, 4ª ed. (Londres: Methuen, 1946), 101, 116.

29. Sobre la adoración judía con los ángeles, *cf.* también *Sifre Dt.* 306.31.1; probablemente también Sal 148:2; 1QS 10.6; 1QM 12.1-2; Jub. 30:18; 31:14; Oración de Manasés 15; ver además Fred O. Francis, "Humility and Angelic Worship in Col 2:18", 163-95 en *Conflict at Colossae*, ed. F. O. Francis y W. A. Meeks, SBS 4 (Missoula, Mont.: Society of Biblical Literature, 1973), 178-80.

los ígneos "serafines" de Isaías (Is 6:2-3), o los querubines de Ezequiel que sustentan el trono de Dios (Ez 1:5-21; 10:1-20; 11:22).[30] Es probable que los querubines funcionaran como un pedestal del trono desde la construcción del templo (*cf.* 1S 4:4; 2S 6:2; 2R 19:15; 1Cr 13:6; Sal 80:1; 99:1).[31] Como los retratos de la mayoría de sus contemporáneos, el de Juan procede probablemente de Ezequiel; el león, el toro (aquí un becerro), el águila y los rostros humanos están también presentes en las criaturas de Ezequiel (con la diferencia de que en Ezequiel cada criatura tenía las cuatro caras). En su visión, Ezequiel utilizó probablemente a los animales más poderosos y regios de la creación para comunicar la majestad de las criaturas que sustentan el trono de Dios.[32] El que estas criaturas estuvieran "cubiertas de ojos" (Ap 4:6; *cf.* Ez 1:18; 10:12; 3 Enoc 22:8) sugiere que no hay nada en la tierra que les esté oculto (Zac 4:10), con la implicación, "¡cuánto menos lo estará del propio Dios!". Que nunca dejen de adorar (Ap 4:8) sugiere tanto la capacitación divina para adorar como la propia dignidad de Dios (*cf.* 7:15).[33]

El clímax de la presentación de los cuatro seres vivientes no está en su propio esplendor, sino en su mensaje. Estos seres, gloriosos más allá de cualquier concepción humana, no hacen otra cosa que ensalzar el carácter de Dios: "¡Santo, santo, santo!" (4:8). Como sus contemporáneos, Juan está familiarizado con la alabanza de estas criaturas por las palabras de Isaías 6:3; la tradición judía llegó incluso a adoptar estas

---

30. P. ej. Or. sib. 3.1-2; 1 Enoc 61:10; 71:7; 2 Enoc 1a:6; 21:1; 22:2; 3 Enoc 1:7- 8; 21:1-2; 22:13-16; 26:9-12; 2 Bar. 51:11; Apoc. Abr. 18:3-12; b. Hag 13b. Según parece, los arcángeles desempeñan este papel en 1 Enoc 20:7; 40:2-10. Contrariamente a algunas distinciones posteriores entre "los seres vivientes" de Ezequiel y los querubines (*Rut Rab.* 5:4), Ezequiel los identifica (Ez 10:1-20; 11:22). La iconografía cristiana occidental refundía los querubines de Ezequiel y las criaturas de Apocalipsis (Robin M. Jensen, "Of Cherubim & Gospel Symbols", *BAR* 21 [julio de 1995]: 42-43, 65).
31. Estas criaturas forman parte, por tanto, del trono (de ahí, "junto al trono"); ver Robert G. Hall, "Living Creatures in the Midst of the Throne: Another Look at Revelation 4:6", *NTS* 36 (1990): 60913.
32. *Cf. m. Ab.* 5:20. *Cf.* también Roloff, *Revelation*, 71-72, quien con otros (p. ej., Caird, *Commentary on Revelation*, 64) es escéptico sobre la interpretación zodiacal propuesta por algunos eruditos. La imaginería antigua presentaba criaturas mezcladas (p. ej., Homero, *Il.* 6.179-82; Apolodoro, 2.3.1); acerca de los leones, ver los comentarios sobre Ap 5:5; respecto a las águilas, sobre 8:13.
33. La capacidad para adorar sin descanso en la presencia de Dios aparece en otros lugares (2 Enoc 22:3) y podría estar implícita en la revelación de Moisés (Éx 24:18; 34:28; Dt 9:9; 10:10); en 1 Enoc 41:7 aparece una alabanza incesante. Beale, *Revelation*, 332, menciona otros textos judíos sobre querubines que alababan sin descanso. Sobre los ojos, *cf.* Esquilo, *Suplicantes* 303-5.

palabras integrándolas en la tercera bendición de una oración que formaría parte de la liturgia de la sinagoga.[34]

Como si todo esto no fuera suficiente recordatorio de la grandeza de Dios, Juan reitera dos veces que Dios es el soberano —aquel que se sienta en el trono— y el que vive por los siglos de los siglos (4:9-10).[35] Todas las criaturas celestiales —aquellos seres que son testigos directos de la grandeza de Dios— le dan gloria, con lo cual nos emplazan a nosotros (y en última instancia a toda la creación en 5:13) a hacer lo mismo.[36] Postrarse ante una persona (4:10) era el gesto final y supremo de honra hacia alguien por encima de uno mismo, aplicado de manera apropiada a la adoración de Dios.[37] Juan era plenamente consciente de que los reyes terrenales podían demandar esta misma reverencia; en Daniel 3:5-15, en el contexto del llamamiento a adorar a Nabucodonosor, encontramos seis veces esta misma combinación de "postrarse" para "adorar"); sin embargo, el libro de Apocalipsis llama a los cristianos a reservar, respetuosamente, la verdadera adoración solo para Dios.

Solo Dios debe recibir toda la gloria y poder, puesto que es el creador de todas las cosas (4:11), una afirmación que ponía de nuevo en jaque

---

34. La amida; ver W. O. E. Oesterley, *The Jewish Background of the Christian Liturgy* (Oxford: Clarendon, 1925), 67-68; Aune, *Revelation*, 1:303-7. El trisagio ("Santo, santo, santo") aparece con regularidad en las representaciones celestiales (1 Enoc 39:12; 2 Enoc 21:1; 3 Enoc 1:12; 20:2; 27:3; 34:2; 35:5; 38:1; 39:1; 40:1-3; 22B:7; T. Adán 1:4) y en otros textos (4 Bar. 9:3; T. Abr. 3; 20A; conjuro arameo 33.5; *CIJ*, 2:373, §1448; A. L. Warren, "A Trisagion Inserted in the 4QSam[a] Version of the Song of Hannah, 1 Sam. 2:1-10", *JJS* 45 [1994]: 278-85). Fue adaptado más tarde por la liturgia cristiana (Oesterley, *Background*, 142–47; David Flusser, "Jewish Roots of the Liturgical Trishagion", *Immanuel* 3 [1973–1974]: 37-43).
35. Esto refleja un cuidadoso diseño: el título "aquel que está sentado en el trono" aparece siete veces en el libro, al igual que "Cristo"; El nombre de Jesús aparece catorce veces (siete de ellas relacionado con el término "testimonio"), y la palabra "cordero" lo hace veintiocho veces (siete de ellas en expresiones relacionadas con Dios); ver Bauckham, *Climax of Prophecy*, 33-34.
36. Muchos comentaristas piensan que los himnos de Apocalipsis representan o, más probablemente, se parecen a los primeros cantos judeocristianos de adoración; ver Oscar Cullmann, *Christ and Time*, tr. F. V. Filson (Filadelfia: Westminster, 1950), 74; Archibald M. Hunter, *Paul and His Predecessors*, ed. rev. (Filadelfia: Westminster, 1961), 37; Hans Conzelmann, *History of Primitive Christianity*, tr. por J. E. Steely (Nashville: Abingdon, 1973), 74.
37. Sobre la postración como postura para adorar a Dios, ver 2Cr 20:18; 29:30; 1 Esd. 9:47; Judit 6:18; 9:1; 1 Mac. 4:40, 55; 3 Mac. 5:50-51; Sir. 50:21; Ps. Filón 4:5; T. Abr. 20A; 4B. Las naciones se postrarán finalmente ante Dios (Is 66:23; Or. Sib. 3.716, 725).

las pretensiones de César en el tiempo de Juan, así como las de cualquier ídolo humano desde entonces.[38] La tradición judía sugería a menudo que Dios creó el mundo por causa de la humanidad o de Israel; los cristianos vemos el propósito final de Dios en su obra de salvación en Cristo (*cf.* Ef 1:10; Col 1:18-22).[39] Pero este texto nos recuerda que, cualesquiera que sean los demás intereses de Dios, también es justo decir simplemente que todas las cosas fueron creadas por su voluntad.

Esta impresionante afirmación refuerza aquí el retrato de la soberanía de Dios. Los contemporáneos de Juan habrían entendido la conexión entre Dios como Creador y como legítimo gobernante (1 En 9:5). El emperador Domiciano quería recibir adoración como *dominus et deus*, "señor y dios", y cualquiera que se resistiera a ello se haría sospechoso para los agentes del poder imperial en Asia.[40] Sin embargo, como esperaría cualquiera que conociera las antiguas Escrituras de Israel, los coros celestiales de ángeles y el pueblo aclamaban al verdadero "Señor y Dios" (4:11), Creador y Sustentador de su universo.[41]

La grandeza de Dios. Cualquiera que desee asimilar o comunicar este capítulo no debe atascarse en los detalles de su trasfondo, aunque estos sean sin duda importantes para entender los matices del retrato de Juan. Dichos detalles (expuestos en el contexto de su trasfondo veterotestamentario original) deben situarse en la perspectiva más amplia de su función para que revelen la gran-

---

38. La repetición de términos (p. ej., "gloria", "honor") tiene una función meramente retórica para intensificar lo que se dice, como desarrollando un *crescendo* (Sal 150:1-6; 1 Enoc 41:7; 3 Enoc 1:12; 14:5); las bendiciones judías también alababan a Dios como Creador y Redentor (*cf.* Ap 5:9).
39. Sobre la idea de que Dios creó al mundo para Israel, ver T. Moisés 1:12-13; 4 Esdras 6:59; 7:11; *Sifre Dt.* 47.3.1; para los justos, 2 Bar. 15:7; 21:24; *Sifre Dt.* 47.3.1-2; para la humanidad, 2 Bar. 14:18-19; Esd. Gr. 5:19; *Koh. Rab.* 7:13, §1; para la Torá, ARN, 31, §66; *Gén Rab.* 1:4, 10; 12:2. Pero cierta tradición aseguraba también que lo creó todo únicamente para su gloria (*m. Ab.* 6:11).
40. Suetonio, *Dom.* 13; ver además Deissmann, *Light From the Ancient Past*, 361; G. B. Caird, *The Apostolic Age* (Londres: Gerald Duckworth, 1955), 19, citando a Dión Casio, 67.13; Aune, *Revelation*, 1:310-12. *Cf.* himnos usados para honrar al emperador (Herodiano, 4.2.5; Yamauchi, *The Archaeology of New Testament Cities*, 42).
41. Ver especialmente el texto de la LXX de Sal 86:15 (85:15 en la LXX). Siguiendo la Biblia, algunas fuentes judías reservaban también este título para Dios (1 Enoc 84:5); pero los cristianos pagaron a menudo un precio especial por ello (ver comentario sobre 2:9).

deza de la corte celestial y, por ello, la propia grandeza de Dios. Plantean, pues, también un sorprendente contraste con la arrogante aparatosidad del gobernante terrenal. Hoy, el texto nos invita tanto a la adoración como lo hizo en su primera lectura en Éfeso. Asimismo, nos insta a renunciar a nuestro temor de la grandiosidad humana que palidece ante la majestad del Dios eterno con quien tenemos que desarrollar una profunda intimidad.

Peligros comunes e importantes directrices. Hemos de considerar también ciertos peligros de interpretación comunes, así como algunas directrices para pasar del sentido original del texto a su aplicación a nuestro tiempo. Solo un irresistible compromiso de imponer al texto la propia perspectiva escatológica puede forzar la visión de Apocalipsis 4 a que responda nuestras preguntas sobre la secuencia de los detalles; sin embargo, en ocasiones esto se ha intentado. (Lo que aquí comentamos es la metodología para demostrar la doctrina, y no si esta es o no acertada sobre la base de lo que dicen otros textos). Así, algunos de los que ven la era de la iglesia en las cartas a las siete iglesias y la tribulación en Apocalipsis 6–16 sitúan el arrebatamiento en 4:1 (concretamente en las palabras "sube acá"). Argumentan que si la iglesia (basándose en lo que dicen otros pasajes) es arrebatada antes de la tribulación, entonces hay que situar este evento aquí o admitir que el libro de Apocalipsis no lo menciona explícitamente (algo que conceden algunos pretribulacionistas). Por regla general, estos comentaristas reconocen que 4:1 alude a la visión de Juan, pero argumentan que el apóstol funciona aquí como un "tipo" de la iglesia.[42]

No obstante, la mayoría de los comentaristas que usan 4:1 para describir el arrebatamiento de la iglesia antes de la tribulación reconocen que este texto no demuestra realmente su posición. Strombeck sostiene que "no hay ningún suceso consignado en Apocalipsis que pueda representar mejor el arrebatamiento de la iglesia" que la experiencia de Juan en 4:1; este autor admite, sin embargo, que este "tipo" no puede utilizarse como prueba, "sino en el caso de que uno busque un acontecimiento" en Apocalipsis que se parezca al arrebatamiento pretribulacionista; en este caso, "no puede encontrarse ningún otro que encaje mejor".[43]

---

42. P. ej. Strombeck, *Rapture*, 185-86; ver la respuesta en Ladd, *Blessed Hope* (Grand Rapids: Eerdmans, 1956), 76.
43. Strombeck, *Rapture*, 185-86; *cf.* asimismo Walvoord, *Revelation*, 103. Las deficiencias exegéticas de esta doctrina solo pueden superarse si se asumen los presupuestos del dispensacionalismo tradicional (pero probablemente solo en este caso [ver John F. Walvoord, *The Rapture Question* [Grand Rapids: Zondervan, 1972], 1-21, 65-66).

En este punto cabe preguntarse por qué la revelación de Juan en 4:1 es un tipo mejor del arrebatamiento que otras revelaciones del apóstol en otros pasajes del libro. Juan oye también una trompeta en 1:10 y en otros pasajes se le dice: "Ven" (17:1; 21:9), pero en estos casos no se consideran "arrebatamientos", porque se producen en lugares del libro que impiden tipificarlos como un arrebatamiento pretribulacionista. Por otra parte, aunque este texto fuera un tipo del arrebatamiento, el momento específico en que se produce solo podría ser significativo si también el contexto fuera un tipo; podría, pues, simbolizar un arrebatamiento después de un tiempo de martirio más que antes de él (ver el contexto de la expresión "suban acá" en 11:12). Sin embargo, en 4:1, la expresión "sube acá" solo recuerda probablemente el llamamiento de Dios a Moisés en Sinaí, como antes hemos observado. Juan está "en el Espíritu" (4:2), ensimismado en las visiones como Ezequiel (Ez 8:3).

Algunos intérpretes imponen un entendimiento excesivo de los acontecimientos escatológicos a las palabras "después de estas cosas" de Juan (4:1, NASB), como si este marcador cronológico separara la presente "edad de la iglesia", tipificada en las cartas a las iglesias, desde una distante tribulación futura (*cf.* 1:19). La expresión "después de estas cosas" es un común recurso transicional en los textos antiguos, tanto en la literatura apocalíptica (1 Enoc 89:30) como en otros escritos (p. ej., Jn 5:1; Tob. 1:1). "Después de estas cosas" puede aludir a acontecimientos que se producen a continuación (Ap 9:12; 20:3), pero también a revelaciones que siguen a otras anteriores (7:9; 15:5; 18:1; 19:1); en este pasaje implica únicamente que, tras oír el contenido de las cartas a las iglesias de boca de Jesús, oyó una voz llamándole a una visión celestial. Es decir, se aplica a la secuencia de lo que ve Juan, y no a la de los acontecimientos históricos que se describen.[44]

Afirmar que las "siete lámparas" que arden delante del trono (4:5) representan a la iglesia arrebatada en el cielo[45] podría haber sido una opción (*cf.* 1:20), si no fuera porque el texto afirma explícitamente que estas lámparas representan los siete espíritus de Dios (4:5); por otra parte, Juan utiliza una palabra distinta de la que usó en 1:20 para aludir a los candeleros (este mismo término se traduce "antorcha" en 8:10).

---

44. Sobre los acontecimientos subsiguientes, ver Ep. Arist. 179; Josefo, *Vida* 427; sobre las visiones siguientes, ver 1 En 41:1; 2 Bar. 22:1. Como observa Gundry, *Church and Tribulation*, 66, si esta expresión significa un cambio de dispensación, entonces durante la tribulación se producen seis o siete cambios de este tipo.
45. Así lo entiende Lindsey, *New World Coming*, 86.

Tiene más fundamento la propuesta de que los "ancianos" mencionados en 4:4 son los santos que están delante del trono (de ahí la idea de que los cristianos han sido ya resucitados). Con todo, este argumento también se tambalea. Los santos pueden llegar al cielo y recibir túnicas blancas sin haber resucitado (6:11), y las coronas pueden implicar el martirio (2:10) y ser prometidas condicionalmente antes del juicio (3:11). Por ello, argumentar que estos ancianos son los "santos" (en lo que estaríamos de acuerdo) no es necesariamente prueba de que hayan sido "arrebatados".[46]

Por supuesto, a la "iglesia" no se la menciona en la tierra con este nombre durante la tribulación de Apocalipsis, pero tampoco se la menciona con este nombre en el cielo; los "santos" sí aparecen, sin embargo, en ambos lugares.[47] Peor todavía: ni Juan ni sus guías celestiales utilizan el término "iglesia" para referirse a los cristianos en general, ni siquiera antes de 4:1; el texto solo habla de iglesias locales. Sin embargo, que yo sepa nadie defiende un arrebatamiento de ciertas iglesias locales (a pesar de 3:10), a excepción de una secta no evangélica de las Filipinas (que al parecer afirma que incluso los edificios de la iglesia serán arrebatados). Por otra parte, la escena del cielo proporciona la lógica para los juicios que se derraman en los sellos; si nos dice algo sobre cronología, probablemente sea como defenderé más adelante, cuál era el estado del cielo antes de los juicios que comenzaron hace casi dos mil años.

Significado Contemporáneo

Dios tiene el control. Puesto que los capítulos 4–5 introducen las imágenes de los juicios de Dios sobre el mundo, nos emplazan a una perspectiva celestial que nos recuerda quién tiene el control. Como lo expresa acertadamente Gregory Beale, "El propósito pastoral [de Ap 4–5] es asegurar a los cristianos que sufren, que Dios y Jesús son soberanos y que los acontecimientos que están afrontando forman parte de un plan soberano que culminará en su redención y la vindicación de su fe, mediante el castigo de sus perseguidores".[48]

---

46. Véase también Gundry, *Church and Tribulation*, 74; Ladd, *Blessed Hope*, 96-97. Los justos en el cielo (antes de la resurrección) llevan túnicas, coronas y se sientan en tronos en Ascensión de Isaías 9:24-26, pero es probable que esto refleje una influencia cristiana temprana.
47. Walvoord, *Revelation*, 103, está entre quienes notan la ausencia de la "iglesia" entre 4:1 y 22:16, aunque concede que está implícita en 19:7.
48. Beale, *Revelation*, 311.

No hay evidencia de que Juan se esforzara por conseguir una visión; a diferencia de lo que afirman los testimonios de muchos de sus contemporáneos sobre sus propias experiencias, Juan parece haberse limitado a estar disponible para el Espíritu de Dios (4:2). Aunque hemos de vivir íntimamente con Dios y estar abiertos a escuchar su voz, no somos responsables de generar experiencias espirituales, como parece enseñarse en ciertos círculos (ni de restarles validez, como sucede en otros). Deberíamos darle a Dios la alabanza que merece y permitirle concedernos las experiencias que considere oportunas.[49] La revelación que recibe Juan se centra en la gloria de Dios; incluso los juicios que está a punto de presenciar, más que simplemente satisfacer nuestra curiosidad sobre el futuro, glorifican a Dios y explican su actividad.

Invitación a la alabanza. Si los veinticuatro ancianos simbolizan a la iglesia (y, probablemente, aunque no sea así), la naturaleza total de su adoración nos invita a ofrecer una alabanza similar. No solo le ofrecen a Dios sus palabras, sino su propia gloria, echando sus coronas delante del trono (4:10; *cf.* 21:24), puesto que reconocen a Dios como autor y propósito de la existencia (4:11).[50] Como observa un erudito, "en el mundo antiguo, una común señal de vasallaje de los gobernantes conquistados era quitarse la diadema (símbolo de realeza) y ponerla a los pies del conquistador (Cicerón, *Sest.* 27; Tácito, *Ann.* 15.29)". Al llevar a cabo "este acto de subordinación", los ancianos demuestran no considerar las coronas como algo suyo o del dragón, sino solo de Dios[51]. La humildad no es mera humillación, sino el reconocimiento de quién es Dios y quiénes somos nosotros, con el consecuente abismo que nos separa.

Este pasaje de Apocalipsis y otros de esta línea nos recuerdan que, en el cielo, nuestra principal tarea, como la de cualquier otro ser creado, es adorar a Dios. En esta vida, la adoración centrada en la dignidad de Dios —tanto en su carácter (4:8) como en sus obras (4:11; 5:9; *cf.* ambos en Sal 150:2)— es nuestro anticipo más real del cielo, una experiencia en el Espíritu escatológico (1Co 2:9-10; 2Co 1:22). La adoración también

---

49. Quienes buscan experiencias místicas pueden inducir trances a través de medios naturales (p. ej., J. G. Clark, "Noisy Brain in Noisy World" [NJ Psychological Association, 5 de nov. de 1977]), y ciertas actividades que inducen éxtasis colectivos pueden producir cambios de orden psicofisiológico (ver Felicitas D. Goodman, Jeannette H. Henney y Esther Pressel, *Trance, Healing, and Hallucination: Three Field Studies in Religious Experience* [Nueva York: John Wiley & Sons, 1974]); sin embargo, estas cosas no garantizan la bendición de Dios.
50. La tradición judía ensalzaba también la grandeza de Dios vislumbrando a un exaltado haciendo coronas para el creador (*b. Hag* 13b, bar.).
51. Stevenson, "Crown Imagery", 269. Ver otras analogías en Aune, *Revelation*, 1:308-9.

nos recuerda que, como adoradores de Dios, todos los cristianos están en un mismo plano de igualdad, más allá de cuál sea nuestro llamamiento o dones; el futuro eterno no deja mucho lugar para dones que ahora valoramos, pero nuestra devoción a Dios siempre estará vigente (*cf.* 1Co 13:8-13).

El Dios santo. Aunque normalmente la alabanza se reutilizaba en otros contextos, escuchar a los seres vivientes clamando, "Santo, santo, santo", evocaría en muchos de los primeros receptores la escena de Isaías 6. En ella, un sacerdote santo, en un santuario santo, en medio de uno de los pueblos más santos, en uno de los periodos más puros de su historia clama con absoluta consternación: "soy un hombre de labios impuros y vivo en medio de un pueblo de labios blasfemos" (6:5). Isaías reconoce su carácter inmundo no porque se compare con los demás, sino porque está delante del Dios santo, ante quien ninguna criatura mortal es adecuada (6:3); se ve confrontado con su impureza cuando sus ojos ven "al Rey, al Señor Todopoderoso" (6:5). Nada disipa mejor la soberbia de la carne mortal o de la competitividad y los proyectos humanos que la percepción de la infinita grandeza de Dios.

Dios es santo, todopoderoso y eterno (4:8; ver comentario sobre 1:8), en contraste con las pretensiones de los mortales que, con tanta facilidad, quedan reducidas a polvo. Por toda la provincia de Asia se escuchaba a los coros imperiales entonando himnos que aclamaban como dios al poderoso emperador.[52] No obstante, ante el más majestuoso de todos los salones del trono que nos describe Juan, las pretensiones del emperador se desvanecen en lo absurdo y los cristianos encuentran fuerzas para resistir las falsedades de tales reivindicaciones.[53]

Las alabanzas de los seres vivientes nos recuerdan también que, con solo declarar verdaderamente quién y cómo es Dios, él recibe gloria. Dios es "santo", único en su perfección; nadie puede compararse a él. La adoración no consiste en inventar cosas hermosas sobre Dios; es más bien el reconocimiento de quién es él (4:8), de lo que ha hecho o ha

---

52. P. ej. Sjef van Tilborg, *Reading John in Ephesus*, NovTSup 83 (Leiden: Brill, 1996), 201-2; Aune, *The New Testament in Its Literary Environment*, 243. En la antigüedad, como parte de la adoración se celebraban muchas veces procesiones corales que cantaban a las deidades (p. ej., Tito Livio, 27.37.7; 31.12.9-10).
53. Muchos pasajes de Apocalipsis parecen contrastar la adoración celestial de Dios y el Cordero con el culto terrenal de César; ver Paul Barnett, "Polemical Parallelism: Some Further Reflections on the Apocalypse", *JSNT* 35 (1989): 111-20).

prometido (4:11; 5:9-12), y de cuán digno es de nuestra alabanza (4:11; 5:12-14).[54]

Sin embargo, la adoración no es mera información teológica; como observa J. I. Packer, hemos de "convertir nuestro conocimiento sobre Dios en conocimiento de Dios" volviendo "cada verdad que aprendemos sobre Dios en un asunto de meditación ante él, en algo que nos lleve a la oración y la alabanza".[55] Una diferencia entre nuestra adoración y el modelo que aquí se nos proporciona para ella es que necesitamos desesperadamente el patrón. Mientras que los seres que están ante el trono de Dios lo adoran en la claridad de su gloria presente, quienes vivimos en esta era lo hacemos desde la fe, viéndolo oscuramente a través de un espejo, pero confiados en que aquel a quien adoramos es mayor que todas las obras de sus manos (cf. 1Co 13:12).

Postrarnos ante Dios (4:10) significa reconocer que nuestro propio honor no es nada en comparación con el de Dios. Algunos de nosotros estamos demasiado deseosos de recibir honor o reputación, aunque podamos disfrazarlo de preocupación por nuestro "llamamiento". Naturalmente, por causa del evangelio deberíamos esforzarnos al máximo por mantener una buena reputación (1Ti 3:2, 7; cf. Pr 22:1), pero la mezquina clase de competitividad que conlleva incluso disputas entre ministros y cristianos de a pie (Mr 9:34; Lc 9:46; 22:24; 1Co 3:4-7; 2Co 10:12; Fil 1:15-17) debería desvanecerse en un avergonzado silencio cuando juntos reconocemos al único que genuinamente merece la gloria.

El corazón de Dios. Dios es autosuficiente, pero San Agustín declaró correctamente que "Dios anhela ser anhelado". Su amor lo hace vulnerable ante aquellos que ama, si nos atrevemos a usar este lenguaje para describir su deseo de intimidad con nosotros. Como señala Richard Foster: "Nuestro Dios no es de piedra. Su corazón es sumamente sensible y tierno. Ningún acto le pasa desapercibido, por insignificante o pequeño que sea".[56] Un simple vaso de agua fría es suficiente para captar su atención (Mr 9:41), como una madre que se deleita de las florecillas que le trae su hijito. Jesús se emocionó con el leproso que volvió a darle las gracias y se entristeció por los nueve que no lo hicieron (Lc 17:17-

---

54. La palabra griega "digno" (*axios*) se aplicaba generalmente a los grandes benefactores de la antigüedad, significando que era "apropiado" u "oportuno"; en este pasaje denota que la adoración a Dios es oportuna —más que cualquier otra— puesto que él es el mayor benefactor; ver Aune, *Revelation*, 1:309-10.
55. J. I. Packer, *Knowing God* (Downers Grove, Ill.: InterVarsity, 1973), 23.
56. Richard J. Foster, *Prayer: Finding the Heart's True Home* (Nueva York: HarperCollins, 1992), 85.

18); lo conmovió la mujer que le ungió los pies (Mr 14:6-8).[57] Dios se deleita con nuestro cariño y nuestra receptividad para permitirle prodigarnos su afecto por su Espíritu.

Combatiendo a los ídolos contemporáneos. La visión de Juan anima a los cristianos del Asia romana mostrándoles que la adoración en el culto imperial es una mera farsa, una débil imitación de la verdadera adoración que se produce en la corte celestial. Como los cristianos de finales del siglo I, que tuvieron el valor de declarar que el emperador estaba desnudo, también nosotros hemos de denunciar la vacuidad de los ídolos de nuestra generación. César no creó el universo (4:11) y no es eterno (4:8) ni nos redimió con su sangre (5:9); no tenía ningún control sobre las esperanza final. Nuestro conocimiento actual de los estrechos parámetros esenciales para la formación de la vida en el universo nos permite apreciar el amoroso diseño de Dios en la creación, con mayor detalle que nuestros antepasados.[58] Solo en las profundidades de la adoración, cuando nos sentimos sobrecogidos por la majestuosa gloria de Dios, todas las demás reivindicaciones de cariño y atención retroceden a su legítimo lugar. Solo Dios es Dios, y solo él merece el primer lugar, lejos de cualquier otro amor, ansiedad o temor que pueda consumirnos.

Si la magnificencia de Dios eclipsa la majestad del emperador, esta desafía también de un modo distinto la anestesiante trivialidad de la moderna cultura occidental. La grandeza de Dios demanda nuestra atención: ¿quiénes somos nosotros para sentirnos abrumados por un emperador mortal o por nuestras pruebas presentes? Que Dios sea el Señor de la historia y lo tenga todo bajo control nos ayuda a ver todo lo demás de la vida como debemos. La alabanza pone en su correcta perspectiva la persecución, la pobreza y las desgracias; Dios está llevando a cabo sus propósitos de manera soberana, y todo este dolor no hace sino anticipar el nacimiento de un nuevo mundo (Ap 21–22).

---

57. *Ibíd.*
58. Ver Hugh Ross, *Creator and the Cosmos* (Colorado Springs: NavPress, 1993).

Apocalipsis 5:1-14

En la mano derecha del que estaba sentado en el trono vi un rollo escrito por ambos lados y sellado con siete sellos. ² También vi a un ángel poderoso que proclamaba a gran voz: «¿Quién es digno de romper los sellos y de abrir el rollo?». ³ Pero ni en el cielo ni en la tierra, ni debajo de la tierra, hubo nadie capaz de abrirlo ni de examinar su contenido. ⁴ Y lloraba yo mucho porque no se había encontrado a nadie que fuera digno de abrir el rollo ni de examinar su contenido. ⁵ Uno de los ancianos me dijo: «¡Deja de llorar, que ya el León de la tribu de Judá, la Raíz de David, ha vencido! Él sí puede abrir el rollo y sus siete sellos».

⁶ Entonces vi, en medio de los cuatro seres vivientes y del trono y los ancianos, a un Cordero que estaba de pie y parecía haber sido sacrificado. Tenía siete cuernos y siete ojos, que son los siete espíritus de Dios enviados por toda la tierra. ⁷ Se acercó y recibió el rollo de la mano derecha del que estaba sentado en el trono. ⁸ Cuando lo tomó, los cuatro seres vivientes y los veinticuatro ancianos se postraron delante del Cordero. Cada uno tenía un arpa y copas de oro llenas de incienso, que son las oraciones del pueblo de Dios. ⁹ Y entonaban este nuevo cántico:

> «Digno eres de recibir el rollo escrito
> y de romper sus sellos,
> porque fuiste sacrificado,
> y con tu sangre compraste para Dios
> gente de toda raza, lengua, pueblo y nación.
> ¹⁰ De ellos hiciste un reino;
> los hiciste sacerdotes al servicio de nuestro Dios,
> y reinarán sobre la tierra.»

¹¹ Luego miré, y oí la voz de muchos ángeles que estaban alrededor del trono, de los seres vivientes y de los ancianos. El número de ellos era millares de millares y millones de millones. ¹² Cantaban con todas sus fuerzas:

> «¡Digno es el Cordero, que ha sido sacrificado,
> de recibir el poder,
> la riqueza y la sabiduría,
> la fortaleza y la honra,
> la gloria y la alabanza!».

¹³ Y oí a cuanta criatura hay en el cielo, y en la tierra, y debajo de la tierra y en el mar, a todos en la creación, que cantaban:

«¡Al que está sentado en el trono y al Cordero,
sean la alabanza y la honra, la gloria y el poder,
por los siglos de los siglos!».

¹⁴ Los cuatro seres vivientes exclamaron: «¡Amén!», y los ancianos se postraron y adoraron.

Con la expresión "Y vi", Juan introduce siempre la siguiente escena que ve, sin embargo, su contenido puede o no seguir cronológicamente a la escena anterior. En este pasaje, no obstante, no tenemos razones de peso para dudar de que siga a la escena anterior (cf. 6:2; 1 Enoc 86:1, 3).

Las tradiciones judías describen con frecuencia escenas celestiales con libros o tablillas que contienen los decretos morales de Dios, el destino de las personas en esta vida, o en la eternidad (1 Enoc 103:2). Aunque en este texto el libro no se identifica concretamente, bien podría representar el libro de la vida del Cordero, es decir, el legado del Cordero para su pueblo (Ap 13:8; 17:8; 20:12, 15; 21:27; ver comentario sobre 3:5). Aunque algunos pueden sugerir que el rollo celestial es el prototipo de Apocalipsis, que consigna los decretos de Dios para la historia (1:11; 22:7-10, 18-19), este libro no está sellado (22:10).

La mayoría de los pueblos de la antigüedad escribían en una sola cara del rollo, generalmente la parte frontal (el *recto*, donde era más fácil escribir puesto que sus fibras estaban dispuestas horizontalmente). Por regla general, solo empleaban la parte de atrás (el *verso*) si se les terminaba el espacio en la parte delantera.[1] En este texto, el rollo (que recuerda al que contiene los juicios en Ezequiel 2:10; ver comentarios sobre Ap 10:8) tiene, sin duda, mucho que decir. Tras su lectura, la persona que había utilizado el rollo lo enrollaba y ataba con un cordel, o con varios en el caso de los documentos legales para impedir su manipulación.

---

1. Deissmann, *Light From the Ancient Past*, 29; George Milligan, *St. Paul's Epistles to the Thessalonians: The Greek Text with Introduction and Notes* (Londres: Macmillan & Company, 1908), 123. Juvenal, un antiguo cronista de sociedad romano, se burla de un dramaturgo tan prolijo que su obra llenaba ambas caras de un rollo y que ¡ni aun así había podido concluir! Ver Juvenal, *Sat.* 1.4-6.

Los documentos legales concluían por regla general con una lista de testigos (normalmente seis),[2] y se sellaban con cera caliente sobre las hebras que cerraban el rollo; a continuación, los testigos estampaban sus sellos personales sobre la cera blanda (que normalmente llevaban en un anillo), cuya imagen atestiguaba que, efectivamente, se trataba de los testigos. Una vez endurecida la cera nadie podía abrir el rollo sin romper los sellos que mantenían las hebras en su lugar ni podía sustituir los sellos sin los anillos de los testigos; por ello, nadie podía manipular el documento legal hasta llegado el momento de su apertura pública.[3] Mientras los testigos vivieran, podía convocárseles para que dieran testimonio de la autenticidad de sus sellos, aunque los de Apocalipsis difícilmente podrían ser falsificados (6:1-17).[4]

Los sellos reservaban el contenido de los documentos para sus receptores legítimos y los autenticaba mediante el testimonio de los testigos. Algunos autores de textos apocalípticos presentaban los rollos celestiales como documentos sellados libres de cualquier manipulación (1 Enoc 89:71). En ciertas tradiciones solo se permitía la abertura de estos sellos por ángeles de alto rango, antes de que el documento fuera entregado a Dios (3 Enoc 27:2); la apertura de este tipo de libros podía ir acompañada del envío de ángeles para la ejecución de juicios (3 Enoc 32:1). Cabe, pues, pensar que se trata de un libro de juicios sellado (Is 29:11). Como el rollo que se describe en este pasaje, el que aparece en Ezequiel 2:9-10 está también escrito por dentro y por fuera, subrayando la gran cantidad de sufrimiento que producirán los juicios consignados en el libro.

Aquí, sin embargo, los juicios no son el contenido del libro, sino los testigos legales de los sellos (6:1-17).[5] Si se trata del libro de la vida del Cordero, los juicios de Dios en la historia autentican la herencia prometida de los creyentes. (La alternativa más probable, como se ha

---

2. Ver *P. Elef.* 1.16-18; *P. Tebt.* 104.34-35.
3. Ver Eurípides, *Hipol.* 864–65; Caritón, *Aventuras de Quéreas y Calírroe.* 4.5.8; *Pes. Rab Kah. Sup.* 2:4; Efrat Carmon, ed., *Inscriptions Revealed: Documents From the Time of the Bible, the Mishna and the Talmud,* tr. por R. Grafman (Jerusalén: Museo de Israel, 1973), 90-91, 200-201, §189. Quienes estén interesados en una exposición sobre la específica forma del documento que aquí encontramos, ver especialmente Beasley-Murray, *Revelation,* 120-23.
4. Sobre la convocatoria de testigos para atestiguar sobre la validez de los sellos, ver *P. Oxy.* 494.31-43.
5. Beale, *Revelation,* 343, sí cita testamentos en los que los sellos de los testigos contienen resúmenes del contenido; pero, a pesar de su objeción, el uso de sellos para ocultar algo en Daniel 12:4, 9, probablemente milita aquí en contra de esta idea.

dicho anteriormente, sería considerar los sellos como la parte exterior del libro, seguida de otros juicios escritos por todo el rollo como en Ezequiel, de modo que el "rollo" se convierte, esencialmente, en el libro de Apocalipsis. Como Ezequiel en Ez 2:9–3:3, Juan encuentra amargo el contenido del libro [Ap 10:2-10].)

Dios tiene el libro en una mano abierta y uno de sus ángeles pronuncia la invitación (o desafío) para toda la creación: ¿Quién es digno de abrir el libro (5:3)?[6] Normalmente, los rollos solo debían ser "abiertos" (rotos sus sellos) por aquellos a quienes iban dirigidos; por otra parte, estos sellos del libro que sostiene la diestra del Dios vivo son demasiado duros para que puedan romperlos meros mortales. Después de aclamar a Dios como digno de todo el poder (4:11), ¿quién puede considerarse "digno" (5:2) o tener la fuerza para ("capaz de", 5:3) abrirlo? Sin saber todavía que el Cordero es también digno de recibir todo el poder (5:12), Juan se siente desesperado por la situación: el universo parece no tener el libertador que tanto necesita y Juan llora (*klaio*, un término que expresa la forma más dramática de luto, 5:4).

Pero, finalmente, uno de los que están adorando a Dios, puede que un representante de su pueblo redimido (ver comentario sobre 4:4; *cf.* 7:13), reconforta a Juan: el León de la tribu de Judá es el triunfante paladín y ha vencido (5:5).[7] La imagen del León de Judá procede de Génesis 49:9-10, un pasaje que el pueblo judío aplicaba normalmente al Mesías davídico (4 Esdras 12:31-32).[8] La "Raíz de David" es el Mesías que procede de la truncada casa de David (Is 11:1), ungido por el Espíritu (11:2) y designado para regir a las naciones en un reinado de paz (11:3-10; *cf.* Jer 23:5; 33:15; Zac 3:8; 6:12; 1QH 6.15; 7.19; 8.6-10). El judaísmo

---

6. Las preguntas de los personajes celestiales o de los visionarios ofrecen la oportunidad de clarificación en los textos apocalípticos, p. ej., Dn 10:20; Zac 4–5; 1 Enoc 25:1; 54:4; 108:5; *T. Abr.* 12-13A; 8B; *p. Hag* 2:2, §5; Cicerón, *De Re Publica* 6.18.18. Aune, *Revelation*, 1:331, plantea preguntas retóricas en términos de "¿quién...?" que introducen antiguos himnos de alabanza. Sobre rollos abiertos por sus destinatarios, ver Eurípides, *If. Aulis* 307.
7. En otros textos, unos visionarios confusos reciben este tipo de consuelo (*T. Abr.* 7 B) o explicaciones (1 Enoc 19:1; 21:5, 9).
8. También 1QSb 5.29. Sobre otros usos del símbolo del león en el judaísmo temprano, en especial acerca del santuario de la Torá, ver *CIJ*, 1:197, §281a; 1:378-79, §§516-17; Zvi Uri Ma'oz, "Ancient Synagogues and the Golan", *BA* 51 (junio de 1988): 116-28 (p. 125). Los leones eran un símbolo especialmente popular en Asia, sobre todo en Lidia (Eric M. Meyers y A. Thomas Kraabel, "Archaeology, Iconography, and Nonliterary Written Remains", 175-210 en *Early Judaism and Its Modern Interpreters*, ed. R. A. Kraft y G. W. E. Nickelsburg, SBLBMI 2 [Atlanta: Scholars, 1986], 191).

temprano reconvirtió la imaginería de este pasaje para representar a un poderoso príncipe guerrero.[9]

Pero en este versículo se destaca la paradoja central de Apocalipsis y de la fe cristiana en general: Jesús no venció por medio de la fuerza, sino por su muerte, no por la violencia sino por el martirio. ¡El León es un Cordero! En la literatura antigua, la imagen del león representaba una gran fuerza; eran los valientes y poderosos soberanos del reino animal (*cf.* Ap 9:8, 17; 10:3).[10] Aun en los textos judíos se usaba al león para expresar el valor y el poder en general sin ser una imagen específica del Mesías.[11] Juan se da la vuelta, esperando ver a un poderoso héroe; pero lo que ve es un Cordero que transmite una imagen de impotencia.[12] Los corderos eran los más vulnerables del rebaño, y las ovejas estaban entre las más débiles de las criaturas, en contraste generalmente con los depredadores.[13]

Lo más significativo para Juan es que se trata de un cordero *inmolado*, un animal sacrificado. Sobre el mundo desobediente van a caer plagas (Ap 6–16), pero así como la sangre del cordero pascual liberó a Israel del juicio decisivo (Éx 12:23), la sangre de Jesús protegerá a su pueblo durante los juicios de Dios sobre la humanidad (Ap 7:3). La victoria de

---

9. Bauckham, *Climax of Prophecy*, 181, citando 1QSb 5.24; Salmos de Salomón 17:27; Sobre Is. 11:1-10 como texto mesiánico ver 4QFlor 1.11-12; 4QpIsaa Frag. D. Las expresiones "Renuevo de David" y "León de Judá" aparecen juntas en 4Q Bendiciones de los Patriarcas; 1QSb 5.20-29 (Bauckham, ibid.; L. P. Trudinger, "Some Observations Concerning the Text of the Old Testament in the Book of Revelation", *JTS*, n.s. 17 (abril de 1966): 82-88 [p. 88]). Muchos ven este pasaje como la entronización del Cordero; algunos (Aune, *Revelation*, 1:332-38) lo relacionan con su investidura (citando Dn 7:9-18).
10. Muy extendido en una amplia gama de fuentes literarias: p. ej. Homero, *Il*. 10.297, 485; 11.239, 548; *Od*. 4.724; 6.130; Virgilio, *En*. 12.6; Apolonio Rodio, 2.26-29; Babrio, 1, 65, 90-92, 95, 97, 101, 103, 105–7, 139; Fedro, 1.5; 4.14.2; Séneca, *Dial*. 4.11.4; Marcial, 1.60; Cornelio Nepote, 18.11.1.
11. Ver 1 Mac. 3:4; Or. sib. 11.290-91; Ps. Filón 24:6; T. Abr. 17 A; *Pes. Rab Kah*. 4:2; 11:24; 13:15; *Pes. Rab Kah*. Sup. 1:8.
12. Algunos describen al cordero como una imagen de poder relacionada con los corderos apocalípticos (1 Enoc 90:38; Talbert, *Apocalypse*, 29); este es, sin embargo, un solo Cordero inmolado, y las fuentes judías más antiguas tienen especialmente en mente la Pascua o los sacrificios. La mayoría ven, pues, la conquista de Jesús por medio de la muerte y subrayan el contraste de las imágenes (Boring, *Revelation*, 111; Bauckham, *Climax of Prophecy*, 183-84).
13. Ver Sir. 13:17; Diógenes Laercio, 6.5.92; Dionisio de Halicarnaso, 7.11.3; Eliano, *Animales* 7.27; Terencio, *Hermanos*, 534-35.

Jesús es como un nuevo éxodo (5:9-10; 15:3), y él mismo es el nuevo Cordero (*cf.* 1Co 5:7).[14]

¿Qué significan los "cuernos" (5:6)? Puede hablarse de corderos con cuernos en la simbología apocalíptica (1 En. 90:9), pero también los tienen los corderos pascuales literales (*tos. Pisha* 6:7. Aunque estos tenían dos cuernos, y no siete). Sin embargo, la reinterpretación por parte de Juan del simbolismo tradicional trasciende cualquier modelo de sus contemporáneos y comunica un punto de vista singularmente cristiano. En la literatura profética, los cuernos representan a veces poder (Dn 7:7-24; 8:3-22); sin embargo, el poder no es aquí humano, sino los siete espíritus de Dios (Ap 5:6); esto alude a la antigua profecía en el sentido de que el rey judío ha de prevalecer, no por la fuerza humana, sino por el poder del Espíritu (Zac 4:6).

Juan identifica los cuernos con los siete ojos (5:6), que él probablemente entiende como una representación del Espíritu en la visión de Zacarías (Zac 3:9; 4:6, 10) así como las siete lámparas (4:2; Ap 4:5). Pero, en Zacarías, son los ojos de Dios los que observan sus propósitos y a su pueblo; su aplicación a Jesús, el Cordero, nos da una clave para comprender su verdadera y exaltada identidad.[15] La ubicación de Jesús en el trono (Ap 5:6) puede también sugerir un estatus que algunos textos reservan para la sabiduría de Dios (Sab. 9:4; *cf.* 3 En. 10:1); sin embargo, la posición de Jesús es aun más elevada que la que ocupa la sabiduría de Dios, puesto que en última instancia se sienta en medio del trono, compartiendo el supremo reinado del Padre (Ap 7:17; 22:1, 3; aunque *cf.* también 3:21).

Uno de los muchos tipos de documentos que en el mundo antiguo se sellaban mediante testigos eran los testamentos (a menudo eran seis, aunque en ocasiones podían ser siete).[16] Una vez atestiguado que quien había hecho testamento estaba realmente muerta, se rompían los sellos y se abría el documento, haciendo público su contenido. De este modo

---

14. Sobre Cristo como cordero pascual aquí, ver también Paul S. Minear, *Images of the Church in the New Testament* (Filadelfia: Westminster, 1960), 102-3; Norman Hillyer, "'The Lamb' in the Apocalypse", *EvQ* 39 [1967]: 228-36; C. S. Keener, "Lamb", 641-42 en *Dictionary of Later New Testament*; de un modo más especulativo, Fréderic Manns, "Traces d'une Haggadah pascale chrétienne dans l'Apocalypse de Jean?", *Antonianum* 56 (1981): 265-95.
15. Ver Bruce, "The Spirit in the Apocalypse", 335.
16. Seis testigos en *P. Elef.* 2.17-18; *P. Lond.* 1727.68-72; siete en Emmet Russell, "A Roman Law Parallel to Revelation Five", *BibSac* 115 (1958): 258-64.

se protegía la veracidad del mismo.[17] Puede ser revelador que solo después de que el Cordero haya sido inmolado se pueda abrir el libro (5:6); si se trata del de la vida del Cordero —su legado para sus seguidores—, llega a ser suyo por medio de su sacrificio. Muchos comentaristas entienden, pues, que el libro mencionado en este pasaje es el testamento de Jesús.[18]

En cualquier caso, Jesús "tomó" el rollo de la mano de Dios (5:7); el tiempo perfecto del verbo puede sugerir que no solo recibe el libro, sino que lo sigue sosteniendo y que, por ello, reina sobre los acontecimientos de la historia humana. Lo que, sin duda, resultaría más asombroso para un judío tradicional, no obstante, sería lo que sigue: el coro celestial ofrece las oraciones de los creyentes, no a Dios Padre sino a Jesús (5:8), unas oraciones que invitan directamente a las plagas que pronto se derramarán para su vindicación (6:10; 8:4-6).[19] No sería sorprendente encontrar instrumentos para la adoración como los incensarios en el cielo (Ap. Mos. 33:4); puesto que las ofrendas de incienso eran habituales en el templo, el celestial estaría incompleto sin ellas; las copas de oro se consideran las más exóticas.[20] Las arpas (como en Ap 5:8; 14:2; 15:2) forman también parte del templo celestial (*cf.* 1Cr 15:16; 16:5; 25:1,3, 6).[21]

Por otra parte, el pueblo judío había visualizado hacía mucho tiempo a uno de los principales ángeles que presentaban las oraciones de los creyentes ante Dios (Tob. 12:15); en una línea de la tradición, el arcángel Miguel presenta ante Dios una enorme copa que contiene las obras justas de los santos (3 Bar. 11:8-9).[22] La extraordinaria característica

---

17. Ver *B.G.U.* 326.21.
18. George E. Ladd, *A Theology of the New Testament* (Grand Rapids: Eerdmans, 1974), 623.
19. Cabe pensar en intercesiones de santos fallecidos a favor de personas que están en la tierra, como en 2 Mac. 15:12, 14; 1 En. 39:5 (aunque Ps. Filón 33:4-5 se opone a este concepto); pero en Apocalipsis se habla de un clamor en demanda de vindicación (Ap 6:10; 8:4-6), que también trae juicio en 1 Enoc 97:3-5.
20. Sobre la preferencia por copas de oro, ver Virgilio, *Geórgicas* 2.192.
21. Aunque en la modernidad las arpas e incensarios nos parecen cosas extrañas, en el arte antiguo se describía a veces a los adoradores sirviéndose de estos elementos (ver fuentes en Aune, *Revelation*, 1:355-56).
22. La tradición griega más temprana describía los destinos humanos como dos urnas ante Zeus (Homero, *Il.* 24.527-33).

que encontramos en este pasaje es que un Cordero reciba adoración en el cielo (5:12), compartiéndola con el propio Dios (5:13).[23]

Durante el periodo del primer templo, a menudo los adoradores ofrecían a Dios un "cántico nuevo" (5:9; 14:3), dando quizá a entender que se trataba de un canto recién inspirado que se añadía al repertorio de alabanzas ya existente (Sal 33:3; 40:3; 96:1; 98:1; 144:9; 149:1; Is 42:10). Israel cantaba himnos para celebrar la redención de Dios de su pueblo de Egipto en la Pascua y el éxodo (Éx 15:3; cf. m. Pes. 10:5); utilizaban especialmente Salmos 113–18 para conmemorar aquel acontecimiento. Además, una parte de lo que llegó a ser liturgia habitual de la sinagoga, celebraba la divina elección del pueblo de Dios entre personas "de toda raza, lengua, pueblo y nación".[24]

Pero este verdadero coro celestial celebra un aspecto aun más crucial de la actividad de Dios en la historia: la redención de santos de entre todas las naciones por la sangre de un nuevo cordero pascual (5:9). Como el antiguo Israel (Éx 19:6), estas personas serán también un "reino y sacerdotes" (Ap 5:10; ver comentario sobre 1:6).[25] Es posible que quienes estaban siendo perseguidos por su negativa a participar en la adoración del emperador hubieran sido sacudidos por el contraste de las pretensiones del poder humano. En varias regiones de todo el imperio se habían suscitado coros regionales que cantaban las alabanzas del emperador.[26] Sin embargo, unos oyentes sumergidos en el Antiguo

---

23. Hay una exposición detallada de Jesús como objeto de adoración en Apocalipsis, en Bauckham, *Climax of Prophecy*, 118-49; ver también Ro 9:5; Plinio, *Ep.* 10.96.7 en el ámbito del cristianismo primitivo. El Hijo del Hombre recibe adoración en las Semejanzas de Enoc (48:5-6 como lo vierte Knibb no Isaac), pero estas pueden reflejar una cierta influencia cristiana.
24. Martin McNamara, *Targum and Testament* (Grand Rapids: Eerdmans, 1972), 39.
25. Esta promesa contrasta completamente con las pretensiones de los emperadores que otorgaban reinos y confirmaban oficios sacerdotales (Kraybill, *Imperial Cult and Commerce*, 221-22). Sobre otros contrastes, ver Peder Borgen, "Moses, Jesus, and the Roman Emperor: Observations in Philo's Writings and the Revelation of John", *NovT* 38 (1996): 145-59. La adoración aparece también como una escatología preparatoria en los textos judíos místicos (P. Prigent, "Qu'est-ce qu'une apocalypse?" *RHPR* 75 [1995]: 77-84).
26. Kraybill, *Imperial Cult and Commerce*, 221; cf. Herodiano, 4.2.5; Yamauchi, *The Archaeology of New Testament Cities*, 42. Sobre el uso de himnos cristianos aquí, ver Oscar Cullmann, *Early Christian Worship* (Filadelfia: Westminster, 1953), 21; A. M. Hunter, *Paul and His Predecessors*, ed. Rev. (Filadelfia: Westminster, 1961), 37; sobre la importancia esencial de los himnos en el libro de Apocalipsis, ver Tenney, *Revelation*, 36; Gerhard Delling, "Zum gottesdienstlichen Stil der Johannesapokalypse", *NovT* 3 (1959): 107-37.

Testamento se sentirían aun más sorprendidos de que este nuevo acto redentor incluyera a creyentes de todos los pueblos. La cuádruple fórmula con la que Juan describe a todos los pueblos ("tribu, lengua, pueblo y nación") aparece siete veces en distintas secuencias del libro de Apocalipsis y se corresponde con una triple fórmula que aparece seis veces en Daniel (Dn 3:4 [cf. LXX], 7; 4:1; 5:19; 6:25; 7:14). Daniel anunció el reinado del Hijo del Hombre sobre todos estos pueblos (7:14) y Juan ve un cumplimiento literal de esta promesa en la iglesia.[27]

Que Dios tenga un número tan elevado de adoradores (Ap 5:11) refuerza el ejemplo del texto en el sentido de que es digno de adoración. El texto original dice literalmente "diez mil veces diez mil" y teniendo en cuenta que "diez mil" era el numeral más elevado que ofrecía el idioma griego, este plural sería una clara manera de decir que los adoradores eran innumerables.[28] Sospecho que hasta el emperador se habría sentido impresionado de haber conocido esta revelación. La imagen procede directamente de Daniel 7:10, que sirvió de fuente para futuras especulaciones judías sobre la infinita grandeza de un Dios adorado por un ilimitado número de estos seres celestiales (ver 1 En 14:22-23; 40:1; 60:1; 71:8).[29] En última instancia, no es solo el cielo, sino toda la creación la que ofrece la gloria a Dios (Ap 5:13; cf. Sal 148:1-13; 1 En 69:24).[30]

Identificación con los personajes bíblicos. Cuando leemos este texto se nos invita a identificarnos con Juan en la grandiosa experiencia de la adoración celestial. Muchas

---

27. Bauckham, *Climax of Prophecy*, 326-29.
28. Esta expresión significa probablemente "una inmensidad incalculable" (cf. Beale, *Revelation*, 509, sobre 9:16).
29. Cf. 3 Enoc 17:2; 35:1; Ap Sof 4:2; 8:2. Basándose en Daniel 7:10 ciertos rabinos de periodos posteriores dedujeron que Dios seguía creando nuevos ángeles para la adoración a partir de una corriente ígnea procedente de su trono (*b. Hag* 14a; *Gn. Rab.* 78:1). No es extraño oír hablar de ángeles que claman a "gran voz" (2 Bar. 6:8), pero se trata de una expresión muy moderada cuando se trata de una multitud como esta.
30. Cuando Juan habla de criaturas "debajo de la tierra" (5:3, 13), está pensando posiblemente en el mar (10:6; 14:7; 21:1); sin embargo, en 5:13, "mar" y "debajo de la tierra" no son intercambiables, y lo más probable es que quiera aludir a la esfera ctónica (Fil 2:10; Oración de José 11; *ARN* 2A), que los griegos pueden identificar con el Hades (Homero, *Il.* 3.276-78; Hesíodo, *Trabajos y Días* 141; Virgilio, *En.* 12.199; Dionisio de Halicarnaso, 11.37.6; Tito Livio, 31.31.3; Caritón, *Aventuras de Quéreas y Calírroe*. 5.7.10; *PGM*, 1.264, 315-16; 17a.2-3), como reconocerían los judíos (Josefo, *Contra Apión* 2.240).

veces tenemos miedo de identificarnos con personajes de la Biblia, suponiendo que estos se encuentran en un nivel espiritual muy superior al que nosotros podemos aspirar. Sin embargo, el estudio bíblico requiere una cierta identificación. ¿Acaso no pidió el apóstol Pablo a los miembros de sus iglesias que lo "imitaran" (1Co 4:16; 11:1)? ¿Cómo podemos aprender las lecciones morales de los relatos bíblicos (2Ti 3:16) sino apropiándonos de los ejemplos positivos y negativos que encontramos en ellos (1Co 10:11)?

Pero, en este pasaje, los creyentes pueden identificarse con Juan en su debilidad: todos nosotros dependemos por completo de un Salvador (Ap 5:4-5). Identificarnos con los personajes bíblicos se hace más fácil cuando recordamos que también ellos tenían debilidades. Santiago nos recuerda que Elías era una persona que experimentó las mismas luchas que nosotros y, sin embargo, por mandato de Dios, fue capaz de detener la lluvia (Stg 5:17). Descorazonado de que el fuego del cielo dejara viva a su mortal enemiga Jezabel, quiso abandonar y morir (1R 19:4). ¡En medio de su profunda experiencia de dolor, Job y Jeremías desearon no haber nacido (Job 3:3; Jer 20:14-15)! Luchando con las dudas, Juan el Bautista se preguntó si Jesús encajaba realmente en su proclamación del Mesías (Mt 11:3). José parece haber mantenido su fe en sus sueños mientras estaba en la cárcel (Gn 40:8); sin embargo, olvidó al menos una parte de su mensaje en su prosperidad (41:51). ¡Y no hablemos de Pedro! Dios ha escogido a personas como nosotros —no para que podamos jactarnos de lo grandes que somos, sino para mostrar lo que él puede hacer con vasos de barro llenos de su gloria, "para que se vea que un poder tan sublime viene de Dios y no de nosotros" (2Co 4:7).

Puesto que el papel de Juan como primer receptor de esta revelación es positivo y prefigura el nuestro como destinatarios (1:1), el apóstol no es únicamente el autor implícito, sino que cumple también la función de modelo para el lector ideal. Por tanto, su desesperado llanto por un mundo sin abogado celestial (5:4) marca el tono con que se espera que nosotros nos acerquemos a esta situación potencialmente devastadora.[31] Como Juan, también nosotros experimentamos alivio con la aparición de Jesús. También como él, sabemos ya que Jesús es nuestro libertador; pero Apocalipsis desarrolla su mensaje no con proposiciones teológicas tradicionales, sino con gráficas imágenes que nos confrontan con el familiar mensaje del evangelio, de un modo siempre nuevo. Esto puede sugerir que también nosotros hemos de esforzarnos por encontrar, con

---

31. Michaels, *Revelation*, 18.

la ayuda de Dios, formas creativas de comunicar su mensaje a nuestra generación.

La victoria de Jesús por medio de su sacrificio (5:5-6) es un paradigma para los creyentes, ya que Apocalipsis también describe a los mártires como partícipes de este sacrificio (ver comentario sobre 6:9). Por ello, "tanto en el caso de Cristo como en el de los cristianos, 'triunfar' no significa sino morir".[32] Hemos de leer cada pasaje de Apocalipsis a la vista de todo el libro (siempre que sea posible, como un prisma que refracta sus distintos temas), y después estar dispuestos a reaplicar este mensaje a nuestro tiempo. La manera en que nos ofrecemos en sacrificio puede ser distinta en cada situación; sin embargo, el llamamiento del evangelio a contar el coste sigue siendo el mismo.

Ubicación social. En nuestro tiempo, los estudios bíblicos se centran a menudo en la ubicación social, es decir, que, a partir de cada trasfondo, el lector se acerca al texto con distintas preguntas y tiende a tratar distintos temas. En su forma radical, este acercamiento puede formar parte de una agenda más extensa que convierte en relativa cualquier interpretación. Como disciplina descriptiva, no obstante, puede resultar útil para poner a prueba las tendencias de nuestra propia cultura y tradición que todos llevamos al texto, ayudándonos con ello a escuchar más claramente el inspirado mensaje de la Escritura.[33]

Una valiosa perspectiva que ha producido este acercamiento es que quienes sufren o están marginados pueden identificarse rápidamente con un Salvador sufriente (5:5-6).[34] Quienes forman parte de culturas minoritarias, o de aquellas en que los cristianos son una pequeña minoría, pueden encontrar especial ánimo en este pasaje como sucedió probablemente con los creyentes gentiles a finales del siglo I. La preocupación de Dios por todos los pueblos (5:9-10) puede resultar especialmente

---

32. Boring, *Revelation*, 111.
33. La crítica de la "respuesta del lector" (sobre esta cuestión ver Jane P. Tompkins, ed., *Reader-Response Criticism: From Formalism to PostStructuralism* [Baltimore: Johns Hopkins, 1980]) se ha utilizado de manera prescriptiva, pero aquí adoptamos únicamente su uso descriptivo. Puesto que nuestra meta al escuchar la Escritura es oír el mensaje que Dios inspiró en sus autores, sigue siendo importante buscar la intención de estos (Ver E. D. Hirsch Jr., *Validity in Interpretation* [New Haven: Yale, 1967]).
34. Hay algunos ejemplos sobre cómo leían los esclavos y abolicionistas los textos bíblicos relativos a la justicia y la liberación, en contraste con los propietarios de esclavos, en Glenn J. Usry y Craig S. Keener, *Black Man's Religion: Can Christianity be Afrocentric?* (Downers Grove, Ill.: InterVarsity, 1996), 98-109.

alentadora para aquellos grupos que se sienten marginados en la sociedad o en la iglesia. Naturalmente, los colectivos que se sienten de este modo pueden ser distintos en cada era. Las culturas que inciden en la Biblia procedían principalmente del Medio Oriente, de África Oriental y del Norte y (en el Nuevo Testamento) del sur de Europa.[35] Aunque los europeos del norte eran bien conocidos en el Imperio romano, lo eran, por regla general, por su condición de bárbaros primitivos, y en la Biblia no aparecen más que en menciones sucintas.[36]

El imperio africano de Aksum se convirtió al cristianismo alrededor del año 333 d.C., por el mismo tiempo en que lo hizo también el Imperio romano.[37] Otros misioneros se extendieron rápidamente hacia el este.[38] Sin embargo, muchos de los cristianos occidentales de raza caucásica nos hemos habituado a pensar en el cristianismo como un legado del mundo occidental, mientras que los musulmanes se aprovechan de los potenciales conversos africanos con la mentira de que el cristianismo es una "religión del hombre blanco". Mientras tanto, la región donde nació el cristianismo es una de las zonas más difíciles para que vuelva a afianzarse. Si los apóstoles tenían que recordar a los primeros receptores que el mensaje de la iglesia no era solo para Israel, también nosotros hemos de recordar que ninguna cultura o región puede reivindicar el evangelio de manera exclusiva y permanente. Por ello hemos de esforzarnos en contextualizar su mensaje para todas las culturas y estimular a todos los cristianos a tomar la iniciativa en la efectiva evangelización de su pueblo.[39]

---

35. Hay algunas indicaciones de presencia africana oriental y septentrional, así como asiática occidental, en el Antiguo Testamento en Usry y Keener, *Black Man's Religion*, 60-82; en el Mediterráneo de la antigüedad, ver especialmente Frank M. Snowden, *Blacks in Antiquity* (Cambridge, Mass.: Harvard Univ. Press, 1970); ídem. *Before Color Prejudice* (Cambridge, Mass.: Harvard Univ. Press, 1983).
36. Herodiano, 3.14.6-7, comenta sobre los bretones que iban desnudos para mostrar sus tatuajes de animales.
37. Sobre las primeras etapas de la historia cristiana en África, ver Keener y Usry, *Defending Black Faith*, 13- 19; Elizabeth Isichei, *A History of Christianity in Africa from Antiquity to the Present* (Lawrenceville, N.J.: Africa World; Grand Rapids: Eerdmans, 1995), 13-44.
38. Ruth A. Tucker, *From Jerusalem to Irian Jaya* (Grand Rapids: Zondervan, 1983), 45; Stephen Neill, *A History of Christian Missions* (Baltimore: Penguin, 1964), 95-97.
39. Ver Roland Allen, *Missionary Methods: St. Paul's or Ours?* (Chicago: Moody, 1956); Melvin L. Hodges, *The Indigenous Church* (Springfield, Mo.: Gospel, 1976); David TaiWoong Lee, "Missionary Training by Nationals", *Training for CrossCultural Ministries* (abril de 1998), 1-3 (en *Mission Frontiers Bulletin* [mayo de 1998]). Sobre contextualización, ver los ensayos en D. A. Carson, ed., *Biblical Interpretation and*

Significado Contemporáneo

El significado de los juicios de Dios. Si los sellos dan fe de la veracidad de la futura herencia de los creyentes en el reino (como hemos sugerido, aunque con ciertas reservas), entonces los juicios de Dios sobre el mundo que nos rodea han de invitarnos, no al temor, sino a la esperanza. Los juicios atestiguan que es Dios, y no nuestros opresores, quien sigue siendo soberano. Los cristianos que sufren como los de Esmirna y Filadelfia no tienen que pensar que Dios ignorará sus sufrimientos hasta el día final; los juicios sobre la sociedad que los aborrece constituyen su vindicación. Por otra parte, algunos cristianos más prósperos en lugares como Sardis o Laodicea pueden temer a los juicios, porque su bienestar procede del de su sociedad, uno de los motivos por los que a los creyentes se los invita con frecuencia a abandonar este tipo de dependencia (13:17; 18:4). Si nos sentimos incómodos con la idea del juicio es, quizá, porque nos sentimos más cómodos con el mundo que con el sufrimiento entre los testigos de Jesús.

El ángel pregunta quién es digno de abrir el libro (5:2), y, en esta ocasión, ningún Isaías indigno es purificado con las ascuas del altar (Is 6:5-7). Solo Jesús demuestra ser digno. Mantener a Jesús en su lugar legítimo como nuestro único posible Salvador nos guarda de la arrogancia de dar por sentado que somos indispensables. De hecho, cuando queremos identificarnos con otros personajes de la Biblia, descubrimos a personas como nosotros, con grandes defectos, cuando se habla mucho de ellos. David estuvo a punto de matar a una buena parte de la casa de Nabal en un arranque de ira (1S 25:21-22); Sara escogió a Agar como ayuda para que se cumpliera el plan de Dios y después la maltrató (Gn 16:2-6); en el caso de los gabaonitas, Josué actuó sin la sabiduría de Dios (Jos 9:14-18); Moisés se quejó tanto de la voluntad de Dios que casi le costó la vida al comienzo de su llamamiento (Éx 4:13-14, 24-26); Gedeón dudó de su capacidad para cumplir el llamamiento de Dios (Jue 6:15-17). Los jueces de Israel fueron, en su mayor parte, personas con defectos y desajustes menores que no dejaron, por ello, de hacer la voluntad de Dios (1S 8:1-3); otros nunca consiguieron superar sus desórdenes y sus vidas acabaron de un modo trágico, a pesar de la bendición de Dios (Jue 11:34-40; 16:30; ver también comentario sobre

---

the Church: The Problem of Contextualization (Nashville: Nelson, 1985); William A. Dyrness, *Emerging Voices in Global Christian Theology* (Grand Rapids: Zondervan, 1994); Craig Blomberg, "The Globalization of Hermeneutics", *JETS* 38 (diciembre de 1995): 581-93.

1:3). El único héroe perfecto al que podemos honrar de manera incondicional es Jesús; si empezamos a poner a otros en pedestales y este es el modelo que nosotros mismos perseguimos, nos veremos inevitablemente abocados al fracaso.

Lo más notable es el hecho de que la historia posterior, incluidos los juicios de Dios, no puede producirse hasta que el Cordero abra los sellos. Como señala F. F. Bruce, lo que lleva los propósitos de Dios a su cumplimiento es la llegada del Cordero inmolado: "Este es el mensaje central de Apocalipsis: el acontecimiento crucial de todos los tiempos es el sacrificio del Calvario, un acontecimiento que supuso la decisiva victoria que asegura el triunfo final de la causa de Dios y de su pueblo sobre todas las fuerzas que se les oponen".[40] El libro de Apocalipsis forma parte de nuestro Nuevo Testamento, precisamente porque en él se proclama el mismo evangelio que en el resto. Toda la historia depende de la cruz, el acontecimiento fundamental dentro del plan salvífico de Dios (1Co 1:18–2:16; Col 1:18-23).

Vencer muriendo. El que Jesús venza a través de la muerte desafía nuestra forma de hacer las cosas. Nos gusta conseguir poder político o social y dictar los requisitos de Dios desde esta posición.[41] Sin embargo, Jesús nos muestra que la verdadera victoria se forja por medio del sacrificio y la debilidad, lo cual nos fuerza a depender de la vindicación de Dios. El ejército de los seguidores de Jesús ha de imitar su ejemplo (ver comentario sobre 7:4-9).

Me viene a la mente lo sucedido recientemente durante la prueba de los cien metros en los *Special Olympics* de Seattle, donde participaban nueve corredores con discapacidades físicas o mentales. Cuando uno de los muchachos se cayó y comenzó a llorar, los otros ocho se detuvieron y volvieron para ayudarle y animarle. Una niña con síndrome de Down le dio un beso, y a continuación todos se dirigieron a la línea de meta cogidos del brazo. La multitud los ovacionó durante diez minutos; renunciando a la victoria personal, todos estos niños lograron un triunfo mucho mayor.[42]

Philip Yancey observa que con el mensaje cristiano llegó la empatía del mundo por las víctimas, puesto que por primera vez una víctima

---

40. F. F. Bruce, *The Message of the New Testament* (Grand Rapids: Eerdmans, 1981), 84.
41. Chuck Colson observa que, en su caso, él no "encontró la realización en el poder, sino en la cárcel" ("My Journey from Watergate", *CT* [13 de sept. de 1993], 96).
42. Esta historia verdadera me la hizo llegar el Dr. Jeremiah Wright, pastor de la Trinity United Church of Christ en Chicago.

(Jesús) era el héroe; las enseñanzas cristianas son las responsables de que, en la conciencia occidental, los oprimidos tengan "la autoridad moral".[43] Yancey expresa su asombro por el hecho de que Henri Nouwen invirtiera su tiempo tan valioso sirviendo a un hombre con discapacidad mental para quien la mayoría de las personas ocupadas no tendrían tiempo. Nouwen veía a este hombre como un don que le recordaba lo que somos los humanos, cuáles son las cosas más importantes y que, ante Dios, nuestro carácter cuenta más que nuestros logros.[44] En nuestro tiempo de horarios acelerados y frenéticos para llevar a cabo muchas cosas (me predico a mí mismo sobre todo), necesitamos que se nos recuerde que la victoria está en manos de Dios y se consigue tan a menudo en las aparentes derrotas como en las victorias públicas. La muerte de Jesús muestra también la profundidad de su amor hacia nosotros (1:5), y esto nos ofrece certeza y un modelo para nuestras expresiones de amor cristiano.

Los peligros del etnocentrismo. El hecho de que Jesús redimiera para sí un pueblo de entre todas las naciones (5:9) nos advierte sobre los peligros del etnocentrismo. El multiculturalismo no es una simple moda ni una invención de la teología liberal (aunque como la mayoría de las cosas buenas, puede ser tanto una herramienta del mal como del bien; ver 13:7-8); desde el principio Dios deseó que el cuerpo de Cristo fuera un organismo multicultural (Mt 28:19; Hch 1:8). De hecho, los primeros cristianos trabajaron conectados entre sí por todo el mundo mediterráneo siendo, por lo que parece, la única religión del Imperio romano antiguo que desarrolló una organización de carácter transregional.[45] Esto implica que Dios no hace acepción de personas, sino que se preocupa por todos los pueblos. Este reconocimiento demanda, a su vez, que amemos a nuestros hermanos y hermanas, más allá de cualquier consideración racial y cultural, lo suficiente como para escuchar

---

43. Philip Yancey, "Why I Can Feel Your Pain", *CT* (8 de febrero de 1999), 136.
44. Ver especialmente el relato del servicio que Henri Nouwen prestó a una persona severamente discapacitada, en Philip Yancey, "The Holy Inefficiency of Henri Nouwen", *CT* (9 de diciembre de 1996), 80; *cf.* también el servicio de Nancy, una mujer discapacitada, a las personas solitarias de su comunidad, en Tony Campolo, *Wake Up America* (Grand Rapids: Zondervan, 1991), 87-88. En ocasiones nos parecemos más a los primeros discípulos, tan resueltos a llevar rápidamente a Jesús a Jerusalén para que estableciera el reino que pasaron por alto el sentido del mismo: bendecir a algunos niños y curar a un mendigo ciego (Mr 10:13-16, 48).
45. Así lo entiende Louis Wilken, "Roman Redux", *Christian History* 57 (1998): 42-44 (p. 43).

sus ideas, en especial cuando las cuestiones que comentamos inciden de manera directa en sus vidas.[46]

Billy Graham observa que él creció en una pequeña granja del sur donde rara vez se planteó la situación de los afroamericanos; sin embargo, cuando Graham se dio cuenta de las implicaciones que el evangelio tenía para las relaciones interraciales, quitó todos los signos que separaban a negros y blancos durante una cruzada que celebró en 1952 por los estados sureños. A partir de entonces, se negó a predicar en campañas que segregaran a los oyentes.[47] En cada zona de los Estados Unidos se manifiestan distintas dinámicas raciales; sin embargo, si las tendencias actuales de nuestra nación siguen adelante, cada grupo étnico, blancos incluidos, acabará constituyendo una minoría étnica y quienes no se adapten se verán desfavorecidos desde un punto de vista cultural.[48]

Recuerdo mi propia experiencia cuando comencé a vivir en un barrio de viviendas subvencionadas entre familias mayoritariamente negras; en aquel barrio, los niños habían aprendido por la televisión y otros medios todos los aspectos de mi cultura, pero yo ni siquiera sabía cómo se peinaban ellos. En aquel tiempo estaba haciendo un doctorado, pero llegué a avergonzarme mucho de mi ignorancia, y me sentí engañado por un sistema educativo que me había dejado muy mal preparado para trabajar entre cualquier grupo étnico aparte del mío que, por cierto, era el único que no tenía conciencia de serlo. Vemos una vez más que, en cada lugar, las barreras para las personas son distintas, pero el punto esencial es que hemos de ser capaces de superarlas todas para que el mundo reciba un anticipo del cielo viendo un cuerpo de Cristo unido entre todos los pueblos.

---

46. Sobre Hechos 10:34 (un texto utilizado por los cristianos afroamericanos para sostener el abolicionismo, James Melvin Washington, *Frustrated Fellowship* [Macon, Ga.: Mercer, 1986], 27), ver esp. J. Julius Scott Jr., "Acts 10:34, a Text for Racial and Cultural Reconciliation Among Christians", pp. 131-39 en *The Gospel in Black and White*, ed. D. L. Ockholm (Downers Grove, Ill.: InterVarsity, 1997). Sobre la centralidad de la reconciliación étnica en el mensaje de Pablo, ver Craig S. Keener, "The Gospel and Racial Reconciliation", 117-30 en *Gospel in Black and White*.
47. Graham, *Approaching Hoofbeats*, 144-45; Edward Gilbreath, "Billy Graham Had a Dream", *Christian History* 14 (agosto de 1995): 44-46; sobre Graham, ver además William Curtis Martin, *A Prophet with Honor* (Nueva York: Quill, William Morrow, 1991).
48. Russell Chandler, *Racing Towards 2001* (Grand Rapids: Zondervan, 1992), 28.

La adoración que agrada a Dios. Dios recibe nuestra adoración y nuestras oraciones como incienso, un aroma que le es agradable (5:8).[49] Hay varias actividades que, generalmente, acompañan a la adoración y que encontramos en Apocalipsis y otros textos de la Escritura, como por ejemplo cantar; esta actividad da origen a los salmos (p. ej., 1Cr 15:22, 27; 25:7; 2Cr 23:18; 29:30; Esd. 2:65; Neh 12:46). Para la adoración se utilizaban también, con frecuencia, instrumentos musicales (p. ej., 1Cr 13:8; 15:16, 28; 16:5; 25:1), como en este texto (5:8), aunque he de conceder que las iglesias de nuestro tiempo que no los utilizan han producido algunas hermosas armonías a capela. En la Biblia, la adoración era a menudo una gozosa celebración (en los Salmos encontramos más de cien expresiones de alegría) que muchas veces se expresaba con gritos (más de veinte ocasiones en los Salmos).

Si esto les parece demasiado efusivo a algunas de nuestras iglesias más solemnes, diré que muchos de los movimientos que más crecen por todo el mundo consideran que este tipo de expresiones es mucho más coherente con la naturaleza humana que nuestra solemnidad. Han descubierto que al menos ciertas formas de adoración ¡pueden ser divertidas! (Sin embargo, deberíamos notar que en los Salmos también hay oraciones de luto y expresiones de dolor que cubren toda la gama de las emociones humanas). La adoración es, asimismo, susceptible de contextualización; cuando algunas personas intentaron impedir que el responsable de la música introdujera instrumentos de percusión en una iglesia en la que yo estaba ministrando, elaboré un mensaje sobre el Salmo 150, observando la diversidad de instrumentos que se mencionan en los versículos 3-6. Expliqué que en Israel se utilizaban todos los instrumentos conocidos (más algunos utilizados por sus vecinos paganos), porque Dios es digno de la alabanza más espléndida que podamos darle.

Por otra parte, la alegría, los gritos, los instrumentos y la celebración no constituyen adoración de por sí; ¡de otro modo, algunas fiestas de los clubes universitarios reunirían los requisitos para serlo! La esencia de la adoración consiste en declarar a Dios su majestad y la grandeza de sus obras, es decir, expresar la verdad acerca de él (esto puede hacerse

---

49. En la tradición posterior, lo que proporcionaba un favorable aroma era la abnegada devoción a él (*Gn. Rab.* 34:9; 47:7; *Cnt Rab.* 4:6, §1), como los sacrificios (Gn 8:21; 1QM 2.5; Jub. 3:27; 6:3-4; 21:14); el incienso se utilizaba también para celebrar las victorias (Josefo, *Guerra* 7.72), aunque en este pasaje encaja mejor la imagen del templo. Sobre los sacrificios espirituales, ver Sal 50:14; 51:16-19; 69:30-31; 141:2; Is 1:11-17; 58:6-7; Os 6:6; Am 5:21-24; Mi 6:6-8; 1QS 9.4-5.

en segunda persona o a veces en tercera, pero con Dios en mente como en algunos salmos). La teología puede, pues, expresar adoración, aunque generalmente la adoración bíblica no sea un ejercicio únicamente racional, sino también afectivo, en el que el adorador dedica todo el ser a Dios. (Cuando se conjuga con la danza —que suele ser una señal de alegría en la cultura de Israel—, puede ser también física; p. ej. Sal 149:3; 150:4). Los teólogos tienen a menudo que hablar el lenguaje de su gremio; sin embargo, cuando tienen un adecuado entendimiento de Dios, todos los creyentes pueden participar expresando temas bíblicos que glorifican a Dios en el lenguaje artístico y metafórico de la poesía y la canción. Como también reconoció C. S. Lewis, teniendo en cuenta las limitaciones del lenguaje humano, las metáforas musicales y las imágenes apocalípticas pueden comunicar la gloria de Dios a la mayoría de las personas mejor que nuestros áridos tratados.

Muchas frases de la "adoración" bíblica han perdido prácticamente su sentido en una cultura tan distinta como la nuestra (¿qué significa, por ejemplo, que Dios levantará nuestra cabeza?).[50] Me vienen a la mente muchos coritos de adoración basados en la Biblia y que usan las frases de un modo totalmente distinto al que la Biblia los utilizó en su contexto original.[51] Al mismo tiempo, igual que Juan, deberíamos seguir celebrando la historia bíblica de la redención y el reino de Dios sobre el cosmos, en nuestra vida y en los acontecimientos contemporáneos. Los himnos saturados del texto bíblico como los de Charles Wesley son ideales para este tipo de adoración. Pero aun cuando nuestros labios dicen palabras ortodoxas o nuestras emociones celebran un ritmo alegre, la adoración que Dios anhela es, sobre todo, el ofrecimiento de nuestro corazón y vidas en un sacrificio vivo (*cf.* Ap 6:9-11; también Ro 12:1).

Una vida transformada. Que Jesús hiciera de nosotros un reino y sacerdotes (5:10) coincide con algunas de nuestras nociones de la conversión más populares en el siglo XX. Estas palabras indican que Dios nos ha llamado a orar y adorar como sacerdotes y también a gober-

---

50. Hay una muestra del grado en que el lenguaje de la adoración de Israel reflejaba su cultura en, Mitchell Dahood, *Psalms 1: Psalms 1–50*, AB 16 (Garden City, N.Y.: Doubleday, 1966), aunque probablemente Dahood se basó excesivamente en paralelismos ugaríticos. Las formas de la adoración cambian; la iglesia anglicana no aprobó los himnos (*cf.* 1Co 14:26; Ef 5:19; Col 3:16) hasta 1820 ("Did You Know?" *Christian History,* 31 [1991]: solapa de la portada.)
51. Por ejemplo, la frase "este es el día que ha hecho el Señor" no hace referencia a cualquier día, sino a ese trascendental en que la piedra rechazada por los edificadores vino a ser cabeza del ángulo (Sal 118:22-24).

nar (5:10), no solo a "ir al cielo" algún día (por crucial que sea este destino). La redención que aquí describe el coro celestial no es, pues, mera devoción personal, sino la entrada a una intercesora comunidad de fe destinada a gobernar el mundo.

A comienzos del siglo XIX muchos de los que iban a las iglesias en los Estados Unidos creían que la salvación era algo que podían esperar al final de sus vidas; con el acento en la conversión que trajeron los avivamientos evangélicos, la salvación dejó de verse como un objetivo y pasó a entenderse como el comienzo de una vida nueva y transformada que nos capacitaba para producir un impacto en el mundo.[52] Así, Finney veía cómo miles de personas hacían profesión de fe en Cristo y las enrolaba inmediatamente en su nuevo compromiso al servicio del movimiento abolicionista.[53] Jesús no nos redimió para que nos sumiéramos en la irrelevancia, sino para que fuéramos sus agentes en este mundo.

La adoración de toda la creación mencionada en 5:13 sugiere, probablemente, algo más que el hecho de que la naturaleza dé testimonio de su Creador por medio de las cosas que se ven (Sal 8:3; 19:1-6; Ro 1:20); esta imagen parece más cerca de la activa celebración descrita en Salmos 96:11-13; Isaías 44:23; 55:12. Naturalmente, los animales y la creación inanimada son menos inteligentes que las personas hechas a imagen de Dios; sin embargo, hemos degradado tanto nuestra sabiduría que a veces los animales son más perspicaces que nosotros (Is 1:3; Ro 1:21-23; 2P 2:16).

---

52. Gilbert Hobbs Barnes, *The Antislavery Impulse*, 1830–1844 (Nueva York: Harcourt, Brace & World, 1964), 3-11
53. Timothy L. Smith, *Revivalism and Social Reform: American Protestantism on the Eve of the Civil War* (Baltimore: Johns Hopkins, 1980), 180; Usry y Keener, *Black Man's Religion*, 106-7.

Apocalipsis 6:1-8

Vi cuando el Cordero rompió el primero de los siete sellos, y oí a uno de los cuatro seres vivientes, que gritaba con voz de trueno: «¡Ven!» ² Miré, ¡y apareció un caballo blanco! El jinete llevaba un arco; se le dio una corona, y salió como vencedor, para seguir venciendo.

³ Cuando el Cordero rompió el segundo sello, oí al segundo ser viviente, que gritaba: «¡Ven!» ⁴ En eso salió otro caballo, de color rojo encendido. Al jinete se le entregó una gran espada; se le permitió quitar la paz de la tierra y hacer que sus habitantes se mataran unos a otros.

⁵ Cuando el Cordero rompió el tercer sello, oí al tercero de los seres vivientes, que gritaba: «¡Ven!» Miré, ¡y apareció un caballo negro! El jinete tenía una balanza en la mano. ⁶ Y oí como una voz en medio de los cuatro seres vivientes, que decía: «Un kilo de trigo, o tres kilos de cebada, por el salario de un día; pero no afectes el precio del aceite y del vino.»

⁷ Cuando el Cordero rompió el cuarto sello, oí la voz del cuarto ser viviente, que gritaba: «¡Ven!» ⁸ Miré, ¡y apareció un caballo amarillento! El jinete se llamaba Muerte, y el Infierno lo seguía de cerca. Y se les otorgó poder sobre la cuarta parte de la tierra, para matar por medio de la espada, el hambre, las epidemias y las fieras de la tierra.

Este pasaje presenta los famosos cuatro jinetes de Apocalipsis como feroces imágenes de aterrador juicio. Un poco de historia nos ayudará a entender el modo en que estas imágenes habrían amenazado la seguridad física de sus primeros receptores en el siglo I, invitándonos con ello a sentir el mismo temor que estas imágenes habrían evocado en un principio.

Es dudoso que debamos interpretar el sentido de los cuatro jinetes, o el de otros juicios, como un mapa cronológico de la historia que precede al fin; probablemente se trate más bien de imágenes del tipo de juicios característicos de aquel tiempo, dispuestas en la secuencia en que Juan las vio.[1] Algunos consideran los sellos como acontecimientos del pasado,

---

1. Ver González, *Revelation*, 53. Las visiones apocalípticas esquematizaban la tribulación de distintas maneras (p. ej., la tribulación en doce etapas en 2 Bar. 27), pero más que

un preludio de los juicios presentes o futuros que aparecen en el resto del libro.² Lo más probable es que cubran el mismo lapso de tiempo que las trompetas y las copas, puesto que las tres series de juicios culminan con el fin de la era (6:12-14; 11:15,18; 16:17, 20; sobre el orden cronológico de Apocalipsis, ver comentario acerca de 12:5-6).

Los juicios de los cuatro jinetes son aquellos que, según dijo Jesús, caracterizarían el tiempo presente (Mr 13:7-8).³ Muchos antiguos maestros de profecía confeccionaron una serie de catálogos de los especiales sufrimientos que esperaban en los corruptos tiempos del fin. Contrariamente a lo que afirman algunos maestros modernos que no han sabido leer con detenimiento las palabras de Jesús, él afirmó explícitamente que algunos de estos acontecimientos no eran indicativos del fin; sus palabras fueron "no será todavía el fin", puesto que estas cosas son solo "el comienzo de los dolores" (Mr 13:7-8; *cf.* Mt 24:6, 8). Sin embargo, tanto Jesús como Apocalipsis omiten algunas señales mencionadas por antiguos maestros de profecía, como bebés mutantes.⁴

La descripción que Juan hace del juicio en este texto refleja tanto su genio literario como su inmersión en la Escritura. Esta lista de cuatro plagas se parece a algunas del Antiguo Testamento (Dt 32:24; 2Cr 20:9; Jer 15:2; Ez 5:17; 14:21); sin embargo, esta fórmula cuádruple aparece de nuevo específicamente en Apocalipsis 6:8 y es posible que no se encuentre tras los jinetes en su conjunto (puesto que este resumen sustituye a "las fieras" por la conquista).⁵ Es mucho más frecuente una lista más compacta de tres juicios (que combina la guerra y la conquista, pero mantiene la pestilencia y el hambre), lo cual sugiere que Apocalipsis convierte en enfática la imagen de la guerra y la conquista.⁶

---

mostrar una clara secuencia, algunos de estos juicios se traslaparían (2 Bar. 27:14-15).
2. Wesley, *Commentary on the Bible*, 597 (que consideraba que los caps. 6–9 eran pasados, que 10–14 describían la situación de su tiempo; y los capítulos 15–19 eran inminentes).
3. Algunos piensan, incluso, que Apocalipsis 6 es un reflejo de Marcos 13 (Beasley-Murray, *Revelation*, 129-30).
4. Es probable que el judaísmo derivara estas ideas del paganismo: p. ej. Hesíodo, *Trabajos y días* 180-81; entre los presagios habituales, ver, p. ej., Tito Livio, 36.37.2; Apiano, G. C. 1.9.83; Lucano, G. C. 1.526-27. En el judaísmo, ver 4 Esd. 5:8, 6:21.
5. Ver también las fórmulas cuádruples en Ps. Filón 3:9; T. Jud. 23:3; y la guerra, la escasez, la pestilencia y la invasión en Or. sib. 3.331.
6. La triple enumeración de la espada (guerra), pestilencia, y la escasez de alimentos (p. ej., Jer 14:12; 21:7-10; 27:8; 29:17-18; 32:24, 36; 34:17; 38:2; 42:17, 22; 44:13; Ez 5:12; 6:11-12; 7:15; 12:16). *Cf.* la espada, la escasez y la muerte en Or. Sib. 3.335; la quíntuple adaptación en *Sifre Dt.* 43.9.1; pero son también comunes las listas más largas (p. ej., Or. sib. 3.601-3).

Los cuatro jinetes parecen ser ángeles de juicio, aunque no debe forzarse demasiado la determinación de su identidad, teniendo en cuenta su función simbólica y literaria.[7] Recuerdan más directamente a Zacarías 1:8, donde muchos jinetes que montaban caballos de cuatro colores distintos recorren la tierra e informan al Señor de su estado sosegado y tranquilo (Zac 1:8-11). Más adelante, Dios envía cuatro carros tirados por caballos de distinto color, para que recorran la tierra (6:1-8), una imagen más impresionante que la de las patrullas persas de la que posiblemente deriva. Aquí ha asignado a algunos ángeles un papel más activo; algunos textos judíos representan la conquista de los enemigos mortales de Dios por medio de ángeles montados sobre caballos (2 Mac. 3:24-30).

La descripción del jinete del caballo blanco (6:2) ha dado lugar a varias explicaciones, entre ellas una alusión a la figura de Gog (representativa del anticristo. Ez 39:3) y al arquero y deidad profética Apolo.[8] Los datos no son lo suficientemente claros para apoyar una conexión con Gog. Los lectores solo verían en el caballo blanco una imitación del caballo de Cristo (que debe, por tanto, asociarse con una figura del anticristo) si ya hubieran leído 19:11 (en los profetas no aparece ningún "caballo blanco" aparte de Zac 1:8). Aunque los receptores de Apocalipsis habrían escuchado sin duda la lectura del libro en más de una ocasión, los caballos blancos son lo suficientemente comunes como para debilitar la importancia de la propuesta conexión. Asimismo, la conexión con Apolo, aunque defendida con gran brillantez es probablemente demasiado sutil, puesto que no hay otras alusiones a este personaje y Apolo no era la única deidad que se representaba con un arco (cf. Artemisa, Eros). Otros ven un paralelismo entre este caballo blanco y el de Cristo, y entienden que el primer jinete está predicando el evan-

---

7. Cf. cuatro ángeles de juicio en 1 Enoc 87:2-89:1; pero en otros lugares aparecen otros números de ángeles. Aune, *Revelation*, 2:390, cita los cuatro caballos celestiales de colores diferentes de los dioses griegos, aunque puede que este paralelismo sea solo un reflejo del número ideal de caballos.
8. Sobre que el anticristo procede de Gog, ver Mathias Rissi, "The Rider on the White Horse: A Study of Revelation 6:1-8", *Interpretation* 18 (1964): 407-18; ídem. *Time and History*, 72-73; Walvoord, *Prophecy Knowledge Handbook*, 553; Daniel K. K. Wong, "The First Horseman of Revelation 6", *BibSac* 153 (1996): 212-26. Sobre Apolo, ver la cuidadosa obra de Allen Kerkeslager, "Apollo, Greco-Roman Prophecy, and the Rider on the White Horse in Rev 6:2", *JBL* 112 (primavera de 1993): 116-21; Kerkeslager encuentra alusiones a Apolo en 9:11 y 12:1-5 (pp. 119- 20); pero las alusiones a Apolo no tienen, en ningún caso, un carácter esencial.

gelio antes del fin (*cf.* Mt 24:14).⁹ Otros consideran la petición, "ven" (Ap 6:1, 3, 5, 7) como una alusión a las palabras de 22:20 "¡Ven, Señor Jesús!", de modo que los cuatro jinetes serían epifanías de Cristo que viene a juzgar a lo largo de la historia.¹⁰ Sin embargo, aunque en última instancia el Señor está tras estos ángeles, los símbolos que siguen son de carácter negativo y arrojan su sombra negativa también sobre él.

Es posible que se trate de una alusión más general; se puede, asimismo, reducir la importancia de comenzar con el caballo blanco observando que tales corceles pueden ser admirados.¹¹ Los profetas bíblicos utilizaron el "arco" como metáfora para la conquista como la "espada" para la guerra, aunque esta imagen se relaciona más frecuentemente con pueblos específicos conocidos por este tipo de destrezas (p. ej., Is 21:15; 22:3; 41:2; Jer 6:23; 46:9; 49:35; 50:14, 29, 42; 51:3; Os 1:5,7; 2:18). Sin embargo, teniendo en cuenta las alusiones a los partos que encontramos en Apocalipsis (9:14; 16:12) —unas alusiones que serían probablemente evidentes para una audiencia de Asia Menor— lo más probable es que estas palabras sean una referencia a los partos.¹²

Al igual que los escitas, los partos eran famosos por sus caballos. Su caballería era especialmente conocida por su destreza en la lucha y sus formidables arqueros.¹³ Mientras que en las tropas romanas solo las fuerzas auxiliares utilizaban el arco y formaban parte de la caballería, todos los partos eran arqueros a caballo; eran el único grupo conocido de arqueros montados en el mundo mediterráneo antiguo.¹⁴ El blanco era el color sagrado de los partos y en todas sus unidades armadas

---

9. Oscar Cullmann, *Christ and Time*, tr. F. V. Filson (Filadelfia: Westminster, 1950), 161; ídem. "Eschatology and Missions in the New Testament", 409-21 en *The Background of the New Testament and Its Eschatology*, ed. W. D. Davies y D. Daube (Cambridge: Cambridge Univ. Press, 194), 416; Ladd, *Theology*, 623.
10. Los griegos hablaban de las intervenciones de las deidades como sus "epifanías" (Martin Persson Nilsson, *Greek Piety*, tr. H. J. Rose [Oxford: Clarendon, 1948], 106). Más probablemente tenemos aquí la concepción judía de una voz celestial (Josefo, *Ant.* 13.282-83; *b. Ab.* 6:2; *Sifre Dt.* 357.10.3) que expresa los propósitos de Dios.
11. Ver Homero, *Il.* 10.437; Tito Livio, 5.28.1; *b. Sanh.* 93a.
12. Ver William M. Ramsay, *The Cities of St. Paul: Their Influence on His Life and Thought* (Londres: Hodder & Stoughton, 1907; reimpresión: Grand Rapids: Baker, 1979), 430; González, *Revelation*, 47.
13. Sobre caballos, ver Tácito, *Anales* 15.17; 1 Enoc 56:7; Horacio, *Sat.* 2.1.15. Sobre los famosos arqueros partos, ver Virgilio, *En.* 12.857-58; *Georg.* 4.290, 313-14; Plutarco, *Pompeyo* 70.3; Tácito, *An.* 15.4, 7, 9; Séneca, Ep. *Lucil.* 35.7; algunas fuentes judías relacionan también la arquería con Oriente (Or. sib. 5.116-17).
14. Ramsay, *Letters to the Seven Churches*, 58; Caird, *Commentary on Revelation*, 80.

había algunos caballos blancos sagrados.[15] (En sus desfiles triunfales, los generales romanos también usaban caballos blancos, que eran los mejores; pero solían uncirse a los carros).

Por otra parte, muchos judíos del Mediterráneo oriental esperaban que los partos desempeñaran un claro papel en una guerra escatológica (1 En. 56:5-7; Or. sib. 5.438).[16] Aun en 19:11-16, donde queda claro que el jinete sobre el caballo blanco es el Señor Jesús, el libro puede llenar de terror el corazón de los patriotas romanos, que podían percibir una alusión a la amenaza de los partos; el título "Rey de reyes" puede hacer referencia al mandatario parto (ver comentario sobre 19:16). Pero Apocalipsis solo utiliza esta imagen para poner de relieve la idea de una invasión hostil, y no para predecir una penetración específicamente parta. La cuestión es que la hegemonía romana se desmoronará algún día, no para dar paso a un gobierno parto, sino, finalmente, al eterno reino de Dios (11:15-19).[17]

La amenaza de la guerra y la conquista ponía en jaque la engañosa afirmación de la *Pax Romana*. Es cierto que Roma mantenía la paz dentro de los límites de su imperio —aunque más que de paz habría que hablar de pacificación y sujeción—, pero su propaganda de "paz" no había puesto fin a sus anhelos expansionistas. La presencia de unos invasores más poderosos pondría ahora de relieve la futilidad de la paz romana.[18]

A la "conquista" (6:2) le seguirían grandes matanzas (6:4), y tras éstas se producirían hambrunas por la desestabilización económica (6:5-6) y grandes mortandades (6:8), como sucede a menudo en las guerras. El segundo jinete presenta una imagen espeluznante. En el caballo "rojo" los lectores verían probablemente una alusión a la sangre; los rabinos de periodos posteriores entendieron que el jinete "montado en un caballo alazán" (Zac 1:8; *cf.* 6:2) era el Señor ejecutando su juicio, deseando convertir el mundo en sangre (*b. Sanh.* 93a). La "espada" representa el juicio de la guerra con sus muertes violentas, un modismo que, solo

---

15. Ramsay, *Letters to the Seven Churches*, 58-60, observa también que los gobernantes partos llevaban habitualmente arcos como símbolo de su autoridad.
16. Los textos romanos están llenos de alusiones a la amenaza que constituían los partos (p. ej., Luciano, *Cómo debe escribirse la historia*), y muchos judíos palestinos también tenían razones para temerles (*cf.* Josefo, *Guerra* 1.248- 273). Sobre las guerras escatológicas, ver 1QpHab 3-4; compárese, también, no obstante la batalla final en 1QM.
17. Así lo entiende también Boring, *Revelation*, 122.
18. Ver Kraybill, *Imperial Cult and Commerce*, 147.

en el Antiguo Testamento, aparece más de cien veces (p. ej., Lv 26:33; Nm 14:43; Dt 32:25; Is 31:8; 65:12; Jer 4:10; 19:7).[19] No se dice específicamente que haya varias naciones en liza, por lo que la expresión "hacer que sus habitantes se mataran unos a otros" puede aludir a una guerra civil (aunque no tiene que ser necesariamente así), como sugieren algunos comentaristas.[20] Sin duda, las batallas más memorables de la anterior generación se libraron en conflictos bélicos dentro del propio imperio, especialmente en la sublevación de Judea (66–73 d.C.) y las violentas luchas por el poder en Roma durante el año 68 d.C. Las guerras civiles solían considerarse los conflictos más horribles, porque significaban la lucha fratricida de los propios ciudadanos entre sí.[21]

El hambre (el tercer caballo) constituye también un espectro aterrador. La imagen de la balanza (6:5), que se utilizaba normalmente en el mercado para pesar la cantidad de comida que uno podía comprar con su dinero, sugiere la soberanía de Dios sobre la provisión de alimentos. Tanto el hambre (Or. sib. 3.236) como las epidemias (Or. sib. 3.538) acompañaban con frecuencia a las guerras. Por ejemplo, el contacto de los cadáveres en descomposición con el suministro de agua podía desatar una epidemia en la población; el hambre podía aparecer cuando muchos agricultores se veían afectados por las enfermedades.[22] Tanto paganos como judíos entendían que este tipo de penalidades eran, a menudo, juicios divinos que demandaban arrepentimiento (Lv 26:26; Jer 11:22; 21:6; Ez 4:16; 33:27).[23]

La escasez afectaba a muchos productos básicos de la dieta mediterránea que consistía en alimentos como la cebada, el trigo y, quizá, el queso y las aceitunas, además del pescado para quienes vivían cerca

---

19. En otra literatura judía temprana, ver 1 Enoc 14:6; 88:2; 90:19; 91:11-12; Jub. 5:9; 9:15; 20:6; 22:8; 23:22-23; CD 1.4, 17; 1QM 11.11-12; 12.11-12; 15.3; 16.1; 1QpHab 6.10; 4QpNah 2.5; 2 Bar. 27:3-5; Or. sib. 3.316, 689; T. Abr. 18A; *tos. B.K.* 7:6; *Suk.* 2:6.
20. Mounce, *Revelation*, 154-55, quien también argumenta (155 n. 12) que la palabra que se traduce "matar" no es la que se utiliza habitualmente para denotar la muerte en batalla. Normalmente, de hecho, es un término ritual, a veces utilizado para aludir a la ejecución de prisioneros, pero otras se aplica, sin duda, en un contexto de batalla (Jue 12:6; Jer 19:7).
21. P. ej. Apiano, G. C. 1.intro. 5; Lucano, G. C. 2.148-51; 4 Esdras 6:24. La dinastía flaviana de aquel momento, de la que Domiciano formaba parte, se había apoderado del poder durante una especie de guerra civil en Roma.
22. Ver Dionisio de Halicarnaso, 10.53; Tito Livio, 4.25.4-6.
23. Hierocles, *Cómo conducirnos con los dioses* 1.3.53-54; Salmos de Salomón 17:18-19; 2 Bar. 27:6; *b. Ber.* 55a. Sobre la pestilencia como juicio de Dios, ver Diodoro Siculo, 14.69.4-14.71.4; *Pes. Rab.* 15:14/15.

de la costa. Una "medida de trigo" no era gran cosa; quienes se vieron limitados a la mitad de esta cantidad de cebada por día se vieron rápidamente desnutridos y vulnerables a enfermedades letales.[24] Aún así, los campesinos se veían con frecuencia limitados a pagas de subsistencia; a los jornaleros de las granjas o haciendas se les pagaba con dos hogazas de pan al día (poco más de medio kilo), un alimento que solo les permitía subsistir con sus familias.[25]

En este tiempo, un denario era aproximadamente el salario de un día de trabajo; con una medida de trigo, un trabajador podía vivir un día, pero si tenía una familia que mantener compraría probablemente una cantidad tres veces mayor de cebada, que era más barata. Estos precios permitían comer, aunque los costes del cereal eran al menos quince veces superiores a los normales.[26] Teniendo en cuenta el tamaño de las familias normales en las regiones más pobres, como Egipto, la desnutrición produciría la muerte de muchos niños y el raquitismo de otros.

¿Por qué menciona el texto la protección del aceite y el vino (6:6), menos necesario para la vida que los cereales?[27] Algunos sugieren que se trata de una indicación de que los ricos seguirán teniendo sus artículos de lujo (cf. 18:13; Job 24:11; Pr 21:17).[28] Se acepte o no la sugerencia, esta disparidad señala probablemente las desigualdades inherentes en la economía romana. Aunque la mayor parte de la población del mundo antiguo habría sentido la dura realidad del hambre, especialmente en las ciudades que dependían del suministro de las zonas rurales, esta imagen habría captado especialmente la atención de los receptores del Asia romana de finales del siglo I d.C. Puesto que el comercio vinícola era más rentable que el de los cereales, los grandes latifundistas romanos cultivaban más vides que cereales, lo cual producía un excedente de vino y una escasez de cereales. Por el tiempo en que se

---

24. Ver Plutarco, *Nicias* 29.1; sobre los artículos de primera necesidad, ver Plutarco, *Amor a las riquezas* 2, *Mor.* 523F.
25. Naphtali Lewis, *Life in Egypt Under Roman Rule* (Oxford: Clarendon, 1983), 69.
26. Ocho veces el precio del trigo y algo más de cinco el de la cebada (ver Aune, *Revelation*, 2:397); la cifra más elevada está en Beasley-Murray, *Revelation*, 132-33.
27. Muchos recurrieron a la astrología para intentar predecir los precios de varios productos, a veces incluso dentro del judaísmo antiguo (Tr. Sem 1.11; 2.5, 8; 5.1-4; 6.7-11; 7.4-7, 14; 8.6-7; 11.8-9; 12.9).
28. Caird, *Commentary on Revelation*, 81; Beasley-Murray, *Revelation*, 133. El consumo de vino, si las cepas no se vieran afectadas por la plaga, puede reflejar una embriaguez generalizada (m. *Sot.* 9:15; *Pes. Rab.* 15:14/15; cf. Jl 1:5). El vino y el aceite podían, no obstante, considerarse como artículos de primera necesidad (Dt 7:13; 11:14; 12:17; 14:23; 18:4; Neh 5:11; Sal 104:15; Mi 6:15).

escribió el libro de Apocalipsis, el emperador Domiciano estaba intentando limitar la producción vinícola en lugares como Asia, pero sus esfuerzos resultaron impopulares e infructuosos.[29] De haberse aplicado su política, la zona de Filadelfia (Ap 3:7-13) se habría visto especialmente afectada puesto que dependía especialmente de la producción vitivinícola.[30]

Era tan extenso el territorio de Asia dedicado a la producción de aceite de oliva y vino para la exportación que sus ciudades tenían que importar a menudo cereales de Egipto o de la zona del mar Negro. Por ello, aunque los hacendados y exportadores sacaban buenos beneficios, la mayor parte de la población de Asia tenía que pagar precios más elevados por la comida.[31] Incluso las acomodadas congregaciones de Sardis, Tiatira y Laodicea entenderían lo cerca que podía estar de ellos este juicio, y reconocerían la complicidad de las prácticas económicas del imperio para producir este tipo de penurias, que resultarían de lo más duro para los pobres.[32] La inflación era ya elevada al final del siglo I; sin embargo, la escasez de alimentos siempre la disparaba (2R 6:25).[33]

Pero la protección del aceite y el vino pone también de relieve la misericordia de Dios en medio del juicio (la expresión "no afectes el precio de" en 6:6 es la misma que en 7:3 se traduce "no hagan daño"). En las guerras mediterráneas de la antigüedad se destruían, normalmente, las cosechas de cereal del año, pero no las viñas ni los olivos; arrasar estos cultivos sería destruir las economías locales durante mucho tiempo, con lo cual la conquista de la tierra perdería cualquier sentido. Destruir el trigo y la cebada significaba un año de penuria, hasta la llegada de la nueva cosecha; sin embargo, destruir los olivos (que tardaban unos diecisiete años en crecer) y las vides significaba convocar un prolongado desastre.[34] En el pensamiento mediterráneo de la antigüedad, solo los

---

29. Suetonio, *Dom.* 7.2; 14.2.
30. Hemer, *Letters to the Seven Churches*, 158-59; obsérvense, no obstante, las advertencias en Aune, *Revelation*, 2:398-400. Las dificultades económicas del mandato de Domiciano impactaron particularmente en el Asia romana (Helmut Koester, *Introduction to the New Testament* [Filadelfia: Fortress, 1982], 2:251).
31. Kraybill, *Imperial Cult and Commerce*, 66-67.
32. Wesley, *Commentary on the Bible*, 599, piensa que esta profecía se cumplió en la hambruna que hubo durante el mandato de Trajano (a comienzos del siglo II).
33. Ver también Josefo, *Guerra* 6.198. Sobre la inflación que había a finales del siglo I, ver William White Jr., "Finances", 218-36 en *The Catacombs and the Colosseum*, ed. S. Benko y J. J. O'Rourke (Valley Forge, Pa.: Judson, 1971), 234.
34. Véase Ramsay, *Cities*, 431-32; ídem. *Pauline and Other Studies in Early Church History* (Nueva York: A. C. Armstrong & Son, 1906; Grand Rapids: Baker, 1979), 241.

bárbaros más salvajes podían pensar en destruir todos los medios de producción alimenticia; las guerras de 6:2-4 no eran conflictos totales, pero conducirían a amenazas más poderosas (16:12-16).

El adjetivo "amarillento" que describe al cuarto caballo (6:8) podría traducirse literalmente "verde",; sin embargo, cuando se aplica a la contextura de la piel, este término significa simplemente "pálido o amarillento" como traduce correctamente la NVI.[35] La concurrencia de la "muerte" puede totalizar el fruto de los anteriores jinetes o puede hacer referencia especialmente a las plagas y epidemias (*cf.* 2:23).[36] En las fuentes judías, la muerte es con frecuencia objeto de personificación, generalmente como ángel subordinado a los propósitos de Dios, o a veces como el propio Satanás, que, no obstante, no puede tocar al pueblo de Dios aparte de su voluntad.[37] Las personificaciones de la muerte y el Hades aparecen juntas en algunos textos poéticos bíblicos (2S 22:6; Sal 49:14; 116:3; Is 28:15; 38:18; Os 13:14; Hab 2:5).

Los cuatro jinetes juntos quitan la vida con la espada (muerte violenta, como quizá en los dos primeros jinetes), el hambre (el tercer jinete), la pestilencia (quizá el cuarto), y las fieras (6:8) que quizá se añade, porque aparece en otras listas bíblicas de cuatro plagas (Ez 5:17; 14:21). También aparecen en otros pasajes como un juicio (2R 2:24; Sab. Sal. 11:15-18; 12:9).

Imágenes equivalentes. Para aplicar estas imágenes hemos de traducirlas en otras que evoquen un impacto equivalente en nuestro tiempo. Las guerras, hambrunas, y epidemias siguen siendo cuestiones aterradoras en nuestros días. Para despertar nuevamente el mensaje de 6:1-8, hemos de aceptar todo el horror de la visión y contemplar que Dios es soberano en estos juicios. Revelándonos su ira contra el pecado del mundo, Dios despide a los opresores, y a nosotros, en su misericordia, nos impide acomodarnos demasiado a un sistema destinado a desaparecer (1Jn 2:15-17). Dios es soberano en la

---

35. Longus, 1.17; Aune, *Revelation*, 2:400, cita textos en los que esta palidez tiene relación con la enfermedad, lo cual puede evocar a la pestilencia (6:8).
36. *Cf.* Black, "Greek Words", 136.
37. P. ej. 2 Bar. 21:23; T. Abr. 8, 16A; 9B.; Syr. Men. Sent. 444-46; Or. sib. 3.393, 692; *Sifre Dt.* 305.3.3; *ARN* 12A; *Pes. Rab. Kah. Sup.* 1:14. Es posible que en Ap 9:6 se personifique la muerte; *cf.* 8:11; 20:14; Sir. 41:1-2; Sal. Sal. 7:4; Horacio, *Sat.* 2.1.58. Sobre la personificación del hambre, ver Or. Sib. 3.331-32.

historia, aun sobre los sufrimientos; estos son los sellos, las marcas del testimonio divino sobre la veracidad de sus promesas.

Los intérpretes de la profecía han explicado estas imágenes de distintas maneras, no siempre con atención a su contexto histórico original. Hal Lindsey, por ejemplo, dice que el jinete del caballo blanco es un anticristo europeo que gobierna desde Roma (y que consigue la ayuda de un anticristo judío que gobierna desde Israel).[38] Sin embargo, la probable alusión a los partos significa que el texto, más que afirmar la soberbia imperial de los romanos, ¡habría sido, seguramente, causa de temor para ellos! Este personaje solo gobernaría desde Roma si primero la conquistaba.

Si el primer jinete lleva la imagen de un conquistador parto, hemos de preguntarnos cómo podemos traducir esta imagen más allá del mundo romano del siglo I. Roma sucumbió finalmente a invasores procedentes de fuera de sus fronteras, pero los más feroces y efectivos vinieron del norte, no del este; ¿era acaso errónea la advertencia de Apocalipsis? Esta pregunta nos fuerza a afrontar la naturaleza de las imágenes de Apocalipsis. La cuestión no es que los partos pudieran, por sí solos, conquistar Roma, sino que esta visión transmite al mundo romano de aquel tiempo la imagen más aterradora de la guerra para comunicar que esta se acercaba.

Del mismo modo, no hemos de pensar que la caída de Roma agote el significado del juicio aterrador que nos transmite Apocalipsis. Este asunto no solo se aplica a Roma, sino a todos los imperios de la historia; Roma fue el imperio más poderoso de su tiempo; sin embargo, con todos los demás, yace ahora sepultado en el polvo, relevado por otros reinos no menos efímeros.

Para que quienes vemos el hambre y las epidemias como realidades distantes podamos sentir el temor que transmite el texto, hemos de considerar analogías más cercanas. En la mayoría de nuestras iglesias tenemos a un buen número de personas a quienes apenas les alcanza para pagar la hipoteca o el alquiler de la vivienda. Por ello, imágenes como las de Apocalipsis son más relevantes de lo que queremos pensar. Con unos mercados que están en proceso de cambio y encogimiento, y cosas de este tipo, pocos trabajos son completamente seguros ni siquiera en las empresas estadounidenses.[39] Ministrando en zonas

---

38. Lindsey, *New World Coming*, 103.
39. P. ej., "How Safe Is Your Job?" *NW* (5 de noviembre de 1990), 44-47; "Young, Gifted and Jobless", *NW* (5 de noviembre de 1990), 48-55; Marc Levinson, "Thanks. You're

urbanas me he encontrado más de una vez con profesores universitarios que perdieron su empleo en alguna crisis y acabaron en la calle. Puede que las epidemias de cólera o fiebre amarilla estén lejos de la mente de los norteamericanos, pero no así el SIDA y el cáncer. Todo el mundo está bajo la maldición del sufrimiento y la muerte; por ello, este texto nos invita a considerar sus horrendas imágenes y significado. No todos los sufrimientos son fruto del pecado personal, sin embargo todos ellos surgen del estado caído del mundo en general, recordándonos que Dios juzga el orden mundial y llama su atención.

Los cuatro jinetes. ¿Cómo entendemos los cuatro jinetes? Como se ha dicho anteriormente, el judaísmo hablaba de los ángeles de la muerte, y normalmente lo hacía de un modo aterrador. Incluso entre los griegos y romanos, al dios que incitaba a la guerra se le consideraba un ser horrible y repulsivo.[40] Sin embargo, todos estos jinetes actúan bajo las órdenes de Dios y como instrumentos suyos (ver también 8:5-6; 14:19); incluso los espíritus renegados como el diablo han de sujetarse a las órdenes de Dios (20:1-3), como lo dice el canto de Lutero: "Una pequeña palabra le hará caer". En medio del sufrimiento de este mundo —un sufrimiento que toca inevitablemente la vida de todos los mortales, incluidos nosotros— hemos de recordar que Dios lo tiene todo bajo su control y está llevando a su cumplimiento sus propósitos en la historia. Esto no significa que no tengamos que trabajar contra el mal ni que Dios no ofrezca a los suyos una selectiva protección (7:3), sino que, aun en el sufrimiento, podemos percibir un propósito redentor a largo plazo que va más allá de nosotros, así como una recompensa por la fiel perseverancia (21:4).

A veces, los comentaristas han aplicado las imágenes de los cuatro jinetes solo a un futuro tiempo de tribulación. Por algunas razones, este punto de vista es improbable (ver especialmente comentario sobre 12:5-6). Sin embargo, en el plano de la aplicación, la cuestión es la misma: Dios es soberano en sus juicios, y reclama la atención del mundo. Hemos de tener cuidado de no acomodarnos a este mundo que no es nuestro hogar.

La soberanía de Dios en la historia. Este pasaje subraya el reconocimiento de que Dios es soberano sobre la historia; pueden

---

Fired", *NW* (23 de mayo de 1994), 48-49.
40. P. ej. Virgilio, *En.* 7.323-40.

acontecer cosas terribles que parecen no tener explicación; pero, en un plano más extenso, Dios está utilizando este tipo de fuerzas para llevar la historia a su clímax. Este texto no nos presenta al Dios del deísmo que defendían Jefferson, Franklin, y otros muchos discípulos de la "Edad de la Razón", sino al Dios vivo y verdadero.[41] El moderno experimento para vencer la necesidad de "superstición" y religión ha fracasado. Los valores del mundo moderno han demostrado ser insuficientes para afrontar las amenazas que experimenta nuestro mundo; guerras permanentes, armas de destrucción masiva, y otras calamidades han arrojado a la humanidad moderna "a una edad apocalíptica, sin fe en la escatología cristiana".[42] El terror con teleología solo puede recordarnos nuestra mortalidad, nuestra necesidad de depender de alguien mayor que nosotros mismos. El terror sin teleología produce desesperación.

Ellul considera a los cuatro jinetes como "los cuatro principales elementos de la historia"; la historia se caracteriza por sus horribles huellas.[43] Si Juan recibiera su visión hoy, los símbolos del terror podrían ser distintos; sin embargo, transmitirían el mismo mensaje que entonces. No podemos aferrarnos sino a la confianza en un Dios soberano que gobierna la historia, porque no hay nada más que sea firme y cierto.

Juicios contemporáneos. Los juicios pueden llegarnos de varias formas, una de las cuales es el sufrimiento producido por la guerra y el terrorismo. La imagen de la guerra podría ser glorificada por aquellas generaciones que no la han vivido en sus carnes (*cf.* Jue 3:2), pero quienes han padecido sus estragos la consideran de un modo más realista. Mi corazón se duele por amigos que viven en países en guerra; sin embargo, aun en estos lugares, la amenaza es hasta cierto punto vívida. Ni que decir tiene que las guerras de cualquier signo siguen siendo espectros aterradores para nuestra generación. Comentando detalladamente sobre el caballo rojo, Billy Graham advirtió hace varias décadas sobre "el arsenal de sesenta mil bombas de hidrógeno" capaz de destruir la vida humana en la tierra "más de diecisiete veces".[44] Mientras escribo este libro, el temor de una catástrofe nuclear se ha desvanecido;

---

41. Sobre los conflictos de los cristianos con el temprano deísmo norteamericano, ver Mark A. Noll, *A History of Christianity in the United States and Canada* (Grand Rapids: Eerdmans, 1992), 135-36, 166; Steven J. Keillor, *This Rebellious House: American History and the Truth of Christianity* (Downers Grove, Ill.: InterVarsity, 1996), 100-101; Philip Yancey, "The Last Deist", *CT* (5 de abril de 1999), 88.
42. Keillor, *Rebellious House*, 254.
43. Ellul, *Apocalypse*, 150.
44. Graham, *Approaching Hoofbeats*, 123.

sin embargo, el hecho es que los arsenales nucleares y químicos han proliferado, de modo que algunas de estas armas podrían caer en manos de terroristas con menos temor de venganza del que en otro tiempo tenían los estados con capacidad nuclear.[45]

Según ciertas estimaciones en el mundo hay "todavía unas cincuenta mil armas nucleares", un arsenal más que suficiente para acabar con esta civilización.[46] Los terroristas sin bombas se contentan con lo que tienen para conseguir sus declaraciones políticas; así, los radicales terroristas islámicos han asesinado a miles de campesinos sin ninguna militancia política en Argelia, entre ellos el "muchacho de dieciocho años... al que casi decapitan de un salvaje corte en la garganta".[47]

El terrorismo internacional como los atentados en las embajadas está aumentando, pero el terrorismo doméstico supone también una auténtica amenaza. Timothy McVeigh, que acabó con la vida de ciento sesenta y ocho personas en Oklahoma con su camión cargado de explosivos, no era un activista aislado. El guión para su atentado lo tomó directamente de la novela neonazi *The Turner Diaries* (Los diarios de Turner), de William Pierce, un libro que vendió más de doscientos mil ejemplares, y que el propio McVeigh había promocionado ambulantemente por todo el circuito de las armas. La novela no solo prescribe la clase de camión, explosivos y momento del día para el atentado de McVeigh, sino que también propone planes para los supremacistas blancos violentos tras la desestabilización del gobierno federal; por ejemplo, ahorcar a decenas de miles de partidarios de la mezcla de razas en las farolas de Los Ángeles.[48] Los terroristas activos de este perfil son pocos, pero

---

45. Sobre la proliferación nuclear, ver Carrol Bogert, "Selling Off Big Red", *NW* (1 de marzo de 1993), 50-51; Dorinda Elliott, "Psst! Wanna Buy a Missile?" *NW* (6 de septiembre de 1993), 28; Tom Masland, "For Sale", *NW* (29 de agosto de 1994), 30-31; Sharon Begley, "Chain Reaction", *NW* (12 de julio de 1993), 50-51; "Nuclear Challenges", *WPR* (octubre de 1995), 4. Sobre las armas químicas y bacteriológicas, ver "The New Face of War", *WPR* (marzo de 1989), 11-21; "The 'Winds of Death'", *NW* (16 de enero de 1989), 22-25; John Barry, "Planning a Plague?" *NW* (1 de febrero de 1993), 40-41; Sharon Begley, "The Germ Warfare Alert", *NW* (7 de enero de 1997), 25; Geoffrey Cowley y Adam Rogers, "The Terrors of Toxins", *NW* (24 de noviembre de 1997), 36-37.
46. Ver el panorama secular sobre el día del Juicio Final en Richard Kyle, *The Last Days Are Here Again: A History of the End Times* (Grand Rapids: Baker, 1998), 172.
47. Gary Haugen, *Good News About Injustice* (Downers Grove, Ill.: InterVarsity, 1999), 111-12.
48. "NeoNazi Novel a Blueprint for Hate", *SPLC* [Southern Poverty Law Center] Report 25 (septiembre de 1995): 1, 5. No puede decirse que el terrorismo sea un fenómeno nuevo; los anarquistas colocaron una bomba en Wall Street en septiembre de 1919,

están propagando sus puntos de vista a un ritmo alarmante; una discográfica que promueve el poder blanco violento vende cincuenta mil cedés cada año.[49]

La guerra es brutal y no escoge a sus víctimas de manera justa.[50] Sea porque hoy tenemos más información al respecto o porque las máquinas e ideologías para matar son más eficientes, el siglo XX que acabamos de dejar atrás ha sido uno de los más salvajes de la historia humana. La mayoría de los lectores están, sin duda, familiarizados con el holocausto nazi contra los judíos y los genocidios que se han producido en Camboya y Ruanda. Se habla mucho menos de la masacre de Nanking, donde —tras su rendición— las mujeres de esta ciudad china fueron sistemáticamente violadas y asesinadas y los hombres pasados a bayoneta.[51]

Cabe también recordar los sufrimientos de Corea en el siglo XX. Violando su tratado de 1882, los Estados Unidos aprobaron en 1905 la anexión de Corea por parte de Japón como contrapartida para que el país nipón les permitiera ocupar las Filipinas; esto se consideró como la primera sujeción consignada de este país en cinco mil años. Entre 1941 y 1945, unas doscientas mil mujeres coreanas fueron secuestradas para ser diariamente violadas por los soldados japoneses; tras las bodas poco frecuentes de muchachas vírgenes, se las llevaba a los acuartelamientos. El ejército japonés se servía de estas "mujeres de consolación [...] un promedio de veinte a treinta veces al día llegando en ocasiones a setenta". A algunas les cortaron los senos; muchas se suicidaron; la mayoría eran tratadas como esclavas. Al final de la guerra, la mayoría de ellas "fueron abandonadas en zonas aisladas para que murieran, o exterminadas para encubrir las pruebas de estos atroces delitos: los soldados las mandaban ponerse en pie dentro de fosas abiertas y a conti-

---

matando a treinta y tres personas (Steven J. Keillor, *This Rebellious House: American History and the Truth of Christianity* [Downers Grove, Ill.: InterVarsity, 1996], 231).
49. SPLC *Intelligence Report* 28 (Invierno de 1998): 2.
50. Los antiguos reconocían también el peligro que corrían los transeúntes no combatientes (p. ej., Fedro, 1.30). Sobre el trato con los niños traumatizados por la guerra, ver Phyllis Kilbourn, ed., *Healing the Children of War* (Monrovia, Calif.: MARC, 1995).
51. See Iris Chang, *The Rape of Nanking: The Forgotten Holocaust of World War II* (Baltimore: Penguin, 1997); ídem. "Exposing the Rape of Nanking", *NW* (1 de diciembre de 1997), 55-57; Ralph Kinney Bennett, "The Woman Who Wouldn't Forget", *Reader's Digest* (septiembre de 1998), 102-9.

nuación abrían fuego sobre ellas". Se dice que unas doscientas fueron forzadas a subir a un submarino que fue después torpedeado.[52]

Tengo algunos amigos íntimos en otros países, celosos de su fe, cuyas vidas están en peligro, no solo por ser cristianos comprometidos, sino porque pertenecen a una tribu determinada o por la escasez de comida o de asistencia médica. Aquellos que no experimentamos este tipo de pruebas las estaríamos afrontando de haber nacido en estos países; deberíamos hacer un buen uso de las bendiciones que Dios nos ha dado para su reino, y honrar a nuestros hermanos y hermanas, y orar por ellos. Una parte del mensaje de Apocalipsis es la advertencia de que todos los cristianos han de estar preparados para sufrir. El sufrimiento es desagradable; sin embargo, es casi universal, y hemos de estar preparados por afrontarlo. Es también nuestra oportunidad para demostrar qué clase de personas somos. ¿Cuántos de nosotros estamos dispuestos a aferrarnos a la gracia de Dios de la manera en que tienen que hacerlo nuestros hermanos y hermanas en muchos países? Pero, en principio, los sufrimientos de Apocalipsis 6 representan la decisión de Dios sobre el mundo que más pretende vindicar al verdadero remanente de Dios que aplastarlo.

Las guerras nos recuerdan, por tanto, que nuestra "moderna civilización", que tan a menudo alude indignada a la "barbarie" de las culturas de la antigüedad (y de documentos antiguos como la Biblia), sigue tan cautiva de la misma naturaleza humana pecaminosa como en tiempos pasados. De hecho, podría describirse el siglo XX, del que se había pronosticado que iba a ser el clímax de la civilización, como una

> tumba abierta: en la Primera Guerra Mundial toda una generación de jóvenes europeos sembró con sus cuerpos los campos de batalla de Verdún y Somme, los seis millones de judíos de Hitler, los veinte millones de ciudadanos soviéticos de Stalin, las decenas de millones de enemigos políticos y campesinos que fueron víctimas del hambre bajo Mao, los dos millones de camboyanos que murieron bajo Pol Pot, el millón de ruandeses tutsis masacrados a manos de los interhamwe, y los millones de vidas pisoteadas durante los cuarenta años del gobierno del *apartheid*.[53]

---

52. Andrew Sung Park, *Racial Conflict and Healing: An AsianAmerican Theological Perspective* (Maryknoll, N.Y.: Orbis, 1996), 12-15.
53. Haugen, *Injustice*, 47.

En lugar de evolucionar moralmente, la humanidad solo ha desarrollado medios más efectivos para matar a sus semejantes que los que tenía en el pasado.

También el hambre (6:5-6) es una de las frecuentes circunstancias de la historia que sirven de toque de atención para el mundo. Si el hambre y la enfermedad han dejado de ser realidades temibles para muchos lectores occidentales, es solo porque no han experimentado una forma de sufrimiento que ha formado parte integral de la historia y que, en la actualidad, afecta a decenas de millones de personas. Hablando del caballo negro, Billy Graham también expone en detalle los terrores del hambre en el mundo moderno, observando, por ejemplo, que "uno de cada tres niños que sobreviven al parto en los países pobres viven con una salud precaria debido a una nutrición inadecuada".[54] Ron Sider cuenta el triste relato de una niña que suplica a sus padres que la vendan a unos vecinos ricos para poder comer.[55] En este momento, el espectro de la escasez de alimentos está volviendo a Sudán, donde nuestros hermanos y hermanas cristianos del sur ya han padecido mucho.[56]

No tenemos que esperar a que el hambre se extienda a gran escala para imaginar los actuales efectos de la pobreza, que, a menudo, van más allá de la falta de alimentos y se expresan en otras vulnerabilidades. Estas imágenes nos recuerdan que nuestro mundo es ya un lugar de sufrimiento para muchas personas. Pensemos, por ejemplo, en los millones de niños forzados a vivir en las calles o en los vertederos, tratados a veces como elementos peligrosos para el tejido de la sociedad.[57] Consideremos el caso de Nahamán Carmona López, un gamín guatemalteco de trece años que el 4 de marzo de 1990 fue apaleado por la policía. Llegó al hospital en coma, con "el hígado reventado, seis costillas rotas y hematomas en el setenta por ciento de su cuerpo. Nahamán murió diez días más tarde".[58]

---

54. Graham, *Approaching Hoofbeats*, 159.
55. Sider, *Rich Christians*, 11.
56. Bruce W. Nelan, "Sudan: Why Is This Happening Again?" *Time* (27 de julio de 1998), 29-32. Sobre anteriores hambrunas, exacerbadas por la guerra civil, ver Bruce Bander, "Sudan's Civil War: Silent Cries to a Deaf World", *World Vision* (junio de 1996), 2-7.
57. Sobre los niños de la calle en la India, ver R. Shane Clark, *When I Grow Up: Street Children of India* (Columbus, Ga.: Positive Press, 1997). Algunos estiman en doscientos millones el número de niños abandonados en todo el mundo y sugieren que, al ritmo actual, este número alcanzará los ochocientos millones hacia el año 2020 (*Asia's Little Ones Update* 8 [enero de 1999]: 1).
58. Ron Lajoie, "Shelter from the Storm", *Amnesty Action* (verano de 1998), 6-8 (p. 6); ver también *Amnesty Action* (septiembre de 1991), 6.

O el de Wellington Barbosa de catorce años, abatido por un ex agente de policía en una transitada calle brasileña; su hermana, que presenció el asesinato, le suplicó al reportero que la sacara de allí, porque también ella estaba en la lista.[59] Los escuadrones de la muerte, formados en un setenta por ciento por ex policías, pretenden "limpiar" las calles de las ciudades brasileñas; según reportajes de la prensa de este país, en un periodo de dieciocho meses, los escuadrones de la muerte asesinaron al menos a ciento treinta niños de la calle, y ciertos activistas de los derechos humanos consideran que tales asesinatos se producen a diario.[60] Se calcula que unos doscientos mil niños viven en las calles de las ciudades brasileñas; un seis por ciento de los niños de este país mueren antes de su primer cumpleaños y 7,4 millones no terminan la enseñanza elemental. Con sus once años, Derivan Ferreira Lima hace ya seis que trabaja en la industria del sisal; trabaja doce horas al día por el mismo salario que reciben otros muchos niños: dos dólares y medio a la semana. Uno de sus vecinos perdió un ojo en un accidente laboral y luego el otro por la misma razón: ha quedado ciego con ocho años.[61] El 11,6% de la mano de obra de Brasil la constituyen 7,5 millones de trabajadores que tienen menos de dieciocho años.[62]

Por otra parte, unos misioneros en Manila explicaban que algunas niñas de la calle con las que habían estado trabajando, principalmente huérfanas y huidas de sus casas, eran secuestradas y llevadas a prostíbulos donde "eran violadas varias veces cada día". No podían contar con la policía local, porque sus agentes estaban en la nómina del prostíbulo; felizmente, International Justice Mission pudo intervenir a favor de ellas.[63]

Pero también en los Estados Unidos hay decenas de miles de niños y adolescentes sin hogar. A comienzos de la década de 1980, mientras tra-

---

59. Brook Larmer, "Dead End Kids", *NW* (25 de mayo de 1992), 38-40 (p. 38).
60. Larmer, "Kids", 38; "Children of the Streets: Life and Death Among Brazil's Disposable Youth", *Amnesty Action* (septiembre de 1990), 1, 3, donde se ve la fotografía de una niña de cinco años a quien la policía está "fichando". *Cf.* también "Armed and Dangerous", *WPR* (agosto de 1995), 41. Sobre las personas sin techo en Europa, ver Pascal Privat, "Down and Out in Europe", *NW* (29 de junio de 1992), 32; "Down and Out in Londres", *WPR* (marzo de 1994), 46-47; Peter Dammann, "St. Petersburg's Street Kids", *WPR* (agosto de 1992), 50.
61. "Tragedy, Success and Precocity: Brazil's 7.5 Million Young Workers", *WPR* (enero de 1996), 10-12 (pp. 10-11).
62. Larmer, "Kids", 38-39. Sobre las condiciones, *cf.* también "Wage Slaves of Brazil", *WPR* (agosto de 1993), 46.
63. Haugen, *Injustice*, 42.

bajaba en una misión urbana, fui testigo de una transición en cuanto al perfil de los indigentes que vivían en las calles: ya no eran principalmente hombres, sino también mujeres y niños.[64] Asimismo, observamos que muchos de los indigentes lo eran por enfermedades mentales, especialmente después de los recortes presupuestarios para los enfermos de este tipo.[65] Muchos niños acaban vendiendo sus cuerpos en la calle para sobrevivir; los sermones contra la prostitución no pueden ser efectivos si proceden de iglesias que viven al margen de las necesidades de los pobres en sus comunidades.[66] Los cristianos pueden, no obstante, trabajar por la justicia, como cuando consiguieron el arresto de dos oficiales de policía de Nueva Orleans que habían violado a una adolescente evadida, o cuando hace más de un siglo la activista cristiana Katherine Bushnell ganó la batalla contra una red de prostitución infantil forzada en algunos pueblos mineros de los estados norteños de Michigan y Wisconsin que contaba con la aquiescencia de algunos policías.[67]

Las epidemias siguen formando parte de la vida en la década de 1990, por mucho que en Occidente hayamos intentado erradicarlas. No

---

64. Ver William L. Chaze, "Behind Swelling Ranks of America's Street People", *USNWR* (30 de enero de 1984), 57-58; ídem. "Helping the Homeless: A Fight Against Despair", *USNWR* (14 de enero de 1985), 54-55; Muriel Dobbin, "The Coming of the 'Couch People'", *USNWR* (3 de agosto de 1987), 19-21; "Hard Times", *NW* (21 de marzo de 1988), 46-58; Beth Spring, "Home, Street Home", *CT* (21 de abril de 1989), 15-20; David Gelman, "Some Really Good Scouts" (sobre las chicas sin techo), *NW* (14 de enero de 1991), 58.
65. Sobre las tensiones que llevan a las personas a adoptar un estilo de vida errante y las que generan ellos, ver Donald Baumann y Charles Grigsby, *Understanding the Homeless* (Austin: Hogg Foundation for Mental Health, University of Texas, 1988); sobre el estilo de vida de los enfermos mentales que viven en la calle, ver Pamela Diamond y Steven Schnee, *Lives in the Shadows* (Austin: Hogg Foundation for Mental Health, University of Texas, 1991); hay un relato sobre cómo puede una persona llegar a adoptar este estilo de vida en, Marie James y Jane Hertenstein, *Orphan Girl: The Memoir of a Chicago Bag Lady* (Chicago: Cornerstone, 1997).
66. Hay relatos conmovedores en Mary Rose McGeady, *God's Lost Children* (Nueva York: Covenant House, 1991); ídem. *Does God Still Love Me? Letters from the Street* (Nueva York: Covenant House, 1995); ídem. *Please Help Me, God* (Nueva York: Covenant House, 1997); Bruce Ritter, *Sometimes God Has a Kid's Face* (Nueva York: Covenant House, 1988). Se proponen otras soluciones en, Larry Wilson y Alice Shabecoff, "Three Ways Your Church Can Help the Homeless", *World Vision* (octubre de 1994), 17-19; Ronald J. Sider, "Homelessness and Public Policy", *World Christian* (enero de 1990), 28-33.
67. Haugen, *Injustice*, 40-41, 53-55; *cf.* también la oposición de un pastor de Alabama contra la explotación de niños en el ámbito laboral a comienzos del siglo XX (55-57).

tenemos que remontarnos al siglo XIV, cuando la "muerte negra" (la peste bubónica) acabó con el treinta por ciento de la población europea, propagada por un tipo de pulga que afectaba a las ratas negras, que en aquel entonces estaban por todas partes.[68] Aunque la mano de Dios se vio también durante este periodo, la peste negra provocó un frenesí apocalíptico.[69] Pero pensemos en el más de un millón de personas de nuestro país que son portadoras del virus del SIDA y que morirán finalmente por esta enfermedad a no ser que Dios las sane o mueran antes por otra causa [desde que el autor hiciera esta reflexión hace casi veinte años la investigación sobre el SIDA ha avanzado mucho y la esperanza de vida de las personas seropositivas se ha incrementado notablemente. N. del T.].[70] En Japón los miembros de una secta atacaron el metro con un gas nervioso letal; recientemente, funcionarios de los servicios de información de los Estados Unidos han detenido a personas que intentaban provocar epidemias mortales mediante la diseminación de esporas de ántrax.[71]

Ciertamente, Dios utiliza las epidemias para llamarnos la atención. Un domingo me sentí guiado a predicar sobre el pecado sexual, y aquel día muchos se arrepintieron de pecados de este tipo. Aquel día no estaba al corriente de las últimas noticias y más adelante supe por qué el Señor me había llevado a predicar aquel mensaje, precisamente aquel domingo: Magic Johnson, el famoso jugador de baloncesto, acababa de anunciar que era seropositivo, y muchos de los que aquel día asistieron a la reunión estaban particularmente receptivos a esta cuestión.

---

68. Ver Vicki Arnold, "Black Death Was Unparalleled for Panic and Fear", *Duke Dialogue* (11 de diciembre de 1987), 1, 5, que resume el curso impartido por el historiador Tom Robisheaux en Duke University; Mark Galli, "When a Third of the World Died", *Christian History* 49 (1996): 36-39.
69. Sobre la obra de Dios, ver "Wycliffe's England: A Time of Turmoil", *Christian History* 2/2 (1983): 6-9, 8; sobre el frenesí apocalíptico, Kyle, *The Last Days*, 51.
70. Al ritmo de crecimiento actual, el SIDA será la principal razón de muerte entre los jóvenes (*NW* [19 de julio de 1993], 8; *cf.* "AIDS: At the Dawn of Fear", *USNWR* [12 de enero de 1987], 60-70; "Surviving the Second Wave", *NW* [19 de septiembre de 1994], 50-51). Se ha convertido en una importante amenaza también para las mujeres heterosexuales (Muriel Whetstone, "The Increasing Threat to Black Women", *Ebony* [abril de 1994], 118-20; "Danger Signs", *NW* [21 de marzo de 1994], 70).
71. Sobre el ataque con gas sarín en Japón, ver "A Cloud of Terror—and Suspicion", *NW* (3 de abril de 1995), 36-41. Sobre los arrestos en los EE.UU., ver *NW* (29 de mayo de 1995), 4; en caso de terrorismo extranjero, ver "Fears of BioWarfare", *NW* (27 de agosto de 1990), 4; Barry, "Planning a Plague?" *NW* (1 de febrero de 1993), 40; Begley, "Germ Warfare Alert", *NW* (7 de enero de 1997), 25.

Quienes compartimos estos textos con los demás tenemos la responsabilidad moral de hacer todo lo posible para que no se nos malinterprete. Esta clase de epidemias son toques de atención para la humanidad, pero hemos de recordar que se trata de juicios contra sociedades, no necesariamente contra los individuos que padecen las enfermedades. Puesto que nuestras afirmaciones generalizadas sobre el juicio suelen entenderse como una condena personal por aquellos que sufren siendo inocentes, siempre hemos de dejar claro lo que ya sabemos, y es que no todos los que sufren están experimentando un juicio personal.[72]

Por ejemplo, muchos han contraído el virus a través de transfusiones de sangre, a menudo por padecer hemofilia. Esto es precisamente lo que le sucedió a Ryan White, un cristiano de catorce años, cuyo caso fue uno de los primeros en darse a conocer en los medios de comunicación. Hay también que mencionar a Steve Sawyer, que ahora pasa sus últimos años en Campus Crusade proclamando el evangelio a miles de estudiantes universitarios; o a la nuera de un antiguo presidente de la Convención de los Bautistas del Sur, cuyos dos hijos murieron con ella.[73] Algunas mujeres cristianas han muerto de SIDA en Uganda, precisamente por permanecer sexualmente fieles a unos maridos que no lo fueron, y esta nación tiene ahora que atender a decenas de miles de nuevos huérfanos causados por esta enfermedad.[74] En el sufrimiento del mundo no hemos de ver una condenación de los individuos que sufren, sino, en mayor escala, una llamada de Dios a la atención del mundo.

La respuesta cristiana. ¿Cuál debería ser nuestra respuesta a este tipo de sufrimiento? (1) En vista de Apocalipsis, reconocemos que el

---

72. Las iglesias deberían ser las primeras en ministrar a las víctimas del SIDA; ver "Churches Urged to Lead the Way in AIDS Care", *CT* (17 de junio de 1988), 58; "The Church's Response to AIDS", *CT* (22 de noviembre de1985), 50-51; Andrés Tapia, "Highrisk Ministry", *CT* (7 de agosto de 1987), 15-19; "Joining the AIDS Fight", *NW* (17 de abril de 1989), 26-27; Doug Murren, "What the Church Should Do About AIDS", *Ministries Today* (mayo de 1992), 53-55, y otros artículos de este número.
73. Edward Gilbreath, "Insider Turned Out", *CT* (5 de febrero de 1996), 35-36; Erik Segalini, "Dying to Tell You", *Worldwide Challenge* (julio de 1998), 22-25. Ryan asistió a la Iglesia Metodista Unida St. Luke en Kokoma, Indiana, donde encontró aceptación (*Pentecostal Evangel* [22 de marzo de 1987], 27).
74. Ver "AIDS in Africa", *CT* (8 de abril de 1988), 36-40; "Of Orphans and AIDS", *WPR* (marzo de 1991), 34; "Scared Celibate", *WPR* (septiembre de 1993), 46; Ken Sidey, "AIDS Reshapes Africa's Future", *CT* (22 de octubre de 1990), 47-49; Ginni Freshour, "AIDS in Uganda", *InterVarsity* (otoño de 1994), 16-17; "Making Men Listen", *NW* (25 de septiembre de 1995), 52; esp. "The War Against HIV", *CT* (4 de abril de 1994), 70-73.

hambre es un juicio colectivo (sobre las sociedades, no sobre los individuos), uno de los métodos de Dios para despertar a un mundo impenitente. Pero los creyentes de los países con más recursos económicos no pueden detenerse con esta observación: el texto no exime a ninguna nación, y todos los pueblos son en teoría susceptibles de este juicio, especialmente aquellos que son tan arrogantes como para suponer que a ellos esto no puede sucederles (18:7-8). Aun el pueblo de Dios estaba sujeto a este tipo de juicios (p. ej., 2S 21:1; 24:13) ¡cuánto más una nación cuya religión pública oficial ha llegado a ser el secularismo! Quienes negaron que el pueblo de Dios sufriría este tipo de sufrimientos aparecen normalmente en la Biblia como falsos profetas (Jer 5:12; 14:13-16). Muchas veces Dios advirtió a su pueblo sobre futuras escaseces de alimentos para que pudiera prepararse (Gn 41:28-36; Hch 11:28-30).

(2) Hemos de esforzarnos al máximo por servir y capacitar a quienes sufren una verdadera necesidad por circunstancias fuera de su control. Algunos críticos del cristianismo se han preguntado si los cristianos pueden esforzarse por contrarrestar el efecto de plagas y hambrunas cuando creen que estas situaciones adversas son juicios enviados por Dios.[75] Pero tanto Juan el Bautista como Jacobo, el hermano del Señor, ambos profetas del juicio, definen el verdadero arrepentimiento ante Dios como el compromiso con las necesidades del prójimo (Lc 3:11; Stg 2:14-17). Jesús habló de renunciar a las propias posesiones hasta donde sea necesario para suplir las necesidades de los demás, puesto que nuestros hermanos y hermanas son más importantes que las posesiones (Lc 12:33; 14:33). A diferencia del rico que fue juzgado por permitir que Lázaro padeciera necesidad junto a la puerta de su casa (16:25), a nosotros no podría acusársenos de lo mismo (aunque solo sea porque en nuestra sociedad no se permitiría que un pobre se acercara a nuestra puerta).

Una vez que conocemos su necesidad, somos responsables de suministrar a los creyentes lo que necesiten en las zonas azotadas por el hambre, confiando en que, de ser posible, ellos también nos ayudarán si llega el caso (2Co 8:13-15). Naturalmente, algunas congregaciones occidentales no serán receptivas a este mensaje como no lo eran los oyentes de Juan o de Jesús; sin embargo, negar nuestra responsabili-

---

75. El filósofo Albert Camus planteó un dilema moral: ¿Acaso los cristianos tenían que combatir una plaga que Dios había enviado? Pero la Biblia responde con el carácter de Jesús, quien sacrificadamente se dedicó a sanar a los enfermos (Mt 8:16-17) y alimentar a los hambrientos (Mr 6:38-42).

dad personal por los pobres es lo mismo que negar la Escritura.[76] El liberalismo teológico selectivo no deja de ser liberalismo, puesto que escoge escrupulosamente las Escrituras que quiere obedecer; solo que es más hipócrita porque pretende afirmar el valor de estas cuando en realidad solo cree aquellos pasajes que considera convenientes. Esta devoción selectiva suscita las blasfemias de los enemigos del Señor (*cf.* 2S 12:14).

En sus comentarios sobre este pasaje, Billy Graham advierte que, si no prestamos atención, un día Dios pondrá nuestro propio estilo de vida "delante de nosotros en juicio".[77]

Russell Chandler comenta la falta de ecuanimidad en la distribución de los recursos aun en nuestro propio país, donde el uno por ciento de las familias "poseen una tercera parte de la riqueza de nuestro país". Aunque hay mucha verdad en la máxima de que la diligencia es rentable (*cf.* Pr 10:4), es difícil de aceptar que este uno por ciento haya trabajado más que la mayor parte del resto del país junto.[78] Organizaciones evangélicas como World Vision, Food for the Hungry y el Ejército de Salvación pueden hacer un uso excelente de los fondos para el desarrollo que se les confían. Chandler sugiere que si todos los miembros de la iglesia de los Estados Unidos dieran el diezmo de sus recursos, podríamos "eliminar lo peor de la pobreza del mundo", nos quedarían diecisiete mil millones de dólares para las necesidades domésticas y suficiente dinero para mantener "las actividades de la iglesia tal como hoy se desarrollan".[79]

Sin embargo, uno se pregunta si, a menos que se produzca un verdadero avivamiento, las iglesias utilizarán los fondos de Dios de maneras tan productivas. Actualmente, el 99.9% de nuestros presupuestos se invierten en nuestras propias necesidades o en las de otras iglesias; de los ocho mil millones de dólares asignados a las misiones a nivel mundial, menos de una décima parte del uno por ciento se invierte en alcanzar al mundo no cristiano.[80] ¿Cómo valoraría Jesús —que se dedicó principal-

---

76. Ver también las radicales demandas de los dirigentes de los avivamientos del pasado, como John Wesley (Theodore W. Jennings Jr., *Good News to the Poor: John Wesley's Evangelical Economics* [Nashville: Abingdon, 1990]) y Charles Finney (*Lectures on Revivals of Religion* [Nueva York: Revell, 1869], 53, 127).
77. Graham, *Approaching Hoofbeats*, 159.
78. Chandler, *Racing Towards 2001*, 30.
79. *Ibíd.*, 220.
80. *Ibíd.*, 223.

mente a los no evangelizados y a los parias de su tiempo y alimentó a las multitudes hambrientas— nuestras prioridades?

Aunque estamos llamados a hacer todo lo posible por paliar el sufrimiento, Apocalipsis nos recuerda que, en este tiempo, este es muchas veces un toque de atención de Dios para el mundo, aun cuando decidimos no escucharlo (9:20-21).

Apocalipsis 6:9-17

Cuando el Cordero rompió el quinto sello, vi debajo del altar las almas de los que habían sufrido el martirio por causa de la palabra de Dios y por mantenerse fieles en su testimonio. [10] Gritaban a gran voz: «¿Hasta cuándo, Soberano Señor, santo y veraz, seguirás sin juzgar a los habitantes de la tierra y sin vengar nuestra muerte?». [11] Entonces cada uno de ellos recibió ropas blancas, y se les dijo que esperaran un poco más, hasta que se completara el número de sus consiervos y hermanos que iban a sufrir el martirio como ellos.

[12] Vi que el Cordero rompió el sexto sello, y se produjo un gran terremoto. El sol se oscureció como si se hubiera vestido de luto, la luna entera se tornó roja como la sangre, [13] y las estrellas del firmamento cayeron sobre la tierra, como caen los higos verdes de la higuera sacudida por el vendaval. [14] El firmamento desapareció como cuando se enrolla un pergamino, y todas las montañas y las islas fueron removidas de su lugar.

[15] Los reyes de la tierra, los magnates, los jefes militares, los ricos, los poderosos, y todos los demás, esclavos y libres, se escondieron en las cuevas y entre las peñas de las montañas. [16] Todos gritaban a las montañas y a las peñas: «¡Caigan sobre nosotros y escóndannos de la mirada del que está sentado en el trono y de la ira del Cordero, [17] porque ha llegado el gran día del castigo! ¿Quién podrá mantenerse en pie?».

Los cuatro jinetes (6:1-8) forman un bloque dentro de la sección de los siete sellos, y el séptimo (8:1) está separado de sus predecesores por una extensa digresión (7:1-17); esto nos permite tratar conjuntamente, en este capítulo, el contenido de los sellos quinto y sexto. Con la apertura del quinto sello vemos a los mártires que han sufrido a manos de un mundo hostil por su mensaje sobre Jesucristo, pidiendo vindicación; el sexto describe el juicio del Señor sobre un mundo que ha perseguido y dado muerte a sus fieles agentes. Estos dos testimonios nos ofrecen, en su conjunto, un fuerte estímulo en el sentido de que hemos de estar firmes como testigos, independientemente de la oposición que tengamos que afrontar.[1]

---

1. Asimismo, en 1 En. 102:6-8 los pecadores asumen que la muerte del justo es su final; sin embargo, Dios anima al justo (102:4) y destruye finalmente a los pecadores (103).

El quinto sello (6:9-11)

Juan ve bajo el altar las almas de los mártires que han dado su vida por su testimonio.[2] Claman pidiendo vindicación: "¿Hasta cuándo?".[3] Puesto que han sido condenados a muerte en las audiencias humanas, esperan ahora la vindicación de parte del tribunal de Dios; en las legislaciones de la antigüedad, eran normalmente los propios demandantes quienes presentaban sus acusaciones, de modo que, si el juez —terrenal o celestial— no los vindicaba, su silencio representaba la tácita aprobación del acusado.[4] Como demandantes, los mártires solicitaban la vindicación del juez celestial.

La expresión, "¿hasta cuándo?" aparece a menudo en las oraciones bíblicas y representa una común petición a Dios para que intervenga con prontitud en una determinada situación (p. ej., Sal 79:5; Is 6:11; Jer 47:6; Hab 1:2; Zac 1:12). Por ello, en 4 Esdras, los justos preguntan: "¿hasta cuándo?" y el arcángel Jeremiel les responde, "cuando el número se complete" (4 Esd. 4:33-37). Como ellos, las propias moradas que los albergan anhelan que llegue el fin, esperando entregarlos a la resurrección (4 Esd. 4:41-42).[5] Una tradición anterior pide a los justos que sigan pidiendo el juicio, porque Dios los vengará y les otorgará una gran recompensa (1 Enoc 104:3-4).

Que el número de los mártires tuviera que completarse antes del fin era probablemente un familiar tema apocalíptico para las iglesias de Asia (1 Enoc 47:2-4; 4 Esd. 4:35-37).[6] Más aún, ello refleja la aguda percepción bíblica sobre la justicia y el coste del evangelio. Dios no permitió que los israelitas destruyeran a los cananeos hasta que estos

---

2. Muchas visiones apocalípticas también permitieron que los videntes vieran "almas" incorpóreas, p. ej., Ap. Mos. 13:6; 32:4; T. Job 52:9/4; Ap. Pablo 13. Aune, *Revelation*, 2:404 cita ciertas tradiciones griegas sobre la visibilidad del alma. *Cf.* un altar celestial en Arato, *Fenómenos* 403.
3. Las palabras de 6:9-11 son de gran significación para todo el libro como única oración de súplica del texto; *cf.* J. P. Heil, "The Fifth Seal (Rev 6,9-11) as a Key to the Book of Revelation", *Biblica* 74 (1993): 220-43.
4. Caird, *Commentary on Revelation*, 85.
5. En contraste con lo que sucede en 4 Esdras, las moradas de Apocalipsis están arriba en lugar de abajo; sin embargo, en 4 Esdras, se compara el anhelo de la consumación con una mujer con dolores de parto (4 Esd. 4:41-42), como Pablo ya había hecho mucho antes (Ro 8:22-23, 26). En 3 Enoc 44:7-8, los muertos piadosos suplican "¿hasta cuándo?" y se les muestra que la maldad de los impíos retrasa el reino.
6. *Cf.* también 1 En. 89:68-69; 2 Bar. 23:3-5. El sufrimiento de los justos caracteriza a menudo el tiempo del fin en los textos judíos (p. ej., T. Moisés 8:4; *m. Sot.* 9:15; *b. Ket.* 112b).

últimos llegaron a un grado tan elevado de perversión que su exterminio supuso la administración colectiva de la pena capital (Gn 15:16); el juicio no cayó plenamente sobre Jerusalén hasta que los descendientes de quienes habían asesinado a los profetas llevaron este legado a su clímax, matando al mismísimo Hijo de Dios (Mt 23:31-32; Mr 12:4-8).[7] Por otra parte, mientras que Jesús pagó el coste de los pecados del mundo, sus mensajeros participan de sus sufrimientos en el sentido de que llevan el mensaje a un mundo que sigue siendo hostil (Col 1:24).

Los profetas bíblicos de periodos anteriores habían pronosticado el testimonio del pueblo de Dios a las naciones (p. ej., Is 42:1, 6; 43:10-12; 44:8; 49:6), la conversión de las naciones (Is 19:19-25; Jer 3:17; Zac 2:11; 8:22-23) y el sufrimiento del pueblo de Dios en el tiempo del fin (Dn 7:21). La visión de Apocalipsis 6:9-11 conecta, sin embargo, estos tres temas (como en Marcos 13:9-10); el sufrido testimonio de los creyentes es un necesario requisito para la plenitud de los gentiles procedentes de las naciones; este acontecimiento va seguido de la conversión final del pueblo judío a la fe en Jesús (*cf.* Ro 11:25-27).[8] Todos los pueblos han de ser evangelizados antes del fin (Mt 24:14; 2P 3:9-12; *cf.* Ap 7:9). Bauckham afirma que este es el corazón de Apocalipsis y el clímax de la profecía bíblica:

> Mientras que los profetas habían pronosticado la conversión de todas las naciones [...] y previsto oscuramente la opresión del pueblo de Dios a manos del poder pagano de los últimos días, la profecía de Juan pone de relieve que lo primero ha de ser consecuencia de lo segundo, y que la clave de ambas cosas es tarea de los testigos fieles ante la oposición...[9]

La posición de estos mártires "debajo del altar" recuerda indudablemente el lugar en que los sacerdotes derramaban la sangre (y, por tanto, la "vida"; Lv 17:11) de sus sacrificios (p. ej., Lv 4:7, 18, 25, 34; 5:9;

---

7. La imagen metafórica de "llenar una medida" (ver también 1Ts 2:16) es antigua en la literatura griega (Homero, *Il.* 8.354; 11.263; Apolonio Rodio, 1.1035, 1323); los judíos hablaban también del periodo señalado de la propia vida como una determinada medida que se "llenaba" (*cf.* 1Cr 17:11; T. Abr. 1 B). Ambos puntos de vista subrayan la soberanía de Dios o (en la perspectiva pagana) el destino.
8. David Wenham, *The Rediscovery of Jesus' Eschatological Discourse*, vol. 4 of Gospel Perspectives (Sheffield: JSOT, 1984), 208, encuentra en Apocalipsis 6:11 una alusión a la tradición de Lucas 21:24, el cumplimiento del tiempo de los gentiles.
9. Bauckham, *Climax of Prophecy*, xvi.

8:15; 9:9).[10] La tradición pagana comparaba a veces, de manera metafórica, las muertes violentas con los sacrificios, pero la tradición judía desarrolló especialmente esta imagen, argumentando que los mártires podían ayudar a expiar la ira de Dios contra el pueblo en su conjunto (4 Mac 9:24).[11] La tradición judía reconocía que los mártires estaban con Dios y en paz (Sab 3:1-3) y que este los aceptaba como sacrificios (3:6). Aquí, en Apocalipsis, los sacrificios no son esencialmente vicarios; sin embargo, los mártires sí participan del sufrimiento de Cristo, son aliados del Cordero inmolado de 5:6, 9 y compartirán también su exaltación (3:21; 20:4). Son "sacrificios ofrecidos a Dios. De hecho, fueron inmolados en la tierra […], pero en la fe cristiana el sacrificio se hizo realmente en el cielo, donde sus almas —sus vidas— fueron ofrecidas en el altar celestial".[12]

Aunque se les dice que esperen, reciben la certeza de su vindicación (6:11). La construcción en voz pasiva en la frase "se les dieron" (NVI "recibieron") sugiere que Dios mismo los recompensa con túnicas blancas (ver comentario sobre 4:4), y que él mismo responde a su petición.[13] Deben "descansar" (NVI, "esperar") hasta que llegue el momento (cf. 14:13). La expresión "un poco más" es indeterminada desde un punto de vista humano, medida solo por las normas de Dios (cf. 10:6; 12:12; 17:10; 20:3); sin embargo, aun así transmite la certeza de que se trata de un tiempo finito, por lo cual la espera no les resultará demasiado larga.

El sexto sello (6:12-17)

El sexto sello describe el final del cosmos tal y como lo conoce la humanidad. Lejos de ser un mero juicio repetible dentro de la historia, como el de los cuatro jinetes (6:1-8), representa la disolución de los cielos (6:12-14) y el reconocimiento final por parte del mundo de que se encuentra bajo la ira de su Creador (6:16-17).

---

10. Caird, *Commentary on Revelation*, 84. La tradición rabínica posterior que relaciona la sepultura en la tierra con la sepultura bajo el altar (p. ej., Ford, *Revelation*, 110) solo ilustra el acento rabínico sobre la santidad de la tierra; más claramente, todas las almas estaban bajo el trono de la gloria (*ARN* 12A; 25, §51B.), en el tesoro de Dios (2 Bar. 30:2).
11. Salustio, *Carta a César* 4.2; Tito Livio, 10.38.11; Fedro, 4.6.9; Josefo, *Ant.* 17.237. *Cf.* también Fil 2:17; 2Ti 4:6; Ignacio, *Romanos* 4.2; posiblemente T. Moisés 9.
12. Ladd, *The Last Things*, 39.
13. El color "blanco" puede aludir a quienes han sido purificados por la tribulación (Dn 11:35; ver Beale, *Revelation*, 394, 437).

Esta gráfica descripción de la destrucción se inicia con un terremoto (6:12) que forma parte de la remoción de los montes (6:14), bajo los cuales pretenden esconderse los malvados (6:15-16). En ocasiones, los escritores de la antigüedad describían los terremotos mediante un lenguaje exagerado, afirmando, por ejemplo, que su intensidad era tal que podían "derrumbar los montes".[14] Los autores judíos utilizaban también un lenguaje poético parecido para aludir a acontecimientos cataclísmicos sin relación con el final de los tiempos (Jer 4:24; 8:16; Mi 1:4).[15] Sin embargo, este terremoto no parece ser una exageración: se trata del terremoto escatológico que sacude verdaderamente los montes (Ap 11:13; 16:18; *cf.* Sal 97:5; Ez 38:19-20; Zac 14:5), y que aparece a menudo en las escenas judías del tiempo del fin (1 Enoc 1:6-7; 53:7; 4 Esd. 6:13-16; T. Moisés 10:4).[16] Sin embargo, la fidelidad de Dios para con sus elegidos (7:17) eclipsa cualquier terror que puedan generar los terremotos (Is 54:10). Puesto que algunas de las ciudades cuyas iglesias se interpelan en Apocalipsis habían sido destruidas por terremotos hacía tan solo unas décadas, es probable que esta imagen resultara particularmente gráfica y aterradora para ellos (como en Or. sib. 5.291).[17]

La decoloración u oscurecimiento del sol, o la luna, eran presagio de juicios aterradores, tanto entre judíos como entre paganos.[18] Algunos textos antiguos utilizan ocasionalmente la desaparición de estrellas, la formación de islas y este tipo de cosas, como imágenes metafóricas para aludir a traumas de la historia pasada (Or. sib. 4.58-60); tanto en

---

14. Ver Tito Livio, 22.5.8. Es posible que los terremotos de Isaías 5:25 y Oráculos sibilinos 5.438-39 representen la guerra; *cf.* los ejércitos de langostas en Joel 2:10.
15. Se parece también a la teofanía de Sinaí (Éx 19:16-18; Hab 3:6, 10; Pseudo Filón 11:5; 23:10); los terremotos representaban a menudo juicios dentro de la historia (Or. sib. 1.187; 3.449-59). *Cf.* el lenguaje aparentemente escatológico en alusión a un acontecimiento pasado en Or. sib. 3.286-92.
16. Sobre el terremoto escatológico, ver además Richard Bauckham, "The Eschatological Earthquake in the Apocalypse of John", *NovT* 19 (1977): 224-33. El colapso de la creación que regresa a su primigenio estado informe (Gn 1:2) es una señal del juicio (*cf.* Jer 4:23; 1QM 17.4); el terremoto escatológico consignado en 1 Enoc 1:6-7 recuerda al temblor de Sinaí (1:4-5).
17. Ver Bauckham, *Climax of Prophecy*, 206-7. Generalmente, los paganos también consideraban los terremotos como presagios de juicio (Ovid, *Metam.* 15.798; Pausanias, 7.24.6), aunque algunos los explicaban como fenómenos puramente naturales (Diodoro Sículo, 15.48.3-4; Diógenes Laercio, 7.1.154; 10.105).
18. P. ej. Tito Livio, 37.4.3; Diodoro Sículo, 20.5.5; Dión Casio, 57.4.4; *tos. Suk.* 2:6. Algunos, sin embargo, les dieron explicaciones puramente naturalistas, como sucede generalmente en nuestro tiempo (Tito Livio, 44.37.6-7; Plinio, *H. N.* 2.6.47; Diógenes Laercio, 10.114-15).

Apocalipsis (Ap 12:7) como en los textos judíos (Or. sib. 5.512-31) se habla a veces de alteraciones celestes en términos de conflicto espiritual en los cielos.[19] Sin embargo, este no es el significado habitual de esta imaginería, y la imagen de este versículo refleja algo peor que un mero eclipse; especialmente en esta clase de literatura, la conjunción de varias señales celestiales señala normalmente el fin del tiempo, cuando el sol y la luna se oscurecerán (Is 13:9-11; 24:21-23; 1 En. 102:2-3).[20]

La desaparición de los cielos enrollados "como un pergamino" (6:14) procede de las imágenes del día del Señor en Isaías 34:4, haciendo referencia al juicio cósmico en que Dios castiga a las naciones impías, un pasaje en que los ejércitos del cielo se secan también como las hojas de una higuera (*cf.* Ap 6:13).[21] Para la mayoría de los receptores de Apocalipsis, esta imagen evocaba probablemente la rutinaria estampa de la lectura de un pergamino que generalmente se desenrollaría con la mano derecha y volvería a enrollarse con la izquierda una vez terminada la lectura.[22] ¡Pero esta imagen rutinaria se convierte aquí en un emblema de terror para la humanidad! Algunos textos anteriores habían utilizado esta ilustración de los cielos enrollados como un pergamino (Or. sib. 3.82) para subrayar la soberanía de Dios sobre los estos (3.81) declarando que toda la bóveda celeste se desmoronaría sobre la tierra (3.83), en el gran colapso del universo (3.80).[23]

---

19. Aunque en este texto se esté pensando en ángeles (*cf.* 12:4), es probablemente por su vinculación con las estrellas (Is 24:21); sobre el asunto de las batallas astrales, *cf.* Jue 5:20; Or. sib. 5.211-13, 512-31. Las islas serían aquellas que albergaban a los exiliados (1:9). Beale, *Revelation*, 397, observa que muchas de las alusiones veterotestamentarias consignan juicios temporales sobre una nación perversa; sin embargo, nosotros consideramos la confluencia de imágenes como finalmente escatológicas para la mayoría de los lectores del siglo primero. Aune, *Revelation*, 2:415, cita textos antiguos en los que las estrellas fugaces eran únicamente señales de un juicio inminente; sin embargo, la mayoría de ellos o bien son poéticos, aluden solo a algunas estrellas, o se habrían entendido de manera distinta en el siglo I.
20. *Cf.* Is 50:3; Jl 2:10, 31; ver además 4 Esd 7:38-42; Or. sib. 1.200-202; 3.800-804; 5.476-84; 8.190-93, 204; T. Moisés 10:5; es posible que ciertas irregularidades parecidas en 4 Esd. 5:4-5 reflejen la tradición romana de presagios (*cf.* Tito Livio, 29.14.3).
21. La imagen de los higos verdes cayendo al ser sacudidos por un vendaval habría sido familiar para la mayoría de los pobladores del mundo mediterráneo. Ver Mounce, *Revelation*, 161 n. 35; F. F. Bruce, *¿Son fidedignos los documentos del Nuevo Testamento?* San José, Costa Rica: Editorial Caribe, 1957, pp. 73-74 del original en inglés.
22. Milligan, *Thessalonians*, 124. Ford sugiere el estrépito de los rollos metálicos como el de Qumrán (Ford, *Revelation*, 100).
23. Sobre los trastornos geográficos en los tiempos escatológicos, ver también Or. sib. 3.680-86; 5.447-83.

Este pasaje indica también que, en última instancia, es nuestra lealtad (o la falta de ella) a Jesucristo, y no nuestra posición social, lo que determina nuestro destino. Los antiguos aludían a veces al género humano mediante el mero contraste de opuestos, por ejemplo, "esclavo y libre";[24] la muerte anularía este tipo de distinciones (Job 3:19). Sin embargo, en el versículo 15, Juan enumera todo el orden social, subrayando que, comenzando por el "divino" César, nadie quedará exento del juicio.[25]

En 6:15-17 Apocalipsis rememora una imagen de ineludible juicio procedente de Oseas 10:8 (donde quienes huyen de la ira de Dios piden a montes y collados que los escondan; *cf.* Lc 23:30) y de Isaías 2:19 (donde las personas se esconden en cuevas y grutas en el día de la ira de Dios; *cf.* 2:10).[26] Las cuevas y hendiduras (6:15) eran útiles para esconderse de enemigos humanos, y los cristianos de Sardis podían haber tenido en mente las tumbas excavadas en el monte, frente a la acrópolis de la ciudad.[27] Sin embargo, este tipo de lugares resultarían absolutamente inútiles para ocultarse de Aquel que, en su ira, movía montes (6:14).[28]

Es posible que la huida de estas personas de la ira de Dios en los cielos indique la destrucción de estos (6:12-14), pero también sugiere un tipo de imagen que revela la venida de Dios y del Cordero en el firmamento (*cf.* Mt 24:30).[29] Los corderos estaban entre las criaturas más dóciles (Is 11:6; Sir. 13:17); por tanto, "la ira del Cordero" es una imagen muy sorprendente y aterradora. Obsérvese que quienes todavía no se han arrepentido, aquellos que buscan refugio en cuevas y montes, no suplican

---

24. Ver Demóstenes, *Contra Formio* 31; Cornelio Nepote, 2.6.5.
25. Muchos textos enumeran similares distinciones (p. ej., Platón, *Teéteto* 175A; T. Abr. 19A). El juicio de Dios contra los poderosos (p. ej., 1 Enoc 48:8; 54:2; 62:3-12; Or. sib. 5.380) subraya su poder y la presunción de su arrogancia.
26. Otros textos hablan de los infructuosos deseos de esconderse por parte de los impíos en el juicio (Sir. 16:17-19; 1 Enoc 104:5; Or. sib. 5.273), algunos de los cuales hacen alusión a Isaías 2:18-20 (Or. sib. 3.606-7). El temor universal caracterizaría este tiempo (*cf.* Is 2:19-21; 1 Enoc 1:5; Or. sib. 3.679).
27. Sobre las cuevas de la necrópolis de Sardis, ver Hemer, *Letters to the Seven Churches*, 140. Uno puede esconderse debajo de una roca hueca (Ovid, *Metam.* 9.211). Aunque este no es posiblemente el enfoque de Juan, puede que aquellos de sus receptores que tuvieran un pasado pagano vieran en la palabras de 6:15 un juicio sobre sus deidades como en Éxodo 12:12; los montes, por ejemplo, eran la supuesta morada del dios Pan (Dionisio de Halicarnaso, 1.38.1).
28. Es posible esconderse en cuevas, aun de agresores humanos, y sin embargo morir por otras razones (Ez 33:27).
29. En ciertas tradiciones judías, el rostro de Dios puede aparecer en el juicio (Or. sib. 3.556-61); una imagen en el firmamento se veía como el presagio de una terrible catástrofe (Herodiano, 8.3.8-9).

misericordia de Dios o del Cordero; es demasiado tarde para ello (*cf.* 1 En 50:2-5; 63:1-12).

La última imagen del sexto sello, que presenta a los desobedientes a la voluntad de Dios suplicando: "¿Quién podrá mantenerse en pie? [en el día de la ira]?" (6:17, adaptando el lenguaje del Joel 2:11, que sigue a la imagen cósmica de juicio de Joel 2:10; 3:2), prepara al lector para la respuesta que viene con la siguiente visión, a saber, que los siervos de Dios pueden mantenerse firmes en aquellos días (7:1-17).[30] Pueden estar firmes durante los tiempos difíciles a lo largo de la historia (7:3), y ello les proporciona la certeza de que Dios estará también con ellos al final de los tiempos.

Acelerando el fin. Cuando decimos que las buenas nuevas del reino de Dios han de proclamarse en todas las naciones, antes de la venida del reino (Mt 24:14), ¿cómo cuantificamos la finalización de esta tarea? Algunos se han esforzado en clasificar a los grupos inalcanzados (un proyecto útil para la actividad misionera), pero el Nuevo Testamento no invierte mucha energía en definir el tamaño o los parámetros de los "grupos humanos". Puede que solo el regreso de Jesús confirme que hemos completado el trabajo de evangelizar el mundo; que todavía no haya venido indica que la tarea sigue inacabada. Si verdaderamente "esperamos con anhelo el día de Dios", podemos "apresurar su venida" (2P 3:12) ocupándonos de los proyectos de Dios; este día se retrasa porque él no quiere que "nadie perezca sino que todos se arrepientan" (3:9). Apocalipsis nos advierte, sin embargo, que solo podremos acabar nuestra tarea si estamos dispuestos a pagar un precio elevado. El quinto sello nos advierte, no obstante, que si queremos acabar la tarea no podemos tener en gran estima nuestras vidas o posesiones; no se puede tener un pie en Babilonia y el otro en la ciudad celestial.

La naturaleza de la oración de los mártires. Los mártires de este pasaje, como algunos justos sufrientes del Antiguo Testamento (1S

---

30. Varios textos subrayan la incomparable grandeza de Dios en contraste con la mortalidad humana preguntando quién podrá sostenerse en su presencia (Sal 76:7; 130:3; Jer 49:19; 50:44), otros lo hacen en relación con su día de ira (Nah 1:6; Mal 3:2; 2 Bar. 48:17; Ap. Sof. 12:7).

24:12; 2Cr 24:22; Sal 79:10; Jer 18:21), suplican venganza.[31] Jesús nos enseña, sin embargo, a orar por aquellos que nos persiguen (Mt 5:44; Hch 7:60), y en contra de lo que es nuestra tendencia natural, no pretende, probablemente, que pidamos, "¡Señor, te ruego que los quites de en medio!". ¿Cómo podemos armonizar responsablemente estas dos enseñanzas bíblicas? Jesús habló también de la sangre de los mártires que clama, desde la de Abel (Gn 4:10) a la de Zacarías (2Cr 24:20-22; Mt 23:35); una tradición sobre la muerte de Zacarías declara que Dios juzgó especialmente al templo, porque los asesinos del profeta no trataron su sangre con el respeto debido a los sacrificios.[32] Y la propia sangre de Jesús demandaría también una vindicación (Mt 23:30-32; 27:25); este tipo de sentimientos aparecen asimismo en otros pasajes del Nuevo Testamento (Lc 18:7; 2Ti 4:14).

El propio sufrimiento de los justos demanda venganza (*cf.* 1 En. 47:1), y el clamor de los mártires en este pasaje es, en última instancia, un clamor de justicia, una petición de vindicación, que encuentra su respuesta en los juicios de Dios sobre un mundo perverso (Ap 8:4-6; 16:6) y finalmente en su juicio final (6:12-17; 18:21, 24; 19:2). Perdonar las deudas de nuestros enemigos no significa que tengamos que dejar de esperar vindicación, siempre que nuestra esperanza esté más en la línea de una vindicación por su arrepentimiento personal que por su muerte, puesto que Dios mismo prefiere su arrepentimiento (Ez 18:23). A diferencia de la sesgada ética de muchos cristianos de nuestro tiempo, esto es un clamor por la justicia y el triunfo sobre el mal, un concepto que encontramos tanto en el Antiguo Testamento como en el Nuevo.[33]

Terremotos, estrellas y colapso cósmico. El modo en que aplicamos los principios del texto dependerá de la cultura en la que tratamos de contextualizarlos. En la cultura tradicional de la tribu *shona*, por ejemplo, los terremotos se producen cuando Dios camina sobre

---

31. *Cf.* también las oraciones pidiendo un juicio colectivo en el judaísmo temprano, p. ej., 1 Enoc 9:10; 84:6; 95:2; 99:3; 1QM 12.11-12; *CIJ*, 1:524, §725; también Deissmann, *Light From the Ancient Past*, 413-24. Los griegos estaban siempre dispuestos a pedir a sus dioses la destrucción de otras personas (Walter Burkert, *Greek Religion*, tr. J. Raffan [Cambridge, Mass.: Harvard Univ. Press, 1985], 75; Aune, *Revelation*, 2:409).
32. Ver *Pes. Rab Kah.* 15:7. Ver en mayor detalle Keener, *Matthew* (Downers Grove, Ill.: InterVarsity, 1997), 341.
33. Ver aquí Michaels, *Revelation*, 108. Sobre el juicio como liberación, ver Stephen Hre Kio, "The Exodus Symbol of Liberation in the Apocalypse and Its Relevance for Some Aspects of Translation", *BibTrans* 40 (enero 1989): 120-35; sobre el valor de Apocalipsis para los oprimidos, ver Christopher Rowland, "Keeping Alive the Dangerous Vision of a World of Peace and Justice", *Concilium* 200 (1988): 75-86.

la tierra, y otros pueblos atribuyen tradicionalmente los terremotos a ciertas deidades especiales.³⁴ En este contexto, lo primordial podría ser anunciar la soberanía de Dios sobre la tierra (6:12). Este mensaje del control de Dios sobre los terremotos puede también resultar alentador para los cristianos que viven por la zona de la falla de San Andrés en California. "Dios ha dado palmas", anunció en 1989 un testigo del terremoto de San Francisco que se cobró cincuenta y cinco vidas y miles de millones de dólares en daños materiales.³⁵ Los antiguos receptores asiáticos de Juan tenían conocimiento y temor de los terremotos; por tanto, esta imagen de juicio, aunque normal en los profetas del Antiguo Testamento, resultaría particularmente inquietante para ellos.

Relacionar esta espantosa imagen con otras semejantes de nuestro tiempo (especialmente de un modo relevante desde un punto de vista geográfico) nos ayudará a traducir esta imagen a nuestros oyentes.³⁶ Pero en última instancia, Apocalipsis describe el terremoto final y el terror que aguarda al mundo impenitente inmediatamente antes del regreso de Cristo. Por tanto, la aplicación más fundamental de este pasaje es cobrar ánimo, porque Dios vindicará a sus santos sufrientes (6:9-11) y hacer que el mundo reconozca al Creador que ha rechazado (6:12-17).

No hay que ser astrónomo para entender que las antiguas imágenes de estrellas cayendo sobre la superficie de la tierra (6:13) son físicamente imposibles. Para caber en la tierra, todas las estrellas tendrían que convertirse en agujeros negros y lanzarse después vertiginosamente sobre la superficie terráquea a millones de veces la velocidad de la luz; tras un cataclismo de esta magnitud, nadie estaría vivo para lamentar sus desgracias, como vemos en 6:16-17.

---

34. John S. Mbiti, *African Religions and Philosophies* (Garden City, N.Y.: Doubleday, 1970), 70. Generalmente, los griegos atribuían los terremotos a Poseidón (Pausanias, 7.24.6), el "Agitador de la tierra" (cientos de veces en la literatura de la antigüedad [p. ej., Homero, *Il.* 7.445; 20.13; Od. 1.74]); en ocasiones a Zeus (Himno órfico 15.8); pero algunos los atribuían a causas naturales (Diodoro Sículo, 15.48.3-4; Diógenes Laercio, 7.1.154; 10.105).
35. "After the Shock", *NW* (30 de octubre 1989), 22-27, 22. El rescate de un superviviente de cincuenta y siete años, después de estar sepultado durante noventa horas, suscitó la alabanza a Dios de su exmujer. ("Out of the Ruins, a Miracle", *NW* [30 de octubre 1989], 32).
36. Ver, p. ej., "Bracing for the Big One", *NW* (30 de octubre 1989), 28-32; "Coping with Quake Fear", *NW* (30 de octubre 1989), 42-47; "The Quake's Fearful Wake", *NW* (8 de enero 1990), 54. En la actualidad, muchas zonas de los EE. UU. son vulnerables a los temblores de tierra; ver tablas y datos en "'Any Old Day Now...'" *NW* (30 de enero 1995), 28.

Sin embargo, con solo comenzar a imaginar un panorama así, experimentamos ya algo del terror que podría haber agobiado a los primeros oyentes de este pasaje; el efecto evocador es más o menos equivalente. Como en otros textos antiguos (que, como se ha dicho, aplicaron en ocasiones estas imágenes a juicios de carácter más local dentro de la historia), las imágenes específicas contribuyeron a trazar el cuadro general de la disolución del cosmos tal como lo conocemos, la inversión de la creación. Para que el impacto sobre el lector sea completo: no hay seguridad, ningún terreno firme sobre el que afianzarse, no hay nada en el universo sobre lo que podamos apoyarnos; solo Dios. El resto de la creación se derrumbará.

Disponibles como sacrificios. La invitación a estar disponibles para Dios como sacrificios para el martirio lleva a su lógica conclusión exhortaciones como la de ser "sacrificios vivos" (Ro 12:1).

Aunque el mundo persigue a los testigos de Cristo (como muestra el quinto sello), Dios los vindicará (como confirma el sexto); por tanto, hemos de dar testimonio con audacia. Sin embargo, en los Estados Unidos veo a menudo que los cristianos se sienten satisfechos de sí mismos, contentos con su conversión y "crecimiento" personal. Cuando doy testimonio a miembros de sectas como los mormones, veo a menudo en ellos un mayor compromiso con la extensión de su mensaje —aunque sea un evangelio falso— del que encuentro entre la mayoría de quienes asisten a iglesias evangélicas.[37]

Por regla general, es fácil refutar los argumentos que plantean las sectas bíblicas, ¿pero cómo respondemos a las quejas de miembros de tales grupos que antes eran evangélicos (como el testigo de Jehová con quien hoy he compartido a Cristo) que, por primera vez, han aprendido una forma de "discipulado" dentro de una secta? Cuando estudiaba en la universidad ayudé a algunos estudiantes a salir del movimiento extremista International Churches of Christ [una derivación extremista de las Iglesias de Cristo tradicionales. N. del T.]. Sin embargo, más adelante pude ofrecerles poca ayuda en sus esfuerzos por encontrar iglesias

---

37. En cualquier caso, quienes comercializan productos como la Coca Cola desarrollan a menudo estrategias más originales y efectivas que los cristianos en sus esfuerzos por propagar el evangelio (ver Paul Eshleman con Carolyn E. Phillips, *I Just Saw Jesus* [Laguna Niguel, Calif.: The Jesus Project, 1985], 173-74).

sanas, con el mismo grado de fervor y comunión que el que encontraban en las iglesias de ICC. Puede que la comunión que se experimenta en los grupos sectarios sea poco sincera (se termina inmediatamente cuando alguien abandona el grupo) y que mucho del discipulado se base en un uso selectivo de textos probatorios; sin embargo, su celo se parece más al del cristianismo primitivo (al menos externamente) que el que muestran la mayoría de las autocomplacientes iglesias que conozco.[38]

Predicando por las distintas calles he sido golpeado y recibido amenazas de muerte. Una vez, en la Avenida Flatbush de Brooklyn, le estaba explicando a un hombre que Jesús era el único camino para reconciliarse con Dios cuando él, airado, me dijo que tenía una pistola y que me iba a matar. "Tú hablas del cielo —me dijo—. Veremos lo dispuesto que estás a morir". Le respondí que, aunque sabía adónde iba, prefería seguir viviendo para dar testimonio de la salvación a personas como él. Tras amenazarme otras veces, finalmente se marchó y a la noche siguiente regresó para pedirme perdón y decirme que él y su esposa querían visitar la iglesia con la que trabajaba. Pero el peligro había sido real, y aquel verano de 1986 habría podido ser el último de mi vida. Cuando algunos estudiantes de mi clase de Apocalipsis se mostraron un tanto alterados sobre la posibilidad de morir por el evangelio, Emmanuel Itapson, un ministro de la región norteña de Nigeria, explicó que el martirio parece algo pequeño cuando se presenta. Si somos fieles en las pruebas que experimentamos hoy, nos habremos preparado para enfrentar situaciones más graves si se presentan.

A finales del siglo XIX, y en el marco de su reclutamiento para su misión de levantar iglesias autóctonas chinas culturalmente sensibles, Hudson Taylor afirmó que necesitaba "hombres y mujeres [...] dispuestos a poner a Jesús, China y las almas, en primer lugar, en todo tiempo y ocasión", y continuó diciendo: "aun la propia vida ha de ser secundaria".[39] Este compromiso se pondría a prueba en su momento. En el año 1900, y como respuesta a la falta de sensibilidad de los occidentales en general, el movimiento de los Bóxers dejó una cifra de muertos

---

38. Sobre las iglesias de la denominación International Churches of Christ (que no debe confundirse con la corriente principal de las Iglesias de Cristo), ver Randy Frame, "The Cost of Discipleship?", *CT* (1 de sept. 1997), 64-88. A pesar de mi oposición a las tácticas y doctrinas extremas de este grupo, creo que en él hay muchos cristianos verdaderos.
39. Roger Steer, "Pushing Inward", *Christian History* 52 (1996), 10-18 (p. 18). Taylor era un hombre tan apasionado que no podía permanecer en una reunión eclesial en Inglaterra donde veía a más de 1.000 cristianos gozándose, sabiendo que millones morían sin oír el evangelio (*ibíd.*, 14).

de 188 misioneros protestantes y 30.000 cristianos chinos. No obstante, tras esta matanza, se triplicó "el crecimiento de la iglesia durante la siguiente década".[40] Los misioneros interculturales siguen a veces poniendo en riesgo sus vidas en nuestro tiempo.[41]

Las buenas nuevas no se proclamarán por completo a todas las naciones (Mt 24:14) hasta que se levante una generación de cristianos lo suficientemente radical como para morir, de forma literal, por llegar a los inalcanzados. En este momento parece que algunas fortalezas islámicas e hindúes solo podrán alcanzarse del modo en que, en su momento, lo fueron Europa y la mayoría de otros campos de misión, a saber, mediante la sangre de los mártires.[42] En muchas naciones, como Sudán, Irán y Pakistán, la tierra ha recibido ya la sangre de muchos de nuestros hermanos y hermanas. Sin embargo, con algunas importantes excepciones individuales, la actual generación de cristianos norteamericanos muestra poca inclinación a sacrificarse por el evangelio, y mucho menos a morir por él. En palabras del músico John Fischer:

> Apunta con un arma a cada una de las sesenta millones de personas que, según la encuesta del Sr. Gallup, son cristianos nacidos de nuevo. Diles que renuncien a Cristo o les vuelas la cabeza, y después cuenta otra vez. Creo que George, como Gedeón, verá que sus tropas disminuyen. De hecho, hoy probablemente no hace falta que el precio sea tan extremo. La amenaza de confiscarles sus aparatos de televisión podría producir los mismos resultados. Cuando la fe es barata, se claudica fácilmente.[43]

Quienes tenemos la visión de alcanzar al mundo con el evangelio hemos de comenzar a invertir en una generación más joven y cada vez más multicultural, equipándola para un liderazgo sacrificado. Los diri-

---

40. Mark Galli, "Fury Unleashed", *Christian History* 52 (1996), 31-33 (p. 33).
41. Ver "Burning Shame", *India Today* (8 de febrero 1999), 10-16 (una revista hindú que condena en términos fuertes la matanza de un misionero y sus hijos).
42. Sobre los campos misioneros de épocas pasadas, ver Ruth A. Tucker, *From Jerusalem to Irian Jaya* (Grand Rapids: Zondervan, 1983), 35, 49, 57, 222, 294, 419-36. Quienes deseen considerar la historia de algunos mártires del siglo XX, muchos de los cuales eran misioneros, ver James y Marti Hefley, *By Their Blood: Christian Martyrs of the 20th Century* (Milford, Mich.: Mott Media, 1979); cf. en días más recientes Paul A. Marshall, *Their Blood Cries Out: The Worldwide Tragedy of Modern Christians Who Are Dying for Their Faith* (Dallas: Word, 1997).
43. John Fischer, "When Christianity Pays", *Contemporary Christian Magazine* (diciembre 1985), 46.

gentes más jóvenes han de comenzar a predicar un evangelio bíblico que (con notables excepciones) algunos de la presente generación han dejado de proclamar: el evangelio merece nuestras vidas y todo lo que tenemos, y ningún coste es demasiado elevado para alcanzar al mundo para Jesucristo, nuestro Señor. En sus comentarios sobre el libro de Apocalipsis, Billy Graham se plantea si con el paso de los años había presentado "una fe cristiana que parecía demasiado fácil", si había predicado lo que Bonhoeffer llamó "gracia barata". Graham se pregunta: "En mi afán por distribuir el maravilloso don de Dios, ¿he sido honesto acerca del precio que él pagó en su guerra contra el mal? ¿He explicado adecuadamente el precio que hemos de pagar en nuestra propia guerra contra el mal que actúa en nuestras vidas y en el mundo que nos rodea?"[44] Son preguntas que suponen un desafío para la mayoría de nosotros.

La vindicación futura. Así como los mártires claman por su vindicación, los creyentes de nuestro tiempo, que sufren, también lo hacen. Que Dios conceda a los mártires su petición, pero que no se cumpla de inmediato, ha de animarnos a perseverar. Muchas generaciones de esclavos norteamericanos clamaron a Dios por su libertad (*cf.* también Éx 2:23-25) antes de que llegara la liberación; muchos sudafricanos murieron luchando contra el *apartheid* antes de que fuera finalmente abolido. Algunos profetas y apóstoles como Jeremías (Jer 43:4-7) y Pablo (2Ti 1:15) no llegaron a ver el pleno impacto de sus ministerios, pero apreciamos su tarea de manera retrospectiva; la generación inmediatamente posterior a Jeremías abrazó su mensaje (2Cr 36:21-22; Esd. 1:1; Dn 9:2). Dios le mostró a Habacuc el inminente juicio que iba a caer sobre los opresores de Israel y le animó a confiar en la visión: "Aunque parezca tardar, espérala; porque sin falta vendrá" (Hab 2:3). A su tiempo, el prometido juicio cayó sobre la Babilonia del tiempo de Juan, y no será menos puntual y decisivo para la del fin.

El tiempo de Dios no siempre es el nuestro; sin embargo, aunque no vivamos para ver el pleno cumplimiento de todas nuestras oraciones, podemos morir con la esperanza de que Dios cumplirá todo lo que ha prometido. Tras el lamento de los santos, Dios juzga al mundo (6:12-17); a pesar de las arrogantes fantasías de los enemigos de Dios (Pr 18:11), el poder humano no ofrecerá ningún refugio en aquellos días cuando el verdadero Rey ejecute la sentencia sobre todo el orden social, comenzando por César (6:15).

---

44. Graham, *Approaching Hoofbeats*, 26.

Apocalipsis 7:1-8

Después de esto vi a cuatro ángeles en los cuatro ángulos de la tierra. Estaban allí de pie, deteniendo los cuatro vientos para que éstos no se desataran sobre la tierra, el mar y los árboles. ² Vi también a otro ángel que venía del oriente con el sello del Dios vivo. Gritó con voz potente a los cuatro ángeles a quienes se les había permitido hacer daño a la tierra y al mar: ³ «¡No hagan daño ni a la tierra, ni al mar ni a los árboles, hasta que hayamos puesto un sello en la frente de los siervos de nuestro Dios!». ⁴ Y oí el número de los que fueron sellados: ciento cuarenta y cuatro mil de todas las tribus de Israel.

⁵ De la tribu de Judá fueron sellados doce mil;
de la tribu de Rubén, doce mil;
de la tribu de Gad, doce mil;
⁶ de la tribu de Aser, doce mil;
de la tribu de Neftalí, doce mil;
de la tribu de Manasés, doce mil;
⁷ de la tribu de Simeón, doce mil;
de la tribu de Leví, doce mil;
de la tribu de Isacar, doce mil;
⁸ de la tribu de Zabulón, doce mil;
de la tribu de José, doce mil;
de la tribu de Benjamín, doce mil.

Cabe pensar que los juicios posteriores son incongruentes con el final de la era ya descrita en 6:12-17. Sin embargo, el hecho de que Juan viera "después de esto" (7:1) una visión de los 144.000 (7:1-8) no significa que los acontecimientos de 7:1-8 se produzcan después del sexto sello, como tampoco que la expresión "después de esto" de 7:9 indique que la innumerable multitud descrita a continuación siga cronológicamente a la escena de los 144.000. El verbo que sigue a "después de esto" es "vi": Juan recibe su próxima visión, y esta parece consignar el estado de los "siervos" de Cristo durante todo el periodo de la tribulación. La tierra, el mar y los árboles sufren durante la tribulación (8:7-8; 11:6). ¡No cabe duda de que la orden de sellar a los siervos de Dios antes de dañar la tierra, el mar o los árboles (7:2) no puede seguir a la destrucción de la tierra y el firmamento al final de la tribulación (6:12-16)! La cuestión es sencillamente que los que pueden soportar el día de la ira de Dios (6:17) son aquellos a quienes Dios ha capacitado para resistir las plagas anteriores (7:2-3).

Por ello, muchos eruditos entienden correctamente que el capítulo 7 es una especie de intermedio de carácter parentético ubicado entre el sexto y séptimo sellos por razones literarias; este tipo de interludios aparecen en puntos similares de las series de trompetas y copas.[1] La función literaria de este paréntesis es suscitar un sentido de suspense. Muchos de los interludios parentéticos de Apocalipsis (p. ej., 14:1-5; 15:2-4; 20:4-6), en especial los himnos (12:10; 19:1-8), tienen también que ver con la protección o la salvación de los justos y sitúan las escenas de juicio en un contexto alentador. Este juicio tiene un propósito redentor que no solo consiste en invitar al arrepentimiento de los desobedientes (9:20-21), sino también en vindicar a los justos oprimidos (6:10).

La identidad de los 144.000 (7:4-8)

¿Pero quiénes son los 144.000? Se trata de un asunto abierto, aunque la forma del texto puede sugerir un censo. Por regla general, los censos se consignan en la Biblia hebrea para evaluar la preparación militar en un momento determinado (Nm 1:3, 18, 20; 26:2, 4; 1Cr 27:23); esto explica también la especificación de los varones adultos en 14:4. Por otra parte, este supuesto aclara también por qué se menciona un determinado número de hombres de cada tribu (*cf.* Nm 1:20-47); en una verdadera guerra tiene lógica reclutar a doce contingentes iguales de las distintas tribus o regiones que participan (Nm 31:4-6; 1Cr 27:1-15).[2] Los batallones de mil soldados eran también unidades bastante normales, sugiriendo "que cada tribu aporta doce batallones de mil hombres cada uno".[3]

---

1. P. ej. Tenney, *Revelation*, 73. Ford, *Revelation*, 120, presenta otros ejemplos de los textos de juicio judíos.
2. Bauckham, *Climax of Prophecy*, 216-18; Caird, *Commentary on Revelation*, 178; Michaels, *Revelation*, 170-71. Cf. 1QM 2.1-3.
3. Bauckham, *Climax of Prophecy*, 218 (Ver 1 Mac. 3:55; Josefo, *Guerra* 2.578; 1QM 4.2, 16; 5.3). Las verdaderas cifras de las unidades judías, como de las romanas, podrían haber sido frecuentemente menores que las consignadas sobre el papel. Es posible que la visión de Juan se adapte a la imagen judía de doce tribus participando en la guerra final (1QM 2.2-3, 7; 3.13-14; 14.16; Bauckham, *Climax of Prophecy*, 219). La ausencia de una imaginería militar más clara hace que Aune parezca escéptico en un lugar (*Revelation*, 2:436), aunque en el resto del texto parece aceptar la idea de un ejército escatológico (pp. 444, 463).

Es, pues, posible que esta visión represente un ejército escatológico, dispuesto para una batalla espiritual (cf. 12:7-9). Si es así, podría ser el ejército que regresa con Jesús en 19:14, vestido con las acciones justas de los santos. La otra ocasión de Apocalipsis en que Juan oye un "número" (9:16), se trata de una cifra de doscientos millones que representa los efectivos del ejército del mundo. Aunque el ejército terrenal de Dios pueda ser abrumadoramente superado en número por el ejército del mundo (9:16; cf. 20:8; no obstante, cf. 5:11), sin duda vencerá.

Sin embargo, este hecho no aclara la cuestión: ¿Quiénes forman este ejército? Algunos los consideran literalmente cristianos judíos procedentes de cada una de las doce tribus, aunque por regla general no entienden que todos sean reclutas del ejército mesiánico.[4] Este punto de vista es mucho más verosímil de lo que la mayoría de sus oponentes están dispuestos a conceder y tiene ciertos factores a su favor, en especial que si hablamos del remanente escatológico judío es difícil concebir una manera más explícita de dejarlo claro que enumerando las tribus. Puede que otras imágenes de Apocalipsis estén en consonancia con esta, sobre todo si la mujer de Apocalipsis 12 representa a Israel (ver 12:6, 17). Hay también suficientes precedentes bíblicos para hablar de una masiva vuelta del pueblo judío a la fe en Cristo en el tiempo del fin (p. ej., Ro 11:25-27; probablemente Mt 23:39; cf. Is 61:1-9; Jer 31:15-40; Ez 36:8-38; Os 2:14-23; 11:8-11; 14:4-7; Am 9:11-12), y no hay razón para dudar que Juan, como cristiano de origen judío, subrayaría este punto de vista (cf. Ap 11:8, 13).

Sin embargo, otros factores del propio texto de Apocalipsis sugieren que Juan está probablemente adaptando este esquema de un remanente escatológico judío para describir a todos los creyentes.[5] Aunque Juan espera sin duda una conversión escatológica del pueblo judío, como muchos otros autores cristianos del siglo I, esto no tiene que ser necesariamente lo que quiere decir en este versículo; para Juan todos los creyentes forman parte de los "candelabros" (ver comentario sobre 1:20), parte del "reino y sacerdotes" (1:6), en contraste con aquellos

---

4. Véase González, *Revelation*, 55; Tenney, *Revelation*, 78; Ryrie, *Revelation*, 51; Walvoord, *Revelation*, 143. Ver especialmente los perspicaces argumentos de A. Geyser, "The Twelve Tribes in Revelation: Judean and Judeo-Christian Apocalypticism", *NTS* 28 (julio 1982): 388-99.
5. Aune, *Revelation*, 2:443, plantea un contundente argumento en el sentido de que los ciento cuarenta y cuatro mil representan a aquellos creyentes que sobreviven a la tribulación escatológica; sin embargo, carga en exceso las tintas en el contraste que establece entre el "de" en 7:4-8 y la multitud de 7:9-17.

que afirman falsamente ser judíos (2:9; 3:9). Para Juan, la fe en Jesús y la obediencia a los mandamientos de Dios son inseparables (*cf.* 12:17; 14:12); no hay nada tan en consonancia con su herencia judía y bíblica como proclamar a Jesús ni nada más incompatible que negarlo. Para Juan, pues, los gentiles que se convierten forman parte del movimiento judío de fe en Jesús. Dos mil años más tarde, una historia de antisemitismo "cristiano" ha dificultado que entendamos que algunos gentiles hayan sido injertados en Israel y reconozcamos el carácter judío de la fe cristiana; pero Juan escribió antes de estos trágicos acontecimientos.

¿Cuáles son los indicios del texto que nos llevan a pensar, con la mayoría de los comentaristas contemporáneos, que los ciento cuarenta y cuatro mil representan a todos los creyentes?

(1) La razón más importante es que aquellos que van a ser protegidos de los juicios de Dios son sus "siervos" en general (7:3), los que en el resto del libro de Apocalipsis representan a todos los creyentes o testigos (1:1; 2:20; 6:11; 10:7; 11:18; 19:2, 5, 10; 22:3, 6, 9). Si entendemos literalmente su identidad étnica, entonces debemos considerar del mismo modo las cifras y demás detalles del texto. No obstante, si aceptamos esta opción, y si estos "siervos" representan a todos los creyentes, entonces el número total de los salvos a lo largo de la historia (o de la tribulación, según otras lecturas) se limita a 12.000 hombres judíos vírgenes de cada tribu (aunque el pasaje que habla de 144.000 hombres vírgenes no especifica su identidad étnica [14:1-5]). Si se toma "siervos" en un sentido más estrecho del que, por regla general, se utiliza en Apocalipsis (identificando el término "profetas" con un grupo especial de creyentes en 10:7; 22:9), entonces Dios solo ofrece su protección especial a un grupo dentro del colectivo más amplio de la iglesia sobre la base de su identidad étnica, género y estado civil; todos los gentiles, mujeres y creyentes casados deben sufrir estas plagas (9:4).

(2) El sello en la frente (7:3; 14:1) los conecta también con todos los creyentes. (3:12; 22:4; *cf.* 2Co 1:22; Ef 1:13; 4:30) y los diferencia de todos los seguidores de la bestia (Ap 13:16-17; 14:9, 11; 16:2; 19:20; 20:4).

(3) Los ciento cuarenta y cuatro mil no encajan con la descripción del Israel literal. Ya en el tiempo de Juan, la mayoría de las tribus estaban dispersas y, aunque muchos judíos esperaban que fueran restauradas, se ha hecho imposible reconstruir genuinamente de qué tribus proceden la

mayoría de los judíos.⁶ Y lo que es más importante, una de las tribus, la de Dan, está perdida y es, de hecho, la primera que supuestamente tenía que recibir su herencia (7:4-8; cf. Ez 48:1).

(4) El libro de Apocalipsis subraya el carácter judío de todos los creyentes (cf. comentarios sobre 1:20; 2:9).

(5) El resto de Apocalipsis nos lleva a esperar que los números sean probablemente simbólicos (doce, el número del pueblo de Dios, elevado al cuadrado, y multiplicado por diez al cubo). Los números 12.000 y 144 aparecen en otros lugares en referencia a la comunidad santa (21:16-17); la nueva Jerusalén se establece en cuadro y se configura como un cubo (21:16). Por tanto, los 144.000 representan a todos los destinados a la nueva Jerusalén. Aunque, aun considerados de manera acumulativa, estos argumentos no resultan absolutamente decisivos, sí añaden un peso significativo a la posición de que los 144.000 representan a todos los verdaderos creyentes en Jesús.⁷

Teniendo en cuenta estos argumentos, da la impresión de que es más fácil entender la segunda visión (7:9-17) como una interpretación de la primera (7:1-8), algo que sucedía a veces con las segundas visiones (Gn 41:17-32; Dn 7:9-22; 4 Esd. 9:38-10:28; 10:38-59). La segunda visión (ver comentarios sobre 7:9-17) conlleva una decisiva reinterpretación de una imagen escatológica judía sobre el remanente del pueblo de Dios, y esto concuerda con la orientación didáctica de Apocalipsis en otros pasajes. Juan oye hablar de un triunfante León de la tribu de Judá (5:5), pero, cuando se vuelve, lo que ve es un Cordero inmolado (5:6); aquí Juan "oye" el número de los siervos de Dios (7:4) pero "ve" una multitud incontable (7:9). Así como el León triunfante resulta ser un Cordero inmolado, el ejército escatológico de Israel acaba siendo la multitud de mártires que han dado su vida por todo el mundo.⁸ Nuestra "guerra santa" es nuestro testimonio fiel y pacífico hasta la muerte.⁹

---

6. Sobre la restauración de las diez tribus "perdidas", ver Joachim Jeremias, *New Testament Theology* (Nueva York: Charles Scribner's, 1971), 235; E. P. Sanders, *Jesus and Judaism* (Filadelfia: Fortress, 1985), 96-97.
7. La mayoría de los comentaristas modernos reconocen esto. Ver Heinrich Schlier, *Principalities and Powers* (Nueva York: Herder and Herder, 1961), 70; Caird, *Commentary on Revelation*, 94-95; Rissi, *Time and History*, 89, 110; Mounce, *Revelation*, 168-70; Beasley-Murray, *Revelation*, 140; Bauckham, *Climax of Prophecy*, 399; Johnson, *Revelation*, 85; Michaels, *Revelation*, 113; Beale, *Revelation*, 412-23.
8. Bauckham, *Climax of Prophecy*, 215-16; Michaels, *Revelation*, 113.
9. Richard Bauckham, "The Book of Revelation as a Christian War Scroll", *Neot* 22 (1988): 17-40.

El sello de las tribus (7:1-3)

La soberanía de Dios sobre los vientos (7:1) es un elemento típico de la literatura apocalíptica judía y de las tradiciones astronómicas; mientras que los paganos adoraban a una serie de deidades y tenían incluso dioses (como Boreas) que gobernaban determinados vientos, Dios ejerce su control sobre todos ellos y lo hace a través de ángeles que llevan fielmente a cabo sus órdenes.[10] Dios podía mandar unos vientos para bendición y otros para juicio (1 En. 36:2-3; 76:4). Algunos creían que los vientos sostenían la bóveda del cielo (1 En. 18:2-5); otros escritores de la antigüedad observaron que, de no estar bajo control, los vientos se llevarían la tierra, el mar y el cielo (Virgilio, En. 1.56-59). Según una tradición, en días de Noé, Dios controló los violentos vientos que se desataron después del diluvio, señalando la aurora de otra era (Or. sib. 1.195; *cf.* Gn. 8:1).

Los cuatro vientos se corresponden con los "cuatro ángulos de la tierra" (una imagen de juicio también en Jer 49:36), una frase común que solo significa las cuatro direcciones.[11] Aquí sirven para mostrar la soberanía de Dios sobre los confines más remotos de la tierra, como los cuatro jinetes de Zacarías, que eran los cuatro espíritus del cielo patrullando en las cuatro direcciones (Zac 6:1-5). La versión griega de Zacarías traduce de forma aceptable la expresión en hebreo del profeta como los "cuatro vientos" (6:5). El soplo de los cuatro vientos podía también servir como heraldo del imperio del mal (Dn 7:2-3). Aquí Dios impide que los vientos soplen en juicio (Ap 7:1; *cf.* 6:13) hasta haber protegido a sus siervos (7:3).

El ángel que viene "del oriente" (7:2) puede recordar a la gloria de Dios volviendo a su casa (Ez 43:2) o a la orientación oriental del templo

---

10. Ver 1 Enoc 18:1; 35:1-36:2; algunos manuscritos de Jos. y Asen. 12:2/3; Dios los restringe para la supervivencia del mundo en Gn. Rab. 24:4; Lv. Rab. 15:1. Resultan especialmente útiles para la navegación aérea de los carros celestiales (1 En. 72:5; 73:2; Ap. Moisés 38:3; *cf.* Sal 18:10; 104:3), unos carros que aparecen también con regularidad como una imagen en las fuentes gentiles. En Virgilio, *En.* 1.56-59, Eolo mantiene a raya los vientos.
11. Aunque la mayoría de los antiguos creían que la tierra era relativamente plana, la veían como un círculo, no como un cuadrado. Sobre los cuatro vientos con el sentido de todas las direcciones, ver Ez 37:9; Dn 7:2; 8:8; Zac 2:6; Mr 13:27. Sobre las cuatro esquinas, ver Ap 20:8; también Is 11:12; 2 Bar. 6:4-5; Test. Aser 7:3. Acerca de la forma esférica (abovedada) de los cielos, ver Aristóteles, *cielos* 2.4, 286b10; por este periodo, algunos astrónomos también habían reconocido la constitución esférica de la tierra (*cf.* Diógenes Laercio, 9.9.57). Los vientos destructivos eran los del noroeste, nordeste, sudeste y sudoeste (Mounce, *Revelation*, 166).

escatológico (46:1, 12; 47:1), o puede implicar el juicio de Dios procedente del oriente (Ap 16:12). Pero lo más probable es que la imagen apunte a la salida del sol (que es lo que el griego dice aquí literalmente, aunque era una forma corriente de decir "del oriente").[12] Los griegos y los romanos adoraban al dios Sol, y sus mitos advertían sobre la calcinación o congelación de la tierra si este cambiaba su curso establecido; los judíos lo consideraban simplemente como un ángel poderoso.[13] Un ángel que venía "de donde sale el sol" puede ser tan poderoso como el ángel del sol; sin embargo, en este versículo, su única tarea es transmitir un mensaje de parte Dios (cf. 19:17). Dios es soberano sobre el sol (cf. 6:12; 7:16; 8:12; 9:2; 16:8; 21:23) como lo es también sobre los vientos (7:1).

El "sello" del ángel alude probablemente a un anillo de sellar, por el que un rey podía autorizar a un agente para que llevara a cabo una actividad en su nombre. En este contexto, puede implicar que el ángel era un instrumento de juicio de Dios que inicialmente dio testimonio de las plagas que acabamos de mencionar (6:1-7; sobre estos sellos, ver comentario sobre 5:1-2). Los eruditos han propuesto una serie de interpretaciones para esta imagen del sello de los justos. Algunos citan la marca de soldados u otras personas en la mano, frente o cuello; esto podría relacionarse con la probable imagen de los 144.000 como ejército de Dios en 14:1-5. En la mano y en la frente se ponían también las filacterias, por las que los siervos de Dios mostraban su fidelidad a la ley.[14] Muchos relacionan este sellado con la marca que se aplicaba a animales y esclavos (cf. Éx 21:6); esto explicaría su identidad como "siervos" de Dios (Ap 7:3; cf. 22:3-4) y el contraste con los siervos del mundo (13:16-18). Este punto de vista tiene muchos aspectos positivos, aunque solo se marcaba a una minoría de esclavos.[15] Puesto que los

---

12. Esta es una imagen mucho más común (p. ej., Homero, Od. 3.1; 19.434) que cualquier otra para aludir al este y, como aquí, forma parte de un modismo corriente para hacer referencia al "oriente".
13. Ver Sófocles, Edipo Tirano 660-61; Introducción a los Himnos órficos 3-4; Josefo, Apión 2.265; para perspectivas naturalistas, Diógenes Laercio, 7.1.144; 8.2.77; Plutarco, Oráculo de Delfos 12, Mor. 400 a.C. Sobre los puntos de vista judíos, ver 1QS 10.1-5; CD 10.15-16; 1 Enoc 72:2-37; 75:4; 4 Bar. 4:4; T. Sal. 6:10; 2 Enoc 11:4; 14:3; 3 Enoc 17:4; tos. Ber. 6:6.
14. Es posible que en Éxodo 13:8-9 y Deuteronomio 6:8; 11:18 se pretendiera dar a las filacterias un sentido figurado. Quienes estén interesados en una lista más completa de los puntos de vista y las fuentes que los apoyan pueden ver Ford, Revelation, 116-17.
15. Ver Marcial, Epig. 3.21; Plutarco, Nicias 29.1; Pseudo-Focílides, 225; sobre los collares de los esclavos, ver CIL, 15.7194; el tatuaje de los esclavos podría estar implícito en la opresión de los judíos en 3 Mac. 2:28-29. Sobre el marcado de los

cristianos son un reino y sacerdotes (1:6), Juan podría también haber pensado en la inscripción "como un sello" en la frente del sumo sacerdote que rezaba: "CONSAGRADO AL SEÑOR" (Éx 28:36-38), un oportuno contraste con Babilonia, cuya frente la identifica como prostituta (Ap 17:5), o con los siervos de la bestia (13:16).

La propia palabra "sello" (*sphragizo*) puede implicar un sello especial de propiedad o aprobación, como declara 4 Esd. para el justo (4 Esd. 6:5) y para Sión (10:23).[16] Algunos utilizan las tradiciones judías sobre la marca con una *tav* que se menciona en Ezequiel 9:4 para sugerir que la marca en cuestión es una cruz, pero no hay duda de que Juan hubiera sido más explícito de haber querido citar este texto; la marca que Juan tiene en mente parece ser más bien el nombre de Dios y del Cordero (Ap 14:1), lo contrario al nombre de la bestia (13:17-18).[17]

En cualquier caso, el sello pretende dar fe de la propiedad (Is 44:5), y su título contrasta con lo que es simplemente una "marca" (Ap 13:16-17). La fuente más importante para esta imagen es Ezequiel 9, donde Dios marca al remanente justo a fin de protegerlo de sus juicios.[18] Dios pondrá también una señal entre el remanente de su pueblo que ha sobrevivido y los hará testigos de su gloria entre las naciones (Is 66:19). Algunos textos judíos de la antigüedad entendían también que Dios pusiera una "señal" sobre el justo como forma de protegerlo de los peligros, el hambre y la guerra, mientras que a los impíos se los marcaba

---

esclavos en un periodo anterior, ver I. Mendelsohn, "Slavery in the Ancient Near East", *BA* 9 (septiembre 1946): 78-88 (pp. 80-82). Algunos pueblos tatuaban a sus hijos (Artemidoro, *Oneirokritiká* 1.8; Sexto Empírico, *Esbozos pirrónicos* 1.148; 3.202), pero no en Asia. Para considerar más a fondo el marcado, los tatuajes y otros tipos de marcas, ver Aune, *Revelation*, 2:456–59.

16. El sellado parece funcionar como consagración divina para una tarea en T. Job 5:2; y la marca para el servicio en T. Sal 2:5. Aune, *Revelation*, 2:758, cita Píndaro, *Olímpicas* 3.29-30 como evidencia de que llevar el nombre de una deidad puede indicar propiedad divina; *cf.* 3 Mac. 2:28-29.
17. Sobre el asunto de la cruz en este texto, ver David Daube, *The New Testament and Rabbinic Judaism* (Peabody, Mass.: Hendrickson, n.d.; Londres: University of Londres, 1956), 401-2; ver datos en *b. Shab.* 55a; Ford, *Revelation*, 123; quizá *cf. m. Men.* 6:3.
18. *Cf.* también la señal de protección en Génesis 4:15; Éxodo 12:23. La "señal" de la circuncisión (Gn 17:11), apropiada para la imagen de los israelitas, guardaría a Israel de la destrucción escatológica (Jub. 15:26). Sobre el retraso del juicio hasta que los justos puedan ser preservados o informados, ver 1 En 66:1–67:2; 4 Bar 3:5. Dios protege a su pueblo mientras juzga a los impíos en 1 Enoc 100:5; Talbert compara también la protección del pueblo de Dios durante la prueba final en 2 Bar. 29:2; 71:1 (*Apocalypse*, 36).

con una "señal" para destrucción (Salmos de Salomón 15:6-9). Como en las plagas del libro de Éxodo, a las que aluden muchas de las que aparecen en Apocalipsis, Dios traza una línea de demarcación entre su pueblo y el mundo (Éx 8:28; 9:4; 11:7).[19]

Es posible que Judá encabece la lista (7:5-8) como dirigente del ejército (cf. 5:5), y los demás sigan por orden de nacimiento o emparejados con sus hermanos maternos.[20] Los eruditos debaten cuál es la razón de la omisión de Dan en particular, ya que es evidente que los profetas bíblicos no lo omiten (Ez 48:1-2). Se señala su relación con la idolatría (Jue 18:30; 1R 12:29), posteriores tradiciones rabínicas sobre Dan, la relación de Dan con Satanás en Testamento de Dan 5:6, y la sospecha de Ireneo (posiblemente basada en este pasaje de Apocalipsis) de que el anticristo procedería de la tribu de Dan.[21]

Pero estas explicaciones no son plenamente satisfactorias; es cierto que los textos dicen cosas duras sobre Dan, pero lo hacen también sobre muchas de las otras tribus (p. ej., Gn 49:3-7); el pensamiento judío esperaba normalmente el arrepentimiento de Dan (Test. Dan 5:9). Otros sugieren que la omisión es aleatoria; había que excluir a una de las tribus para poder incluir a Leví, Manasés y Efraín por separado, y mantener aun así el número doce.[22] Si hubiera de omitirse a alguna tribu sería posiblemente aquella que tuviera los vínculos más negativos (ver

---

19. Josefo, *Ant.* 2.294-95; 3.17. *Cf.* también el principio en Génesis 18:23-25.
20. Véase Bauckham, *Climax of Prophecy*, 221, aunque lo que para él es probablemente un infructuoso recuerdo del orden de nacimiento, para mí son solo, sospecho, criterios mezclados; ¡en el Antiguo Testamento el orden de las tribus se dispone casi de veinte maneras distintas! Christopher R. Smith, "The Portrayal of the Church as the New Israel in the Names and Order of the Tribes in Revelation 7.5-8", *JSNT* 39 (1990): 111-18, sugiere que los hijos de las siervas pasan a expresar la inclusión de los gentiles (Bauckham muestra su desacuerdo en "The List of the Tribes in Revelation 7 Again", *JSNT* 42 [1991]: 99-115). R. E. Winkle, "Another Look at the List of Tribes in Revelation 7", *AUSS* 27 (1989): 53-67, sugiere una inversión en sentido contrario de la lista de Ezequiel 48:31-34 (*cf.* Ap 21:12), manteniendo, sin embargo, a Judá en el primer lugar; pero este esquema no es evidente.
21. Beasley-Murray, *Revelation*, 143-44; Caird, *Commentary on Revelation*, 99; Ford, *Revelation*, 118; Talbert, *Apocalypse*, 35. Sobre la idolatría, ver p. ej., *tos. Shab.* 7:3; *Gn. Rab.* 43:2; *Pes. Rab.* 12:13; Sobre la tradición del anticristo, Ireneo, *Her.* 5.30.2; ver Hipólito, *Sobre el anticristo* 14; anterior pero menos claro, ver Jub. 44:28-33. La tribu de Dan es una de las pocas que, en el libro de Jueces, aparece casi exclusivamente desde una óptica negativa.
22. Bauckham, *Climax of Prophecy*, 222-23. El título "Efraín" podría haber connotado el sentido de fariseo en algunos textos de Qumrán (ver Stephen Goranson, "The Exclusion of Ephraim in Rev. 7:4-8 and Essene Polemic Against Pharisees", *Dead*

exposición anterior al respecto). El lector informado recordará la identificación de Dan con una serpiente (Gn 49:16-17; cf. Jer 8:16-17), que puede después relacionarse con la serpiente de Edén (Gn 3:1-15), que representa al diablo de Apocalipsis 12:9.

Leyendo la cosmología de Apocalipsis. ¿Cómo leemos la cosmología del libro de Apocalipsis? Algunos consideran ciertas partes de ella en sentido literal (aunque no pueden mantener este mismo patrón de interpretación de manera coherente a lo largo de todo el libro). Hal Lindsey, por ejemplo, relaciona la detención del viento por parte de Dios en 7:1 con los cambios climáticos que se producen hoy a nivel mundial.[23] Aunque es cierto que parecen estar produciéndose ciertos cambios climáticos, es poco coherente relacionar tales cambios con este versículo.[24] Si los vientos dejaran literalmente de soplar, experimentaríamos de inmediato, terribles consecuencias medioambientales, una de las más importantes sería, al parecer, el rápido asentamiento de toneladas de residuos tóxicos suspendidos ahora en la atmósfera superior que sofocaría la vida humana del planeta.

Podría por tanto aducirse que aquellos que no esperan ser arrebatados antes de la tribulación deberían o bien iniciar un programa de purificación atmosférica o comprarse máscaras antigás; sin embargo, este tipo de acercamiento pierde de vista el objetivo del texto. Del mismo modo que Juan escribió en griego koiné (común), se comunicó en imágenes que eran familiares en aquel momento. Que hoy hablemos un lenguaje distinto o utilicemos diferentes ilustraciones no cambia lo que sus gráficas imágenes querían describir: Dios gobierna el cosmos y puede proteger a su pueblo de las consecuencias de los juicios que envía para captar la atención del mundo.

Sea Discoveries 2 [1995]: 80-85); sin embargo, parece dudoso que los receptores de Juan estuvieran al corriente de esta polémica específicamente esenia.

23. Lindsey, *New World Coming*, 116-17.
24. Sobre las amenazas de catástrofes medioambientales, ver "Ravage in the Rain Forests", *USNWR* (31 de marzo 1986), 61-62; "Facing Life in a Greenhouse", *USNWR* (29 de septiembre 1986), 73-74; varios artículos en *NW* (11 de julio, 1988), 16-24; "More Bad News in the Air", *NW* (17 de febrero 1992), 26; Gregg Easterbrook, "Return of the Glaciers", *NW* (23 de noviembre 1992), 62. Para puntos de vista más cautelosos, ver "Is It All Just Hot Air?" *NW* (20 de noviembre 1989), 64-66; "Feuding Over Global Warming", *WPR* (julio 1995), 6-11; Sharon Begley, "Odds on the Greenhouse", *NW* (1 de diciembre 1997), 72.

Los 144.000. ¿Qué nos enseñan hoy los 144.000? Naturalmente, la respuesta de los Testigos de Jehová es bien conocida; sin embargo, su método de interpretación de este pasaje es asombrosamente arbitrario. Interpretan el número en sentido literal, pero los otros detalles (p. ej., hombres judíos vírgenes [14:4]) los consideran simbólicamente.[25] ¡Teniendo en cuenta la gran profusión de números simbólicos que aparece en este libro, si algún elemento es más simbólico que los demás, ha de ser los números (*cf.* comentario sobre 21:16-17)![26]

Pero los Testigos de Jehová no son los únicos que imponen su teología al texto. Por ejemplo, un moderno escritor sostiene que los 144.000 no pueden representar a "la iglesia", puesto que esta no puede entenderse como los "siervos" de Dios (citando Jn 15:15).[27] Sin embargo uno se pregunta qué hace con los otros pasajes del libro de Apocalipsis que aluden claramente a los cristianos como siervos (p. ej., 1:1; 22:3). Lindsey sostiene que se trata de evangelistas judíos convertidos tras el arrebatamiento de la iglesia.[28] Su idea de que son evangelistas puede ser tanto acertada como errónea: errónea por cuanto impone al texto un llamamiento que no se especifica en el pasaje, pero correcta en el sentido de que, en Apocalipsis, todos los verdaderos creyentes son siervos de Dios investidos con el Espíritu de profecía para dar testimonio de Cristo (19:10).

Algunos han cuestionado la idea de que los 144.000 representen a todos los creyentes señalando que no es imposible interpretar literalmente este pasaje.[29] Por supuesto, esta objeción es legítima, pero ello no la convierte en una postura más probable que las demás. La interpretación simbólica tampoco es imposible y, en general, encaja pro-

---

25. *Revelation: Grand Climax*, 115-18. A continuación interpretan la gran multitud de 7:9-17 como los sellados desde 1935 en adelante, tras la nueva revelación de J. F. Rutherford cuando el número literal se había casi completado (*ibíd.*, 119-29). Hans Hut, un efectivo evangelista del siglo XVI, también intentó preparar un grupo literal de 144.000 (cristianos gentiles) para el regreso de Cristo ("A Gallery of Factions, Friends & Foes", *Christian History* 4 [1985]: 13-16 [p. 14]).
26. Aunque las improbabilidades numéricas eran comúnmente aceptadas (ver p. ej., Jos. y Asen. 2:6/11, donde las siete siervas de Asenat nacieron la misma noche que ella), los números simbólicos eran habituales en los textos apocalípticos (Leon Morris, *Apocalyptic* [Grand Rapids: Eerdmans, 1972], 39).
27. Strombeck, *Rapture*, 145. Argumentando que representan a Israel, afirma que esto demuestra que Israel ha de estar en la tierra durante la tribulación (*ibíd.*, 119), algo que nadie cuestiona, pero que para él indica la imposibilidad de que la iglesia esté en la tierra (una clásica incongruencia).
28. Lindsey, *New World Coming*, 112-16.
29. *Ibíd.*, 120-21.

bablemente mejor con la naturaleza de Apocalipsis, que se deleita en expresar profundos simbolismos y en reinterpretar los símbolos escatológicos judíos tradicionales.

La probable identidad de los 144.000 nos llama, como creyentes en Jesús, a recordar nuestro legado expresado en el trato de Dios con los patriarcas y los profetas, nuestros antepasados espirituales, y a reconocer nuestro destino como herederos de las promesas dadas al pueblo de Dios por medio de los profetas. También nos recuerda algo que probablemente a Juan le asombraría descubrir, y es que la iglesia ha olvidado su herencia judía. Técnicamente, los cristianos gentiles no han "sustituido" a Israel ni lo han hecho obsoleto (un sentimiento común entre aquellos que consideran a los 144.000 como un símbolo de todos los cristianos), sino que han sido injertados en la herencia de Israel junto con los cristianos judíos (*cf.* Ro 11).

Significado Contemporáneo

Cuando leemos este pasaje en su contexto se hacen evidentes varios principios. (1) Dios nos considera su ejército, aunque nuestro triunfo está en compartir el sufrimiento del Cordero (Ro 8:17; 2Ti 2:11-13). (2) Sin embargo, no tenemos nada que temer; el Dios que es soberano sobre su creación puede protegernos de las plagas. Ciertamente nos guarda para que no experimentemos ninguna dificultad como un acto de su ira. (3) Por último, Dios nos ve también como su pueblo. Los gentiles, que en otro tiempo eran considerados extraños, son ahora bien recibidos (junto con los creyentes judíos) como plenamente convertidos a la verdadera fe de Israel, y por ello participantes de su prometida herencia (Is 56:3-7; Ef 2:11-13). Al sellarnos, Dios nos marca orgullosamente como suyos.

Dios como soberano sobre la historia. En este pasaje también nosotros aprendemos que Dios es soberano sobre los acontecimientos de la historia de dos maneras: (1) Lo es enviando sus juicios sobre la naturaleza, en este caso la tierra, el mar y los árboles (7:1). Las religiones tradicionales personifican por regla general a los árboles, ríos, etcétera, como entidades con espíritu; esto lleva a las personas a esforzarse por propiciar a estos espíritus, temiendo ofenderles.[30] El secularismo moderno, por el contrario, niega cualquier poder mayor y más directo que el de la naturaleza y deja, por tanto, a las gentes con el temor de una destrucción provocada por los seísmos de la Costa Oeste, los tornados del Medio

---

30. Ver John S. Mbiti, *African Religions and Philosophies* (Garden City, N.Y.: Doubleday, 1970), 71.

Oeste, los huracanes del Golfo de México, etcétera. Pero la Biblia nos asegura que Dios rige la naturaleza.

(2) Dios puede eximir a las personas de sus juicios de un modo selectivo (7:2-3). A diferencia de lo que pensaban los deístas, Dios no se limitó a dar cuerda al universo para después abandonarlo a un movimiento autónomo. Está íntimamente preocupado por sus siervos y dispone su protección. Un misionero me contó lo sucedido en la ciudad de Brazzaville al producirse un terrible bombardeo que había destruido la mayor parte de los grandes centros comerciales y los hoteles. Muchos de los cristianos y vecinos de su iglesia se refugiaron en el gran edificio de la congregación, y aunque todos los inmuebles de los alrededores fueron destruidos, el de la iglesia no sufrió ningún daño.[31] Otros cuentan relatos de tornados que, inesperadamente, arrasaron sus habitaciones, destruyéndolo todo, pero dejando a la familia cristiana sana y salva.[32]

En términos de su aplicación, no obstante, esto plantea la pregunta: ¿Qué sucede cuando el justo no recibe protección?[33] Por ejemplo, en las Filipinas, una mujer embarazada y el niño que llevaba en su seno sobrevivieron milagrosamente a varios disparos en el torso, efectuados a quemarropa con un arma de gran potencia; sin embargo las otras diecisiete víctimas que fueron atacadas con ella murieron.[34] Emma Moss, hija de los fundadores del Ejército de Salvación, William y Catherine Booth, estaba sirviendo al Señor en los Estados Unidos con su marido cuando, a una edad relativamente temprana, fue la única persona en morir en un accidente ferroviario.[35] Muchos de nosotros lamentamos la pérdida del músico cristiano Keith Green, su piloto y una familia misionera en lo que pareció un absurdo accidente de aviación.[36] Asimismo, tres días después de asegurarle a Spencer Perkins que creía que Dios le daría muchos años de vida por su estratégico papel en el movimiento norteamericano de

---

31. La correspondencia personal de Eugene Thomas, (15 de agosto 1998).
32. Dawn Sundstrom, "Twister?" *Worldwide Challenge* (julio 1998), 38-41.
33. Apiñarse en el edificio de una iglesia, como en el relato anterior sobre la protección de Dios, no aporta necesariamente seguridad; *cf.* los horrorosos relatos que nos llegan desde Ruanda (p. ej., Gary Haugen, "Rwanda's Carnage", *CT* [6 de febrero 1995], 52-53; Richard Nyberg, "Bloodletting Sweeps Rwanda", *CT* [16 mayo 1994], 54; Joshua Hammer, "Inside a War Zone: 'The Situation Is Desperate'", *NW* [20 de junio 1994], 44-46).
34. Gary Haugen, *Good News About Injustice* (Downers Grove, Ill.: InterVarsity, 1999), 30.
35. Norman H. Murdoch, "The Booths' Children", *Christian History* 26 (1990): 26.
36. Melody Green y David Hazard, *No Compromise: The Life Story of Keith Green* (Chatsworth, Calif.: Sparrow, 1989), 265-85; *Last Days Newsletter* 5 (septiembre 1982).

reconciliación racial, murió de un ataque al corazón cuando tenía cuarenta y tres años; muchos de nosotros nos sentimos desolados.[37] El libro de Apocalipsis nos lleva a esperar que muchos cristianos mueran como mártires, ¿pero, qué de los accidentes ferroviarios, de aviación y ataques de corazón?

Puede que a veces la muerte llegue por ignorar una advertencia acertada (2Cr 35:2124); otras, por no saber diferenciar una advertencia acertada de una falsa (1R 13:21-22); en ocasiones, por no respetar a otros creyentes (1Co 11:29-30), pero a veces también simplemente porque Dios quiere llevarnos con él (Dt 34:4; 1R 2:1). Dios también actúa de maneras que solo entenderemos mucho más tarde. William Wilberforce perdió a su padre cuando tenía nueve años, y su tía y su tío no tenían hijos; no obstante, la combinación de estos dos trágicos acontecimientos llevó a Wilberforce a escuchar la predicación evangélica del abolicionista John Newton.[38] Wilberforce se convirtió finalmente en el paladín principal de la causa abolicionista en Inglaterra hasta que, en su lecho de muerte, la esclavitud fue abolida en todo el Imperio británico. Lo más importante que hemos de recordar es que ni uno solo de nuestros cabellos cae a al suelo sin que lo sepa nuestro Padre (Mt 10:29-31).[39] La Escritura nos muestra que Dios sana muchas veces a los enfermos; pero aun en aquellos casos en que no lo hace (p. ej., 1R 1:1; 14:4; 2R 13:14; Gá 4:13; 1Ti 5:23; 2Ti 4:20), los creyentes pueden tener la confianza de que Dios será siempre fiel y amoroso.

Victoria mediante la adecuada defensa y ofensa. La imagen de los 144.000 como ejército de mártires de Dios también nos desafía profundamente. Por regla general, queremos conseguir poder y vencer por medio de él; Dios nos emplaza a vencer por medio de la debilidad. Durante mucho tiempo, Aleksandr Solzhenitsyn había intentado resistir a sus captores en el gulag soviético, procurando conseguir una cierta apariencia de control de su calendario, comida u otras cuestiones. Cuando se hizo cristiano, Solzhenitsyn renunció a tales intentos de controlar las cosas externas, y así "se liberó incluso del poder se sus captores".[40] De igual modo, un dirigente de Hezbollah quedó estupe-

---

37. Ver los artículos en *Reconcilers* (primavera de 1998).
38. Christopher D. Hancock, "The 'Shrimp' Who Stopped Slavery", *Christian History* 53 (1997): 12-19 (p. 12).
39. En su contexto, pasajes como Mateo 10:29-31 y 1 Pedro 4:19 hablan especialmente de la persecución que suscitan los enemigos del evangelio, unas circunstancias en las que probablemente no seríamos muy proclives a reconocer la mano de Dios.
40. Charles Colson, *Kingdoms in Conflict* (Grand Rapids: Zondervan, 1987), 273.

facto cuando el Hermano Andrés ofreció su vida a cambio de la de un prisionero; el dirigente musulmán se hizo amigo del Hermano Andrés. Pero, observando la falta de compromiso de la mayoría de los cristianos, se quejó más adelante: "Andrés, ustedes los cristianos [...] ya no siguen la vida de Jesús [...]. Deben volver al libro, el Nuevo Testamento". El Hermano Andrés añade que la enseñanza de Jesús que hemos de reclamar es la de amar a nuestros enemigos.[41] ¡Qué testimonio tan radical podríamos ser para una buena parte del mundo islámico los mártires cristianos no violentos!

Los sermones que hoy se predican en los Estados Unidos, así como la música cristiana y las exhortaciones personales, suelen animar a los creyentes a "mantenerse firmes" cuando hacen frente a necesidades y pruebas personales. Aunque se trata de un acento legítimo, nuestro equilibrio está a menudo equivocado. Somos el ejército de Dios, y esta guerra no es simplemente un asunto personal. Una estrategia puramente defensiva no sirve para ganar una batalla o un partido; solo puede, en el mejor de los casos, aplazar lo inevitable. Jesucristo no nos ha llamado simplemente a defender un terreno (Ef 6:11-14), sino también a avanzar con los pies calzados con el evangelio (Ef 6:15). Aunque los soldados romanos llevaban dos armas ofensivas, la *pilum* o lanza y la espada corta, Pablo consigna solamente una de ellas, la que se usa para el combate cuerpo a cuerpo: la "Palabra de Dios" (Ef 6:17; *cf.* 1:13). En los escritos de Pablo esta expresión significa por regla general el evangelio.

Por ello, Cristo nos ha llamado no solo a predicar en nuestras iglesias, esperando que los perdidos vengan a escucharnos o que languidezcan los frutos de pasados avivamientos; nos ha desafiado a llevar las noticias de nuestro Rey fuera de los muros de nuestras iglesias, atacando ofensivamente y manteniéndonos firmes de manera defensiva. "¿Quién quiere enrolarse en el ejército del Rey?" proclamamos. "¿Quién está dispuesto a morir en la esperanza de la vida eterna?".

Nuestra herencia espiritual. Si nuestra interpretación de los 144.000 es correcta, entonces todos los siervos de Dios, judíos o gentiles, se consideran igualmente a través del prisma de Israel. Es decir, que tanto los cristianos gentiles como los de origen judío deben reconocer su herencia espiritual en los patriarcas y los profetas del antiguo Israel. Esto no significa que Dios "sustituyera" a Israel con el cristianismo gentil, sino que los cristianos gentiles han sido injertados en la

---

41. Wendy Murray Zoba, "Brother Andrew's Boldest Mission Yet: 'Smuggling' Jesus into Muslim Hearts", *CT* (5 de oct., 1998), 50–56.

herencia de Israel y pueden hablar de Abraham como "nuestro padre". Los cristianos reconocemos una herencia espiritual en la historia del pueblo de Dios que discurre a mayor profundidad que cualquier herencia étnica a la que podamos reivindicar adhesión (Ro 2:26-29; Gá 3:29; ver también comentarios sobre Ap 20). La omisión de la tribu de Dan puede ser incidental; pero, de no ser así, esta supone una advertencia de que incluso quienes parecen seguros de su salvación pueden no aparecer en el número final si no perseveran (Mr 13:22; Jn 6:70-71).[42]

---

42. Aquí también, *cf.* Christopher R. Smith, "The Tribes of Revelation 7 and the Literary Competence of John the Seer", *JETS* 38 (junio 1995): 213-18 (p. 217).

Apocalipsis 7:9-17

Después de esto miré, y apareció una multitud tomada de todas las naciones, tribus, pueblos y lenguas; era tan grande que nadie podía contarla. Estaban de pie delante del trono y del Cordero, vestidos de túnicas blancas y con ramas de palma en la mano. ¹⁰ Gritaban a gran voz:

«¡La salvación viene de nuestro Dios,
que está sentado en el trono,
y del Cordero!».

¹¹ Todos los ángeles estaban de pie alrededor del trono, de los ancianos y de los cuatro seres vivientes. Se postraron rostro en tierra delante del trono, y adoraron a Dios ¹² diciendo:

«¡Amén!
La alabanza, la gloria,
la sabiduría, la acción de gracias,
la honra, el poder y la fortaleza
son de nuestro Dios por los siglos de los siglos.
¡Amén!».

¹³ Entonces uno de los ancianos me preguntó:

—Esos que están vestidos de blanco, ¿quiénes son, y de dónde vienen?

¹⁴ —Eso usted lo sabe, mi señor —respondí.

Él me dijo:

—Aquéllos son los que están saliendo de la gran tribulación; han lavado y blanqueado sus túnicas en la sangre del Cordero. ¹⁵ Por eso, están delante del trono de Dios,
y día y noche le sirven en su templo;
y el que está sentado en el trono
les dará refugio en su santuario.
¹⁶ Ya no sufrirán hambre ni sed.
No los abatirá el sol ni ningún calor abrasador.
¹⁷ Porque el Cordero que está en el trono los pastoreará
y los guiará a fuentes de agua viva;
y Dios les enjugará toda lágrima de sus ojos.

Sentido Original

Apocalipsis contrasta explícitamente la segunda multitud (7:9-17) con la primera (7:1-8). Juan "oyó" el número del primer grupo y "vio" al segundo (7:4, 9); de la primera multitud se menciona el número (7:4); de la segunda se dice que "nadie podía contarla" (7:9); la primera era judía (7:4-8) y la segunda "de todas las naciones" (7:9).[1] Esta imagen se basa probablemente en la expectativa judía de un peregrinaje escatológico de los sobrevivientes de Israel junto con los de los gentiles (*cf.* también 21:24-26).[2]

La cuestión es determinar si la visión de Juan se limita a tomar la imagen tradicional judía sin modificarla, o si la adapta y transforma. Si, como hemos explicado anteriormente, la primera visión describe de un modo simbólico al ejército espiritual y escatológico de Dios, entonces esta segunda es una interpretación más literal de la primera.[3] Como pueblo de Dios, todos los cristianos somos su ejército escatológico, y no triunfamos sobre nuestros enemigos matándolos sino muriendo como mártires a sus manos (11:7; 12:11; 13:7; 15:2; 21:7). En esto, somos como nuestro Señor (5:5-6).

El que la multitud sea incontable es probablemente un eco de la promesa hecha a los patriarcas (Gn 13:16; 15:5; 32:12). Pero aquí, la prometida multitud está formada por personas de todas las naciones; la esperanza del evangelio ha tocado a todos los pueblos.[4] Es muy sorprendente que los cristianos aparezcan en este texto como un grupo que "nadie podía contar" (lo cual nos lleva como mínimo a los millones; *cf.* 5:11), "puesto que el número de cristianos, tanto judíos como gentiles, que vivía a finales del siglo I d.C. no podía haber sido muy numeroso".[5] Esta visión habría animado a Juan mostrándole el éxito final del testimonio cristiano.

---

1. En ciertos textos, una "multitud incontable" podría representar a los opresores gentiles (20:8), creando un sentido de suspense (Jdt 2:20); sin embargo, en otros pasajes se aplica también al pueblo judío (3 Mac. 4:17). Aunque la mayoría de los eruditos de nuestro tiempo identifican a los dos grupos de Apocalipsis 7, a comienzos del siglo XX sucedía todo lo contrario y la mayoría los distinguía (Aune, *Revelation*, 2:447).
2. *Cf.* Jonathan A. Draper, "The Heavenly Feast of Tabernacles: Revelation 7.1-17", *JSNT* 19 (octubre 1983): 133-47, quien lo relaciona (posiblemente de un modo demasiado específico) con el peregrinaje escatológico con motivo de la fiesta de los tabernáculos que se consigna en Zacarías 14:16-19 (obsérvese las ramas de palmera en 7:9). Ford, *Revelation*, 126, sugiere que 7:9-17 puede describir al remanente judío de la diáspora.
3. P. ej., Ladd, *The Last Things*, 71-72.
4. Bauckham, *Climax of Prophecy*, 223-24.
5. Aune, *Revelation*, 2:466-67.

Las "túnicas blancas" son apropiadas para la adoración (ver comentario sobre 4:4), pero pueden también representar su atuendo como vencedores en la contienda y bien podrían estar relacionadas con los mártires de 6:11 y otros vencedores de 3:4-5, 18. Que las hayan lavado en la sangre del Cordero (7:14) puede también sugerir que estos vencen por medio del martirio, como el propio Jesús (12:11), aunque el enfoque de la imagen es compartir los efectos del sacrificio expiatorio de Cristo a su favor (*cf.* 1:5; 1Jn 1:7).

Las "ramas de palma" (7:9) recuerdan a veces la fiesta de los tabernáculos, que, a su vez, rememora la liberación de la esclavitud de Egipto y la presencia de Dios con su pueblo en el desierto hasta su entrada a la tierra de la promesa.[6] Pero casi siempre refleja algún triunfo militar, como en el caso de los príncipes macabeos, o una expectativa como en la entrada triunfal de Jesús en Jerusalén (Jn 12:13).[7] El ejército escatológico del que Juan ha oído hablar (7:1-8) aclama en realidad al vencedor decisivo, a Jesús, que los ha conducido al triunfo. Como el Cordero, su victoria se produce por medio de sus muertes (5:5-6; *cf.* 6:9-11). El cielo funciona como un coro antifonal (*cf.* Éx 15:21) en el que los mártires aclaman a Dios y al Cordero que los ha llevado a la victoria (Ap 7:10), y todo el cielo responde con más alabanzas.[8]

Cuando el anciano plantea a Juan una deliberada pregunta que lo lleva a reconocer su ignorancia (7:13), el apóstol no espera una clara e informada respuesta, sino que sigue una técnica pedagógica ampliamente aceptada en su cultura. Este tipo de insinuaciones aparece en los textos apocalípticos, como también las preguntas no solicitadas y sus respuestas; las preguntas y las respuestas formaban parte de la retórica normal

---

6. Ver Jub. 16:31. Algunos ven aquí alusiones a la fiesta de los tabernáculos (Draper, "Feast"; T. F. Glasson, *Moses in the Fourth Gospel* [Naperville, Ill.: Alec R. Allenson, 1963], 107-8); pero *cf.* Aune, *Revelation*, 2:449. Aquellos que deseen considerar un trasfondo general de adoración, ver G. Adolf Deissmann, *Bible Studies*, tr. A. Grieve (Edimburgo: T. & T. Clark, 1923), 370.
7. Ver una documentación minuciosa en Aune, *Revelation*, 2:468. Incluso las ramas de palmera de los tabernáculos se interpretan en clave de victoria (ante el tribunal de Dios) en *Pes. Rab. Kah.* 27:2.
8. En el libro de Apocalipsis se consignan a menudo bloques de alabanza con siete elementos, y también en otros textos aparecen tales alabanzas múltiples (Ford, *Revelation*, 119, identifica siete en 4QS 1.37-40). Comentando la expresión "en pie" (7:11), Aune, *Revelation*, 2:471, cita la tradición judía de que no se le permitía a nadie sentarse en la presencia de Dios (4Q405), aunque los ancianos son una excepción (Ap 4:4).

de este género.⁹ Cuando el Señor le planteó a Ezequiel una pregunta retórica, este respondió: "Señor omnipotente, tú lo sabes" (Ez 37:3; *cf.* Ap 7:13-14 aquí). Al identificar a los santos con túnicas blancas como "los que están saliendo de la gran tribulación" (7:14) el anciano alude, sin duda, a la superlativa tribulación de Daniel 12:1 (*Cf.* también Dn 9:25; *cf.* Jer 30:7), que Mateo (24:21) también llama una gran tribulación ("gran angustia"; sobre la duración de esta tribulación, ver comentario sobre 12:6).¹⁰ Estos han sufrido la siniestra tribulación escatológica y fueron hallados fieles hasta la muerte.

Si vencer por medio del martirio suena como un oxímoron, lo mismo sucede con el hecho de lavar en sangre unas túnicas blancas (7:14).¹¹ Sin embargo, estos vívidos contrastes con las expectativas humanas preparan a los receptores para la gráfica imagen de felicidad que aguarda a quienes han padecido la hostilidad de este mundo. Estas personas se negaron a deificar al entronizado emperador; ahora están ante el trono de Dios (7:15). Se resistieron a participar en los templos de César y otros falsos dioses; ahora sirven constantemente en el templo de Dios (7:15). Padecieron privaciones económicas por negarse a servir al sistema del mundo (13:17); ahora han sido libertados de la pena y el sufrimiento, y todas sus necesidades son cubiertas (7:16-17).¹²

Que esta multitud sirva día y noche a Dios (7:15; *cf.* 4:8) nos recuerda que los santos son un reino de sacerdotes (1:6; 5:10), que hacen lo que

---

9. Con insinuaciones, como en este versículo, ver Zac 4:2, 5, 13; 5:2; Ap. Pablo 19; sin insinuaciones, ver Dn 8:13-16; 12:8; Zac 1:9, 19, 21; 4:4, 12; 5:6; 6:4; 4 Esd. 10:29-37; 2 Bar. 38:3; T. Abr. 10 A.; Ap. Sof 6:16-17. Aune, *Revelation*, 2:472, establece paralelismos entre preguntas que se usaban para identificar a visitantes y visiones en el Inframundo.
10. Es difícil negar que Mateo lo aplica, al menos en cierto modo, al periodo de alrededor de los años 66-70 d.C. en vista de sus palabras en 24:34 (*cf.* 23:36-38); ver Craig Keener, *Matthew* (Downers Grove, Ill.: InterVarsity, 1997), 347-49 y otros comentaristas. Es posible pero improbable que en este pasaje se tenga en mente una "tribulación" más general (2 En. 9:1; 2 Bar. 51:13-14); la prueba escatológica encaja mejor (p. ej., 1QM 1.11-12), aunque (con Beale, *Revelation*, 433-35) puede entenderse como presente.
11. La sangre mancha notablemente cualquier tejido blanco (*cf.* Is 1:15, 18), y bañarse en sangre puede ser una metáfora alusiva a la muerte (Or. sib. 3.696). Aunque es posible que algunos lectores de Asia se preguntaran si Juan adaptó la imagen de los bautismos de sangre del culto de Cibeles (*cf.* p. ej., Walter Burkert, *Ancient Mystery Cults* [Cambridge, Mass.: Harvard Univ. Press, 1987], 6; Gasparro, *Soteriology*, 107-18; Duthoy, *Taurobolium*, 126-27), un mejor trasfondo es el de la purificación ritual con sangre (Lv 14:14-28, 52; 16:19; Ez 43:20; Heb 9:14, 22).
12. Kraybill, *Imperial Cult and Commerce*, 222, contrasta la provisión de Dios con el subsidio imperial de comida a Roma.

los sacerdotes y levitas hacían en el templo (1Cr 9:33; Sal 134:1). De manera irónica, probablemente se supone que estos sacerdotes son, al mismo tiempo los sacrificios ofrecidos (ver comentario sobre 6:9; también 5:5-6). La extensión de su tabernáculo sobre su pueblo por parte de Dios (7:15; *cf.* 13:6; 21:3) alude posiblemente a Isaías 4:5-6, donde Dios prometió restaurar a su pueblo Israel y cubrirlo con su gloria como refugio protector. Este texto prometía, a su vez, un nuevo éxodo (*cf.* Ap 12:14) aludiendo a la morada de Dios con su pueblo en el desierto, que posteriormente se recordaría una vez al año en la fiesta de los tabernáculos.[13]

Apocalipsis 7:16-17 recuerda especialmente a Isaías 49:10. En este pasaje, Dios ya había prometido que en el periodo de la restauración de Israel, su pueblo ya no tendría hambre o sed ni los abatiría el sol o el calor (Is 49:10; *cf.* Ap 21:23).[14] Además, Dios guiaría misericordiosa y compasivamente a su pueblo (*cf.* Is 49:10-15) "junto a manantiales de agua" (49:10; *cf.* Jer 31:9).[15] Dios mismo prometió también secar las lágrimas de su pueblo (Is 25:8).

"El Cordero" de 7:17 desempeña claramente el papel que Isaías asigna a Yahvé; no duda que Juan esté reivindicando la deidad de Jesús. La imagen es sorprendente por otra razón: que Dios guíe compasivamente a las aguas a su pueblo lo presenta como un pastor (Sal 23:1-2; Is 40:11); sin embargo, en Apocalipsis, el Cordero es el pastor (7:17).[16] Los corderos eran los animales más débiles del rebaño (Is 40:11), pero Jesús es el Pastor precisamente porque primero fue el Cordero inmolado, el que murió por su pueblo (Jn 10:11; *cf.* Is 53:7) y cuya mortal debilidad se convirtió en canal del poder de Dios (2Co 13:4).[17]

---

13. El Tárgum de Isaías (4:2-6) menciona al Mesías (Ford, *Revelation*, 119), aunque podría ser un texto demasiado tardío para considerarlo aquí, *cf.* las imágenes hasta cierto punto parecidas, sin la alusión de Isaías, en 1 Enoc 62:14; T. Abr 20 A; sobre Dios como refugio presente del calor y el sol, ver Sal 121:5-6; Sir. 34:19.
14. El trasfondo de "calor abrasador" bien podría ser el del siroco palestino (Ford, *Revelation*, 121); sin embargo, el sentido del mismo término en la Septuaginta es normalmente más neutral (Gn 8:22; 31:40; 2S 4:5; *cf.* Is 4:6).
15. Sobre los manantiales escatológicos, ver (como representación de sabiduría) 1 Enoc 48:1; 49:1; en el más allá, *p. Hag.* 2:2, §5; *Sanh.* 6:6, §2 (describiendo condiciones del paraíso; *cf.* la opulencia en Jos. y Asen. 2:12/20).
16. Está también la imagen de un nuevo éxodo (Is 35:7-10; 48:21); ver también la acción de "pastorear" (literalmente) con vara de hierro en Apocalipsis 2:27; 12:5, y de guiar a los ciento cuarenta y cuatro mil en 14:4.
17. Por supuesto, sabemos que en ocasiones hay ovejas que guían a otras ovejas (Beasley-Murray, *Revelation*, 149); pero esto es distinto a llamar "pastor" a un cordero. Hay

Dios prometió el fin de todo sufrimiento cuando restaurara a su pueblo (Is 35:10; 51:11); sin embargo, aquí los justos experimentan el descanso escatológico del dolor inmediatamente después de la muerte (*cf.* Ap 21:4; *cf.* Is 57:1-2).[18] Lo más notable es que una promesa bíblica hecha a Israel se convierte en la esperanza de creyentes de todas las naciones injertados en el legado de la obediencia de Israel al Dios único y verdadero (Ap 7:9).

El evangelio para todos. El enfoque internacional del libro de Apocalipsis trasciende por completo a las expectativas de sus contemporáneos y, siendo tan radical, resulta fundamental para la enseñanza del Nuevo Testamento: los cristianos gentiles pueden ser injertados en el pueblo de Dios. En contraste con lo que sucedía en la iglesia primitiva, hoy no sorprende a nadie que muchos gentiles sean cristianos; no obstante, podemos seguir aprendiendo de que Dios acepte a quienes nosotros no esperamos. A veces tenemos nuestras reservas y sospechas sobre la receptividad de varios grupos al evangelio (p. ej., hindúes o musulmanes). Algunos pueblos pueden estar más abiertos al mismo, porque han experimentado una exposición más positiva a él; irónicamente, el pueblo judío, a partir del cual el evangelio se propagó a los gentiles, ha sido a menudo "ahuyentado" del evangelio por siglos de hostilidad "cristiana" durante los cuales fueron torturados por la Inquisición, quemados en cruces y ahogados en bautismos parodiados.

Sin embargo, el evangelio desafía nuestros prejuicios. Mis colaboradores multiculturales y yo hemos tenido la oportunidad de llevar a Cristo a muchos afroamericanos, puertorriqueños y a algunos anglos haciendo evangelismo personal en la ciudad de Nueva York; durante este mismo periodo también ministré entre judíos rusos, y aunque en una primera fase ninguno de ellos se convirtió, muchos se interesaron, y más adelante hubo una cosecha. No tenemos derecho a decidir quién está o no abierto a las buenas noticias de Dios, y sí buenas razones para

---

usos metafóricos de la palabra "pastor" (Or. sib. 3.642); esta era, sin embargo, una antigua imagen para aludir a los dirigentes (ver C. S. Keener, "Shepherd, Flock", 1090-93 en *Dictionary of the Later New Testament and Its Developments*, ed. R. P. Martin and P. H. Davids [Downers Grove, Ill.: InterVarsity, 1997]).

18. Sobre el descanso escatológico del sufrimiento para el justo, ver 2Ts 1:7; 1 Enoc 25:6; 2 Enoc 65:9; T. Moisés 10:1; *Ex. Rab.* 23:11; sobre la paz en el cielo ahora, *cf. Sifre Nm.* 42.2.3. Esto es sencillamente el cese del dolor (como en Eurípides, *Alc.* 935-38).

dar gracias de que quienes nos dieron testimonio a nosotros o a nuestros predecesores espirituales no prejuzgaron a sus receptores. Pero si pretendemos ser leales al evangelio de Cristo, ello exige que trascendamos a nuestros prejuicios culturales para dar testimonio y para aceptar amorosamente a creyentes de todas las culturas (*cf.* Ro 1:14-16; 1Co 12:13; Gá 3:28).

Interpretar imágenes positivas. Hemos de poner asimismo atención en interpretar positivamente esta acumulación de imágenes positivas. Una ausencia literal de calor (llevando 7:16 a su máxima expresión de literalismo) significaría la muerte de todos los seres humanos mucho antes de que la temperatura bajara al cero absoluto. Sin embargo, hemos de tener en cuenta que se trata de una imagen positiva, no negativa: del mismo modo que los pastores protegen a su rebaño del calor excesivo, evitando la luz solar directa durante las horas más calurosas del día, también Jesús nos protegerá de una exposición incómoda (Sal 121:6).[19]

Algunos creyentes se preguntan cómo puede haber gozo en el cielo si Dios no borra el recuerdo de aquellos seres queridos que se han perdido sin Cristo, y apelan a la ausencia de lágrimas en 7:17. Sin embargo, el texto no dice nada sobre un supuesto borrado de la memoria; es posible que Dios simplemente sitúe las cosas en un contexto más amplio y esplendoroso. Pero me pregunto si en la otra vida contemplaremos alguna vez el destino de los condenados. Contrastemos la ausencia de lágrimas de nuestro texto con tradiciones como las que encontramos en la obra del siglo I, *Semejanzas de Enoc*, donde aquellos que están en los cielos podían observar lo que estaba ocurriendo en la tierra (1 En. 57:2); en esta obra, los impíos pueden seguir siendo un espectáculo para los justos tras el juicio (62:12), pero ser después desterrados para siempre de su vista (62:13).

Verdaderos héroes. Nuestra sociedad está llena de celebridades y la iglesia también tiene las suyas y las venera (*cf.* 1Co 1:12; 3:4).[20] Pero la concepción

---

19. Sobre pastores que protegen a sus animales del sol, ver Virgilio, *Georg.* 3.331-34; Longo, 1.8, 25.
20. Hay advertencias sobre el culto a la celebridad en 1 Corintios 3:4-7; ver también, Chuck Colson, "The Celebrity Illusion", *CT* (11 de diciembre 1987), 72; ídem. "The Pedestal Complex", *CT* (5 de febrero 1990), 96. En la sociedad secular, pocos héroes explícitamente cristianos —a excepción del Papa y la finada Madre Teresa— han

bíblica de los héroes difiere notablemente de la que tiene nuestra cultura. El gran ejército escatológico de Dios (Ap 7:1-8) resulta no ser una hueste de poderosos guerreros que, en el nombre de Dios, dan muerte a los impíos, sino un ejército de mártires que mueren por proclamar el mensaje divino (7:9-17). Estos aclaman a su héroe, a Jesús, su líder (7:9). El favor temporal del mundo nos permite llevar a cabo una cierta tarea (Mt 21:8-11; Hch 2:47; *cf.* 1S 18:7-8, 16, 30), pero es siempre algo fugaz (Mt 27:22-25; Hch 12:3; *cf.* 1S 25:10). Ojalá que no aspiremos a ser grandes héroes según los valores del mundo, sino según los de Dios.

Este texto nos recuerda quién es el verdadero héroe. Casi todos los héroes de la Biblia muestran ciertos defectos, sean rasgos importantes como los de Sansón y Jefté o cosas menores como en el caso de Abraham y Samuel. La única excepción es Jesús, el único héroe verdadero en el último análisis. Las ramas de palmera que el ejército mártir agita para alabar a su triunfante general nos recuerdan nuestra dependencia de Jesús y nos emplazan a la adoración. Haciendo referencia a la Segunda Guerra Mundial, Charles Colson observa que "muchos soldados murieron para conseguir la victoria en Europa. Sin embargo, en el reino de Dios, fue la muerte del Rey la que aseguró la victoria".[21] Este texto nos recuerda sobre todo que nuestro triunfo descansa en la obra consumada de Cristo (7:14), y nuestra esperanza futura está en comunión con él (7:15-17).

La naturaleza del triunfo. Que estos creyentes obtengan el triunfo por medio del sufrimiento y la victoria del Cordero, y no por la oposición armada, redefine la naturaleza del triunfo en esta era. Cristo revela más su poder por medio de los quebrantados que de los poderosos, a través de las Madre Teresa que de los Stalin, a través de la cruz que de la espada. Una escritora judía declara su respeto por una clase de cristianismo: "Cuando el cristianismo afirma que el poder de Dios se manifiesta en la debilidad, lo entiendo mejor en las obras de los evangélicos que no pasan por alto a los que son débiles y, al parecer, impotentes".[22]

Los ejemplos de esta gracia que se manifiesta por medio de la debilidad mueven a menudo aun a los corazones más endurecidos. Unos adolescentes sin techo, que crecieron en las calles de Filadelfia, mataron de una paliza a un joven estudiante coreano graduado con honores de

---

obtenido una alta puntuación en las encuestas ("Heroes Are Back", *USNWR* (22 de abril 1985), 44-48).

21. Colson, *Kingdoms in Conflict*, 85.
22. Blu Greenberg, "Mission, Witness and Proselytism", 226-39 en *Evangelicals and Jews in an Age of Pluralism*, ed. Marc H. Tanenbaum, Marvin R. Wilson, y A. James Rudin (Grand Rapids: Baker, 1984), 237.

Eastern College, que cursaba estudios de posgrado en la Facultad de Medicina de la Universidad de Pennsylvania. La víctima había salido a mandar una carta a su familia en Corea. Los padres se sentaron en silencio durante todo el juicio de los asesinos de su hijo, pidiendo solo que les permitieran decir unas palabras al final de la vista. Tras el veredicto condenatorio, se arrodillaron delante del juez, y ante una atónita audiencia suplicaron al juez que dejara libres a los asesinos de su hijo y les permitieran adoptarlos para poder dar a los muchachos el hogar y los cuidados que nunca habían tenido. Eran cristianos, explicaron al juez, y querían mostrar algo de la gracia que habían recibido de Dios a quienes les habían causado un dolor tan amargo. El juez, que según los reporteros que cubrían la noticia tenía fama de ser duro y frío, tenía lágrimas en los ojos cuando dijo: "¡Esta no es la forma en que funciona nuestro sistema judicial!".[23]

Por medio de su perdón, los padres de este joven dieron testimonio de un reino absolutamente distinto de los reinos de este mundo, un reino que anhelan todos aquellos que se atreven a creer su existencia.

Juan no nos dice explícitamente que todos aquellos que salen de la tribulación (7:14) lo hagan a través del martirio; sin embargo, es la única salida concreta de la tribulación que especifica en otros pasajes para los creyentes.[24] No todos los cristianos tienen el privilegio del martirio; sin embargo, somos una iglesia mártir, movida por la pasión de evangelizar el mundo a cualquier coste. Pensando en los mártires de su tiempo, Tertuliano (finales del siglo II y comienzos del III d.C.) lo expresó del siguiente modo: "Hemos, pues, vencido cuando hemos sido asesinados; escapamos cuando somos condenados". Cuando nos rodea la pira y se nos quema vivos, "esta es la indumentaria de nuestra victoria, la túnica con la palma bordada; este es nuestro carro triunfal".[25]

La mayoría de nosotros, al menos aquellos que tienen familia y un estilo de vida cómodo, no pensamos en el martirio como un privilegio. Sin embargo, si hemos de morir de algún modo en el caso de que el Señor no venga antes, ¿no deberíamos acaso desear que nuestra muerte, como nuestra vida, diera a Dios toda la gloria posible? Aquí, los márti-

---

23. Tony Campolo, *Wake Up America* (Grand Rapids: Zondervan, 1991), 47-48.
24. La mayoría de los comentaristas los aceptan como mártires, incluido Walvoord, *Revelation*, 144; ídem. *Prophecy Knowledge Handbook*, 560 (así lo entiende también Lindsey, *New World Coming*, 123, aunque él los considera como convertidos de los 144.000). Aune, *Revelation*, 2:474, considera "razonable" deducir que al menos algunos de ellos lo sean (lo aplica a todos los cristianos que mueren antes del fin, 2:447).
25. Tertuliano, *Apol*. 50.3 (LCL, p. 223).

res, como los apóstoles antes que ellos (Hch 5:41), alaban gozosamente a su comandante eterno por llevarles a esta victoria mediante su negativa a comprometer su honor (7:10).[26] Si consideramos en serio esta visión, puede producir una cierta disonancia en aquellos de nosotros que nos sentimos demasiado cómodos en este mundo. ¿Hasta qué punto nos importa el honor de nuestro Señor Jesucristo?

De todas las naciones. ¿Cómo deberíamos entender la multicultural multitud de Apocalipsis? Tanto la arqueología como los escritos del tiempo de Juan nos muestran que sus oyentes no solo conocían la existencia del mundo mediterráneo, sino también de los reinos y comerciantes del África occidental y oriental, India, China y las Islas británicas, siendo todos ellos pueblos tan remotos para los primeros cristianos que la imagen de "toda la tribu" pudo haber demandado una fe considerable. Nuestro conocimiento geográfico es hoy más rico y el evangelio ha echado raíces en otras muchas culturas.[27] Imaginémonos el coro multicultural de creyentes de todos los tiempos: ¡los salmistas levitas del antiguo Israel, los santos africanos palmeando rítmicamente en gozosas alabanzas, los reformadores europeos con sus majestuosos himnos, los monjes con sus cantos gregorianos y coptos, los pentecostales latinoamericanos con sus gritos de júbilo, los judíos mesiánicos danzando la *horah* y una generación de evangelistas norteamericanos proclamando las buenas nuevas por medio del rap!

Muchos cristianos de nuestro tiempo piensan que el evangelio elimina las distinciones culturales (y esperan a veces que los cristianos de otras culturas se unan simplemente a sus iglesias y asimilen su estilo de adoración cultural como el "normal"). Pero este texto sugiere que, lejos de erradicar la cultura, Dios toma lo que es útil de cada cultura y lo transforma en un instrumento de alabanza para su gloria.[28] Uno de mis profesores de Misiones, durante mis estudios en el seminario, fue Morris Williams, quien la década anterior había sido el director de misiones en

---

26. La victoria del Cordero hace que "la muerte no sea ya un horror para la iglesia, sino solo una salida de la gran tribulación (7:14)" (Rissi, *Time and History*, 110; *cf.* 2Co 5:8).
27. Sobre las zonas en que el evangelio está creciendo con más rapidez (América Latina, África y una buena parte de Asia), ver Sharon E. Mumper, "Where in the World Is the Church Growing?" *CT* (11 de julio 1986), 17-21.
28. Reconocido a menudo, p. ej., Steve Hawthorne, "Laying a Firm Foundation for Mission in the Next Millennium", *Missions Frontiers Bulletin* (marzo 1998), 9–14 (p. 11). Sobre el mandato bíblico de alcanzar a grupos de personas, no solo a individuos, ver John Piper, *Let the Nations be Glad! The Supremacy of God in Missions* (Grand Rapids: Baker, 1993), 169-81.

los EE.UU. de una denominación pentecostal africana.[29] Fue el primero en hacerme ver que este texto no sugiere que en el mundo futuro vaya a haber una erradicación de las culturas, sino una celebración de la gloria de Dios a través de los dones que ha dado a cada pueblo y cultura (y mezcla de culturas).

Como clamó Charles Wesley: "¡Ojala tuviera mil lenguas para cantar las alabanzas de mi maravilloso Redentor!" La adoración en el Espíritu (ver comentario sobre 1:10) trasciende los prejuicios culturales, pero a menudo expresa elementos de varias culturas, porque Dios es demasiado grande para ser limitado a un solo estilo cultural de adoración, ¡aunque sea el de una cultura dominante que cree tener la única manera normativa de ofrecer alabanza! Con esto no pretendo sugerir que podamos o debamos hacer lo posible por mezclar o manifestar todas estas expresiones en una misma congregación local, que sea relevante primero para su propia comunidad. Sin embargo, esto ofrece una esperanza para el futuro así como un ideal para el presente. A lo largo de la historia, Dios ha sembrado en la humanidad ciertos aspectos de su imagen, en miles de culturas; igual que los sistemas inmunológicos humanos son más fuertes cuanto más distintos son los padres desde un punto de vista genético, así el cuerpo de Cristo es más fuerte cuando incorpora las perspectivas de todos sus miembros.[30]

William Seymour, el líder afroamericano del avivamiento de la calle Azusa, del que después surgiría el movimiento pentecostal y carismático con sus cientos de millones de cristianos por todo el mundo, concluyó que la mayor señal de la obra del Espíritu era el amor, expresado especial y necesariamente más allá de las líneas raciales y étnicas.[31]

---

29. Sobre su acento en la iglesia indígena y el trabajo conjunto con las iglesias nacionales, ver Morris O. Williams, *Partnership in Mission*, rev. ed. (Springfield, Mo.: Morris Williams, 1986).
30. Sobre la obra de Dios en muchas culturas, antes incluso de la llegada de su mensaje de salvación, ver Don Richardson, *Peace Child* (Ventura, Calif.: Regal, 1974).
31. Cecil M. Robeck Jr., "William J. Seymour and 'the Bible Evidence'", en *Initial Evidence: Historical and Biblical Perspectives on the Pentecostal Doctrine of Spirit Baptism*, ed. Gary B. McGee (Peabody, Mass.: Hendrickson, 1991), 79-81; cf. H. V. Synan, "Seymour, William Joseph", 779-81 en *Dictionary of Pentecostal and Charismatic Movements*, ed. Stanley Burgess, Gary McGee and Patrick Alexander (Grand Rapids: Zondervan, 1988), 781.

No debería sorprendernos demasiado constatar que los autores bíblicos compartían un acento parecido (Hch 1:8; 2:5-11; Ef 2:18, 22).[32]

---

32. Hay muchos libros sobresalientes sobre la reconciliación, entre ellos: Spencer Perkins y Chris Rice, *More Than Equals* (Downers Grove, Ill.: InterVarsity, 1993); Raleigh Washington y Glenn Kehrein, *Breaking Down Walls* (Chicago: Moody, 1993); John Dawson, *Healing America's Wounds* (Ventura, Calif.: Regal, 1994). Quienes deseen considerar acercamientos bíblicos y teológicos, ver ensayos en *The Gospel in Black and White: Theological Resources for Racial Reconciliation*, ed. Dennis L. Ockholm (Downers Grove, Ill.: InterVarsity, 1997), también mi trabajo sobre la centralidad de la reconciliación en el el pensamiento del Nuevo Testamento ("The Gospel and Racial Reconciliation", 117-30).

Apocalipsis 8:1-13

Cuando el Cordero rompió el séptimo sello, hubo silencio en el cielo como por media hora.

² Y vi a los siete ángeles que están de pie delante de Dios, a los cuales se les dieron siete trompetas.

³ Se acercó otro ángel y se puso de pie frente al altar. Tenía un incensario de oro, y se le entregó mucho incienso para ofrecerlo, junto con las oraciones de todo el pueblo de Dios, sobre el altar de oro que está delante del trono. ⁴ Y junto con esas oraciones, subió el humo del incienso desde la mano del ángel hasta la presencia de Dios. ⁵ Luego el ángel tomó el incensario y lo llenó con brasas del altar, las cuales arrojó sobre la tierra; y se produjeron truenos, estruendos, relámpagos y un terremoto.

⁶ Los siete ángeles que tenían las siete trompetas se dispusieron a tocarlas.

⁷ Tocó el primero su trompeta, y fueron arrojados sobre la tierra granizo y fuego mezclados con sangre. Y se quemó la tercera parte de la tierra, la tercera parte de los árboles y toda la hierba verde.

⁸ Tocó el segundo ángel su trompeta, y fue arrojado al mar algo que parecía una enorme montaña envuelta en llamas. La tercera parte del mar se convirtió en sangre, ⁹ y murió la tercera parte de las criaturas que viven en el mar; también fue destruida la tercera parte de los barcos.

¹⁰ Tocó el tercer ángel su trompeta, y una enorme estrella, que ardía como una antorcha, cayó desde el cielo sobre la tercera parte de los ríos y sobre los manantiales. ¹¹ La estrella se llama Amargura. Y la tercera parte de las aguas se volvió amarga, y por causa de esas aguas murió mucha gente.

¹² Tocó el cuarto ángel su trompeta, y fue asolada la tercera parte del sol, de la luna y de las estrellas, de modo que se oscureció la tercera parte de ellos. Así quedó sin luz la tercera parte del día y la tercera parte de la noche.

¹³ Seguí observando, y oí un águila que volaba en medio del cielo y gritaba fuertemente: «¡Ay! ¡Ay! ¡Ay de los habitantes de la tierra cuando suenen las tres trompetas que los últimos tres ángeles están a punto de tocar!».

 Las primeras seis trompetas (8:1–9:21), como los primeros seis sellos, forman una unidad literaria separada del séptimo elemento de la serie por un interludio (10:1–11:14). De estas, las cuatro primeras forman una unidad (8:7-12), como también los cuatro jinetes (6:1-8); las tres últimas forman otra, que se resume en 8:13 como los tres "ayes". Igual que las copas de la ira de Dios que siguen (cap. 16), la mayoría de los juicios relacionados con estas trompetas recuerdan a las plagas del Éxodo. Que su número se reduzca de diez a siete no disminuye el parecido; el libro de Apocalipsis está lleno de sietes, y otros autores judíos omitieron o reordenaron las plagas.[1]

El séptimo sello (8:1)

Tras seis atronadores sellos de juicio (6:1-17) y un dramático interludio en 7:1-17, podría disculparse que el lector experimentara una cierta sensación de anticlímax al llegar al último sello y escuchar... silencio. Sin embargo, este mismo anticlímax forma parte de la dramática y discordante técnica narrativa, llamándonos la atención con sus ironías. Los eruditos debaten el significado del silencio mencionado en 8:1. Un grupo de personas puede experimentar silencio, porque nadie se ofrece voluntario para una tarea difícil, como por ejemplo liderar una batalla; es posible que el tiempo indique la incompetencia de los que esperan hasta la llegada del agente nombrado por Dios (cf. 5:3).[2] Puede también recordar la clase de silencio apropiado para la finalización de un discurso (1 Esd. 4:41), porque se ha zanjado la cuestión; o el tipo de silencio que caracteriza la ruptura de una conversación antes de plantearse un nuevo tema.[3]

Una mejor interpretación (aunque no considero que sea la mejor) es que todo el cielo guarda silencio para permitir que se escuchen las oraciones de los santos.[4] Esta interpretación tiene muchas cosas a su favor. Lo más importante es el dato de que, en el templo de Jerusalén, el

---

1. Ver Pseudo Filón 10; también Artapano en Eusebio, *P. E.* 9.27.28-33. Las plagas también parecían la "guerra" de Dios sobre Egipto (*Pes. Rab. Kah.* 7:11). Hay un minucioso tratamiento de una tradición sobre siete plagas en el judaísmo temprano en Aune, *Revelation*, 2:502-4.
2. Apiano, *R.H.* 6.4.18. El silencio puede también ser resultado de la aflicción (Aquiles Tacio, 1.13.1).
3. Plutarco, *T.T.* 8.2.1, *Mor.* 718B.
4. Michaels, *Revelation*, 117; Beasley-Murray, *Revelation*, 150; Caird, *Commentary on Revelation*, 106-7.

incienso y el sacrificio se ofrecían en silencio.[5] Podían silenciarse aun las oraciones de otras personas para que pudiera escucharse la del líder (3 Mac. 6:1). Los comentaristas citan especialmente una tradición judía que habla del silencio de los ángeles para que pudieran escucharse las oraciones de Israel (p. ej., b. Hag 12b), aunque la fecha de esta tradición es incierta.[6] Contra esta interpretación puede objetarse que permite pensar (como hacen algunos intérpretes) que las trompetas siguen al séptimo sello en lugar de coincidir con los anteriores (8:2-5); pero esta objeción solo tendría sentido si el tiempo de las visiones de Juan fuera el mismo que el tiempo real, que no es el caso.[7] La disposición esquemática de las trompetas después de los sellos refleja la progresión de las visiones de Juan, no una secuencia cronológica de la historia.

La interpretación más probable parece la de carácter específicamente escatológico. En algunos textos antiguos, el silencio representa la escucha respetuosa de un discurso.[8] Aunque aquí no se menciona ningún discurso, el silencio puede, no obstante, ser motivado por el sobrecogimiento (Job 40:4).[9] Algunos textos aluden al silencio del mundo ante Dios en el día del juicio (Sof 1:17; Zac 2:13; Ro 3:19; cf. Ap 18:22-23; 20:12).[10] El silencio puede ser una señal de la vuelta a la creación pri-

---

5. Ver Israel Knohl, "Between Voice and Silence: The Relationship Between Prayer and Temple Cult", *JBL* 115 (1996): 17-30 (pp. 20-23); Peter Wick, "There Was Silence in Heaven (Revelation 8:1): An Annotation to Israel Knohl's 'Between Voice and Silence'", *JBL* 117 (Otoño de 1998): 512-14. Sin embargo, teniendo en cuenta los balidos de las ovejas para el sacrificio, etc., el santuario no habría estado realmente en silencio.
6. Bauckham, *Climax of Prophecy*, 73, busca una evidencia más antigua en 4QShir Shabb (4Q405 20-22); sin embargo, la mayor parte de los datos tempranos (74-83) son ambiguos. Bauckham considera razonablemente que la duración aproximada de la ofrenda matutina de incienso (que sigue inmediatamente a esta visión, 8:3-4) era de una media hora (*ibíd.*, 83); el asunto es si este periodo de tiempo era lo suficientemente conocido para los primeros receptores de Apocalipsis como para que entendieran su sentido.
7. Sobre el séptimo sello y la séptima trompeta como introducciones de la siguiente serie de visiones de juicio, ver Ellul, *Apocalypse*, 44.
8. Sobre el silencio mientras se escucha a otra persona, ver Homero, *Il.* 19.255-56; Apolonio Rodio, 1.513-15; Virgilio, *En.* 10.100-103; 11.241, 300. Sobre la apertura de un tribunal, ver Caritón, *Aventuras de Quéreas y Calírroe* 5.4.9; sobre acallar a un orgulloso interlocutor, ver Mateo 22:34; Aulo Gelio, 1.2.13; Demóstenes, *De la corona* §112; sobre no saber qué decir, ver Caritón, *Aventuras de Quéreas y Calírroe* 8.2.12.
9. Por reverente adoración, Diógenes Laercio, 8.1.33; 8.1.33; por temor reverencial, Caritón, *Aventuras de Quéreas y Calírroe* 5.5.9; por vergüenza (Arriano, *Alex.* 7.8.3; 7.11.2); por luto (Arriano, *Alex.* 7.14.8).
10. Ver otras imágenes de juicio en Beale, *Revelation*, 446-52. Ford, *Revelation*, 134, observa también que 1QpHab 13.2-4 aplica de esta manera Habacuc 2:20.

migenia, caracterizada por dicho silencio y seguida por la resurrección (ver 4 Esd. 7:30; 2 Bar. 3:7).[11]

El poder de la oración (8:2-6)

Estos versículos tratan sobre la eficacia de las oraciones de los santos. Es muy probable que los siete ángeles "que están de pie delante de Dios" (8:2) hicieran pensar a la mayoría de los receptores de Juan en los siete arcángeles de la tradición judía (p. ej., Tob. 12:15; 1 En. 20:1-8): poderosos ángeles autorizados por Dios mismo a actuar directamente. Teniendo en cuenta que las trompetas se empleaban de distintas maneras, hay muchas fuentes posibles para la imagen de las trompetas dadas a estos ángeles.[12] No obstante, si consideramos la otra imaginería del templo en el cielo (p. ej., Ap 4:6; 6:9; 15:5), las trompetas (8:2) recuerdan probablemente a las que se utilizaban en el templo para la adoración.[13]

Sin embargo, estos instrumentos de adoración señalan también juicios inminentes (*cf.* 15:6- 8), jugando con otro uso común de las trompetas como instrumentos para llamar a la guerra.[14] El altar del incienso y el incensario son instrumentos del templo que indican un juicio inminente (8:3-5). La idea de un templo celestial era antigua, probablemente implícita en el simbolismo del tabernáculo en el desierto (Heb 8:5).[15]

---

11. *Cf.* también la pausa de las aguas durante las tres horas antes del fin en 4 Esd. 6:24. La imagen de la nueva creación es la que aquí prefiere Joachim Jeremias, *The Central Message of the New Testament* (Nueva York: Charles Scribner's Sons, 1965), 89; Rissi, *Time and History*, 4. Aunque puede establecerse un paralelismo entre la séptima trompeta y el séptimo día de la creación, la idea de un descanso escatológico (*cf.* 14:13; T. Jud. 22:2) no está posiblemente presente en este versículo.
12. Caird, *Commentary on Revelación*, 108-10, habla de las trompetas del día del juicio (*cf.* también Ap. Sofá 9:1), comparando el festival del Año Nuevo; pero esta comparación es más apropiada para la última trompeta (10:7; *cf.* 4 Es 6:23-25); Bébasele-Murray, *Revelation*, 154, observa la imaginería de Sinaí (Éx 19:16, 19; 20:18). *Cf.* trompetas celestiales también tocadas por ángeles en Ap. Moisés 37:1-2; T. Abr. 12 A. Hay una descripción de la delgada y corta trompeta de plata en Josefo, *Ant.* 3.291.
13. Ver 2Cr 7:6; 29:26; Esd. 3:10; *m. Arak.* 2:5; R.H. 3:2-4:2; *Suk.* 5:4; *Tam.* 7:3. *Cf.* las trompetas durante las ofrendas del sabbat en J. M. Baumgarten, "The Sabbath Trumpets in 4Q493 Mc", *RevQ* 12 (1987): 555-59.
14. Sobre las trompetas como instrumentos para llamar a la batalla, ver Nm 10:9; 31:6; Jue 3:27; 6:34; 1S 13:3; 1 Mac. 5:31-33; Josefo, *Guerra* 3.89-91, 265; Tito Livio, 24.46.3; Apiano, *R.H.* 6.9.52; Lucano, *G. C.* 4.750; Arriano, *Alex.* 6.3.3. La imagen de trompetas en una batalla haría pensar a los contemporáneos de Juan que se trataba de la última, ver Sof 1:16; Ver además Aune, *Revelation*, 2:519.
15. Ver Umberto Cassuto, *A Commentary on the Book of Exodus*, trad. de I. Abrahams (Jerusalén: Magnes, 1967), 322; Richard J. Clifford, "Tent of El and Israelite Tent of

Lo más importante es, no obstante, que el incienso representa explícitamente "las oraciones de todos los santos" que estos ofrecen ante el templo celestial (8:3-4), una idea que entenderían fácilmente aquellos que conocían a fondo el Antiguo Testamento (Sal 141:2; Lc 1:10; *cf.* Jub. 2:22). Que el juicio siga inmediatamente a estas oraciones tiene sentido cuando consideramos las oraciones de los creyentes ofrecidas hasta ahora: han estado pidiendo vindicación (6:10), y aunque el juicio final no haya llegado todavía (6:11), una parte de su vindicación se produce dentro de la historia.[16] Pueden preguntarse por qué se ha retrasado la respuesta a sus oraciones (6:10); este pasaje ofrece una posible explicación, o al menos una comparación que tiene sentido. Del mismo modo que debe completarse toda la proclamación y los sufrimientos concomitantes para que Dios intervenga (6:11), puede que las oraciones de los santos tengan también que llegar a un nivel específico antes de que se produzca la intervención.

Cuando, pues, se añaden nuevas oraciones vindicatorias a las ya presentadas (8:3) el juicio se pone en marcha. Los sufrimientos de su pueblo invitan a la intervención de Dios, aunque su tiempo no sea siempre el nuestro (Éx 2:23-25; Lc 18:7).[17] Lo que acontece en el cielo afecta claramente a lo que sucede en la tierra (Ap 8:5), y aunque no siempre podemos ver los procesos, muchos juicios son resultado de las oraciones humanas.[18]

Castigo por medio de plagas (8:7-12)

En 8:7-12, Juan habla de las primeras cuatro trompetas, un grupo que se realza para que se corresponda en número con los cuatro primeros sellos (6:1-8), a los que han de seguir plagas aun más impresionantes (8:13). Estas plagas se parecen a las del Éxodo: Dios envió granizo mezclado con fuego tanto en Egipto como en Apocalipsis (Éx 9:23-24; Ap 8:7); convirtió en sangre el suministro de agua egipcio (Éx 7:20-

---

Meeting", *CBQ* 33 (abril 1971): 221-27 (p. 226); Keener y Usry, *Defending Black Faith*, 143, y otras fuentes citadas en estas obras.
16. Otros coinciden en señalar que 8:4 alude a 6:9-11 (Bowman, *First Christian Drama*, 61). Roloff, *Revelation*, 107, objeta que la mayor parte de la oración consignada en el libro es alabanza; pero Juan no utiliza estos términos de manera intercambiable. El "humo" puede ser positivo (15:8) o aludir al juicio (9:2-3, 17-18; 14:11; 18:9, 18; 19:3).
17. Talbert, *Apocalypse*, 40, compara la entrega del clamor de venganza de los santos que hacen los ángeles como un catalizador para la intervención de Dios en 1 Enoc.
18. Sobre puertas en los cielos, ver Gn 7:11; *Épica de Baal* 2.6.25-35. Los que están en el cielo podían observar la tierra en 1 En. 57:2.

21), y ahora hace lo mismo con una buena parte del agua del mundo (Ap 8:8-9) haciendo impotable otra gran porción de ella (8:10-11); Dios envió la plaga de oscuridad sobre el antiguo Egipto (Éx 10:22) y sobre el mundo de Apocalipsis (8:12). Los justos, sin embargo, experimentan su protección (7:1-8), como también sucedió con Israel (Éx 8:22; 9:26); finalmente ambos grupos son preservados por la sangre del cordero pascual (Éx 12:13; Ap 5:5-6).

Los receptores de Juan habrían reconocido rápidamente la alusión a la plaga bíblica de granizo en 8:7, pero ni siquiera sus contemporáneos paganos habrían dejado de ver el tema del juicio. En el mundo mediterráneo de la antigüedad el granizo de grandes dimensiones o mezclado con otros elementos se entendía como un prodigio, una advertencia del juicio de Dios.[19] Los escritos judíos reconocían también el granizo y la lluvia de fuego (probablemente los relámpagos) como los juicios de Dios sobre el mundo, especialmente en el tiempo del fin.[20] La destrucción de una tercera parte de los árboles (8:7) significa la escasez de frutos y alimentos básicos como las aceitunas, los higos y probablemente las uvas y el vino (si las vides se cuentan como árboles, como en Columella, *Trees* 11.1-2). La destrucción de toda la hierba verde significa la rápida muerte de las ovejas, las cabras y el ganado en general, y, por tanto, el fin del suministro de carne, leche y queso a nivel mundial.[21]

La sangre y el fuego que acompañan al granizo pueden ser un presagio de las siguientes plagas del agua convertida en sangre (8:8) y las estrellas o montes envueltos en llamas y hundiéndose en los mares (8:8-10). La transformación del agua en sangre (8:8) recuerda el primer juicio sobre Egipto ante la negativa de Faraón de liberar al pueblo de Dios (Éx 7:17). Aunque esta plaga solo afecta a una tercera parte del mar y permite, por tanto, la continuidad de la vida humana en la tierra, se trata no obstante de un juicio severo. Egipto, que dependía completamente

---

19. Entre estos fenómenos se consigna también una lluvia de sangre (Homero, *Il.* 16.459; Tito Livio, 24.10.7; 40.19.2; 43.13.5; Apiano, *G. C.* 2.5.36) o la caída de piedras (Tito Livio, 25.7.7; 26.23.5; 27.37.1, 4; 42.2.4; 43.13.4; 45.16.5; Apiano, *G. C.* 4.1.4). El granizo también parece funcionar como una metáfora para aludir a la guerra cuando así lo indica el contexto (Virgilio, *En.* 9.669-71; Or. sib. 5.93), pero este sentido es aquí improbable.
20. Sobre el granizo escatológico, ver Or. sib. 3.691; *Ex. Rab.* 12:2; sobre el fuego, Or. sib. 5.337–79; 2 Bar. 27:10.
21. Sobre el uso de la leche de oveja y cabra para la elaboración de queso, ver Longo, 1.23; Epicteto, *Disc.* 1.16.8; en más detalle C. S. Keener, "Milk", en *Dictionary of New Testament Background*, ed. Craig Evans y Stanley Porter (Downers Grove, Ill.: InterVarsity, 2000).

del Nilo no solo para el suministro de agua potable, sino también para la pesca y el riego de su fértil suelo, quedó arruinado desde un punto de vista económico ya con la primera plaga (7:18); Roma, que se beneficiaba de su comercio marítimo con otros pueblos, también sufriría (*cf.* Ap 13:1; 17:1; 18:17-18).[22] La mayoría de las personas comían más pescado que carne, por lo cual esta plaga podría resultar más devastadora para el suministro de alimentos que su predecesora (8:7). Aunque alguien hubiera pasado por alto la alusión a la primera plaga de Egipto, todos reconocerían en la conversión de agua en sangre una señal del desagrado divino.[23] Este tipo de plaga podía ser una respuesta directa a las súplicas vindicatorias de los santos (8:4-5), como en este pasaje, o a ciertos anuncios proféticos (11:6).

El monte en llamas (8:8) puede recordar al Sinaí y la ley de Dios (Éx 24:17; Dt 4:11; 5:23; 9:15; Heb 12:18), pero también puede ser únicamente otro símbolo apocalíptico de juicio. Las estrellas del cielo (que a menudo simbolizan ángeles; *cf.* Ap 9:1; 12:4) pueden aparecer como montañas en llamas (1 En. 18:13; 21:3); en Oráculos sibilinos 5.158-61 se menciona la caída de una estrella ardiente en el mar que no solo calcina la zona marítima, sino también Babilonia e Italia, como juicio por el sufrimiento de los judíos justos. Es posible que tanto los Oráculos sibilinos como el libro de Apocalipsis dependan de la imagen menos evidente de Jeremías 51:25, 42.[24]

La tercera plaga (8:10-11) se parece a la transformación del agua en sangre de 8:8-9 por cuanto alude también a la destrucción del suministro de agua del que depende la humanidad. Recuerda, pues, a las plagas

---

22. La plaga de sangre es también la primera que se enumera en Jub. 48:5; algunos rabinos posteriores llegaron a decir que incluso la saliva de los egipcios se convirtió en sangre, y que cuando los israelitas daban agua a los egipcios, esta se convertía en sangre al tocarla estos últimos (*Ex. Rab.* 9:10; *Nm. Rab.* 9:14).
23. Cicerón, *De Divinatione* 1.43.98; Virgilio, *En.* 4.453-63; *Vidas de los profetas* 4.20 (§27 en Schermann). El juicio por medio del agua aparece en Or. sib. 3.461-62; en relación con el diluvio en 1 En. 66:1; 89:5-6; las aguas como sangre sirven de metáfora para la batalla en Is 15:9.
24. *Cf.* aquí Caird, *Commentary on Revelation*, 114-15; Ford, *Revelation*, 133. La expresión "que ardía como una antorcha" (8:10) sigue la misma fraseología que 4:5, pero a menos que los "espíritus" sean ángeles (*cf.* comentario sobre 1:4), es posible que se trate simplemente de una imaginería común. Sobre las estrellas fugaces como presagios de un desastre, ver Aune, *Revelation*, 2:520. Puede tratarse también de una alusión a las lavas ardientes que durante la erupción del Vesubio del año 79 d.C. afectaron diferentes cursos de agua y que provocaron la muerte de más de 10.000 personas (*ibíd.*).

de Egipto, pero añade una alusión a las aguas de Mara, amargas y contaminadas, que Dios purificó (Éx 15:23); ahora el agua pura es contaminada. Todos los antiguos reconocen esto como un terrible juicio de Dios (Jer 8:14).[25] El ajenjo se conocía por su amargor (Pr 5:4; Lm 3:15, 19) y en ocasiones se había creído venenoso (Dt 29:18; Jer 9:15; 23:15); aparece también como una metáfora del pecado (Dt 29:18; Am 5:7; 6:12).[26]

La afectación de los astros (8:12) puede aludir a la reducción de los tiempos como en otras predicciones escatológicas (2 Bar. 20:1), pero lo más probable es que el punto esencial de dicha afectación sea subrayar la propia oscuridad que produce.[27] Estas tinieblas recuerdan, qué duda cabe, a la penúltima plaga de Egipto (Éx 10:21-22; cf. Sab. Sal 17), representando probablemente el juicio contra el dios Sol, muy estimado en Egipto (Éx 12:12).[28] Los paganos también tenían temor de la oscuridad sobre su territorio, que representaba un juicio catastrófico.[29] Esta clase de juicio (cf. también Ap 9:2) anuncia el juicio final sobre el sol y la luna (6:12-13) y la ausencia de estos astros en el Nuevo Mundo (21:23).

La narración resalta las tres plagas restantes aparte de las cuatro primeras como particularmente traumáticas, dándoles el título de "ayes" (8:13). Los oyentes judeocristianos de Juan entenderían rápidamente la severa naturaleza de estos juicios; estos estaban probablemente familiarizados con un uso parecido del término "ay" como el que encontramos

---

25. Lucano, *G. C.* 1.648; como un presagio de desastre escatológico, ver 4 Esd. 5:9.
26. En su sentido técnico, el ajenjo es amargo, pero no venenoso, y puede tener un uso narcótico (F. Nigel Hepper, *Baker Encylcopedia of Bible Plants* [Grand Rapids: Baker, 1992], 152).
27. Es posible que la hermenéutica apocalíptica de los comentaristas haya permitido el cese del día en Génesis 8:22 para indicar el fin de la tierra. Marcos 13:20 solo hace referencia al acortamiento del sufrimiento de los escogidos.
28. Algunos rabinos posteriores pensaron que esta plaga de oscuridad se centraría ahora en Roma (Lv. Rab 6:6; Pes. Rab 17:7), aunque afirmaban también que las tinieblas acabarían con los impíos de Israel (*Pes. Rab. Kah.* 5:9; *Ex. Rab* 14:3; *Nm. Rab.* 15:12; *Cnt. Rab.* 2:13, § 1).
29. Ovid. *Metam.* 2.394-96; 4.200-201; Tito Livio, 40.45.2. En ocasiones sería retirado en respuesta a las peticiones (Homero, *Il.* 17.644-50). El judaísmo temprano siguió reconociendo la oscuridad como un juicio (Or. sib. 4.56-58), también en un sentido escatológico (*Pes. Rab. Kah.* 9:1; *Ex. Rab.* 14:3), aunque a veces funcionaba como una metáfora más general de juicio (Or. sib. 11.45). Aune, *Revelation*, 2:523, da a entender que esta cuarta plaga invierte la creación de los astros celestiales en el cuarto día (Gn 1:14-19).

en antiguos textos judíos como 1 Enoc.[30] Oír casualmente un mensaje no dirigido específicamente al receptor es también un recurso retórico corriente en la literatura apocalíptica y profética (Dn 8:13, 16; Zac 6:7; 1 En. 67:12), aunque este era a menudo para su beneficio (Dn 8:14, 17; Zac 6:8).

La trascendencia de un "águila" como anunciadora de este mensaje es más difícil de sondear. Puede que represente simplemente una criatura celestial (4:7; 12:14; Ap. Moisés 33:2); sin embargo, esto no explica por qué se escoge un águila y no otra criatura (cf. Mr 1:10). A las águilas se las utilizaba para llevar mensajes, como a otras aves (2 Bar. 77:19; 4 Bar. 6:15-16; 7:4, 6); sin embargo, ¡no se dice en ninguna parte que hablaran literalmente (como en este versículo)! Podría representar también un ángel del trono celestial (Ap 4:7).

No cabe duda de que esta águila funciona como un símbolo de juicio pero, aun así, su sentido específico es difícil de entender. El principal emblema de las legiones romanas era un águila (aquila) de oro o plata sobre un mástil; es, pues, posible que la imagen sea la de las legiones romanas juzgadas por legiones más poderosas que ellas (9:7-10, 14-17).[31] Puesto que las águilas eran depredadoras capaces, según se creía, de arrebatar incluso corderos vivos para alimentar a sus aguiluchos (Babrio, 137.1-2), un águila podía representar el juicio (Dt 28:49; Jer 48:40; Os 8:1); no cabe duda de que esta es su función en representaciones de aves (probablemente buitres) que devoran los cadáveres de los caídos en batallas o fallecidos en desastres naturales (Mt 24:28; Lc 17:37; cf. Ez 39:17; Hab 1:8; Ap 19:17-18).

Sin embargo, aunque su mensaje es de juicio, esta águila es solo una mensajera, no necesariamente símbolo del contenido (cf. 19:17). Por tanto, la interpretación simbólica del águila es verosímil, pero incierta. No obstante, los griegos consideraban a las águilas como presagios (de cosas buenas o malas) de parte de Zeus, y los romanos, que pretendían predecir el futuro por el vuelo de las aves, podían ver aquí el símbolo de

---

30. Ver 1 En 91-105 en R. A. Coughenour, "The Woe-Oracles in Ethiopic Enoch", JSJ 9 (1978): 192-97. Los "ayes" y lamentos aparecen habitualmente tanto en los textos proféticos judíos tempranos como en el Antiguo Testamento (Mt 11:21; 1 En 94:6-8; 100:7-9; Or. sib. 3.319, 480, 483, 492, 504, 508, 512; 11.138; ARN 24 A); cf. Ap 18:19.
31. Sobre el águila como emblema de las legiones, ver Everett Ferguson, Backgrounds of Early Christianity (Grand Rapids: Eerdmans, 1987), 40; cf. Josefo, Ant. 17.151. El águila de 4 Esd. 11:1–12:39 es Roma.

un mensajero divino.³² En cualquier caso, el águila asciende "en medio del cielo" hasta su cenit, "para que todo el mundo pueda oír su grito".³³

Los hechos de Dios en el pasado. Al reutilizar las plagas del Éxodo (y la protección de su pueblo por parte de Dios) Apocalipsis alude a los hechos de Dios en el pasado, recordándonos que su obra en la historia es nuestra más firme certeza para el futuro. (No es, pues, de extrañar que el liberalismo teológico, moldeado como fue por el antisobrenaturalismo de la Ilustración, haya sido inspirado para dudar de la historicidad de cualquier acontecimiento sobrenatural consignado en la Escritura. Es difícil, sin embargo, negar algunos milagros históricos que se predicen en el libro de Apocalipsis, como la caída del Imperio romano, en contraste con la pervivencia del cristianismo y del pueblo judío).³⁴ Si Dios juzgó a los opresores de nuestros predecesores espirituales, subvertirá también a su debido tiempo los poderes que hoy pretenden aplastar a su pueblo.

El objetivo de aludir a las plagas consignadas en el libro del Éxodo no es probablemente declarar que toda el agua se convertirá de nuevo y literalmente en sangre, sino indicar que Dios es soberano sobre estos elementos naturales y envía juicios de este tipo a lo largo de la historia. (De manera análoga, en nuestro tiempo, podemos aterrorizar a algunos occidentales hablando de un virus informático profundamente destructivo). Aunque uno aplique estos juicios en sentido literal y solo a una tribulación futura, el principio de aplicación para nuestro tiempo es el mismo: Dios llama la atención de las personas a través del juicio. El granizo (8:7-8) nos muestra que Dios puede usar las condiciones atmosféricas y meteorológicas para llevar a cabo sus juicios. Podemos pensar no solo en el granizo, sino en las inundaciones, los huracanes y los tor-

---

32. Homero, *Il.* 8.247; 24.315; Od. 2.146; 15.161; 19.543; 20.243; Calímaco, *Himno* 1.67-68. En la tradición judía las águilas se usaban también como metáforas divinas (Éx 19:4; véase Ben Zion Wacholder y Steven Bowman, "Ezechielus the Dramatist and Ezekiel the Prophet: Is the Mysterious zöon in the Exagogéma Phoenix?", *HTR* 78 [julio 1985]: 253-77).
33. Beasley-Murray, *Revelation*, 159. Esto parece más probable (*cf.* 19:17) que dar por sentado que se trata de la capa intermedia del cielo (2 En 17:1).
34. Otros acontecimientos de esta categoría son la destrucción de Jerusalén una generación después de la crucifixión de Jesús (Mt 23:36–24:2, 15, 34) o la restauración de Judá desde Babilonia (predicha también en obras preexílicas, p. ej., Dt 4:29-30; 32:36; Jer 16:15; 27:22; 29:14).

nados.³⁵ Por otra parte, podemos también encontrar juicios contra el agua (8:8-11) en la contaminación acuífera y la disminución del suministro de agua potable en ciertas ciudades y regiones.³⁶

La oscuridad (8:12) hace que el trabajo sea más difícil, pero también comunica algo a los que se sienten aterrorizados por las fuerzas de la naturaleza. El águila declara que las cosas van a ponerse mucho peor. Nuestros contemporáneos no religiosos prefieren explicar este tipo de acontecimientos de un modo puramente naturalista; sin embargo aunque Dios obra a través de las fuerzas naturales, como lo hizo también en las plagas del Éxodo, él tiene sus formas de llamarnos la atención por medio de ellas.³⁷ Cuando se enfrentan a juicios destructivos para los que su naturalismo reduccionista no ofrece ninguna protección, ¡algunos secularistas demuestran ser lo suficientemente abiertos de mente como para hacerse más religiosos!³⁸

---

35. P. ej., "Hugo Is a Killer", *NW* (2 de octubre 1989), 18-19; "Andrew's Wrath", *NW* (7 de septiembre 1992), 16-21; "Was Andrew a Freak—Or a Preview of Things to Come?" *NW* (7 de septiembre 1992), 30; "Come Hell or High Water", *NW* (18 de julio 1994), 26-31; "The 'Billion-Dollar Flood' Keeps on Rolling Along", *NW* (19 de julio 1993), 22-23; "A Deadly Spree for Georges", *NW* (5 de octubre 1998), 38-39. Pero también las iglesias pueden ser destruidas por este tipo de tormentas (p. ej., "Andrew Goes to Church", *CT* [5 de octubre 1992], 60; Owen Wilkie, "When Disaster Strikes", *Pentecostal Evangel* [29 de marzo 1987], 13). Pensemos, no obstante, que en la soberanía de Dios, algunos de estos fenómenos contribuyen de otras maneras a mantener óptimas condiciones de vida para el planeta; ver Hugh Ross, "Design Update: Hurricanes Bring More Than Destruction", *Facts & Faith* 12/4 (1998): 4–5.
36. Sobre la contaminación, ver "Alaska After Exxon", *NW* (18 de septiembre 1989), 50-62; "More Oil on the Waters", *NW* (25 de junio, 1990), 60-61. Sobre escasez de alimentos, ver "How to Make Sure There's Enough Good Water", *USNWR* (18 de marzo 1985), 65-68; "Mideast Water Wars", *WPR* (enero 1995), 37-39; "Next, Wars Over Water?" *WPR* (noviembre 1995), 8-13; "The New Politics of Thirst", *WPR* (noviembre 1992), 18-20. Sobre trabajos de ayuda humanitaria en la construcción de pozos de agua potable, ver *World Vision Partners* (primavera de 1994); *World Vision Report* (otoño de 1995).
37. Ver H. M. Duncan Hoyte, "The Plagues of Egypt: What Killed the Animals and the Firstborn?" *The Medical Journal of Australia* 158 (1993): 706-8; Terence E. Fretheim, "The Plagues As Ecological Signs of Historical Disaster", *JBL* 110 (1991): 385-96.
38. Su estructura secular no parece predisponerles para entender otro marco de referencia para las catástrofes que su estado personal de aflicción (ver A. J. Conyers, "After the Hurricane", *CT* [9 de noviembre 1992], 34-36); compárese también, no obstante, las oportunidades para demostrar el amor de Dios ("Massive Rebuilding Effort Continues After Andrew", *CT* [21 de junio, 1993], 52).

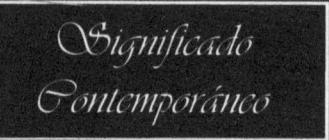

Significado Contemporáneo

Silencio ante Dios. Para quienes hoy escuchamos a un mundo ruidoso y estridente es de ánimo saber que un día guardará silencio ante Dios (8:1). La arrogancia de los políticos, académicos y otros sectores elitistas que hoy ridiculizan o ignoran a Dios será silenciada. Este texto tiene también algo que decirles a quienes afirman: "cuando llegue al cielo, voy a decirle un par de cosas a Dios", unas palabras que he oído a menudo en boca de personas decididas a culpar a Dios por las injusticias del mundo al tiempo que trivializan los efectos del pecado humano. En su misericordia, Dios les permite expresar ahora su menosprecio, pero en el día de su justicia tendrán que guardar silencio junto a todos los demás perpetradores de injusticia.

La oración que moldea la historia. Aunque Dios es soberano, ha decidido que las oraciones de su pueblo formen parte del ejercicio de su voluntad para el desarrollo de sus planes. En palabras de Beasley-Murray, parece "que Dios ha querido que las oraciones de su pueblo formen parte del proceso por el que su reino se hace presente".[39] O como observa Eugene Peterson:

> Mientras en el siglo I rugían los conflictos entre el bien y el mal, por todo el Imperio romano ascendían las oraciones de devotos grupos de cristianos. Se puso en marcha una enorme maquinaria de persecución y burla. No tenían ni armas ni votos. Tenían poco dinero y ningún prestigio.[40]

Sin embargo, sí tenían la oración; ¡una oración que tenía el poder de moldear el curso de la historia humana! Comparemos esta situación con la de Daniel, cuya oración se convierte en el campo de batalla de los poderes angélicos más poderosos que los gobernantes terrenales afectados por ellos (Dn 10:13; 10:20–11:1); mientras los dirigentes de los imperios ascienden y caen como poco más que títeres en manos de un Dios soberano (11:2–12:3), a Daniel se lo saluda como alguien a quien Dios tiene en alta estima (10:11).[41] A menudo no nos damos cuenta del efecto que tiene nuestra vida, aparentemente insignificante; ¿quién

---

39. Beasley-Murray, *Revelation*, 151.
40. Peterson, *Reversed Thunder*, 87.
41. Mis palabras no pretenden cuestionar la doctrina del libre albedrío (*cf.* Ap 3:19), sino sugerir que Dios es tan soberano (1:8) que puede conceder dicho albedrío, conocerlo de antemano y obrar a través de él, y el amplio ámbito de la historia pone de relieve su soberanía.

habría pensado en los días de Ana y Elcana que el futuro de Israel estaba en la humilde oración de esta y no en el legado espiritual del sumo sacerdote Elí? (1S 1:10-20)? Algunos detalles por los que oramos reciben a veces un "no" por respuesta; sin embargo, cuando consideramos todo el curso de la historia humana, el plan de Dios es seguro y se desarrolla, en su soberana voluntad, mediante las oraciones de su pueblo.

Deberíamos, por tanto, animar a nuestros hermanos y hermanas a seguir agrupándose para orar de manera estratégica sobre cuestiones que afectan el desarrollo del reino de Dios a largo plazo. Hoy, muchos cristianos se reúnen el viernes, el día de oración musulmán, para orar por el mundo islámico, que en nuestro tiempo se ha convertido en la fortaleza más impenetrable para el evangelio; se suceden los informes de musulmanes en los llamados "países cerrados" que se convierten incluso a través de sueños y visiones.[42] Una de las herramientas de oración más útiles, que debería adquirirse y utilizarse por el mayor número posible de cristianos, es el libro de Patrick Johnstone, *Operation World (Operación mundo)*.[43] Aunque es difícil mantener actualizados y exactos todos los detalles de los países que aparecen en este tipo de obras, constituyen una de nuestras herramientas más estratégicas para la oración por las naciones.

La ira y el juicio de Dios. Es posible que para nosotros no sea una importante prioridad orar por el juicio. Sin embargo, para aquellos que sufren por la persecución, el juicio sobre el mundo que los aflige es un signo de esperanza, una señal de que Dios no va a esperar hasta la Segunda Venida para comenzar a vindicarlos. Dios consumará la historia en aquel día; sin embargo, ya ahora, es el Señor de la historia.[44]

La ira de Dios tiene importantes implicaciones morales. Aunque las personas sufren en muchos lugares del mundo, hay quien frecuente-

---

42. P. ej., Del Kingswriter, "Miracles in the Muslim World", *Mountain Movers* (mayo 1992), 12–13; Mohammad, "I Saw Jesus", *Mountain Movers* (noviembre 1990), 16-17; Marilyn Ford, "Hadijah", Mountain Movers (agosto 1991), 5; "We Met in a Dream", *Arab World Ministries Update* (4, 1993): 4.
43. Patrick Johnstone, *Operación mundo: guía diaria de oración por el mundo* (Bogotá, Colombia: Centros de Literatura Cristiana, 1995); a menudo se encuentran a buen precio en las convenciones trienales de la misiones urbanas organizadas por InterVarsity. Sobre la importancia de la oración para las misiones, ver David Bryant, *In the Gap: What It Means to be a World Christian* (Ventura, Calif.: Regal, 1984), 78-80, 221-24.
44. Los Testigos de Jehová interpretan erróneamente 8:1–9:21 como "Las plagas de Jehová sobre la cristiandad" (*Revelation: Grand Climax*, 129-41), cuando de hecho se trata de plagas contra el "mundo"; cabe recordar, sin embargo, que cuando la iglesia se vuelve mundana la disciplina de Dios comienza primero por su casa (Ez 9:6; 1P 4:17).

mente se beneficia de sus sufrimientos por medio de la represión política o religiosa. No obstante, por mucho que nuestra relativista cultura occidental lo haya olvidado, Dios es un Dios de justicia que reconoce que en una misma situación puede haber aspectos correctos y erróneos. Es un Dios de ira que nos proporciona la necesaria "claridad moral" para tomar partido cuando se producen claros ejemplos de opresión.[45] H. Richard Niebuhr cuestionó acertadamente el movimiento liberal del evangelio social que suaviza la ofensa de la cruz: "Un Dios sin ira me llevó sin pecado a un reino sin juicio mediante el ministerio de un Cristo sin cruz". Sin embargo, mientras nosotros los evangélicos denunciamos este tipo de liberalismo de la antigua escuela, ¿no es acaso nuestro silencio respecto al juicio, que se cierne contra las naciones, una forma de ignorar la ira de Dios? Y "una vez que hemos abandonado la ira, ¿no pueden el pecado, el juicio o la cruz quedar mucho más atrás?"[46]

A pesar de las protestas de algunos populares maestros marginales como Charles Capps, este texto nos recuerda también que Dios controla los acontecimientos de la naturaleza (p. ej., Sal 65:6-12; 89:8-13; 93:3-4; 104:2-8; 107:23-30; 135:6-7; 147:15-18; 148:8) y se sirve con frecuencia de ellas como juicios (p. ej., Is 5:10, 13; Am 4:6-13; Hag 2:16-19). En contraste con lo que se afirma desde nuestra moderna concepción del mundo, las catástrofes naturales no son acontecimientos meramente aleatorios, ni nuestra capacidad para predecirlas lo mismo que el poder de dirigirlas y controlarlas.

Muy a menudo hemos considerado los desastres naturales como cosas que solo suceden en otros lugares del mundo —inundaciones en Bangladesh, terremotos en Japón o México, hambre en África Oriental— o en otras zonas del país. Así, quienes viven en el medio oeste de los Estados Unidos temen los terremotos de California, mientras que los californianos se asombran de que alguien pueda vivir en el corredor de los tornados, las gentes de las zonas rurales reconocen que las ciudades son más vulnerables como blanco de los misiles o de los ataques terroristas, etcétera.[47] Sin embargo, nuestras suposiciones son comunes a la

---

45. Véase Gary A. Haugen, *Good News About Injustice* (Downers Grove, Ill.: InterVarsity, 1999), 84-91, "Hope in the God of Moral Clarity". Con esto no pretendo negar que ciertas situaciones implican distintos grados de inocencia y culpa, sino reconocer con la Escritura que algunas de ellas producen víctimas inocentes (Dt 19:13; 1R 21:19; 2R 21:16; 24:4; Sal 10:8; 106:38; Is 59:7; Jer 2:34; 7:6; 19:4; 22:3, 17).
46. William D. Eisenhower, "Sleepers in the Hands of an Angry God", *CT* (20 de marzo 1987), 26-28 (p. 26).
47. A veces llegamos a negar que los desastres vayan a seguir produciéndose en aquellas zonas en las que vivimos y que son propensas a ellos; ver Eloise Salholz, "Disaster and Denial", *NW* (26 de julio 1993), 27.

forma en que los seres humanos intentamos apaciguar nuestras ansiedades con certezas de carácter dudoso (1S 23:7; 2S 18:25-27). La relativa prosperidad económica de Occidente en este momento no es indicación ni garantía de la bendición de Dios; Babilonia ejerció mucho más poder militar y económico que Judá, y sin embargo el Imperio babilónico no ha sido sino un recuerdo durante más de dos milenios.

La historia de ciertos países occidentales como naciones misioneras aportó probablemente mucho del favor divino bajo el que ahora vivimos; sin embargo, hoy son muchos más los cristianos nacidos de nuevo en los países en vías de desarrollo de América Latina, África y Asia. Entretanto, la sublevación secular contra Dios y su consecuente apostasía moral son ciertamente una invitación al juicio. Los cristianos de Norteamérica no podemos hoy afirmar con Abraham Lincoln que el norteamericano es el pueblo "casi escogido".[48] Sin duda, las señales del compromiso cristiano que quedan en la plaza pública no son mayores que el templo de Judá en los días de Jeremías, pero, contrariamente a lo que pensaban los contemporáneos de este profeta, ni siquiera la presencia de la casa de Dios podía evitar su ira contra un pueblo desobediente (Jer 7:4-15).

Ciertamente, los vestigios de la herencia cristiana y lo que queda de la proclamación cristiana en nuestros días nos hacen, como a los contemporáneos de los profetas bíblicos, más responsables todavía (p. ej., Am 3:2). Por tanto, como afirmó hace dos décadas el erudito evangélico del Antiguo Testamento, Walter Kaiser, hoy presidente del seminario Gordon-Conwell: "La sociedad norteamericana se dirige hacia la destrucción y el juicio. Y mejor nos sería creerlo, porque no hay señales que hagan pensar que el arrepentimiento esté cerca. O el juicio está en camino o no queda más opción que afirmar que Dios miente y su palabra no es verdad. En nuestro tiempo, el mensaje del profeta ha de predicarse de nuevo".[49]

Se han producido ya juicios para llamar nuestra atención; pero no hay duda de que el futuro deparará juicios más severos. Quienes prestan atención tanto a la Escritura como al estado moral de la sociedad secular difícilmente podrán pensar otra cosa, aunque en nuestros días, como en los de Jeremías, seguirá habiendo, sin duda, falsos profetas de la paz que dirán lo que la gente desea escuchar (Jer 6:14; 8:11; 14:13; 23:17; ver Ez 13:16; Mi 3:5; 2Ti 4:3-4).

---

48. Ver Mark Noll, "Is This Land God's Land?", *CT* (11 de julio 1986), 14-15.
49. Ver Walter C. Kaiser Jr., *The Old Testament in Contemporary Preaching* (Grand Rapids: Baker, 1973), 97-99 (p. 99).

Apocalipsis 9:1-21

Tocó el quinto ángel su trompeta, y vi que había caído del cielo a la tierra una estrella, a la cual se le entregó la llave del pozo del abismo. ² Lo abrió, y del pozo subió una humareda, como la de un horno gigantesco; y la humareda oscureció el sol y el aire. ³ De la humareda descendieron langostas sobre la tierra, y se les dio poder como el que tienen los escorpiones de la tierra. ⁴ Se les ordenó que no dañaran la hierba de la tierra, ni ninguna planta ni ningún árbol, sino sólo a las personas que no llevaran en la frente el sello de Dios. ⁵ No se les dio permiso para matarlas sino sólo para torturarlas durante cinco meses. Su tormento es como el producido por la picadura de un escorpión. ⁶ En aquellos días la gente buscará la muerte, pero no la encontrará; desearán morir, pero la muerte huirá de ellos.

⁷ El aspecto de las langostas era como de caballos equipados para la guerra. Llevaban en la cabeza algo que parecía una corona de oro, y su cara se asemejaba a un rostro humano. ⁸ Su crin parecía cabello de mujer, y sus dientes eran como de león. ⁹ Llevaban coraza como de hierro, y el ruido de sus alas se escuchaba como el estruendo de carros de muchos caballos que se lanzan a la batalla. ¹⁰ Tenían cola y aguijón como de escorpión; y en la cola tenían poder para torturar a la gente durante cinco meses. ¹¹ El rey que los dirigía era el ángel del abismo, que en hebreo se llama Abadón y en griego Apolión.

¹² El primer ¡ay! ya pasó, pero vienen todavía otros dos.

¹³ Tocó el sexto ángel su trompeta, y oí una voz que salía de entre los cuernos del altar de oro que está delante de Dios. ¹⁴ A este ángel que tenía la trompeta, la voz le dijo: «Suelta a los cuatro ángeles que están atados a la orilla del gran río Éufrates». ¹⁵ Así que los cuatro ángeles que habían sido preparados precisamente para esa hora, y ese día, mes y año, quedaron sueltos para matar a la tercera parte de la humanidad. ¹⁶ Oí que el número de las tropas de caballería llegaba a doscientos millones.

¹⁷ Así vi en la visión a los caballos y a sus jinetes: Tenían coraza de color rojo encendido, azul violeta y amarillo como azufre. La cabeza de los caballos era como de león, y por la boca echaban

fuego, humo y azufre. ¹⁸ La tercera parte de la humanidad murió a causa de las tres plagas de fuego, humo y azufre que salían de la boca de los caballos. ¹⁹ Es que el poder de los caballos radicaba en su boca y en su cola; pues sus colas, semejantes a serpientes, tenían cabezas con las que hacían daño.

²⁰ El resto de la humanidad, los que no murieron a causa de estas plagas, tampoco se arrepintieron de sus malas acciones ni dejaron de adorar a los demonios y a los ídolos de oro, plata, bronce, piedra y madera, los cuales no pueden ver ni oír ni caminar. ²¹ Tampoco se arrepintieron de sus asesinatos ni de sus artes mágicas, inmoralidad sexual y robos.

Este pasaje desarrolla el contenido de la quinta y sexta trompetas, que tratan sobre invasiones. Es, sin embargo, discutible si los invasores son humanos o diabólicos; lo más importante es que, aunque unos juicios tan horrendos deberían suscitar un decidido arrepentimiento, no lo hacen (9:20-21).

Invasión, la quinta trompeta (9:1-11)

La estrella que cae (9:1) puede representar la caída moral de un ángel (cf. 12:4; el ángel del abismo en 9:11), y subrayaría en este caso la soberana capacidad de Dios para utilizar incluso a los malvados con el fin de llevar a cabo sus propósitos. Pero lo más probable es que esta imagen solo represente un descenso geográfico (cf. 20:1).

El conocimiento de las antiguas tradiciones puede ayudarnos a entender mejor cómo habrían oído sus palabras sobre el abismo los contemporáneos de Juan (9:1-2). En el tiempo de Juan muchos creían en la existencia de un lugar real situado en la tierra y llamado abismo (1 Enoc 83:4); a veces, las obras apocalípticas se explayaban en descripciones de lo que podríamos llamar "geografía" exótica (1 Enoc 17–18; 21:7).¹ Ciertos textos posteriores describían también a los guardianes de las llaves del infierno (2 Enoc 42:1), a un gran ángel encargado del abismo y el Hades y a todas las almas impías encarceladas en este lugar (Ap. Sof 6:15), o hablaban de la figura de un anticristo subiendo del Tártaro (Esd. Gr. 3:15). Algunos creían que los malvados eran "hijos" u "hombres del

---

1. Compárese el Érebo de la mitología griega y romana (aunque se mezclaban varias de las regiones inferiores; cf. Virgilio, En. 7.140).

'abismo'" (es decir, aquellos que estaban destinados a ser condenados en este lugar (1QS 9.16, 22; CD 6.15; 13.14).

En el libro de Apocalipsis (a diferencia de lo que vemos en la Septuaginta) el abismo es un lugar de maldad (11:7; 17:8) y donde están encarceladas las entidades malévolas (20:1, 3; *cf.* Lc 8:31). Por tanto, el que las criaturas de este lugar se opongan a las perversas fuerzas del imperio (Ap 9:1-11) solo subraya de nuevo la soberanía de Dios, que se sirve incluso de instrumentos malignos para destruir a otros igualmente malévolos (*cf.* 17:17).[2]

El juicio de la quinta trompeta puede aludir a una invasión humana. Las "langostas" aparecen sin duda porque, en consonancia con la mayor parte de los juicios de la otras trompetas, el de esta recuerda a una de las plagas que asoló Egipto (Éx 10:13-14). Las langostas oscurecen el cielo cuando vienen (Jl 2:2, 10; *cf.* Tito Livio, 42.2.5). La mayoría de los oyentes de las zonas urbanas de Asia, como los de las rurales, sabrían que los escorpiones tienen el aguijón en la cola. Haciendo hincapié en la soberanía divina, el pueblo judío reconocería que Dios podía usar a los escorpiones para ejecutar su juicio (9:3, 10).[3] A ciertas criaturas se las consideraba una mezcla;[4] sin embargo, tales seres combinados se consideraban más a menudo objeto de temor, a veces sobrenaturales. Los centauros del mito griego eran una mezcla de caballo y hombre; los babilonios describían a seres que eran mitad humanos y mitad escorpiones o caballos.[5] Algunos comentaristas señalan que la cabeza de las langostas se parece a la de un caballo, citando también a veces un proverbio árabe que lo afirma explícitamente.[6]

La específica descripción de estas langostas surge, no obstante, del libro de Joel (1:6; 2:4), donde se las presenta como un ejército invasor (2:11, 20, 25; *cf.* 1:4); sin embargo, las langostas pueden también pre-

---

2. Sobre este asunto ver en más detalle Beasley-Murray, *Revelation*, 160-61.
3. Gn. Rab. 10:5; Ex. Rab. 10:1; Koh. Rab. 5:8-9, §§2, 4. Algunos rabinos de periodos posteriores contaban un popular relato sobre una rana que ayudó a un escorpión a cruzar un río para que pudiera matar a alguien, y después lo llevó de vuelta (b. Ned. 41a; Gn. Rab. 10:7).
4. Filón, *Mos.* 1.130-32.
5. Ford, *Revelation*, 145, observando también el uso de las langostas en lugar de escorpiones en los zodiacos y los largos cabellos en los centauros y sagitarios; Ford sugiere un ejército de centauros. *cf.* Apolodoro, 2.4.2.
6. Mounce, *Revelation*, 196, que también hace un comentario sobre el término langosta en alemán e italiano (*caballo de hierba* y *caballito*, respectivamente), y sugiere (n. 21) que las coronas de oro podrían estar relacionadas con el color amarillo del pecho. El proverbio compara sus antenas con pelo de mujer.

figurar un ejército escatológico invasor (3:9-12). No cabe duda de que Juan no está pensando en langostas normales, ya que estas van precisamente en busca del tipo de vegetación para el que estas langostas no suponen una amenaza (9:4); sí dañan, sin embargo, a las personas. Es posible que los rostros humanos (9:7) indiquen el diseño compuesto de un criatura angélica (Ez 1:10), aunque puede también ser el símbolo de un ejército humano. Que las alas de las langostas suenen como carros (9:9) puede sugerir asimismo que se trata de un ejército humano, aunque también esto viene directamente de Joel (Jl 2:5).[7]

Es posible que las "corazas de hierro" comparen los cuerpos escamosos de las langostas con las placas de la indumentaria bélica de los soldados orientales, como en algunos textos judíos.[8] Las "coronas de oro" (9:7) designan normalmente pertenencia a la realeza o desempeño de alto cargo (cf. Éx 39:30; 2S 12:30; 1Cr 20:2; Sal 21:3); su mención puede, por tanto, sugerir que cada langosta manda a otras, insinuando a su vez un ejército mucho mayor de lo que Juan puede describir. Otros argumentan que estas coronas son una parodia del bronce bruñido de los yelmos de los soldados romanos.[9] Si Apocalipsis tiene aquí en mente un ejército específico, es probable que sea el de los partos. Algunos rasgos que pueden recordar a los partos, como los caballos (9:7; cf. comentario sobre 6:2), proceden de Joel (Jl 2:4; cf. Jer 51:27). Sin embargo, hay en este pasaje otros detalles que no aparecen en las langostas de Joel y que pueden apuntar a los partos, en especial el pelo largo (9:8; en el Imperio romano, el pelo de las mujeres era normalmente más largo que el de los hombres, cf. 1Co 11:14-15).[10]

Pero, en última instancia, las conexiones concretamente partas son pocas, y cualquier verdadera conexión que pueda haber puede ser un mero préstamo de los temores romanos sobre Partia para intensificar el retrato robot del horror. El pelo largo puede simplemente formar parte de una aterradora visión de imágenes monstruosas o sobrehumanas.[11]

---

7. Sobre los carros escatológicos, ver 1 En. 57:1-3.
8. Ver Robert P. Gordon, "Loricate Locusts in the Targum to Nahum iii 17 and Revelation ix 9", *VetT* 33 (julio, 1983): 338-39.
9. Ford, *Revelation*, 151.
10. Sobre el pelo largo de los partos, ver Suetonio, *Vesp.* 10.23. Esto caracterizó también a los bárbaros del norte (Dionisio de Halicarnaso, 14.9.4), así como a los héroes y las imágenes divinas de un periodo anterior (Homero, *Il.* 2.51; 3.43; Virgilio, *En.* 9.638). El ejército persa que absorbió la zona de Partia estaba formado por todos los hombres y algunas mujeres (Herodiano, 6.5.3).
11. P. ej., Deméter en Pausanias, 8.42.4; ángeles aterradores en Ap. Sof 4:4; 6:8. Mounce, *Revelation*, 196, rechaza la comparación con las antenas de las langostas (que se hace

Los dientes "como de león" (Ap 9:8) recuerdan a las langostas de Joel (Jl 1:6), como también el "estruendo de carros de muchos caballos que se lanzan a la batalla", que antes hemos comentado (Ap 9:9; Jl 2:4; Jl 2:5; *cf.* Jer 8:16).[12] En contraste, los argumentos para defender un trasfondo parto en la sexta trompeta son mucho más fuertes.

Los monstruos del abismo pueden representar ángeles de juicio, como proponen algunos eruditos.[13] Esto sugiere un juicio puramente sobrenatural; en otros lugares, Dios lleva a cabo este tipo de juicio por medio de sus ángeles (Ez 9:1-7), pero aquí, según parece, deja libres a las fuerzas de maldad para que causen estragos. Que Dios ponga límites al carácter destructivo de estos seres, tanto en la intensidad del dolor que causan (Ap 9:6) como en su duración (9:10), puede sugerir su misericordia y subraya de nuevo su soberanía. Cinco meses es aproximadamente el ciclo vital normal de una langosta y Dios no decide prolongarlo.[14] Normalmente, la picadura de un escorpión a un ser humano le produce terribles dolores pero no la muerte, aunque estos no son escorpiones literales .[15] Al impedir su muerte, Dios aumenta el dolor de quienes preferirían acabar con él (9:6); puede, pues, entenderse esta limitación como un aumento del ardor del juicio, lo cual encaja en el contexto de un intenso correctivo. Otros escritores hablaban de tribulaciones tan intensas que quienes las sufrían deseaban la muerte.[16]

Sin embargo, el propósito de estos juicios es llevar a las personas al arrepentimiento, de manera que incluso esta limitación puede también coadyuvar a este propósito (9:20-21).[17] Estos cinco meses de tormento (9:5), como los mil doscientos sesenta días que se mencionan en 11:10,

---

en un proverbio árabe), pero admite una posible conexión con el pelo de las piernas o cuerpos de las langostas.

12. Los dientes o colmillos de animales vigorosos contribuían a las visiones terroríficas (Dn 7:5, 7, 19; Ap. Sof 4:3; 6:8).
13. Así lo entiende Talbert, *Apocalypse*, 42, citando 1 Enoc 66:1; 2 Enoc 10:3; T. Leví 3:2-3.
14. Herschel H. Hobbs en George, ed., *Revelation: Three Viewpoints*, 103. Aune, *Revelation*, 2:530, menciona este dato, pero prefiere el "cinco" como número redondo para aludir a un número bajo (1Co 14:19).
15. Sobre el dolor de los escorpiones, ver 1R 12:11, 14; 2Cr 10:11, 14; Plutarco, *Venganza divina* 20, Mor. 562C. Si se trata de un ejército diabólico, *cf.* quizá Lucas 10:19, aunque Lucas 10 se basa en Ezequiel 2:6; los escorpiones están relacionados con la brujería en *Sifre Dt.* 172.1.1.
16. Ver Jer 8:3; Eurípides, *Medea* 96-97, 144-47; *cf.* quizá Ap 6:16.
17. La exclusión de la muerte era a veces positiva (Job 2:6; T. Job 4:4), aunque podría también representar torturas a gran escala (Lucano, *G. C.* 2.177-80); esta indicaba la soberanía de Dios (*cf.* Jos. y Asen. 16:18/13).

contrastan pues, con el tormento eterno (14:10-11; 20:10). Que las langostas no causen daños a la vegetación, sino solo a las personas que no llevan el sello de Dios (9:4) hace también que el lector atento vuelva a 7:3, donde la vegetación no ha de sufrir ningún daño hasta que Dios haya sellado a sus siervos. Esta conexión refuerza la cuestión: Dios exime específicamente a sus siervos de este juicio, algo que quizá se subraya de manera especial si se trata de un ejército diabólico.

En el Antiguo Testamento, el "Abadón" era un espacio subterráneo (Job 31:12), que se relaciona normalmente con la muerte y el reino de los muertos (Job 26:6; 28:22; Sal 88:11; Pr 15:11; 27:20). En los Rollos del Mar Muerto, el Abadón se vincula con el Abismo.[18] Es, pues, equivalente al Hades, el reino a veces personificado de los muertos (Ap 6:8), sobre el que Dios (20:13-14) y Cristo (1:18) tienen el control final. Pero este control se delega aquí, de manera temporal, a un ángel maligno que parece estar encarcelado con los otros espíritus del abismo.

El nombre "Apolión" se relaciona con el verbo griego *apollymi* que significa "destruir" (*cf.* 17:8), pero es posible que Juan esté adaptando ligeramente este título para explicar lo que quiere decir. Muchos sugieren, pues, que este título pretende también ridiculizar a Apolo, el dios arquero, uno de cuyos emblemas (junto con el del ratón y el lagarto) era la langosta (ver Esquilo, *Agamenón* 1080-86). Más importante aún, Domiciano había a veces aludido a sí mismo como el dios Apolo (lo cual puede aquí implicar que el propio emperador o su dios protector lideraría a los poderes diabólicos en la destrucción de Roma).[19] Los exactos referentes de estas imágenes pueden ser menos cruciales que el impacto evocador que persigue: el juicio será horroroso y aquellos que no aceptan la protección de Dios (9:4) pueden también prepararse para tales horrores.

Una invasión parta (9:12-21)

Cuando el sexto ángel hace sonar su trompeta, una voz desde el altar de oro se dirige a él (9:13). El altar de oro representa el altar del

---

18. Ver 4Q286.10.2.7. Ver Paul J. Kobelski, "Melchizedek and Melchiresa: The Heavenly Prince of Light and the Prince of Darkness in the Qumran Literature" (Tesis doctoral, Fordham University, 1978), 97. La asociación de "destrucción" con "abismo" en Esdras Gr. 4:21 puede depender de la tradición cristiana que surge de 9:11. Beale, *Revelation*, 504, arroja más luz citando Oseas 13:14, donde se combina Hades, "plagas" y "destrucción" (*cf.* 9:10).
19. Caird, *Commentary on Revelation*, 120; Ford, *Revelation*, 152; esp. Beasley-Murray, *Revelation*, 162.

incienso (Éx 30:1-3; Heb 9:4), no el del sacrificio (Éx 35:16), dando pues a entender que este juicio representa otra respuesta a las oraciones de los creyentes (8:4-6). Al recordar a los oyentes que las tres últimas trompetas son "ayes" (*cf.* 8:13), 9:12 refuerza la dramática naturaleza de esta sexta trompeta, equivalente a la sexta copa de la ira de Dios, la de Armagedón (16:12-16). Esta copa tiene también que ver con "los reyes del oriente" procedentes del otro lado el Éufrates, ya que aquí, un oyente de la zona oriental del Mediterráneo pensaría especialmente en los partos.[20]

La mención del "gran río Éufrates" no deja dudas de que se tiene en mente a los partos, puesto que en la literatura mediterránea el Éufrates aparecía repetidamente como la frontera tradicional entre los territorios romano y parto.[21] Pompeyo había establecido esta frontera en el siglo I a.C., y seguía vigente en el tiempo de Juan.[22] Cuando los partos cruzaban el Éufrates, era para enfrentarse a los romanos. Un escritor posterior observa que estos dos poderosos imperios del mundo solo estaban separados por un río.[23]

Los partos eran los archienemigos del Imperio romano, mucho más temidos que los bárbaros germánicos de la frontera norte. La temprana propaganda imperial celebraba la derrota que Augusto infligió a Partia; sin embargo, desde entonces, no todas las generaciones habían tenido el mismo éxito.[24] Aunque Roma afirmaba tener control del norte, oeste y sur, admitía que no podían con los partos de la zona oriental. A los partos se los conocía por su audacia en la batalla, y no podía confiarse en ellos; se los consideraba los verdaderos enemigos de Roma. Los reyes partos eran conocidos por su poder y autoridad.[25]

---

20. Los comentaristas reconocen de manera rutinaria que aquí se alude a los partos, p. ej., Tenney, *Revelation*, 76; Ford, *Revelation*, 146; Beasley-Murray, *Revelation*, 164.
21. Virgilio, *Georg.* 4.561; Apiano, *R.H.* pref. 9; Tácito, *An.* 12.11; 15.7, 16-17; Suetonio, *Calígula* 14; Caritón, *Aventuras de Quéreas y Calírroe*. 5.1.3; Josefo, *Guerra* 1.179-80; 2.388-89; 7.105; *Ant.* 18.101; Or. sib. 4.120, 124.
22. Sobre la implicación de Pompeyo, ver Apiano, *R.H.* 12.15.105; 12.17.116. Los partos eran los enemigos de Roma en aquel periodo (Salustio, *Mitrídates* 1-23) y mucho después del siglo I (Herodiano, 6.3.2).
23. Herodiano, 4.10.2. los partos cruzarían el Éufrates para enfrentarse a Roma (Lucano, *G. C.* 8.354–58).
24. Sobre la propaganda de Augusto, ver Horacio, *Epístolas* 2.1.256; *Odas* 1.12.53; 1.21.13-16; 3.5.3-4; 3.8.19-20; 4.25–27; *Epodos* 7.9-10. Sobre las luchas posteriores, ver Tácito, *An.* 13.34-41; 15.1-18, 24-31; Suetonio, *Tib.* 41.
25. Sobre la información de este párrafo, ver Horacio, *Epístola* 2.1.112; *Odas* 1.19.12; 4.15.23; Lucano, *G. C.* 2.552; 10.48-51; Marcial, *Epig.* 2.53.10.

Anteriores profecías paganas de una invasión asiática de Roma habían aterrorizado a los romanos; sin embargo, no se habían cumplido.[26] ¡Ahora era Dios quien hablaba y había verdaderas razones para tener miedo! Según ciertas especulaciones judías, Nerón, a quien los cristianos veían como un precursor del anticristo, se dirigiría a Partia cruzando el Éufrates y traicionaría a Roma (Or. sib. 4.119-24). Palestina estaba cerca de la frontera oriental del Imperio romano, lo cual hacía de esta región junto con el resto de la provincia romana de Siria, una zona muy adecuada para un ataque parto.[27] Por ello, algunas tradiciones judías del siglo I sugerían también que los ángeles de Dios movilizarían un ejército parto para una invasión de Tierra Santa (1 En. 56:5-6).[28]

Se creía que los ángeles malignos estaban atados en lugares (9:14; 20:2, 7) como abismos subterráneos (1 En 10:4-6, 12-13; 88:1-3; Jub. 5:6) y acuíferos profundos (Test. Sal. 6:3-6; 25:7).[29] Los judíos entendían también que los ángeles incitarían a la guerra, a los reyes orientales de los partos y los medos, invadiendo Palestina (1 En 56:5-6). Los cuatro ángeles atados en el Éufrates (Ap 9:14-15) son, pues, probablemente, ángeles malignos a quienes Dios utilizaría como instrumentos de juicio sobre un mundo pagano y perverso, indudablemente mediante su incitación de los partos.

Como en la plaga anterior (9:10), estos ángeles tienen aguijones en la cola (9:19). Los arqueros partos habían perfeccionado la técnica de cabalgar con sus caballos hacia adelante mientras disparaban sus arcos hacia atrás. Solían retirarse a la parte superior de los montes, y cuando los romanos les seguían, los arqueros partos los abatían mediante una lluvia de flechas. Antes de que los romanos aprendieran que no tenían que perseguir a los partos a las zonas montañosas ¡estos habían ya destruido un par de legiones! Los romanos los habían recordado y temido durante mucho tiempo por esta estrategia.[30]

---

26. Véase Meeks, *Moral World*, 29.
27. Aulo Gelio, 15.4.4.
28. Algunos rabinos posteriores afirmaban que Roma tenía más recursos económicos, pero que Persia era más poderosa (*ARN* 28A), y debatían cuál de estos dos imperios resultaría victorioso (*b. Yoma* 10a).
29. O en el Hades (Ap. Sof 6:15); o en el Tártaro o Gehena (Or. sib. 1.101–3; Ps. Filón 60:3; T. Sal 6:3); algunos textos llegan a situar su cárcel en el segundo cielo (2 Enoc 7). Algunas tradiciones judías que circulaban en el tiempo de Juan hablaban de "ángeles portadores de castigo", soltando las aguas subterráneas para producir una inundación (1 Enoc 66:1).
30. Esto se subrayó especialmente un siglo antes de Juan (Virgilio, *Georg.* 3.31; Horacio, *Odas* 2.13.18; Propercio, *Elegías* 2.10.13-14). Ver Aune, *Revelation*, 2:533, que

¿Pero podemos identificar claramente a estas "tropas de caballería" con los partos (9:16)? Algunos sugieren que las imágenes simbólicas de los partos se mezclan con la horrible imaginería de un ejército diabólico, y, con ello, "un familiar temor del siglo I se convierte en pesadilla".[31] Igual que en su momento Juan oyó el número del piadoso ejército de los 144.000 (7:4) ahora oye también el que constituye este grupo; sin embargo, como cuando "vio" a los 144.000 estos resultaron ser algo literalmente distinto (7:9), quizá este ejército acabará también siendo algo más que meros partos (9:17). Las criaturas ígneas y humeantes (9:17) pueden simbolizar la forma final de los juicios de Dios sobre la humanidad, una intensificación de las plagas contra Egipto (Sabiduría 11:18). La aproximación más cercana a estas criaturas en la literatura griega era el horrendo monstruo llamado Quimera, que "echaba fuego y tenía la cabeza de un león, la cola de un dragón o serpiente y el cuerpo de una cabra"; en las imágenes antiguas, tenía a veces el cuerpo de un león con cabeza de cabra.[32] A diferencia de sus predecesores (Ap 9:5), estos invasores sí dan muerte a los humanos (9:18). En pocas palabras, Apocalipsis describe la invasión de unos monstruos aterradores. El que de sus bocas salga fuego indica que, como los verdaderos profetas de Dios (11:5), este ejército diabólico exhibe también un poder sobrenatural para ejecutar juicio sobre el mundo.

No cabe duda de que estas imágenes trascienden a un mero ejército de partos del otro lado del Éufrates. A diferencia de las corazas de hierro de sus predecesores (9:9), estos guerreros llevan corazas de (literalmente) "fuego y azufre" (9:17). Aunque, probablemente, la NVI tiene parte de razón al traducir esta descripción en términos de color (rojo, azul y amarillo) —el azufre es amarillo y arde con una llama azul— no puede ignorarse la traducción literal de estas palabras puesto que "por la boca echaban" también "fuego, humo y azufre" (9:17; probablemente también simbólico en 11:5; cf. 12:15-16).[33] Que las cabezas de los caballos sean como de león recuerda al anterior ejército descrito en 9:8 y apela a la antigua imagen del león como feroz y peligroso depredador (cf. 1Cr 12:8; ver comentario sobre 5:5). Las colas como serpientes evocan horribles imágenes de la mitología griega, como la Medusa o varios demonios con pelo de serpiente;[34] pueden también aludir al

---

consigna antiguas representaciones de la "caballería armada" de los partos.
31. Caird, *Commentary on Revelation*, 122.
32. Aune, *Revelation*, 2:539, que documenta concienzudamente su trabajo.
33. El azufre está presente en varios juicios (ver p. ej., Or. sib. 3.462).
34. Ver Homero, *Od.* 11.634-35; cf. Apuleyo, *Metam.* 11.3.

dragón de 12:3-4 que tiene una cola fuerte, aunque un lector no captaría esta comparación en una primera lectura.

A continuación, Juan reitera explícitamente que lo que vio fue una "visión" (9:17), lo cual deja probablemente espacio para una considerable cantidad de elementos simbólicos y nos permite sostener que está describiendo a un ejército humano literal, aunque en términos horribles. Ya sea que la visión hable de un ejército diabólico descrito con rasgos de los partos, o de partos descritos como un horrible ejército simbólico, el efecto final solo se altera ligeramente, y es que, en cualquier caso, las imágenes evocan terror.

La matanza de una tercera parte de la población del mundo (9:15, 18) es una catástrofe sin precedente. Al mismo tiempo, es de menores dimensiones que muchas otras tradiciones apocalípticas: como por ejemplo, la de un Nerón redivivo que atacaría a Occidente y mataría a dos terceras partes de los seres humanos (Or. sib. 5.102-3), o que los juicios de Dios destruirían a dos terceras partes de la humanidad (3.540-44), o la advertencia profética de que dos tercios de Israel, el pueblo de Dios, serían exterminados (Zac 13:7-8). En el libro de Apocalipsis, los juicios de Dios afectan solo a una tercera parte (Ap 8:7-12; *cf.* 12:4) o incluso a una décima (11:13), indicando que Dios juzga a un remanente más que a la mayoría, esperando que otros procedan al arrepentimiento (9:20-21). No cabe duda de que la muerte de una tercera parte de las personas es un juicio, pero es asimismo un acto de misericordia.[35]

El hecho de que los ángeles del juicio estén preparados para un momento establecido (9:15; *cf.* quizá 9:7; 12:6; 16:12) refuerza el acento de Apocalipsis en el sentido de que Dios controla todos los juicios de la tierra; los creyentes no tienen que temer los sufrimientos del mundo como si Dios no tuviera control de ellos.[36] Algunos comentaristas piensan que el número de soldados de este ejército, doscientos millones, refleja cálculos basados en la hueste de Dios presentada en Salmos 68:17 y Daniel 7:10, argumentando que, aunque se trata de un ejército diabólico, también debe servir bajo las órdenes de Dios.[37] Este número puede representar un contraste con la cifra mucho más reducida de los 144.000 (Ap 7:4-8), que no tienen que tomar las armas contra

---

35. El patrón de juicio sobre una tercera parte (8:7-12; 9:13-19) no aparece en otras obras escatológicas judías, pero puede recordar libremente a Ezequiel 5:2, 12 (ver Aune, *Revelation*, 2:500, 519).
36. Sobre los ángeles del juicio en los textos judíos (también en Semejanzas de Enoc), ver Aune, *Revelation*, 2:538.
37. Beasley-Murray, *Revelation*, 165.

Roma; Dios, que oye sus lamentos, resucitará a un grupo de seres perversos para que luchen contra otros igualmente perversos. En cualquier caso, su número será aterrador: probablemente, estas tropas superaban en número a toda la población del mundo mediterráneo.

El clímax del relato se produce en 9:20-21. Dios permite que muera una tercera parte de la humanidad y salva a las dos restantes invitándolas al arrepentimiento. Sin embargo, como sucediera con Faraón durante las plagas que asolaron Egipto, el mundo se niega a arrepentirse (Éx 7:22-23). En lugar de adorar al único Dios verdadero y buscar su ayuda, dan su devoción a dioses falsos. De este modo, los hombres frustran los poderosos propósitos de Dios, que les ofrece arrepentimiento, y ello explica que, finalmente, se agote justamente su paciencia para con ellos (*cf.* Ro 2:4; 9:22).

Muchos filósofos creían que los dioses enviaban su castigo para producir arrepentimiento.[38] La mayoría de los habitantes del mundo romano atribuían las plagas a la ira de sus deidades, pero algunos objetaban que estos acontecimientos se producían por pura casualidad.[39] Los maestros judíos también reconocían que Dios enviaba a menudo señales o juicios que produjeran el arrepentimiento antes de recurrir a juicios más duros; algunos maestros de periodos posteriores llegaron a afirmar que los que eran adictos a su pecado no se arrepentirían ni siquiera a las puertas del infierno.[40] Los autores judíos se quejaban a veces de quienes se negaban a arrepentirse a pesar de ver las obras de Dios (Éx 7:23; 2Cr 28:22; Ps. Filón 7:1), u observaban que esto sucedía porque las plagas afligían al mundo, haciendo que todo el mundo sufriera (ARN 9A). Reconocían que, en Egipto, Dios envió las plagas para invitar al arrepentimiento.[41] Dios sigue hoy usando los juicios para producir arrepentimiento (Am 4:6-11; Hag 2:17).

Y lo que es más importante, esto expresa su misericordia y distingue estos juicios, que son una invitación al arrepentimiento, del futuro juicio final.

---

38. Abraham J. Malherbe, *Moral Exhortation: A GrecoRoman Sourcebook*, LEC 4 (Filadelfia: Westminster, 1986), 86, sobre Hierocles. Sobre el sufrimiento como instrumento para la educación divina en el pensamiento antiguo, ver Talbert, *Apocalypse*, 43.
39. Dionisio de Halicarnaso, 7.68.2.
40. Ver ARN, 32A; *b. Erub.* 19a.
41. Beale, *Revelation*, 466, observa que los intérpretes judíos entendían que estos invitaban al arrepentimiento a Egipto (citando a Filón) y sin duda a toda la humanidad (citando a Josefo).

Los textos judíos condenan a quienes adoran a dioses de madera, piedra y metales preciosos (Is 37:19; 44:19; 1 Enoc 99:7; Or. sib. 3.586-90; 5.82-83). Tanto los primeros cristianos (1Co 10:20) como amplios sectores del judaísmo (Bar. 4:7; 1 En. 19:1; 99:7; Jub. 1:11; 22:17) habrían compartido la idea de Apocalipsis de que los paganos adoraban demonios (Ap 9:20).[42] Tampoco debe sorprendernos (Ro 1:23-27) que Apocalipsis conecte el maltrato de unas personas creadas a imagen de Dios con el rechazo de la verdadera imagen de Dios que supone la idolatría (9:20-21).[43]

Construyendo Puentes

Extraer lecciones de la Biblia. Toda la Biblia es útil para enseñar (2Ti 3:16), pero cada pasaje lo es para iluminar diferentes circunstancias. Por regla general, textos como los que describen la quinta y sexta trompetas de este capítulo no sirven para consolar a los afligidos o solitarios, pero sí para sacudirnos de nuestra autocomplacencia. Nos permiten tomar conciencia de la realidad, denunciando nuestras fantasías de que la vida será siempre igual y nos emplaza a reconocer el terrible sufrimiento del mundo que nos rodea.

Entender las langostas y otros símbolos proféticos. Los modernos estudiosos de la profecía difieren en su acercamiento a las langostas. Algunos las ven como "demonios que adoptan la forma de estas singulares langostas";[44] otros admiten que puede tratarse de langostas literales, mutantes y poseídas por demonios, aunque parecen dar preferencia a la idea de que se trata de langostas simbólicas, que representan quizá a los helicópteros tipo Cobra, como los utilizados en Vietnam, capaces de atacar por la cola con gas nervioso.[45]

---

42. También Test. Job 3:3; Test. Sal. 5:5; 6:4; *Sifre Dt.* 318.2.1-2; Atenágoras, 26. Es posible que este punto de vista fuera compartido por los mazdeistas (A. T. Olmstead, *History of the Persian Empire* [Chicago: Phoenix Books, Univ. of Chicago Press, 1959], 96, 195).
43. Las "hechicerías" consistían literalmente en la práctica de pociones (y venenos), usadas normalmente contra otras personas (o para seducirlas). El judaísmo rechazaba oficialmente estas prácticas (Or. sib. 3.225), eran posiblemente muy comunes en el Asia romana (Hch 19:19; *cf.* Ap 18:23).
44. Ryrie, *Revelation*, 61.
45. Lindsey, *New World Coming*, 138-39. Se decía que los hechiceros mandaban a ciertos animales a atacar a sus enemigos (John S. Mbiti, *African Religions and Philosophies* [Garden City, N.Y.: Doubleday, 1970], 26-62).

La analogía del helicóptero Cobra es un poco frágil; se trata de la clase de sugerencia que puede quedar rápidamente desfasada. No obstante, tiene más valor del que la mayoría de los eruditos estamos dispuestos a apreciar. Si Apocalipsis utiliza una de las imágenes más gráficas y feroces de una invasión en su día, puede que la imagen de helicópteros atacando con gas nervioso ofrezca una equivalencia aproximada para nuestro tiempo, siempre que podamos reconocer en este tipo de dramáticas imágenes los juicios del Dios que dirige la historia humana (1:8). Es decir, hemos de buscar analogías que transmitan en imágenes modernas el mismo terror que habrían transmitido las primeras imágenes, es decir, una invasión devastadora. No es correcto limitar a los partos las imágenes aterradoras —aunque estos desempeñaron sin duda este papel para los contemporáneos de Juan y aportaron una parte de la imaginería—, ello equivaldría a "reducir la dramática metáfora del libro al nivel de prosa superficial".[46] No es así como funciona una buena parte del simbolismo profético de la Biblia.

Puede que algunos intérpretes se sientan incómodos con este acercamiento a la profecía bíblica. No cabe duda de que, si Juan tiene en mente una devastadora invasión parta que todavía no se ha llevado a cabo, hemos de esperar un avivamiento literal de Partia para que sus soldados puedan invadir a un nuevo Imperio romano (como algunos esperan).[47] Pero si el objetivo de la visión de Juan se busca en el mensaje que transmite más que en los detalles de la imagen, puede ser una mera advertencia de que Dios utilizaría a los enemigos más feroces del imperio, por mucho que también ellos fueran malvados, para juzgarlo. Los cristianos perseguidos no tienen que tener miedo de ningún imperio impío; el reino de Satanás está dividido, y Dios se sirve de un imperio perverso para destruir a otro, mientras la iglesia de Jesucristo permanece y crece.

El hecho de que Apocalipsis pueda tomar prestadas las langostas de Joel para hablar de una plaga distinta de la que describe el profeta con langostas literales, no nos invita a reciclar libremente las imágenes bíblicas sin prestar atención a su significado, sino que más bien nos recuerda

---

46. Bowman, *First Christian Drama*, 67.
47. Menos de veinte años después de redactarse el libro de Apocalipsis los romanos derrotaron a Partia en otra guerra importante; ver fuentes en Robert K. Sherk, ed., *The Roman Empire: Augustus to Hadrian*, TDGR 6 (Nueva York: Cambridge Univ. Press, 1988), 168-77. Los expertos en profecía imaginan a menudo un avivamiento del Imperio romano como cumplimiento —¿o acaso nuevo cumplimiento?— de Daniel 7:23-24; sin embargo, esta interpretación del avivamiento de aquel imperio comenzó, y no es de extrañar, antes de la desaparición del Sacro Imperio romano y ha seguido por tradición desde entonces.

que Dios, cuyo carácter nunca cambia, generalmente actúa en la historia según patrones consistentes. Los juicios que ha enviado en tiempos pasados ofrecen, pues, advertencias de juicios semejantes que Dios seguirá mandando sobre sociedades distintas hasta el fin (1Co 10:6-12). Nuestras vidas son demasiado cortas para que podamos aprenderlo todo por medio de la experiencia, pero si somos sabios podemos aprender de la historia. Sin embargo, esta ha de interpretarse según ciertas perspectivas generales, de modo que la historia más útil para nuestra instrucción moral está en la Biblia, que nos ofrece la perspectiva de Dios.

Al tender puentes entre contextos hemos de tener también cuidado de cómo aplicamos el mensaje de los textos. Para los romanos, los partos representaban una amenaza pavorosa, pero su ubicación en el "oriente" (16:12) era un asunto puramente geográfico.[48] A finales del siglo XX, algunos estudiosos de la profecía norteamericanos apelaban a los temores contemporáneos sobre la China comunista o la competitividad económica de los japoneses. Hal Lindsey, subrayando que el ejército permanente de China es de más de doscientos millones de soldados (9:16), considera que la expresión "los reyes del oriente" (16:12) alude a una invasión "oriental" de Oriente Medio.[49]

Sin minimizar los motivos de preocupación sobre la justicia que genera la reciente historia de China, un acercamiento que equipara al "este" del mundo moderno (el Extremo Oriente) con el "este" de Juan (la zona de Partia) no comprende el punto principal de Apocalipsis y corre el riesgo de alentar unos prejuicios injustos contra los asiáticos (ver comentario sobre 16:12). Al aplicar el texto sigue siendo perfectamente legítimo comparar los actuales temores de nuestros contemporáneos con los de los romanos, con lo cual explicamos y evocamos el mismo impacto emocional que experimentaron los contemporáneos de Juan cuando escucharon su visión. No es, sin embargo, lícito o coherente considerar las imágenes sobre los partos de un modo simbólico, pero aplicar un sentido literal y fijar un determinado grupo de pueblos cuando interpretamos "oriente".[50] En cualquier caso, con esta invasión

---

48. Mucho antes el Éufrates había separado a Jacob de Labán (Gn 31:21) y del territorio de David en el norte (Gn 15:18; 2S 8:3; 1Cr 18:3), sin embargo, muchos judíos viven ahora al otro lado del Éufrates (Josefo, *Guerra* 1.5, 179; *b. B.M.* 28a).
49. Lindsey, *New World Coming*, 140-41.
50. Michaels, *Revelation*, 130, tras mencionar algunos regímenes que han puesto nerviosos a los norteamericanos, añade los temores contemporáneos sobre los alienígenas. Aunque soy de los que suelen ver poco valor positivo en las películas de horror contemporáneas (también en las de ciencia ficción), estas pueden ofrecer

parta no se pretende aterrorizar a los creyentes obedientes, sino ofrecerles vindicación contra sus opresores romanos.

Comentando sobre los ígneos caballos con cabeza de león descritos en 9:17, Lindsey sugiere prosaicamente: "En mi opinión Juan está describiendo alguna forma de lanzamisiles móvil".[51] Pero no hay una clara razón para dar preferencia a esta interpretación cuando este tipo de criaturas que echaban fuego eran completamente normales en la imaginería del siglo I. Lindsey no capta la idea, puesto que los textos apocalípticos no pueden leerse como si fueran simples narraciones; son más como la poesía de muchos salmistas y profetas bíblicos. La imaginería de las visiones tiene como objeto evocar imágenes de terror más que transmitir un retrato exacto y literal del aspecto de las amenazas.

Sin embargo, la lectura de Lindsey consigue también captar el significado esencial del texto, en tanto que traduce las horrendas imágenes del tiempo de Juan con otras que suscitan un horror semejante en el nuestro.[52] Al hacer esto, permite que el texto nos transmita su impacto original de manera más abierta que algunos eruditos que acaban enterrándolo en un análisis de antiguos paralelismos. Cuando transmitimos el sentido del texto para nuestro tiempo, hemos de ofrecer comparaciones con imágenes gráficas que tengan el mismo efecto sobre las audiencias contemporáneas.

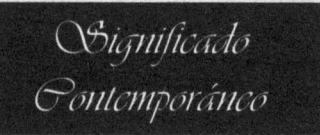

La implicación de Dios en la historia. Dentro de mi círculo eclesial, algunos cristianos de edad avanzada solían hablar de "mantenerse en paz" y "dejar que el Señor peleara sus batallas". Estas cosas podrían ser los principales valores morales del pasaje que estamos considerando. Nuestra tarea como integrantes del ejército escatológico de Dios (7:1-8) no es enfrentarnos a otro con armas físicas; de hecho, puede que hasta acabemos dando nuestra vida por el evangelio (7:9-17). Sin embargo, Dios tiene otras tropas para derrocar a los imperios de este mundo, y lo hace sirviéndose

---

algunas buenas ilustraciones para comunicar el impacto emocional de este pasaje de Apocalipsis.
51. Lindsey, *New World Coming*, 141.
52. Hay que reconocer que la correspondencia que nos ofrece Lindsey, entre algunos detalles del texto (como el de la caída del fuego) y supuestas equivalencias modernas mientras ignora otros detalles que no encajan en ellas, es demasiado prosaica. Algunas otras imágenes de horror menos vinculadas a los rasgos específicos de las de Juan pueden comunicar con más facilidad un impacto equivalente.

de ejércitos sobrenaturales o humanos. Dios levantó a Babilonia para juzgar a Judá y después juzgó también a Babilonia por sus propios pecados. A veces, los perversos actos terroristas de nuestro tiempo hacen incluso que la opinión pública se vuelva contra los terroristas, produciendo al menos una temporal disminución de tales acciones.[53]

Los movimientos milicianos que se concentran en armarse para sobrevivir a las batallas escatológicas entienden erróneamente el libro de Apocalipsis.[54] El Señor no depende de nuestros medios carnales para llevar a cabo los propósitos de su reino (Mt 26:52; Lc 22:51).

Un mensaje para los cristianos. El impacto que persigue las imágenes de Apocalipsis sobre quienes rechazan deliberadamente su verdad es duro: Juan no es como algunos predicadores modernos que no están dispuestos a usar el temor como inductor al arrepentimiento. Pero pocos de los que rechazan el mensaje de Apocalipsis estarán dispuestos a leer hasta este punto del libro; sus principales receptores son los cristianos, y su mensaje esencial en este punto puede, por tanto, ser doble: (1) los cristianos que flirtean con el mundo han de pensárselo dos veces, porque todo el orden social será destruido en las terribles catástrofes de la guerra; solo Cristo representa una verdadera seguridad.

(2) Los cristianos que sufren a manos del mundo nunca deben envidiar la posición de sus perseguidores. Estos también sufrirán; las invasiones por parte de otros pueblos o de espíritus impíos funcionan como juicios de Dios sobre las sociedades impías y son, por ello, una activa vindicación de su pueblo perseguido. Naturalmente, los cristianos están muchas veces entre las víctimas de las guerras, como por ejemplo durante los genocidios de Ruanda en la década de 1990. Juan no promete una inmunidad total y específica de todos los estragos de la

---

53. Ver, p. ej., *The Ku Klux Klan: A History of Racism and Violence*, 4ª ed., ed. Sara Bullard (Montgomery, Ala.: Klanwatch, Southern Poverty Law Center, 1991), 22; el relato de un amigo de JCUM sobre los efectos del asesinato de tres niños católicos en Irlanda del Norte durante el verano de 1998. Tanto el atentado de Oklahoma City perpetrado por terroristas de la ultraderecha como el que llevaron a cabo algunos extremistas musulmanes en la embajada de Nairobi debilitaron sus causas, al menos a corto plazo.
54. Sobre estos movimientos, cuyos miembros son en su mayor parte protestantes conservadores, ver Richard Abanes, *American Militias: Rebellion, Racism and Religion* (Downers Grove, Ill.: InterVarsity, 1996), 87-97. Más en concreto sobre Elizabeth Clare Prophet y su Iglesia Universal y Triunfante, véase Joe Szimhart, "Lambs to Slaughter—An Insider's Report of Cultic Bondage", *SCP Newsletter* 19/3 (invierno 1995): 1, 9, 13-14.

guerra para los siervos de Dios; sin embargo, los depredadores diabólicos, al menos, no pueden tocarlos (9:4).⁵⁵

Por otra parte, Juan aporta una perspectiva sobre los problemas del mundo que complementa otras ideas bíblicas: Dios no está ausente cuando el mundo sufre penalidades, sino que sigue controlando la situación. Los cristianos deben también entender otra perspectiva bíblica que nos llama a trabajar para aliviar y sanar el dolor que nos rodea: la cruz da testimonio de que Dios ama a un mundo que le es hostil y que ha compartido incluso nuestro dolor para finalmente liberarnos de él. No obstante necesitamos también la perspectiva de Apocalipsis, que explica la absoluta división entre los mártires de Dios y sus perseguidores: Dios no se limita a esperar hasta el regreso de Cristo para actuar en la historia a favor de la justicia.

Por último, el mensaje del arrepentimiento (9:20-21) no interpela únicamente al mundo, sino también a los cristianos profesantes que se sienten demasiado cómodos con los valores del mundo (2:5, 16, 21-22; 3:3, 19; *cf.* 18:4).

---

55. *Cf.* las antiguas imágenes de (normalmente) espíritus diabólicos asignados para escoltar a los impíos al infierno (T. Aser 6:4-5; 3 Enoc 44:2; Ap. Sof 4:2-4; Preguntas de Esdras 15 A; *Sifre Dt.* 357.11.2; posiblemente adaptadas del paganismo: *Primer conjuro del Libro egipcio de los muertos*, S5; Diógenes Laercio, 8.1.31; *cf.* además Erwin R. Goodenough, *Jewish Symbols in the Greco-Roman Period*, 13 vols. [Nueva York: Pantheon for Bollingen Foundation, 1953-68], 12:149- 52), aunque omitida en la idea bíblica (Lc 16:22-23).

Apocalipsis 10:1-11

Después vi a otro ángel poderoso que bajaba del cielo envuelto en una nube. Un arco iris rodeaba su cabeza; su rostro era como el sol, y sus piernas parecían columnas de fuego. ² Llevaba en la mano un pequeño rollo escrito que estaba abierto. Puso el pie derecho sobre el mar y el izquierdo sobre la tierra, ³ y dio un grito tan fuerte que parecía el rugido de un león. Entonces los siete truenos levantaron también sus voces. ⁴ Una vez que hablaron los siete truenos, estaba yo por escribir, pero oí una voz del cielo que me decía: «Guarda en secreto lo que han dicho los siete truenos, y no lo escribas».

⁵ El ángel que yo había visto de pie sobre el mar y sobre la tierra levantó al cielo su mano derecha ⁶ y juró por el que vive por los siglos de los siglos, el que creó el cielo, la tierra, el mar y todo lo que hay en ellos, y dijo: «¡El tiempo ha terminado! ⁷ En los días en que hable el séptimo ángel, cuando comience a tocar su trompeta, se cumplirá el designio secreto de Dios, tal y como lo anunció a sus siervos los profetas».

⁸ La voz del cielo que yo había escuchado se dirigió a mí de nuevo: «Acércate al ángel que está de pie sobre el mar y sobre la tierra, y toma el rollo que tiene abierto en la mano».

⁹ Me acerqué al ángel y le pedí que me diera el rollo. Él me dijo: «Tómalo y cómetelo. Te amargará las entrañas, pero en la boca te sabrá dulce como la miel». ¹⁰ Lo tomé de la mano del ángel y me lo comí. Me supo dulce como la miel, pero al comérmelo se me amargaron las entrañas. ¹¹ Entonces se me ordenó: «Tienes que volver a profetizar acerca de muchos pueblos, naciones, lenguas y reyes».

Entre el sexto y séptimo sellos (6:12; 8:1), Apocalipsis nos ofrece una imagen del estado de los santos durante este periodo (7:1-17); ahora nos proporciona un interludio parecido entre la sexta trompeta y la séptima (9:13; 11:15).¹ Apocalipsis 12–14 funciona, pues, como corazón del libro, entre las trompetas y las copas de la ira de Dios.

---

1. Aune, *Revelation*, 2:499, sugiere un paralelismo con el relato de la Pascua en Éxodo 12:1-18, situado entre las plagas novena y décima.

En 10:1, Juan ve un ángel magnífico. Las imágenes de ángeles resplandecientes (10:1) son comunes en la literatura judía (ver especialmente Daniel 10:6).[2] El arco iris que rodeaba la cabeza del ángel representa probablemente una corona brillante (*cf.* 12:1; 14:14), que algunas tradiciones atribuyen a los ángeles de elevada posición (3 En. 22:5; 26:7); el arco iris representa probablemente la gloria divina (Ap 4:3). La expresión "envuelto en una nube" (*cf.* 11:12; 14:14–16) pone simplemente de relieve su talla celestial.

En la tradición judía se subrayaba la existencia de muchos ángeles gigantes, algunos de ellos tan altos como los cielos.[3] Que las piernas de este ángel parezcan "columnas de fuego" puede recordar la antigua tradición de que el mundo se sostenía sobre columnas; el que sus pies se aposenten sobre el mar y sobre la tierra refuerza esta imagen de una enorme magnitud (10:2).[4] Sin embargo, al aparecer justamente después de las comparaciones con el arco iris y el sol, se subraya probablemente más su luminosidad, aludiendo a la tradición judía de la gloria de Dios manifestada a Israel como una columna de fuego en el desierto que, según parece, se extendía hasta el cielo (Éx 13:21-22; 14:24; Nm 14:14; Neh 9:12, 19). Las dimensiones de tales ángeles ayudaban a los antiguos lectores de estos relatos, también a los de Apocalipsis, a mantener un reverente asombro ante el Dios que era infinitamente mayor que ellos.

Los eruditos difieren ampliamente en sus puntos de vista acerca del "pequeño rollo" que el ángel tiene en la mano (10:2).[5] Para algunos se

---

2. Ver Dn 10:6; 2 Enoc 14:3; 19:1; 3 Enoc 14:5; 22:4; 26:2-7; 35:2; T. Abr. 12 A; ver también comentario sobre Ap 1:14-16. Esta gloria aparece lo suficientemente amplia (*cf.* Ford, *Revelation*, 158) de manera que no es necesaria ninguna semejanza entre este ángel y Jesús en 1:13-16 (Beale, *Revelation*, 524-25, lo entiende como Cristo, "el ángel del Señor" del Antiguo Testamento); tampoco la "voz del león" de 10:3 tiene por qué aludir a Jesús en 5:5 (*cf.* 4:7).
3. Tanto los ángeles malignos (1 Enoc 7:2; T. Reub. 5:6) como los buenos (3 Enoc 9:2; 22:3; 33:3; 35:2; *b. Hag.* 13b). Parecían retratos griegos de enormes deidades (Apolonio Rodio, 2.679-82; Babrio, 68; Calímaco, *Himno* 6.57-58; Apolodoro, 1.6.3), de demonios (Homero, *Il.* 4.440-43; Longino, *Sublime* 9.4) y de gigantes semidivinos.
4. Sobre las columnas de apoyo, ver Homero, *Od.* 1.52-53. Para las "columnas de Heracles", *cf.* p. ej., Apiano, *R.H.* 6.1.1; 12.14.93; para Atlas ver Esquilo, *Prometeo encadenado* 350-52. La comparación de las piernas con columnas subrayaba su fuerza (Cnt 5:15). Aune, *Revelation*, 2:556, señala múltiples paralelismos con el Coloso de Rodas en Asia, una estatua de bronce que representaba al dios Sol y medía unos 32 m de altura; aunque en aquel periodo ya había sido destruida, era muy conocida.
5. Aunque normalmente los libros abiertos se sujetaban con ambas manos, en el arte de la antigüedad se representaban a menudo personas sujetándolos con una sola mano,

trata de una comisión profética (ver Ez 3:1-4).[6] Sin embargo y puesto que se convierte en el contenido de la profecía de Juan (Ap 10:10-11), parece más probable que este rollo represente la esencia del libro de Apocalipsis (1:11; 22:7-10, 18-19). Es posible que se trate del libro cuyos sellos se rompen en 6:1–8:1, pero cuyo contenido constituye todo el mensaje de Apocalipsis: el libro abierto por el Cordero (5:1-9), que puede en cierto sentido incluir al libro de la vida (3:5; 13:8; 17:8; 20:12, 15; 21:27).

La imagen del trueno es apropiada. Los antiguos entendían en general que el Dios supremo gobernaba los truenos (ver comentario sobre 4:5), y en ciertas tradiciones los truenos sonaban como la voz de Dios (*cf.* Jn 12:29). No obstante, el contenido de los siete truenos es deliberadamente misterioso (Ap 10:4). Algunos piensan que Juan utiliza estos truenos para explicar por qué ha omitido una serie de juicios que le han sido revelados. Podrían también considerarse como un irónico paralelismo con los Diez Mandamientos que siguieron a las diez plagas de Éxodo, a excepción de que esta revelación se mantiene secreta (aunque la razón de ello tiene poco sentido si se acepta este punto de vista). Otros argumentan que el misterio que expresan los truenos es una técnica literaria que pretende crear una sensación de suspense.[7]

Si el contenido de los siete truenos se relaciona con el librito que el ángel lleva en la mano (10:1-3), puede que no esté escrito en el libro de Juan (10:4), aunque sí puede revelarse en la profecía del que comió el librito (10:8-11). Por ello puede argumentarse que este pasaje da a entender que Dios va a revelar más detalles por medio de Juan y de los dos testigos (11:3), es decir, a través del testimonio del pueblo de Dios que hace frente a un mundo hostil. Esta interpretación no hace violencia a la teología del libro. Aunque no puede añadirse nada al propio libro de Apocalipsis (22:18), este libro no implica que Dios dejara de hablar al finalizar su revelación a Juan, ni siquiera con la conclusión del canon. Dondequiera que las personas dan testimonio de Cristo Dios seguirá hablando (19:10). Aunque esta interpretación es atractiva, da la impresión de que los siete truenos serán solo revelados en el tiempo del fin, cuando se consume el "misterio" de Dios (10:7).

---

especialmente si la lectura había sido interrumpida (Aune, *Revelation*, 2:558); por otra parte, este libro podría ser muy "pequeño" en comparación con este ángel enorme.
6. Beasley-Murray, *Revelation*, 171-72.
7. Sobre esta última idea ver Michaels, *Revelation*, 134. En contra del punto de vista de que los truenos representan una fuente distinta asumida por Apocalipsis, ver Friedrich W. Horn, "Die sieben Donner, Erwägungen zu Offb 10", *SNTU* 17 (1992): 215-29.

Lo más probable es que los siete truenos se mantengan como un misterio para enseñar que las cosas ocultas pertenecen a Dios (Dt 29:29; *cf.* 2Co 12:4; Ap 2:17; 19:12).[8] A diferencia de Daniel, el libro de Apocalipsis, no sella la mayor parte de su contenido (Ap 22:10; *cf.* Dn 12:9); sin embargo, ciertas cosas han de permanecer selladas. La ocultación del significado de los siete truenos nos recuerda que Dios sabe mucho más sobre el futuro de lo que nos revela.

El ángel levanta la mano para jurar (10:5), y con ello subraya la certeza de su afirmación de que el fin llegará. Tanto en el antiguo Israel como también en las costumbres judías posteriores, levantar la mano era una práctica muy corriente para realizar los juramentos (Dt 32:40; Jub. 13:29), los griegos, por su parte, solían ratificar la sinceridad de un juramento proponiendo tocar a Zeus en el cielo, si ello fuera posible, mientras se juraba.[9] La descripción de este juramento recuerda a Daniel 12:7, donde un ángel revelador levanta las manos al cielo y jura por el que vive por los siglos de los siglos (*cf.* Ap 1:18; 4:9) que solo quedan tres años y medio para el fin. Aquí, no obstante, la tribulación ha terminado ya, y las palabras del séptimo ángel anuncian que se ha agotado el tiempo y ha llegado el fin. (Obsérvese que puesto que el ángel que habla en 10:1-3 parece anunciar al séptimo ángel de la serie de trompeteros, es improbable que él mismo sea el séptimo ángel; en el libro de Apocalipsis aparecen muchos ángeles).

La expresión "no habrá más dilación" (10:6 NIV. La NVI consigna "El tiempo ha terminado"; N. del T.) puede traducirse "no habrá más tiempo". Es posible que esto sugiera un acortamiento de los periodos de tiempo a medida que se va acercando el fin, como sucede en ciertas tradiciones apocalípticas (2 Enoc 65:6-7). Pero, en este texto, la NIV traduce más correctamente "dilación". El término griego *chronos* puede significar "dilación" (como en Hab 2:3; Heb 10:37; *cf.* Ap 2:21; 6:11; 20:3); no queda ya ningún otro intervalo de tiempo antes del fin. Lo que Juan quiere decir es, probablemente, que la respuesta a las oraciones de los santos pidiendo su vindicación final no se retrasará más (6:9-11); el juicio ha llegado (11:18; 14:7).[10]

---

8. Sobre paralelismos en la antigua literatura profética acerca de algo que permanece oculto, ver especialmente Aune, *Revelation*, 2:562-63.
9. Caritón, *Aventuras de Quéreas y Calírroe* 3.2.5. Siguiendo un modismo hebreo, "levantar la mano" significa de hecho "jurar" (*cf.* Éx 6:8; Nm 14:30; Ez 20:5-6).
10. Ver Oscar Cullmann, *Christ and Time*, tr. F. V. Filson (Filadelfia: Westminster, 1950), 49; Rissi, *Time and History*, 24. Aune, *Revelation*, 2:568, prefiere los matices de "el tiempo habrá terminado".

La finalización del "misterio" (10:7 NIV. La NVI consigna, "designio secreto". N. del T.) indica probablemente que los siete truenos no son ya secretos (10:4); todo será revelado en la consumación (cf. 1Co 13:8-12).[11] Aunque en Apocalipsis cualquier cosa simbólica podría ser un "misterio" hasta ser explicada (1:20; 17:5-7), el "misterio" divino del que habla este versículo parece implicar el reino de Dios (Dn 2:44, 47; Mr 4:11). Los propósitos de Dios serán "cumplidos" (Ap 10:7; cf. 11:7; 15:1; 16:17; 17:17), tal como se prometió a "su siervos los profetas" (10:7; 11:18; cf. Hch 3:21-24).

Siguiendo las indicaciones de una voz celestial, Juan toma el librito de la mano del ángel, de un modo parecido a lo que hizo Ezequiel (Ez 2:9; Ap 10:8-9). La voz del cielo (Ap 10:4, 8), que se distingue de la del séptimo ángel (10:7), es probablemente la de Jesús (1:10; 4:1). El ángel le pide a Juan que se coma el libro (10:9), igual que Dios se lo pidió a Ezequiel (Ez 2:8; 3:1); y, como en Ezequiel, el libro tiene un sabor dulce como la miel en la boca (Ez 3:3; Ap 10:9-10).[12]

Que después resulte amargo en el estómago (10:9-10; no venenoso, como en 8:11) apunta probablemente al contenido del mensaje: dolor y luto (Ez 2:10); las palabras y la sabiduría de Dios se comparan a menudo con la miel (Sal 19:10; 119:103; Pr 24:13-14).[13] La acción de comerse el libro simboliza la interiorización de su contenido, puesto que quien lo ingiere puede después profetizar (Ez 3:1; Ap 10:11). Sin embargo, mientras que Ezequiel tenía que transmitir su mensaje únicamente a la casa de Israel (Ez 3:1), Juan profetizará a "muchos pueblos, naciones, lenguas y reyes" (Ap 10:11), como Jeremías (Jer 1:10) y los dos testigos (Ap 11:3).[14]

---

11. Sobre este lenguaje para describir el cumplimiento de la profecía, cf. Or. sib. 3.698-700.
12. Tanto la acción de comer el libro, como la de medir el templo en 11:1-2 solo se producen probablemente en la esfera de la visión. El autor de 4 Esdras 14:38-41, 45 aplica también la imagen de Ezequiel a la capacitación del Espíritu. Algunos maestros posteriores aplicaron la experiencia de Ezequiel al estudio de la ley (William Barclay, *Train Up a Child* [Filadelfia: Westminster, 1959], 12-13). Los ángeles ofrecen a menudo explicaciones (p. ej., 3 Bar. 9:5), y algo que tiene buen sabor pero acaba siendo amargo podría ser proverbial (Pr 5:3-4; cf. Diógenes Laercio, 6.2.61). Cf. Nm 5:23.
13. Acerca del modismo griego sobre el dulzor de las palabras cf. también Aune, *Revelation*, 2:572.
14. Ezequiel pronunció también oráculos para las naciones (Ez 25–32), como otros profetas (Is 13–23; Jer 25:15-38; 46:1-51:64); sin embargo, las palabras del rollo mencionado en Ezequiel 3:1 se dirigen a Israel. Aunque técnicamente Juan solo

Construyendo Puentes

La mayor parte de los géneros contemporáneos de discurso no dan relieve al tema de los ángeles. Naturalmente, mucha gente cree en ellos, y el interés en estos seres, aun entre aquellos que sostienen puntos de vista desvirtuados y anti cristianos (hay una explicación posterior sobre este problema, en los comentarios de la sección "Significado Contemporáneo" de 19:10), ha sido asombroso.[15] Sin embargo, pocos los ven como seres gigantescos relacionados no solo con nosotros como individuos, sino con la ordenación del cosmos, aunque la Biblia da a entender posiblemente la implicación de los ángeles en esta tarea (cf. Sal 148:2-10; Gá 4:8-10).

Para conseguir el mismo efecto que esta narración suscitó en sus primeros receptores, hemos de entender algo acerca de las concepciones judías sobre los ángeles en el siglo I. Con ello podremos apreciar mejor el grafismo con que esta narración subraya la soberanía de Dios. A este ángel se le presenta como a un ser más poderoso que los dioses descritos por la mayoría de los griegos; y, sin embargo, no es más que un siervo obediente del único Dios verdadero, que es infinitamente mayor de lo que puede expresarse mediante un retrato de estas características.

Examinando las ideas y asociaciones que transmitieron las imágenes de Apocalipsis a sus primeros receptores, podemos expresar ideas análogas para nuestros contextos contemporáneos, como, por ejemplo, el formidable carácter del ángel (que nos invita a contemplar y expresar la superior majestad de Dios), el paradójico (para nosotros) silencio de los truenos, la certeza de que el fin llegará a su tiempo, y el modelo de obediencia y experiencia que representa Juan como testigo facultado por el Espíritu.

Significado Contemporáneo

Este pasaje nos proporciona varias lecciones, cada una de las cuales puede contextualizarse a su vez para determinados

---

profetiza a siete comunidades eclesiales urbanas, su mensaje se propagará por medio de otras personas (ver David Hill, "Prophecy and Prophets in the Revelation of St John", *NTS* 18 [julio 1972]: 401-18 [pp. 417-18]). Acerca de la inspiración profética sobre todos los pueblos, ver Or. sib. 3.162-64, 297-99, 518-19.

15. *Cf.* Geoffrey Hodson, *Clairvoyant Investigations* (Wheaton, Ill.: Theosophical Publishing House, 1984); R. Gustav Niebuhr, "Long unemployed, angels now have their work to do: as guardians, especially, they are popular with people, religious and otherwise", *Wall Street Journal* 73 (12 de mayo 1992): 1, 6.

oyentes o circunstancias específicas de nuestra propia vida: (1) El formidable carácter del ángel obediente a Dios implica que Dios gobierna todas las fuerzas sobrehumanas y sobrenaturales. Sean cuales sean las crisis que hayamos de afrontar como individuos o como pueblo de Dios, podemos cobrar ánimo en los constantes recordatorios bíblicos de que Dios lo tiene todo bajo control.

(2) Los truenos ponen de relieve que ciertas cuestiones nos están todavía ocultas (10:4). Las cosas escondidas pertenecen solo a Dios (Dt 29:29); hasta que Jesús regrese, solo conocemos en parte (1Co 13:9). Esto no significa que debamos eludir la búsqueda de conocimiento (Pr 18:15; 23:12; 25:2); sí significa que Dios ha trazado límites a nuestro conocimiento, teniendo en cuenta lo que es mejor para nosotros, y hemos de reconocer tales fronteras (Ro 16:19). En otras palabras, hemos de evitar indebidas especulaciones acerca de aquellas cuestiones sobre las que no podemos estar seguros y no hablar dogmáticamente de ellas (1Ti 1:4; 2Ti 2:23). Dios gobierna el futuro, pero nosotros no tenemos por qué conocer los detalles. Él no nos ha otorgado este tipo de conocimiento, en especial sobre los últimos detalles antes de que se acabe el tiempo. Es posible que los siete truenos constituyan una de las palabras más importantes para los estudiosos de la profecía que encontramos en todo el libro.

En contraste con este principio, algunos ponen de relieve demasiados detalles sobre los que el texto no dice nada. Puede que los pronosticadores satisfagan nuestra curiosidad sobre el futuro, pero la tarea del expositor bíblico es ayudarnos a escuchar y obedecer (1:3) el mensaje de la Escritura, no añadir cuestiones que este silencia (22:18). Siempre estamos dispuestos a refutar las doctrinas de las sectas cuando estas hacen predicciones. En cierta ocasión hablé con unos Testigos de Jehová que defendían el punto de vista oficial de la Watchtower sobre una resurrección progresiva basada en Apocalipsis 20, y afirmaban que es lógico pensar que Dios no resucite al mismo tiempo a todas las personas de distintos tiempos y culturas. El problema de esta línea de argumentación es que tal "lógica" contradice la explícita afirmación del texto bíblico, y surge del mismo sistema de valores que insiste en considerar literalmente el número (pero no la identidad étnica o el género) de los 144.000.

Utilicé esta incoherencia para señalar que, a pesar de su pretensión de basarse solo en la Escritura, los Testigos de Jehová sustentan en realidad sus puntos de vista en el esquema de la Watchtower Society, y cualquier sistema teológico o filosófico parece coherente cuando se considera desde dentro. Aquellos Testigos de Jehová admitieron que sus convicciones no solo dependían de la Escritura, sino también de la especial pretensión de poseer la verdad de su grupo (una pretensión que los Testigos de Jehová comparten con otros muchos grupos).

Hace muchos años, mi testimonio a personas involucradas en sectas me forzó a reconocer que, en ocasiones, los cristianos ortodoxos trabajan con las mismas falacias interpretativas que las sectas. Por ejemplo, aunque el "aceite" de que habla Deuteronomio 33:24 es sin duda aceite de oliva, algunos empresarios evangélicos, más comprometidos con la excelencia en las perforaciones petrolíferas que en la interpretación de la Escritura, malgastaron más de trece millones de dólares que habrían podido ser mucho más útiles para las misiones, basándose en una errónea interpretación de este versículo [la palabra inglesa *oil* significa tanto "aceite" como "petróleo". N. del T.].[16] En septiembre de 1981, siendo un cristiano joven, escuché afirmar enfáticamente a un predicador que, según la Escritura, Irán caería en manos de la Unión Soviética antes de que transcurrieran doce meses; tomé nota de esta predicción, la guardé y comprobé su exactitud algunos años más tarde. Casi dos décadas más adelante, su solemne certeza sigue sin cumplirse, y es cada vez más difícil que lo sea, especialmente ahora que la Unión Soviética ya no existe (entiendo también que aquel predicador ha cambiado su línea de trabajo). No cabe duda de que hemos de investigar ciertas cuestiones especulativas por razones apologéticas (p. ej., muchos no cristianos preguntan: "¿De dónde salió la esposa de Caín?"); sin embargo, nuestras respuestas han de ser siempre humildes (podemos decir, p. ej.: "Este acercamiento puede ser correcto o no, pero muestra cómo puede responderse tu pregunta").

(3) La promesa de que "el tiempo ha terminado" (10:6) nos recuerda que aunque ahora tengamos que esperar, la espera no será para siempre. Se acerca el momento en que Dios cumplirá todas las promesas hechas a lo largo de la historia (Hch 3:21). Siendo uno de los primeros ministros de la African Methodist Episcopal Zion, Joseph Charles Price, lo expresó de esta manera: "Por oscura que sea la noche, creo en el despuntar de la aurora".[17]

---

16. Ver "Are There 'Treasures Hid in the Sand'?" *Pentecostal Evangel* (5 de enero 1986), 13.
17. Estas palabras están inscritas en el Heritage Hall en Livingstone College, Salisbury, N.C. (*cf.* Sal 30:5).

(4) Deberíamos seguir el ejemplo de Juan, obedeciendo aun cuando el mensaje que estamos llamados a proclamar sea amargo o no tenga lógica para nosotros. En algunos círculos, especialmente en aquellos que subrayan la prosperidad, se condiciona a los oyentes a esperar solo cosas agradables de parte de Dios; pero, su mensaje no es siempre agradable, aunque siempre proporciona al obediente la gracia para poder persistir (*cf.* Jer 39:18; 45:5).

(5) El mensaje de Apocalipsis se dirige a "muchos pueblos" (10:11). Nadie está exento de sus advertencias, y aquellos que más inclinados están a ponerse cómodos con las actuales facilidades de sus sociedades han de prestar especial atención. La copa del juicio llegará a todas las gentes (Jer 25:15-17), y también el sufrimiento de los creyentes (Mt 24:9).

Apocalipsis 11:1-14

Se me dio una caña que servía para medir, y se me ordenó: «Levántate y mide el templo de Dios y el altar, y calcula cuántos pueden adorar allí. ² Pero no incluyas el atrio exterior del templo; no lo midas, porque ha sido entregado a las naciones paganas, las cuales pisotearán la ciudad santa durante cuarenta y dos meses. ³ Por mi parte, yo encargaré a mis dos testigos que, vestidos de luto, profeticen durante mil doscientos sesenta días». ⁴ Estos dos testigos son los dos olivos y los dos candelabros que permanecen delante del Señor de la tierra. ⁵ Si alguien quiere hacerles daño, ellos lanzan fuego por la boca y consumen a sus enemigos. Así habrá de morir cualquiera que intente hacerles daño. ⁶ Estos testigos tienen poder para cerrar el cielo a fin de que no llueva mientras estén profetizando; y tienen poder para convertir las aguas en sangre y para azotar la tierra, cuantas veces quieran, con toda clase de plagas.

⁷ Ahora bien, cuando hayan terminado de dar su testimonio, la bestia que sube del abismo les hará la guerra, los vencerá y los matará. ⁸ Sus cadáveres quedarán tendidos en la plaza de la gran ciudad, llamada en sentido figurado Sodoma y Egipto, donde también fue crucificado su Señor. ⁹ Y gente de todo pueblo, tribu, lengua y nación contemplará sus cadáveres por tres días y medio, y no permitirá que se les dé sepultura. ¹⁰ Los habitantes de la tierra se alegrarán de su muerte y harán fiesta e intercambiarán regalos, porque estos dos profetas les estaban haciendo la vida imposible.

¹¹ Pasados los tres días y medio, entró en ellos un aliento de vida enviado por Dios, y se pusieron de pie, y quienes los observaban quedaron sobrecogidos de terror. ¹² Entonces los dos testigos oyeron una potente voz del cielo que les decía: «Suban acá». Y subieron al cielo en una nube, a la vista de sus enemigos.

¹³ En ese mismo instante se produjo un violento terremoto y se derrumbó la décima parte de la ciudad. Perecieron siete mil personas, pero los sobrevivientes, llenos de temor, dieron gloria al Dios del cielo.

¹⁴ El segundo ¡ay! ya pasó, pero se acerca el tercero.

 Es posible que esta sección sea el pasaje más difícil de interpretar de todo el libro de Apocalipsis. Como Juan (10:11), los dos testigos profetizan (11:3); ¿pero quiénes son estos dos testigos? Volveremos a esta pregunta, que es fundamental para la interpretación de esta sección, tras examinar una cuestión que se plantea primero: ¿Qué es el templo en 11:1-2?

El templo (11:1-2)

El libro de Apocalipsis toma prestados una serie de retratos escatológicos de sus contemporáneos, pero los aplica de nuevo, dándoles un significado novedoso y sorprendente; la imagen del templo puede encajar dentro de esta categoría. Si Juan estuviera escribiendo antes de la destrucción del templo en el año 70 d.C., durante un período de gran angustia para Jerusalén entre 66-70 d.C., podría estar haciendo referencia a un templo literal; sin embargo, la mayoría de los eruditos fechan el Apocalipsis a finales del siglo I, en la década de los noventa. Algunos consideran que el oráculo de advertencia al templo es una profecía dirigida inicialmente al templo de Jerusalén, antes del año 70 d.C., que Juan aplica de nuevo a la situación espiritual dentro de la tribulación de su tiempo.[1] Sean cuales sean los méritos de esta propuesta, es posible que el libro de Apocalipsis esté aplicando figurativamente el periodo literal de tres años y medio de la profecía de Daniel, a todo el periodo que media entre las dos venidas de Cristo (ver comentario sobre 12:5-6).

Algunos creen que 11:1-2 demanda la reconstrucción del templo físico.[2] Teniendo en cuenta que entre los contemporáneos de Juan se creía que el templo de Jerusalén sería reconstruido, esta idea tiene su lógica; sin embargo, ciertos factores me llevan a inclinarme a favor de una lectura más simbólica de este pasaje. (1) El periodo descrito (mil doscientos sesenta días) simboliza probablemente un lapso durante el cual no había un templo literal (ver comentario sobre 12:5-6). (2) Los

---

1. Beasley-Murray, *Revelation*, 37-38, 176-77; *cf.* Helmut Seng, "Apk 11,1-14 im Zusammenhang der Johannesapokalypse: Aufschluss aus Lactantius und Hippolytus", *Vetera Christianorum* 27 (1990): 111-21. Un lenguaje similar (incluido el uso del término "pisotear") encajaría en la descripción de una profanación literal del templo por parte de los gentiles (1 Mac. 3:45; 4:60; 2 Mac. 8:2; 3 Mac. 2:18; Judit 9:8; Salmos de Salomón 2:2; CD 1.3-4; T. Jud 23:3; Lc 21:24), que podría surgir del juicio (2 Bar. 8:1). Si se basaba en un oráculo anterior, podría tratarse de una profecía judeocristiana procedente del periodo de Calígula (*cf.* 2Ts 2:4) o finales de la década de los sesenta del siglo I d.C. (*cf.* Mr 13:14).
2. Así lo entiende Lindsey, *New World Coming*, 103, 156 (quien sugiere que puede ser reconstruido después del arrebatamiento, 160).

testigos son posiblemente simbólicos (ver comentarios sobre 11:3-14). (3) Puesto que Juan escribe tras la desaparición del templo, el apóstol espera posiblemente que sus oyentes entiendan que se refiere a un templo espiritual, ya que en aquel momento no existe ningún templo físico y él tampoco indica explícitamente que vaya a ser reconstruido. (4) Lo más importante es, sin duda, que el templo es simbólico en todos los demás pasajes de Apocalipsis (3:12; 13:6).

Pero si el templo es simbólico, ¿qué significa esto? El término griego que Juan utiliza para "templo" en este versículo es *naos*, palabra que en la traducción griega de las antiguas Escrituras de Israel designa generalmente las partes más sagradas del templo, y no todas sus instalaciones. Algunos sugieren que el templo representa a Israel y su altar, al remanente fiel que se niega a ser absorbido por el mundo.[3] Esta interpretación concuerda con las antiguas profecías bíblicas sobre Israel; posiblemente alude al sufrimiento del pueblo judío literal durante esta era, alrededor de un remanente de cristianos judíos que se mantiene genuinamente fiel a Dios en Cristo. No hay duda de que el libro de Apocalipsis sigue interesado en el fundamento y carácter judío de la comunidad cristiana (1:20; 2:9; 3:9; 7:1-17).

En la literatura cristiana temprana, sin embargo, el templo simboliza casi siempre a los cristianos, tanto judíos como gentiles (1Co 3:16; 2Co 6:16; Ef 2:18-22; 1P 2:5). Esto es también lo que el templo simboliza en el resto de Apocalipsis (Ap 3:12; 13:6); no es de extrañar que esta sea hoy la interpretación más común de este templo dentro del ámbito académico.[4] Algunos sugieren, por tanto, que el "atrio exterior" representa a los cristianos que transigen con los valores del mundo (como ciertos cristianos de Tiatira), argumentando que solo estos, y no los cristianos fieles, desaparecerán bajo la opresión del mundo.[5] Otros argumentan, asimismo, que los enemigos de Dios pisotearán a "la iglesia externa y visible" en esta era, pero que la iglesia invisible, escondida en Cristo, no será aplastada, sino que, finalmente, perseverará.[6] Están también los

---

3. Rissi, *Time and History*, 99.
4. Caird, *Commentary on Revelation*, 132; Metzger, *Breaking the Code*, 70; Talbert, *Apocalypse*, 44. En los Rollos del Mar Muerto a veces se describía también a la comunidad como una casa o templo (ver Bertril Gärtner, The Temple and the Community in Qumran and the New Testament [Cambridge: Cambridge Univ. Press, 1965], 16-46), sobre el templo de Jerusalén como contaminado espiritualmente (p. ej., CD 4.18; 5.6-7; 1QpHab 9.4-10.1).
5. Talbert, *Apocalypse*, 45.
6. Caird, *Commentary on Revelation*, 152; Beale, *Revelation*, 557-65. Michael Bachmann, "Himmlisch: der 'Tempel Gottes' von Apk 11.1", *NTS* 40 (julio 1994): 474-80, aplica

que sostienen que la protección mencionada en este pasaje no es espiritual sino física y que, por ello, la parte interior del templo alude a los que han sido protegidos en su paso por la tribulación y han perseverado hasta el fin, mientras que el atrio exterior representa a los cristianos que han sufrido la muerte.[7]

Sin embargo, teniendo en cuenta todo el contexto de este pasaje, es posible adoptar una lectura más específicamente cristiana judía. En este caso, el *naos* representa a la iglesia como fiel remanente de Israel (que comprende a los cristianos gentiles que han sido injertados). El atrio exterior pisoteado describe, por tanto, al gobierno del maligno, que engaña al resto del pueblo judío, el remanente escatológico que finalmente entiende el evangelio y se arrepiente (11:8, 13).[8] Esto encaja con la descripción de la Jerusalén impía que sigue (11:8). Si nuestra conclusión sobre este asunto es acertada, el uso del atrio exterior es entonces profundamente irónico, puesto que eran precisamente los gentiles quienes tenían limitado su acceso al patio exterior en el templo de Herodes, el que recordaban los contemporáneos de Juan.[9] Sin embargo, aunque esta propuesta me parece verosímil, no puede considerarse inequívoca; el exacto significado del atrio exterior sigue siendo objeto de debate.

¿Qué significa la "vara de medir" de Juan (11:1)? A comienzos del siglo XVI, Francis Lambert defendía que el templo era la iglesia y que la vara de medir era la Palabra de Dios.[10] Puede que tuviera razón al menos en que los primeros lectores habrían entendido la acción de medir simbólicamente; una obra judía del siglo I utiliza la medición del paraíso para hacer referencia a la resurrección de los muertos (1 En 61:1-5). Uno puede "medir" a los justos (1 En 70:3-4), igual que puede ponerse un sello sobre ellos para preservarlos del juicio (Ap 7:3).

11:1 a un templo celestial.
7. Aune, *Revelation*, 2:598, identificando a los sobrevivientes con su interpretación de los 144.000.
8. Heinrich Schlier, *Principalities and Powers in the New Testament* (Nueva York: Herder & Herder, 1961), 72, parece ver el patio externo como la Jerusalén terrenal en contraste con la celestial.
9. Beasley-Murray, *Revelation*, 182, opina que simboliza al mundo incrédulo. Si los patios simbolizan a los cristianos absorbidos por la cultura del mundo, puede que el enfoque principal sea una pureza inferior.
10. Petersen, *Preaching in the Last Days*, 151. Sobre la naturaleza física de esta vara cuando se utiliza literalmente, ver Ford, *Revelation*, 168.

La interpretación simbólica más probable del acto de medir es una promesa de preservación, como en la medición de Jerusalén (Sal 48:12-13; Zac 2:1-2) o del templo (Ez 40–42, esp. 40:3).[11] Si el atrio exterior alude al pueblo judío que todavía no se ha convertido al Mesías, puede entonces indicar la falta de preparación espiritual de Israel (Am 7:7-9). Lo más importante es, no obstante, que aquí no se da ninguna medición; esto aplaza la mención de la vara de medir hasta 21:16, cuando Juan comienza a medir la nueva Jerusalén, gloriosa y enorme, que adopta la forma del lugar santísimo.[12] El pequeño remanente perseguido oprimido durante esta era constituye la gloriosa ciudad santa de la era venidera (cf. Mr 4:31-32).

La identidad de los testigos (11:3-6)

Los comentaristas han expresado opiniones muy dispares sobre la identidad de los dos testigos.[13] Podemos comenzar a indagar partiendo de la alusión más obvia, a los dos olivos y los dos candelabros (11:4). Los olivos recuerdan al rey y el sacerdote ungidos que conducirán fielmente al pueblo de Dios en Zacarías 4:11-14. En el contexto inmediato de Zacarías, estos eran Josué y Zorobabel, quienes trabajaban por el bien de una ciudad pisoteada por los gentiles (Zac 3–4; cf. Ap 11:2).[14] El candelabro de Zacarías 4:2 puede aludir a la fuente del Espíritu (cf. 4:6); este ardía probablemente con el mismo aceite de oliva con que fueron oleados los dos ungidos. Pero en Apocalipsis los símbolos de textos anteriores se vuelven a aplicar de maneras sorprendentemente nuevas. Este libro, que en otros pasajes utiliza los candelabros para simbolizar a la iglesia, tampoco presentaría al Espíritu como un testigo que muere a manos de sus perseguidores, ¡y es difícil pensar que proponga el regreso literal de Josué y Zorobabel![15]

---

11. Con Talbert, *Apocalypse*, 44; ver el frecuente uso de la vara de medir en Ezequiel 40:3–42:20 (LXX). Al paralelismo sugerido en Levítico 16 (Kenneth A. Strand, "An Overlooked Old Testament Background to Revelation 11:1", *AUSS* 22 [1984]: 317-25) le falta la vara de medir.
12. *Cf.* la expectativa de un nuevo templo (literal) dentro del judaísmo temprano (ver E. P. Sanders, *Jesus and Judaism* [Filadelfia: Fortress, 1985], 77-90), una imagen que puede ser reinterpretada en este pasaje.
13. Ver Petersen, *Preaching in the Last Days*, pássim; sobre los reformadores, que presenciaron un avivamiento de la profecía, ver *ibíd.*, 59-87.
14. A Moisés también se le presenta como un candelabro en algunos textos judíos (*Sifre Nm.* 93.1.3), y más adelante como uno de los ungidos de Zacarías. 4:14 (*Ex. Rab.* 15:3).
15. Ya desde épocas pasadas, los eruditos vienen notando que el libro de Apocalipsis aplica en ocasiones antiguas profecías de formas nuevas (p. ej., Wesley, *Commentary on the Bible*, 594).

Aunque podamos debatir si los testigos son individuos del presente o del futuro, los personajes del pasado a los que aluden (aún más claramente que a Josué y Zorobabel) son más fáciles de determinar. El fuego que manejan recuerda a Elías, que también fue llevado al cielo y trajo una sequía durante tres años y medio (*cf.* Stg 5:17). La conversión del agua en sangre y el envío de otras plagas recuerda especialmente a Moisés, a quien algunas tradiciones judías también consideran ascendido.[16] Es posible que Apocalipsis combine también algunas otras alusiones para presentar una imagen más completa y simbólica, como por ejemplo el fuego que procede de la boca (aludiendo así a Jeremías en Jer 5:14) y una tradición judía en el sentido de que Isaías murió como mártir por llamar Sodoma a Jerusalén.[17]

Algunos proponen que Juan tiene en mente el regreso literal de Elías y Moisés.[18] Este punto de vista no es imposible; Hipólito, Tertuliano y Jerónimo, por ejemplo, creían que Enoc y Elías seguían vivos y regresarían como testigos.[19]

En el tiempo de Juan otros autores judíos esperaban el regreso y predicación de aquellos personajes del pasado que no habían muerto, probablemente Elías y Enoc (4 Esd. 6:26); otras tradiciones sugerirían también que Moisés no había muerto.[20] Sin embargo, aunque este pasaje repre-

---

16. Bauckham, *Climax of Prophecy*, 169, cita a Josefo, *Ant.* 4.326; Clemente de Alejandría, *Strom.* 6.15.2-3. Josefo modera, sin embargo, la ascensión de Elías (*Ant.* 9.28).
17. Ver Asc. Is. 3:10. Ver especialmente Bauckham, *Climax of Prophecy*, 169-70. Aunque arraigado en el ministerio de Elías (1R 18:38; 2R 1:10-14; *Vidas de Los profetas* 21:2), el fuego que desciende del cielo pasó a ser una forma típica de juicio atribuida a los piadosos (T. Abr. 10A; 12B; Jos. y Asen. 25:6/7); supuestamente, algunos rabinos también desintegraban a los irrespetuosos con la mirada (b. *B.B.* 75a; *Shab.* 34a; *Pes. Rab. Kah.* 11:16; 18:5; *Gn. Rab.* 79:6). En Éxodo 40:38 aparecen espontáneamente fuego o relámpagos del cielo como confirmación; Plutarco, *Emilio Paulo* 24.1; *p. Hag.* 2:1, §§4, 9; *Cnt Rab.* 1:10, §2; como juicio en Diodoro Sículo, 4.67.2; 16.83.2; Dionisio de Halicarnaso, 3.35.2; 9.6.5; Pausanias, 9.25.10; *cf.* Lv 10:2; Nm 16:35; 1QM 17.2–3; Josefo, *Ant.* 4.55-56.
18. Lindsey, *New World Coming*, 162-63; Frost, *Matthew TwentyFour*, 212. Daniel K. K. Wong, "The Two Witnesses in Revelation 11", *BibSac* 154 (julio 1997): 344-54, prefiere pensar en dos testigos escatológicos literales, cuya identidad es todavía desconocida y que vienen con el poder de Elías y Moisés.
19. Quienes deseen considerar resúmenes de distintos puntos de vista, ver Ford, *Revelation*, 177-78; Petersen, *Preaching in the Last Days*, 13. El regreso de Elías es un tema muy extendido en el judaísmo temprano (Mal 4:5-6; Sir. 48:10; Sifre Dt. 41.4.3; 342.5.2; Mr 9:11).
20. Sobre Moisés, ver *Sifre Dt.* 357.10.5; ARN, 12A.; *cf.* T. Moisés 11:8; contrástese 1 Enoc 89:38. Probablemente el martirio de Enoc y Elías en Ap. Elías 4:7-19 refleja

senta a los dos testigos según el modelo de Moisés y Elías, también modifica deliberadamente algunos de los elementos de estas conexiones. Así, por ejemplo, en lugar de bajar del cielo, como en el caso de Elías, el fuego sale aquí de la boca de los testigos (11:5) lo cual es lenguaje figurativo para aludir al severo poder de la Palabra de Dios, como el que vemos en el ministerio de Jeremías (Jer 5:14). Teniendo en cuenta la coherente reinterpretación de los símbolos tradicionales judíos que Juan lleva a cabo en otros pasajes, ¿no es más probable, que el apóstol esté transformando esta expectativa tradicional judía del regreso de los profetas, aplicándola de un modo simbólico?

Sin embargo, sugerir que los dos testigos son simbólicos no es útil a no ser que podamos determinar lo que simbolizan (una de las tareas interpretativas más difíciles que plantea este libro). Algunos los ven como un símbolo de la Ley y los Profetas.[21] Otros sugieren que los testigos en cuestión son Pedro y Pablo, ambos ejecutados posiblemente por aquel mismo tiempo bajo el mandato de Nerón.[22] (Estos no fueron, sin embargo, resucitados, como en 11:11). Están también los que apuntan al simbolismo del olivo para Israel (Jer 11:16; Os 14:6; Ro 11:17) y argumentan que los dos testigos representan a Israel y a la iglesia.[23]

Aunque estas suposiciones son hasta cierto punto razonables no dejan de ser suposiciones. Hay, sin embargo, otro punto de vista, el más común, que se basa más directamente en los datos del texto, y es la idea de que los dos testigos representan el testimonio profético de la iglesia.[24] Varios factores apoyan esta interpretación.

(1) Estos son "candelabros" (11:4), que en otros pasajes del libro de Apocalipsis se identifican explícitamente como iglesias (1:20).[25]

---

una posterior interpretación judeocristiana de la tradición en Apocalipsis 11:3-7; otros mencionan la aparición escatológica de Moisés y Elías en los escritos de rabinos posteriores (T. Francis Glasson, *Moses in the Fourth Gospel* [Naperville, Ill.: Alec R. Allenson, 1963], 27, 69).

21. Corsini, *Apocalypse*, 193-98; cf. parecidas interpretaciones que han planteado algunos en relación con Moisés y Elías en Marcos 9:4.
22. John Randall, *The Book of Revelation: What Does It Really Say?* (Locust Valley, N.Y.: Living Flame, 1976), 71.
23. González, *Revelation*, 72.
24. Bowman, *First Christian Drama*, 71; Hill, *New Testament Prophecy*, 89; Bauckham, *Climax of Prophecy*, 166, 273-75; Michaels, *Revelation*, 138-39; Talbert, *Apocalypse*, 45-46; Aune, *Revelation*, 2:631; Beale, *Revelation*, 572-75; cf. Newton, *Observations*, 286. Mounce, *Revelation*, 218, piensa que representan a la iglesia escatológica.
25. Los siete candeleros juntos representan toda la iglesia, y lo mismo sucede con las dos de este texto (Beasley-Murray, *Revelation*, 184), subrayando el papel de la iglesia

(2) Josué y Zorobabel eran el sumo sacerdote y el rey que se esforzaban por la restauración de su santa ciudad; ¿qué mejor símbolo de los santos como un reino y sacerdotes (1:6; 5:10) en busca de su nueva Jerusalén?[26]

(3) Como Juan en este contexto, estos profetizan (10:11; 11:3, 6), cumpliendo la norma de la misión cristiana de testificar sobre Cristo (cf. 19:10).

(4) Si el periodo de tiempo que se menciona simboliza toda la era cristiana —algo plausible (ver comentario sobre 12:5–6)—, los testigos tendrían que simbolizar algo de la misma duración (o encubrir su sobrenatural longevidad con algo más efectivo que la mera fórmula griega).

(5) La adaptación acumulativa de diversos temas proféticos veterotestamentarios, como el fuego que procede de la boca de los testigos y no del cielo, sugiere una interpretación simbólica más amplia.

Los argumentos presentados para afirmar que los dos testigos representan a la iglesia son discutibles, sin embargo esta parece la mejor de las opciones disponibles. Quienes se oponen a este punto de vista se basan especialmente en que los detalles literales, como que los testigos yacen en la calle durante tres días, no encajan con la iglesia.[27] Aunque tales objeciones no son desatinadas, presuponen que los detalles de las narraciones de Apocalipsis han de leerse literalmente, una premisa que contradice mucho de lo que vemos en el resto del libro. De igual modo, algunos insisten en que una lectura seria de la Escritura requiere que se considere esta figura (los dos testigos) como una referencia a dos individuos literales; sin embargo, en el libro de Apocalipsis, a diferencia de lo que sucede con otros géneros bíblicos, es difícil aplicar de manera consistente este método interpretativo: pocos insistirían, por ejemplo, en que las mujeres de los capítulos 12 o 17 han de representar a personas literales.

Si los testigos representan a la iglesia, los mil doscientos sesenta días pueden entenderse de dos maneras: (1) como el tiempo del testimonio escatológico fructífero de la iglesia (en contraste con su testimonio

---

como testigo (Nm 35:30; Dt. 17:6; Bauckham, *Climax of Prophecy*, 274).

26. El que algunos de los Rollos de Qumrán subrayen la presencia de un sacerdote ungido y de un profeta en los últimos tiempos (p. ej., 1QS 9.11; 4Q540) refuerza la probabilidad de que Juan aplique aquí de manera novedosa una imagen escatológica muy extendida. Los elementos regios y sacerdotales de Zacarías 4:3-14 eran lo suficientemente evidentes (*Pes. Rab.* 8:4).
27. P. ej., Strombeck, *Rapture*, 185.

durante la mayor parte de la historia de la iglesia); (2) como un número de días simbólico (en consonancia con el simbolismo que encontramos en una buena parte del libro), en cuyo caso Apocalipsis estaría reinterpretando este símbolo judío como hace con muchos otros (ver comentarios sobre 12:5-6). De ser así, Apocalipsis estaría tomando la figura de Daniel, no para hablarnos de la extensión de este periodo, sino de su naturaleza, a saber, que la era de la iglesia se caracteriza por un gran sufrimiento, como en la tribulación de Daniel.

Juan habla de mil doscientos sesenta días para aludir al tiempo de la iglesia y la cifra equivalente de cuarenta y dos meses para referirse al periodo de la bestia. Los mil doscientos sesenta días representan cuarenta y dos meses o tres años y medio de trescientos sesenta días; es posible que se trate de un número simbólico (ver comentarios sobre 12:5-6). Apocalipsis prefiere esto a una suma de trescientos sesenta y cuatro días por año (1 Enoc 74:12-13), o a los mil doscientos noventa y mil trescientos treinta y cinco días de Daniel (Dn 12:11, 12), posiblemente por razones evidentes para los geómetras de la antigüedad, que daban gran trascendencia a los patrones numéricos.[28]

Si Apocalipsis presenta a los dos testigos como la iglesia, las alusiones bíblicas ofrecen entonces un patrón para la misión profética de la iglesia: "… para aquellos cuyo testimonio es mayor aun que el de Moisés o Elías y contra los cuales la bestia convoca mayores fuerzas…".[29]

Posiblemente los testigos son dos por varias razones: (1) las reglas bíblicas para la evidencia requerían un mínimo de dos testigos para validar un testimonio (Dt 17:6; 19:15); (2) los primeros testigos cristianos se comisionaban de dos en dos siempre que era posible (Mr 6:7; Hch 13:2-4);[30] (3) es más, la alusión a Zorobabel y Josué en Zacarías 4 demanda dos representantes; (4) por último, la naturaleza doble de

---

28. La cifra de 1.260 es la suma de los números pares hasta el 70, y el 42 de los números pares hasta el 12. Por otra parte, 1.260 es el trigésimo quinto número rectangular (correspondiente al cuadrado 1.225), y el 42 el sexto número rectangular (correspondiente al cuadrado 36, que es la raíz triangular de 666); después del 1, el primer y segundo número que son tanto cuadrados como triangulares son el 36 y el 1.225, respectivamente. El siguiente número rectangular después de 1.260 es el 1.332 (utilizado para aludir a la tribulación en Asc. Isaías 4:12, 14), cuyo triángulo correspondiente es el 666 (Bauckham, *Climax of Prophecy*, 401-3).
29. Bauckham, *Climax of Prophecy*, 170.
30. Este siguió siendo el patrón en el tiempo de Juan (p. ej., 11QTemple 61:6-7; 64:8; CD 9.3- 4, 17-23; Josefo, *Vida* 256; *Ant.* 4.219; *b. Sanh.* 37b, baraita), también entre los cristianos (Mt 18:16; 2Co 13:1; 1Ti 5:19).

los testigos proporciona un contraste literario con los dos líderes de 13:11-12, uno de los cuales también hace descender fuego (13:13). El rey y sacerdote ungido del capítulo 11 contrasta marcadamente con el gobernante impío y su sacerdote descritos en el capítulo 13. Este retrato refuerza el contraste de Juan entre la iglesia y el sistema del mundo; este último tiene el poder de dar muerte a los testigos de Dios; sin embargo, por medio de su sacrificio, tales testigos triunfarán.

Los dos testigos presentan también un aspecto distinto de la iglesia del que veríamos si tuviéramos solo el capítulo siguiente. Naturalmente, Dios proveerá para su pueblo en el desierto (12:6, 14), protegiéndole de las plagas (7:3). Aquí, sin embargo, estos desafían osadamente a los gobernantes perversos que encarnan al espíritu del anticristo. Como los primeros apóstoles, la iglesia confirma su mensaje sobre Jesús con señales... y sufrimiento. Estos santos mueren a manos del anticristo (11:7; 13:7); sin embargo, a través de su martirio estos lo vencen (12:11). Una característica de los testigos de vanguardia es siempre la amenaza del sufrimiento, y estas dos cosas, testimonio y sufrimiento, han de preceder al final (6:9-11).

La historia de los dos testigos (11:7-14)

A los testigos se les autoriza para que profeticen, es decir, para que proclamen el mensaje de Dios por su Espíritu, como profetas del antiguo Israel. Se visten de cilicio (11:3), emblema de dolor y voluntaria humillación; a menudo se trata específicamente del dolor del arrepentimiento.[31] Esto contrasta marcadamente con la alegría que se produce tras su muerte (11:10), sugiriendo que el mundo prefiere disfrutar de un mensaje engañoso antes que oír una verdad desagradable.

Con la afirmación de que la bestia que sube del abismo (9:11, descrita en mayor detalle en 13:1-3) hará la "guerra" a los dos testigos (11:7) Juan toma prestado el lenguaje de la guerra santa que en Apocalipsis se adapta a menudo.[32] Pero los verdaderos guerreros cristianos (ver comentario sobre 7:1-8) son los mártires (7:9-17), y las batallas decisivas serán espirituales (en los cielos, donde Satanás es derrotado sin lugar a dudas; ver 12:7) y escatológicas (cuando Jesús destruya a sus

---

31. En el Antiguo Testamento, ver Is 20:2; Jer 6:26; Lm 2:10; Jl 1:13; más adelante, 1 Mac. 2:14; Jos. y Asen. 10:14/16; 13:2. Siguió siendo apropiado para unos profetas que vivían aparte de una sociedad perversa (Asc. Isaías 2:10).
32. En el judaísmo temprano, ver 1QM 1.4. Este lenguaje se aplica también a la lucha del Mesías contra Belial (T. Daniel 5:10), o a los impíos que quieren hacer guerra contra Dios (*Gn. Rab.* 38:6).

contrincantes; ver 17:14; 19:11; *cf.* el anticipo en 2:16). Los adoradores de la bestia lanzan la pregunta: ¿quién puede hacer guerra contra ella? (13:4); la respuesta es el Cordero inmolado, quien también resulta ser el supremo rey (17:14). El que la bestia "venza" a los santos (11:7; 13:7) es una mera valoración desde la perspectiva humana y temporal. En el último análisis, son los santos quienes vencen al mundo al aceptar el martirio sin comprometer sus convicciones (2:10-11; 3:9, 12; 12:11; 15:2).

Las imágenes de Juan parecen deliberadamente polivalentes (como en 17:9-10, donde una misma imagen representa dos cosas).[33] "La gran ciudad" (11:8) puede aludir al mundo impío en su conjunto (es decir, Babilonia), que en el tiempo de Juan se materializaba en la ciudad de Roma; después de todo, al hablar de representantes de todos los pueblos (11:9-10) se sugiere el imperio. Pero la referencia al lugar de la crucifixión de Jesús (11:8) es probablemente una referencia a Jerusalén (Mr 10:33; Lc 13:33-34; Heb 13:12).[34] La santa ciudad que fue hollada por los paganos durante el periodo del testimonio de los testigos (11:2) fue Jerusalén; de este modo, los testigos de Jesús sufren en el mismo lugar que él. La traducción de la NVI sobre los nombres de la ciudad ("en sentido figurado [...] Sodoma y Egipto"), no es muy adecuada; es más preciso adoptar su sentido literal, "espiritualmente" [ver nota de la NVI al respecto. N. del T.], es decir, por el Espíritu, que inspira a los profetas para que entiendan las revelaciones de Dios (como en 17:3-5).[35] El nombre de "Sodoma" era un título profético para Jerusalén que implicaba su juicio (Is 1:9-10; Jer 23:14; Lm 4:6), algo que no sorprende en un libro que llama "Babilonia" a Roma y falsos profetas a "Balám" y "Jezabel".

No obstante, el discernimiento "espiritual" de Juan nos hace ver que esta ciudad representa también, en cierto sentido, al mundo en general, puesto que los cadáveres son contemplados por personas de todas las

---

33. *Cf.* esta posible interpretación en la *pesher* de Qumrán (p. ej., 1QpHab pássim). Los oráculos paganos también reciclaban libremente las imágenes (H. W. Parke, *Sibyls and Sibylline Prophecy in Classical Antiquity*, ed. B. C. McGing [Nueva York: Routledge, 1988], 15).
34. Ver Ford, *Revelation*, 180; Rissi, *Future of the World*, 55-56. Una población de 70.000 personas (11:13) también encaja mejor con Jerusalén que con Roma (Beasley-Murray, *Revelation*, 177; Aune, *Revelation*, 2:628).
35. Ver también Bruce, "Spirit", 339; Bauckham, *Climax of Prophecy*, 168-69; Roloff, *Revelation*, 133. Ver la interpretación que hace Fee del término "espiritual" en Pablo como "del Espíritu" (Gordon D. Fee, *God's Empowering Presence: The Holy Spirit in the Letters of Paul* [Peabody: Hendrickson, 1994], 28-31).

naciones (11:9).³⁶ La "gran ciudad" (11:8) puede ser Jerusalén en cierto sentido (quizá la "ciudad santa" de 11:2); sin embargo, en este libro se trata generalmente de Babilonia (17:18; 18:10, 16, 18-21).³⁷ Como Babilonia se contrasta con la nueva Jerusalén, la "ciudad santa" (21:2, 10, 19), cuyas dimensiones resultan incomparablemente mayores que las de la "gran ciudad" (*cf.* 21:16). El sistema mundial del anticristo en el tiempo de Juan se habría personificado en Roma, aunque sin limitarse a esta ciudad. La Jerusalén incrédula se funde con el sistema imperial del mundo del que forma parte, del mismo modo que los judíos que acusan a los cristianos ante los funcionarios locales se reúnen en sinagogas que se relacionan con Satanás en 2:9 y 3:9. El nombre de "Egipto" (11:8) es un título apropiado para un mundo que ha oprimido a los siervos de Dios, pero que experimenta plagas como las de Éxodo (caps. 8–9; 16); el nombre de "Sodoma" encaja también en un sistema mundial destinado a la destrucción por medio del fuego (20:9; *cf.* 11:5).

Que los cadáveres de los testigos sean expuestos en la plaza (11:8) indica que no han sido sepultados, lo cual significa que han sido objeto del trato más vergonzoso que podía darse a alguien en el mundo antiguo, algo que normalmente se reservaba a los más abyectos criminales.³⁸ La celebración y el escarnio que el mundo hace de los mártires es profundamente irónica: en una tradición bíblica anterior, los siervos de Dios escaparon del genocidio y, por ello, ajusticiaron a sus enemigos y lo celebraron dándose regalos unos a otros (Est 9:19). Aquí, en cambio, son los enemigos de los siervos de Dios quienes intercambian regalos tras darles muerte, aunque finalmente muchos se convierten (11:11-13). Sin embargo, como en la tradición bíblica de la guerra santa, son los

---

36. Algunos intérpretes ven esta ciudad como un símbolo del mundo más que limitándose a Jerusalén en particular (p. ej., Bowman, *First Christian Drama*, 71; Caird, *Commentary on Revelation*, 138; Beale, *Revelation*, 591-92). En este caso Aune, *Revelation*, 2:619-20 (*cf.* también 587), bien podría tener razón al afirmar que en este texto se ha aplicado una tradición escatológica anterior sobre Jerusalén. Roma se jactaba de tener una numerosa población internacional (11:9; Aune, *Revelation*, 2:621).
37. Roma se creía también la "más sublime de las ciudades" (ver alusiones en Aune, *Revelation*, 3:959).
38. Ver Isaías 5:25; Sófocles, *Antig.* 21-30, 697; Virgilio, *En.* 9.485; Tácito, *An.* 6.29; Petronio, *Sat.* 112. El que sus cadáveres queden expuestos públicamente en la calle (11:8) subraya la vergüenza a la que son sometidos y contrasta con la gloriosa calle de la ciudad escatológica (21:21; 22:2).

que están del lado de Dios quienes finalmente experimentarán el júbilo; el cielo se gozará con la caída de esta ciudad (19:1-7).[39]

Los tres días y medio de la exposición pública de los cadáveres indica que comenzarán a descomponerse, pero posiblemente alude también a los tres años y medio de su ministerio (11:9, 11). El texto no puede funcionar como una narración coherente si Juan afirma que los testigos sufren constantemente el martirio durante su ministerio; pero es posible que lo implique, indicando que aunque la muerte no puede silenciar el testimonio de la iglesia (*cf.* Mt 16:18), el martirio acompaña frecuentemente al ministerio profético de esta.[40]

Los testigos están protegidos mientras dura su ministerio (11:5), pero mueren cuando este termina (11:7). Esto puede mostrar, de algún modo, que Dios preservará a su iglesia a lo largo de esta era por causa de su testimonio, pero que cuando se cumple la proclamación universal del evangelio, el mundo parece aplastar finalmente a la iglesia mediante una sangrienta y masiva persecución. (En el tiempo de Juan, los creyentes esperaban posiblemente que estos acontecimientos se produjeran de manera inmediata en el Imperio romano, pero no son menos creíbles en el inestable mundo de hoy).

La iglesia seguirá, de este modo, los pasos de su Señor: los cristianos morirán pero han de aguardar la esperanza de la resurrección (11:11; *cf.* 1:5; 2:8-10; Heb 11:35–12:4). El "aliento de vida" (Ap 11:11), que puede también traducirse como, "Espíritu de vida" (*cf.* Ro 8:2), alude al cuidado de Dios en Génesis 2:7 (como en Jn 20:22) y contrasta con la falsa vida impartida en Apocalipsis 13:15.[41] Como Jesús al comienzo del periodo de dificultades (*cf.* 12:5), estos testigos son arrebatados al

---

39. Ver una explicación más detallada en Bauckham, *Climax of Prophecy*, 281-82. Puesto que el pueblo judío celebraba la fiesta de Purim una vez al año, la alusión a Ester 9 no sería oscura. Aune, *Revelation*, 2:623, detalla las habituales prácticas grecorromanas del intercambio de regalos, especialmente durante las festividades romanas de la Saturnalia y Kalendas.
40. Algunos consideran los tres días y medio como "un periodo limitado, pero inferior a tres años y medio" (Talbert, *Apocalypse*, 46). En 4:7-15, el autor de Apocalipsis Copto de Elías toma posiblemente prestada su historia de este pasaje (Enoc y Elías yacen durante tres días y medio en la plaza del mercado y finalmente resucitan). Tanto el número "7000" (11:13) como el aliento de vida que resucita a los cadáveres (11:11) aparecen en T. Abr. 17–18A
41. Es posible que la expresión, "aliento de vida" también se relacione con la resurrección de los muertos en 1 Enoc 61:7; T. Abr. 18A; con la vida en general en T. Rub. 2:4. "Ponerse de pie" era a veces una confirmación inicial de resucitación (2R 13:21; Ez 37:10; Mr 5:42; *cf.* Lc 7:15; Jn 11:44).

cielo al finalizar su ministerio (11:12), una señal de vindicación y decisiva liberación (12:5). En contraste con la frase "suban acá", que se cita en 4:1, en este caso la frase alude a un "arrebatamiento"; sin embargo, y en contraste con lo que enseñan ciertos esquemas escatológicos estadounidenses populares, este se produce inmediatamente antes del final de la era, y no varios años antes de ella (11:15).[42]

Teniendo en cuenta la tenaz negativa del mundo a arrepentirse ante las plagas de Dios (9:20-21; 16:9-11, hacia el final de las trompetas y las copas), el arrepentimiento de la ciudad en 11:11-13 es alentador. La expresión "dieron gloria al Dios del cielo" (11:13) conlleva claramente una actitud de adoración (4:9; 19:7), pero para los impíos implica también arrepentimiento (16:9; *cf.* 14:7). Su recién descubierto temor de Dios (11:11, 13) sugiere también una apropiada respuesta a sus juicios (Dt 21:21; Hch 5:11; sobre el terremoto escatológico, ver también 6:12; 16:18-19). En este caso, el significado de este símbolo parece limitado al sentido más estrecho de la imagen de Jerusalén o al judaísmo étnico más que al sistema del mundo en su conjunto. Si 11:8 y la invertida alusión a la fiesta de Purim que aparece en el libro de Ester sugiere que, en este texto, los enemigos incluyen a los habitantes de Jerusalén incrédulos, esto puede implicar la conversión escatológica de la mayor parte del pueblo judío no convertido de esta ciudad. Esta predicción se ajusta a las primeras expectativas cristianas (Mt 23:39; Ro 11:25-27), mientras parece asumirse que, al final, la mayoría de los sobrevivientes gentiles no van a arrepentirse (Ap 6:16-17).[43]

En este caso, el libro de Apocalipsis incluye una esperanzadora ironía. Los profetas bíblicos limitaron a veces el remanente sobreviviente posterior al juicio a una décima parte del pueblo que, finalmente, seguiría

---

42. La ascensión puede aludir de nuevo a la imagen de Elías (2R 2:11; Ap 11:6), aunque las tradiciones de ascensiones se aplican también a Enoc y Moisés en textos judíos tempranos (1 Enoc 39:3; Josefo, *Ant.* 4.326), o a mortales divinizados en los mitos paganos (Ovid, *Metam.* 14.824-28; Diógenes Laercio, 8.2.68; Fedro, 4.12.3); Aune, *Revelation*, 2:626-27, menciona también testigos y fenómenos atmosféricos o sísmicos en relatos grecorromanos de arrebatamientos. La voz y la nube pueden aludir a ciertas tradiciones sobre el arrebatamiento de la iglesia (1Ts 4:16-17) así como a la exaltación de Jesús (Hch 1:9; *cf.* Rissi, *Time and History*, 103).

43. Basándose especialmente en Romanos 11, la creencia de una conversión escatológica del pueblo judío ha persistido en algunos círculos durante la mayor parte de la historia de la iglesia: p. ej., el dominico Humberto de los Romanos en un tratado de 1272 (Humbert of Romans, "Objections to the Crusades Answered", *Christian History* 40 [1993]: 20-21); el premilenarista del siglo XIX Lord Shaftesbury (John Wolffe, "Dismantling Discrimination", *Christian History* 53 [1997]: 37-39 [38]).

al Señor (Is 6:13; Am 5:3). Aquí, sin embargo, la décima parte es la que muere (el número de 7000 es especialmente apropiado para la imagen de un remanente, 1R 19:18; Ro 11:4), mientras que la mayoría viene a la fe.⁴⁴

Testigos paradigmáticos. Quienes ven a los dos testigos como personas literales que darán su testimonio en el futuro pueden entender que son paradigmáticas para la iglesia, puesto que también nosotros somos testigos (19:10) en un momento difícil (1:9). Quienes ven a los testigos como un símbolo de la iglesia para este tiempo los considerarán de un modo aun más paradigmático. Otros han planteado varias explicaciones históricas, pero aun en este caso han atribuido muchas veces a los testigos un papel como modelos para su propia experiencia personal.

A lo largo de la historia muchos han aplicado los sufrimientos de estos testigos a sus propias experiencias como iglesia mártir. Por ejemplo, a finales del siglo XVI y comienzos del XVII, David Pareus vinculó a los dos testigos con los sufrimientos de Wycliffe y Hus y con la Inquisición. De igual modo, Jonathan Edwards (1703–1758) entendió que el sufrimiento de los reformadores protestantes se produjo bajo el poder del anticristo.⁴⁵ Aunque puede ser inaceptable sugerir que Juan solo tenía en mente una serie de acontecimientos tan reducida como esta, no cabe duda de que tales sufrimientos se sitúan en el ámbito de las aplicaciones aceptables.

Cuando somos llamados a sufrir por nuestro testimonio cristiano, hemos de identificarnos con los dos testigos, puesto que al igual que ellos y nuestro Señor, después de la muerte seremos resucitados cuando Cristo venga a reivindicarnos. El problema surge cuando asumimos que la única interpretación adecuada del texto es la específica aplicación de los principios que surgen de los testigos que sufren. Hans Hut, por

---

44. Ver explicación más completa en Bauckham, *Climax of Prophecy*, 282-83, quien cree que lo que lleva a los demás al arrepentimiento es el sufrimiento del remanente (otros, p. ej., Caird, *Commentary on Revelation*, 140, consideran que los 7000 son ejecutados como retribución por la muerte del remanente). En el Libro de los Jubileos 10:9 aparece un remanente de una décima parte, aunque de ángeles caídos.
45. Petersen, *Preaching in the Last Days*, 168, 231. Los grupos sectarios experimentan la misma tentación; los Testigos de Jehová aplicaron los 1260 días literalmente a sus pruebas durante la Primera Guerra Mundial (octubre 1914–1918) (*Revelation: Grand Climax*, 162, 164); estos interpretan la ciudad de 11:8 como la cristiandad (*ibíd.*, 168).

ejemplo, uno de los evangelistas anabaptistas más efectivos y consagrados del siglo XVI, pensaba que los dos testigos eran Thomas Müntzer y su colaborador, que habían sido asesinados por sus perseguidores. Por ello, Hut esperaba el regreso de Cristo en 1528, pero murió demasiado temprano para ver que su predicción quedaba sin cumplirse.[46]

Tres años y medio. En nuestro tiempo, muchas interpretaciones populares de Apocalipsis entienden una tribulación literal de siete años. Uno de los problemas de este punto de vista es que asume que Apocalipsis habla de toda la septuagésima semana de siete años mencionada en Daniel, cuando, en realidad, solo se habla de la mitad de este tiempo, es decir, tres años y medio. Es cierto que pueden unirse dos de estos periodos de tres años y medio (11:2-3; 12:6, 14; 13:5) y con ello conseguimos un periodo de siete años, ¿pero qué hacemos con los otros? ¿Qué razón tenemos para combinar algunas de estas referencias temporales pero no todas ellas?[47]

Otro problema es que normalmente Apocalipsis aplica anteriores imágenes judías, incluidas las de los profetas bíblicos, de formas nuevas y simbólicas; ¿comenzaron estos tres años y medio literales inmediatamente después de la exaltación de Jesús (para más detalles, ver comentario sobre 12:5-6)? Si tenemos en cuenta el género de Apocalipsis nos vemos forzados a plantearnos, al menos, si el marco temporal de mil doscientos sesenta días es simbólico o literal.

Venganza divina. Para muchos no creyentes (¡que consideran sus cambiantes valores culturales como una norma moral superior a la revelación divina!), una doctrina de la venganza divina puede sonar socialmente "primitiva" y, por ello, embarazosa para algunos cristianos. Sin embargo, los oprimidos pueden identificarse especialmente con esta clase de promesas. Aquellos que no experimentan una situación de opresión no deben oír en este tipo de textos un llamamiento a odiar a aquellos que realmente no los oprimen, sino más bien a valorar el reino por encima de los favores de este mundo, no sea que descubramos que nuestros corazones se sienten más atraídos hacia Babilonia que hacia la nueva Jerusalén.

Misión al pueblo judío. Quienes ven en este texto, o en otros (especialmente Ro 11:26), una descripción de la vuelta final de Jerusalén a la fe en el Mesías Jesús se sienten a veces tentados a aplicar erróneamente esta certeza. Algunos olvidan la necesidad de llevar el mensaje de Jesús

---

46. "A Gallery of Factions, Friends & Foes", *Christian History* 4 (1985): 13-16 (p. 14).
47. Ver esta crítica en Michaels, *Interpreting Revelation*, 141.

al pueblo judío porque este "se convertirá de todos modos".[48] Este acercamiento es ilógico y pasa por alto la idea del texto. La Escritura solo menciona la conversión del remanente que ha sobrevivido de la última generación, no de la mayor parte del pueblo judío a lo largo de la historia hasta aquel momento. Por otra parte, tanto el libro de Apocalipsis (11:3) como Pablo (Ro 1:16-17; 11:14, 25, 31) presuponen que los creyentes deben seguir proclamando el mensaje al Israel étnico y a los gentiles.

Que la historia de la iglesia refleje más de la tragedia del antisemitismo (con actos como la quema de judíos en "cruces" y ahogamientos en parodias de bautismo) que de una labor de testimonio culturalmente sensible a un pueblo que dio el evangelio al mundo, refuerza más aun la necesidad de que los creyentes imiten el sacrificado testimonio que se describe en este pasaje (cf. 11:7). Tampoco podemos relajarnos, contentos con el actual "remanente" de judíos mesiánicos, por numeroso que este pueda ser.[49] Cuando Pablo habló de los creyentes judíos como de un remanente (Ro 11:5), lo hizo contrastándolo con la totalidad de Israel (11:26). El porcentaje de creyentes judíos en Jesús era mucho más elevado en su tiempo que en el nuestro, y esto es una muestra de la historia del antisemitismo de la cristiandad, que ahora hemos de superar.[50]

Significado Contemporáneo

La aplicación se hace difícil a menos que podamos ponernos de acuerdo sobre el sentido original del texto, que en muchos puntos sigue siendo susceptible de debate.

---

48. Sobre una evangelización que incluye al pueblo judío, ver Vernon C. Grounds, "The Problem of Proselytization", 199-225 en *Evangelicals and Jews in an Age of Pluralism*, ed. M. H. Tanenbaum, M. R. Wilson y A. J. Rudin (Grand Rapids: Baker, 1984); desde perspectivas judías no mesiánicas, ver en el mismo libro, Blu Greenberg, "Mission, Witness, and Proselytism", 226- 39; y Sanford Seltzer, "Mission, Witness, and Proselytization: A Jewish View", 240-54.
49. Sobre el rápido crecimiento de este movimiento, ver información en Gary Thomas, "The Return of the Jewish Church", *CT* (7 de sept., 1998), 62-69; puesto que vivo en Filadelfia, tengo muchos amigos en Bet Yeshua, donde se tomaron las fotografías.
50. Sobre esta historia, ver Edward H. Flannery, *The Anguish of the Jews: Twentythree Centuries of Anti-Semitism* (Nueva York: Macmillan, 1965); James Parkes, *The Conflict of the Church and the Synagogue: A Study in the Origins of Antisemitism* (Nueva York: Atheneum, Temple Books, 1979); Adriaan H. Bredero, *Christendom and Christianity in the Middle Ages*, tr. R. Bruinsma (Grand Rapids: Eerdmans, 1994), 274-318. El antijudaísmo cristiano se originó en el paganismo romano precristiano, a menudo importado a la iglesia junto con otros aspectos paganos de las culturas de los nuevos convertidos; ver J. N. Sevenster, *The Roots of Pagan AntiSemitism in the Ancient World*, NovTSup 41 [Leiden: E. J. Brill, 1975]).

Pero sí podemos presentar algunas sugerencias. El patio exterior pisoteado significa posiblemente el sufrimiento del pueblo de Dios en esta era (puede aludir a los judíos o a los cristianos); lo que está más claro, sin embargo, es que la medición se aplaza hasta la nueva Jerusalén de 21:16. Aquellos que sirven a Dios pueden ser una minoría, a menudo una minoría perseguida; sin embargo, el futuro es finalmente nuestro. En este tiempo, Dios obra a menudo por medio de lo pequeño, quebrantado y despreciado; sin embargo, al final vindicará a su remanente.

Los dos testigos como símbolos para nuestro tiempo. Si los dos testigos representan a la iglesia, nos ofrecen entonces un modelo directo. Aquellos que los interpretan como dos individuos literales pueden también reconocer que, aun así, estos suponen modelos, como hacen otros hombres y mujeres de Dios en la Escritura (*cf.* 1Co 10:11). Hemos de ser, pues, testigos vigorizados por el Espíritu, dispuestos a pagar cualquier coste y absolutamente dependientes del poder de Dios para llevar a cabo su propósitos.

Existen varias razones para explicar que los testigos sean dos, pero una de ellas puede ser el principio del testimonio compartido (Dt 17:6): no damos testimonio solo de un modo individual. Puede que nuestro testimonio no siempre consiga llevar a Cristo a una persona o cultura determinadas; sin embargo, contribuye, sin duda, a la proclamación más amplia de todo el remanente profético de la iglesia. No obstante, aunque estos testigos representen, en alguna medida, los aspectos regio y sacerdotal de la misión de la iglesia, el texto puede también implicar la importancia de las distintas funciones eclesiales. Pero, de nuevo, estas aplicaciones pueden ser cuestionadas, especialmente si lo son las interpretaciones sobre las que se basan.

Por expresarlo con mayor claridad, como vemos en las voces proféticas de la Biblia, a veces tendremos que denunciar prácticamente solos, si es necesario, los errores de nuestro tiempo.[51] Pero más a menudo lo haremos unidos a otros, proclamando juntos la verdad del mensaje de Dios en Cristo. Alcanzando a personas con el evangelio e instruyéndolas para que sean testigos maduros (Mt 28:19-20), podemos multiplicar muchas veces el impacto de nuestra propia vida.[52]

En 1870, un convertido hindú llevó a Cristo a Ditt, un hombre cojo de la casta intocable Chuhra. Llevando el mensaje de Jesucristo de aldea

---

51. Ver Vernon C. Grounds, "Dare to Be a Micaiah", *CT* (18 de marzo, 1988), 24-25.
52. Ver Robert E. Coleman, *The Master Plan of Evangelism* (Huntingdon Valley, Pa.: Christian Outreach, 1963).

en aldea tuvo que afrontar una persecución considerable; sin embargo, tras once años de testimonio más de quinientos Chuhras se habían convertido a Cristo. "Hacia el año 1900, más de la mitad de este humilde pueblo [...] se había convertido, y quince años más tarde casi todos los miembros de esta casta profesaban la fe cristiana".[53] Cito palabras de cristianos comprometidos con la evangelización: "En un mundo como el de hoy en el que tres de cada cuatro personas todavía no creen en Jesucristo y al menos dos de cada cuatro todavía no han escuchado el evangelio; si una congregación no se está reproduciendo, no es una iglesia del Nuevo Testamento, por mucho que lo pretenda!"[54]

Podemos alegrarnos con las estadísticas que señalan la presencia de un numeroso grupo de cristianos nacidos de nuevo en nuestro país y en otras muchas partes del mundo. Sin embargo, aun en zonas saturadas como los Estados Unidos, fuera de los círculos cristianos (y muchas veces dentro de ellos), la mayoría de los más jóvenes no han entendido realmente el mensaje del evangelio. Tanto en las calles de algunas partes del país como en ciertos grupos culturales y de estudiantes universitarios, veo que la experiencia cristiana se vive a menudo y en gran medida fuera de las iglesias; esto se debe probablemente a que la mayoría de los cristianos comparten principalmente su fe con otros cristianos por miedo al rechazo de sus compañeros que no lo son.

Si en 1975 dos bautistas fundamentalistas no me hubieran abordado en la calle para darme testimonio de su fe, nunca habría escuchado el evangelio, porque en aquel momento yo era un ateo sin ninguna intención de poner los pies en una iglesia evangélica. Lo más sorprendente es que, aun dentro de las iglesias, algunas personas no entienden el evangelio si no se les explica de manera personal. He ministrado en algunas congregaciones donde los asistentes habían oído hablar de la salvación desde el púlpito y que, sin embargo, no habían entendido cómo podían ser salvos hasta que se les explicó de un modo personal. No podemos dar nada por sentado y hemos de estar dispuestos a pagar cualquier precio para propagar el mensaje de Dios, como lo estuvieron los dos testigos de Apocalipsis.

---

53. George G. Hunter, III, "The Key Strategy: Finding the Bridges of God", 28-40 en *Church Growth: Strategies That Work*, de Donald McGavran y George Hunter III (Nashville: Abingdon, 1980), 29-30, siguiendo a J. Waskom Pickett, *Christian Mass Movements in India* (Nueva York: Abingdon, 1933), 45.
54. Donald A. McGavran y Winfield C. Arn, *Ten Steps to Church Growth* (San Francisco: Harper & Row, 1977), 96.

Señales y prodigios. El día de Pentecostés Dios capacitó y vigorizó a su iglesia con una unción profética (Hch 2:17-18); aunque esto incluye la profecía en su sentido más estricto (21:9-10), el objeto de esta unción es impartir poder para dar testimonio (1:8).[55] Que estos dos testigos lleven a cabo señales y prodigios encaja con el testimonio de los dirigentes apostólicos de la iglesia y otros evangelistas en el libro de los Hechos (2:43; 5:12, 16; 6:8; 14:3); las señales y los prodigios constituyen uno de los métodos más frecuentes para atraer la atención del mundo hacia el evangelio en este libro (3:6-12; 8:6-7, 13; 9:34-35, 40-42; 19:10-20; 28:8-9). Cuando noté esto en mi lectura de Hechos, comencé a orar para que Dios sanara a aquellas personas con las que compartía a Cristo; algunas de ellas experimentaron extraordinarias sanaciones y respondieron rápidamente al mensaje del evangelio que Dios estaba confirmando.

Sin embargo la iglesia occidental de nuestro tiempo rara vez experimenta milagros. De hecho, aun aquellos de sus sectores más triunfalistas sobre los milagros rara vez pueden dar fe de milagros en el grado en que aparecen en los ministerios bíblicos de Moisés, Elías, Eliseo, Jesús o Pablo. Algunos responden a esta falta de milagros interpretando la Escritura sobre la base de su propia experiencia, suponiendo que Dios detuvo sus intervenciones milagrosas cuando se completó el canon de la Escritura. No obstante, esta explicación niega demasiadas cosas; la Biblia asume la continuidad de los dones sobrenaturales hasta el fin de esta era (1Co 13:8-12; Ef 4:11-13; Ap 11:5-6), y tanto la historia de la iglesia como los recientes avivamientos en algunas partes del mundo dan fe de que Dios sigue favoreciendo soberanamente a su iglesia con milagros.[56]

La soberanía de Dios y el racionalismo occidental pueden explicar algo de la infrecuencia de los milagros en el cristianismo del mundo occidental. Hay, sin embargo, algo probablemente más importante y es que, en general, tenemos demasiado en común con el tibio cristianismo de ciudades como Laodicea, Tiatira y Sardis, excesivamente cómodas

---

55. Ver explicaciones más completas en Craig Keener, *3 Crucial Questions About the Holy Spirit* (Grand Rapids: Baker, 1996), 35-37; ídem. *The Spirit in the Gospels and Acts: Divine Purity and Power* (Peabody, Mass.: Hendrickson, 1997), 200-201. Sobre la relación de la profecía y el Espíritu en el judaísmo temprano, ver Keener, *Spirit in the Gospels*, 10-13.
56. See Jack Deere, *Surprised by the Power of the Spirit* (Grand Rapids: Zondervan, 1993), esp. 45-56; Keener, *3 Questions*, 81-127. Sobre situaciones de encuentros de poder, ver la sección "Significado Contemporáneo" correspondiente a 13:13.

con el mundo, o con la falta de amor de Éfeso.[57] En la Biblia, los milagros aparecen más frecuentemente en la vanguardia de la actividad de Dios, en especial allí donde se extienden las buenas nuevas del reino (Hch 6:8; 14:3; 19:11-12). Personalmente, los he presenciado mucho más allí donde los creyentes estaban abriendo nuevos horizontes con el evangelio que donde se mostraban absortos con su propia comodidad a este lado del paraíso. Solo cuando la iglesia esté dispuesta a desafiar a los ídolos de la sociedad con las reivindicaciones de Cristo, como hacen los dos testigos en este texto, seremos testigos del poder de Dios en plenitud bíblica.

Sobre el martirio. Que nadie pueda dañar a los testigos hasta que Dios permite su martirio (11:5) muestra que tampoco los juicios de Dios sobre el mundo dañarán a sus siervos (7:3). Esto nos recuerda que Dios no solo es soberano sobre la naturaleza, sino también sobre los intentos de destruirnos de nuestros enemigos; realmente, ni uno solo de nuestros cabellos caerá sin el permiso de nuestro Padre (Mt 10:29-30).

Pero el texto también revela que los siervos de Dios que proclaman su Palabra en el mundo no siempre pueden esperar la liberación; el libro de Apocalipsis nos llama a prepararnos como una iglesia mártir. En el momento en que nos convertimos en seguidores de Cristo, entregamos nuestras vidas para la obra del reino (Mr 8:34-38); sin embargo, en general hemos fracasado en preparar nuestra vida y la de nuestros consiervos para este llamamiento. Nuestra cultura es especialmente hábil para impedir que nos enfrentemos a la muerte "natural"; no cabe duda de que no nos prepara para el martirio. No obstante, si creemos la enseñanza de nuestro Señor, hemos de trabajar para que la iglesia esté preparada para el sufrimiento, para el martirio incluso, si este llega a ser el necesario precio de nuestro testimonio a quienes no desean escuchar (Ap 2:10; *cf.* Jn 12:25-26; 15:18-21).

La vindicación de Dios. Finalmente Dios vindica a sus siervos precisamente ante las mismas personas que los ridiculizaron; esta clase de vindicación es también un patrón bíblico frecuente (Sal 23:5), aunque no siempre lo vivimos en el plano individual. Puede que algunos de los que hoy ridiculizan nuestro mensaje se arrepientan más adelante. Un drogadicto al que di testimonio cuando estudiaba en el instituto parecía tan cerrado al evangelio como lo había estado yo cuando era un ateo y, francamente, dudaba de que llegara a convertirse algún día; adivina, sin

---

57. Ver también esta observación en Jack Deere, *Surprised by the Voice of God* (Grand Rapids: Zondervan, 1996), 88.

embargo, a quién me encontré en la iglesia cuando regresé a casa tras mi primer año en la universidad.

Pero a veces es necesario algo más que nuestra predicación para que el corazón de las personas se haga receptivo al evangelio. Cuando estaba en el instituto, otro hermano y yo, ambos recién convertidos, dábamos testimonio con audacia a nuestros compañeros; sin embargo, el momento decisivo para la receptividad de muchos se produjo cuando, en el plazo de unos dos meses, seis de los que habían rechazado nuestro mensaje y se habían burlado murieron de distintas maneras. Lo que, en nuestro país, no pueden conseguir la predicación y el testimonio, quizá lo consiga el juicio de Dios en aquellos que sobrevivan. En esta era, su juicio es siempre un acto de amor; él deja normalmente un remanente que puede aprender del juicio.

La vindicación de los mártires por parte de Dios, inmediatamente antes del fin, lleva a lo que podríamos llamar una conversión en el lecho de muerte de la ciudad en que Jesús fue crucificado: la mayor parte de los sobrevivientes se convierten (11:11-13). Sin embargo, aunque los juicios llaman la atención de las personas, no podemos esperar que siempre se produzcan inmediatamente (6:10). La mayoría de las personas que han vivido a lo largo de la historia no estarán vivas cuando Jesús regrese ni tampoco se arrepentirán genuinamente la mayor parte de quienes estén vivos en aquel momento (6:16-17; *cf.* 1:7). El momento apropiado para el arrepentimiento es, pues, siempre "ahora" (*cf.* 2Co 6:2). No obstante, cabe observar que, aunque los juicios consiguen a menudo que las personas se interesen por la verdad, este no es precisamente el caso en el libro en de Apocalipsis, donde las acciones de juicio aparte del testimonio no consiguen este objetivo (Ap 9:20-21).

Apocalipsis 11:15-19

Tocó el séptimo ángel su trompeta, y en el cielo resonaron fuertes voces que decían:

«El reino del mundo ha pasado a ser de nuestro Señor y de su Cristo, y él reinará por los siglos de los siglos».

¹⁶ Los veinticuatro ancianos que estaban sentados en sus tronos delante de Dios se postraron rostro en tierra y adoraron a Dios ¹⁷ diciendo:

«Señor, Dios Todopoderoso,
que eres y que eras,
te damos gracias porque has asumido tu gran poder
y has comenzado a reinar.
¹⁸ Las naciones se han enfurecido;
pero ha llegado tu castigo,
el momento de juzgar a los muertos,
y de recompensar a tus siervos los profetas,
a tus santos y a los que temen tu nombre,
sean grandes o pequeños,
y de destruir a los que destruyen la tierra».

¹⁹ Entonces se abrió en el cielo el templo de Dios; allí se vio el arca de su pacto, y hubo relámpagos, estruendos, truenos, un terremoto y una fuerte granizada.

Los versículos finales del capítulo 11 desarrollan la séptima trompeta. Aunque la última trompeta concluye la serie de siete (11:15), encaja también en la ocasión de este texto; normalmente, las trompetas se hacían sonar en la coronación de los reyes (1R 1:34-41; 2R 9:13; 11:14). La Biblia había prometido que el Mesías davídico reinaría "por los siglos de los siglos" (Ap 11:15; *cf.* Is 9:7; 1 Mac. 2:57); naturalmente, el pueblo judío reconocía que Dios reinaría por siempre (Sal 10:16; 146:10; 1 En. 84:2).[1] Daniel había subrayado el triunfo final del reino de Dios sobre los sucesivos imperios mundiales (Dn 2:44; *cf.* 7:17-18), una espe-

---

1. Esta promesa está inspirada en la anterior con respecto al trono eterno de David (Sal 89:29, 36; 132:12) y encaja con la profecía del Hijo del Hombre (Dn 7:14). C. F. D. Moule, *The Birth of the New Testament* (Nueva York: Harper & Row, 1962), 23, ve en este texto y en 19:6-8 lo que él llama salmos cristianos de entronización.

ranza celebrada por muchos de los contemporáneos de Juan.[2] El pueblo judío subrayaba también que, aunque las naciones gobernaban ahora, Dios y su pueblo lo harían en el mundo futuro (*cf.* también comentario sobre 19:6).[3] La expresión, el reino "de nuestro Señor y de su Cristo" (11:15) evoca probablemente el lenguaje del Salmo 2:2, donde las naciones desafían a Dios y su ungido pero serán finalmente sofocadas (ver comentario sobre 11:18).

Su pueblo ha alabado muchas veces a Dios en respuesta a su liberación (Éx 15:18; Ap 11:17-18; 15:3-4; sobre la omnipotencia y eternidad de Dios que se expresa en 11:17, ver comentario sobre 1:8). La ira de las naciones que se menciona en 11:18 recuerda a la descrita contra Dios y su rey ungido en Salmos 2:1-2 que, por su parte, provoca la indignación de Dios (Sal 2:12). A su ira (NVI: "se han enfurecido"; *cf.* el "enfurecimiento" del diablo en 12:17) se contrapone aquí la indignación de Dios en el día del juicio (11:18; *cf.* 6:16).

La tradición judía subrayaba también las recompensas que Dios otorgaría a su pueblo en el tiempo del fin (11:18; *cf.* 22:12).[4] Contrariamente a algunos intentos cristianos de denigrar la tradición judía, la recompensa no deja de ser un concepto cristiano, aunque las obras que son recompensadas son imposibles de realizar aparte de la gracia experimentada en Cristo (Mt 5:11, 46; 6:1; Mr 9:41; 1Cor 3:8, 14; 9:17-18; 2Jn 8). Todas las personas, justos e impíos por igual, reciben sus recompensas en este tiempo (Ap 11:18).

La expresión "tus siervos los profetas" (11:18) es un modismo habitual en la Biblia hebrea (unas veinte veces), pero, para Juan, esta frase puede identificarse con "los santos" y con "los que temen" el nombre de Dios (11:18). Todos los creyentes deben ser "profetas" puesto que han de ser testigos de Cristo con el poder que da el Espíritu (19:10; *cf.* 11:3), contrariamente a lo que sostienen algunos comentaristas. La expresión "grandes o pequeños" (11:18; *cf.* 6:15; 13:16; 19:5, 18; 20:12), como

---

2. P. ej., 1QM 1.5-6; T. Moisés 10:1.
3. Ver *Gn. Rab.* 95 (MSV); sobre las dos eras, ver 4 Esd. 7:50; *tos. Taan.* 3:14; *Sifre Nm.* 115.5.7; *Sifre Dt.* 29.2.3; *cf.* A. J. Ferch, "The Two Aeons and the Messiah in PseudoPhilo, 4 Ezra, and 2 Baruch", *AUSS* 15 (1977): 135-51; John J. Collins, *The Sibylline Oracles of Egyptian Judaism*, SBLDS 13 (Missoula, Mont.: Society of Biblical Literature, 1972), 320, 358-59.
4. 4. P. ej., Sab. 5:15; 4 Esd. 7:98; *m. Ab.* 2:2; *Sifra A.M. par.* 8.193.1.11; *Sifra Behuq. pq.* 2.262.1.9; ver explicación más completa en Morton Smith, *Tannaitic Parallels to the Gospels* (Filadelfia: Society of Biblical Literature, 1951), 163-84. Los maestros judíos subrayaban con frecuencia la necesidad de hacer el bien per se, no por la recompensa que ello pudiera reportar (*Sifre Dt.* 48.6-7; Ver M. Brocke, "Tun und Lohn im nachbiblischen Judentum: Ein Diskussionsbeitrag", *Bibel und Leben* 8 [1967]: 166-78).

"pobres" y "ricos", es un modismo común que significa "todos" (unas cuarenta veces en el Antiguo Testamento; p. ej., 2R 23:2).[5]

La referencia a "los que destruyen la tierra" (11:18) y que, por tanto, merecen el juicio, es más difícil. Puede que se refiera a la devastación que causa estragos en la tierra en respuesta a la desobediencia de los pecadores (7:3; cf. Jub. 9:15), pero "destruir" puede sugerir una implicación más activa. Puede aludir a los agresores contra el pueblo de Dios, invasores que intentan destruir la Tierra Santa (2R 18:25). Que no haya nada en el contexto que limite concretamente esta imagen a Tierra Santa, hace que esta adquiera un carácter más general: el imperio perverso, como la Babilonia de la antigüedad, destruye toda la tierra (la traducción griega de Jer 51:25 utiliza las mismas palabras griegas que este versículo y es posiblemente la fuente de la imagen de este texto). La idea de que quienes han hecho daño a otras personas sufrirían idéntico destino era muy común en la sabiduría bíblica y de la antigüedad en general (p. ej., Mt 26:52).[6]

El versículo 19 es fundamental en el sentido de que introduce la sección siguiente (12:1-6; ambos pasajes tienen que ver con visiones en los cielos); sin embargo, de este versículo hablaremos aquí para evitar cualquier confusión. El pueblo judío creía generalmente que Dios había escondido el arca, pero que sería restaurada al final de los tiempos (ver comentario sobre 2:17). Por ello, una vez que ha llegado el día del juicio final (11:15-18), Dios descubre su templo celestial, indicando el fin (11:19). Por otra parte, la normativa mosaica había impedido anteriormente que el pueblo viera el arca cuando estaba en el templo, puesto que esta se encontraba en el lugar santísimo (Éx 40:21; Lv 16:2); la revelación presente indica, por tanto, que se ha producido un cambio extraordinario.

La imagen del arca sugiere una serie de asociaciones, que tienen que ver especialmente con el pacto de Sinaí, por el que Dios pedía cuentas a un mundo desobediente. En el Oriente Medio de la antigüedad, cuando una nación establecía un pacto con otra, ambas solían depositar el documento en el templo ante la deidad, invitando con ello a que se cumplieran las maldiciones mencionadas en el pacto si se quebrantaba. Puede también ser un dato relevante que los edictos estuvieran expuestos en lugares públicos, como los templos. Por otra parte, igual que los israe-

---

5. Esto continuó en el uso judío temprano (ver Bar. 1:4).
6. P. ej., Demóstenes, *Contra Zenotemis* 6; Aulio Gelio, 7.4.4; Sir. 27:25-27; Jub. 4:32; 1QpHab 12.5-6; m. Ab. 2:7; Ver además Aune, *Revelation*, 2:646.

litas habían llevado el arca con ellos a la guerra (1S 4:3- 9), así también los romanos creían que el *numen* de su estado saldría desde su templo para ayudarlos en la guerra y regresar más adelante.[7] Los fenómenos meteorológicos (Ap 11:19) expresaban probablemente una nueva revelación desde el cielo comparable a la de la Palabra de Dios en el monte Sinaí (*cf.* 4:5; Éx 19:16).[8]

Construyendo Puentes

La imaginería simbólica de 11:15-19, como el arca que se ve en el cielo, tuvo inicialmente un impacto evocador específico; sin embargo, lo que suscitó en sus primeros receptores tendría más sustancia que lo que hoy nos sugiere a nosotros. Teniendo en cuenta que los lectores modernos no conocen generalmente el gran número de tradiciones y asociaciones ligadas a estas imágenes, hemos de explicar los textos (poniendo más atención en la sección "Sentido Original" del que puede ser necesario, digamos, en el estudio de Filipenses).

A menudo nos limitamos a considerar el significado léxico de las palabras en nuestras interpretaciones. Pero pasar de la exégesis a la teología bíblica requiere sensibilidad a la "retórica" o la naturaleza de la redacción de nuestros documentos, sin lo cual encontraremos muchas "contradicciones", a menudo incluso dentro del mismo libro de la Biblia. Este pasaje nos ofrece un ejemplo de una de tales "contradicciones" que se resuelve cuando comprendemos la naturaleza del lenguaje utilizado en Apocalipsis. Que tanto los justos como los impíos reciban recompensas al mismo tiempo (11:18) sugiere, o bien que la distinción cronológica entre las dos resurrecciones que se mencionan en 20:4-6 es simbólica, o que las declaraciones como estas son resúmenes que no pretenden tener una rigurosa precisión cronológica. En cualquier caso, el autor ve ambos pasajes como presentaciones complementarias del fin.

---

7. Ver explicaciones más completas al respecto en Meredith G. Kline, *Treaty of the Great King: The Covenant Structure of Deuteronomy* (Grand Rapids: Eerdmans, 1963), 24; John Pairman Brown, "The Ark of the Covenant and the Temple of Janus. The Magico-Military Numen of the State in Jerusalem and Rome", *BZ* 30 (1986): 20-35. En la mayoría de las sinagogas los cofres donde se guardaba la Torá habrían estado expuestos en un lugar visible (ver Rachel Hachlili, "The Niche and the Ark in Ancient Synagogues", *BASOR* 223 [octubre 1976]: 43-53 [p. 53]).
8. La apertura del cielo simboliza a menudo el inicio de revelaciones (1 Enoc 34:2; 2 Bar. 22:1; ver comentario sobre 4:1).

Por otra parte, si la expresión "sus siervos los profetas" se refiere tanto a los santos como a los que temen el nombre de Dios (11:18), esto significa que todos los creyentes están de algún modo capacitados para el testimonio profético (19:10). ¿Pero en qué sentido son los testigos como los profetas bíblicos? ¿Cómo podemos aprender de los profetas bíblicos y animar a otros cristianos a hacer lo mismo? La Escritura habla en ocasiones de un específico don de profecía (1Co 14); sin embargo, cuando Apocalipsis se refiere al testimonio profético de toda la iglesia, habla posiblemente de la necesidad de depender del poder del Espíritu de Dios para entender y anunciar su mensaje.[9]

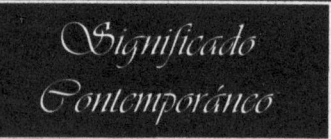

No hace acepción de personas. Aquellos que experimentan alguna aflicción o penuria en el mundo encontrarán consuelo en el mensaje de estos versículos. Es un texto que anuncia que este mundo pertenece finalmente a Dios (11:15) y que, en el día del juicio, él enderezará todos los errores de la historia aplastando toda oposición (11:18); este pasaje nos invita también a la adoración al contemplar la futura intervención de Dios para ejercer su gobierno (11:16-17). Por otra parte, nos recuerda que Dios recompensará y castigará por igual a pequeños y a grandes (11:18; 6:15); Dios no hace acepción de personas.

En la tradición de la iglesia afroamericana, que yo conozco de primera mano, especialmente por lo que respecta a las adversidades del pasado, muchos de los que eran oprimidos en la sociedad secular tenían muchas ganas de ir a la iglesia, donde los conserjes podían ser diáconos, igual que en el cristianismo primitivo los esclavos y libertos podían aspirar al oficio de obispo. En nuestro tiempo transferimos a menudo el estatus social (no solo la experiencia) a los oficios de la iglesia; uno se pregunta si no habremos perdido de vista algunas cosas (1Co 6:4).

Preocupaciones medioambientales. La tierra es del Señor (Sal 24:1), y el reino será suyo (Ap 11:15); de ahí que quienes destruyen la tierra pongan en jaque el gobierno de Dios. Lejos de ser solo una lectura moderna, esto refleja una teología apocalíptica por la que quienes corrompen o abusan de la creación de Dios se hacen acreedores

---

9. La mayoría de los lectores de la antigüedad habrían reconocido esta relación, aun en el caso de que fuera implícita, entre la profecía y el Espíritu (ver Craig Keener, *The Spirit in the Gospels and Acts* [Peabody, Mass.: Hendrickson, 1997], 10-13).

de juicio (4 Esd. 9:19-22; 2 Bar. 13:11).[10] Esta destrucción puede, por tanto, implicar la corrupción de la tierra, una inversión del mandato original de la creación expresado en Génesis 1:26; por regla general, los conquistadores destruían algunos recursos naturales (Dt 20:19; Is 14:8). Este texto puede ser, por tanto, relevante para los ecologistas cristianos de nuestro tiempo que quieren que los creyentes sean administradores más responsables de los recursos que Dios ha provisto para el mundo.[11]

En última instancia, la degradación medioambiental no solo acaba perjudicando a la creación, sino también a los seres humanos, comenzando con los pobres, incluso a corto plazo.[12] Aunque muchos ecologistas subrayan especialmente el calentamiento global, una amenaza mucho más inmediata son las enfermedades debidas a la contaminación del agua de consumo, que produce la muerte de más de tres millones de niños cada año.[13] Enormes cantidades de residuos tóxicos internacionales se llevan constantemente a vertederos del Tercer Mundo.[14]

Hace varias décadas que los traficantes de influencias del norte de Nigeria despojan al pueblo ogoni de sus recursos y contaminan sus zonas rurales, generando riesgos para la salud de sus pobladores con el humo negro que invade su territorio, la contaminación del agua y

---

10. Sobre ciertas cuestiones ecológicas (por utilizar términos modernos) que aparecen en los textos rabínicos, ver Gerhard Langer, "Pflanzen, Schützen und Bewahren—eine ökologische Ethik der Rabbinen", *Bibel und Liturgie* 64 (1991): 86-92.
11. Quienes deseen considerar varias perspectivas ecologistas cristianas pueden ver el número completo de abril de 1990 de *World Christian*; William Dyrness, "Are We Our Planet's Keeper?" *CT* (8 de abril 1991), 40-42; "EcoMyths" y otros artículos en *CT* (4 de abril 1994), 16-33; Lionel Basney, *An EarthCareful Way of Life* (Downers Grove, Ill.: InterVarsity, 1994); y de manera más regular, la revista, *Creation Care* (Wynnewood, Pa.; anteriormente, *Green Cross*). Hacer estas declaraciones no significa apoyar los proyectos de las corrientes neopaganas vinculados a ciertos grupos ecologistas extremistas; sobre este asunto ver *SCP* [*Spiritual Counterfeits Project*] *Journal* 16/1 (1991) y 17/3 (1992); Tod Connor, "Is the Earth Alive?" *CT* (11 de enero 1993), 22-25.
12. Ver varios artículos en *NW* (1 de junio 1992).
13. Gregg Easterbrook, "A House of Cards", *NW* (1 de junio 1992), 24-33 (p. 33); Eastbrook espera que las naciones occidentales presten mucha menos atención a este asunto por cuanto afecta "solo a las abstractas legiones de los oscuros y distantes pobres".
14. "The Global Poison Trade", *NW* (7 de noviembre 1988), 66-68; Franz Schurmann, "Third World Becomes Garbage Dump for the West", *National College Newspaper* (octubre 1988), 9.

la destrucción de sus granjas.[15] Las compañías petroleras pagaron al gobierno, pero a cambio de sus tierras los pobladores autóctonos de la zona obtuvieron menos de medio punto por mil de los ingresos brutos de las petroleras. Cuando una aldea exigió a Shell Oil garantías de una mejor protección medioambiental, la compañía se negó a hablar, pero apareció una brigada policial que incendió la casa del anciano de la población (que murió junto con sus hijos) y abatió a tiros a otros muchos aldeanos.[16]

El respetado escritor nigeriano Ken Saro-Wiwa denunció la enorme degradación medioambiental de su tierra natal como un "lento genocidio".[17] Pero finalmente Saro-Wiwa y otros activistas no violentos, falsamente acusados de unos asesinatos con los que era imposible que tuvieran nada que ver, fueron ejecutados sumariamente por la corrupta dictadura militar que sacaba jugosos beneficios del petróleo. Siendo cristiano, Saro-Wiwa guió a sus compañeros de cárcel en oración antes de sus ejecuciones.[18] Shell Oil, que negoció con la dictadura de Sani Abacha y había ganado más de treinta y cinco mil millones de dólares con el petróleo nigeriano durante las tres últimas décadas, no condenó públicamente a Abacha por estos asesinatos. "No nos metemos en política", declaró su portavoz.[19]

La referencia a Jeremías 51 que se hace en este texto alude especialmente a los daños que las conquistas causan a las vidas humanas; aunque el término "tierra" (*ge*) puede aludir al planeta (Ap 7:1-3), en Apocalipsis suele hacer referencia a la humanidad (13:12, 14). Es significativo que los perversos habitantes de la tierra puedan destruirla, pero no dañar el "cielo", junto con el que aparece más de diez veces (p. ej., 5:3, 13; 12:12). Este pasaje condena por tanto, no solo la destrucción medioambiental (aunque esta estaría incluida por sus efectos en las personas), sino cualquier uso abusivo del poder que destruya a otras personas. Dios juzgará a los imperios perversos que oprimen a otros; el moderno proverbio "siembra vientos y recogerás tempestades" es apro-

---

15. "A State's Well-Oiled Injustice", *WPR* (enero 1996), 14-15 (datos tomados de un semanario británico).
16. Detlef Pypke, "Partners in Crime?" *WPR* (enero 1996), 16 (datos tomados de una revista de noticias alemana).
17. Tim Ledwith, "Nigeria's Year of Shame", *Amnesty Action* (invierno 1997), 3.
18. "The Making of a Legend", *NW* (18 de diciembre 1995), 47. Ver su propio relato de la reclusión en "Notes From a Gulag", *WPR* (octubre 1995), 40-41.
19. Pypke, "Partners"; "Nigeria Defies the World", *Amnesty Action* (invierno 1996), 5. Obsérvese que la Royal Dutch/Shell engloba a la U.S. Shell Oil Company, pero que esta última no tenía operaciones propias en Nigeria (carta al autor de G. C. Goodier, Shell Oil Company [1 de mayo, 1996]).

piado para el perverso imperio que da de beber de su vino a todas las demás naciones (14:8), y finalmente debe beberlo él mismo (14:10).

El simbolismo de la revelación del arca. La revelación del arca celestial significa que las cosas ocultas (10:4) saldrán finalmente a la luz. Pero que esta se consigne en Apocalipsis indica que, en relación con las cosas "ocultas" realmente importantes en esta era, los cristianos tenemos ya una cierta "información exclusiva". Sabemos lo suficiente sobre la perspectiva del cielo como para que decidamos vivir de un modo coherente.

Apocalipsis 12:1-17

Apareció en el cielo una señal maravillosa: una mujer revestida del sol, con la luna debajo de sus pies y con una corona de doce estrellas en la cabeza. ² Estaba encinta y gritaba por los dolores y angustias del parto. ³ Y apareció en el cielo otra señal: un enorme dragón de color rojo encendido que tenía siete cabezas y diez cuernos, y una diadema en cada cabeza. ⁴ Con la cola arrastró la tercera parte de las estrellas del cielo y las arrojó sobre la tierra. Cuando la mujer estaba a punto de dar a luz, el dragón se plantó delante de ella para devorar a su hijo tan pronto como naciera. ⁵ Ella dio a luz un hijo varón que gobernará a todas las naciones con puño de hierro. Pero su hijo fue arrebatado y llevado hasta Dios, que está en su trono. ⁶ Y la mujer huyó al desierto, a un lugar que Dios le había preparado para que allí la sustentaran durante mil doscientos sesenta días.

⁷ Se desató entonces una guerra en el cielo: Miguel y sus ángeles combatieron al dragón; éste y sus ángeles, a su vez, les hicieron frente, ⁸ pero no pudieron vencer, y ya no hubo lugar para ellos en el cielo. ⁹ Así fue expulsado el gran dragón, aquella serpiente antigua que se llama Diablo y Satanás, y que engaña al mundo entero. Junto con sus ángeles, fue arrojado a la tierra.

¹⁰ Luego oí en el cielo un gran clamor:

«Han llegado ya la salvación y el poder y el reino de nuestro Dios; ha llegado ya la autoridad de su Cristo.
Porque ha sido expulsado el acusador de nuestros hermanos, el que los acusaba día y noche delante de nuestro Dios.
¹¹ Ellos lo han vencido por medio de la sangre del Cordero
y por el mensaje del cual dieron testimonio;
no valoraron tanto su vida como para evitar la muerte.
¹² Por eso, ¡alégrense, cielos, y ustedes que los habitan!
Pero ¡ay de la tierra y del mar! El diablo, lleno de furor, ha descendido a ustedes, porque sabe que le queda poco tiempo».

¹³ Cuando el dragón se vio arrojado a la tierra, persiguió a la mujer que había dado a luz al varón. ¹⁴ Pero a la mujer se le dieron las dos alas de la gran águila, para que volara al desierto, al lugar donde sería sustentada durante un tiempo y tiempos y medio tiempo, lejos de la vista de la serpiente. ¹⁵ La serpiente, persiguiendo a la mujer, arrojó por sus fauces agua como un

río, para que la corriente la arrastrara. ¹⁶ **Pero la tierra ayudó a la mujer: abrió la boca y se tragó el río que el dragón había arrojado por sus fauces. ¹⁷ Entonces el dragón se enfureció contra la mujer, y se fue a hacer guerra contra el resto de sus descendientes, los cuales obedecen los mandamientos de Dios y se mantienen fieles al testimonio de Jesús.**

Sentido Original
Esta sección central del libro (Ap 12–14), situada entre las trompetas y las copas, no solo reinterpreta las imágenes tradicionales que relata, sino que proporciona una clave para interpretar otros símbolos que aparecen en otros lugares de Apocalipsis. Esto parece especialmente probable en relación con la duración de la tribulación, si hemos entendido correctamente 12:5- 6 (ver comentarios más adelante). Los escritores de la antigüedad utilizaban a veces imágenes míticas en sus digresiones y en esta sección, el libro de Apocalipsis parece desarrollar tres importantes: la mujer y su descendencia (11:19–12:17, con su propio paréntesis para una perspectiva celestial en 12:7-12); las bestias del capítulo 13; y visiones misceláneas sobre próximos juicios (capítulo 14). David Aune sugiere que estas digresiones describen respectivamente el pasado, el presente y el futuro.[1]

Juan afirma explícitamente que está utilizando un simbolismo cuando llama "señales" tanto a la mujer como al dragón (12:1, 3; *cf.* 15:1).[2] En ocasiones, los griegos aplicaban el término utilizado en este texto (*semeion*) a las constelaciones de los cielos, por lo que quizá algunos de ellos consideraran a la mujer como la constelación de Virgo y al dragón como la de Draco o la Serpiente; sin embargo, las diferencias entre la descripción de este texto y la de la mitología griega nos advierte rápidamente que estas señales no denotan constelaciones, sino una combinación de símbolos tradicionales reaplicados para comunicar una idea única.

¿Pero qué significan estos símbolos? Si los interpretamos en vista de nuestro mundo moderno, desvinculándolos de su antiguo contexto, no conseguiremos entender plenamente su sentido. Por ello, hace unos

---

1. Aune, *The New Testament in Its Literary Environment*, 242. Algunos ven siete señales en esta sección central, pero Juan evita nombrarlas explícitamente aquí (Caird, *Commentary on Revelation*, 105-6); Ford prefiere seis (*Revelation*, 47).
2. Las "señales" son generalmente el lenguaje simbólico de las certezas proféticas (p. ej., Is 8:18; 20:3; 37:30; Jer 44:29; Ez 4:3; 12:6, 11; 24:24, 27), *cf.*, no obstante, Arato, *Fenómenos*. 46.

siglos, los comentaristas veían el sol como el mundo cristiano, la luna como el mundo islámico y la guerra con los santos (12:7) como los ataques del papado contra los valdenses y albigenses.³ Pocos comentaristas de nuestro tiempo considerarían este punto de vista como una adecuada aplicación contemporánea del texto. Las serpientes inspiran repugnancia en muchos círculos; sin embargo, muchas culturas tradicionales las veneran, de modo que esta imagen no es plenamente inteligible desde una perspectiva transcultural.⁴ Para quienes leemos la Biblia como el mensaje de Dios para nosotros, la base normativa para aplicar estos textos hoy es dilucidar lo que comunicaron a sus primeros receptores (1:4). Debemos, por tanto, examinar cada personaje para determinar lo que simboliza en Apocalipsis y cómo se habría entendido en el siglo I.

La madre (12:1)

El primer personaje que aparece en el texto es la "mujer", personaje simbólico frecuente de las visiones de la antigüedad.⁵ Esta mujer es una madre, antecedente de algún modo de la fiel novia de Cristo, la nueva Jerusalén (21:2) y que contrasta con la prostituta, Babilonia (17:5). Los eruditos han planteado varios trasfondos para la mujer, muchos de ellos compatibles con otras propuestas.⁶ Una de las fuentes que se consideran es el mito griego y egipcio de la parturienta que se enfrenta a un dragón hostil; más adelante trataremos con mayor detalle este mito. Pero si Juan se sirve del simbolismo de este mito (cosa probable), también es cierto que lo reinterpreta para comunicar un significado distinto, de modo que nuestra búsqueda no puede detenerse aquí. Algunos han sugerido que

---

3. Wesley, *Commentary on the Bible*, 604-5.
4. See Balaji Mundkur, "The Roots of Ophidian Symbolism", *Ethos* 6 (otoño de 1978): 125- 58; ídem.et al., "The Cult of the Serpent in the Americas: Its Asian Background", *Current Anthropology* 17 (septiembre 1976): 429-41.
5. Ver Plutarco, *Venganza Divina* 33, *Mor.* 568A; 3 Bar. 9:3; Herm. Vis. 1.1.1-9; 2.8.1. Su uso en el Pastor de Hermas es poco común, desarrollando al parecer esta imagen en un sentido más sexual (ver comentarios en C. S. Keener, "Marriage, Divorce and Adultery", 712-17 en *Dictionary of the Later New Testament and Its Developments* [Downers Grove, Ill.: InterVarsity, 1997], 713-14).
6. Sobre la mujer en este texto, ver en mayor detalle C. S. Keener, "Woman and Man", 1205-15 en *Dictionary of the Later New Testament and its Developments*, 1209-10. Sobre la sabiduría divina, ver G. H. Dix, "The Heavenly Wisdom and the Divine Logos in Jewish Apocalyptic", *JTS* 26 (octubre 1924): 1-12 (p. 2).

la mujer es la creación de Dios a través de la cual trae al Mesías; sin embargo, esta lectura es demasiado general.[7]

Ajustándose más al contexto bíblico, la mujer representa a Israel o al remanente fiel de este pueblo. La fuente teológica más conocida para los primeros cristianos habría sido el Antiguo Testamento, aunque estos habrían compartido también la experiencia común de la vida y el pensamiento en el mundo grecorromano. Los profetas describían al Israel justo como la madre de su futuro remanente restaurado (Is 54:1; 66:7-10; Mi 4:9–10; 5:3; *cf.* Is 7:14; 9:6; 26:18-19), una imagen que mezclaban con la de Israel como novia (Is 62:5). En la tradición judía, la ciudad de Sión o Jerusalén aparecía muchas veces como una madre.[8] Aquí, como sucede muchas veces en la Biblia, las imágenes se refunden; la descendencia de Jerusalén puede ser la Jerusalén restaurada o nueva Jerusalén (4 Esdras 10:44-46).

El sol, la luna y las doce estrellas con que se viste la mujer confirman esta visión como símbolo de Israel o de su remanente fiel (Gn 37:9).[9] Si esta mujer simboliza al remanente fiel del Antiguo Testamento antes de la exaltación de Cristo (12:1-5) —es decir, a los israelitas justos y los gentiles convertidos— es probable que siga simbolizando al remanente justo de los judíos y gentiles seguidores de Jesús después de su exaltación (12:6.17), aunque esta interpretación es objeto de debate.

Puesto que la mujer es la madre de Jesús, muchos eruditos la conectan automáticamente con María (normalmente en relación con Israel, más

---

7. Ellul, *Apocalypse*, 85. La tierra no solo aparece como "madre" en el paganismo grecorromano (*Himnos Homéricos* 30.1; Apolonio Rodio, 3.716; Virgilio, *En.* 6.595; Ovid, *Metam.* 1.393; *Gr. Anth.* 7.461), sino también en 4 Esd. 5:50; 10:9-14 y Filón, *Creación* 133, pero 4 Esdras subraya más a menudo a Sión como madre (9:41–10:24). Su tocado de doce estrellas puede simbolizar gobierno cósmico o trascendencia por medio del zodíaco (un símbolo común incluso entre los judíos de la antigüedad); sin embargo, solo un panteísta puede ver en ello identidad con el cosmos; esta mujer no es más el cosmos de lo que José es Helios, dios Sol, en José y Asenat 5/5/6.
8. Ver Tobit 13:9; 4 Esd. 9:38-10:59 (esp. 10:7); 2 Bar. 3:1-3; Gá 4:26. Las "ciudades madre" eran aquellas a partir de las cuales se fundaron otras y eran, por ello, capitales de imperios (Dionisio de Halicarnaso, 3.11.1-2; 3.23.19), y Filón aplicó este título a Jerusalén (*Embajada* 281; *cf.* Is 1:26 LXX, aunque la Septuaginta utiliza este título de manera más libre). Algunas imágenes maternas se aplican también a Sara (Is 51:2; Filón, *Cong.* 6) y Sabiduría (Sir. 15:2). Sobre la personificación de Jerusalén, ver también Salmos de Salomón. 1.
9. Esta clase de imaginería cosmológica aparece en otros lugares en relación con los patriarcas (T. Abr. 7A; 7B; T. Nef. 5:3-5).

que en lugar de él).¹⁰ Sin embargo, el libro de Apocalipsis no proporciona ninguna enseñanza explícita sobre María, y no podemos extrapolarla desde este pasaje sin que haya ningún otro comentario en el texto. Podemos también dudar de que María fuera específicamente perseguida tras la entronización de Cristo, y que ello requiriera su protección durante mil doscientos sesenta días (12:6, 13-16).¹¹ Más útiles han sido a veces los indicios que, en relación con María, algunos eruditos han encontrado en este pasaje sobre la historia de Eva.¹² Dios había prometido que la "semilla" de esta la mujer aplastaría finalmente a la serpiente (Gn 3:15), una promesa de la que sin duda se hace eco Apocalipsis 12:9, 17. Esta relación complementa, pero no sofoca, la imagen del pueblo de Dios que aquí se presenta.

Dolores de parto y el dragón (12:2-3)

Como se ha dicho anteriormente, los profetas describían al Israel justo como la madre del futuro remanente de Israel restaurado. Los Rollos del Mar Muerto representan un período de gran tribulación como un parto, probablemente en relación con el alumbramiento de la nueva comunidad (1QH 3.7-12).¹³ En un pasaje, Dios promete a la embarazada y sufriente

---

10. Peter Paul James, "Mary and the Great Sign", *American Ecclesiastical Review* 142 (mayo 1960): 321-29; N.D. O'Donoghue, "A Woman Clothed with the Sun", *Furrow* 11 (1960): 445-56; J. Edgar Bruns, "The Contrasted Women of Apocalypse 12 and 17", *CBQ* 26 (octubre 1964): 459-63. Algunos sostienen este punto de vista a modo de aplicación secundaria: Feuillet, *Apocalypse*, 115; ídem. "Le chapitre XII de l'Apocalypse: Son caractère synthétique et sa richesse doctrinale", *Esprit et Vie* 88 (1978): 674-83.
11. Entre aquellos que rechazan la exégesis mariana están Ford, *Revelation*, 207; Caird, *Commentary on Revelation*, 149; L. Stefaniak, "Mulier amicta sole (Apok 12,1-17)", *Ruch Biblijny i Liturgiczny* 9 (1956): 244-61. La interpretación mariana no parece anterior al siglo VI d.C. (Beale, *Revelation*, 629 n. 29).
12. Charles Hauret, "Ève transfigurée de la Genèse à l'Apocalypse", *RHPR* 59 (1979): 327-39; incluyendo conexiones con María, ver Elio Peretto, "María Donna in Gv 2,3-4; 19,26-27; Ap 12,1-6: Ipotesi di lettura continuativa in prospettiva ecclesiale", *Ephemerides Mariologicae* 39 (1989): 427-42.
13. Ver Matthew Black, *The Scrolls and Christian Origins* (Londres: Thomas Nelson & Sons, 1961), 149; John Pryke, "Eschatology in the Dead Sea Scrolls", 45-57 en *The Scrolls and Christianity*, ed. Matthew Black (Londres: SPCK, 1969), 50-51; Schuyler Brown, "Deliverance From the Crucible: Some Further reflexions on 1QH iii.1-18", *NTS* 14 (1968): 247- 59. Varias fuentes aluden a los dolores de parto (p. ej., Ovid, *Metam.* 9.292-304; *Vida de Adán* 19:1–20:3), entre ellas oráculos veterotestamentarios de juicio (p. ej., Sal 48:6; Is 13:6-8; 21:3; 26:17-19; 42:14; Jer 4:31; 6:24; 13:21; 22:23; 30:6; 31:8; 48:41; 49:22, 24; 50:43; Os 13:13). Algunos piensan que 1QH 3.7-12 alude más concretamente al nacimiento de un Mesías; ver debate entre Lou H. Silberman, "Language and Structure in the Hodayot (1QH 3)", *JBL* 75 (junio 1956): 96-106;

Israel que alumbrará verdaderamente nueva vida en el tiempo de la resurrección (Is 26:17-19), el día de la ira de Dios en el que este acabará con la serpiente (26:20-27:1).[14]

La tradición bíblica anunciaba que Leviatán, la serpiente, tenía muchas cabezas (Sal 74:14), que la tradición cananea cifraba en siete.[15] En el mundo antiguo muchos creían en la existencia literal de serpientes gigantes o dragones en otros lugares del mundo, pero Juan nos dice de nuevo que habla simbólicamente, de una "señal" (12:3).[16] Las serpientes (a veces llamadas "dragones") eran importantes en las religiones paganas, especialmente en el culto de Asclepio, un dios adorado en algunas de las ciudades a las que se dirige el libro de Apocalipsis.[17] Pero, para Juan, el dragón es especialmente la "serpiente antigua" (12:9), la que en Génesis llevó a la muerte a Adán y Eva seduciéndolos para que desobedecieran a Dios (Gn 3:1-15; Jub. 2:17- 23), igual que Balám lo haría después con los israelitas (*cf.* Ap 2:14). En ocasiones, la tradición judía identificaba a la serpiente con el diablo o la relacionaba con él de otras formas.[18]

Estas relaciones no agotan, sin embargo, el significado del dragón para Juan. Como otros escritores apocalípticos, en Apocalipsis Juan adapta ampliamente los temas utilizados en los mitos antiguos para comunicarnos lo que quiere decir de manera más gráfica. El Antiguo Testamento

---

William H. Brownlee, "Messianic Motifs of Qumran and the NT, II", *NTS* 3 (1956-1957): 195-210.

14. *Cf.* también 1QH 3.28 sobre la ira de Dios contra Belial, en el contexto de la nueva comunidad (3.7-12) y los torrentes de Belial (3.29, 32; *cf.* Ap 12:15).
15. *Baal Epic* 67.1.1-3 en *ANET*, 138; J. Philip Hyatt, "Canaanite Ugarit" *BA* 2 (febrero 1939): 1-8 (p. 8); Walter C. Kaiser, "The Ugaritic Pantheon" (Tesis doctoral, Brandeis University, 1973), 112, 132-33, 214. Las siete cabezas del dragón representan las siete eras en que la Muerte destruye el mundo en T. Abr. 19A.
16. Sobre serpientes gigantes o dragones, ver p. ej., Filostrato, *V.A.* 3.6-8; *p. Ned.* 3:2, §1.
17. Luciano, *Alejandro o el falso profeta* 12-14; Pausanias, 2.27.2. Las serpientes están relacionadas con Hera en Diodoro Sículo, 4.10.1; Zeus en Homero, *Il.* 12.208-9; Ares en Ovid, *Metam.* 3.31- 32; las Furias en Virgilio, *En.* 7.346-55; Ovid. *Metam.* 4.454, 475, 491-99; Medusa, en Ovid, *Metam.* 4.617-20; y especialmente Atenea en Plutarco, *Isis* 71, *Mor.* 379D. Los egipcios veneraban a los cocodrilos (Plutarco, *Isis* 75, *Mor.* 381B.), aunque los griegos los consideraban de un modo negativo (Artemidoro, *Oneir.* 3.11). Sobre el culto a la serpiente en Oriente ver Ramsay MacMullen, *Enemies of the Roman Order* (Cambridge, Mass.: Harvard Univ. Press, 1966), 118.
18. Satanás en Sab. Sal. 2:24; 3 Bar. 9:7; como Samael en Tárgum Pseudo Jonatán Gn 3:6 (Martin McNamara, *Targum and Testament* [Grand Rapids: Eerdmans, 1972], 121); el diablo utilizó la serpiente en Ap. Mos. 16:1, 5. Sobre la relación entre las serpientes o los dragones con los demonios, ver 1 En. 69:12; 2 Bar. 10:8; Lc 10:19; con la brujería en Horacio, Sat. 1.8.33–35; *PGM*, 4.662-64, 2426–428, 2614.

subraya la conquista del primitivo dragón Leviatán por parte de Dios (Sal 74:14; Is 27:1); esto parece simbolizar especialmente la victoria de Dios sobre Egipto (apodado "Rahab") en el Mar Rojo (Sal 89:10; Is 30:7; 51:9), algo muy oportuno en el relato de un nuevo éxodo (Ap 12:6).[19] La tradición judía desarrolló varios relatos sobre Leviatán como una bestia literal a la que Dios destruiría al final de los tiempos.[20]

Entre los paganos se repetía ampliamente una línea argumental parecida hacia finales del siglo I, cuando Juan escribió, y sus oyentes habrían reconocido la ironía en el modo en que este narra la historia con personajes distintos. En la mitología egipcia, Isis (Hator), descrita con el sol sobre su cabeza, dio a luz a Horus, y el dragón rojo Tifón quiso matarla, pero ella consiguió escapar a una isla y su hijo Horus abatió al dragón.[21] En la versión griega de este relato, el gran dragón Pitón, advertido de que lo mataría el hijo de Leto, la persiguió cuando estaba embarazada; pero Poseidón la escondió en una isla que después sumergió temporalmente. Tras la partida de Pitón, Leto dio a luz al dios Apolo, quien, a los cuatro días tenía ya suficiente fuerza para matar al dragón.[22]

La mayoría de los comentaristas no se detienen con este trasfondo pagano general de la imagen. Algunas monedas del siglo I ponen de relieve que a ciertos emperadores se les vinculaba con Apolo, el dios Sol. En la propaganda romana en Asia Menor la diosa Roma era la nueva diosa madre y el emperador romano su hijo, el salvador del mundo. En la visión de Juan es Cristo el Señor quien, en última instancia, matará

---

19. Los primeros cristianos aplicaron la misma imagen de conquista a la victoria de Cristo (Oda Sal. 22:5), puesto que también lo consideraban como el sagrado niño conquistador (Or. sib. 8.196-97).
20. Ver 1 Enoc 60:7-8; 2 Bar. 29:4; *Pes. Rab. Kah. Sup.* 2:4 (aunque *cf.* el plural leviatanes en *Ap. Abr.* 10:10; *b. B.B.* 74b). El término Leviatán adquiere connotaciones diabólicas en los textos arameos de conjuros 2.3-4; 6.8. Virgilio, *Ecl.* 4.24 esperaba que las serpientes perecieran en la era venidera.
21. Ver Roland Bergmeier, "Altes und Neues zur 'Sonnenfrau am Himmel (Apk 12)': Religionsgeschichtliche und quellenkritische Beobachtungen zu Apk 12:1-17", *ZNW* 73 (1982): 97-109; Koester, *Introduction*, 1:188. Los dragones aparecen también en la tradición babilónica (como reconocían los judíos, p. ej., Bel y el dragón 23-27). Sobre las madres divinas, ver Gail Paterson Corrington, "The Milk of Salvation: Redemption by the Mother in Late Antiquity and Early Christianity", *HTR* 82 (octubre 1989): 393-420.
22. Sobre la importancia del dragón para una serie de culturas de la antigüedad, ver Ivan M. Benson, "Revelation 12 and the Dragon of Antiquity", *Restoration Quarterly* 29 (1987): 97-102. Este tema de la mitología griega está ya presente en el relato del titán Cronos que se tragó a sus hijos para impedir que lo derrocaran (Hesíodo, *Teogonía* 459-64).

al dragón y a la bestia enviada por él; ¡en realidad, el emperador es una simple marioneta del dragón! La mayoría de los comentaristas entienden que este conflicto con el culto imperial forma parte del trasfondo de este pasaje.[23]

El significado de las estrellas merece también algunos comentarios. Uno puede entender su caída como la descripción de una catástrofe cósmica (6:13); sin embargo, las palabras de 12:4 implican posiblemente algo más. En el simbolismo judío, las estrellas pueden representar a los justos, como también en este contexto (12:1; *cf.* Gn 26:4; Dn 12:3); por ello, este pasaje podría estar describiendo la apostasía (*cf.* quizá Dn 8:10).[24] Una caída de la grandeza a la vergüenza puede también describirse como un desplome del cielo a la tierra (Is 14:12, 15; Lm 2:1; Or. sib. 3.359-62). No obstante, en Apocalipsis, las estrellas simbolizan normalmente a los ángeles (1:20; 9:1), una aplicación también frecuente de esta imagen en la literatura judía.[25] A menudo los paganos consideraban a las estrellas como seres divinos, mientras que para los judíos representaban generalmente ángeles.[26] El pueblo judío reconocía que, mucho tiempo atrás, la sublevación de Satanás había

---

23. Ray Summers, "Revelation 20: An Interpretation", *RevExp* 57 (1960): 176-83; Caird, *Commentary on Revelation*, 148; Beasley-Murray, *Revelation*, 191; Elisabeth Schüssler Fiorenza, "The Revelation to John", 99-100 en *Hebrew-James–1 & 2 Peter-Jude-Revelation*, ed. G. Krodel (Filadelfia: Fortress, 1977), 111. El dragón puede ser Roma en Salmos de Salomón 2:25-26, como sucesor de Babilonia y Egipto (Beale, *Revelation*, 632-33). El nacimiento de un muchacho divinamente escogido caracteriza la propaganda del reinado de Augusto (*cf.* Virgilio, *Ecl.* 4; Wilfred L. Knox, *St. Paul and the Church of the Gentiles* [Cambridge: Cambridge Univ. Press, 1939], 18-19).
24. Sobre los justos como estrellas en la otra vida o en una era futura, ver Dn 12:3; 1 En 104:2; 4 Mac. 17:5; 2 Bar. 51:10; Ps. Filón 33:5; sobre comparaciones en el presente, ver 1 En. 43:1-4; *Sifre Dt.* 47.2.5, 8; *b. Ber.* 56b; *cf.* Jos. y Asen. 2:6/11.
25. Ver 1 Enoc 6:7 (arameo); 8:3; 18:14-16; 20:4; 21:3, 6; 80:6-8; 86:1-4; 88:3; 2 Enoc 7:3; 29:4-5 rec. J; 31 rec. J; 2 Bar. 51:10; T. Sal. 20:16-17. Se creía que Isaías 24:21 aludía al juicio escatológico de los poderes celestiales que subyacen tras los reyes terrenales. Beale, *Revelation*, 636-37, propone con buenos argumentos que las estrellas son tanto personas como ángeles que los representan en el cielo (*cf.* Ap 1:20).
26. Como dioses, Cicerón, *De nat. deor.* 2.15.39-40; *De re publica* 6.15.15; Séneca, *Benef.* 4.23.4; 1 Enoc 80:7-8; como almas en Platón, *Timeo* 41E; Filón, *Gigantes* 7-8; 4 Mac. 17:5; como ángeles, 1QM 10.11-12; 2 Enoc 4:1; 29:3A; 3 Enoc 46:1; 2 Bar. 51:10; Filón, *De plantatione* 12-14; *Pes. Rab. Kah.* 1:3; relacionados con los demonios, T. Sal. 2:2; 4:6; 5:4; 6:7; 7:6; cap. 18. Algunos preferían explicaciones naturalistas (Varrón, 5.10.59; Diógenes Laercio, 7.1.152-53). Las estrellas participan en la batalla final y caída a la tierra en Or. sib. 5.512-31 (escrito quizá en un periodo cercano al tiempo de Juan).

arrastrado a muchos ángeles (a menudo en relación con Génesis 6:2), una idea que aparentemente apoya 1 Pedro 3:19-22; 2 Pedro 2:4.

Pero Juan nos ofrece una nueva aplicación cristocéntrica de este relato de la caída: la mayor sublevación de Satanás y la meta final de la apostasía angélica fue la oposición a la misión de Jesús en la tierra (12:4). Pero Satanás y sus ángeles fracasaron, ¡y precisamente en la exaltación de Jesús el reino del diablo recibió la plena notificación de su derrota (12:7-9)!

El éxodo final (12:5-6)

En el mito común, el niño que nace de la mujer era un dios o el emperador adorado universalmente por el sistema del mundo; Juan reinterpreta este mito de manera que el niño es el Señor Jesús, el líder crucificado de la perseguida secta de los cristianos. Es evidente que este texto hace referencia a Jesús y no a su iglesia, no solo porque el niño gobierna con vara de hierro (*cf.* 19:15) —cierto que sus siervos gobernarán también, pero lo harán únicamente en unión con él (2:27)[27]—, sino también porque cuando Jesús es arrebatado, la mujer tiene otros descendientes que siguen a este (12:17).[28] Esta historia es el eje de Apocalipsis y el de su evaluación de la historia; nadie sino nuestro Señor Jesucristo puede cumplir este papel.

Por otra parte, mientras que el mito común subrayaba el nacimiento de un niño divino, Apocalipsis pone de relieve la exaltación de Jesús, no su nacimiento (12:5). Jesús fue "engendrado" como rey en su resurrección y entronización (Sal 2:7; Hch 13:33; Heb 1:3-5). Si se lee junto con el Evangelio de Juan, es incluso posible que Apocalipsis describa la entronización de Jesús comenzando con la cruz, donde fue coronado como "rey de los judíos" (Jn 19:19-21; *cf.* 16:21); Fue en la cruz donde Satanás fue "expulsado" del cielo (12:31; 14:30; 16:11; *cf.* Ap. 12:9, 13) y donde Jesús "preparó lugar" para sus seguidores (Jn 14:2-3; *cf.* Ap 12:6).[29]

---

27. La mayoría de los comentaristas sostienen que se trata de una referencia a Cristo, incluso autores dispensacionalistas como Walvoord, *Revelation*, 189-90.
28. En los primeros textos cristianos, cuando el verbo *harpazo* (que en este texto se traduce "arrebatado") se aplica a la actividad de Dios, generalmente significa elevar (Hch 8:39), incluso al cielo (2Co 12:2, 4; 1Ts 4:17).
29. Otros (p. ej., Caird, *Commentary on Revelation*, 149-50) ven también aquí la cruz. Beale, *Revelation*, 648-49, ve un santuario espiritual en este "lugar" (*cf.* Dn 8:11; Mt 24:15, pero la palabra *topos* se utiliza de un modo mucho más general; el paralelismo

El tiempo es también distinto en Apocalipsis que en la tradición apocalíptica. Los "mil doscientos sesenta días" se adaptan probablemente a la gran tribulación de Daniel (*cf.* Dn 12:11); basándonos en años de trescientos sesenta días, mil doscientos sesenta días serían tres años y medio (7:25; 9:27; 12:7).[30] Apocalipsis reinterpreta aquí el tradicional símbolo judío de la tribulación escatológica en vista de las creencias cristianas sobre Jesús. Siguiendo a Daniel, los escritores podían imaginar una tribulación final de tres años y medio (Dn 9:24-27; 12:1, 11). Varias tradiciones judías adaptaron la duración de la tribulación final a distintas extensiones de tiempo (la más común era de cuarenta años). Pero el libro de Apocalipsis parece utilizar esta cifra para hablarnos de la clase de tiempo más que de su extensión, subrayando principalmente que se trata de un periodo de tribulación. Si Jesús es rey y Cristo, y si ha venido y tiene que regresar, los cristianos ya están viviendo, pues, en la era final, independientemente de cuál sea la extensión de este periodo (p. ej., Hch 2:17; 1Ti 4:1; 2Ti 3:1; 2P 3:3). Asimismo, los judíos contemporáneos de Juan anticiparon la futura derrota de Satanás; pero Juan, para quien el Mesías ha invadido ya la historia y ha reivindicado sus derechos, declara la derrota de Satanás en el pasado.[31]

Por distintas razones, no debe sorprendernos que Juan se adapte a la tabla profética de sus contemporáneos. (1) El libro de Apocalipsis rara vez toma los símbolos escatológicos judíos, ni siquiera los que Dios inspiró en el Antiguo Testamento, sin aplicarlos nuevamente de acuerdo con lo que los cristianos saben de Jesús. Apocalipsis está lleno de números simbólicos (ver comentario sobre 7:1-8). (2) El propio libro de Daniel, bajo la dirección de Dios, aplica nuevamente los setenta años de la profecía de Jeremías a un periodo de tiempo mucho más extenso que conduce a la duración de la tribulación que allí se declara (Dn 9:2, 24; *cf.* Test. Moisés 3:14). (3) Jesús consideró que la tribulación de Daniel se cumpliría literalmente, al menos en parte, en los aconteci-

---

en el Evangelio de Juan, no obstante, puede apoyar este sentido (*cf.* "la casa de mi Padre" en 14:2).

30. Es posible que los 1.260 días sean preferibles a los 1.290 de Daniel porque estos se acortan (Mr 13:20), quizá por una tradición judía (Rut Rab. 5:6), o quizá por razones numéricas. Tres años y medio fue un periodo histórico de opresión para Israel (p. ej., Josefo, *Guerra* 1.19) aplicado a otros periodos semejantes (Lam. Rab. 2:2, §4).
31. Con Rissi, *Time and History*, 38, 117; Bowman, *First Christian Drama*, 78; Beale, *Revelation*, 646-47; *cf.* A. Kassing, "Das Weib das den Mann gebar (Apk 12,13)", *Benediktinische Monatschrift* 34 (1958): 427-33; sobre la figura de 12:14, ver Rissi, *Time and History*, 112. Bauckham, *Climax of Prophecy*, 185, comenta esta transformación de la expectativa judía como algo "sin precedente".

mientos de los años 66–70 d.C., cuando las tropas romanas profanaron y destruyeron el templo de Jerusalén y lo convirtieron en un lugar para ofrecer sacrificios a César.[32]

(4) Algunos de los contemporáneos de Juan también habían aplicado simbólicamente la cifra de Daniel para la tribulación.[33]

Estos argumentos solo apoyan la posibilidad de que Juan esté realizando una nueva aplicación de la cifra en cuestión; es, sin embargo, el propio texto de Apocalipsis el que nos lleva más adelante, puesto que el flujo de la narración da a entender que la exaltación de Jesús va seguida inmediatamente de la tribulación (12:5-6). Por otra parte, la expulsión de Satanás del cielo no puede ser aquí un acontecimiento futuro, sino algo que, más bien, acompaña a la llegada de "salvación" y del "reino" de Dios, y este lenguaje solo encaja con dos ocasiones. Una de ellas es el regreso de Cristo en gloria (19:1; *cf.* 11:15), pero esto no puede ser lo que significa en este pasaje, puesto que en tal caso Satanás no dispondría ni siquiera de un "poco" tiempo (12:12). La otra es el triunfo de Jesús por medio de su muerte, resurrección y entronización (1:9; 2:27; 7:10), y ha de ser, por tanto, el sentido de este pasaje.[34] Como los receptores de Juan entienden ya, los creyentes experimentarán tribulación en el mundo, pero Jesús promete que su victoria consumada está muy por encima de esta tribulación (Jn 16:33).[35]

---

32. Ver Craig Keener, *Matthew* (Downers Grove, Ill.: InterVarsity, 1997), 348-49, y las fuentes que se citan en este trabajo.
33. Los textos de Qumrán aplican nuevamente el lenguaje de Daniel de formas muy distintas (*cf.*, p. ej., 1QM 1.4 en Yigael Yadin, *The Scroll of the War of the Sons of Light Against the Sons of Darkness*, tr. B. y C. Rabin [Oxford: Oxford Univ. Press, 1962], 180). *Cf.* F. F. Bruce, "Qumran and Early Christianity", *NTS* 2 (febrero 1956): 176-90 (p. 177); D. S. Russell, *The Method and Message of Jewish Apocalyptic* (Filadelfia: Westminster, 1964), 198-201. Sobre periodos de tres años y medio en otros lugares, ver Josefo, *Guerra* 1.19; *p. Taan.* 4:5, §10; *Rut Rab.* 5:6; *Lam. Rab.* Proem 25, 30; *Lam. Rab.* 2:2, §4.
34. La acumulación de estos términos encaja con el día del juicio (1 Enoc 60:6); sin embargo, los comentaristas concuerdan normalmente en que se trata de referencias a la cruz y la resurrección (Schlier, *Principalities*, 49).
35. Aunque en este momento no pienso que esta sea la forma más natural de interpretar esta narración, es posible leerla como si aludiera a un futuro literal de tres años y medio que se consigna a continuación, porque cumplen las conclusiones lógicas de la victoria de Jesús (Walvoord, *Revelation*, 191). Sin embargo, aun en este caso, todos estaríamos posiblemente de acuerdo en afirmar que las implicaciones prácticas siguen siendo las mismas: que la tribulación incidiría hasta tal punto en el presente que funcionaría como potencialmente presente.

En los mitos de Isis y Leto, la mujer escapó a una isla; en este pasaje, Juan ofrece una imagen marcadamente distinta, evocando deliberadamente el éxodo de Israel en el desierto (12:6). Puesto que los profetas habían prometido un nuevo éxodo en el desierto con la futura redención de Israel (Is 40:3; Os 2:14), algunos judíos se retiraron literalmente al desierto para esperar su llegada (1QS 8.14-15; 9.19-20).[36] Otros anticiparon personajes mesiánicos en el desierto (Mt 24:26; Hch 21:38; Josefo, *Ant.* 20.189; *Guerra* 2.259, 261-62); además de atraer a los insurgentes y guerrilleros, el desierto era el lugar natural para buscar refugio (Salmos de Salomón 17:17). Pero, como en su Evangelio (Jn 3:14; 6:31, 49), Juan utiliza el desierto de manera simbólica para aludir al primer éxodo, anunciando uno nuevo espiritual (1:23).

Como todo buen apocalipsis, el de Juan pasa a continuación a expresar una perspectiva celestial sobre los acontecimientos que acaba de describir. El triunfo de Cristo sobre el dragón en la tierra se visualiza en términos de un combate celestial entre las fuerzas de Dios y las de Satanás, en el que pierden inevitablemente las de este último.[37] Como se ha dicho anteriormente (ver comentario sobre 12:4), el pueblo judío hablaba a menudo sobre la caída de los ángeles en un pasado distante; ahora Juan relaciona concretamente este acontecimiento con el triunfo de Cristo (12:7-11). En este pasaje, la caída de Satanás alude claramente a un acontecimiento del pasado; la "salvación" y el "reino" de Dios (12:10) se completan con el regreso de Cristo, pero comenzaron en su muerte, resurrección y entronización.

Combate celestial (12:7-12)

El combate celestial que se describe en este texto aplica muchas imágenes judías tradicionales. El tema escatológico de la guerra santa, como en el rollo de la guerra de Qumrán (*cf.* comentario sobre Apocalipsis 7:1-8), se aplica a un conflicto celestial cuyo desenlace se estableció plenamente en la cruz.[38] Basándose en el libro de Daniel (Dn 10:13, 21;

---

36. Hay una explicación más detallada, p. ej., en F. F. Bruce, "Qumrân and Early Christianity", *NTS* 2 (1956): 176-90 (p. 177). Sobre el nuevo éxodo de Apocalipsis 12, ver especialmente Beale, *Revelation*, 643-45.
37. Algo que se observa con frecuencia es que el combate celestial se corresponde con la obra terrenal de Cristo (ver Ellul, *Apocalypse*, 87; Caird, *Commentary on Revelation*, 153; ídem. *Apostolic Age*, 98 n. 5). Sobre la popular imagen de la antigüedad de expulsiones del cielo (como las que ofrecen las leyendas griegas sobre los titanes), ver Aune, *Revelation*, 2:699.
38. Pero Qumrán consideraba también toda la existencia humana como un conflicto espiritual entre los príncipes de la luz y la oscuridad (1QS 3.20-21). Beale, *Revelation*,

12:1), el pueblo judío entendía que Miguel era su príncipe protector, que los defendería de los ángeles de las otras naciones que pretendían oprimirles.[39] Miguel era capaz, él solo, de detener a los ángeles de otras naciones (Dn 10:13, 21).

Sin embargo, su poder tenía límites. Su propia autoridad solo le permitía llegar hasta cierto punto; no pudo, pues, actuar contra Satanás sin el permiso de Dios (Jud 9); además, en otros casos se le ordenó que se pusiera a un lado y dejara de actuar para que Israel pudiera experimentar la tribulación final (Dn 12:1; quizá 2Ts 2:7). Aquí, no obstante, Miguel y sus fuerzas arrojan a Satanás y sus huestes para expresar la victoria celestial ganada por Cristo en la tierra. Dios no gobierna el mundo únicamente por medio de acontecimientos en los cielos, sino que también hace que se correspondan con los eventos que realiza en la tierra. Juan aplica su enfoque en el triunfo de nuestro Señor, no solo a su visión de los ángeles caídos, sino incluso a la actividad de Miguel.

Cuando Satanás es arrojado a la tierra termina su posición de privilegio en la corte de Dios.[40] Irónicamente, la pérdida de su "lugar" (*topos*, 12:8) por parte de Satanás contrasta completamente con el "lugar" (*topos*) de refugio que Dios otorga a su pueblo perseguido por este (12:6, 14). La Biblia había afirmado ya que Satanás ejercía de acusador (Zac 3:1) directamente ante el trono de Dios (Job 1:6; 2:1). La tradición judía amplió esta idea, hasta el punto que en textos posteriores se decía que acusaba a Israel día y noche, dejando solo de hacerlo en el Día de la Expiación.[41] Aquí, no obstante, sus acusaciones contra los creyentes

---

653, sugiere que el ejército celestial en Josefo, *Guerra* 6.297-99, puede corresponderse con el de los romanos en la tierra.

39. Ver 1QM 17.6; *b. Yoma* 77a; ver explicaciones más completas en Otto Betz, *Der Paraklet Fürsprecher im Häretischen Spätjudentum, im JohannesEvangelium und in neu Gefundenen Gnosticischen Schriften*, AGJU 2 (Leiden: Brill, 1963), 149-58. Los ángeles custodios protegían también a los individuos de los demonios (*Sifre Nm.* 40.1.5; cf. 1 En. 40:7, 9). En Apocalipsis, no obstante, Miguel no solo está conectado con el Israel étnico, como en ciertas perspectivas judías (3 Enoc 44:10; 1QM 17:6–7; T. Moisés 10:2).

40. La expresión griega que se traduce "ya no hubo lugar para ellos" en 12:8 es la misma dramática declaración que encontramos en 20:11.

41. Ver *B. Yoma* 20a; *Lv. Rab.* 21:4; *Nm. Rab.* 18:21; *Pes. Rab.* 45:2, 47:4; Sobre Satanás como acusador, ver Jub. 48:15-16; 3 Enoc 14:2; 26:12; *Gn. Rab.* 38:7; 84:2; *Ex. Rab.* 31:2; *Lv. Rab.* 21:10; *Koh. Rab.* 3:2, §2; sobre otros ángeles acusadores, 1 Enoc 40:7; 3 Enoc 4:6-7; 28:8; Ap. Sof. 3:8-9; 6:17; *Pes. Rab.* Kah. 24:11. La palabra "satanás" significaba inicialmente "acusador"; sin embargo, aun en la tradición judía y veterotestamentaria, la posición de Satanás dependía del permiso de Dios (Job 1:12; 2:6; T. Job 8:1-3; 16:4/2; 20:3).

han sido silenciadas, puesto que la victoria de Cristo es suficiente para acallar todas las objeciones de quien, en otro tiempo, había sido fiscal de la corte celestial (12:10). Lo contrario de un fiscal era un abogado, y los receptores de Juan estaban ya posiblemente familiarizados con la idea de que Jesús era nuestro abogado (1Jn 2:1; también Jn 14:16 [NIV], donde la palabra "consolador" se traduce como "abogado"). Satanás desarrolla su actividad "día y noche", algo que, como el tormento de sus seguidores (14:11; 20:10), se contrasta con el incesante papel de los que adoran a Dios en 4:8; 7:15.

La derrota de Satanás en el cielo no significa que termine el sufrimiento físico en la tierra. Con su victoria sobre el mundo (mediante su fiel testimonio de la victoria de Cristo hasta la muerte [12:11]), los santos continúan venciendo aquí al diablo. Se trata de un sacrificio al que Jesús ya había llamado tiempo atrás a quienes querían ser sus seguidores (Jn 12:25); sin embargo, en el contexto de "vencer" evoca especialmente la imagen de mártires militares (ver comentario sobre 7:1-17).[42] La victoria ya se ha producido, ha sido ganada por la "sangre" de Cristo (12:11; *cf.* 1:5; 7:14); el León victorioso era un Cordero inmolado (5:5-6). Los santos implementan esa victoria por la fe (*cf.* 1 Jn 4:4; 5:4-5), proclamando a Cristo con valentía sin pensar en el coste que ello pueda tener para ellos (Ap 12:11; 20:4), acelerando así la llegada del fin y el cumplimiento de los propósitos de Dios en la historia humana (6:9-11).

Satanás oprime a los seguidores de Jesús (12:10-12) y persigue a la mujer en el desierto, del mismo modo que Faraón fue tras Israel en el éxodo. Según la tradición judía, se suelta a Belial (Satanás) para que ataque a Israel con especial furia en el tiempo del fin (CD 4.12-13). Aquí, este tiempo de sufrimiento para el pueblo de Dios se corresponde con su liberación ante Dios; las únicas actividades de Satanás siguen siendo el engaño y la represión terrenales. El "poco" tiempo del diablo (12:12), como el "dentro de poco" y "un poco después" que media entre la cruz y la resurrección (Jn 16:16-19), es un periodo provisional que comporta suspense y dificultades, pero que tiene un desenlace predeterminado. El "tiempo" del diablo (*kairos*, 12:12) se terminará cuando termine el "tiempo" de espera (*chronos*, 10:6), es decir, cuando

---

42. No amar la vida hasta la muerte era algo característico de los héroes de guerra (Jue 5:18). Morir en la batalla se consideraba algo noble (p. ej., Demóstenes, *Or.* 60, *Discurso fúnebre* 19) y algunos prometían estar dispuestos a morir por un dirigente como César (*IGRR* 3.137); sin embargo, los vencedores de nuestro texto triunfan precisamente por medio del martirio. Sobre el tema griego de morir por una causa, ver Aune, *Revelation*, 2:703.

se cumplan los propósitos de Dios (10:7) y el reino pase a ser suyo en el tiempo (*kairos*) de su juicio (11:15-18). Este es el mismo lapso de tiempo (*chronos*) que duran los restantes sufrimientos de los santos (6:11).[43]

La mujer huyó al desierto por un extenso periodo. Los espacios temporales descritos como "un tiempo y tiempos y medio tiempo" (12:14) aluden a tres años y medio, el periodo de la gran tribulación (como en Daniel 7:25; 12:7; acerca del significado simbólico de este número, ver comentario sobre 12:6). El salmista pidió en oración unas alas para huir al desierto (Sal 55:6-7); sin embargo, las alas del águila que Dios imparte a la mujer (Ap 12:14) aluden posiblemente a la ayuda de Dios. La tradición del éxodo hablaba de que Dios llevaba a su pueblo sobre alas de águila (Éx 19:4; Dt 32:11), una imagen también aplicable al nuevo éxodo (Is 40:31; 1 En. 96:2; Test. Moisés 10:8).[44] La milagrosa provisión en el desierto evoca aquí el maná que Dios dio a su pueblo en el primer éxodo; él nos da "el pan de cada día" (*cf.* Mt 6:11).

En los relatos griegos las deidades fluviales lanzaban inundaciones contra sus enemigos (Homero, *Il.* 21.248-327); en la Escritura, la serpiente que Dios derrotó en el primer éxodo vivía en las aguas (Sal 74:13; Ez 29:3; 32:2). La imagen de la serpiente arrojando "agua como un río" (Ap 12:15; *cf.* 16:13) puede ser símbolo de un ataque mediante calumnias, como vemos, por ejemplo, en 2:9 y 3:9 en los agentes de acusación inspirados por Satanás; este, que ya no puede acusar a los santos ante Dios, los acusa ahora ante el mundo. En el lenguaje profético, una "inundación" podía representar cualquier tipo de sufrimiento

---

43. *Cf.* Rissi, *Time and History*, 25; para algunos comentaristas, Apocalipsis parece utilizar estas dos palabras de manera más o menos sinónima. Las esperanzas judías anhelaban la derrota final del diablo (T. Moisés 10:1); la llamada a los cielos para que se alegren es una forma literaria para expresar una promesa de triunfo (Ap 19:7; 1 Enoc 105:2; T. Moisés 10:8).
44. *Cf.* las expresiones judías sobre el abrigo de Dios como las protectoras "alas de la presencia" (p. ej., Rt 2:12; Sal 17:8; 36:7; 63:7; 91:4; 1 Enoc 39:7; 2 Bar. 41:4; ARN, 12A; *Sifre Nm.* 80.1.1). En este texto, el águila no es probablemente Roma (4 Esd. 11:1-12:39; ver comentarios sobre 8:13) ni las alas representan posiblemente los mandamientos de Dios (*b. Ber.* 53b.) o su enemistad (Jer 48:40; 49:22). En Jeremías 48:9 las alas se utilizan en sentido figurado para hacer referencia a la huida, aunque se trata de un escape del juicio. Puede que los griegos imaginaran los relatos de metamorfosis como en su mitología (*cf.* Aune, *Revelation*, 2:704-6).

(*cf.* Sal 32:6), incluso el juicio de Dios (Is 28:2; Jer 47:2), pero también una oposición injusta (Sal 18:3-4; 69:1-4, 14-15; 124:2-5).[45]

En Apocalipsis, la boca es generalmente un símbolo para aludir a la comunicación verbal, especialmente de la Palabra de Dios (1:16; 2:16; 10:9-10; 19:15, 21), aun cuando se adapte otra imagen (11:5). En el próximo capítulo, la boca de los impíos se utiliza para aludir a sus arrogantes palabras y blasfemias (13:2-6) contra Dios, pero que afectan a los cristianos (*cf.* Dn 7:8, 20, 25); en contraste con esto, no se halla mentira en la boca de los santos (Ap 14:5). Lo que apoya más claramente la interpretación de la calumnia es la referencia del salmista a la difamación de los impíos como lengua de serpiente (Sal 140:1-5). Sea cual sea el juicio simbolizado por las aguas, Dios prometió su protección a su pueblo cuando este lo atravesara (Is 43:2); es también una significativa ironía que la "boca" de la tierra contrarreste los efectos del río que arroja la "boca" del dragón en Apocalipsis 12:16.

En la forma más común del mito griego, la serpiente Pitón era una titánide, hija de la tierra, sin embargo aquí, esta, obedeciendo a Dios, ayuda a la mujer (12:16). La imagen sería familiar. Otros textos judíos describen a la tierra quejándose de la iniquidad (1 Enoc 7:6; Ap. Moisés 40:5; *cf.* Is 26:21). Por mandato de Dios, la tierra puede tragar algo para protegerlo (2 Bar. 6:9; 4 Bar. 3:10, 19), o puede también tragar a los opresores de Israel (1 Enoc 90:18) o a otros pecadores (Nm 16:32; 26:10; Dt 11:6; Sal 106:17; T. Abr. 10A; 12B); también el Seol puede abrir la boca para tragar a los invasores escatológicos de Tierra Santa (1 Enoc 56:8).[46]

La referencia más importante sea quizá que, la derrota de los enemigos de Israel al comienzo del éxodo en el Mar Rojo se describe como una intervención de la tierra que se abre para tragarlos (Éx 15:10, 12).

---

45. En 1QH 3.29, 32, se aplica figurativamente la imagen de los torrentes de Belial (ver otras fuentes en Beale, *Revelation*, 672); este atacaría a Israel en el tiempo inmediatamente antes del fin (CD 4.12-13).
46. Otros objetos, ya sean árboles (*p. Sanh.* 10:2, §6) o las profundidades (Ps. Filón 26:4), también "engullían" ciertas cosas cuando Dios lo mandaba; en Ovid, *Metam.* 5.639-41, la tierra se abre para permitir que el agua escape de su perseguidor. Es posiblemente relevante que Caín, como semilla de la serpiente, asesinara a Abel; sin embargo, la tierra, que "abrió su boca" para recibir la sangre de Abel actuó a favor de su causa (Gn 4:10-11; *cf.* (Or. sib. 3.696-97). En una forma del mito de Leto la tierra ayuda a las mujeres (Beasley-Murray, *Revelation*, 192); la tierra ayuda también a un Salvador divino en Hesíodo, *Teogonía*. 459-64.

Está bastante claro que la mujer antes de la venida de Jesús en 12:1-5 es el fiel remanente de Israel; su exacta identidad en el resto del capítulo es más discutible. ¿Se refiere a la iglesia, al judaísmo étnico, o específicamente a los cristianos de origen judío? Juan sostiene probablemente que todos estos grupos atraviesan el periodo del fin y los exégetas modernos responden normalmente estas preguntas según su marco de referencia teológico. Después de la venida de Jesús, el remanente fiel está solo formado por cristianos de origen judío o (como sostiene un mayor número de comentaristas, con algunas buenas razones) por todos los cristianos, ¿o podría acaso darse cualquiera de las dos respuestas dependiendo del contexto? Lo que está claro, en cualquier caso, es que, al margen de cómo sea la supervivencia colectiva de la mujer, a título individual los creyentes pueden todavía sufrir la muerte causada por la boca de la serpiente.

La ira del dragón contra la mujer (12:17) es una continuación de su "furor" (12:12) y el de sus agentes (11:18), solo que ahora este centra su actividad contra sus descendientes.[47] La expresión "se fue a hacer guerra" puede sugerir que, a nivel individual, los seguidores de Jesús no están todos protegidos en el desierto; puede describírseles más como a los testigos: confrontando al mundo con el evangelio (11:8). Los "descendientes" (lit. "simiente") de la mujer evocan aquí (12:17) el lenguaje de Génesis 3:15; puede que estos sufran la mordedura de la serpiente, pero se levantarán victoriosos (*cf.* Ro 16:20).[48] Estos otros descendientes son aquellos que guardan los mandamientos de Dios, es decir, los verdaderos discípulos de Jesús (Ap 3:10; 14:12; *cf.* Jn 14:21; 1Jn 3:22); tienen el testimonio de Jesús (*cf.* Ap 1:2, 9; 19:10; 20:4).

Algunos dudan de que la expresión "semilla de la mujer" haga referencia a los creyentes en Jesús a lo largo de la historia, afirmando enfáticamente que a "la iglesia" se la menciona en Apocalipsis 1–3, pero nunca en los capítulos 4–19.[49] Esta afirmación no puede considerarse coherente: cierto es que en estos capítulos a la iglesia no se la menciona en la tierra, pero tampoco en el cielo. En 19:8, la novia de Cristo está también formada por los "santos", no por "la iglesia". Por otra parte,

---

47. Los relatos griegos reconocían también el principio de que cuando un defensor partía, aunque fuera por haber ascendido, sus protegidos se hacían más vulnerables (Apolodoro, 2.8.1 en Aune, *Revelation*, 2:708).
48. R. A. Martin, "The Earliest Messianic Interpretation of Genesis 3:15", *JBL* 84 (1965): 425-27, sostiene que la Septuaginta puede preservar una interpretación mesiánica de Gn 3:15.
49. Lindsey, *New World Coming*, 78.

en los capítulos 1-3 se menciona a las "iglesias", pero no a la "iglesia" como un todo; teniendo en cuenta el resto del libro, no hay ninguna razón para dudar de que aquellos que tienen el "testimonio de Jesús" (12:17) son todos creyentes. (1:2, 9; 2:13; 19:10). Los "santos" son los justos, que la tradición judía aplica al remanente fiel de Israel (p. ej., 1 En. 100:5), pero que las primeras fuentes cristianas aplican, en todos los casos en que el contexto establece un claro sentido, a los creyentes en Jesús (p. ej., Ro 1:7; 8:27; 1Co 1:2; 6:1-2; Fil 4:22).⁵⁰ El precio que han de estar dispuestos a pagar por este testimonio es la muerte (Ap 12:11).⁵¹

¿Cómo hace exactamente la guerra el diablo con el resto de la descendencia de la mujer (12:17)? La respuesta es el tema del capítulo siguiente donde se describe la represión del mundo.

María y la tradición de la iglesia. Algunos entienden que la mujer de este pasaje es María, la madre de Jesús, y lo utilizan para apoyar posteriores tradiciones católicas sobre una María exaltada (no todos los exégetas católicos sostienen, sin embargo, este punto de vista). Con frecuencia, los comentaristas protestantes y católicos difieren menos en su interpretación de lo que dice explícitamente este texto que en sus decisiones sobre los métodos aceptables de interpretación. Si comenzamos con la premisa *"sola scriptura"* y no podemos interpretar este texto basándonos en tradiciones posteriores, entonces este ofrece poca o ninguna enseñanza directa sobre María. En cambio, si las tradiciones posteriores pueden interpretar la Escritura, pueden entonces encontrarse indicios y claves en el texto sobre la exaltada posición de María.⁵² Esto plantea una legítima

---

50. La perspectiva cristiana requiere fe en Jesús como prerrequisito para la verdadera santidad, sea una persona judía o gentil.
51. La mayoría de los comentaristas los aceptan como creyentes en general (p. ej., Hill, *New Testament Prophecy*, 81; George E. Ladd, *The Blessed Hope* [Grand Rapids: Eerdmans, 1956], 98-99). La tradición cristiana temprana esperaba que el anticristo perseguiría a los santos (Ap. Elías 4:20-29).
52. Peter Toon, *The Development of Doctrine in the Church* (Grand Rapids: Eerdmans, 1979) expone varios puntos de vista sobre el desarrollo de la doctrina de la iglesia. Divididos entre minimalistas y maximalistas sobre el papel mediador de María, el Concilio Vaticano II no se pronunció firmemente al respecto (G. C. Berkouwer, *The Second Vatican Council and the New Catholicism* [Grand Rapids: Eerdmans, 1965], 226-38; Walter M. Abbott, ed., *The Documents of Vatican II* [Nueva York: Guild, 1966], 86-93, artículos 53-63). *Catechism of the Catholic Church* (Mahwah, N.J.:

cuestión interpretativa. En ocasiones he hablado con amigos católicos indignados por ciertas conclusiones de teólogos protestantes liberales sobre cuestiones como la Trinidad o la deidad de Jesús, que tenían la convicción de que la mejor manera de evitar las herejías era apelar a la continuidad de la fe ortodoxa a lo largo de la historia católica. Yo suelo responder que estoy de acuerdo con los puntos esenciales de su fe ortodoxa, pero insisto, no obstante, en que si compartimos la misma perspectiva es porque esta se desarrolló a partir del testimonio apostólico preservado en la Escritura. Estos objetan razonablemente que la Escritura debe ser interpretada ¿y quién mejor para hacerlo que la tradición ortodoxa? A continuación suelo argumentar que la Escritura se entiende mejor en consonancia con su contexto original que nos brinda el significado en el fundamento de la tradición ortodoxa original. Ellos suelen responder, por su parte, siguiendo una tradición que se remonta a los apologistas del siglo II, que la Biblia es el libro de la iglesia y que está escrito por y para ella.

Aunque estoy de acuerdo en que Dios entrego la Biblia a la iglesia (Ro 15:4), sostengo por mi parte que esta está llamada a ser la comunidad de la Biblia y que esta última no surge de todo el pueblo de Dios, sino de los apóstoles y profetas que, inspirados por él, desafían a menudo los errores del pueblo de Dios. La iglesia ha de ponerse siempre bajo la enseñanza de la Escritura, aplicándola únicamente tras haber entendido el sentido original que sus autores inspirados dirigieron a sus audiencias.

Últimamente, un número mayor de evangélicos han adoptado esta línea tradicional católica de argumentación, y por razones comprensibles. No cabe duda de que la antigua tradición histórica nos aporta una útil línea de defensa contra las pasajeras teorías críticas sobre la Biblia y la teología y merece ser escuchada en la crítica de ideas que nunca se le hubiera ocurrido a nadie fuera de la artificial cultura de la comunidad académica. Por otra parte, su valor cuando se trata de determinar los detalles de la fe sigue siendo cuestionable. Si la Biblia es el libro de la "iglesia", entonces, ¿quién define a la iglesia? Desde un punto de vista histórico, la Iglesia Católica no puede reivindicar una mayor antigüedad que las iglesias orientales ortodoxas; las reivindicaciones más anti-

---

Paulist, 1994), 122-28, afirma que María fue inmaculada pero no hace mención de su mediación; quienes deseen considerar un compendio de varios puntos de vista sobre María en diversas culturas, *cf.* George H. Tavard, *The Thousand Faces of the Virgin Mary* (Collegeville, Minn.: Liturgical, 1996).

guas de primacía por parte del obispo de Roma se produjeron más de un siglo después del surgimiento de los obispos monárquicos en el Este.[53]

Por otra parte, la antigua tradición católica tampoco garantiza unanimidad en todos los detalles, aunque sí proporciona un amplio consenso para la fe (que acepto de buen grado con otros cristianos ortodoxos). Y los protestantes que apelen a la tradición de la iglesia lo pasaran, sin duda, mucho peor que los católicos, puesto que en nuestro caso ¡no podemos ofrecer ni siquiera la pretensión de unanimidad! Uno se pregunta también qué pensarían Lutero, Calvino, Wesley u otros de quienes, en su nombre, ponen las tradiciones teológicas por encima del estudio serio de la Escritura.

Pienso que, por mucho valor correctivo que pueda tener la tradición de la iglesia, ha de ponerse siempre bajo el juicio de la Palabra de Dios en la Escritura (Mr 7:6-9). No cabe duda de que el acervo acumulado por colectivos cristianos posteriores es valioso; sin embargo, no puede equipararse a la inspiración experimentada por los santos apóstoles y profetas y no nos sirve, por tanto, como "canon" o vara de medir. Por otra parte, su valor correctivo ha de aceptarse con todas sus consecuencias. Reconocer nuestras tradiciones puede ayudarnos a evaluar la fuente de nuestras presuposiciones para intentar leer la Escritura de tal modo que se le permita desafiar nuestras presuposiciones y no solo repasarlas. Solo de esta manera podrán unos cristianos que han crecido en diversas tradiciones superar tales barreras en un diálogo honesto.

Mucho del simbolismo que rodea a la mujer evoca a Israel. El modo en que los exégetas modernos aplican esta conexión varía, según sea su interpretación del texto; sin embargo, aunque sus "descendientes" incluyan por igual a creyentes judíos y gentiles (todo aquel que tiene el testimonio de Jesús y guarda los mandamientos de Dios, 12:17), este símbolo sugiere una continuidad en la historia de la salvación. Esta continuidad tiene implicaciones para el modo en que leemos la Escritura en general; algunos tienden a ver solo discontinuidad entre los Testamentos, pero existen numerosos puntos (también aquí) que sugieren igualmente una importante medida de continuidad.

---

53. Ver Geoffrey Barraclough, *The Medieval Papacy* (Nueva York: W. W. Norton, 1968), 13-37. Si Dámaso (366-84) fue el primer obispo de Roma en reivindicar autoridad "papal" (*cf.* Henry Chadwick, *The Early Church* [Baltimore: Penguin, 1967], 160-64), fue mucho después de que se levantaran obispos de distintas sedes patriarcales (*ibíd.*, 51, 131).

Tratando con la tribulación. Si, como hemos afirmado anteriormente, "la tribulación" de Apocalipsis difiere de la predicha por Daniel y Jesús (que ya se cumplió en el día de Apocalipsis), ¿significa esto acaso que no va a producirse ninguna tribulación futura? Más bien lo contrario: el sufrimiento es inseparable de la predicación del evangelio (ver comentario sobre 6:9-11), y el fin solo llegará cuando los seguidores de Jesús hayan llevado a cabo la Gran Comisión (Mt 24:14). Cuando veamos una generación de creyentes lo suficientemente radical como para soportar el martirio a fin de evangelizar las zonas más reacias, veremos también que la tribulación se intensifica. Sin embargo, aunque este tipo de pruebas podría formar parte del trasfondo que Apocalipsis traza para la tribulación, lo que probablemente quiere decirnos de manera directa este texto (12:6) es que nuestra experiencia entre la primera y segunda venidas de Jesús incluye la enemistad del diablo. No obstante, en medio de esta tribulación hemos de cobrar ánimo: Jesús ha vencido al mundo (Jn 16:33).

Sobre la lucha espiritual. Apocalipsis 12:7-9 establece una correspondencia entre la lucha espiritual en los cielos y el triunfo de Cristo en la tierra (12:5, 10). Esto indica sin duda que nuestra batalla es espiritual, una realidad reconocida ya en la preparación de Jacob para encontrarse con su hermano Esaú (Gn 32:26) y en la percepción que tuvo Eliseo de la presencia de tropas celestiales que luchaban a su favor (2R 6:17).[54]

No obstante, algunos exégetas contemporáneos han aplicado de un modo erróneo la enseñanza bíblica sobre la lucha espiritual. Una vez estuve en una "reunión de oración" cuyos participantes pasaron todo el rato increpando y reprendiendo al diablo; las personas que "oraban" rara vez o nunca se dirigían a Dios. En la Biblia encontramos muchos casos en los que algunos demonios fueron expulsados cuando estos estaban presentes (p. ej., Mr 1:25-26; Hch 16:18), pero ni un solo texto apoya la práctica de dirigirse al diablo, como si fuera omnipresente. Ciertos textos que se citan a menudo en apoyo de esta práctica se aplican muchas veces erróneamente por creyentes bienintencionados; estos se refieren a resistir al diablo, no a reprenderle.[55] Que no

---

54. Sobre las raíces veteroestamentarias de la lucha espiritual, ver Gregory Boyd, *God at War: The Bible and Spiritual Conflict* (Downers Grove, Ill.: InterVarsity, 1997), 73-167.
55. Consideradas en su contexto, las palabras de Santiago 4:7 y Efesios 4:27 se aplican a resistir al diablo manteniendo una firme posición contra los valores morales del mundo; 1 Pedro 5:9 tiene que ver con resistir la persecución, como en Apocalipsis 12:11.

haya ningún texto que apoye este tipo de oración/reprensión dirigida al diablo como si estuviera presente tendría que sugerir, como mínimo, que algunas prácticas contemporáneas relacionadas con la lucha espiritual son exageradas. La práctica de ridiculizar al diablo, muy popular en ciertos círculos de la periferia carismática de nuestro tiempo, es explícitamente contraria a la enseñanza bíblica (Jud 8-10).[56]

Hoy, algunos "guerreros" espirituales buscan atajos para cambiar la realidad "arrojando" de los cielos a las fuerzas del maligno. Piensan quizá que Daniel hubo de esperar veintiún días (Dn 10:2-3) porque no conocía estas claves; pero más da la impresión que el acento de nuestra cultura en la gratificación instantánea la ha hecho demasiado impaciente con los métodos de oración tradicionales.[57] Aunque la presencia de ángeles encargados de las diferentes naciones, "espíritus territoriales", parece ser una realidad (Dn 10:13, 20; Ef 1:21; 6:12), la Escritura permanece en silencio sobre muchos detalles acerca de ellos, probablemente porque hay ciertas cuestiones en las que no debemos ahondar (Dt 29:29; Ro 16:19; 2P 2:10-11).

Con esto no pretendo negar que Dios pueda responder a la fe de estos creyentes a pesar de su método, sino solo sugerir que este no es bíblico, estrictamente hablando. Apocalipsis 12 describe una guerra angélica en los cielos, pero el resultado ha sido ya decidido por la exaltación de Cristo, y el resto de la batalla la llevan a cabo las fuerzas de tierra (12:10-11). Dios puede ofrecernos abundante "cobertura aérea" en respuesta a nuestras oraciones a favor de su obra, pero la auténtica lucha espiritual requiere el avance de las fuerzas de tierra. Jesús parece haber atado al hombre fuerte (Mr 3:27) resistiendo su tentación (1:13), y (si entiendo correctamente el pasaje) el dios de este eón fue obligado a

---

Contra esto, ver Kenneth Hagin, *I Believe in Visions* (Old Tappan, N.J.: Revell, 1972), 83-84; ídem. *Authority of the Believer* (Tulsa, Okla.: Kenneth E. Hagin Evangelistic Association, 1978), 19-20; ídem. *Demons and How to Deal with Them* (Tulsa, Okla.: Kenneth E. Hagin Evangelistic Association, 1977), 25, obras que han influenciado a centenares de miles de cristianos. Malaquías 3:11, que se cita en ocasiones (Kenneth Copeland, *The Laws of Prosperity* [Fort Worth, Tex.: Kenneth Copeland Publications, 1974], 81), ¡alude simplemente a que Dios impedirá que las langostas destruyan la cosecha!

56. Al parecer, la práctica de maldecir a Satanás a la que se opone Judas era bien conocida (1QM 13.1-2; 4Q280-87; *Vida de Adán* 39:1), y algunos otros también se oponían a ella (Sir 21:27; *b. Kid.* 81ab).

57. Los creyentes no son llamados a "expulsar a los espíritus territoriales"; ver Clinton E. Arnold, *3 Crucial Questions About Spiritual Warfare* (Grand Rapids: Baker, 1997), 143-98.

retroceder de su posición cuando los discípulos de Jesús predicaban el reino de Dios y mandaban salir a los demonios de aquellos a quienes poseían (Lc 10:17-19).[58]

Si nos basamos en estos textos y en la exposición de Pablo sobre la armadura de Dios (Ef 6:10-18), parece como si los cristianos se enfrentaran al diablo al liberar a los oprimidos y proclamar el evangelio, librando así una "guerra de infantería" y, en respuesta a nuestro combate y oraciones, Dios expulsara a los gobernantes celestiales. La única arma ofensiva de la armadura espiritual que Dios nos ha provisto es su "palabra" (Ef 6:17), que según el uso de Pablo significa el evangelio (p. ej., Ef 1:13). En este pasaje leemos el mismo principio: los descendientes de la mujer vencieron al diablo "por la palabra de su testimonio", es decir, por su testimonio verbal de Cristo (que es lo que el término "testimonio" significa en el resto de Apocalipsis). Si estamos enseñando a las personas atajos espirituales que en realidad las llevan a descuidar la evangelización del mundo, puede que más que servir a los propósitos de Dios en el mundo estemos perjudicándolos.

El todo y las partes. Normalmente prefiero predicar sermones expositivos (que comprenden todo un párrafo) que textuales (sobre un solo versículo). Pero todos los libros de la Biblia —también el de Apocalipsis—, fueron concebidos como un todo (con la posible excepción de Salmos y Proverbios). Por ello, ya sea que prediquemos sobre todo un párrafo o basándonos en un solo versículo, hemos de utilizar el libro específico que la contiene como una especie de prisma para refractar los temas del libro.

Una vez en África prediqué sobre 12:11, pero utilicé este versículo solo a modo de estructura para tocar tres temas del libro en su conjunto. Comenzando con el tema de "vencer", tracé el contexto inmediato del pasaje y, por tanto, lo que significó vencer para estos creyentes. Acto seguido, pasé a mostrar que esta victoria puede tener un aspecto distinto para los creyentes que viven otras situaciones, desarrollando un poco el tema de vencer en las cartas a las iglesias (y aplicando las lecciones a algunas de las situaciones que estaban experimentando mis oyentes). Pasando, a continuación, a "la palabra de su testimonio", hicimos un recorrido por todo el libro analizando el tema del testimo-

---

58. Sobre Lucas 10, ver interpretación en George E. Ladd, *The Gospel of the Kingdom* (Grand Rapids: Eerdmans, 1959), 49-50; ídem. *A Theology of the New Testament* (Grand Rapids: Eerdmans, 1974), 67, 625-26. Sobre Marcos 3, ver Craig S. Keener, *The Spirit in the Gospels and Acts* (Peabody, Mass.: Hendrickson, 1997), 106.

nio. Concluí detallando lo que enseña Apocalipsis sobre dar nuestras vidas por el evangelio y explicando que quienes sufren por esta causa son, de hecho, el triunfante ejército de Dios (6:9-11; 7:1-17; 14:1-5). Cuánto mejor informada esté cualquier parte de Apocalipsis por la totalidad, mejor la comprenderemos y comunicaremos del modo en que Dios la inspiró.

Leer los símbolos de Apocalipsis en consonancia con nuestras modernas ideas occidentales en lugar de hacerlo a la vista de su antiguo significado es una tentación popular. Hal Lindsey, por ejemplo, hizo del águila un símbolo de los Estados Unidos (¡afortunadamente tanto para Lindsey como para los demás norteamericanos, Ben Franklin no consiguió que el emblema nacional fuera un pavo!). Por tanto, Lindsey sugiere que 12:14 puede aludir a un rescate llevado a cabo por una aeronave norteamericana, como las de la Sexta Flota destinada en el Mediterráneo; no queriendo especular en exceso, Lindsey sugiere simplemente que los rescatados pueden ser llevados a Petra.[59] Sin embargo, ningún otro lector que haya vivido en cualquier otro momento de la historia hasta ahora podría haber entendido este símbolo como una referencia a los Estados Unidos, y el propio texto no nos ofrece razones para verlo en estos términos.

Significado Contemporáneo

Interpretación de las imágenes bíblicas para nuestro tiempo. Quien derrota verdaderamente al dragón es Cristo, y César, que podría haberse arrogado este triunfo, era simplemente una de sus marionetas. Poco antes de que los oficiales romanos en Cartago ordenaran la ejecución de Perpetua por causa de su fe en Cristo, esta joven tuvo la visión de una escalera cuyo extremo llegaba hasta el cielo, con un dragón a sus pies: "'No me hará ningún daño', dije, 'en el nombre de Cristo Jesús'". Luego accedió a la escalera pisándole la cabeza y ascendió por ella; Perpetua entendió esta visión como una certeza, de parte del Señor, de su propio triunfo por medio del martirio.[60]

Hay una manera legítima de apropiarnos para el evangelio de los relatos del mundo, así como de sus canciones, temas dramáticos, etcétera. Cuando nuestra cultura subraya la gratificación sexual personal,

---

59. Lindsey, *New World Coming*, 179.
60. Trad. por Herbert Musurillo, "The Martyrdom of Perpetua", *Christian History* 17 (1988): 32-33 (p. 33).

podemos responder presentando el verdadero amor que encontramos en Cristo, que nunca nos traicionará. Cuando el mundo nos propone a sus violentos héroes de acción, podemos hablar de aquel que es el verdadero héroe, y que valerosamente se hizo objeto de nuestra violencia y avergonzó lo malo de nuestros valores.

La imagen de conflicto que nos presenta este pasaje nos recuerda también que el pueblo de Dios ha de estar siempre dispuesto a afrontar la hostilidad del mundo; el contraste entre la madre del capítulo 12 y la prostituta del 17 nos recuerda que la ciudad de Dios y Babilonia nunca coexisten de manera natural en este mundo. Considerando especialmente el uso que hace la Biblia hebrea de la imagen de los dolores de parto, este símbolo nos recuerda aquí que los propósitos de Dios a menudo solo se consiguen a través del sufrimiento (*cf.* Jn 16:21-22; Ro 8:22-23). La hostilidad del diablo, expresada posiblemente mediante la utilización de calumnias contra los santos (ver comentarios sobre 12:15), nos prepara también para esperar falsas acusaciones, aunque hemos de esforzarnos al máximo por evitarlas (1Ti 3:7; 5:14-15).

El hecho de que Apocalipsis recicle a la serpiente antigua de Génesis aplicándola a su propio tiempo subraya la continuidad del mismo enemigo a lo largo de la historia. No debería sorprendernos que muchos de los recursos de Satanás (p. ej., la tentación sexual, la opresión política, la falta de perdón) sigan siendo hoy tan vigentes como siempre. A diferencia de Satanás, no obstante, sus agentes (p. ej., el emperador romano que se identifica con Apolo) reiteran la misma arrogancia de sus perversos predecesores, sin tomar nota aparentemente del desenlace de aquellos que perecieron antes de ellos. Cada generación tiene su propia cosecha de anticristos (*cf.* 1Jn 2:18), pero el carácter de la sobrenatural maldad que los inspira sigue inalterado hasta el regreso del Señor. Tanto la persecución terrenal de la mujer como la imagen de la guerra celestial nos advierten sobre el peligro de contentarnos con establecer una tregua con el mundo en nuestras secularizadas y materialistas sociedades de los Estados Unidos o de cualquier otro país occidental. La comodidad es una de las metas de nuestra sociedad; sin embargo, bajo ciertas condiciones, nuestro atrevido testimonio ("el testimonio de Jesús", 12:17) invitará a la oposición.

Que Apocalipsis aplique, desde un punto de vista cristológico, tanto la caída de las estrellas como el periodo de la tribulación nos recuerda la centralidad de Cristo en todo; como cristianos, hemos de ver tanto el pasado como el futuro bajo la óptica de los propósitos de Dios en

Cristo. Como aprendieron los ángeles, la mayor rebeldía es la que se levanta contra el señorío de Cristo, cuando actuamos como si nuestras vidas nos pertenecieran.

¿Retirada o compromiso? El tema del desierto es importante. En los Estados Unidos existen grupos "survivalistas" que se preparan para una catástrofe retirándose al desierto para sobrevivir.[61] Esta medida puede prolongar la vida en el caso de una catástrofe nuclear o bioquímica, pero no es de valor alguno ante los juicios que se describen en Apocalipsis. El resto de este libro enseña que nuestra meta como cristianos no es escapar del sufrimiento o de la muerte, sino anunciar a Jesús al mundo (6:9-11; 11:3-7; 19:10). No debemos apartarnos de los pecadores (aunque desde un punto de vista espiritual sí hemos de alejarnos de la corrupción de este mundo, *cf.* 18:4), sino invadir el planeta con el mensaje y el ejemplo del liberador amor de Dios.

El verdadero significado del desierto en este pasaje (ver la sección "Sentido original") no es llamarnos a una especie de monasticismo universal, sino presentarnos este periodo como un tiempo entre el comienzo de nuestra redención y su plena consumación. Cuando Israel suspiraba por la dureza de su servidumbre en Egipto y Dios los redimió, el pueblo experimentó un periodo provisional, guiado por Dios en el desierto, hasta entrar a tomar posesión de su "herencia". Los primeros cristianos utilizaron este lenguaje para representar el periodo provisional entre la primera venida y la segunda, a fin de explicar la razón por la que Dios trajo la salvación en dos etapas (p. ej., Ro 8:14, 17, 23; Ef 1:14).[62]

En otras palabras, los cristianos viven hoy lo que algunos eruditos llaman el "ya pero todavía no": hemos comenzado a experimentar la vida del mundo venidero, aunque todavía no hemos entrado completamente en ella. Si bien nuestros cuerpos siguen siendo mortales, Dios nos ha capacitado para que podamos vivir nuestra vida en obediencia a los valores del futuro reino. El desierto habla, pues, de sufrimiento presente y de indiferencia hacia la prosperidad material (como redefini-

---

61. Sobre algunas aplicaciones erróneas de los textos bíblicos por parte de la derecha política, ver Richard Abanes, *American Militias* (Downers Grove, Ill.: InterVarsity, 1996), 87-97; sobre su infiltración en ciertos círculos evangélicos conservadores, ver *ibíd.*, 191-221. Muchos se preparan para luchar en el Armagedón (p. ej., Kyle, *The Last Days*, 161).
62. Al parecer las dos venidas de Cristo plantearon un problema apologético a los cristianos del siglo II en su diálogo con el judaísmo (ver Justino, *1 Apol.* 52, 111; *Ep. Barn.* 7; Tertuliano, *Apol.* 21.15; *Adv. Jud.* 14).

ción de la tribulación), no de dejar de participar activamente en nuestra cultura en aquello que podamos representar al reino de Dios.

Lucha cósmica espiritual. Aunque el bando de Jesús ha vencido, una buena parte del mundo no lo sabe y sigue en el engaño. Por tanto, lo que llamamos lucha espiritual sigue desarrollándose hoy en un plano cósmico; un ejemplo de ello es el cambio de cosmovisión que se ha producido en los Estados Unidos hacia las cosmovisiones de la Nueva Era y el misticismo oriental. Aproximadamente la mitad del país cree en la percepción extrasensorial, una cuarta parte en los espíritus, otra cuarta parte en la astrología y el diez por ciento en la canalización espiritual.[63]

La Biblia nos proporciona reflexiones esenciales para nuestra lucha en esta era. La batalla es espiritual y Dios, soberano; el tiempo del diablo es limitado y solo se prolonga por permiso de Dios. El ángel saludó a Daniel, un hombre de oración, como a alguien muy estimado ante Dios; a continuación, siguió explicándole que los reyes que parecían mover a las naciones eran simples títeres dentro del plan más extenso de Dios para la historia. ¡El futuro está en las manos de Dios!

Dar testimonio y sufrir en nuestros días. En los Estados Unidos, muchos cristianos tienen miedo de que su testimonio pueda ofender a alguien; sin embargo, este pasaje subraya que vale la pena dar incluso la vida por el testimonio de Jesús (12:11). Como he dicho antes, cuando predico sobre este pasaje, a veces utilizo 12:11 como un prisma para refractar ciertos temas que recorren el libro de Apocalipsis. Después de tratar el contexto inmediato, desarrollo el tema de la victoria (especialmente en las cartas a las siete iglesias) y del sufrimiento que, como el Cordero, hemos de experimentar por nuestro testimonio (5:6; 6:9-11). De hecho, en muchas partes del mundo los creyentes han estado dando sus vidas y, teniendo en cuenta la verdad del mensaje de Cristo, es un coste que merece la pena pagar. Como F. F. Bruce observa sobre este asunto:

> Su único medio de resistir el ataque enemigo […] es perseverar con paciencia y confesar fielmente. Esto puede significar sufrimiento y muerte; pero fue precisamente así, por medio del sufrimiento y de la muerte, como su líder había

---

63. Arnold, *Questions About Spiritual Warfare*, 28-29. En los Estados Unidos, hay especialmente dos novelas que han generado un renovado interés en la lucha espiritual y la importancia de la oración como parte de ella; ver Frank E. Peretti, *This Present Darkness* (Westchester, Ill.: Crossway, 1986); ídem. *Piercing the Darkness* (Westchester, Ill.: Crossway, 1989).

vencido. No es a César, sino a Jesús, a quien pertenece el dominio del mundo; Jesús es el Señor de la historia, y aquellos que lo confiesan fielmente delante de César y sus representantes participan de su victoria y poder real.[64]

Los expertos creen que cada año mueren como mártires en el mundo decenas de miles de personas (algunos creen que son cientos de miles). Los ejemplos individuales de sufrimiento por Cristo pueden, pues, multiplicarse fácilmente. Por ejemplo, el gobierno cubano encarceló a Noble Alexander, un pastor de jóvenes adventista, durante veintidós años. Por negarse a renunciar a Cristo, padeció un envenenamiento por comer gachas llenas de gusanos. Alexander perdió el conocimiento cuando lo ataron y sumergieron en un lago helado. Pasó tres veces por el tormento de ser azotado con cables eléctricos. Soportó heridas de bala en la mano, pierna y muslo. Pasó noventa días "dentro de una caja en forma de ataúd sin poder apenas moverse", por el delito de tener una Biblia; por negarse a trabajar en sábado fue "sumergido en un pozo negro lleno de excrementos y desechos putrefactos durante tres horas". El peor de sus sufrimientos fue que su esposa cristiana se divorció de él mientras estaba en la cárcel; esto le produjo tanta desesperación que no volvió a casarse hasta veintiocho años más tarde. "Nadie puede estar verdaderamente seguro de su fe y perseverancia hasta que se ve forzado a ponerlas a prueba", advierte Alexander.[65]

En cualquiera de nuestras pruebas ha de servirnos de ánimo que el tiempo de Satanás es limitado (12:12); solo hemos de soportar su hostilidad por un cierto periodo de tiempo. Conozco a un soltero de treinta y nueve años a quien le gustaría casarse pero que, felizmente, razona que si no encuentra a la persona adecuada le queda menos de la mitad de su vida para esperar. Si ya hemos soportado algunas pruebas, sabemos por experiencia que Dios puede darnos la fuerza para acabar la carrera. Por otra parte, el diablo ya no puede acusarnos ante Dios (12:10) y, por tanto, el asunto más importante ha quedado resuelto. Sabemos también que, finalmente, el remanente de la iglesia triunfará (15:2; 21:7). Si las alas del águila aluden a Éxodo 19, esta metáfora hace, entonces, referencia a la forma íntima en que Dios nos cuida.

El libro de Apocalipsis nos ayuda preparándonos para las dificultades. Billy Graham observa que su esposa creció en una familia misionera en China y vio "que Dios preparó a su iglesia durante un período difícil

---

64. F. F. Bruce, *The Message of the New Testament* (Grand Rapids: Eerdmans, 1981), 85.
65. John W. Kennedy, "Bittersweet Cuban Memories", *CT* (12 de enero 1998), 24.

para soportar otro, futuro, aun más agitado". Graham observa que, de hecho, las adversidades han fortalecido a la iglesia y que las advertencias de Dios son de ayuda.[66] Al describir el periodo entre las dos venidas de Jesús en términos de una gran tribulación, como la anunciada por Daniel, el libro de Apocalipsis nos recuerda que los seguidores de Jesús comparten su cruz, y nos advierte, por tanto, sobre la necesidad de prepararnos. En este mundo el sufrimiento forma, inevitablemente, parte de nuestra vida; sin embargo, el hecho es que, en cualquier caso, nuestro Señor Jesús es victorioso (Jn 16:33).

---

66. Graham, *Approaching Hoofbeats*, 39.

Apocalipsis 13:1-10

Y el dragón se plantó a la orilla del mar. Entonces vi que del mar subía una bestia, la cual tenía diez cuernos y siete cabezas. En cada cuerno tenía una diadema, y en cada cabeza un nombre blasfemo contra Dios. ² La bestia parecía un leopardo, pero tenía patas como de oso y fauces como de león. El dragón le confirió a la bestia su poder, su trono y gran autoridad. ³ Una de las cabezas de la bestia parecía haber sufrido una herida mortal, pero esa herida ya había sido sanada. El mundo entero, fascinado, iba tras la bestia ⁴ y adoraba al dragón porque había dado su autoridad a la bestia. También adoraban a la bestia y decían: «¿Quién como la bestia? ¿Quién puede combatirla?».

⁵ A la bestia se le permitió hablar con arrogancia y proferir blasfemias contra Dios, y se le confirió autoridad para actuar durante cuarenta y dos meses. ⁶ Abrió la boca para blasfemar contra Dios, para maldecir su nombre y su morada y a los que viven en el cielo. ⁷ También se le permitió hacer la guerra a los santos y vencerlos, y se le dio autoridad sobre toda raza, pueblo, lengua y nación. ⁸ A la bestia la adorarán todos los habitantes de la tierra, aquellos cuyos nombres no han sido escritos en el libro de la vida, el libro del Cordero que fue sacrificado desde la creación del mundo.

⁹ El que tenga oídos, que oiga. ¹⁰ El que deba ser llevado cautivo, a la cautividad irá. El que deba morir a espada, a filo de espada morirá. ¡En esto consisten la perseverancia y la fidelidad de los santos!

En el capítulo 12, la mujer huye al desierto tras dar a luz un hijo. Esta mujer tiene, asimismo, otros descendientes que representan muy probablemente a la iglesia, el remanente fiel de judíos y gentiles seguidores de Jesús. Allí, en el desierto, el dragón, que representa al diablo, hace guerra contra estos creyentes. Este capítulo explica exactamente el modo en que lo hace.

La bestia del mar (13:1-2)

La bestia de 13:1-10 recuerda a Daniel 7:3-8, donde se describe a cuatro bestias que suben del "mar" (Dn 7:2), como en este pasaje; el mar puede también ser significativo como ubicación de la mítica serpiente que Dios abatió en el éxodo (Sal 74:13-14; 89:9-10; Is 27:1; 51:9-10).[1] Las cuatro bestias de Daniel son un león alado (¿un grifo?) que deviene en cierto modo humano, un oso devorador, un leopardo, también alado y, por último, una bestia con diez cuernos, más feroz que sus predecesoras (Dn 7:3-8), que parecen manifestarse inmediatamente antes de la venida del Hijo del Hombre (7:9-14). El imperioso gobernante de la última bestia perseguirá a los santos durante tres años y medio (7:21, 25; *cf.* 9:25-27). La tradición judía consideraba que la cuarta bestia era Roma que, para la mayoría de los judíos, sería el cuarto imperio mundial sojuzgador de Israel (4 Esd. 12:10-11; 2 Bar. 39:7).[2] Los habitantes de Judea (como también los exiliados en Patmos o los ciudadanos de Éfeso) percibirían a Roma como una amenaza procedente del "mar" incluso en un sentido geográfico, y la arena de la playa podría representar a las "naciones" sobre las que la bestia pretende gobernar (Ap 20:8).[3]

---

1. Sobre Leviatán en el mar, ver 4 Esd. 6:52. Roma surge del mar en 4 Esd. 11:1; sobre la figura mesiánica que sube del mar en 4 Esd. 13:1, 52, ver Gregory K. Beale, "The Problem of the Man From the Sea in IV Ezra 13 and Its Relation to the Messianic Concept in John's Apocalypse", *NovT* 25 (1983): 182-88. Algunos relacionan el mar con el mal (Caird, *Commentary on Revelation*, 161), pero probablemente alude a la ubicación de Roma al otro lado el mar (Ramsay, *Letters to the Seven Churches*, 103-4; *cf.* Caird, *Commentary on Revelation*, 162).
2. Ver también *Sifre Dt.* 317.4.2; 320.2.3; *p. Taan.* 2:5, §1; *Pes. Rab Kah.* 12:25; *Midr. sobre Sal* 40, §4; *cf.* similares tipologías griegas de imperios mundiales (E. C. Lucas, "The Origin of Daniel's Four Empires Scheme Re-Examined", *TynBul 40* [1989]: 185-202; D. Mendels, "The Five Empires: A Note on a Propagandistic Topos", *American Journal of Philology* 102 [1981]: 330-37. Aunque si la cuarta bestia era Grecia, como piensan algunos (*cf.* Or. sib. 8.6-11), la aplicación a Roma es comprensible (Chrys C. Caragounis, "Greek Culture and Jewish Piety: The Clash and the Fourth Beast of Daniel 7", *ETL* 65 [1989]: 280-308, lo atribuye a la absorción de la cultura helenista por parte de Roma). Los comentaristas cristianos, entre ellos Jerónimo, han visto al cuarto imperio como Roma, aunque muchos eruditos críticos modernos insisten en los seléucidas. porque asignan una fecha tardía a Daniel y niegan la existencia de profecía predictiva (Lewis, *Questions*, 106).
3. La arena aparece como una metáfora para aludir al pueblo de Dios en Gn 22:17; Is 10:22; 48:19; *cf.* 2Cr 1:9; T. Abr. 1.15-16; 4; 8A. Pero es también una imagen natural para referirse a las inmediaciones del "mar" (13:1).

No obstante, la bestia de Apocalipsis difiere de la cuarta de Daniel, puesto que combina elementos de distintas bestias: tiene diez cuernos (13:1; cf. Dn 7:7, 24), pero es en cierto sentido como un leopardo, en otros como un oso y en otros como un león (Ap 13:2). Una combinación de elementos puede magnificar la gloria de una criatura (Ez 1:10); aquí sirve, sin embargo, para magnificar su carácter repulsivo. Por ello, aunque Juan hace su alusión con Roma como referente, lo que explica no se limita a ella, sino que se aplica a la amenaza general de un imperio "perverso".[4]

Los "diez cuernos" y "siete cabezas" (13:1) conectan a esta bestia con su mentor sobrehumano que es otra bestia, a saber, la serpiente (12:3); esta imagen de Apocalipsis encaja con el uso de las imágenes que hace la Biblia del antiguo mito del enemigo sobrehumano (Sal 74:14).[5] El "nombre blasfemo" (Ap 13:1) evoca posiblemente la arrogante jactancia descrita en Daniel 7:8, 20, como también sus blasfemias o calumnias contra Dios y los santos en Apocalipsis 13:6.[6] Estas últimas resultarían especialmente significativas para los receptores de Juan: en el Mediterráneo oriental ciertas monedas romanas anunciaban que el emperador era "Hijo de Dios" y "Dios"; Domiciano reivindicó incluso el título de "Señor y Dios".[7] En 17:1-11 comentaremos con mayor detalle sobre esta bestia.

Apocalipsis 13:1-7 adapta muchas imágenes procedentes de Daniel 7, pero el párrafo que sigue presenta nueva información e imágenes direc-

---

4. Ver George E. Ladd, *A Theology of the New Testament* (Grand Rapids: Eerdmans, 1974), 626; Feuillet, *Apocalypse*, 55; Michaels, *Revelation*, 158; Tremper Longman III, *Daniel*, NIVAC (Grand Rapids: Zondervan, 1999), 190; cf. Beale, *Revelation*, 685. En las parábolas rabínicas "las bestias peligrosas representan a los enemigos de Israel, o los sufrimientos que estos producen" (Robert M. Johnston, "Parabolic Interpretations Attributed to Tannaim" [Ph.D. diss., Hartford Seminary Foundation, 1977], 595).
5. El mito cananeo de Lotan, en el que se inspira la imaginería bíblica, habla de siete cabezas (Baal 67.1.AB 1 en *ANET*, 138; J. Philip Hyatt, "Canaanite Ugarit", *BA* 2 [febrero 1939]: 1-8 [p. 8]; Walter C. Kaiser, "The Ugaritic Pantheon" (Tesis doctoral, Brandeis, 1973], 132-33, 212-13). En 4 Esd. 11:1, Roma tiene tres cabezas. Acerca de los comentarios sobre Leviatán y la bestia aquí, ver Howard Wallace, "Leviathan and the Beast in Revelation", *BA* 11 (septiembre 1948): 61-68.
6. Este lenguaje jactancioso o arrogante se aplica a las primeras figuras del anticristo como Antíoco Epifanes y Pompeyo (1 Mac. 1:24; Salmos de Salomón 17:13). El mismo término que se traduce "blasfemia" se aplica a la "calumnia" contra los santos en Apocalipsis 2:9; ver comentario sobre 13:6.
7. Ver Caird, *Commentary on Revelation*, 163; Beasley-Murray, *Revelation*, 209; Ramsay, *Letters to the Seven Churches*, 94; Aune, *Revelation*, 2:734.

tamente pertinentes para los receptores de Juan. Bauckham enumera ciertos paralelismos con Daniel 7:

Apocalipsis	Daniel
13:1	7:2-3, 7
13:2	7:3-6
13:4	7:6, 12
13:5a	7:8, 25
13:5b	7:25 (cf. 12:7, 11-12)
13:6	7:25 (cf. 8:10-11; 11:36)
13:7a	7:21
13:7b	*cf.* 7:14

Este autor observa que los paralelismos se agotan después de 13:7 y sostiene que la sección posterior a 13:7 alude a una nueva tradición de Nerón, también atestiguada en Ascensión de Isaías 4:2-14.[8]

Nerón golpea de nuevo (13:3)

No obstante, es posible que las alusiones a Nerón comiencen ya en 13:3. En su descripción del anticristo, Apocalipsis va más allá de las anteriores tradiciones bíblicas y apocalípticas, y no solo utiliza imágenes bíblicas, sino también símbolos tomados de acontecimientos contemporáneos que los cristianos de las iglesias de Asia habrían reconocido fácilmente. La mayoría de los eruditos del Nuevo Testamento, sean liberales o evangélicos, reconocen aquí la imagen de un nuevo Nerón.[9] Fue el primer emperador en declarar oficialmente un estado de persecución contra los cristianos (aunque posiblemente limitado a Roma) y, durante su mandato, quemó vivos a cientos de cristianos para

---

8. Bauckham, *Climax of Prophecy*, 424-27.
9. Kraybill, *Imperial Cult and Commerce*, 161-65; Bauckham, *Climax of Prophecy*, 423-31, 441-44; C. H. Dodd, *The Apostolic Preaching and Its Developments* (Londres: Hodder & Stoughton, 1936), 39; Eduard Lohse, *The New Testament Environment*, tr. J. E. Steely (Nashville: Abingdon, 1976), 206; William Barclay, "Great Themes of the New Testament: V. Revelation xiii", *ExpTim* 70 (1959): 260-64, 292-96; Bowman, *First Christian Drama*, 87; Caird, *Commentary on Revelation*, 164-65; Bo Reicke, *The New Testament Era*, tr. D. E. Green (Filadelfia: Fortress, 1974), 243; F. F. Bruce, *1 & 2 Thessalonians*, WBC 45 (Waco, Tex.: Word, 1982), 182; ídem. *New Testament History* (Garden City, N.Y.: Doubleday, 1972), 402; Aune, *Revelation*, 2:737-40; contrástese, sin embargo, Beale, *Revelation*, 690-92.

alumbrar sus jardines imperiales durante la noche, matando salvajemente a otros por distintos medios.[10]

Nerón murió el 9 de junio del año 68 d.C.; sin embargo, hasta finales del siglo I, muchos creyeron que seguía vivo.[11] Aunque Dión Crisóstomo estuviera exagerando cuando sugiere que "la mayoría de las personas" creían que Nerón seguía vivo, a pesar de los impostores que se habían levantado en su nombre, sus palabras sirven para ilustrar esta extendida convicción de muchos ciudadanos del imperio (*Or.* 21, *Sobre la belleza* 9-10). Poco después de la muerte de Nerón apareció un farsante que pretendía usurpar su identidad (Tácito, *Hist.* 2.8- 9) y otro durante el breve periodo en que Tito fue emperador, unos quince años antes de que se escribiera el libro de Apocalipsis (Dión Casio, 66.19.3). Finalmente, allá por el 88 d.C. —durante el mandato de Domiciano y menos de una década antes de la redacción de Apocalipsis— se levantó otro falso Nerón, que resultó ser una aterradora amenaza para el imperio, ya que recabó el apoyo de los temidos partos (Suetonio, *Nerón* 57).[12] Esto encaja con la advertencia de Apocalipsis sobre una invasión parta (9:14-16; 16:12).

Algunos judíos creían también que Nerón regresaría (Or. sib. 5.33-34, 137-54, 361-85). Poco antes de que se escribiera Apocalipsis llegaron incluso a predecir que Nerón, "el fugitivo de Roma", regresaría acaudillando a los partos (4.119-20, 124, 137-39) y conquistaría el mundo (5.365, 368-69). Algunos creían incluso que, aunque había muerto, regresaría de todos modos como un ser redivivo (5.367). Los cristianos esperaban un nuevo Nerón (8.68-72), a quien se llamaría "gran bestia"

---

10. Tácito, *An.* 15.44; Tertuliano, *Apol.* 5.3-4; ver Harold Mattingly, *Christianity in the Roman Empire* (Nueva York: W. W. Norton, 1967), 31-32; Murray J. Harris, "References to Jesus in Early Classical Authors", 343-68 en *The Jesus Tradition Outside the Gospels*, ed. D. Wenham, vol. 5 de Gospel Perspectives (Sheffield: JSOT, 1984), 5:348-50. Nerón era muy conocido por llevar a cabo obras perversas (p. ej., Dión Casio, 61.2.1-63.4).
11. Hace mucho tiempo que se ha observado esta creencia, p. ej., F. Crawford Burkitt, *The Church and Gnosis: A Study of Christian Thought and Speculation in the Second Century* (Cambridge: Cambridge Univ. Press, 1932), 21.
12. La fecha depende de los cálculos de Suetonio. Paul Trudinger, "The 'Nero Redivivus' Rumour and the Date of the Apocalypse of John", St Mark's Review 131 (1987): 43-44, fecha el libro de Apocalipsis entre los años 68 y 69 d.C. para adaptarse a esta expectativa (Martin Bodinger, "Le myth de Néron. De l'Apocalypse de saint Jean au Talmud de babylone", *RHR* 206 [1989]: 21-40, fecha un Apocalipsis judío original en este periodo y sugiere que se conservó en la edición posterior); sin embargo, seguía igual de vivo dos y tres décadas más tarde.

(8.139-59).¹³ El mito del nuevo Nerón siguió desarrollándose en las décadas posteriores a la redacción de Apocalipsis.¹⁴ La tradición de que Nerón volvería como el último anticristo se extendió de tal modo que, en armenio, la palabra "Nerón" llegó a ser un sinónimo de anticristo.¹⁵

Aquí, en Apocalipsis, se habla de una cabeza que es primero herida y después restaurada (13:3), relato que probablemente señala a este mandatario romano (17:10). Aunque la imagen de las múltiples cabezas de la bestia puede proceder de las cuatro cabezas de una de las bestias de Daniel 7:6, además de las siete cabezas del dragón (Ap 12:3), existe una tradición romana que puede tener también algo que decir al respecto. Los primeros romanos encontraron una cabeza humana sepultada bajo tierra y entendieron este hallazgo como una profecía sobre el futuro gobierno de Roma.¹⁶ Lo que para los receptores de Juan, más informados, habría remachado retroactivamente la alusión a Nerón es el acertijo de 13:18 (o, si no lo hubieran captado, el de 17:9-11).

Con esto no pretendo decir que Apocalipsis prediga un regreso literal de Nerón de entre los muertos, no al menos antes de la resurrección de los condenados (Ap 20:6, 14). Lo que creo es que el último anticristo, o la tradición de figuras del anticristo, seguirían el perfil de Nerón en el mismo sentido que Juan el Bautista lo era de Elías (Mt 17:12-13; Lc 1:17).¹⁷ Los romanos hablaban de este modo de sus emperadores; Claudio era otro "Germánico", Tiberio otro "Augusto".¹⁸ Por ello, en su forma de ejercer el poder imperial, Domiciano y los emperadores futuros eran una especie de nuevo Nerón "en el mismo sentido que la iglesia [...] es Moisés y Elías" (*cf.* Ap 11:3-6).¹⁹

---

13. Un oráculo predice que Belial (Satanás) se encarnará dentro de la línea imperial (Or. sib. 3.63). Ocasionalmente circularon falsos rumores de la muerte de un gobernante herido (Tito Livio, 42.16.1-9).
14. Ver Larry Kreitzer, "Hadrian and the Nero Redivivus Myth", *ZNW* 79 (1988): 92-115.
15. Beasley-Murray, *Revelation*, 211. *Cf.* explícitamente Victorino en el siglo III; sobre la tradición de Nerón como el anticristo en los primeros textos cristianos (entre ellos, Tertuliano, *Apol.* 5; Agustín, *Civitas Dei* 20.19; Jerónimo, *Diálogo* 21.4), ver Miriam T. Griffin, *Nero: The End of a Dynasty* (New Haven: Yale Univ. Press, 1984), 15.
16. Dionisio de Halicarnaso, 4.59.2; 4.61.2; Dión Casio, fragmento en Zonaras, 7.11.
17. Así lo entienden también otros, p. ej., Caird, *Commentary on Revelation*, 165.
18. *Cf.* el dirigente romano en 390 a.C. que fue aclamado como "un Rómulo", un segundo fundador de Roma (Tito Livio, 5.49.7); o el espíritu de Pompeyo poseyendo a Bruto y Catón para asesinar a César (Lucano, G. C. 9.15-18). Algunos temían erróneamente que Tito acabaría revelándose como un nuevo Nerón (Suetonio, *Tito* 7).
19. Bauckham, *Climax of Prophecy*, 449.

Algunos dudan que Juan esté aludiendo aquí a la historia de Nerón. Un erudito rechaza esta posibilidad sobre la dudosa premisa de que Juan no tiene interés en la situación política de su tiempo.[20] Otro lo hace aduciendo que el lector que lee Apocalipsis por primera vez no reconocería al nuevo Nerón hasta el capítulo 17 (donde él sí ve este tema).[21] Pero ambos pasajes implican el regreso a la vida de un gobernante (13:3; 17:11), y Juan clarifica a menudo sus visiones por medio de otras posteriores (p. ej., 7:1-17). Por otra parte, uno se pregunta si un libro con patrones numéricos tan complejos como los que encontramos en Apocalipsis se escribió para que las iglesias lo leyeran solo una vez; muchas obras de la antigüedad se redactaban para ser releídas (Quintiliano, 10.1.20-21).

Tras la muerte de Nerón sobrevino el caos puesto que los distintos candidatos a emperador pugnaron por hacerse con el control de Roma; era como si la paz del imperio hubiera muerto con él. La línea imperial original estaba muerta y puede que algunos esperaran la restauración de la República. Pero, con la llegada de Vespasiano, padre de Domiciano, el imperio recuperó una cierta apariencia de estabilidad y poder. A todos los efectos prácticos, el imperio había estado al borde de la muerte y de allí había regresado; sin embargo, Apocalipsis declara que, finalmente, este perverso imperio caería con estrépito (18:2-8).[22]

El dragón, la bestia y el Cordero (13:4-10)

Hay algo más importante en este pasaje que la alusión a Nerón y es el contraste entre la bestia y el Cordero. Aunque la historia del regreso de Nerón proporciona un telón de fondo para la trama, la verdadera acción del argumento es trazar imagen más deliberada de la resurrección y sus consecuencias públicas. El regreso de la muerte es una parodia de la resurrección de Jesús; asimismo, la bestia de los diez cuernos contrasta frontalmente con el Cordero y sus siete cuernos (5:6; *cf.* quizá 13:2 con 5:5). La primera pregunta de los que viven en la tierra, "¿Quién como la bestia?" (13:4), parodia la adoración debida solo a Dios (Éx 15:11).[23] Pero, a diferencia de la Roma imperial, Jesús había derro-

---

20. Corsini, *Apocalypse*, 15-16, 231.
21. Michaels, *Revelation*, 157.
22. Ver Caird, *Commentary on Revelation*, 164; Bauckham, *Climax of Prophecy*, 452.
23. *Cf.* una parodia similar en Judit 6:2-3; Sir. 33:5, 10. Quienes deseen considerar varias parodias de Cristo en el anticristo, ver Bauckham, *Climax of Prophecy*, 431-41; Cullmann, *The State in the New Testament* (Nueva York: Charles Scribner's Sons, 1956), 75. *Cf.* las implicaciones de la imitación en Esdras Gr. 4:35; Or. sib. 3.66.

tado a la muerte y se había hecho con el gobierno de sus dominios (Ap 1:18); por tanto, la respuesta implícita a la segunda pregunta de la tierra, a saber: "¿Quién puede combatirla?" (13:4), es: "el Rey de reyes" (17:14; 19:16).

Asimismo, más espeluznante que la imagen de un nuevo Nerón es el hecho de que aquellos que están impresionados por la "resurrección" que se consigna en el versículo 3 adoran, no solo al emperador, sino al dragón que está tras él. Entre los años 89 y 90 d.C, unos cinco o seis antes de que el libro de Apocalipsis llegara a las iglesias de Asia, se emitió en la ciudad de Éfeso una moneda que equiparaba la imagen de Domiciano a la de Zeus, principal deidad del panteón.[24] Aunque el culto imperial ofrecía sacrificios al emperador, aún con más frecuencia los ofrecía "por el emperador a los dioses"; para Juan, cualquier transigencia con la religión pagana equivale a adorar al propio Satanás (2:13, 24).[25] La bestia "blasfema" o "calumnia" tanto el nombre de Dios como el de su tabernáculo (13:6; *cf.* 2Ts 2:4; algunos manuscritos de 1 Enoc 45:1).

La imagen de la profanación del templo no era desconocida para los receptores de Juan; en algún momento de los cincuenta años anteriores, un emperador que creía ser un dios había intentado erigir su imagen en el templo y Tito, el hermano mayor de Domiciano, había ordenado y supervisado la quema y la profanación del templo.[26] Pero Juan tiene en mente el templo celestial y alude a él de un modo simbólico, como observa explícitamente (Ap 13:6): el verdadero tabernáculo o templo de Dios son sus santos (*cf.* 3:12), y cualquiera que pretenda destruirlo será juzgado (*cf.* 1Co 3:17; *cf.* Dn 7:25, adaptado aquí). Los emperadores se describían a sí mismos en términos militares y, en este sentido, reivindicaban un papel cuando menos significativo; pero aquí, en lugar de combatir amenazas externas para la seguridad del imperio, el gobernante humano hace la guerra a los santos, odiados por el dragón (13:7).[27]

El que la bestia haya recibido "autoridad" (13:5, 7, según parece de parte de Dios) recuerda, no obstante, a los receptores de Juan que incluso el anticristo no es sino un peón dentro del plan general de Dios para su pueblo. Naturalmente, el diablo es la fuente inmediata de la autoridad de la bestia (13:2, 4), como lo es también de la que reciben

---

24. Kraybill, *Imperial Cult and Commerce*, 28.
25. Ver Bauckham, *Climax of Prophecy*, 445.
26. Sobre estas y anteriores profanaciones, ver 1 Mac. 3:45; 3 Mac. 1:29; 2:14; 2 Bar. 5:1; T. Aser 7:2; *tos. Suk.* 4:28; CD 4.17-18; Keener, *Matthew*, 348-49.
27. Sobre emperadores en forma militar, ver Griffin, *Nero*, 221-34.

otros de sus perversos colaboradores (13:12; 17:13). Sin embargo, en el último análisis, solo Dios puede autorizar al diablo o a la bestia para que gobiernen las naciones (13:7; 17:12, 17; ver Dn 4:32); él autoriza, asimismo, a otros agentes de juicio (Ap 6:2, 8; 9:3).[28] El que la autoridad concedida a la bestia se limite a un periodo de "cuarenta y dos meses" (13:5; cf. 11:2) subraya que la oportunidad que tiene esta de ejercer su perverso programa es limitada; el día de su juicio llegará (19:20).

La unidad del reino de la bestia (13:7-8) —aunque temporal (17:15-17)— muestra que Dios ha permitido que el mundo se mantenga unido bajo un siniestro imperio a fin de poner a prueba a sus santos. La tradición judía había entendido, desde hacía mucho tiempo, la tendencia de los imperios perversos a forzar a los pueblos absorbidos para que actuaran según las normas o modelos prevalentes y olvidaran, de este modo, el carácter único del Dios de Israel (p. ej., Dn 3:4-6; 1 Mac. 1:41-43).[29] En contraste, los santos disfrutaban de una verdadera unidad multicultural (7:9-10) comparada con la cual, la del mundo no era sino una pálida parodia.

La afirmación de que la bestia gobierna todo el mundo tampoco debe considerarse tal cual. Que los reyes del este (9:14-16; 16:12) no parezcan formar parte de su imperio sugiere ciertos límites a la extensión de su gobierno. El emperador Augusto había reivindicado gobernar todo el mundo habitado, tras subyugar aun a los partos; pero, en realidad, esto no era más que propaganda romana para impresionar a los súbditos del imperio.[30] También el rey de Babilonia reivindicaba tener autoridad sobre toda la humanidad (Dn 3:4, 7; 4:1; 5:19); sin embargo, tal afirmación era claramente hiperbólica. Aunque la bestia "vence" a los santos (Ap 13:7; cf. Dn 7:21), su aparente derrota, como sucede con la cruz, es en realidad su victoria (Ap 12:11; cf. 5:5-6).

---

28. Con Caird, *Commentary on Revelation*, 167; Beasley-Murray, *Revelation*, 213.
29. Sobre la idea de subyugar "toda la tierra", ver Jer 27:6-8; Dn 4:22; 7:23; Jdt. 2:7, 19; 6:4; 11:1, 7; 3 Mac. 6:5. Alejandro había intentado fusionar todas las culturas en una (Michael Avi-Yonah, *Hellenism and the East* [Jerusalén: Hebrew Univ. Press, 1978], 20-21).
30. James M. Scott, "Luke's Geographical Horizon", 483-544 en *The Book of Acts in Its Graeco-Roman Setting*, ed. D. W. J. Gill y C. Gempf (Grand Rapids: Eerdmans, 1994), 491, citando *Res Gestae Divi Augusti* 29.2; 32.2. Asimismo, Polibio, el historiador griego (1.1-2, 64) afirmó que, tras la caída de Cartago, los romanos controlaban "casi" todo el mundo, a excepción, obviamente, de los partos y otros pueblos fuera del Mediterráneo. *Cf.* un lenguaje similar en Salustio, *Catil.* 36.4; Apiano, *R.H.* Prefacio 7; Cornelio Nepote, 18.3.3-4; 23.8.3.

Los maestros judíos hacían a menudo comentarios sobre la predestinación de los justos que aparece en el libro de Dios (*cf.* también 17:8). Aquí, no obstante, el libro en cuestión pertenece al Cordero (13:8), y esto subraya de nuevo la diferencia crucial entre Juan y la mayoría de de los autores judíos de textos apocalípticos.[31] Pero, como en la mayor parte del pensamiento judío, la idea que Juan tiene de la predestinación no niega la responsabilidad humana.[32] De hecho, el llamamiento a prestar atención que se plantea al lector en 13:9 (ver comentario sobre 2:7) lleva a cabo la función retórica contraria: en vista de la ceguera —y perdición, por tanto— de los no predestinados, cualquiera que sea capaz de responder al llamamiento divino debe hacerlo de inmediato y encontrar fuerzas para perseverar.

Puede leerse 13:10 como un resumen de las formas en que los santos serán ejecutados (13:7), invitando por tanto a la "perseverancia" de los santos (13:10).[33] Sin embargo, una invitación parecida a la "perseverancia" (14:12) promete la destrucción de los adoradores de la bestia (14:9-11). Así, este pasaje posiblemente afirma que aquellos que no están destinados para vida eterna (13:8) lo están a morir de distintas formas, una promesa concebida para estimular la fe de los santos que sufren (13:10). Este es el lenguaje del juicio de Dios, que evoca Jeremías 15:2; 43:11.[34] En cualquier caso, estas palabras invitan a los santos a perseverar y advierten "contra la oposición armada de cualquier tipo".[35]

---

31. Los comentaristas citan un lenguaje en cierto modo semejante en 1 Enoc 62; Asunción de Moisés 1:14. La expresión: "de la creación" en el v. 8 está más cerca en la oración al término "sacrificado", pero algunos prefieren vincularlo con "escritos" (Vincent Taylor, *The Atonement in New Testament Teaching* [Londres: Epworth, 1945], 41).
32. P. ej. Salmos de Salomón 9:4; *Sifre Dt.* 319.3.1; *cf.* Sirach en Gabriele Boccaccini, *Middle Judaism: Jewish Thought 300 B.C.E. to 200 C.E.* (Minneapolis: Fortress, 1991), 105-9; ver también David Winston, "Freedom and Determinism in Greek Philosophy and Jewish Hellenistic Wisdom", *Studia Philonica* 2 (1973): 40-50; ídem. "Freedom and Determinism in Philo of Alexandria", *Studia Philonica* 3 (1974-1975): 47-70. Ni siquiera los esenios, que creían profundamente en la predestinación (p. ej., 1QS 10.1ff.; *cf.* 1 Enoc 1:1-3, 8; 5:7-8; 25:5; 38:4; 48:1, 9; 50:1; 58:1; 61:4, 12; 93:2; Jub. 11:17) negaban el libre albedrío (F. Nötscher, "Schicksalsglaube in Qumrân und Umwelt (2. Teil)", *BZ* 4 [1960]: 98-121; E. P. Sanders, *Judaism: Practice and Belief, 63 BCE-66 CE* [Filadelfia: Trinity Press International, 1992], 251), con permiso de Josefo, *Ant.* 18.18.
33. No cabe duda de que la variante textual que hace referencia en voz activa a quienes "matan a espada" no alude a los santos, pero la evidencia textual no es sólida.
34. Para un lenguaje similar aplicable a los juicios, *cf.* Jub. 24:32.
35. Michaels, *Revelation*, 160-61; ver Oscar Cullmann, *The State*, 84.

MUCHOS ANTICRISTOS. Puede que Juan viera al anticristo como un nuevo Nerón, pero ello no implica que su visión fuera solo relevante para su tiempo. El apóstol habla de un tirano cortado por el mismo patrón que el que gobierna en aquel momento (17:8) y que, como Nerón, encarna la maldad. Puesto que Juan recicla imágenes como la de Nerón y tradiciones bíblicas sobre Antíoco IV Epifanes y otros, lo importante no es tanto la persona como el patrón: el "misterio de la maldad" más que el "hombre de maldad" (2Ts 2:3, 7). La encarnación final del mal solo personifica y continúa el carácter de sus predecesores, por lo cual podemos encontrar muchos gobernantes perversos cuya conducta se presta a trazar analogías.

Sabemos lo suficiente sobre Nerón como para trasladar rápidamente su imagen a la de nuestros contemporáneos, diciendo quizá algo del estilo de: "Si piensas que Hitler era malo, ya verás cuando venga este personaje". Puede que en nuestra generación algunos consideren que hay otros nombres (como los de ciertos terroristas contemporáneos) que generan incluso más terror que el de Hitler. En cualquier caso, hasta que Jesús regrese, la historia habrá visto un paso constante de anticristos.[36] Puesto que Satanás no conoce el momento de la venida de Jesús (Mr 13:32), tiene que tener siempre anticristos en espera, de modo que solo sabremos cuál de ellos es el último cuando Jesús venga y lo quite de en medio. Hasta entonces, el espíritu de maldad seguirá en el mundo (2Ts 2:7) y nosotros continuaremos experimentando la presencia de muchos anticristos (1Jn 2:18).

Algunos, no obstante, utilizan este pasaje para identificar a un anticristo contemporáneo específico. El candidato favorito de los primeros protestantes (no tan popular en nuestro tiempo) fue el papado; tanto es así que Theodorus Bibliander, uno de los primeros exégetas protestantes suizos (1504-64), que creía que la herida de Apocalipsis 13 era una referencia a la muerte de Nerón, entendía que la línea imperial romana había tenido una continuidad hasta su día en el papado, con sede en Roma.[37] Dependiendo de la época en que vivieron, otros

---

36. *Cf.* George Eldon Ladd, *The Gospel of the Kingdom* (Grand Rapids: Eerdmans, 1978), 37: "La bestia de Apocalipsis 13 es tanto la Roma histórica como el futuro anticristo escatológico".
37. Ver F. F. Bruce, "The History of New Testament Study", 21-59 en *New Testament Interpretation: Essays on Principles and Methods*, ed. I. Howard Marshall (Grand Rapids: Eerdmans, 1977), 34.

comentaristas prefirieron a Napoleón o a otros conquistadores de su tiempo.[38] No obstante, la mayoría de las especulaciones modernas sobre los detalles que conciernen al último anticristo carecen de fundamento. Afortunadamente, Apocalipsis no consigna especulaciones sobre los espeluznantes rasgos del anticristo (p. ej., dedos como guadañas) que encontramos en obras apocalípticas posteriores (Esd. Gr. 4:29-31; Ap. Elías 3:13-18).

Algunos exégetas modernos consideran que la unidad del reino de la bestia requiere la realidad de un nuevo Imperio romano, que para ellos se cumple en la Unión Europea.[39] Sin embargo, que en el tiempo de Juan Roma desempeñara la función de sistema mundial no nos obliga a localizar a la Babilonia contemporánea en esta ciudad o cerca de ella (así lo entienden quienes la encuentran en el Vaticano). Si la "Babilonia" de nuestro tiempo no es un imperio liderado por Roma, no tiene que ser tampoco un imperio en el que Roma e Italia tengan algún papel. Junto a la Antártida, Europa puede ser hoy el continente menos evangelizado y, con una buena parte de Oriente Medio, una de las regiones menos alcanzadas con las Buenas Nuevas. Sin embargo, los anticristos e imperios perversos se han suscitado en muchas partes del mundo y, si el último ha de surgir en Europa (o específicamente en Roma), será solo como toque de suprema ironía por parte de Dios y no porque lo demande el texto de Apocalipsis.[40]

¿Es lícita la resistencia armada? Si 13:10 advierte sobre el peligro de la resistencia armada, ¿a qué clase de contextos alude? Por supuesto, para una minoría perseguida, tomar las armas contra Roma habría resultado probablemente un recurso suicida y sin sentido; la pregunta es, sin embargo, ¿hay alguna situación en que la resistencia violenta sea encomiable cuando hay más posibilidades de una victoria? ¿Es mero fatalismo lo que aquí mueve a Juan? Puesto que el apóstol tiene en mente a un Dios que se preocupa por los perseguidos, el término fatalismo es demasiado fuerte; ¿pero, qué podemos decir sobre la acusación de que el cristianismo es "poco realista" e insuficientemente radical para combatir la injusticia de maneras que sean persuasivas para los injustos? Juan parece estar prohibiendo vengarse a los cristianos que están siendo per-

---

38. Kyle, *The Last Days*, 71.
39. Lindsey, *New World Coming*, 186-88.
40. La moderna división entre Asia, Europa y África surge de la antigua tradición griega, pero no se basa en claras fronteras geográficas o en una permanente continuidad cultural; ver Glenn Usry y Craig Keener, *Black Man's Religion* (Downers Grove: InterVarsity, 1996), 41-44.

seguidos por serlo, pero no dice nada sobre participar en movimientos revolucionarios que, sin ser específicamente cristianos, luchan contra la tiranía o los genocidios. Teniendo en cuenta el compromiso de Juan de esperar a que Dios actuara, es posible que el apóstol prefiriera que los cristianos evitaran por completo la violencia.[41] No obstante, aunque este no sea el caso, quienes insisten en que la violencia es a veces necesaria deben al menos ser coherentes. Muchos norteamericanos blancos consideran que la Revolución estadounidense —que tuvo que ver con cuestiones de impuestos y representación— fue una guerra justa contra la explotación colonial; sin embargo, condenan la matanza de civiles blancos que lideró Nat Turner para protestar contra la esclavitud. No obstante, el que este último conflicto entrañe un mayor grado de injusticia que el primero ha de servirnos de advertencia para que erradiquemos tanto como sea posible los prejuicios de nuestros criterios sobre lo que sería una violencia justa.

A lo largo de la historia encontramos muchos ejemplos de creyentes dispuestos a sufrir el martirio sin oponer resistencia. Siguiendo la tradición de Jesús (Lc 23:34) y de Esteban (Hch 7:60), el protestante Michael Sattler "oró por sus perseguidores" y les llamó a la conversión, durante su tortura y ejecución.[42] El anabaptista Dirck Willems logró escapar atravesando un lago helado; sin embargo, cuando el hielo se rompió y su perseguidor cayó al agua, Willems lo rescató, salvando así al hombre que había querido matarlo. Este retraso permitió su captura, y en 1569 sus enemigos lo quemaron en la hoguera.[43] Entendiendo la inminencia de su martirio, el dirigente protestante George Wishart (1513-1546) dijo a sus amigos que huyeran, explicando que con "un sacrificio" ya había bastante.[44] Wishart se entregó voluntariamente y fue ejecutado de inmediato. Aunque estos mártires murieron en el espíritu que vemos en Apocalipsis, una buena parte de la historia de la iglesia y mucho de lo que veo en la iglesia de hoy me lleva a preguntarme si estamos dispuestos a ser como los santos que se describen en el libro de Apocalipsis.

---

41. Los puntos de vista como el de Tertuliano, que rechazaba el servicio militar, prevalecieron durante los tres primeros siglos, pero generaron una mayor ambigüedad sobre la relación entre la Iglesia y el Estado que se produjo después de Constantino (Robert A. Krupp, "Risky Lifestyles", *Christian History* 51 [1996]: 40-41 [p. 41]).
42. Leonard Gross, "Showing Them How to Die, How to Live", *Christian History* 4 (1985): 22-25 (p. 23).
43. "Did You Know?" *Christian History* 4 (1985): 6.
44. J. Stephen Lang, "Martyrs and Architects", *Christian History* 46 (1995): 33-35 (p. 34).

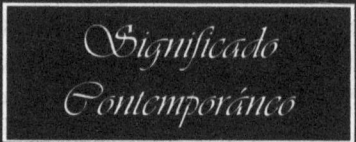

Los poderes mundanos frente a la fe valiente. Satanás lleva a cabo sus propias señales y, entre ellas, hasta una falsa resurrección; ¿cómo afecta esto a la apologética cristiana? O, por expresarlo de otro modo, ¿qué prueba de la verdad pueden ofrecer los creyentes en la palestra pública (i.e., aparte de nuestra experiencia subjetiva) que le sirva de aval? El reino de Satanás actúa a base de poder mundano, pero el pueblo de Dios lo hace mediante una fe valerosa. Muchos regímenes islámicos reprimen a los cristianos, a otros grupos musulmanes y a cualquiera que desafíe su hegemonía; los verdaderos cristianos se multiplican por medio del martirio. La historia demuestra que los reinos basados en el poder siempre han acabado cayendo; sin embargo, el pueblo de Dios ha perseverado y ha leudado ahora a las naciones. Así, el poder de Cristo es aún mayor en este mundo (aunque oculto como un misterio; ver Mt 13:31-33); ¡aquellos que tienen fe pueden mirar hacia adelante y ver la victoria final![45]

En un tiempo como el nuestro en que los carismáticos y los activistas sociales pertenecen normalmente a distintas corrientes de la espiritualidad cristiana bíblica, rara vez pensamos en la profecía contemporánea en términos de pronunciar juicio sobre las estructuras políticas perversas. Sin embargo, los profetas bíblicos denunciaron repetidamente las injusticias sociales. Los oráculos judeohelenistas y griegos eran también a menudo profecías con una orientación política, que parecían a veces oráculos bíblicos contra las naciones (p. ej., Or. sib. 4).[46]

Este pasaje nos advierte sobre el peligro de la demonización del estado: hemos de dar al César lo que es del César (incluidos los impuestos, Mr 12:17; Ro 13:6); sin embargo, cuando un estado comienza a demandar la adoración debida solo a Dios, ha usurpado una prerrogativa divina y sucumbido al espíritu del anticristo.[47] Aun entre los verdaderos cristianos hay discrepancias sobre dónde trazar la línea entre la legítima autoridad del estado y la idolatría, pero lo que no puede negarse es que dicha línea exista. Hay razones lícitas para la desobediencia civil, ya sea en la

---

45. Esto tiene implicaciones para quienes intentan imponer los valores de Cristo mediante el mero poder del mundo; ver Charles Colson, *Kingdoms in Conflict* (Grand Rapids: Zondervan, 1987), 265-75.
46. Ver, además, John J. Collins, *The Sibylline Oracles of Egyptian Judaism*, SBLDS 13 (Missoula, Mont.: SBL, 1972), cap. 1.
47. *Cf.* Cullmann, *The State*, 75; Ellul, *Apocalypse*, 93-94; Corsini, *Apocalypse*, 231.

resistencia a la adoración de César o en la no participación en las fuerzas armadas que sostenían el *apartheid* sudafricano.[48]

Por negarse a apoyar la guerra de Hitler, por ejemplo, los cristianos alemanes sufrieron la muerte.[49] Cuando fue encarcelado Martin Niemoller, uno de los pocos pastores que se opusieron públicamente a Hitler desde el púlpito, un estupefacto capellán le preguntó qué estaba haciendo en la cárcel. "'Lo que yo me pregunto es: ¿por qué estás tú fuera?', fue la respuesta de Niemoller".[50] Muchos de los cristianos alemanes y suizos que resistieron el totalitarismo nazi hicieron un abundante uso del libro de Apocalipsis 13.

Solo con los ojos de la fe o desde la óptica de la eternidad podemos ver que las recompensas de la fidelidad sobrepasan su coste. Boris Kornfeld, un médico judío que acababa de convertirse al evangelio, se negó a cooperar para matar a ciertos prisioneros del gulag soviético y, por ello, solo vivió el tiempo suficiente para dar testimonio a uno de sus pacientes antes de ser brutalmente asesinado. Sin embargo, este paciente se convirtió y multiplicó muchas veces la influencia de esta conversión; su nombre era Alexandr Solzhenitsyn.[51]

Cómo opera el diablo. Este pasaje pone de relieve el atroz carácter del maligno. Los estudios antropológicos atestiguan la gran extensión de las posesiones diabólicas en varias culturas, y la concreta existencia de entidades personales malignas es una de las doctrinas cristianas más demostrables empíricamente.[52] La frecuente negación de la existencia de diablo en el mundo occidental es menos racional de lo que se pretende, y algo que juega a favor del diablo.[53]

---

48. Sobre el encarcelamiento de cristianos por negarse a servir en las fuerzas armadas bajo el *apartheid*, ver *ESA Advocate* (noviembre 1989), 11-12; (mayo 1991), 11-12. Sobre otras protestas cristianas antiapartheid, ver artículos en *World Christian* (julio 1986); "Church Leaders Condemn Apartheid", *CT* (17 de diciembre 1990), 54; *ESA Advocate* (mayo 1990), 11-12; (junio 1990), 11-13; una monja africana detenida varios meses sin juicio en *ESA Advocate* (marzo 1991), 11.
49. Ver John Dear, "The Solitary Witness of Franz Jagerstatter", *Sojourners* (agosto 1993), 7; sobre Bonhoeffer, ver *Christian History* 32 (1991), pássim.
50. Charles Colson, *Kingdoms in Conflict* (Grand Rapids: Zondervan, 1987), 152.
51. Charles Colson, *Loving God* (Grand Rapids: Zondervan, 1987), 27-34.
52. Quienes deseen considerar descripciones de posesiones espirituales en la literatura antropológica, ver Felicitas D. Goodman, *How About Demons? Possession and Exorcism in the Modern World* (Bloomington, Ind.: Indiana Univ. Press, 1988); Ari Kiev, ed., *Magic, Faith, and Healing: Studies in Primitive Psychiatry Today* (Nueva York: Free Press, Macmillan, 1964), pássim.
53. *Cf.* C. S. Lewis, *Cartas del diablo a su sobrino: las cartas de Escrutopo* (Madrid: Rialp, 1993).

No obstante, lo verdaderamente horrible de este pasaje es que aquí, como en la mayor parte de la Biblia, el diablo no actúa independientemente, sino por medio de personas. Este pasaje muestra el horror al que pueden descender los seres humanos cuando siguen los caminos del diablo (Ef 2:1-3). Los Nerones, Hitlers, Stalins, Maos y Pol Pots; la trata de esclavos en el mundo árabe y occidental; el genocidio en Ruanda, etcétera, muestran la realidad del poder diabólico que amplifica el pecado humano y destruye sus habituales restricciones. ¿Quién habría creído posibles las masivas violaciones y asesinatos de mujeres chinas tras la rendición de Nanking?[54] Si no fuera por los testimonios y la documentación que nos ha llegado, ¿cómo podríamos creer que los soldados imperiales japoneses habrían sido capaces de violar y ejecutar a miles de jóvenes coreanas, muchas de ellas recién casadas, llamándolas, "mujeres de consolación"?[55]

En nuestro tiempo, casi todos reconocemos que la esclavitud es algo injusto; sin embargo, muchos continúan tolerando los prejuicios raciales o la negligencia que la hacen posible. Como declaró en 1837 la Convención Femenina Antiesclavitud —la mañana después de que una indignada turba quemara completamente su sede de Filadelfia por permitir que personas negras y blancas participaran en una misma reunión—: "El prejuicio contra el color de la piel define esencialmente el espíritu de la esclavitud".[56] Gary Haugen, activista e investigador a favor de los derechos humanos, descubrió en Ruanda que los asesinatos masivos no requieren la presencia de asesinos "patológicos": "Cuando desaparecen las restricciones, los agricultores, oficinistas, directores de escuela, madres, médicos, alcaldes y carpinteros pueden coger los machetes y matar salvajemente a mujeres y niños indefensos". Haugen concluye: "La persona sin Dios [...] es una criatura temible".[57]

Nos oponemos al mal cuando este se desborda cuantitativamente; sin embargo, no queremos reconocer que, cualitativamente, el mal que a gran escala destruye brutalmente familias y vidas es la misma depravación que aflora a diario en las relaciones humanas. Este pasaje no solo nos recuerda que el diablo juega sin reglas, sino que es también un testi-

---

54. Ver Iris Chang, "Exposing the Rape of Nanking", *NW* (1 de diciembre 1997), 55-57.
55. Andrew Sung Park, *Racial Conflict and Healing: An Asian-American Theological Perspective* (Maryknoll, N.Y.: Orbis, 1996), 12-15.
56. Dorothy Sterling, ed., *We Are Your Sisters: Black Women in the Nineteenth Century* (Nueva York: Norton, 1984), 115.
57. Gary Haugen, *Good News About Injustice* (Downers Grove, Ill.: InterVarsity, 1999), 111.

monio del inimaginable horror del pecado humano; algo que la mayoría de nosotros nos negaríamos a aceptar si no fuéramos confrontados con sus evidencias más dramáticas.

Que el mundo no solo adore a los dioses que cree adorar, sino también al dragón que está tras ellos (13:4) es también una llamada de atención para nosotros. Algunos cristianos de Asia Menor solo querían dar cabida en su esquema a la comida ofrecida a los ídolos, pero, al hacerlo, participaban en la adoración del propio Satanás (2:24; cf. 1Co 10:20). Ciertamente, solo hay dos posibilidades, y los cristianos que dormitan en su autocomplacencia aceptando este mundo o sus intereses han de tomar nota. Igual que en 7:9-10 la iglesia era un coro multicultural de adoración al Cordero, en 13:6-7 el mundo se convierte en un coro multicultural de adoración a la bestia.[58] Si no adoramos solo a Dios, participamos en la adoración de lo que el mundo valora.

El multiculturalismo y el cristiano. Por otra parte, el multiculturalismo del mundo (13:7-8) es una parodia del que se experimenta en la iglesia de Dios (7:9-10). Dios creó todas las culturas y se deleita en reunirlas en Cristo, pero el mundo intenta hacerlo también en torno a distintos centros. Mientras que el mundo impone a menudo la conformidad por la fuerza, las necesidades económicas o simplemente por la presión grupal, la iglesia ha de ofrecer una unidad multicultural alternativa cohesionada por el amor de los unos a los otros y por el mismo Señor celestial, más que por sus réplicas terrenales.

En muchas universidades, ha llegado a considerarse "políticamente correcto" tolerar cualquier cosa que pueda relacionarse con alguna perspectiva cultural.[59] Pero una reflexión, por breve que sea, pondrá de relieve la superficialidad de la unidad que solo se basa en la tolerancia, puesto que, llevada a un extremo, esta erradica la justicia. La tolerancia es buena, pero la tolerancia social no es relativismo moral. Como observa un comentarista social, "la tolerancia es solo una virtud cuando es difícil, cuando implica la sujeción de convicciones fuertes. La tole-

---

58. Rissi, *Time and History*, 72, habla de "convertir el mundo en la iglesia del anticristo (13:3s.; 12, 15)".
59. Ver, p. ej., Tim Stafford, "Campus Christians and the New Thought Police", *CT* (10 de febrero 1992), 15-20; John G. Stackhouse Jr., "PC: Almost Correct?" *CT* (23 de noviembre 1992), 17; Lynda Hurst, "Censorship for the Kindergarten Set", *WPR* (junio 1993), 46-47; R. Judson Carlberg, "Culture of Disrespect", *CT* (20 de junio, 1994), 18-19; Ginni Freshour, "When It's Wrong to Be Right", *InterVarsity Summer* (1994), 4-6; David Gates, "It's Naughty", *NW* (10 de octubre 1994), 73-75; S. D. Gaede, *When Tolerance Is No Virtue* (Downers Grove, Ill.: InterVarsity, 1993).

rancia que refleja una ausencia de convicciones firmes es síntoma de una forma de decadencia característica de nuestro tiempo".[60]

Cuando ciertas sociedades tradicionales quieren practicar la ablación femenina (mutilación genital) alegando que se trata de una práctica cultural, las organizaciones occidentales para los derechos de las mujeres se quejan, con razón, de que esto supone una injusticia contra las muchachas que son mutiladas de este modo.[61] Sin embargo, en el momento en que alguien invoca una norma de bien y mal aplicable a todas las culturas, hemos llegado a los límites del multiculturalismo, como señalan sus defensores más responsables.[62] No obstante, en muchas partes de la iglesia contemporánea, es probablemente más común el problema contrario, es decir, no nos no esforzamos lo suficiente por entender o aceptar a nuestros hermanos y hermanas que tienen culturas diferentes (ver comentario sobre 7:9-10).

El relativismo moral puede ser un azote mortal para el moderno multiculturalismo secular. En una ocasión, cuando un amigo con ideas de la Nueva Era trataba de explicarme por qué el bien y el mal eran meras ilusiones, otro amigo ortodoxo griego también presente le preguntó qué pensaba de Hitler. "Quizás Hitler tenía alguna razón para hacer lo que hizo", respondió el primero con espeluznante "tolerancia". Sin un sentido del bien y el mal, hay poca base para la justicia, y "todo vale", lo cual lleva inevitablemente al suicidio de la civilización tal como la conocemos.

El multiculturalismo de la bestia en este pasaje se basa simplemente en esta limitada clase de tolerancia. El Imperio romano era politeísta, siempre capaz de incorporar a nuevas deidades. Las únicas religiones que se consideraban intolerables eran aquellas que alteraban el orden público... o las que insistían en que había que renunciar al politeísmo para servir al único Dios verdadero (*cf.* Hch 14:15; 1Ts 1:9). ¿Es posible que, al incorporarse totalmente a la postmodernidad y ofrecer a Cristo como una mera ayuda entre otras en lugar de como el Señor único y

---

60. George F. Will, "Intolerable Tolerance", *NW* (11 de mayo, 1998), 94.
61. David Kaplan, "Is It Torture or Tradition?" *NW* (20 de diciembre 1993), 124.
62. El reconocimiento de la diversidad cultural no tiene por qué ensombrecer los absolutos morales; ver Ricardo L. García, "Educating for Human Rights: A Curricular Blueprint", *Multicultural Education for the Twentyfirst Century*, ed. Carlos Díaz (Washington, D.C.: National Education Association, 1992), 167-68; Stephen A. Grunlan y Marvin K. Mayers, *Cultural Anthropology: A Christian Perspective* (Grand Rapids: Zondervan, 1979), 12-13.

verdadero, muchos cristianos norteamericanos hayan aceptado la marca de la bestia?

Por otra parte, este pasaje ofrece esperanza para quienes se atrevan a verla aquí: Dios es quien da autoridad a la bestia durante cuarenta y dos meses, y lo hace para llevar a cabo sus propósitos de juzgar el mundo dejándolo a merced de sus propios caminos perversos (*cf.* 17:17; Ro 1:18, 24, 26, 28). Por ello "hemos de decir con Lutero que, aun cuando el diablo lleva a cabo sus peores obras, sigue siendo el diablo de Dios. En ningún momento de la historia se hizo esto más patente que cuando el Hijo de Dios murió en la cruz" a manos de sus enemigos.[63] La promesa del juicio se da también para animar a los santos (13:10); nos recuerda que Dios es justo, que en el mundo existen ciertas certezas morales y cuestiones de justicia y que, al final, Dios hará justicia.

---

63. Beasley-Murray, *Revelation*, 213.

Apocalipsis 13:11-18

Después vi que de la tierra subía otra bestia. Tenía dos cuernos como de cordero, pero hablaba como dragón. ¹² Ejercía toda la autoridad de la primera bestia en presencia de ella, y hacía que la tierra y sus habitantes adoraran a la primera bestia, cuya herida mortal había sido sanada. ¹³ También hacía grandes señales milagrosas, incluso la de hacer caer fuego del cielo a la tierra, a la vista de todos. ¹⁴ Con estas señales que se le permitió hacer en presencia de la primera bestia, engañó a los habitantes de la tierra. Les ordenó que hicieran una imagen en honor de la bestia que, después de ser herida a espada, revivió. ¹⁵ Se le permitió infundir vida a la imagen de la primera bestia, para que hablara y mandara matar a quienes no adoraran la imagen. ¹⁶ Además logró que a todos, grandes y pequeños, ricos y pobres, libres y esclavos, se les pusiera una marca en la mano derecha o en la frente, ¹⁷ de modo que nadie pudiera comprar ni vender, a menos que llevara la marca, que es el nombre de la bestia o el número de ese nombre.

¹⁸ En esto consiste la sabiduría: el que tenga entendimiento, calcule el número de la bestia, pues es número de un ser humano: seiscientos sesenta y seis.

Sentido Original

Muchos interpretan la identidad de esta segunda bestia como el sacerdocio imperial, dedicado a la promoción de la adoración de la primera.[1] Algunos argumentan que el hecho de que surja de "la tierra" (13:11) en contraste con "el mar" (13:1) alude a su autoridad nativa y provincial y se refiere, por tanto, a los sacerdotes locales del culto imperial.[2] Otros lo ven como la personificación de todos los cultos paganos que participaban en la adoración imperial (ver comentario sobre 13:4).[3]

---

1. P. ej. Bowman, *First Christian Drama*, 87; Beaseley-Murray, *Revelation*, 216-17.
2. Ramsay, *Letters to the Seven Churches*, 97, 103-4; Caird, *Commentary on Revelation*, 171. Otros piensan que se refiere al sacerdocio imperial a lo largo del imperio (p. ej., Bauckham, *Climax of Prophecy*, 446). Sobre dos bestias en algunos esquemas míticos, ver Beaseley-Murray, *Revelation*, 215.
3. Feuillet, *Apocalypse*, 55.

El que la bestia tenga dos cuernos "semejantes a los de un cordero" (13:11) muestra su intención de imitar al Cordero de Dios (5:6) que tenía siete cuernos, aunque también es posible que los primeros sean una referencia al carnero de Daniel 8:3. Sin embargo, este "cordero" habla como el dragón; "el Cordero de Dios es y habla la Palabra de Dios (19:13), sin embargo, la bestia que procede de la tierra es el 'cordero' de Satanás, y es y habla la palabra de este".[4] Su mensaje lo hace patente. El verdadero Cordero murió en debilidad y resucitó de los muertos por el poder de Dios; el falso, sin embargo, promueve a alguien que pretende haberse recuperado de forma no menos significativa (Ap. 13:12). Algunos llevan la parodia hasta tal punto que ven a la segunda bestia como parte de una especie de "trinidad satánica" formada por las dos bestias y el dragón (*cf.* 1:4; 16:13), aunque Juan nunca lo afirma explícitamente.[5]

Para los receptores de Juan, el acto de adorar una imagen (13:14-15) sería familiar. Hay pruebas de la existencia de una tradición legal de ejecutar a cristianos por negarse a adorar la estatua del emperador (Plinio, *Ep.* 10.96) poco después de la redacción de Apocalipsis. Posiblemente, el libro de Apocalipsis se escribió unos cinco años después de que Domiciano dedicara al culto una estatua imperial de casi ocho metros en el templo de Éfeso.[6] Pero los receptores de Juan pensarían también en la imagen de Nabucodonosor que tenía que ser adorada por todos los pueblos. Los héroes de la antigua piedad judía habían decidido resistirse a este tipo de adoración aunque les costara la vida (Dn 3:12-18). Sin embargo, aunque los amigos de Daniel fueron rescatados por Dios (3:23-27), Apocalipsis advierte que muchos cristianos fieles del periodo profetizado morirán (Ap 13:7, 15). Este texto indica poder e intención de matar, no que, literalmente, ningún cristiano vaya a sobrevivir (*cf.* 1Co 15:51; 1Ts 4:15; *cf.* Mr 13:20). ¡Pero, ciertamente, ningún cristiano puede contar con sobrevivir![7]

Los hechiceros y las prácticas esotéricas de la religión pagana estaban muy extendidos por todo el mundo mediterráneo. La relación de las

---

4. Beaseley-Murray, *Revelation*, 216; *cf.* Bowman, *First Christian Drama*, 87. Peterson, *Reversed Thunder*, 123, lo describe como "una burda falsificación" del verdadero Cordero. Se creía que los dragones emitían una especie de siseo, sin embargo cuando se dice que "hablaba como dragón" se le está simplemente conectando con Satanás (Aune, *Revelation*, 2:757).
5. Rissi, *Time and History*, 62, 69, 84. Roloff, *Revelation*, 161, indica que este punto de vista se originó en Johann Heinrich Jung-Stilling (1740-1817).
6. Kraybill, *Imperial Cult and Commerce*, 28. Los romanos tenían temor de ofender a las imágenes de los templos; ver p. ej., Tito Livio, 36.20.3.
7. *Cf.* Caird, *Commentary on Revelation*, 177; así como demandas de apostasía so pena de muerte en Daniel 3:13-20; 6:10-13; 1 Mac. 1:50-51.

señales y la brujería con el culto imperial podría haber sido menos evidente para los receptores de Juan, aunque podían haberse aducido algunas. Varias fuentes confirman la afirmación de que algunos sacerdotes de ciertos cultos escenificaban "milagros" como imágenes que se movían o hablaban, y truenos o fuego, utilizando a menudo máquinas. Por ejemplo, Luciano explica que el falso profeta Alejandro hizo hablar a un dios falso (Alejandro 26), mientras que algunos Padres de la iglesia comentaban que los demonios podían hacer que las imágenes parecieran hablar (Atenágoras, 26-27). Según se dice, ciertos emperadores empleaban también máquinas de este tipo para conseguir efectos parecidos y conectarse con Zeus como lanzadores de truenos.[8]

En la magia babilónica y grecorromana se llevaban a cabo rituales para animar imágenes; toda una rama de la magia, llamada teúrgia, se especializaba en la animación de imágenes para que estas pudieran dar oráculos.[9] La función más importante de estas señales es que continuaban la parodia sobre Dios y sus agentes (*cf.* 13:13 con 11:5). La segunda bestia afirmaba que, como Cristo (2:8), la primera bestia también murió y volvió a vivir (13:14); el aliento de vida que le es infundido a la imagen de la bestia del mar (13:15) es una parodia del que experimentan los testigos resucitados (11:11). Sin embargo, ninguna imagen de Cristo ha de ser vivificada; la adoración de imágenes era una práctica puramente pagana.

Estas actividades no sorprenden a los seguidores de Jesús; él mismo advirtió que en el último tiempo se levantarían falsos profetas que llevarían a cabo señales (Mt 24:24), y Pablo admitió que el hombre de pecado (se trate de un individuo o de una línea de personas) realizaría este tipo de señales (2Ts 2:9). Aun la antigua ley israelita reconocía que los falsos profetas podían llevar a cabo prodigios (Éx 7:11) o predecir señales (Dt 13:1-2).[10]

---

8. Ver Steven J. Scherrer, "Signs and Wonders in the Imperial Cult: A New Look at a Roman Religious Institution in the Light of Rev 13:13-15", *JBL* 103 (1984): 599-610; Roloff, *Revelation*, 163; Talbert, *Apocalypse*, 56-57. En Ramsay, *Letters to the Seven Churches*, 100-103; Ford, *Revelation*, 224 se presentan sugerencias más débiles. Sobre emperadores, ver Dión Casio, 59.28.6; Dionisio de Halicarnaso, 1.71.3.
9. Ver especialmente Aune, *Revelation*, 2:762-64. *Cf.* estatuas que lloraban en Tito Livio, 40.19.2, y que hablaban en Dionisio de Halicarnaso, 8.56.2-3.
10. El anticristo realiza señales y resucita muertos en Or. sib. 3.66-67 (se trata posiblemente de una interpolación cristiana, aunque en un contexto precristiano). Caird, *Commentary on Revelation*, 172, cita otras fuentes y sugiere que aquí alude a un "falso Elías", un precursor del "falso Mesías".

La bestia impone una unidad que afecta a todas las clases sociales (Ap 13:16), aunque el lector atento recordará que el juicio de Dios también afecta al mismo tipo de distinciones (6:15; 11:18). El uso de una marca para imponer una unidad nacional o imperial tenía ya una larga historia conocida por los receptores de Juan. Tolomeo IV Filopátor, gobernador de Egipto, obligaba a los judíos de su reino a inscribirse en un censo y los marcaba con una hoja de hiedra, símbolo de Dionisio (3 Mac. 2:28-29).[11] Deissmann cita el sello o marca imperial (*charagma*, la misma palabra que se utiliza en Apocalipsis 13:16-17) que se estampaba en los documentos comerciales.[12] Poco podía hacerse en el ámbito comercial (13:17) sin esta "marca", puesto que las alusiones a la divinidad del emperador aparecían en muchas monedas y hasta en certificados de navegación y otros documentos.[13]

Esta marca contrasta claramente con el sello de 7:3-4, que alude a la "señal" que, en Ezequiel 9:4-6, debía colocarse en la frente de los justos. Aunque en el texto de Ezequiel la señal en cuestión servía para proteger a los justos (*cf.* también Gn 4:15; Salmos de Salomón 15:6-7), la idea de una marca de destrucción sobre la frente de los impíos la encontramos también antes del libro de Apocalipsis (Salmos de Salomón 15:8-9, donde esta marca es literalmente una "señal"). Tanto la señal de Ezequiel en la frente de los justos como la que se realiza sobre los impíos en los Salmos de Salomón son marcas simbólicas, solo visibles para Dios y sus ángeles, pero no para las personas.

Aunque esta marca de protección o juicio se ponía normalmente sobre la frente (Ez 9:4; Salmos de Salomón 15:9), Juan añade aquí la "mano derecha". Esto podría implicar una parodia pagana de la práctica judía de llevar cajas de textos (llamadas *tefillin* o filacterias) en la frente y en la mano izquierda como señal de lealtad al pacto de Dios.[14] Quizá sea más importante la idea de una marca de esclavitud, aunque el marcado en la frente era más una señal de vergüenza que de lealtad; similar es

---

11. Kraybill, *Imperial Cult and Commerce*, 137, considera que esta es la alusión principal.
12. G. Adolf Deissmann, *Bible Studies*, tr. A. Grieve (Edimburgo: T. & T. Clark, 1923), 242-46. Seguido también por Caird, *Commentary on Revelation*, 173; Collins, *Crisis and Catharsis*, 125.
13. Kraybill, *Imperial Cult and Commerce*, 137-39. Aunque habla poco del tiempo de Juan, a mediados del siglo III d.C. el gobierno imperial llegó a exigir certificados probatorios de haber ofrecido sacrificios paganos (*P. Oxy.* 1464; *P. Ryl.* 12); ver también, Ramsay, *Letters to the Seven Churches*, 106; Kenneth Scott Latourette, *A History of the Expansion of Christianity*, 5 vols.; vol. 1: *The First Five Centuries* (Grand Rapids: Zondervan, 1970), 148-49.
14. P. ej., Ford, *Revelation*, 225; Collins, *Crisis and Catharsis*, 125.

la idea de poner una marca en la mano de los soldados como señal de lealtad.[15] La esclavitud al sistema de la bestia se extiende entre todas las clases sociales (Ap 13:16), como sucederá también con el juicio (6:15).

Un emperador de mediados del siglo III exigía la presentación de certificados de sacrificios al emperador para participar en el comercio y no ser procesados; probablemente, quería erradicar el cristianismo. Muchos cristianos transigieron sobornando a funcionarios o utilizando otras prácticas; algunos optaron por la muerte y fueron, por tanto, ejecutados.[16] Sin embargo, aun en el tiempo de Juan no se podía manejar dinero sin participar en el sistema imperial.[17] Apartarse de un sistema económico impregnado por la adoración imperial —incluso no formar parte de los gremios artesanos, en cuyas reuniones se servía carne ofrecida a los ídolos— suponía en muchas ciudades un suicidio económico. Las pudientes comunidades judías en ciudades como Sardis tenían mucho que perder boicoteando el sistema y, siendo una minoría todavía más reducida, los mercaderes cristianos perderían aun más.[18] Bajo otras circunstancias, un bloqueo que no permitiera comprar y vender podía llevarlos a la inanición (1 Mac. 13:49).

Pero, si fuera necesario, Dios proveería de manera milagrosa para las necesidades de su pueblo (Ap 12:6, 14). Mientras tanto, y puesto que muchos aceptan esta marca para poder comerciar (13:17), todas las demás menciones de la "marca" que aparecen en Apocalipsis implican los juicios que merecen sus receptores (14:9-11; 16:2; 19:20; 20:4). Quienes tienen fe para creer las advertencias de Dios reconocen que, a pesar de la perspectiva del mundo, los santos están realmente en mejor situación a largo plazo.

¿Qué es el número del nombre de la bestia? Algunos eruditos piensan (y es comprensible) que el significado de este enigma era claro para los primeros receptores, pero que hoy no podemos saberlo con certeza.[19] Los acertijos misteriosos eran comunes en las profecías (p. ej., Or.

---

15. Caird, *Commentary on Revelation*, 173; Ford, *Revelation*, 215. Los soldados servían normalmente durante al menos dos décadas. *Cf.* también las costumbres de marcar a los adeptos en ciertas sectas orientales (Cullmann, *The State*, 77).
16. A. M. H. Jones, *A History of Rome Through the Fifth Century*; vol. 2: *The Empire* (Nueva York: Walker, 1970), 327.
17. En Hermas, *Vis.* 3.6.5-7, algunos negaban que Cristo sostuviera sus negocios; sobre la relación de la idolatría con el dinero, ver Richard, *Apocalypse*, 116.
18. Ver Kraybill, *Imperial Cult and Commerce*, 197.
19. Así lo entiende Guthrie, *Relevance*, 106. Los enigmas eran muy comunes (p. ej., Josefo, *Apión* 1.111, 114-15; Mt 24:15).

sib. 3.812; Mr 13:14), y los significados de ciertos enigmas claros para sus primeros receptores han dejado de serlo para nosotros (p. ej., Fedro, 3.1.7). Pero en la mayoría de los casos no deberíamos rendirnos tan rápidamente. Que en 13:18 se invite al que oye a interpretar el acertijo da a entender que la respuesta no era inaccesible, al menos para los creyentes de las siete iglesias, aunque esta fuera hasta cierto punto menos evidente que en la invitación paralela de 17:9.[20]

Las gentes de la antigüedad eran expertas en el uso de los números simbólicos, de los cuales Apocalipsis presenta varios (p. ej., 7:4-8). El 666 es un número triangular, con la raíz 36; el 36 lo es también con la raíz 8. Puesto que la clave para el significado de los números triangulares está en su raíz, es posible que el número "8" prepare al lector para el octavo rey de 17:11, que generalmente se concuerda en interpretar como un nuevo Nerón.[21] El 666 es uno de los cuatro números doblemente triangulares que hay entre 100 y 1000; aunque sea quizá menos importante, los números cuadrados y triangulares (como el 36) también son poco frecuentes (los tres primeros son el 1, el 36 y el 1225). Aquellos interesados en las antiguas especulaciones numéricas estarán familiarizados con el 666.[22]

Probablemente sea más importante considerar que el seis podría también representar una parodia del siete, por lo cual el número 666 podría implicar el mal (Ireneo, *Her.* 5.28.2; 5.29.2).[23] Curiosamente, los receptores de Juan podían saber que "Jesús", el verdadero Cristo, da el resultado de 888. Aunque esta coincidencia no habría sido tan evidente en los sistemas numéricos del antiguo Mediterráneo como en

---

20. El discernimiento escatológico puede ser un tema apocalíptico; ver 2 Bar. 27:15; 28:1-2; 48:33; Mr 13:14; esp. Gregory K. Beale, "The Danielic Background for Revelation 13:18 and 17:9", *TynBul* 31 (1980): 163-70. Estos enigmas aparecen en otras tradiciones proféticas judías (Or. sib. 1.141, 145-46), cuyo significado se ha perdido.
21. Rissi, *Time and History*, 76. Pero el "8" también puede simbolizar una nueva creación (Esdras Gr. 4:39).
22. Ver Bauckham, *Climax of Prophecy*, 390-94. El número 666 representa también dos terceras partes de 1000 (técnicamente hay que añadir también dos terceras partes de uno, sería pues 666,666), y Apocalipsis calcula a veces los juicios en terceras partes (8:7-12; 9:15, 18).
23. Walvoord, *Revelation*, 210, desarrolla este punto de vista observando en parte que la imagen de Nabucodonosor era de 60 x 6 codos (Dn 3:1); esta propuesta encaja en el contexto (Ap 13:15); sin embargo, teniendo en cuenta las otras propuestas, no hay suficientes razones para apelar a esta fuente con el fin de entender esta cifra. (Podría tratarse también de una alusión a las riquezas de Salomón en 1R 10:14; 2Cr 9:13; o de un descendiente de Adonicán, como en Esd. 2:13 [ninguna de estas opciones es probable]).

nuestro tiempo, utilizando el sistema decimal, los antiguos no pasarían por alto el significado de la triple repetición de seises (13:18 lo dice claramente).[24]

Pero también es posible que Juan quiera que busquemos un nombre específico; su invitación al lector para que "calcule/cuente" el nombre parece una invitación técnica a la gematría.[25] En aquel periodo, muchos judíos y algunos cristianos practicaban la gematría, es decir, la interpretación de las palabras de acuerdo con el valor numérico de sus letras en hebreo.[26] A primera vista, parece imposible reducir la lista a un nombre específico sin conocer la clave del enigma; ya a finales del siglo II muchos nombres podían encajar con el número 666 (Ireneo, *Her.* 5.30), y, desde entonces, las sugerencias en este sentido se han multiplicado.[27]

Pero no es necesario desarrollar ningún método especial para llegar a la cifra de 666; tanto los griegos como los hebreos utilizan las letras como numerales, y este sistema numérico estaba bien establecido. Los nombres aparecen a menudo como números en pinturas recuperadas del Imperio romano, y se dice que por todo el imperio circuló un juego macabro en letras griegas sobre el número de "Nerón César" (Suetonio, *Nerón* 39).[28] Calcular nombres de gobernantes como números (basándose en las iniciales) era una práctica normal en una de las tradiciones proféticas judías (Or. sib. 5.14-42; 11.29-30, 91-92, 114, 141-42, 190,

---

24. Solo el uno por ciento de los números entre 100 y 1000 encajan en este esquema. El número 666 incluye todos los caracteres numéricos romanos hasta el 500 (DCLXVI). El nombre secreto de una deidad podría calcularse en 9999 (*PGM*, 2.129). Es posible que este nombre se calculara en el ábaco del mercado que se utilizaba para comprar y vender (cf. E. M. Bruins, "The Number of the Beast", *Nederlands Theologisch Tijdschrift* 23 [1969]: 401-7; *NTA* 14:206), aunque no tiene que ser así necesariamente.
25. Así lo entiende Cullmann, *The State*, 80.
26. P. ej. Or. sib. 1.141-46; 3.24-26; 5:14-42; 11:29-30, 91-92, 114, 141-42, 190, 208, 256, 274; libro 12 pássim; Tr. Sem 3:1-2; *b. Ned.* 32a; *Pes. Rab Kah.* 2:8; Ireneo, *Her.* 1.3.2; 1.14-15; Ep. Barn. 9.8. Se usan números para escribir nombres de persona en Luciano, *Alejandro el falso profeta* 11.
27. Ver la lista en Caird, *Commentary on Revelation*, 174-76. Entre las sugerencias más recientes: las abreviaturas de las monedas de Vespasiano transliteradas en hebreo (W. G. Baines, "The Number of the Beast in Revelation 13:18", *Heythrop Journal* 16 [1975]: 195-96); "Nikolaitës" en hebreo, recordando a los nicolaítas (Michael Topham, "Hanniqola'ïtës", *ExpTim* 98 [noviembre 1986]: 44-45); "debes destruir" en hebreo (Michael Oberweis, "Die Bedeutung der neutestamentlichen 'Rätselzahlen' 666 (Apk 13:18) und 153 (Joh 21:11)", *ZNW* 77 [1986]: 226-41). Lamentablemente, "Babilonia" solo suma 1285 en griego.
28. Hay ejemplos de graffiti en G. Adolf Deissmann, *Light From the Ancient East* (Grand Rapids: Baker, 1978), 276-78.

208, 256; Libro 12 pássim), que de esta manera analizó también a todos los emperadores desde Julio hasta Adriano.[29]

La mayoría de los comentaristas ven aquí una alusión al nombre de Nerón César escrito en caracteres hebreos.[30] Otros comentaristas objetan que Juan escribe en griego y no en hebreo; sin embargo este no sería el único lugar en que Juan utiliza un juego de palabras que requiere un cierto conocimiento de hebreo (9:11; 16:16). Por otra parte, algunos otros documentos calculan los números de las palabras griegas en caracteres hebreos (3 Bar. 4:3-7, 10, entre ellos el término "dragón").[31] Algunos comentaristas también dudan de que la ortografía de "Nerón César", que se requiere para obtener la cifra "666", sea la forma más natural de escribir el nombre en hebreo; pero Juan tenía otras razones (que antes hemos observado) para escribir este nombre a fin de obtener el número "666", y los arqueólogos han descubierto un documento en el desierto de Judea que lo escribe precisamente de este modo.[32] Curiosamente, algunos copistas prefirieron consignar en lugar de "666" la cuestionable lectura "616", que es otra cifra mediante la cual se puede calcular el nombre de "Nerón César" (omitiendo una letra prescindible). Este cambio sugiere que los escribas conocían la tradición del nombre que el número debía transcribir ¡y lo reescribieron según este criterio![33]

Cuando los súbditos del imperio utilizaban el nombre de Nerón en griego, no solo calculaban el número de su nombre, sino que lo vinculaban a una apropiada expresión que daba como resultado el mismo número ("mató a su madre", Nerón era un matricida). El término "bestia" (*therion*) puede transliterarse en hebreo como "*TRYVN*", que también surge del número 666; ¡no es de extrañar que el número "de la bestia" sea literalmente, la "bestia"! (Obsérvese de nuevo que la

---

29. Ver Bauckham, *Climax of Prophecy*, 385, citando Or. sib. 5.12-51. Los astrólogos judíos daban un significado a todas las letras del nombre (Tr. Sem 3:1-2; 6:1; 7:13; 8:11; 9:1; 10:1; 11:1; 12:1).
30. P. ej., Bowman, *First Christian Drama*, 87; Beaseley-Murray, *Revelation*, 219-20; John A. T. Robinson, *Can We Trust the New Testament?* (Grand Rapids: Eerdmans, 1977), 70-71; Koester, *Introduction*, 2:255; Boring, *Revelation*, 163.
31. Ver además Gideon Bohak, "Greek-Hebrew Gematrias in 3 Baruch and in Revelation", *Journal for the Study of the Pseudepigrapha* 7 (1990): 119-21.
32. Por ello, comentaristas más recientes (Bauckham, *Climax of Prophecy*, 388-89; Boring, *Revelation*, 163) citan *DJD* 2:101, lámina 29 línea 1. Sobre la objeción acerca del griego Tenney, Revelation, 19; sobre la correcta forma de escribirlo (que él considera igual de oscura aun en el documento del desierto), ver Beale, *Revelation*, 719-20.
33. Metzger, *Breaking the Code*, 76-77.

lectura menos original de "616" —escrita en caracteres hebreos como *"TRYV"*— puede transliterarse al término griego *"theriou"*, es decir, la forma posesiva "de la bestia").[34] Muchos cristianos de origen judío se trasladaron a Asia tras la caída de Judea en la guerra de los años 66-70 d. C., y muchos de ellos sabían algo de hebreo. Pero, sin duda, Juan escribe en forma de acertijo la respuesta que muchos ya conocían.[35]

Frecuentes errores en la comprensión de este pasaje. Uno de los errores que pueden cometerse al aplicar este texto al mundo de hoy es ignorar su mensaje más amplio, abocados a una específica lectura profética que requiere leer literalmente muchos textos apocalípticos proféticos. Por ello, por ejemplo, y a fin de armonizar sus interpretaciones de varios textos, Lindsey sugiere la presencia de dos anticristos en el tiempo del fin: un europeo que gobierna desde Roma y un profeta judío que lo hace en Israel.[36]

Otro peligro es apegarse obsesivamente a este texto aparte de su contexto en el resto de Apocalipsis. Así, algunos que advierten correctamente sobre el engaño escatológico emiten lamentablemente una condena generalizada de todas las señales y prodigios. Pero esta es una aplicación incoherente del texto; si tomamos en serio las falsas señales de los agentes del diablo (13:13), hemos de hacer lo mismo con las verdaderas señales de los agentes de Cristo (11:5-6). Las señales pueden ser positivas o negativas en sí mismas; lo que nos permite distinguir a los verdaderos profetas de los falsos no es descartar a todos los profetas, sino evaluarlos por su carácter moral. La cuestión es que los conocemos por su mensaje y por sus frutos, no por sus dones (Dt 13:1-5; Mt 7:15-23).

---

34. Ver Bauckham, *Climax of Prophecy*, 388-90; Roloff, *Revelation*, 166; Oberweis, "Bedeutung". (La expresión "César es Dios" también ofrece un resultado de 616; ver Deissmann, *Light*, 278 n. 3; Schlier, *Principalities*, 89.) Esto sería algo más que un interesante juego de palabras; tanto los judíos como los griegos utilizaban juegos de palabras como argumentos. Puesto que el fundador de Roma se crió con las bestias, Or. sib. 11.274 le llama "hijo de la bestia".
35. Bauckham, *Climax of Prophecy*, 403-4, presenta un buen argumento a partir de Asc. Is. 4:12-14 en el sentido de que la tradición numérica que subyace tras Apocalipsis 13:18 circulaba ya entre los primeros cristianos.
36. Lindsey, *New World Coming*, 103. Una forma de la idea del doble anticristo parece originarse con un monje del siglo XIII (Kyle, *The Last Days*, 50).

Algunos han relacionado esta restricción en las compras y ventas con un sofisticado sistema bancario.[37] Lamentablemente, cuando estudiaba en el instituto bíblico pregunté sobre estas cuestiones en mi banco local, donde los pobres cajeros no solo no sabían nada al respecto, ¡sino que quedaron perplejos ante la posibilidad de que yo supiera algo que ellos no conocían! (No tenían que haberse preocupado). Muchos maestros de la profecía han especulado sobre cómo puede el anticristo poner una marca literal en las personas, observando (correctamente) que la tecnología informática actual permite hacerlo fácilmente.[38] Es posible que un anticristo del futuro quiera usar una marca, especialmente si pretendiera desafiar al libro de Apocalipsis. Así, por ejemplo, los miembros de un grupo supremacista blanco que planeaba bombardear todas las capitales de los estados de la Unión y envenenar el suministro de agua de varias ciudades norteamericanas con unos doscientos litros de cianuro mostraban su lealtad al grupo con una marca (un antiguo tatuaje del Ku Klux Klan que exhibía una "N" con una gota de sangre).[39]

Sin embargo, especular sobre lo que cierto personaje puede hacer, especialmente en vista de este texto, no es lo mismo que interpretar su significado. Estas interpretaciones no explican el pasaje en el contexto del resto de Apocalipsis ni tampoco el libro en el contexto del simbolismo que ya existía en su día. Entendido de manera aislada, 13:16 puede aludir a una marca literal, algo verosímil tanto en el tiempo de Juan como en el nuestro.[40] Pero el contexto del resto del libro aclara la probabilidad de esta lectura. Observemos que todos los otros nombres que se escriben sobre las personas en Apocalipsis los entendemos de manera simbólica (3:12; 17:5; 19:16; 22:4), posiblemente incluso el de los 144.000 (7:3-4; 14:1; sobre su simbolismo, ver comentario acerca de 7:1-8). Si todas las demás marcas que encontramos en Apocalipsis

---

37. La idea de un sofisticado sistema bancario no era, sin embargo, ajena a los lectores de la antigüedad; las entidades financieras romanas podían liquidar deudas transfiriendo créditos a sus libros, y pensaron en algunas formas básicas de hacer lo mismo con otros bancos (M. Cary y T. J. Haarhoff, *Life and Thought in the Greek and Roman World*, 4ª ed. [Londres: Methuen & Company, 1946], 126).
38. Quienes deseen considerar las ideas que se barajan entre los teóricos de la conspiración relacionados con las milicias de derechas (el número 666 como códigos de barra de los supermercados o, el preferido actual, a saber, microchips subcutáneos) pueden ver Richard Abanes, *American Militias* (Downers Grove, Ill.: InterVarsity, 1996), 92.
39. "Plot Against SPLC Alleged", *Southern Poverty Law Center Intelligence Report* (primavera 1998), 4.
40. Sobre la posibilidad de una marca literal de tinta utilizada para controlar el mercado en el Imperio romano, ver E. A. Judge, "The Mark of the Beast, Revelation 13:16", *TynBul* 42 (1991): 158-60.

son simbólicas, ¿deberíamos tomar esta de manera literal solo porque es una antigua tradición de muchos maestros?

Al traducir los principios del texto en lecciones para nuestras situaciones contemporáneas, hemos de recordar que este habló de manera muy concreta en el tiempo de Juan. La demanda a los habitantes del imperio de que adoraran la imagen del emperador (y estatuas de otras deidades) era un impresionante insulto al honor debido solo a Dios. En nuestro tiempo, el mundo ofrece muchas oportunidades más sutiles de expresar nuestra adhesión a los enemigos de Dios o de negar la supremacía de este en nuestras vidas. La misión de los primeros cristianos no era derribar los ídolos físicos insultando las creencias de sus vecinos (algo que, en cualquier caso, habría resultado completamente ineficaz como testimonio); pero no podían participar en su idolatría. Si Cristo es Señor de nuestras vidas, hemos de apartarnos de una buena parte de lo que nuestros contemporáneos valoran; no solo desde un punto de vista moral, sino también en la forma en que enfocamos el ocio y otras cosas, y ello por mucho que nuestra cultura pueda vernos como inadaptados sociales.

El número 666. Los intérpretes de la profecía han forzado muchos nombres para llegar al número 666. Naturalmente, algunos comentaristas del siglo XVI vieron en este número alusiones al Papa o a Martín Lutero, dependiendo del lado del debate en que se encontraran.[41] Un comentarista divide entre 4 (por los cuatro imperios de Daniel) el número 2520 (que es el doble de 1260), y a continuación añade 36 (el cuadrado de 6) para llegar a 666.[42] Por supuesto, pueden hacerse cálculos con el nombre de Hitler que nos lleven al número 666.[43] Entre las sugerencias más creativas de finales del siglo XX se planteó que el nombre de Ronald Reagan nos llevaba a este número (¡puesto que sus dos nombres y apellido constan de seis letras cada uno)![44]

Una de las interpretaciones preferidas actualmente es la que sitúa el número 666 en ciertos códigos internacionales de productos, y que lo vincula con el mundo del comercio (aunque todavía no se pone como

---

41. Morrice, "John the Seer", 44. La mayoría de los católicos, no obstante, veían al anticristo como a un individuo futuro (Kyle, *The Last Days*, 62).
42. Corsini, *Apocalypse*, 239. Sería más sencillo dividir 1260 entre dos y añadir 36.
43. Kyle, *The Last Days*, 111.
44. Más adelante se trasladó a una casa en Los Angeles, situada en el número 666 de la calle St. Cloud Drive y que él cambió al 668 (*CT* [3 de febrero 1989], 40); con todo, hoy parece tratarse de un candidato muy improbable para ser el último anticristo.

una marca en la mano o la frente).⁴⁵ Otros han propuesto el número de nueve dígitos de la seguridad social o una cifra de ocho dígitos; esta interpretación llevó a un residente de California a litigar ante los tribunales para evitar que a su hija se le asignara un número de la seguridad social.⁴⁶ Pero el texto griego no nos permite leer seis más seis más seis (menos aún la mitad de este número), sino seiscientos sesenta y seis.

Si nos dedicamos a adaptar las reglas para hacer que los nombres encajen de algún modo en esta cifra (por ejemplo, multiplicar por siete, añadir cuatro, dividir después por tres) podemos llegar a 666 a partir de cualquier nombre.⁴⁷ De hecho, se han presentado las cosas más dispares como candidatos al anticristo, desde eruditos bíblicos (¡cómo no!) hasta científicos, sindicatos o las Tortugas Ninja.⁴⁸ Un amigo encontró en Internet frescas especulaciones sobre Barney, el entrañable dinosaurio del programa infantil. Si la expresión inglesa "Cute Purple Dinosaur" (adorable dinosaurio morado) se sustituye por los caracteres numerales romanos (contando la "U" como una "V", y por tanto como un 5), el resultado es 100 + 5 + 5 + 50 + 500 + 1 + 5, lo cual totaliza la cifra 666. ¡Creo que este último era una broma! Pero, hablando más en serio, los cristianos que han padecido intensa persecución y martirio han creído a menudo que estaban experimentando la tribulación final anterior al regreso de Cristo.⁴⁹ ¿Y por qué no? Puede que estuvie-

---

45. Collins, *Crisis and Catharsis*, 13, cita supuestos códigos con el número 666 en algunos productos internacionales (haciendo referencia a Mary Stewart Relfe, *The New Money System "666"* [Montgomery: Ministries, 1982], publicitado por Relfe como una continuación de su *best seller* internacional de 1981 *When Your Money Fails*). Relfe vio, en sueños, que la tribulación comenzaría en 1990 y que Cristo regresaría después del Armagedón en 1997 (Relfe, *Economic Advisor* [carta circular; 28 de febrero 1983], citado en Kyle, *The Last Days*, 120, 224).
46. "Social Security: The 666 Challenge?" *Contemporary Christian* (junio 1984), 19. Lindsey, *New World Coming*, 194-95, sugiere una impresión literal de los números de la seguridad social en la mano o en la frente.
47. Sobre operaciones matemáticas, ver también las críticas acerca de supuestos "códigos de la Biblia" en John Winston Moore, "Bible Codes, or Matrix of Deception?" *SCP Newsletter* 22 (otoño 1997): 1-2, 8, 14, 16; Hugh Ross, "Cracking the Codes", *Facts and Faith* 11/3 (1997): 10-11; Ben Witherington, "A Cracked Code", *CT* (12 de julio 1999), 60. Aceptar la necesidad de una crítica textual aunque solo sea de carácter elemental, de variaciones ortográficas, menoscaba por completo la validez de la mayoría de tales "códigos".
48. Ver Robert C. Fuller, *Naming the Antichrist: The History of an American Obsession* (Nueva York: Oxford Univ. Press, 1996); quienes estén interesados en un compendio de esta cuestión con comentarios más breves, ver Michael W. Holmes, *1 & 2 Thessalonians*, NIVAC (Grand Rapids: Zondervan, 1998), 241-42, 244.
49. P. ej., los anabaptistas; ver Kyle, *The Last Days*, 58.

ran equivocados al pensar que Cristo regresaría durante el periodo de su vida, pero todas las generaciones tienen derecho a esperarlo. Muchos de quienes ahora niegan que la venida del Señor fuera inminente antes de la vuelta de Israel a su territorio histórico enseñaban otra cosa antes de 1948; anteriormente, muchos sostenían que Jesús haría regresar a Israel a su territorio tras su venida "secreta" para recoger a los santos (i.e., el arrebatamiento).[50]

Desde el punto de vista de su propia experiencia del martirio, muchos cristianos se han enzarzado en su lucha final con las fuerzas del anticristo (ver Lc 12:4; 1Jn 2:18). Por ejemplo, cuando Stalin asesinó entre diez y treinta millones de personas en diecisiete años, sin duda le habríamos considerado el último anticristo de haber estado viviendo en Ucrania, y podríamos haber tenido razón, si Dios lo hubiera querido así. Si en el transcurso de nuestra vida nos vemos inmersos en un gran holocausto probablemente pensemos que quien lo lleva a cabo es el anticristo, y puede que estemos en lo cierto. Pero si la historia nos sorprende una vez más, ello nos recordará que el misterio de la iniquidad continúa sus horribles encarnaciones hasta el fin (2Ts 2:7). Puesto que ni nosotros ni Satanás sabemos cuándo llegará el fin, las generaciones que viven bajo el mandato de todos estos anticristos los experimentan como tales, sin embargo, lo que indicará, finalmente, que hemos vivido bajo el último anticristo será el regreso de Jesús para destruirlo.

Significado Contemporáneo

La sutil presencia del anticristo. Billy Graham imagina una situación en la que a un cristiano del mundo antiguo se le ofreciera la libertad a cambio de participar en una ofrenda ritual de incienso a César. ¿Quién sería tan obstinado como para optar por el sufrimiento en lugar de realizar un acto tan sencillo? Sin embargo, tal acción constituía "el símbolo de una desobediencia más amplia" y Cristo llama a sus verdaderos discípulos a rechazar esta transigencia como algo inaceptable.[51]

No hace falta vivir bajo el mandato de un emperador como Domiciano para vernos ante esta clase de conflicto. Algunos cristianos que se oponían a Hitler y buscaban en este texto un significado transcultural encontraron en la segunda bestia un claro símbolo del ministerio

---

50. Ver *ibíd.*, 108.
51. Graham, *Approaching Hoofbeats*, 33.

de propaganda del estado totalitario en que vivían.[52] ¿Y por qué no? Recuerde que Satanás no sabe cuándo volverá Jesús (Mr 13:30) y debe tener siempre un anticristo en espera.[53] En un sentido más amplio, esta tentación solo refleja todas las tentaciones de asimilar los valores del mundo que niegan el reino de Dios. ¿Qué harían los primeros cristianos? ¿Adoptarían acaso los valores de su sociedad (Ap 2:14, 20; 3:16-18)? ¿O "saldrían de ella" (18:4)? Se trata de una cuestión que sigue desafiando a la iglesia de hoy.

En el tiempo en que se redactó el libro de Apocalipsis, muchos mandatarios arrogantes se habían prestado ya a configurar un retrato del anticristo exaltándose a sí mismos como dioses, igual que habían hecho ya algunos reyes de Babilonia (Is 14:12-14; Dn 3:5), o de Tiro (Ez 28:2, 9), Faraón (29:3), Antíoco IV Epifanes (quizá Dn 11:36-37), y otros gobernantes paganos (Sal 82:1, 6-7). Sin ir más lejos, antes de Domiciano, Gayo Calígula y Nerón se habían autoexaltado ya como dioses en Roma. El espíritu del perverso imperio que se exalta como dios está hoy muy presente en los regímenes opresivos y totalitarios de nuestro tiempo. Las predicciones de la espeluznante novela de George Orwell, *1984*, no se han cumplido dentro del plazo pronosticado en nuestra sociedad, sin embargo, otras sí han experimentado este tipo de horrores, y no es imposible que algunos de nosotros podamos vivirlos en el transcurso de nuestra vida (Mt 24:9).

Sin embargo, lo que debería alarmarnos más aún es que este mismo espíritu del imperio que se erige en dios sigue latente en cada corazón humano que desea convertirse en el centro de la vida, ahogando cualquier pensamiento de la propia mortalidad. Desde resquicios abiertos por transcendentalismos anteriores al moderno movimiento de la Nueva Era, nuestra cultura consumista ha democratizado la idolatría del yo, que ahora incluye la divinidad de cada ser humano y la libertad de perseguir la propia realización, en lugar de responder a una autoridad más elevada.[54]

El verdadero Cordero murió en debilidad y resucitó por el poder de Dios; el falso promueve a alguien que pretende haberse recuperado de manera no menos significativa (13:12). Las falsificaciones de Satanás derivan su falsa legitimidad de su imitación a Dios; por ello, quienes

---

52. Cullmann, *The State*, 76.
53. Algunas fuentes judías también reconocían que cualquier generación podría ser la última (p. ej., *b. Sanh.* 94a).
54. Ver "Best-Selling Spirituality", *Mars Hill Audio Report* (Charlottesville, Va.: Berea Publications; 1999).

no aceptan el duro mensaje de la cruz y su sufrimiento están expuestos a sucumbir a tales falsificaciones. Esto sucedió, por ejemplo, en la Alemania de la década de 1930-40; Hitler fingió simpatía hacia los dirigentes de la iglesia cuya posición en la sociedad se había desgastado hasta cierto punto, y cuando llegó al poder "pocos estaban más contentos que los dirigentes protestantes".[55] Pero entre las conferencias de Bonhoeffer sobre cristología este reflexionaba con atrevimiento "sobre falsos mesías [...] un directo desafío a Hitler", que contrastaba con "el humillado y crucificado Mesías". Tales desafíos atrajeron inevitablemente las iras del estado nazi.[56] Aunque en los últimos años la religión se ha hecho cada vez más aceptable en muchos círculos seculares de los Estados Unidos, la necesidad de la cruz del Cordero sigue siendo un escándalo.

Puesto que las falsificaciones de Satanás imitan las obras de Dios, no es de extrañar que, en nuestro tiempo, las falsas señales sigan engañando a muchas personas; algunas son simplemente falsas, pero otras son diabólicas.[57] Pensemos, por ejemplo, en los sanadores psíquicos y en algunas técnicas de la ciencia cognitiva moderna.[58] Un erudito católico advierte sobre el peligro de las falsas apariciones de Cristo y de María que muestran ciertas señales, pero enseñan cosas falsas.[59] Aunque Dios puede hacer cualquier cosa, debe observarse que las imágenes que

---

55. Richard V. Pierard, "Radical Resistance", *Christian History* 32 (1991), 30-33 (p. 30).
56. Clifford Green, "Exploring Bonhoeffer's Writings", *Christian History* 32 (1991): 34-36 (p. 35).
57. Sobre señales fraudulentas, ver Danny Korem, "Pychic Confession" (video; Korem Productions; promocionado por Spiritual Counterfeits Project); Robert Burrows, "Firewalking: The Ultimate Burn", *SCP Newsletter* 14/4 (1989): 5-6.
58. Ver John Weldon y Zola Levitt, *Psychic Healing* (Chicago: Moody, 1982). Muchos de los métodos terapéuticos relacionados con los conceptos de la Nueva Era siguen siendo polémicos; ver Joe Maxwell, "Nursing's New Age?" *CT* (5 de febrero 1996), 96-99; *SCP Journal* (agosto 1978); *SCP Newsletter* 8 (octubre 1982); *SCP Newsletter* 9 (septiembre 1983). El hecho de que, en febrero de 1993, una serie especial de la televisión pública estadounidense (PBS) sobre la sanación y la mente diera más información sobre técnicas de meditación de otras culturas que sobre la curación cristiana puede ser una expresión del intenso secularismo (y restos de la Ilustración) que impregna nuestra cultura y la capacidad de otros movimientos para rediseñar sus prácticas como meros proyectos "culturales" que sean aceptables para los secularistas.
59. John Randall, *The Book of Revelation: What Does It Really Say?* (Locust Valley, N.Y.: Living Flame, 1976), 79. Sobre apariciones de María, ver debate en *SCP Newsletter* 19 (julio 1995); *SCP Newsletter* 20 (enero 1995); Elliot Miller y Kenneth Samples, *The Cult of the Virgin: Catholic Mariology and the Apparitions of Mary* (Grand Rapids: Baker, 1992); aquellos que deseen considerar una valoración más positiva pueden ver René Laurentin, *Apparitions of the Blessed Virgin Mary Today* (San Francisco:

supuestamente lloran o sudan no son un fenómeno específicamente cristiano.[60] Sin embargo los misiólogos hablan de experiencias de encuentros de poder, observando que, como vemos en la Biblia (Éx 7:11-12; Hch 13:11), el poder de Dios es más fuerte que el de Satanás.[61] Los dos testigos continuaron realizando sus señales hasta el tiempo señalado para su martirio (11:7), y la iglesia de hoy debería poder demostrar el poder de Dios de un modo más efectivo que el utilizado por los ocultistas para la demostración del suyo.[62]

Persecución por causa de Cristo en nuestro tiempo. Hemos de orar por nuestros hermanos y hermanas que están sufriendo persecución por el evangelio; y siempre que sea posible, hemos también de movilizarnos para su protección.[63] Algunos expertos afirman que más de cien mil personas mueren cada año por la causa de Cristo a manos de sus perseguidores.[64] Aunque en muchos lugares del mundo esta estadística pueda

---

Veritas, Ignatius Press, 1990); Pierre-Marie Théas, *The Faith of Bernadette*, tr. M. Roch (Hamilton, Ont.: Image, 1982).

60. Las características que se vinculan a ciertas estatuas sagradas modernas, como llorar (ver Tito Livio, 40.19.2; 43.13.4), sudar (ver Tito Livio, 27.4.14; Apiano, *G. C.* 2.5.36; 4.1.4) o hasta hablar (Dionisio de Halicarnaso, 8.56.2-3; *cf.* Eurípides, *Ifigenia entre los tauros* 1165-67) están atestiguadas en el paganismo precristiano, como también las visiones de las diosas (Dionisio de Halicarnaso, 8.56.1; Caritón, *Aventuras de Quéreas y Calírroe* 2.2.5; Eric Wolf, "The Virgin of Guadalupe: A Mexican National Symbol", *Journal of American Folklore* 71 [1958]: 34-39); en contraste, en las visiones bíblicas solo suelen aparecer Dios y los ángeles, pero nunca personas muertas.
61. Ver David A. Powlison, *Power Encounters: Reclaiming Spiritual Warfare* (Grand Rapids: Baker, 1994); Stan Guthrie, "Muslim Mission Breakthrough", *CT* (13 de diciembre 1993), 20-26 (p. 26); "[essays on] Signs and Wonders", *Mountain Movers* (abril 1988); Judy Graner, "Appointment with a Piachi", *MM* (septiembre 1993), 16; Robert Cobb, "To Battle With Hoes and Machetes", *MM* (abril 1993), 14-15; Mel Tari, *Like a Mighty Wind*, 2d ed. (Carol Stream, Ill.: Creation House, 1972), pássim.
62. Comparar al *bhaghat* (hechicero) en Mandala, India, que le rogó al Dios verdadero que respondiera su petición mandando fuego, y solo Jesús lo hizo (Paul Eshleman con Carolyn E. Phillips, *I Just Saw Jesus* [Laguna Niguel, Calif.: *The Jesus Project*, 1985], 114-15).
63. La organización *International Christian Concern*, con sede en Washington, D.C., ofrece frecuentes informes sobre la persecución por todo el mundo (*cf.* "TopTen Priority Watch List of Countries Where Christians Are Persecuted", *ICC Concern* (agosto1998); Christian Solidarity International en Corona del Mar, California, también proporciona información y ayuda. La organización internacional "Days of Prayer" para las iglesias perseguidas han movilizado a unas doscientas mil comunidades locales para la oración (*CT* [5 de octubre 1998], 17).
64. David Barrett calcula que más de ciento sesenta mil cristianos murieron a manos de sus perseguidores en 1996 ("Annual Statistical Table on Global Mission: 1997", *International Bulletin of Missionary Research* [enero 1997], 25). Sobre la persecución

parecer exagerada, lo cierto es que son muchos los que mueren por su fe; por mi parte, he hablado personalmente con algunos supervivientes que presenciaron el asesinato de sus colegas.

En nuestro tiempo hay numerosos ejemplos de graves persecuciones.[65] Algunas de ellas se producen dentro del grupo al que pertenece el creyente, que responde con hostilidad a la conversión de este. En un pequeño país asiático, un terrorista llamado Ranjit que había matado a muchos agentes de policía, se convirtió por el testimonio de un pastor. Mediante la predicación y vida transformada de Ranjit se convirtieron otras muchas personas; sin embargo, el grupo terrorista del que este había formado parte le exigía que siguiera trabajando con ellos. Ranjit se negó y ellos fueron a buscarlo a casa del pastor y le pidieron que saliera. El pastor le escondió y estuvieron a punto de matarlo, pero ante esta situación, Ranjit salió y se entregó. Sus antiguos compañeros lo mataron a golpes; sus últimas palabras fueron: "díganle a mi pastor que he muerto como un creyente".[66]

Muy a menudo, los cristianos son ejecutados o torturados por su testimonio. Llevado a la cárcel por quinta vez, un creyente que había estado predicando a Cristo durante veinte años fue encerrado en una tórrida habitación de unos seis metros por siete, sin ventanas y con otros veinticinco prisioneros; su alimentación consistía en dos pequeños platos de arroz al día. Cuando comenzaron sus interrogatorios diarios de nueve horas, este hermano estuvo predicando a sus interrogadores durante medio año; por otra parte, muchos de sus compañeros de celda se habían ido convirtiendo tras las sesiones de interrogatorio. Lo trasladaron a otro lugar, pero puesto que también allí hizo muchos conversos, fue trasladado nuevamente, ahora a un campo de trabajo donde, en una celda de cien metros cuadrados, compartía dos letrinas con otros 120 hombres. Al final, sin embargo, lo pusieron en libertad.

---

en la época moderna, ver Paul A. Marshall, *Their Blood Cries Out: The Worldwide Tragedy of Modern Christians Who Are Dying for Their Faith* (Dallas: Word, 1997).

65. Ver relatos en *Mountain Movers* (abril 1995; mayo 1995). Recientemente, en Perú, ver John Maust, *Peace and Hope in the Corner of the Dead* (Miami: Latin America Mission, 1987); "Sauñe Brothers Murdered in Peru", *Mountain Movers* (febrero 1993), 11. Bajo el antiguo régimen soviético, a los creyentes se les confinaba a menudo en hospitales psiquiátricos (Lori Cydilo, "The Insanity of Russian Psychiatry", *WPR* [agosto de 1993], 44).

66. Ronald Q. Tuttle, "Tell My Pastor I Died a Believer", *Mountain Movers* (febrero 1992), 4.

Un hombre que este hermano había llevado a Cristo en la cárcel fue liberado poco después de su conversión y volvió a su tierra para evangelizar a los inalcanzados miembros de su tribu, ganando en un mes cinco aldeas con más de 750 personas.[67] ¡Los cristianos que están dispuestos a sufrir por su fe son testigos audaces! Un misionero norteamericano quedó desconcertado por el vibrante testimonio de un cristiano iraní que le dijo: "Para un creyente es una vergüenza morir por causas naturales".[68] El valor de nuestros hermanos y hermanas ha de inspirarnos a soportar gozosamente la oposición mucho menor que afrontamos actualmente la mayoría de nosotros.

En algunos lugares, los creyentes son asesinados por el mero hecho de serlo. Llegan numerosos informes de Sudán que señalan que los cristianos están siendo crucificados y vendidos como esclavos; una persona que conozco vio facturas en las que se leía abiertamente: "esclavos cristianos" como concepto de la venta.

Esta clase de sufrimiento abundó a lo largo del siglo pasado; cuando los japoneses conquistaron Corea (1937-1940), "ordenaron a los cristianos que adoraran en sus santuarios sintoístas. Muchos de ellos se negaron y fueron encarcelados y torturados".[69] La iglesia de China ofrece muchos ejemplos de sufrimiento. George Chen fue forzado a trabajar todo el día dentro de un pozo negro lleno de excrementos humanos, pero él estaba contento porque el hedor alejaba a sus vigilantes y ello le permitía orar y cantar mientras trabajaba durante todo el día. Mientras estuvo en la cárcel, las trescientas iglesias que había establecido pasaron a ser cinco mil.[70] "Aunque la iglesia sumergida no quiere la persecución, tampoco le tiene miedo. Para ellos es una forma de vida".[71] Refiriéndose al gozoso y atrevido testimonio de sufrimiento de los cristianos chinos, un observador norteamericano observó: "Me he sentado a los pies de creyentes en China que, en este mismo momento, están siendo preparados para llevar las túnicas blancas que

---

67. "The Harvest God Is Bringing About", *Mountain Movers* (marzo 1995), 16-17, 26.
68. Jerry Parsley, "Acts Revisited", *Mountain Movers* (diciembre 1993), 26.
69. Johnson, *Revelation*, 41, citando a Han Woo Keun, *History of Korea*, ed. G. K. Muntz, tr. Lee KyenShik (Seúl: EulWoo, 1970), 496. Sobre el sufrimiento cristiano en los campos de trabajo japoneses, ver Rodney Clapp, "Laboratories of the Soul", *CT* (7 de marzo 1986), 23-26.
70. Timothy C. Morgan, "A Tale of China's Two Churches", *CT* (13 de julio 1998), 30-41 (p. 38).
71. Entrevista de David Neff a Don Argue, "China Mission: More Than 'PingPong Diplomacy'", *CT* (13 de julio 1998), 34-38 (p. 37).

adornan a los santos. En comparación con sus galas me siento espiritualmente desnudo".[72]

Allá por el año 1980, siendo un celoso joven cristiano a veces golpeado o amenazado con armas por mi testimonio, anhelaba la corona de los mártires. En su gran misericordia, Dios ha guardado de momento mi vida para otra tarea. Pero no quiero olvidar nunca que, como cristianos, nuestra vida en este mundo no nos pertenece, porque formamos parte de otro (Mr 8:34-38). Una de mis mayores preocupaciones es que, a pesar de lo que enseña la Biblia, la mayoría de los cristianos occidentales no están preparados para afrontar el martirio con relativa alegría, o quizá no lo están en absoluto.

La tentación de las componendas. La tentación económica que se presenta en este pasaje (13:17) sigue siendo también significativa en nuestro tiempo. Los cristianos de Tiatira podían ya identificarse con la conspiración económica entre la religión imperial y el comercio (ver comentario sobre 2:18).[73] Los cristianos que vivieron después de Constantino también afrontaron las mismas presiones para comprometer sus convicciones. Juan Crisóstomo, por ejemplo, criticó a menudo la utilización hedonista de las riquezas y siguió viviendo de un modo escandalosamente sencillo aun cuando era obispo de Constantinopla; finalmente se ganó la antipatía de algunos poderosos obispos y de la élite sociopolítica y esto acabó por provocar su destierro y su muerte.[74] Asimismo, la rica heredera Olimpia entregó libremente su dinero a los pobres a pesar de la oposición; su permanente apoyo a su obispo, Juan Crisóstomo, suscitó finalmente su destierro y la expropiación del resto de sus bienes.[75] Los cristianos reflexivos de nuestro tiempo pueden también reconocer el vínculo que se establece en muchas profesiones (especialmente en la industria del ocio, la política y la educación) entre el éxito económico y el reflejo de los valores de la sociedad. Las concesiones por razones económicas como las que hicieron algunas iglesias de Asia Menor (para "comprar y vender") son comunes en nuestra sociedad. Una entrevista publicada en *Christianity Today* sugiere que, aunque los índices de quiebra son un 18,6 por ciento más elevados en

---

72. Karen M. Feaver, "Chinese Lessons: What Chinese Christians Taught a U.S. Congressional Delegation", *CT* (16 de mayo 1994), 33-34.
73. Hemer, *Letters to the Seven Churches*, 126-27.
74. Ver Robert A. Krupp, "Golden Tongue and Iron Will", *Christian History* 44 (1994): 6-11 (pp. 7, 9-11); Carl A. Volz, "The Genius of Chrysostom's Preaching", *Christian History* 44 (1994): 24-26 (p. 25).
75. Mary L. Hammack et al., "Other Women of the Early Church", *Christian History* 17 (1988): 12-18 (p. 18).

distritos con casinos y las tasas de suicidio cuatro veces más elevadas en zonas donde impera el juego, el gobierno consigue beneficios "y la industria del juego dona dinero a las iglesias y organizaciones benéficas, con lo cual pretenden comprar su silencio".[76]

¿Pero acaso es esto distinto de lo que hacemos cuando decimos a las personas lo que quieren escuchar sobre su condición, en lugar de comunicarles el mensaje de Dios? Algunos ministros han tenido miedo de ganarse la antipatía de quienes proveen su sustento económico. Un joven bautista al que llevé a Cristo le preguntó a su pastor por qué no había explicado nunca desde el púlpito lo que era la verdadera conversión; el pastor le expresó su alegría por haber encontrado a Cristo, pero le dijo que tenía que tener cuidado con lo que predicaba para no ofender a los diáconos. Naturalmente, hemos de comunicar la verdad de la manera más estratégica y sensible posible. Sin embargo, cuando estamos más preocupados por lo que las personas piensan de nosotros, o por si seguirán o no apoyando económicamente nuestra iglesia, etcétera, que por si les estamos ayudando, estamos entrando en la misma clase de componendas que algunos de nuestros predecesores espirituales.

Aun en nuestra subcultura religiosa, a menudo hacemos frente a la tentación de decirles a las personas lo que quieren escuchar en lugar de lo que genuinamente creemos que Dios está diciendo. Durante el Movimiento de los Derechos Civiles muchos ministros no protestaron contra la segregación racial, porque entendían que podían perder su trabajo;[77] en nuestro tiempo, muchos ministros se sienten forzados por restricciones "políticamente correctas" que llegan desde la derecha o la izquierda. Con frecuencia, la seguridad laboral ha sido más importante que la justicia (Jn 19:12-16), y aun los profesionales del ámbito religioso han tomado decisiones motivados por este criterio (Jue 18:18-20). Si el materialismo y nuestra posición social nos condicionan hasta este punto, ¿cómo actuaríamos bajo la persecución?[78]

De hecho, cada vez que compramos algo que no necesitamos, porque otros lo tienen, estamos comprometiendo nuestras convicciones con el sistema de valores del mundo. ¿Podemos acaso ser frívolos cuando sabemos que cuarenta mil personas mueren cada día de hambre, que con cincuenta céntimos puede conseguirse comida para un niño durante

---

76. Thomas Grey y Kevin Miller, "How to Fight Gambling", *CT* (18 de mayo 1998), 39.
77. Ver Douglas Hudgins en Charles Marsh, *God's Long Summer* (Princeton: Princeton Univ. Press, 1997), 82-115.
78. Graham, *Approaching Hoofbeats*, 106-8, observa también que en nuestros días muchos no adoran falsas religiones en el sentido tradicional, sino el materialismo; un ídolo es cualquiera cosa, aparte de Dios, que domine nuestras vidas.

un día, en zonas castigadas por el hambre, o que las horas extra que hemos de trabajar para ganar este dinero que malgastamos las hubiéramos podido pasar con nuestros hijos o dando testimonio del evangelio?

Si, como se ha propuesto antes, la marca que se pone a los impíos (13:16-18) es simbólica como las otras que encontramos en Apocalipsis (3:12; 7:3; 14:1; 17:5; 19:16; 22:4), entonces Juan no está hablándonos tanto para satisfacer nuestra curiosidad escatológica como para advertirnos sobre los peligros de comprometer nuestras convicciones. El sentido de esta marca puede ser como la que se ponía a los esclavos, posiblemente como el sello de 7:3-4; mientras que los ciento cuarenta y cuatro mil "siervos de Dios" pertenecen a Dios y a Cristo, los que se ponen la marca de la bestia son sus siervos. La bestia no se conforma con menos que una marca de esclavo, "una imitación del invisible sello del bautismo solo reconocible por la fe".[79]

El libro de Apocalipsis no deja margen para una lealtad dividida: hemos de decidirnos entre Dios y el mundo, y los valores propios de cada esfera. Sin embargo, no podemos leer debidamente la advertencia de este pasaje sin entender también el resto del libro: Todas las Babilonias del pasado han caído y lo mismo sucederá con todos los imperios que nos oprimen (18:2; 19:2). El futuro pertenece, no a Babilonia, sino a los fieles, cuyo hogar es la Jerusalén que ha de venir (21:2-8).

---

79. Schlier, *Principalities*, 88.

Apocalipsis 14:1-20

Luego miré, y apareció el Cordero. Estaba de pie sobre el monte Sión, en compañía de ciento cuarenta y cuatro mil personas que llevaban escrito en la frente el nombre del Cordero y de su Padre. ²Oí un sonido que venía del cielo, como el estruendo de una catarata y el retumbar de un gran trueno. El sonido se parecía al de músicos que tañen sus arpas. ³Y cantaban un himno nuevo delante del trono y delante de los cuatro seres vivientes y de los ancianos. Nadie podía aprender aquel himno, aparte de los ciento cuarenta y cuatro mil que habían sido rescatados de la tierra. ⁴Éstos se mantuvieron puros, sin contaminarse con ritos sexuales. Son los que siguen al Cordero por dondequiera que va. Fueron rescatados como los primeros frutos de la humanidad para Dios y el Cordero. ⁵No se encontró mentira alguna en su boca, pues son intachables.

⁶Luego vi a otro ángel que volaba en medio del cielo, y que llevaba el evangelio eterno para anunciarlo a los que viven en la tierra, a toda nación, raza, lengua y pueblo. ⁷Gritaba a gran voz: «Teman a Dios y denle gloria, porque ha llegado la hora de su juicio. Adoren al que hizo el cielo, la tierra, el mar y los manantiales».

⁸Lo seguía un segundo ángel que gritaba: «¡Ya cayó! Ya cayó la gran Babilonia, la que hizo que todas las *naciones bebieran el excitante vino de su adulterio».

⁹Los seguía un tercer ángel que clamaba a grandes voces: «Si alguien adora a la bestia y a su imagen, y se deja poner en la frente o en la mano la marca de la bestia, ¹⁰beberá también el vino del furor de Dios, que en la copa de su ira está puro, no diluido. Será atormentado con fuego y azufre, en presencia de los santos ángeles y del Cordero. ¹¹El humo de ese tormento sube por los siglos de los siglos. No habrá descanso ni de día ni de noche para el que adore a la bestia y su imagen, ni para quien se deje poner la marca de su nombre». ¹²¡En esto consiste la perseverancia de los santos, los cuales obedecen los mandamientos de Dios y se mantienen fieles a Jesús!

¹³ Entonces oí una voz del cielo, que decía: «Escribe: Dichosos los que de ahora en adelante mueren en el Señor».

«Sí —dice el Espíritu—, ellos descansarán de sus fatigosas tareas, pues sus obras los acompañan.»

¹⁴Miré, y apareció una nube blanca, sobre la cual estaba sentado alguien «semejante al Hijo del hombre». En la cabeza tenía una corona de oro, y en la mano, una hoz afilada.¹⁵Entonces salió del templo otro ángel y le gritó al que estaba sentado en la nube: «Mete la hoz y recoge la cosecha; ya es tiempo de segar, pues la cosecha de la tierra está madura». ¹⁶Así que el que estaba sentado sobre la nube pasó la hoz, y la tierra fue segada.

¹⁷Del templo que está en el cielo salió otro ángel, que también llevaba una hoz afilada. ¹⁸Del altar salió otro ángel, que tenía autoridad sobre el fuego, y le gritó al que llevaba la hoz afilada: «Mete tu hoz y corta los racimos del viñedo de la tierra, porque sus uvas ya están maduras». ¹⁹El ángel pasó la hoz sobre la tierra, recogió las uvas y las echó en el gran lagar de la ira de Dios. ²⁰Las uvas fueron exprimidas fuera de la ciudad, y del lagar salió sangre, la cual llegó hasta los frenos de los caballos en una extensión de trescientos kilómetros.

En Apocalipsis 14, la escena cambia de repente a una nueva visión que contrasta completamente con la que precede. Tras la horrible visión de la bestia que demanda a sus seguidores la marca de su nombre en la frente (13:16-18), vemos de nuevo a los ciento cuarenta y cuatro mil seguidores del Cordero (*cf.* 7:1-8), con el nombre de Dios y del Cordero sobre su frente (14:1).

El ejército sobre el monte Sión (14:1-5)

Podemos pensar en un número del nombre de Jesús en contraste con el de la bestia que acabamos de mencionar; sea cual sea el nombre que equivale a "666" no hay duda de que "Jesús" se corresponde con "888". Sin embargo, Apocalipsis menciona el nombre, no un número, reservando el significado de los números simbólicos para el ejército de los ciento cuarenta y cuatro mil.[1] El glorioso desenlace de estos mártires contrasta marcadamente con el de aquellos que recibieron la marca de la bestia y optaron con ello por la condenación (14:9-11). La advertencia sobre las consecuencias de las componendas es clara.

---

1. Sobre la importancia del contraste entre el 144 (como en 144.000) y 666, ver comentario sobre 21:17.

La acción de los juicios que terminaron con la séptima trompeta (11:15), se reanuda en 14:6-12 con las proclamaciones angélicas de juicio. Enmarcada entre estas dos secciones aparece una imagen de la mujer y sus descendientes perseguidos por el dragón y los suyos. El dragón hace guerra contra los descendientes de la mujer (12:17), una guerra que se describe con más detalle en 13:5-7, en el contexto de la idolatría del mundo (13:1-18). Ahora, la narración vuelve a los descendientes de la mujer, que optaron por llevar el nombre del Cordero en lugar del de la bestia (13:17-14:1) y que prefirieron obedecer los mandamientos de Dios (12:17) a las falsas filacterias de los adoradores de la bestia (13:16). Los ciento cuarenta y cuatro mil presentan a los descendientes de la mujer, no como creyentes perseguidos, sino como un ejército triunfante (ahora que han vencido [15:2] por medio del martirio).[2] Como su Señor, el Cordero, han aplastado la cabeza de la serpiente precisamente permitiendo que esta les muerda en el talón (Gn 3:15; *cf.* Ro 16:20).

Puede que lo más significativo para nuestra observación en este pasaje sea la ubicación de los ciento cuarenta y cuatro mil. Estos están con el Cordero sobre el monte Sión, la morada de Dios en el presente (Sal 74:2; 76:2) y en el futuro (Zac 2:10; 8:3), un lugar que representa las esperanzas salvíficas (Sal 53:6; 69:35; 87:5; 102:13) y de victoria de Israel (Sal 110:2; Abd 21; 2 Bar. 40:1). Aunque después del año 70 d.C., la mayor parte de Jerusalén quedó en ruinas y las naciones pisoteaban ahora el santuario de Dios, aun en un sentido simbólico (Ap 11:2), los receptores de Juan sabían que los profetas habían prometido la restauración de Sión (Is 1:27; 4:5; 46:13; 51:3; 62:11; Mi 4:2, 7). Dios moraría en medio de Sión como el triunfante guerrero que los liberó (Sof 3:15-19); haría la guerra desde el monte Sión (Is 31:4; *cf.* Zac 14:4); la tradición apocalíptica judía añadía que el Mesías se pondría en la parte superior del monte Sión preparándose para hacer guerra (4 Esdras 13:35).

Es posible que otros autores de textos apocalípticos buscaran una perspectiva situándose sobre el monte Sión (2 Bar. 13:1), pero, en Apocalipsis, este es también la nueva Jerusalén, la ciudad santa (Ap 3:12; 21:2—22:2), la antítesis de Babilonia, cuya caída va a ser pronto introducida (14:8).[3] Los judíos recordaban a la Babilonia de la antigüe-

---

[2]. El mensaje de 14:1-20 se recapitula de manera sintética en 15:1-16:21, con el triunfo de los santos (14:1-5) en los vencedores de 15:2 (*cf.* Talbert, *Apocalypse*, 59).

[3]. El judaísmo temprano, como su Biblia, aplicaba la expresión "monte Sión" específicamente al monte del templo (1 Mac. 4:37; 5:54; 7:33; 14:27; Judit 9:13) y a Jerusalén en general (Bar. 4:14; 4 Esd. 13:27, 44). El uso emblemático de Israel en

dad por su asalto y destrucción de Jerusalén y esperaban el juicio de Dios sobre ella (Sal 137; Jer 50:28; 51:10, 24, 35); lo mismo sucede con la nueva Babilonia, opresora de los hijos espirituales de Jerusalén (*cf.* Ap 12:17; 18:24).[4] Así comienza la *Historia de dos ciudades* de Apocalipsis: un contraste entre la ciudad de Dios y la ciudad del mundo.

Tras su visión de los ciento cuarenta y cuatro mil sobre el monte Sión, Juan oye una voz del cielo (14:2). Del mismo modo que su visión de los mártires redimidos en 7:9-17 constituye la interpretación de lo que oyó sobre el divino ejército de ciento cuarenta y cuatro mil en 7:1-8, así en este pasaje lo que oye le ayuda a interpretar su visión de los ciento cuarenta y cuatro mil. El "sonido del cielo" es el canto de los ciento cuarenta y cuatro mil tomados de la tierra y que ahora se encuentran en el cielo (14:3). La expresión "el estruendo [como] de una catarata", que puede aludir a la voz de Dios (1:15; *cf.* Ez 43:2), en este contexto habla sin duda del sonido de la innumerable multitud celestial (Ap 19:6; *cf.* la voz como un tumulto en Dn 10:6, o las alas de los querubines como las huestes de Dios en Ez 1:24). El "retumbar de un gran trueno" puede representar también la voz de Dios (Job 37:5; Sal 29:3), aludiendo quizá a la revelación de Sinaí o al juicio (*cf.* Ap 4:5; 8:5; 11:19; también Éx 19:16; Is 29:6); sin embargo, aquí simboliza sin duda la voz de una innumerable multitud (Ap 19:6). Con la expresión, "el sonido [...] de músicos que tañen sus arpas" Juan describe el coro celestial de adoradores (5:8; 15:2), un sacerdocio que ofrece alabanza a Dios (p. ej., 1Cr 25:1-6; Sal 81:2).[5]

Que los ciento cuarenta y cuatro mil sean "redimidos" (14:3) y "comprados" (14:4; ambos términos derivados de la palabra griega *agorazo*) de la tierra y de entre la humanidad nos recuerda que representan a todos los creyentes (5:9). Que el Cordero los compre compensa con creces

---

su conjunto era relativamente raro (*cf.* 1QM 12.13; *p. Meg.* 3:6, §2; *Taan.* 4:2, §13). Los primeros cristianos reconocían que el monte Sión sería una nueva Jerusalén (Heb 12:22).

4. Estos deberían también huir de Babilonia antes de su juicio, como en Zacarías 2:7-8; ver comentarios sobre Apocalipsis 18:4. La promesa del juicio de Dios sobre los opresores de Sión aparece antes del exilio (Mi 4:11-13); la Babilonia original era un eslabón dentro de una sucesión de imperios perversos, como en Daniel 7:3-27 (1 En. 90:1; 2 Bar. 39:3-8; 67:7-8; Or. sib. 3.158-61); esta sería destruida por arrasar el templo de Dios (Or. sib. 3.302-3).

5. Gershom G. Scholem, *Jewish Gnosticism, Merkabah Mysticism, and Talmudic Tradition* (Nueva York: Jewish Theological Seminary of America, 1965), 23, compara curiosamente los himnos *Hekhaloth* del misticismo judío, pero la mayor parte de los rasgos compartidos derivan de una fuente veteroestamentaria común.

el hecho de que, unos versículos antes, estos no pudieran comprar ni vender (13:17). Que sean los que "siguen al Cordero" (14:4) apoya la posición de que representan a todos los creyentes (7:17); en esta vida son personas guiadas por el Espíritu (Jn 16:13; Ro 8:14). Los receptores de Juan entenderán también que seguir al Cordero puede significar acompañarlo en el sacrificio de su muerte (Jn 13:36-37; 21:19-22; Ap 6:9). La palabra "primicias" (14:4) procede también del lenguaje de los sacrificios, puesto que Israel tenía que ofrecer al Señor los primeros frutos de la cosecha (Éx 23:19; 34:26; Lv 2:12; 23:10; Nm 28:26; Neh 10:35). Algunos documentos comerciales griegos hablan específicamente de personas como "primicias" cuando eran ofrecidas a una deidad (p. ej., como siervos del templo); estos guerreros espirituales son, de este modo, dedicados al Cordero.[6]

¿Por qué cantan los ciento cuarenta y cuatro mil este "cántico nuevo"? Posiblemente se los representa como el ejército escatológico de Dios (ver comentario sobre 7:4-8) y acaban de vencer al mundo (ver 15:2-4, donde este canto se explica con más detalle). Era habitual que los vencedores celebraran la victoria tras la guerra santa (2Cr 20:27-28; 1 Mac. 13:51; 1QM 19.1-3).[7] En este pasaje, no obstante, los creyentes alaban a Dios por la victoria del Cordero (como en Ap 5:6-14; 7:9-12), del mismo modo que los israelitas alabaron a Dios cuando este destruyó a sus enemigos en el mar Rojo (Éx 15:1-21; *cf.* comentario sobre Ap 15:2-4). Este cántico nuevo representa una singular experiencia que no comparten con nadie más en la creación (14:3), del mismo modo que los creyentes tienen un nombre nuevo que no conoce nadie más (2:17; 3:12).

¿Por qué son célibes los ciento cuarenta y cuatro mil? Este pasaje no subraya su carácter judío como sucedió en 7:4-8; lo que sí subraya es que se han guardado de las mujeres.[8] Este rasgo podría ser parte

---

6. Ver Aune, *Revelation*, 2:814-17. Es posible que los ciento cuarenta y cuatro mil sean todos sacerdotes (1:6), que contrastan específicamente con el papel que en otro tiempo se limitaba a Leví (7:7).
7. Ver Bauckham, *Climax of Prophecy*, 230, que observa también que el "cántico nuevo" se aplica a la guerra santa que encontramos en Sal 98:1-3; 144:9; Is 42:10-13; Jdt. 16:2-3 (Aune, *Revelation*, 2:808, piensa que el "cántico nuevo" es solo militar en Salmos 144:9 y prefiere el tema grecorromano de las canciones celestiales).
8. Aunque fuera de lo común, la imagen de los hombres "vírgenes" está presente (1Co 7:25; Jos. y Asen. 4:7/9; 8:1; *cf.* los varones célibes en los Rollos de Qumrán); pero, personalmente, defiendo que la imagen de este versículo es simbólica, y no hace referencia a un celibato de por vida. Sobre el celibato en la antigüedad, ver Aune, *Revelation*, 2:818-22; C. S. Keener, *...And Marries Another* (Peabody, Mass.: Hendrickson, 1991), 68-78.

del retrato que desarrolla Apocalipsis del ejército escatológico de Dios, puesto que, normalmente, las tropas del antiguo Israel que participaban en la guerra santa estaban solo formadas por hombres, que, según parece, no podían mantener relaciones con mujeres (Dt 23:10; 1S 21:5; 2S 11:11).[9] Los profetas bíblicos describían, con frecuencia, a Israel como una infiel prostituta o como una novia o virgen pura para Dios; del mismo modo, Apocalipsis describe a la humanidad impenitente como una prostituta (Ap 17:1-5) y a los fieles a Cristo como su virtuosa esposa (19:7; 21:2, 9). Estos ciento cuarenta y cuatro mil se han negado a cometer inmoralidad con Babilonia, la prostituta (*cf.* 18:3).[10] Este simbolismo subraya, pues, enérgicamente una cuestión: los cristianos han de ser puros y fieles a Cristo si quieren estar preparados para participar en la guerra santa del Cordero. A diferencia del mundo (13:17), los creyentes no podemos entregarnos a intereses divididos.[11]

La frase: "no se encontró mentira alguna en su boca" (14:5) es, posiblemente, una alusión a la promesa de que entre el remanente de Israel no habría mentiras (Sof 3:13).[12] Esta ilustración contrasta a los fieles de Dios con los mentirosos del mundo, que calumnian a los creyentes (Ap 3:9), alaban al falso mandatario divino (13:4), aceptan los engaños del espíritu del anticristo que niega el singular papel de Jesús (1Jn 2:22), y cuyo destino es la condenación (Ap 21:8). Mientras que el mundo difunde la falsa propaganda de la bestia (Ap. 13:5-6, 11, 15), los santos de Dios hablan la verdad del evangelio y renuncian a los ídolos sin importar el coste (6:9-11; 11:3; 12:11); esto es parte de lo que para ellos significa ser puros (14:4). La expresión "son intachables" (14:5) puede reflejar la imagen de los guerreros santos que, como los sacerdotes,

---

9. Algunos judíos creían que las mujeres no podrían formar parte del campamento del ejército escatológico de Dios (1QM 7:3-6).
10. Así, Michaels, *Interpreting Revelation*, 138, sostiene (y posiblemente está en lo cierto) que "contaminarse" con mujeres no tiene nada que ver con el matrimonio (que se menciona favorablemente en 19:7; 21:2).
11. Caird, *Commentary on Revelation*, 179; Bauckham, *Climax of Prophecy*, 231; Talbert, *Apocalypse*, 60-61; Meeks, *Moral World*, 146. Un punto de vista alternativo los contrasta con los ángeles caídos en 1 Enoc (Daniel C. Olson, "'Those Who Have Not Defiled Themselves With Women': Revelation 14:4 and the Book of Enoch", *CBQ* 59 [julio 1997]: 492-510).
12. Ver también, Fekkes, *Isaiah*, 191. Más adelante, Roma llegó a ser tan famosa como ciudad de mentira (*cf.* 14:8) que algunos rabinos afirmaron que, en esta ciudad, aun los perros mentían (Gn. Rab. 22:6).

deben ser irreprensibles (1QM 7.4); es también posible que simplemente siga una explicación más literal de la pureza simbolizada en 14:4.[13]

Cuatro anuncios celestiales (14:6-13)

Juan comenta a menudo que vio a "otro ángel" (7:2; 8:3; 10:1); sin embargo, en 14:6 consigna su primera visión de un ángel desde el toque de la séptima trompeta en 11:15. Las proclamaciones celestiales de 11:15 y 14:6 encuadran la sección intermedia sobre los santos y la bestia (12:1—14:5), subrayando los sufrimientos (12:17; 13:7) y triunfo (14:1-5) de los creyentes. En 14:7-11 tenemos tres anuncios de juicio: general (14:7), sobre Babilonia (14:8) y sobre los adoradores de la bestia (14:9-11). Estos anuncios dan a los santos la certeza de la vindicación (14:12) y van seguidos de un anuncio de paz para los justos mártires (14:13).[14]

El "evangelio eterno" proclamado por el ángel a todos los pueblos (14:6) no indica, probablemente, que un ángel vaya a extender literalmente el evangelio salvífico a todas las naciones antes del fin, algo que es tarea de la Iglesia (Mt 24:14; Ap 6:9-11). Teniendo en cuenta que, en Apocalipsis, los ángeles se corresponden a menudo con realidades terrenales (12:5-7), la huida del ángel puede significar la propagación del evangelio por medio de los mártires.[15] Sin embargo, es quizá más probable que en este pasaje el término "evangelio" tenga otro sentido. En la tradición profética, hablar de "buenas noticias" no solo significa el anuncio de que Dios va a restaurar a su pueblo (Is 40:9; 41:27; 52:7; 61:1), sino que también se anuncia que ha llegado el momento del juicio de sus enemigos (Nah 1:15); en el contexto, este ángel anuncia el inminente juicio (14:7).[16]

---

13. Por regla general, en los primeros textos cristianos el término *amomos* designa pureza moral (Ef 1:4; 5:27; Fil 2:15; Col 1:22; Jud 24). Bauckham, *Climax of Prophecy*, 232, opta por guerreros santos o sacrificios incontaminados (*cf.* Éx 29:38; Lv 1:3; Heb 9:14; 1P 1:19; *cf.* la diferente imaginería del sacrificio en "las primicias" de 14:4).
14. Fekkes, *Isaiah*, 286-87, compara los oráculos de los caps. 14–19 con los de los profetas veterotestamentarios contra las naciones. Hay un ejemplo de oráculos de juicio contra las naciones en Or. sib. 4.88-101.
15. Caird, *Commentary on Revelation*, 182.
16. *Cf.* Talbert, *Apocalypse*, 64; sobre el significado de la "hora", *cf.* Rissi, *Time and History*, 5. *Cf.* también Bauckham, *Climax of Prophecy*, 286-89, que ve una alusión a Salmos 96:2, aunque la LXX oscurece más que clarifica esta alusión. Hay un lenguaje similar en 1Cr 16:8-36 (Willem Altink, "1 Chronicles 16:8-36 As Literary Source for Revelation 14:6-7", *AUSS* 22 [1984]: 187-96), pero se trata de un lenguaje bíblico de alabanza corriente.

Naturalmente, el ángel llama al mundo a temer y glorificar a Dios: una señal de alabanza (19:5) que puede implicar una esperanza futura para las naciones (15:4) y un llamamiento al arrepentimiento (11:13; 16:9). Sin embargo, teniendo en cuenta la evocadora imaginería de las obras apocalípticas y los otros anuncios que hay en el contexto (14:8-13), es mejor entender el aviso del ángel como un mensaje dirigido a los receptores de Apocalipsis y no como una voz que oye el mundo impenitente de los últimos tiempos. La doble "caída" en la descripción de Babilonia (14:8; 18:2) es enfática y alude a la caída de la Babilonia idolátrica profetizada en Isaías 21:9, vista quizá como cumplida en Apocalipsis 11:13; 16:19.[17] Es posible que los romanos aplicaran de manera poética el nombre de "Babilonia" a Partia, su archienemiga (que gobernaba el antiguo territorio de Babilonia); sin embargo, no hay ninguna duda de que este texto alude especialmente a Roma.[18] Los judíos de la antigüedad utilizaban a menudo el término Babilonia como un nombre codificado para referirse a Roma, al igual que los primeros cristianos (1P 5:13).[19] Estas alusiones parecían sensatas y lógicas; del mismo modo que, en otro tiempo, Israel experimentó el exilio bajo el perverso imperio de Babilonia, ahora viven otra cautividad bajo el nuevo y perverso imperio de Roma. Tanto Babilonia como Roma destruyeron el templo. Otros profetas judíos, arraigados en la perspectiva bíblica de la vindicación divina, esperaban también la inminente destrucción de Roma.[20]

Babilonia es juzgada, porque ha hecho beber a las naciones el "excitante vino de su adulterio" (14:8). El término "excitante" que aparece en este versículo y en 18:3 (*thymos*) puede aludir a la pasión (de ahí que pueda traducirse sus "apasionados" adulterios); sin embargo, en Apocalipsis se refiere normalmente a la indignación (de Dios en 15:1,

---

17. Los rabinos aplicaban Isaías 21:9 a la Babilonia histórica, pero al mismo tiempo condenaban a la "Edom" romana en su tiempo (p. ej., *Gn. Rab.* 44:17); Edom era otro apodo de Roma (4 Esd. 6:9; *p. A.Z.* 1:2, §4; *Taan.* 4:5, §10; *Pes. Rab. Kah.* 23:2). Hay paralelismos entre Roma y algunos oráculos bíblicos contra Babilonia en Kraybill, *Imperial Cult and Commerce*, 149-50.
18. Sobre "Babilonia" como Partia, ver Lucano, *G. C.* 1.10. Muchos judíos vivían en la Babilonia literal (aunque *cf.* Josefo, *Ant.* 18.371-79), que también aparecía en los textos judíos tempranos (Or. sib. 5.434-46). Algunos maestros modernos esperan una reconstrucción escatológica de Babilonia junto al Éufrates (Charles H. Dyer, "The Identity of Babylon in Revelation 17-18. Parte 2", *BibSac* 144 [1987]: 433-49).
19. Ver Or. sib. 5.143, 159-61; 4 Esd. 3:1-2, 28; 2 Bar. 11:1-2; 67:7; *cf.* 4QHab sobre Hab 1:6.
20. Ver Or. sib. 3.52. Para más comentarios sobre la identidad de Babilonia y los "adulterios", ver 17:2, 9-11; 18:3, 12-13.

7; 16:1; del diablo en 12:12), y es también así cuando se vincula específicamente con el vino (16:19; 19:15), como sucede en el contexto inmediato (14:10, 19). Este versículo puede, por tanto, contrastar la "apasionada" copa de Babilonia con el apasionado vino de la ira de Dios contra ella, o puede sencillamente introducir esta copa del vino de Dios como una expresión de su indignación contra los "adulterios" de Babilonia, que esta llevó a cabo con todas las naciones con las que cometió este tipo de inmoralidades. Teniendo en cuenta que Babilonia va a beber el doble de la misma copa que ella preparó para otras naciones (18:6), la última interpretación es más probable. Todas las últimas plagas se derraman desde las copas de vino del furor de Dios (15:7; 16:1), aunque Babilonia está finalmente ebria y se la fuerza a beber las consecuencias de sus pecados más plenamente al final (16:19), cuando el lagar de Dios está también rebosante (14:18-20).

Los adoradores de la bestia que han recibido su marca van a experimentar el juicio (14:9-10). En el mundo romano, la idolatría, sofisticada y poderosa, ofrecía ciertas ventajas temporales frente a un monoteísmo despreciado y minoritario (13:17); sin embargo, la primera prometía únicamente muerte eterna. Recibir esta marca es, sin embargo, una acción simbólica que no incapacita al receptor para arrepentirse. El mundo (9:20-21; 16:9-11) e incluso los falsos profetas (2:16, 21-22) son invitados a arrepentirse y muchos de los que ridiculizaban a los testigos se arrepentirán (11:13).[21] La expresión "fuego y azufre" alude al tormento de quienes arden eternamente en el lago de fuego (19:20; 20:10; 21:8), pero también significa un juicio adecuado para los ciudadanos de la "Sodoma" espiritual (11:8; Gn 19:24; Dt 29:23; Lc 17:29).[22]

En la antigüedad, el vino solía tomarse diluido en dos partes de agua, excepto cuando alguien deseaba emborracharse.[23] Pero Dios administrará este vino de su indignación "puro" (14:10). La "copa" es un símbolo típico para aludir a la ira de Dios, tanto de manera temporal hacia su pueblo (Is 51:17, 22; Ez 23:31-33) como hacia las naciones impías (Sal 75:8; Jer 25:15-17, 28; 49:12; Lm 4:21; Hab 2:16; Zac

---

21. Con Caird, *Commentary on Revelation*, 185-86.
22. En la antigüedad se sabía que los volcanes expelían a menudo azufre en sus erupciones. El azufre se conocía también como arma terrorífica, puesto que, desde los muros de las ciudades sitiadas, este solía arrojarse incandescente sobre los atacantes y resultaba "horriblemente efectivo porque se pegaba al cuerpo" (Aune, *Revelation*, 2:835).
23. Ver Apolonio Rodio, 1.473; Plutarco, *Consejos a la novia y el novio* 20, *Mor.* 140F; *T.T.* 1.4.3; *Mor.* 621CD; *Sifra Sh. par.* 1.100.1.3.

12:2).²⁴ Este versículo alude principalmente a Jeremías 51:7, donde Babilonia es una copa en manos de Dios que enloquece a las naciones de la tierra con el vino que las embriaga. El contexto es la advertencia de Dios sobre la caída de Babilonia (Jer 51:8) y su aviso a quienes quieran tomarle en serio de que salgan de ella para no participar de su juicio (Jer 51:6, 9; ver Ap 18:4).

Aquellos que sufren el tormento podrán mirar al Cordero y a los santos ángeles a quienes despreciaron (14:10), incapaces ahora de eludir la realidad que en otro tiempo ignoraron (1 En. 108:15; 4 Esd. 7:37). Algunos autores judíos veían también a los santos presenciando el tormento de los condenados (1 En. 27:3; 48:9; 108:14), pero lo que aquí tenemos en mente no es este entretenimiento. El acento que aquí encontramos es "el carácter ineludible y definitivo del juicio, no la satisfacción que este pueda aportar a quienes lo presencien".²⁵ Que el humo de su tortura suba "por los siglos de los siglos" (Ap 14:11; 19:3; *cf.* Is 34:10) ha de significar tormento eterno más que aniquilación; esta misma expresión se aplica a la eternidad de Dios y de Cristo (Ap 1:18; 4:10; 10:6; 11:15; 15:7), al reinado de los santos (22:5) y al eterno sufrimiento de la bestia (20:10).²⁶ Mientras que en el templo celestial los adoradores angélicos nunca cesan de adorar a Dios, día y noche (4:8), los condenados nunca dejan de sufrir (14:11). Y de manera aun más relevante en el contexto, los condenados no tienen "descanso" (14:11), a diferencia de los mártires justos que descansarán de sus fatigosas tareas (14:13).²⁷

Aunque a los santos no se les concede explícitamente una visión del tormento de los condenados, sí se les anima a estar firmes en vista de esta realidad (14:12). Deben, o bien animarse porque este juicio representa su vindicación (*cf.* 1 En. 104:3-4), o ser exhortados a cumplir con su papel como testigos y mártires para que más personas puedan evitar las agonías del tormento eterno que experimentarán quienes adoran a la bestia.²⁸

---

24. Sobre alusiones en el ámbito temprano judío a Israel, ver 1QpHab 11.14-15; 4QpNah 4.5-6; Sal. de Sal. 8:14; a las naciones, Gn. Rab. 16:4.
25. 25. Beaseley-Murray, *Revelation*, 226; también Caird, *Commentary on Revelation*, 187. La visibilidad de los condenados aparece también en otras corrientes de tradición (p. ej., *Koh. Rab.* 7:14, §3).
26. Talbert, *Apocalypse*, 66; Beale, *Revelation*, 761-62. Podría argumentarse que Isaías 34:10 simboliza la aniquilación, pero los contemporáneos de Juan leerían posiblemente este texto en vista de Isaías 66:24 (*cf.* la interpretación en Mr 9:48)
27. En el juicio escatológico, los impíos no tendrán "descanso" o paz (1 En. 99:13-14).
28. Sobre esta construcción griega, ver Caird, *Commentary on Revelation*, 188.

Finalmente, una voz celestial promete paz a los testigos y mártires de Jesús; a continuación, el Espíritu confirma este punto con una certeza profética (14:13).²⁹ Los textos judíos hablan a menudo de los justos que reciben descanso de sus sufrimientos (*cf.* 2Ts 1:7). Algunos textos prometen una voz del cielo anunciando descanso escatológico del sufrimiento, como aquí (1 En. 96:3). Otros prometen paz o descanso para los justos cuando estos mueren como mártires (Sab. Sal. 3:3; 4:7). Es muy significativa la tradición judía que subyace también tras nuestro tradicional "R.I.P.", siglas de la frase latina *Requiéscat in Pace* (Que descanse en paz): normalmente, los textos judíos prometían descanso para los justos después de la muerte.³⁰ La expresión "de ahora en adelante" puede significar "desde el tiempo de la cruz", o podría entenderse mejor con el sentido de "ciertamente".³¹ Todos son juzgados según sus "obras" (Ap 2:23; 20:12-13; 22:12; *cf.* 1 Enoc 41:1), pero los justos pueden descansar de ellas (Ap 14:13). La expresión clave es que estos muertos están "en el Señor" (14:13; *cf.* 1Ts 4:16).

Han llegado las cosechas (14:14 -20)

En 14:14-20 los anuncios celestiales (14:6-13) dan paso a las visiones de acciones simbólicas. Los comentaristas debaten si el personaje "semejante al Hijo del hombre" en 14:14 representa a Jesús, como bien podría sugerir el lenguaje (1:13; Dn 7:13), o simplemente un ángel que parece humano (Ap 4:7; *cf.* 21:17). A favor de la primera opción

---

29. Las voces celestiales aparecen muchas veces en los textos judíos como una forma de comunicación divina, a menudo un sustituto del Espíritu profético (Craig S. Keener, *The Spirit in the Gospels and Acts* [Peabody, Mass.: Hendrickson, 1997], 55); en el judaísmo temprano, el Espíritu implicaba a menudo profecía (*ibíd.*, 10-13). En Apocalipsis, ver 10:4, 8; 11:12; 12:10; 18:4; la voz puede aludir a Jesús (1:10; 4:1), aunque no siempre necesariamente (14:2; 19:1). Algunos piensan que 14:13 incluye un oráculo independiente (Aune, *Prophecy in Early Christianity*, 283); sobre el "Amén" del Espíritu ver Bruce, "The Spirit in the Apocalypse", 342. Esta es una de las siete bienaventuranzas de Apocalipsis (ver exposición en Bauckham, *Climax of Prophecy*, 29).
30. Sobre inscripciones funerarias, ver Harry J. Leon, *The Jews of Ancient Rome* (Filadelfia: Jewish Publication Society of America, 1960), 123; *CIJ* 1:198-99, §283; 1:230, §292; 1:233, §296 y pássim (conté más de cincuenta solo en *CIJ*); en las cartas grecorromanas de consuelo, ver Stowers, *Letter Writing*, 145. *Cf.* 1 Enoc 103:3; Menandro siríaco, *Sent.* 470-73; Esd. Gr. 1:12. En tiempos de tribulación uno puede también lamentarse en el sentido de que los muertos son más bienaventurados que los vivos (2 Bar. 11:6-7).
31. Sobre el primer sentido, ver Rissi, *Time and History*, 29; sobre el segundo, ver Beaseley-Murray, *Revelation*, 227, que lee la expresión *ap'arti* como *aparti* (obsérvese que en los manuscritos más antiguos no había espacios entre las palabras).

(el punto de vista mayoritario), cuando Jesús aparece en 19:12-13 su manto está salpicado de sangre humana tras haber pisado el lagar de la ira de Dios; a favor de la segunda, sería un poco extraño que Jesús actuara por mandato de un ángel (14:15) o que se estableciera un paralelismo entre él y un simple ángel (14:17). Es cierto que Jesús viene en las nubes (1:7), pero estas no se limitan a él (10:1; 11:12); también es verdad que Jesús tiene diademas (19:12), pero el término que aquí se traduce como "corona" se aplica siempre a otras personas (2:10; 3:11; 4:4; 6:2; 9:7; 12:1). No obstante, las nubes encajan muy bien con la imagen de Daniel que también permite el título de Jesús como "Hijo del Hombre", por lo cual es posible que Jesús esté en el trasfondo de este versículo.[32]

El principal problema exegético de este pasaje es, no obstante, si hemos de identificar la siega de la primera visión con la vendimia de la segunda cosecha (un rasgo típico del libro de Apocalipsis es que la segunda visión interpreta la primera), o interpretarlas de manera distinta. Indudablemente, el pasaje en su conjunto desarrolla una imagen de la profecía de Joel sobre el juicio a las naciones en el día del Señor. Dios convoca a la hoz para segar la cosecha madura y para que los racimos de la maldad de las naciones sean pisados en su lagar (Jl 3:13; contra Babilonia, cf. Jer 51:33; Jerusalén en Lm 1:15).[33] Mientras que en el libro de Joel ambas cosechas son, probablemente, imágenes paralelas de juicio, algunos comentaristas sugieren que en Apocalipsis solo la segunda hace referencia al juicio (14:17-20). La siega alude, por el contrario, a la evangelización y a la reunión del pueblo de Dios, que es como se utiliza esta imagen en muchos de los primeros textos cristianos (Mr 4:20, 29). Notemos también que los mártires de 14:4 eran las "primicias" de una siega de personas devotas, es decir, un sacrificio que prefiguraba el resto de la cosecha (Lv 23:9-14).[34]

En otras palabras, este pasaje podría seguir contrastando el destino de los justos y los impíos que se describe en 14:6-13. Sin embargo, alguien

---

32. Gregory M. Stevenson, "Conceptual Background to Golden Crown Imagery in the Apocalypse of John (4:4, 10; 14:14)", *JBL* 114 (1995): 257-72 (pp. 271-72), menciona ciertos textos judíos en los que el líder del ejército angélico lleva una lauréola de oro, pero concluye que encaja mejor con el Hijo del Hombre de Daniel como gobernante y juez. Jesús parece ser el "Señor de la cosecha" (*cf.* Mt 9:38; Lc 10:2).
33. Más adelante, los rabinos describían la destrucción de Roma mediante la imagen del lagar de Isaías 63 (*Lv. Rab.* 13:5).
34. Bauckham, *Climax of Prophecy*, 290-94; *cf.* Caird, *Commentary on Revelation*, 193. Sobre la idea de que ambas cosechas aluden al juicio, ver Aune, *Revelation*, 2:801-3; Beale, *Revelation*, 775-79.

convencido por la frecuente repetición de imágenes paralelas de Juan puede responder que en esta imagen apocalíptica los ciento cuarenta y cuatro mil como "primicias" pueden augurar simplemente una cosecha general, y que los impíos son juzgados incluso en las imágenes de la cosecha de los justos (Mt 3:12; 13:40-42). En el libro de Apocalipsis es frecuente que una segunda visión reinterprete la primera (Ap 7:1-17). No es fácil establecer esta cuestión, pero es más probable que, teniéndolo todo en cuenta, ambas visiones aludan al juicio, como en Joel.

Sea cual sea el objetivo de la primera visión, el significado de la segunda está relativamente claro. Describe a los impíos como racimos ahora pisados en el lagar de Dios y convertidos en vino, respondiendo a la copa de la ira de Dios derramada sobre ellos.[35] Al vino se le llamaba a veces "sangre de las uvas" (Gn 49:11; cf. Dt 32:14); y como el vino tinto de la Pascua sirvió de símbolo para la sangre de Jesús en la última cena, este evoca aquí deliberadamente la espantosa imagen de la sangre humana que mana de la carne mutilada. En algún momento entre agosto y septiembre, los viñadores recolectaban los racimos maduros en canastos y los depositaban en alargadas artesas de madera o piedra, donde, muchas veces al ritmo de una flauta, los jornaleros pisaban la uva con los pies para convertirla en mosto.[36] Dios ya había prometido pisar la sangre de los impíos como vino en un lagar hasta manchar de sangre su vestido (Is 63:1-6); en Apocalipsis, Jesús asume este papel divino (Ap 19:13, 15). Juan recicla imágenes; los impíos han de beber el vino de la ira de Dios (14:10), que es su propia sangre (14:20; 16:6).

El ángel "que tenía autoridad sobre el fuego" (14:18) puede aludir a la concepción judía de los ángeles como seres que controlaban varios elementos de la naturaleza (cf. 6:5).[37] Sin embargo, puesto que este ángel viene del altar, es casi seguro que se trata del que mantiene encendido el altar del incienso (8:5). Esta imagen sugiere, nuevamente, que Dios

---

35. Ford, *Revelation*, 250, piensa que la vid es Israel (a favor de este punto de vista, cf. esp. la vid de Sodoma en Dt 32:32; cf. Ap 11:8); Caird, *Commentary on Revelation*, 192, lo aplica aquí a los mártires. Posiblemente esta vid aporta un contraste con el pueblo de Dios tal y como se describe en Juan 15:1-7. Los autores judíos tempranos aplicaban de varias maneras la imagen de pisar el lagar, pero una de ellas es el juicio (ver Joshua Schwartz, "Treading the Grapes of Wrath: The Wine Press in Ancient Jewish and Christian Tradition", *Theologische Zeitschrift* 49 (1993): 215-18.
36. Ver Naphtali Lewis, *Life in Egypt Under Roman Rule* (Oxford: Clarendon, 1983), 125.
37. P. ej. Jub. 2:2; 1 En. 20:2; 60:12-22; 66:1-2; 2 En. 5:1-2; 1QM 10.11-12; b. *Pes.* 118ab; quizá Sal 148:2-3. Sobre el ángel de fuego, ver Ps. Filón 38:3; sobre deidades paganas de fuego, ver p. ej., Virgilio, *En.* 12.90; Diógenes Laercio, 7.1.147.

envía juicio en respuesta a los lamentos de sus santos oprimidos (6:9-11; 8:3-5).

La sangre corre "fuera de la ciudad", describiendo vívidamente un horrible final para Babilonia (14:20).[38] La imagen de la sangre corriendo en espantosos raudales se hizo muy común en las antiguas descripciones de guerras, históricas o imaginadas.[39] Otros hablaban horrorizados de ríos llenos de sangre cuando las personas eran abatidas y morían en ellos.[40] Algunos aludían a tantos pájaros ensangrentados comiendo en un campo de cadáveres que los árboles chorreaban rocío y del cielo caían pedazos de carne cuando, cansados de llevarlos, los pájaros los dejaban caer.[41]

Naturalmente, las obras apocalípticas exageraban libremente este tipo de descripciones permitiéndose toda clase de licencias literarias. De este modo, la sangre corría a raudales (1 Enoc 100:1), llegaba hasta el pecho de los caballos y cubría los carros (1 Enoc 100:3; 4 Esd. 15:35). Otra fuente advierte que los cadáveres llenarían profundos barrancos en elevados montes y que la sangre barrería las llanuras (Or. sib. 3.682-84).[42] En un exagerado relato de la matanza que los romanos llevaron a cabo en Bethar, en el año 135 d.C., algunos rabinos de periodos posteriores describen a los caballos ahogándose en corrientes de sangre que arrastraban enormes rocas hasta el mar, a unos setenta kilómetros de distancia; la sangre llenaba el mar hasta la isla de Chipre.[43] Estas descripciones

---

38. Joel 3:12-14, de donde proceden las imágenes de la vendimia y la cosecha, sitúa el juicio en el valle de Josafat (Jl 3:2, 12), que la tradición ubicaba fuera de Jerusalén (*cf.* también Zac 14:1-4; Mounce, *Revelation*, 282); pero 14:8 alude a Babilonia.
39. P. ej., Homero, *Il.* 4.451; 17.360-61; 20.494; *Od.* 11.420; Apolonio Rodio, 3.1391-92; Virgilio, *En.* 11.382; Ovid, *Metam.* 12.110; Tito Livio, 25.12.6; Lucano, *G. C.* 7.728-29; Herodiano, 3.4.5; 4.9.8. Para los romanos, un indeterminado río de sangre era un peligroso augurio (Tito Livio, 26.23.5; 27.37.3).
40. Homero, *Il.* 21.21; Virgilio, *En.* 11.393-94; 12.35-36; Ovid, *Metam.* 12.71, 111; Lucano, *G. C.* 2.214-20; Longino, *Sublime* 38.3 (citando a Tucídides, 7.84); Or. sib. 4.61; 5.200-204. En algunos relatos (como el de Lucano), la sangre llegaba incluso a impedir la navegación de los barcos hasta que la mayor parte de ella discurría hasta el mar.
41. Lucano, *G. C.* 7.831-40. Otros textos hablan de personas resbalando en la sangre coagulada que había chorreado de montones de cadáveres (Ovid, *Metam.* 12.113-14; Polibio, 15.14; Dionisio de Halicarnaso, 9.21.21; 14.114.5). Lucano habla a menudo de cadáveres hacinados en montones que se elevaban hasta el muro (*G. C.* 6.180).
42. Ver además Or. sib. 3.453-54, 695-97 (siglo II a.C.). En los textos apocalípticos, la imagen es típicamente escatológica (ver Bauckham, *Climax of Prophecy*, 40-44).
43. P. ej., *b. Git.* 57a; *p. Suk.* 5:1, §7; *Taan.* 4:5, §10; *Lam. Rab.* 2:2, §4. Los rabinos decían también de las mujeres israelitas que sus menstruaciones eran tan abundantes

más extremistas solo eran formas simbólicas de expresar el horror de estos espantosos derramamientos de sangre (p. ej., Ez 32:5-6; Judit 6:4).

Los "mil seiscientos estadios" (14:20) podrían ser un número circular con un significado simbólico, como muchos otros de Apocalipsis. Del mismo modo que mil es diez elevado al cubo, el ciento cuarenta y cuatro mil es doce al cuadrado por diez elevado al cubo (siendo el cubo la forma de la nueva Jerusalén [21:16]), y como el seiscientos sesenta y seis es un doble número triangular y el triángulo de un número cuadrado, el mil seiscientos es el cuarenta (un número bíblico familiar) al cuadrado.[44] Sin embargo, aunque Juan redondea a un número cuadrado, su principal sentido es tejer lo grotesco de la imagen: no sobrevivirá ninguno de los que forman parte del ejército reunido contra Dios, ninguno de los adoradores de la bestia comprometidos con los valores del mundo. Algunos comentaristas sugieren también aquí un contraste: mientras que el río del paraíso fluye del trono de Dios (22:2) hasta una importante elevación (Ez 47:4-5), los impíos se ahogarán en el río de su propia sangre (Ap 14:20).

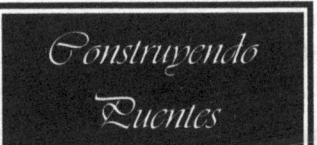

Babilonias. Puede que Babilonia sea Roma; sin embargo, representa también a la ciudad del sistema del "mundo"; en 11:2, 8 significa, por tanto, la ciudad de Sodoma y Egipto y la impenitente Jerusalén. El mundo tal como lo conocemos no llegó a su fin con la caída del Imperio romano, dieciséis siglos atrás; pero, para los receptores de Juan, Roma encarnaba el sistema del mundo, el típico imperio perverso. Apocalipsis utiliza los símbolos de aquel tiempo para mandar un mensaje a las siete iglesias de Asia. Los imperios perversos son aquellos que abusan de su poder, multiplicando a escala colectiva el mal del pecado y el egoísmo personal.[45] Los oráculos de Juan reciclan el lenguaje del juicio contra la Babilonia literal, en anteriores profecías

---

que llenaban los carros babilonios (p. ej., *Pes. Rab. Kah.* 17:6). Los lectores de la antigüedad sabían reconocer normalmente la realidad que pretendían transmitir tales exageraciones (Tito Livio, 3.8.10).

44. Beaseley-Murray, *Revelation*, 230, sugiere que en el Antiguo Testamento el número cuarenta indica normalmente castigo (p. ej., Nm 14:33; Dt 25:3). También menciona las pruebas (aunque finalmente no las acepta como concluyentes) de que algunos pensaban que las fronteras de Tierra Santa eran de entre mil seiscientos y mil setecientos estadios.

45. Sobre la naturaleza de la injusticia, ver especialmente Gary Haugen, *Good News About Injustice* (Downers Grove, Ill.: InterVarsity, 1999), 119-41.

(Jer 51:7); pero si Roma es una Babilonia rediviva, también los imperios posteriores pueden ser una Roma rediviva. La conexión no está en su ubicación geográfica, sino en que sea un imperio que oprime a los siervos de Dios.

El Espíritu del Imperio romano sigue vivo y con buena salud en el mundo de hoy, un imperio que reclamó tolerancia hacia muchos dioses, pero que reprimió la disensión de quienes predicaban la verdad del Dios único y su Hijo Jesucristo. "Sea cual sea su nombre —Roma, Calcuta, Londres o Nueva York—, sucede esencialmente lo mismo en cualquier ciudad donde los hombres adoran algo que no sea el Dios vivo y verdadero".[46] Así, en el libro de Apocalipsis, tanto la ciudad santa como la prostituta Babilonia constituyen la Jerusalén impía (11:8); el campo de batalla no es ni la Roma topográfica ni Judea, sino las iglesias de Asia —y el mundo y las iglesias de hoy— dondequiera que la nueva Jerusalén y Babilonia libran su guerra.[47]

Detalles específicos. Hemos de determinar cuán literal o simbólicamente aplicaremos ciertos detalles y, después, el modo en que lo haremos. ¿Está el texto alabando un celibato literal y de toda la vida (14:4; *cf.* 1Co 7:8) o, acaso, como hemos afirmado, lo que hace es aplicar simbólicamente la imagen de una abstinencia temporal? Si lo aplicamos como un símbolo de la liberación de los enredos del mundo, ¿quién determina entonces qué aspectos de la sociedad son realmente "mundanos"? Algunos aspectos de nuestra cultura, relativamente característicos teniendo en cuenta la historia en su conjunto (como el respeto por los derechos humanos), son compatibles con las enseñanzas cristianas y, hasta cierto punto, derivados de ellas. Pero una distinción esencial es que los cristianos han de conceder valor a lo que está en el corazón de Dios (p. ej., evangelizar el mundo, ayudar a las personas hechas a imagen de Dios) más que lo que importa al mundo pero no a Dios (p. ej., la propia posición y prosperidad económica). Una persona espiritualmente célibe y apartada para Dios no puede acostarse con el mundo y formar parte, al tiempo, del triunfante ejército de Dios.

La expresión: "no se encontró mentira alguna en su boca" (14:5) invita también a la reflexión. En ocasiones, la Biblia presenta un principio general con la idea de que este debe matizarse en situaciones particulares. En general, la mentira es mala, ¿pero qué si el engaño sirve para salvar una vida humana? En este caso, la Biblia relata casos de perso-

---

46. Bowman, *First Christian Drama*, 91; *cf.* Tenney, *Revelation*, 82.
47. Paul S. Minear, *Images of the Church in the New Testament* (Filadelfia: Westminster, 1960), 95.

nas devotas mintiendo por razones piadosas (Éx 1:18-21; Jos 2:4-6; 2S 17:20; Jer 38:24-27) y no las condena; en ocasiones, es Dios mismo quien lo manda (1S 16:2-4; *cf.* 2R 8:10). En este contexto, la veracidad de los agentes de Dios (14:5) contrasta completamente con el engaño y la blasfemia de los de Satanás (13:5-6, 11-15).

Entender la función retórica de cada texto en su contexto es esencial para aplicar correctamente las vívidas imágenes de Apocalipsis. Algunos pueden plantearse si realmente podemos disfrutar del cielo si conocemos el destino eterno de los condenados (14:10-11). Pero el propósito de consignar este anuncio es asegurar a los cristianos oprimidos su vindicación futura (14:12). Para quienes normalmente no experimentamos el mismo grado de opresión, puede que esta imagen no nos parezca causa de celebración. Para captar completamente el espíritu del texto, hemos de identificarnos con los sufrimientos de nuestros hermanos y hermanas oprimidos en otros lugares del mundo. Si Dios escoge a un ángel en el altar como agente de juicio (14:18) por las oraciones de los santos (6:9-11; 8:3-5), este texto puede entonces recordarnos que el juicio se produce a menudo como una vindicación de quienes han sido agraviados.

La imagen joanina del lagar de Dios (14:19-20) procede del Antiguo Testamento, pero él no le resta fuerza. Juan no teme asustar a aquellos que están ligeramente interesados en la fe cristiana; lo que pretende es motivar a cualquiera que se mece en la indecisión a una obediencia radical a Cristo. Las líneas están claramente trazadas; los impíos serán destruidos, y aquellos que son sabios han de tomar una clara decisión por Cristo ahora. Estas imágenes funcionan de manera más efectiva en una comunidad que está experimentando persecución y cada vez más alienada de una sociedad que la reprime; ¿pero deberíamos acaso molestarnos en traducir estas imágenes de terror para que sean comprensibles para una sociedad más civilizada, como pensamos que es la nuestra? En respuesta, obsérvese que Apocalipsis no fue solo escrita para iglesias perseguidas como Esmirna y Filadelfia, sino también para comunidades acomodaticias como Sardis, Tiatira y Laodicea, y para algunas que tenían un poco de ambas cosas como Pérgamo. Todos hemos de recordar que solo hay dos bandos y que nuestras acciones contribuyen al avance del uno o del otro.

Camino de la victoria. Este pasaje ofrece un buen número de principios para la aplicación. Por ejemplo, en 14:1-5 el texto pone de relieve el contraste entre los adoradores de la bestia y los del Cordero, subrayando la valiente victoria de estos últimos por medio del martirio; "seguir" al Cordero tiene un coste. El glorioso destino de los mártires (14:1-5) contrasta sorprendentemente con el de aquellos que se pusieron la marca de la bestia (13:16-18) y fueron, por ello, condenados (14:9-11). Esto nos advierte contra los conceptos de valor y prestigio que promueve este mundo: en lugar de adquirir los símbolos de una posición social u otros medios para sentirnos cómodos en la sociedad, hemos de sacrificar nuestra vida y recursos para la extensión del reino. Con ello, podemos ser verdaderos testigos para quienes nos rodean de por qué los valores del reino son distintos de los del mundo y más importantes que ellos.

Seguir al Cordero nos promete un glorioso futuro como ciudadanos de la nueva Jerusalén si perseveramos. El contraste entre Sión (14:1), con su glorioso futuro en la nueva Jerusalén (21:2—22:5) y Babilonia (14:8), próxima a su desaparición (18:2—19:3), nos aconseja invertir en la futura ciudad en lugar de en la presente (*cf.* Mt 6:19-20). En este momento, la nueva Jerusalén solo es visible por la fe (*cf.* Heb 11:10, 16; 13:14); sin embargo, Dios vindicará esta fe igual que lo ha hecho con la de las generaciones que nos han precedido.

Las arpas (14:2) nos recuerdan que el cielo será como un nuevo templo, un lugar de adoración (ver comentario sobre 4:8-11; 5:9-14). Aunque parecía que el mundo triunfaba sobre el pueblo de Dios (13:7, 15-17), los santos que habían vencido por no comprometer sus convicciones con los valores del mundo alabaron a Dios por la victoria (14:3). Hoy podemos celebrar por la fe esta victoria, que está arraigada en el pasado triunfo de la cruz donde el Cordero nos redimió (14:3; 15:2-4).

Este texto nos invita también a la pureza sexual y espiritual (14:4); como ejército de Dios no podemos transigir con el mundo o albergar intereses divididos. La castidad espiritual de los creyentes contrasta con Babilonia, llena de adulterios (14:8); Dios se indigna justamente cuando preferimos otras cosas a él, fuente de la vida. Podríamos comentar aquí sobre los intereses divididos de muchos cristianos de nuestro tiempo, pero ya hemos hablado de estos temas en otros puntos del comentario (especialmente en las cartas a Pérgamo y Tiatira).

Juicio sobre el mundo y su sistema. Apocalipsis 14:6-20 presenta también numerosos principios de aplicación, la mayoría de ellos ya familiares para el lector que ha estudiado el libro hasta este punto. Los versículos 6-13 subrayan la certeza de la vindicación de los santos, descrita de manera muy gráfica en el juicio de su opresora Babilonia, el sistema del mundo. El juicio de Babilonia nos recuerda también el principio del juicio que recurre a lo largo del libro: Babilonia aplastó a otros, pero lo que se siembra se cosecha.

Este pasaje también nos emplaza a una perspectiva eterna que nos impide ceder ante el perverso sistema que oprime a los santos; las ventajas que, a corto plazo, ofrece la marca no compensan la condenación eterna que acarrea. Que los impíos vean al Cordero y a los ángeles (14:10) nos advierte de que, en última instancia, todos tendrán que afrontar la realidad, si no ahora más adelante. Mientras que los impíos no tienen descanso, los justos experimentarán el reposo eterno. Las imágenes de terror y muerte del párrafo final (14:14-20) deberían suscitar arrepentimiento; el pasaje no ofrece ninguna esperanza de que alguno de los que adoran a la bestia sobreviva a la batalla final.

La idea del tormento eterno (14:9-11; *cf.* 20:10) es tan repugnante para la mayoría de nosotros que los lectores modernos han encontrado algunas formas de sortearla. Algunos enseñan la aniquilación que parece contradecir algunos textos sobre el tormento eterno (Mt 3:12; 25:46; Mr 9:43, 47-48; Lc 3:17), pero que no es de por sí una agradable alternativa.[48] Este punto de vista no es herético ni reduce la necesidad de que las personas acepten a Cristo; pero probablemente no es correcto.

En nuestros días, muchos no quieren instar a las personas para que entren en el reino por medio del temor. En una cultura que se levanta contra la autoridad y cuestiona las amenazas, subrayar la amorosa invitación de Dios puede ser un acercamiento más estratégico. Sin embargo, Juan no tenía este tipo de escrúpulos contra "amedrentar" a sus oyentes, y siempre que digamos la verdad y podamos razonar con las personas (Hch 19:9; 24:25), habrá ocasiones en que este acercamiento sea apropiado. Un joven ateo decidió considerar inmediatamente las afirmaciones de Cristo en lugar de posponer esta decisión, porque la doctrina del infierno hacía que el riesgo de ignorarlas fuera demasiado alto. Veinticuatro años más tarde, aquel ateo sigue siendo un cristiano comprometido... y está escribiendo este comentario.

---

48. Quienes deseen considerar una posición aniquilacionista desde una perspectiva evangélica, pueden ver "John's Stott's Response to Chapter 6", 306-31 en David L. Edwards y John Stott, *Evangelical Essentials: A Liberal-Evangelical Dialogue* (Downers Grove, Ill.: InterVarsity, 1988), 313-20; también la mayoría de los evangélicos adventistas.

Apocalipsis 15:1-8

Vi en el cielo otra señal grande y maravillosa: siete ángeles con las siete plagas, que son las últimas, pues con ellas se consumará la ira de Dios. ²Vi también un mar como de vidrio mezclado con fuego. De pie, a la orilla del mar, estaban los que habían vencido a la bestia, a su imagen y al número de su nombre. Tenían las arpas que Dios les había dado, ³y cantaban el himno de Moisés, siervo de Dios, y el himno del Cordero:

«Grandes y maravillosas son tus obras,
Señor, Dios Todopoderoso.
Justos y verdaderos son tus caminos,
Rey de las naciones.
⁴¿Quién no te temerá, oh Señor?
¿Quién no glorificará tu nombre?
Sólo tú eres santo.
Todas las naciones vendrán
y te adorarán,
porque han salido a la luz
las obras de tu justicia».

⁵Después de esto miré, y en el cielo se abrió el templo, el tabernáculo del testimonio. ⁶Del templo salieron los siete ángeles que llevaban las siete plagas. Estaban vestidos de lino limpio y resplandeciente, y ceñidos con bandas de oro a la altura del pecho. ⁷Uno de los cuatro seres vivientes dio a cada uno de los siete ángeles una copa de oro llena del furor de Dios, quien vive por los siglos de los siglos. ⁸El templo se llenó del humo que procedía de la gloria y del poder de Dios, y nadie podía entrar allí hasta que se terminaran las siete plagas de los siete ángeles.

Como los sellos y las trompetas, las copas son también administradas por ángeles. Pero Juan deja claro que lo que ve es una descripción simbólica de los juicios; como la mujer y el dragón, esta escena de ángeles preparándose para derramar las copas es una "señal" en los cielos (12:1, 3; 15:1).[1]

Por ello, cuando declara que estas siete plagas son las últimas, puesto que con ellas se consuma la ira de Dios, posiblemente no da a entender que en Apocalipsis todos los juicios estén dispuestos en una secuencia literal y cronológica (aunque este libro sí subraya la consumación de los propósitos de Dios; 10:7; 11:7). La palabra "última" da a entender más bien que, con estas copas, comienza la última secuencia de juicios de Juan. Son los últimos por lo que a la narración de Juan se refiere, y se basan en la secuencia de sus visiones más que en la de la historia. Obsérvese que en 15:1, 8, la consumación de estas plagas forma una inclusión en torno a la escena del cielo consignada en 15:1-8, enmarcando así esta sección con un acento en las plagas.

El término que se utiliza para aludir a las "copas" de la ira de Dios (*phiale*, 15:7; 16:1–17:1; 21:9) es la misma que antes denotó las copas que contenían las oraciones de los santos (5:8), sugiriendo una conexión entre su intercesión y su vindicación por medio de los juicios del mundo, como sucedió con las trompetas (8:3-5).[2] Posiblemente, estas copas, como las de 5:8, contienen un incienso que representa las oraciones de los santos; es también posible que esta imagen implique unas copas de juicio que llevan al último juicio de la copa de la ira de Dios (14:10, 19-20). Que los juicios de este pasaje emanen de la presencia de Dios y sigan a la adoración de los mártires triunfantes (15:2-4) implica, probablemente, que Dios ha decidido iniciar su actuación en la historia en respuesta a la adoración de los santos.[3]

Los que han "vencido a la bestia" (15:2) son los santos que triunfaron por medio de la cruz, es decir, siendo derrotados en un plano puramente terrenal en su negativa a ceder ante los programas y proyectos de la tiránica bestia (12:11; 13:7). Se trata del mismo grupo ya descrito en 14:1-5 como el triunfante ejército de Dios que venció por medio del

---

1. Para un lenguaje similar de las señales apocalípticas, ver 1 En. 34:1.
2. Sobre los tazones del templo, ver Éx 25:29; 37:16; Nm 4:7; 7:84; sobre las "copas" de agua y vino que se utilizaban en el altar para la Fiesta de los Tabernáculos, *cf. m. Suk.* 4:9; *tos. Suk.* 3:14. Ford, *Revelation*, 254, observa que el término *phiale* se aplica a "un tazón o copa plana y de gran diámetro que se utilizaba muchas veces para beber o derramar libaciones" (*cf.* Josefo, *Ant.* 3.150), pero sugiere también la posibilidad de que sean copas de incienso (*cf.* Josefo, *Ant.* 3.143).
3. Ver Talbert, *Apocalypse*, 69-70. La expresión "vencido de la bestia" (lit.) puede estar redactada como una estructura gramatical latina (David Aune, "A Latinism in Revelation 15:2", *JBL* 110 [1991]: 691-92).

martirio (ver también comentario sobre 7:4-8). La ubicación de los vencedores es significativa. El "mar como de vidrio" (15:2) rememora el templo celestial (ver comentario sobre 4:6); es posible que la expresión "mezclado con fuego" indique que estos santos han vencido "el lago de fuego", aunque este todavía no se ha mencionado (19:20; 20:10, 14-15; 21:8).

El canto de 15:2-4 aclara el asunto. Los arpistas recuerdan explícitamente la descripción de 14:2 y el pasaje explica en 14:3 el "cántico nuevo" de los ciento cuarenta y cuatro mil; declara que han sido victoriosos. Su canción es "el himno de Moisés [...] y el himno del Cordero", evocando el Éxodo tanto en términos de Moisés liderando la salida de Egipto (*cf.* 11:8) como la liberación de las plagas de Dios por la sangre del cordero pascual.[4] Algunos comparan este canto con el de Moisés en Deuteronomio 31:30—32:43, que, de hecho, puede dar origen a cierta imaginería empleada por profetas posteriores y por Apocalipsis (especialmente los temas de la venganza divina, la vid de Sodoma y su vino letal, 32:32-35).[5] Pero la principal alusión es, sin duda, al canto del Éxodo (Éx 15:1-18), que evoca más de los temas del mismo que aquí se consignan.[6] Este cántico siguió generando mucha atención en los primeros círculos judíos.[7]

Israel cantó este canto, guiado por Moisés y resumido en clave antifonal por Miriam (Éx 15:21), cuando Dios hizo pasar a su pueblo por el mar Rojo y destruyó a sus enemigos, los egipcios. Del mismo modo que Dios venció a Egipto en el mar, matando allí, en sentido figurado, al primitivo dragón (Sal 74:13-14; Is 51:9), así los ciento cuarenta y cuatro mil son aquí el pueblo del nuevo éxodo, liberados y posiciona-

---

4. Glasson, *Moses*, 96, cita como trasfondo una sola referencia a un sueño que compara a Moisés con un cordero (*Targum de Jerusalén* a Éx. 1:15); sin embargo, es mejor distinguir a Moisés del Cordero en Apocalipsis 15:3 (el griego no los vincula mediante una hendíadis).
5. Sobre el uso de Deuteronomio 32 en la literatura cristiana del primer periodo, ver Richard N. Longenecker, *Biblical Exegesis in the Apostolic Period* (Grand Rapids: Eerdmans, 1975), 179.
6. Ver Bauckham, *Climax of Prophecy*, 296-307; Roland Meynet, "Le cantique de Moïse et le cantique de l'Agneau (Ap 15 et Ex 15)", *Gregorianum* 73 (1992): 19-55. Markus Barth, *The People of God*, JSNTSup 5 (Sheffield: JSOT, 1983), 14, ve a la iglesia que se describe en Ap 15 como la comunidad del Éxodo.
7. *Cf.* Filón, *Vida contemp.* 85-87; *Agricultura* 80-82; 4Q365, fr. 6a en George J. Brooke, "Power to the Powerless—LongLost Song of Miriam", *BAR* 20 (mayo 1994): 62-65. Roloff, *Revelation*, 183, cita una tradición tanaítica en la que Moisés y los resucitados cantarían Éxodo 15 de nuevo en la resurrección.

dos como vencedores sobre el mar de vidrio mezclado con fuego. Este canto resultó un clímax apropiado para las plagas del antiguo Egipto o del equivalente en Apocalipsis (11:8), del que los justos fueron protegidos (7:1-8).

El cántico de los versículos 3-4 alaba a Dios en un lenguaje desarrollado a partir de la antigua adoración de Israel, especialmente Salmos 86:8-10.[8] Los santos se dirigen a Dios como "Rey de las edades" o "Rey de las naciones" (Ap 15:3); ambas lecturas tienen un importante apoyo y no podemos afirmar de manera concluyente cuál es la original. La expresión "rey de las edades" significa "rey eterno",[9] lo cual ciertamente encaja con el contexto: Dios es el Alfa y la Omega (1:8) y reinará eternamente (11:15). Por otra parte, la frase "rey de las naciones" tiene también sentido; Dios ha triunfado sobre las naciones igual que lo hizo sobre Egipto en el Éxodo, y ahora estas vienen a adorarlo (15:4).[10] Por otra parte, en Jeremías 10:7, la frase "rey de las naciones" (15:3) está ligada con la oración: "¿Quién no te temerá?" (la añadidura del verbo "glorificará" procede del texto base, Salmos 86:9). Ambas expresiones reflejan posiblemente una comprensión semítica del original *melek ha'olam*, que puede traducirse como "rey de las edades" o "rey del mundo".[11] Dios es también "Todopoderoso", como declara otras ocho veces el libro de Apocalipsis, generalmente en un contexto de alabanza (ver comentario sobre 1:8).

Las grandes y "maravillosas [...] obras" de Dios (15:3) recuerdan las palabras de Salmos 86:10 (*cf.* Job 9:10), ya que el versículo 4 cita explícitamente el versículo anterior (Sal 86:9). No obstante, en el contexto de Apocalipsis, las grandes y maravillosas obras aluden especialmente a las "grandes y maravillosas" señales de Apocalipsis 15:1, es decir,

---

8. Mounce, *Revelation*, 287, encuentra lenguaje de la Septuaginta (en secuencia) desde Salmos 11:2; 139:14 (las maravillosas obras de Dios); Amós 4:13; Deuteronomio 32:4; Salmos 86:9; Malaquías 1:11; Salmos 144:17; 98:2. Sobre la unicidad de Dios con respecto a su santidad, ver 1 Samuel 2:2, y la idea de Éxodo 15:11.

9. Con Rissi, *Time and History*, 31. La expresión "Dios de los siglos" no es desconocida (p. ej., Jub. 31:13; Gn. Ap. 2.7; 21.2; algunos manuscritos de Jos. y Asen. 12:1/2).

10. Esta lectura puede tener algo más de peso a su favor, pero no mucho (*cf.* Bruce M. Metzger, *A Textual Commentary on the Greek New Testament*, 2d ed. [Nueva York: United Bible Societies, 1975], 753-54). Frases como "Señor del mundo" eran comunes (1 Enoc 84:2; 2 Mac. 7:9; Sal. de Sal. 2:32; T. Moisés 1:11; *Sifre Dt.* 306.3.1; 306.5.1; *p. Sanh.* 6:3, §1). Los retóricos pueden ensalzar a las deidades por la extensión de la adoración que se les rinde (Robert M. Grant, *Gods and the One God*, LEC 1 [Filadelfia: Westminster, 1986], 56).

11. Así lo reflejan, p. ej., las traducciones variantes de 1 Enoc 81:10 de Knibb e Isaac.

a los juicios de Dios.¹² De igual modo, cuando Dios ahogó al ejército egipcio en el mar Rojo, los israelitas lo describen como "hacedor de maravillas" (Éx 15:11); Salmos 86 alude posiblemente a esta proclamación del Éxodo, puesto que los versículos 8 y 10 recuerdan su lenguaje.¹³ Dios es "justo y verdadero" en sus juicios (Ap 15:3; 16:7; 19:2; *cf.* 6:10) "justo" o "recto" en la ejecución del juicio apropiado (16:5-6), y "verdadero" en su fidelidad a los santos, cuya sangre vindica ahora (3:7, 14; 19:9, 11; 21:5; 22:6).¹⁴

No obstante, mientras que en el Éxodo Dios abatió a Egipto por oprimir a Israel, en este texto da la bienvenida a aquellas personas de todas las naciones que se han unido a los siervos de Dios en su resistencia del mundo. Como en 21:24, las naciones vienen ahora en adoración a Dios (15:4). El juicio conduce al arrepentimiento a representantes de todos los pueblos (para ampliar este asunto, ver la próxima sección "Construyendo Puentes").

Como en el caso de los sellos (5:1-2) y las trompetas (8:2), las plagas de las copas (16:1-17) se introducen con una escena celestial (15:5-8), recordándonos que los desastres terrenales no son meros accidentes, sino acontecimientos metódicamente dispuestos y determinados por la soberana vindicación de sus santos por parte de Dios. A diferencia de los ángeles destructores de ciertas corrientes de la tradición judía, estos ángeles justicieros son siervos de Dios, obedientes y voluntariosos (*cf.* 17:1; 21:9); quien les entrega los juicios que han de derramar sobre la humanidad es un ángel del trono (15:7).¹⁵

Es significativo que esta escena se produzca en el templo celestial.¹⁶ Las túnicas de lino de los ángeles (15:6) pueden ser solo un reflejo de la tradición según la cual estos vestían, normalmente, ropas blancas

---

12. *Cf.* Dios como "justo y verdadero" en T. Job 4:11/9; de sus caminos en Neh 9:13; Dn 4:37. Dios demuestra su "maravillosa" fortaleza en la batalla final en 1QM 15.13 (posiblemente también en 1QM 12.7).
13. En ocasiones, la tradición judía aplicaba las "obras" de Dios específicamente a sus plagas sobre Egipto y su juicio en el mar Rojo (*Sifre Dt.* 27.5.1; 27.7.1). La expresión "las obras" de Dios podía aludir a sus hechos portentosos (CD 13.7-8) e invitar a la alabanza (1QS 1.21; 11.20; 1QM 10.1-2, 8-9). Sobre los juicios "justos" y "verdaderos" de Dios, ver T. Job 43:13.
14. Este lenguaje puede también responder a la propaganda imperial que alababa al emperador como "justo" entre otras virtudes (Aune, *Revelation*, 2:874, citando a Augusto, *Res Gestae* 34.2).
15. Sobre los "ángeles de destrucción" ver 1QS 4.12.
16. Aune, *Revelation*, 2:878, establece un paralelismo entre la apertura de este templo y la del templo de Jano, que se abría siempre que se declaraba una guerra. Y, lo más

o de lino (1 En. 71:1; Ps. Filón 9:10; Jn 20:12); sin embargo, junto a la mención de corazas de oro (*cf.* Éx 39:8; posiblemente Ap 1:13) recuerda sin duda al lector que estos ángeles desarrollan tareas sacerdotales en el templo celestial (15:5-6). Los que adoraban en los templos vestían normalmente ropa de lino o blanca,[17] y esta era la indumentaria requerida para ministrar en el lugar santísimo (Lv 16:4). El prerrequisito para los hombres que habían de desempeñar este tipo de servicio era rectitud (Ap 19:8). Los sacerdotes del templo celestial responden a los sacerdotes terrenales (1:6) del oprimido templo terrenal (11:1-2), cuyas oraciones (6:9-11; 8:3-6) han invitado los juicios que están próximos a comenzar.

El "humo" que llena el templo celestial (15:8, obsérvese el contraste con el humo del tormento del mundo en 14:11) alude a la gloria de Dios que llena su casa en ciertas teofanías veterotestamentarias (Is 6:4; Ez 10:3-4). Bajo estas circunstancias, los sacerdotes no podían ministrar en el templo (1R 8:10-12; 2Cr 7:2), y ni siquiera a Moisés se le permitía entrar en el tabernáculo (Éx 40:35); la gloria divina era irresistible para la capacidad humana. En la dedicación del tabernáculo terrenal Dios lo había llenado con su gloria (Éx 40; *cf.* 1R 8); ahora llena el templo de gloria en respuesta a la adoración de los mártires que, dando su vida, han vencido a lo largo de la historia y responde con juicios sistemáticos (probablemente también derramados a lo largo de la historia). Tanto el juicio como la misericordia revelan la gran gloria de Dios.

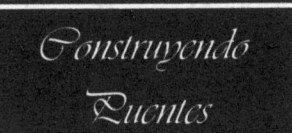

Las naciones. En 15:4 las naciones se acercan a Dios en adoración. El libro de Apocalipsis combina varias descripciones del futuro consignadas en los profetas bíblicos, que presentan el juicio sobre las naciones (19:18-21; 20:8-9; *cf.* Jl 3:12; Mi 4:13), la vuelta de estas a Dios (Ap 21:24, 26; *cf.* Is 19:25; Zac 2:11; 8:22-23) y su conversión en vasallas del pueblo de Dios (Ap 21:24-26; *cf.* Is 45:14; 49:23; Dn 7:14).

Para armonizar este tipo de descripciones en el plano teológico hemos de entender al menos algunas de ellas de manera simbólica. Puesto que otra literatura cristiana temprana es unánime en el sentido de que no hay conversión cristiana sin fe en Cristo, y teniendo en cuenta que en

---

importante, la idea de cielos "abiertos" se relaciona con la revelación divina (4:1; 11:19; 19:11; *cf.* Jn 1:51).
17. Pausanias, 2.35.5; 6.20.3; Josefo, *Ant.* 11.327; ver comentario sobre 4:4.

Apocalipsis se describe también la destrucción de las naciones, es probable que esta vuelta de las naciones haga referencia al arrepentido remanente que había entre ellas. Algunos creen que se trata de la mayor parte de los que no son asesinados, y que predice, por tanto, la conversión de una buena parte del mundo (cf. 11:13, si este texto se refiere al mundo y no al pueblo judío). Sin embargo, es posible que únicamente nos recuerde que, como el reino de la bestia está formado por gentes de todos los pueblos, también lo está el de Cristo, y el remanente de todas las naciones lo adorará. La alabanza de las naciones indica que, finalmente, el mundo reconocerá la falsedad de los ídolos y la verdad de Dios, el Cordero y su pueblo.

La ira. Algunos interpretan las copas del furor de Dios como aquella ira de la que Pablo prometió exención a los creyentes, mediante su participación en la resurrección de Cristo (1Ts 1:10; 5:9). Sin embargo, el silogismo que afirma: (1) la tribulación representa la ira de Dios, (2) los santos no experimentarán la ira de Dios, (3) de donde, los santos serán librados de la tribulación, es vulnerable desde un punto de vista lógico. Tenemos el mismo derecho de identificar la "ira" de la premisa (1) con la "ira" de la (2) que para afirmar que los santos han sido destinados a la tribulación (1Ts 3:3), y que, por ello, tienen que pasar por la gran tribulación.

¿Es el sentido de "ira" equivalente en ambos contextos? En los escritos de Pablo, el término "ira" (*orge*) alude a veces a la indignación de Dios en el presente; una ira que no se dirige contra nosotros, pero que experimentamos indirectamente al permanecer dentro del mundo que la recibe (Ro 1:18; Ef 5:6; 1Ts 2:16). Pero, normalmente, Pablo se refiere a la futura ira que se manifestará en la Segunda Venida, a saber, al día del juicio (Ro 2:5, 8; 9:22); en ninguna parte aplica claramente esta expresión al periodo de la tribulación. Cuando Pablo habla de la salvación de la ira, alude a una promesa para todos los creyentes, no solo para los de la última generación (Ro 5:9).

Desde un punto de vista histórico, es ingenuo leer Apocalipsis en los escritos de Pablo, como si los primeros lectores del apóstol hubieran podido hojear fácilmente el texto de Apocalipsis (no escrito aún) para entender su significado. Sin embargo, aunque vayamos directamente al libro de Apocalipsis, este utiliza siempre el mismo término griego (*orge*) para aludir al juicio que traerá la venida de Cristo, y no a los que se producen durante la tribulación (6:16-17; 11:18; 14:10; 16:19; 19:15). El término sinónimo, *thymos*, se aplica a veces al periodo de la tribulación (15:1, 7; 16:1), pero, por regla general, también este se refiere a la ira de la Segunda Venida (14:10, 19; 16:19; 19:15).[18]

Digamos lo que digamos sobre los santos de la tribulación, hemos de precisar que estos no están bajo la ira de Dios, puesto que Cristo murió por ellos (7:14). Si no sufren la ira de Dios durante la tribulación, no hay razón alguna para argumentar que la iglesia tenga que ser arrebatada antes de ella para escapar de la ira de Dios; si ellos van a ser protegidos durante la ira, lo mismo puede decirse de la iglesia. En cualquier caso, estas palabras no ofrecen ningún argumento lógico para defender un arrebatamiento anterior a la tribulación.[19]

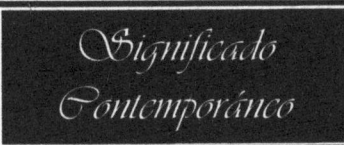

Lucha y victoria espiritual. Este texto, como el resto de Apocalipsis, nos ofrece un gráfico patrón de lucha espiritual: vencemos siendo físicamente derrotados, soportando el sufrimiento del mundo (ver comentario sobre 5:5-6; 7:9-17). Los vencedores nos ofrecen un modelo de fidelidad inquebrantable a Dios y a sus propósitos. "La bestia les ha conquistado en el martirio, sin embargo, en este mismo martirio son ellos quienes *han conquistado a la bestia*, que ha sido completamente incapaz de hacerles negar a Cristo. Esta es su victoria: su lealtad a Cristo en la tribulación".[20]

A los cristianos que luchaban contra el culto imperial en el tiempo de Juan o a aquellos que lo hicieron contra las fuerzas del anticristo en posteriores momentos de la historia, "este canto les ofrece un gran ánimo. La última palabra de la historia no la tienen Satanás y su anticristo, sino el Señor y su Cristo".[21] La iglesia no tiene nada que temer ni en esta era ni en la venidera, puesto que Dios reina eternamente (o, sobre todos los pueblos, dependiendo de la variante que uno prefiera). En palabras de Ladd: "Aun cuando la maldad domina la tierra, cuando el pueblo de Dios es atacado con mayor violencia por Satanás, Dios sigue siendo el 'Rey de los siglos' (Ap 15:3)".[22]

Como Israel en el Éxodo, el pueblo de Dios triunfará de nuevo; la certeza de la nueva redención tiene su origen en nuestra confianza en la

---

18. Sobre la función de la ira de Dios en la literatura apocalíptica en general, ver Talbert, *Apocalypse*, 65.
19. Gundry, *Church and Tribulation*, 44-45.
20. Ladd, *The Last Things*, 70, la cursiva es del autor. *Cf.* Ladd, *Theology*, 625: "Cuando lo que está en juego es el destino eterno de los hombres, el martirio será de por sí una victoria".
21. Beaseley-Murray, *Revelation*, 236-37.
22. Ladd, *Gospel of the Kingdom*, 31.

antigua.²³ Para Juan, las de Moisés y el Cordero no eran dos canciones distintas, como si la redención del Antiguo Testamento y la del Nuevo fueran discontinuas e incompatibles. Como Cordero, Jesús ha llevado a cabo el acto redentor culminante, semejante al cordero pascual del primer Éxodo; el canto de Moisés es, pues, también el del Cordero. Que los vencedores estén de pie en la orilla del mar (15:2) puede indicar nuevamente el triunfo del Éxodo que subyugó incluso al mar (Éx 15:8; Sal 78:13; 89:9-10).

Alabar a Dios. Este himno nos recuerda que hemos de alabar a Dios por su liberación y reconocer su grandeza (15:3-4; sobre lo primero, ver comentario de 5:9-10; sobre lo último, ver el de 4:8). El texto nos invita también a alabar a Dios por sus juicios sobre el mundo (15:1, 3; *cf.* 19:1-6), aunque hemos de matizar cuál es el sentido de esta honra. No se trata de alabanza por el sufrimiento de nuestros semejantes, por cuyo bienestar hemos de esforzarnos y orar (Lc 6:28; 1Ti 2:1-2). Lo que vemos en estos juicios, como en las plagas del primer Éxodo, son actos de liberación a favor del pueblo de Dios; los sufrimientos de esta era son los dolores de parto de otra mejor. Por otra parte, Dios no ve este tipo de actividad de un modo simplemente pasivo (Sof 3:17). Que el templo celestial de Dios esté lleno de gloria (15:8) indica que él celebra el triunfo con nosotros.

Las copas. Que las "copas" se utilicen para aludir tanto a la ira de Dios (15:7) como a las oraciones de los santos (5:8) subraya, probablemente, como antes se ha observado, la importancia de la oración para el modo en que Dios mueve la historia y lleva a cabo sus propósitos. Esto puede sugerir que, antes del fin, Dios pretende levantar no solo una generación de testigos radicales (6:9-11; *cf.* Mt 24:14), sino también un pueblo de oración. Dios utiliza muchas veces la propia oración, movida por su Espíritu, para preparar el cumplimiento de muchos de sus propósitos en la historia (p. ej., Éx 2:23-24; Mt 9:37-38).

Que los juicios (16:1-17) vengan prolongados por una escena del cielo (15:5-8; *cf.* 5:1-2; 8:2) nos recuerda que Dios es soberano. Aun sin ir dirigidas contra cada individuo que las sufre, las catástrofes sirven a menudo como toque de atención para el mundo, vindicando el mensaje de Dios y las oraciones de su pueblo para que este se manifieste a quienes no creen. Estos juicios son, pues, un anticipo del juicio final, y advierten sobre la necesidad de estar preparados antes de que sea demasiado tarde (9:20-21; 16:9).

---

23. Sobre la certeza histórica del primero, ver, p. ej., los comentarios en Kevin D. Miller, "Did the Exodus Never Happen?" *CT* (7 de septiembre 1998), 44-51; Craig Keener y Glenn Usry, *Defending Black Faith* (Downers Grove, Ill.: InterVarsity, 1997), 147-65.

Apocalipsis 16:1-21

Oí una voz que desde el templo decía a gritos a los siete ángeles: «¡Vayan y derramen sobre la tierra las siete copas del furor de Dios!».

² El primer ángel fue y derramó su copa sobre la tierra, y a toda la gente que tenía la marca de la bestia y que adoraba su imagen le salió una llaga maligna y repugnante.

³ El segundo ángel derramó su copa sobre el mar, y el mar se convirtió en sangre como de gente masacrada, y murió todo ser viviente que había en el mar.

⁴ El tercer ángel derramó su copa sobre los ríos y los manantiales, y éstos se convirtieron en sangre. ⁵ Oí que el ángel de las aguas decía:

«Justo eres tú, el Santo,
que eres y que eras,
porque juzgas así:
⁶ ellos derramaron la sangre de santos y de profetas,
y tú les has dado a beber sangre, como se lo merecen».

⁷ Oí también que el altar respondía:

«Así es, Señor, Dios Todopoderoso,
verdaderos y justos son tus juicios».

⁸ El cuarto ángel derramó su copa sobre el sol, al cual se le permitió quemar con fuego a la gente. ⁹ Todos sufrieron terribles quemaduras, pero ni así se arrepintieron; en vez de darle gloria a Dios, que tiene poder sobre esas plagas, maldijeron su nombre.

¹⁰ El quinto ángel derramó su copa sobre el trono de la bestia, y el reino de la bestia quedó sumido en la oscuridad. La gente se mordía la lengua de dolor ¹¹y, por causa de sus padecimientos y de sus llagas, maldecían al Dios del cielo, pero no se arrepintieron de sus malas obras.

¹² El sexto ángel derramó su copa sobre el gran río Éufrates, y se secaron sus aguas para abrir paso a los reyes del oriente. ¹³ Y vi salir de la boca del dragón, de la boca de la bestia y de la boca del falso profeta tres espíritus malignos que parecían ranas. ¹⁴ Son espíritus de demonios que hacen señales milagrosas y que salen a reunir a los reyes del mundo entero para la batalla del gran día del Dios Todopoderoso.

¹⁵ «¡Cuidado! ¡Vengo como un ladrón! Dichoso el que se mantenga despierto, con su ropa a la mano, no sea que ande desnudo y sufra vergüenza por su desnudez».

¹⁶ Entonces los espíritus de los demonios reunieron a los reyes en el lugar que en hebreo se llama Armagedón.

¹⁷ El séptimo ángel derramó su copa en el aire, y desde el trono del templo salió un vozarrón que decía: «¡Se acabó!». ¹⁸ Y hubo relámpagos, estruendos, truenos y un violento terremoto. Nunca, desde que el género humano existe en la tierra, se había sentido un terremoto tan grande y violento. ¹⁹ La gran ciudad se partió en tres, y las ciudades de las naciones se desplomaron. Dios se acordó de la gran Babilonia y le dio a beber de la copa llena del vino del furor de su castigo. ²⁰ Entonces huyeron todas las islas y desaparecieron las montañas. ²¹ Del cielo cayeron sobre la gente enormes granizos, de casi cuarenta kilos cada uno. Y maldecían a Dios por esa terrible plaga.

En respuesta a la adoración de los mártires (15:3-4), siete ángeles traen las siete copas de la ira de Dios como otro rito de adoración (15:5-7). En este versículo, las copas que evocan las plagas del Éxodo se derraman sobre el mundo impenitente.

Más plagas (16:1-11)

Se escucha una voz "desde el templo" (16:1), el santuario celestial que se acaba de mencionar (15:5-8). Para los judíos, lo más natural sería pensar en la voz de Dios que, en ocasiones, se había hecho oír en el templo. En Apocalipsis abundan las voces procedentes del cielo (10:4, 8; 11:12; 12:10; 19:5; 21:3), que en ocasiones representan a Cristo (1:12-13; 4:1), aunque no siempre (14:2). Los impíos han hollado el templo terrenal (11:2) y, por ello, sale el juicio del templo celestial (11:19; 14:15, 17; 15:5-16:1; 16:17). Las "siete copas del furor de Dios" representan vasijas que se usaban en el templo, puede que para las libaciones de incienso (ver comentario sobre 15:7).¹ Las copas se parecen mucho a las trompetas, incluso en el orden que siguen, las diferencias son solo

---

1. El "derramamiento" de la ira de Dios es una expresión común en el Antiguo Testamento (he contado por encima casi treinta ejemplos: p. ej., 2Cr 12:7; 34:21, 25; Jer 6:11; 7:20; 10:25; 42:18; 44:6; Ez 20:8, 13, 21, 33-34; 30:15; Dn 9:11, 27; Os 5:10; Nah 1:6). Una de estas menciones está específicamente en el contexto de la protección de Dios hacia los suyos (Ez 9:8), y otra alude al derramamiento de sangre inocente (36:18).

"variaciones sobre temas comunes", aunque las copas subrayan la rebelión de la humanidad y se extienden a las zonas sobre las que se han derramado los juicios de las trompetas.[2]

La mayoría de las copas, como las trompetas, recuerdan a las plagas del Éxodo: llagas (16:2), el agua convertida en sangre (16:3-4) y la oscuridad (16:10, y en este caso su antítesis (16:9). Al evocar las plagas, esta serie de juicios recuerda también a los creyentes que Dios los protegerá de sus juicios escatológicos como lo hizo con Israel en Gosén durante las plagas (7:1-8; 12:6, 16). Las dos últimas copas representan la prometida batalla escatológica y el cumplimiento de las promesas divinas.

La plaga del agua convertida en sangre se repite para enfatizar esta cuestión (16:3-4), para demostrar lo apropiado del juicio de Dios (16:5-7).[3] El pueblo judío creía que Dios había asignado varios ángeles para supervisar diferentes elementos de la naturaleza (algo que los griegos atribuían a los dioses o a otros espíritus); en este texto "el ángel de las aguas", cuyos dominios fueron convertidos en sangre, alaba la justicia de Dios (16:5-6).[4]

La alabanza del ángel y el altar es el rasgo más sorprendente de estos juicios que añade otro elemento a lo que el oyente ya experimentó en los juicios de las trompetas (16:5-7). La recitación de la justicia y la santidad de Dios (16:5) desarrolla el canto de Moisés en 15:3-4, que también comenta los juicios de Dios. La base para reconocer aquí la santidad y justicia de Dios es su juicio ("porque juzgas así", 16:5; de nuevo en 19:2).

La mayoría de los judíos conocían la historia de Tobit, con su clamor, "Tú eres justo, Señor; todo lo que haces es justo [...]. Tú procedes siempre con amor y fidelidad. Tú eres el juez del mundo" (Tob. 3:2). Sin embargo, mientras que las palabras de Tobit sobre la justicia de Dios subrayan el perdón de su pueblo (3:3-4), nuestro pasaje pone de

---

2. Beaseley-Murray, *Revelation*, 238-39; *cf.* también Beale, *Revelation*, 809-10.
3. Sobre tradiciones judías que subrayan el clamor vindicatorio implícito en la sangre de los mártires justos, mencionando a veces surtidores reales de sangre, ver citas en Craig S. Keener, *Matthew* (Downers Grove, Ill.: InterVarsity, 1997), 341; ídem. *A Commentary on the Gospel of Matthew* (Grand Rapids: Eerdmans, 1999), 956-57.
4. Sobre ángeles de la naturaleza, ver Jubileos 2:2; 1 Enoc 20:2; y otras referencias aportadas en el comentario de Apocalipsis 14:18. El plural "ríos" posiblemente refleja las palabras de Éxodo 7:19 o Salmos 78:44.

relieve su justicia al castigar a los impíos (16:5-6).[5] Del mismo modo que los enemigos de Dios "han derramado" sangre (16:6), él "derrama" juicios (16:1-17), que incluyen sangre (16:3- 4); Dios venga la represión de que son objeto sus siervos, dando cumplimiento a las expectativas de sus mártires (6:9-11; 14:20; 17:6; 18:24). La pertinencia de juzgar con sangre a aquellos que derramaron sangre encaja también con la tradición judía en el sentido de que Dios convirtió el Nilo en sangre para vengar el asesinato de los niños israelitas, perpetrado por los egipcios (Sab. 11:6-7).[6]

No hay duda de que "el altar" confirma la justicia de Dios (16:7), porque recoge las oraciones de los santos (sea el altar del sacrificio [6:9] o el del incienso [8:3, 5]); por ello participa en el juicio (9:13; 14:18). Este texto recuerda el canto de Moisés en 15:3: Dios es lo suficientemente poderoso ("Señor Dios Todopoderoso") para llevar a cabo sus juicios "justos y verdaderos".

El sol abrasador y la oscuridad (16:8-10) recuerdan la plaga veterotestamentaria de la oscuridad, un juicio sobre el dios solar egipcio Amon-Ra; puede que evoquen también otros acontecimientos del Éxodo.[7] Que la oscuridad cause dolor (16:10) puede aludir a las tinieblas del tiempo de Moisés, que podían palparse (Éx 10:21; *cf.* Sal 107:10).[8] Sin

---

5. Algunos proponen que en este versículo Juan omite la cláusula "que ha de venir" de 16:5 (que en 1:4, 8; 4:8 acompaña a "que eres y eras"), porque el Señor no es ya el que "viene" sino que actúa ahora en juicio (*cf.* Gerhard Delling, "Zum Gottesdienstlichen Stil her Johannes-Apokalypse", *NovT* 3 [1959]: 107-37); no se trata, sin embargo, del juicio final ni tampoco deja de ser Señor del futuro; la omisión podría, por tanto, ser casual.
6. Sobre "merecer" estos castigos, ver también Sab. Sal. 16:1, 9; 18:4; 19:4; *cf.* también *Ex. Rab.* 9:10; contrastar con Ap 3:4. Sobre juicios también apropiados y que tienen que ver con carne o sangre, ver Is 49:26; Josefo, *Guerra* 6.216; *Lv. Rab.* 33:6; Homero, *Il.* 16.459. Sobre devorar personas, *cf.* 1 Enoc 103:11, 15; sobre el derramamiento de sangre como juicio, *cf.* 1 En. 94:9; respecto a beber sangre como metáfora alusiva al asesinato, ver Suetonio, *Tib.* 59.
7. J. Massyngberde Ford, "The Structure and Meaning of Revelation 16", *ExpTim* 98 (1987): 327-30, ve en la cuarta y quinta copas el contraste entre la columna de fuego y la oscuridad, en la sexta (como opción más probable) una alusión al cruce del mar Rojo y en la séptima una alusión a la teofanía de Sinaí. Aune, *Revelation*, 2:889, menciona el mito griego en que Faetón abrasó accidentalmente la tierra conduciendo el sol como un carro.
8. Algunos rabinos posteriores afirmaban que las tinieblas mataban a los impíos, aun en Israel (*Pes. Rab. Kah.* 5:9; *Cnt Rab.* 13, §1). El "trono" de la bestia (16:10; *cf.* 2:13) contrasta con el de Dios (4:2); su "reino" (16:10) pasará a ser de Dios (11:15; es posible que el singular refleje la pretensión de la bestia de controlar todo el mundo).

embargo, en lugar de entender la justicia de Dios y responder con arrepentimiento, los que sufren esta ira se endurecen contra Dios y redoblan sus blasfemias (16:9, 11; cf. 9:20-21; 16:21; sobre esta cuestión, ver comentario de 13:1, 6).

Apresurarse hacia el juicio (16:12-21)

La expresión "el gran río Éufrates" (16:12) trae a la mente la aterradora imagen de 9:14, igual que "abrir paso" (lit. preparar el camino) evoca el acento del mismo pasaje en el sentido de que, en su momento, Dios ejecutará su juicio (la expresión "habían sido preparados" [9:15] traduce el mismo verbo griego que aquí). Aunque en Oriente Medio muchos ríos se secaban ocasionalmente, esto nunca había sucedido, hasta donde se sabe, con el enorme Éufrates bajo circunstancias naturales. Este hecho aumenta el terror de la imagen y es prueba del juicio de Dios (Is 50:2; Os 13:15; Nah 1:4).[9]

Los antiguos oyentes judíos habrían entendido rápidamente la imagen de un río que se seca como invitación a la invasión; una tradición judía afirmaba que un río tenía que congelarse para permitir la invasión de Asia (Or. sib. 4.464-67), y algunos judíos esperaban que Dios dividiera el curso del Éufrates para que las diez tribus "perdidas" regresaran a su tierra (4 Esd. 13:43-47; cf. Is 11:15-16).[10] No cabe duda de que la partición del Jordán fue, para Israel, una invitación a la conquista de Canaán (Jos 3:14-17; 4:23–5:1).[11] Sin embargo, como se ha observado antes (9:14), los pueblos del antiguo Mediterráneo recordaban especialmente al Éufrates como la frontera entre los imperios romano y parto. Las gentes creían que Nerón llevaría a los reyes del Este al otro lado del Éufrates para infligir su venganza sobre Roma (ver comentario sobre 9:14-16; 13:1-4).[12]

Puede que el texto sugiera que el dragón, la bestia y el falso profeta son una especie de Trinidad satánica (ver comentario sobre 13:11-12). Las ranas que les salen de la boca pueden aludir a otra de las plagas egipcias (Éx 8:2-13; Sal 78:45; 105:30); sin embargo, como sucede

---

9. Aune, *Revelation*, 2:890-91.
10. Beale, *Revelation*, 827, observa también la desviación del Éufrates por parte de Ciro para permitir la inesperada captura de Babilonia (Herodoto, 1.190-91; Jenofonte, *Ciropedia* 7.5.1-36; profetizada en Jer 50:38; 51:36).
11. Cf. Fekkes, *Isaiah*, 201-2. Algunas de estas tradiciones judías pueden reflejar más la promesa de que el Éufrates constituye una frontera para el imperio de Israel (Gn 15:18; Éx 23:31; Dt 11:24).
12. Ver también, Talbert, *Apocalypse*, 74; Kraybill, *Imperial Cult and Commerce*, 162-64.

también con la plaga de langostas (Éx 10:13-14; Ap 9:3), en el simbolismo de Apocalipsis se le da un sentido distinto. Las ranas son tres, porque salen de tres bocas, y este hecho indica, posiblemente, que se trata de propaganda (13:2, 5-6; contrastar con 14:5). Finalmente, sin embargo, las ranas no pueden competir con la verdad de Dios como espada que sale de la boca del Verbo hecho carne (1:16; 19:15).

Se trata de una imagen grotesca; en la antigüedad, las ranas se consideraban, por regla general, como animales impuros, repugnantes y perversos.[13] Las ranas representaban un terrible presagio, especialmente cuando saltaban de la boca de otra criatura.[14] Un escritor cercano al tiempo de Juan observó, en tono de burla, que Nerón casi se reencarnó en una víbora; sin embargo, misericordiosamente se le permitió convertirse en rana para poder seguir cantando.[15] Algunos judíos esperaban también la liberación de más demonios en el tiempo del fin (16:14; 2 Bar. 27:9). Estos "espíritus de demonios" llevan a cabo persuasivas "señales milagrosas" (Ap 16:14), como la bestia a la que sirven (13:13-14).

A continuación, el diablo y sus agentes reúnen a las naciones para enfrentarse al único Dios verdadero, aunque en realidad se estaban reuniendo simplemente para el gran día de Dios, es decir, para su destrucción (16:14; *cf.* 19:11-18; 20:8-9). La reunión de los impíos para su destrucción es una imagen escatológica típica (Jl 3:10-16; Mi 4:11-13; Sof 3:8; Zac 12:3-4; 14:2-3).[16]

La proclamación de este anuncio resulta un momento apropiado para que Juan recuerde a sus oyentes que Jesús vendrá como ladrón (16:15), como ya dijo anteriormente (3:3) y como la mayoría de los primeros cristianos parecen haber sido advertidos (Mt 24:43; Lc 12:39; 1Ts 5:2,

---

13. Ovid. *Metam.* 6.370-81. Sobre su pantanoso hábitat, ver Pseudo Hesíodo, *Batalla de ranas y ratones* 56-64; Babrio 120. Sobre espíritus que surgen de la boca o la nariz, ver Aune, *Revelation*, 2:894.
14. Apuleyo, *Metam.* 9.34. En sueños podrían interpretarse como símbolos de estafadores y mendigos (Artemidoro, *Oneir.* 2.15). En la religión persa (Beaseley-Murray, *Revelation*, 244) y en algunas otras culturas estos se relacionan con el mal (Catherine Berndt, "The Role of Native Doctors in Aboriginal Australia", 264-82 en *Magic, Faith, and Healing*, ed. Ari Kiev [Nueva York: Free Press, 1964], 227).
15. Plutarco, *Venganza divina.* 32, *Mor.* 567F-68A.
16. *Cf.* asimismo 1QM 15.3; 4 Esd. 13:33-34; sobre naciones reunidas contra Babilonia u otros enemigos de Israel, ver Jer 49:14; 50:29. En 1 En. 56:5-7, unos ángeles incitan a los partos en el Este y un espíritu los dirige a Tierra Santa hasta que son derrotados. Sobre otras agrupaciones de los malvados, ver Is 43:9; 66:18; 1 Enoc 100:4; Mt 3:12; 13:41; 24:39-41; 25:32.

4; 2P 3:10). Aludiendo de nuevo a esta advertencia anterior (especialmente severa para la durmiente iglesia de Sardis), Juan insiste en que aquellos que sean hallados desprevenidos se verán desnudos en lugar de andar con Jesús vestidos de blanco (cf. Ap 3:4-5, 17-18); la desnudez representaba una gran vergüenza para el pueblo judío.[17] El justo ha de seguir siéndolo sin comprometer sus convicciones, porque se acercan tiempos terribles; pero Jesús vendrá cuando el mundo parece no esperarlo.

El significado del nombre "Armagedón" —lo más probable es que sea "monte Meguido" en hebreo— es oscuro. Meguido estaba en una llanura (2Cr 35:22; Zac 12:11) más que en una montaña (aunque estaba sobre el nivel del mar y cerca de una zona montañosa), pero la geografía apocalíptica permitía bastante flexibilidad simbólica. El valle de Meguido fue escenario de algunas importantes batallas de la historia (Jue 5:19; 2R 23:29) y estaba ubicado estratégicamente para otras que vendrían más adelante. Aunque la imagen de un valle habría sido efectiva para representar el juicio escatológico (Jl 3:12, 14), Meguido puede aludir aquí a un monte para simbolizar su tamaño o como contraste con el monte Sión (21:10), donde en ciertas tradiciones el Mesías se enfrentaría al conjunto de las naciones (4 Esd. 13:34; cf. Ap 14:1).[18]

---

17. Ver Jub. 3:21-22, 30-31; 7:8-10, 20; 1QS 7.12; tos. Ber. 2:14; Sifre Dt. 320.5.2. Hay una tradición judía en el sentido de que los guardias que se duermen durante el periodo de vigilancia serán apaleados, y si esto sucede una segunda vez se los desnudará y se les quemará la ropa (Ford, *Revelation*, 263). Obsérvese la amenaza de Dios a Babilonia de que será desnudada por su infidelidad (cf. Is 20:4; 47:1-3; Ap 17:16) y que los amantes de Judá descubrirán su desnudez (Ez 16:37). Según parece, la desnudez era un castigo por la infidelidad en el periodo del Antiguo Testamento (ver Jer 13:22, 26-27; Lm 1:8; Ez 23:26-29; Os 2:3; Cyrus H. Gordon, *The Ancient Near East* [Nueva York: W. W. Norton, 1965], 229-30), algo apropiado para los aliados de la "prostituta" de Apocalipsis.

18. Algunos han identificado esta montaña con el monte Carmelo, donde Elías confrontó a los profetas de Baal (William H. Shea, "The Location and Significance of Armageddon in Rev 16:16", *AUSS* 18 [1980]: 157-62); otros la han vinculado con la traducción "cortado" de la LXX en Zac 12:11 (Hans K. LaRondelle, "The Etymology of Har-Magedon [Rev 16:16]", *AUSS* 27 [1989]: 69-73, probablemente inaccesible para los receptores de Juan); la han ligado con el *har mo,ed*, "monte de la congregación" en Is 14:13 (Rissi, *Time and History*, 84; ver, sin embargo Fekkes, *Isaiah*, 202-3), que puede simbolizar al monte de Sión (Roland E. Loasby, "'Har-Magedon' According to the Hebrew in the Setting of the Seven Last Plagues of Revelation 16", *AUSS* 27 [1989]: 129-32; Meredith G. Kline, "Har Magedon: The End of the Millennium", *JETS* 39 [junio 1996]: 207-22; algo lógico, aunque requiere ciertas conexiones inasequibles para muchos de los receptores de Juan); otros la ven como la ubicación escatológica de una matanza (Magog en Ez 38:8-39:16).

La séptima copa derramada "en el aire" (16:17) alude al juicio, bien sobre el aire (*cf.* vientos en 7:1) o sobre todo el mundo en el "reino del aire" (el más bajo de los cielos en el pensamiento grecorromano).[19] En cualquier caso, esto le recuerda al lector la permanente soberanía de Dios sobre el cosmos. Con este juicio, el ángel puede decir "¡Se acabó!" (16:17), como en la última trompeta (10:7) y en la consumación del plan de Dios para la historia implícita en la nueva creación (21:6).

Los truenos, relámpagos y terremoto (16:18) sugieren una revelación de la gloria de Dios como en Sinaí (Éx 19:16; ver comentario sobre 4:5; *cf.* 8:5; 11:19); pero el terremoto indica también el fin de la era (6:12; 11:13).[20] La "gran ciudad" que se dividió en tres partes (16:19) podría ser Jerusalén, si es la misma "gran ciudad" de 11:8, 13; sin embargo, en este pasaje solo una décima parte de la ciudad queda destruida por un terremoto (si entendemos literalmente los detalles del texto). La otra "gran ciudad" es Babilonia, a la que se llama "Babilonia la grande" (14:8; 17:5; 18:2) y "la gran ciudad" (17:18; 18:10, 16, 18-21); puesto que inmediatamente después de esto se alude a "la gran Babilonia" (16:19), no hay duda de que aquí se refiere a esta (que simboliza Roma).[21] La ciudad bebe ahora la copa de la ira de Dios (*cf.* 14:8-10), una oportuna imagen para alguien descrito como sexualmente infiel (Nm 5:23-24).

Algunos alegorizan la desaparición de los montes (16:20), conectándola con la adoración de los ídolos en el antiguo Israel (Ez 6:3, 13-14), pero se ven después en apuros para explicar el sentido de las islas (Ap 16:20).[22] Sin embargo, la remoción de islas y montes, como en 6:14, es solo parte de la imagen del dramático juicio cósmico (Is 42:15; 64:1-3; Nah 1:5-6), especialmente apropiado para el tiempo del fin (Ez 38:19-20; Mi 1:3-4; Zac 14:5; 1 En. 1:6-7).

---

19. Sobre el "aire" como la esfera más baja de los cielos, ver Cicerón, *De nat. deor.* 2.26.66; 2.36.91; *PGM*, 1.179-82; 4.3043-44; 12.67; Filón, *Gigantes* 9; *Som.* 1.135.
20. Amos Nur y Hagai Ron, "Earthquake! Inspiration for Armageddon", *BAR* 23 (jul., 1997): 48-55, observan que Meguido, a la que posiblemente se acaba de aludir en 16:16, era conocida por su gran propensión a los terremotos. La pregunta es, sin embargo, ¿esperaba Juan que la mayoría de sus oyentes supieran esto?
21. Sobre la caída de Babilonia por medio de un terremoto y un ataque parto, ver Or. sib. 5.34-44.
22. Caird, *Commentary on Revelation*, 209, que solo puede sugerir las islas como una referencia a la detención (1:9). La conexión que establece Caird de una montaña con Babilonia en 17:9 ignora el paralelismo con la nueva Jerusalén en 21:10.

Como en 8:7, el "granizo" (16:21) recuerda la plaga que destruyó las cosechas egipcias (Éx 9:18-34), una catástrofe lo suficientemente severa como para acabar con la vida de quienes fueron sorprendidos por ella (9:19). Pero este es un juicio que se produce al final de la era y no hay que ser experto en física para entender que la caída de piedras de granizo de "casi cuarenta kilos" es mortal para cualquiera que reciba el impacto de una de ellas.[23] No obstante, en contraste con los arrepentidos de Jerusalén (11:13), los habitantes de Babilonia se endurecen y maldicen más a Dios cuando sufren los juicios (16:21), mostrando que no han aprendido nada de su contumacia durante las plagas anteriores (16:11).[24] El mundo muere en su pecado, sin querer arrepentirse.

Sobre identificar los juicios. Los que se sienten tentados a aplicar los juicios de uno en uno pueden experimentar problemas para diferenciarlos entre sí; intentar relacionarlos con determinados acontecimientos del pasado es aún más difícil. Con esto no pretendo negar que muchas veces se haya intentado establecer este tipo de correspondencias. Jonathan Edwards reconoció los paralelismos entre las plagas de Egipto y las del periodo del anticristo, pero creía que la primera copa fue "derramada en los días de Wycliff, Hus y Jerónimo de Praga, [y] la segunda en la Reforma".[25]

Pero no deberíamos conceder un sentido excesivo a la secuencia de los juicios individuales, ya que fueron concebidos para leerse como una serie. Probablemente no pretenden predecir una cronología o historia, sino resumir la clase de juicios que Dios inflige a la humanidad; es decir, el Dios que actuó poderosamente en el Éxodo es el Dios que todavía actúa en la historia. Sigue teniendo a sus Moisés para que hablen en su nombre (11:5-7); sin embargo, envía sus juicios siempre que el mundo, como Faraón, endurece su corazón y se niega a dejar de oprimir a las personas.[26]

En el siglo XIX la mayoría de los protestantes identificaban a los reyes del oriente con los turcos o con las tribus perdidas de Israel. Tras

---

23. Ford, *Revelation*, 265, compara los efectos destructivos de las piedras de aproximadamente este peso lanzadas con catapultas en Josefo, *Guerra* 5.270-73.
24. Rissi, *Time and History*, 11, también subraya este contraste.
25. Petersen, *Preaching in the Last Days*, 232.
26. Los rabinos de periodos posteriores reconocían también que Dios golpeó a Faraón por lo que este había hecho a Israel (*Nm. Rab.* 10:2).

el colapso del Imperio turco otomano, Japón se convirtió en el nuevo preferido del movimiento profético hasta el fin de la Segunda Guerra Mundial. Tras la derrota de Japón y la ascensión de la China comunista, este "peligro amarillo" se ha convertido en el nuevo telón de fondo para las modernas interpretaciones occidentales de los "reyes del oriente".[27] Desde este punto de vista, la invasión de la China comunista y el resto de Asia hará necesaria la movilización de un ejército del resto del mundo para hacerle frente.[28]

Esta perspectiva refleja una total ignorancia de lo que el río Éufrates representaba para los oyentes de la antigüedad en el mundo mediterráneo. Por supuesto, los partos no existían ya como reino; sin embargo, el equivalente geográfico estaría más en la zona de Irán e Iraq que de China. El poder militar de China es ciertamente colosal y su papel en futuras batallas no puede descartarse. Lo que quiero decir es, sin embargo, que no hay nada en este texto que señale el papel de Asia oriental y meridional en general o el de China en particular; esta lectura de "los reyes del oriente" es una conjetura general que se basa en la suposición de que la actual disposición de los poderes del mundo es la última, e ignora por completo el modo en que esta expresión se utilizaba en el mundo antiguo.

Reducir los prejuicios. Muchas personas de nuestra cultura tienen prejuicios antiasiáticos, lo cual nos obliga a tener cuidado sobre cómo explicamos y aplicamos los textos bíblicos para no dar alas a este tipo de prejuicios. Como ejemplo de este tipo de prejuicio, podemos considerar el caso de Vincent Chin, un ciudadano estadounidense de origen chino que en junio de 1982 tenía veintisiete años y le faltaban nueve días para casarse. Algunos exempleados de Chrysler en Detroit, pensando erróneamente que Chin era japonés, y culpando a Japón de su desempleo, lo mataron golpeándolo con un bate de béisbol. Mientras se desvanecía, les dijo cargado de razón: "no es justo". Aunque más adelante recibieron sentencias más duras, en el primer juicio solo se condenó a los asesinos a tres años de libertad condicional y una multa de 3.780 dólares cada uno.[29]

---

27. Ver Kyle, *The Last Days*, 111; sobre la idea que los reformadores tenían de los turcos (los identificaban con Gog, aliados del anticristo), ver *ibíd.*, 61.
28. Lindsey, *New World Coming*, 225; Jack T. Chick, *Kings of the East* (Chino, Calif.: Chick Publications, 1975).
29. Andrew Sung Park, *Racial Conflict and Healing* (Maryknoll, N.Y.: Orbis, 1996), 16-17.

Por otra parte, aplicar específicamente este pasaje a Irán o Iraq, aunque más apropiado desde un punto de vista geográfico, es también cuestionable; tal aplicación no habría tenido sentido para todas las generaciones de la historia. El que pueda o no tener aplicación en algún punto depende de si Juan utiliza simplemente a los partos para simbolizar una aterradora invasión en general o más en concreto una invasión literal desde el otro lado del Éufrates. No hay duda de que los "partos" de 9:14-19 eran juicios simbólicos y combinados, sin embargo, es posible que aquí se trate de una invasión más específica; la geografía de Tierra Santa permite ciertamente una invasión desde el Este. Aunque el principio de la invasión está claro, el modo en que se cumplirán muchas de las profecías bíblicas es bastante oscuro hasta que se produce el cumplimiento. En cualquier caso, como cristianos hemos de tener mucho cuidado de no promover la aversión hacia personas por las que Cristo murió, convirtiendo las imágenes joaninas de terror hacia Roma en invitaciones a los prejuicios.

Un escritor conservador bautista observa que la guerra con Iraq de 1991 lo desafió a recordar que tenemos una ciudadanía celestial superior a cualquier lealtad terrenal; cuando comenzó la guerra, uno de sus amigos era capellán del ejército de los EE.UU., y otro, obrero cristiano iraquí y sirviendo al Señor en Bagdad. Tenía amigos de ambos países por los que orar.[30] En cualquier caso, la Escritura sugiere que Dios reunirá a todas las naciones para este juicio, no solo a "los reyes de oriente" (16:14; *cf.* Jl 3:10-16).

Significado Contemporáneo

El juicio de Dios y su propósito. Este pasaje anuncia que los juicios de Dios son justos; el mundo oprime a los hijos de Dios y después se pregunta por qué sufren tanto. A muchas personas de nuestro tiempo no les gusta hablar del juicio divino; según su punto de vista, los dioses no están para estas cosas. Pero la teología de Papá Noel "no puede afrontar la realidad del mal" o de los sufrimientos aparentemente absurdos. Hacer a Dios bondadoso pero nunca firme (como han hecho tantos liberales) es "negar su omnipotencia y señorío" sobre un mundo lleno de sufrimientos; afrontar este tipo de adversidades sin la certeza de que Dios tiene un propó-

---

30. A. Charles Ware, *Prejudice and the People of God* (Indianapolis: Baptist Bible College of Indianapolis, 1998), 77.

sito en ellas conduce al fatalismo.³¹ Un Dios que nunca inflige juicios colectivos sobre el mundo no es el Dios de la Escritura, sino un ídolo hecho por nosotros. Como observó A. W. Tozer: "cuando Dios actúa en justicia no lo está haciendo para adaptarse a un criterio independiente, sino que simplemente actúa según su propia naturaleza en una determinada situación".³²

Con esto no pretendo decir que cada sufrimiento a nivel individual constituya un juicio; una persona puede experimentar una clase específica de sufrimiento como un juicio mientras que otra pasa por la misma experiencia entendiéndola como una prueba de fe. Los propios sufrimientos no revelan su propósito, pero sí dirigen nuestra atención al Dios que puede hacernos comprender sus propósitos (ver la sección "Significado Contemporáneo" de 6:1-8).

Dios no solo envía juicios para vindicar a su pueblo oprimido (6:9-11; 8:3-6), sino también para llamar la atención del mundo y ofrecer a las personas la oportunidad de arrepentirse (16:9, 11, 21). No es demasiado sorprendente que muchas personas no se arrepientan cuando afrontan el juicio (16:9). Un superviviente de un accidente de aviación relata que siempre había creído que, en los últimos momentos de su vida, las personas suplicarían a Dios, pero se sintió perplejo al oír a muchos responder con maldición, siguiendo los hábitos que habían desarrollado durante toda su vida. Ya sea que Dios actúe con justicia o con misericordia, algunos se niegan a creer (16:9). Son como los impíos que tomaron a broma las advertencias de Lot sobre el inminente juicio (Gn 19:14), y cuando este intentó evitar una violación homosexual, fue acusado de querer erigirse como juez (19:9).

Que el mundo muera impenitente ante los juicios de Dios (16:9, 11, 21) pone de relieve su obcecación y la profundidad de la rebeldía humana contra él.

Con la intención de ilustrar esta misma cuestión, C. S. Lewis teorizó que quienes a lo largo de su vida habían vivido entregados al pecado no escogerían la vida ni siquiera cuando se vieran eternamente apartados de Dios.³³ Aunque esta perspectiva no coincide literalmente con lo que

---

31. J. I. Packer, *Knowing God* (Downers Grove, Ill.: InterVarsity, 1993), 160.
32. A. W. Tozer, *The Knowledge of the Holy* (Nueva York: Harper & Row, 1961), 93. Hay más comentarios sobre los juicios en la sección "Significado Contemporáneo" de 8:7-12.
33. C. S. Lewis, *El gran divorcio: un sueño*, Nueva York: Rayo, 2006, esp. 6-9 del original en inglés..

leemos en la Escritura sobre el infierno, sí ilustra la cuestión de aquellos que desean distanciarse de Dios en esta vida.

Propaganda y verdad. El hecho de que las bestias se sirven de propaganda perniciosa para reunir a las naciones para la batalla final contra Dios y su pueblo (16:13; *cf.* 13:1, 6) encaja también con nuestra experiencia como cristianos en este mundo, ya sea en el ámbito profesional, académico o incluso en el de iglesias donde la calumnia campa por sus fueros. Los horribles delitos como los abusos de miembros de la propia familia son una atroz realidad, pero el pecado simplemente se complica cuando se mancha la reputación de dirigentes piadosos con falsas acusaciones, como en un par de casos que conozco de primera mano. La alarma social que provocan estos abusos es tan grande que los acusados han sido en ocasiones declarados culpables antes de haberse evaluado detenidamente las pruebas, a veces basándose en lo que se ha dado en llamar "memorias recuperadas".[34] Si las falsas acusaciones pueden destruir a un nivel menor, no debe entonces sorprendernos que se produzcan en un plano más amplio.

Los opresores (quienes maltratan a sus esposas o hijos, violadores, ladrones, dictadores, terroristas etc.) utilizan muy a menudo el engaño para encubrir sus actos perversos o para conseguir que todos los demás piensen que puede haber "verdad en ambos lados". Puesto que, ciertamente, a veces hay verdad en ambos lados y que, por otra parte, la cultura relativista es cada vez más escéptica sobre las declaraciones de verdad, los opresores pueden generar la percepción de ambigüedad moral, algo que lleva al error de quienes han de administrar justicia. Los cristianos han de poner al descubierto los engaños (Ef 5:11-13) y no expresarse de forma equívoca ante la falsedad y la injusticia.[35]

---

34. Ver "Anatomy of an Abuse Case", *NW* (26 de julio 1993), 52-53; "Was It Real or Memories?" *NW* (14 de marzo 1994), 54-55; "Misty, Watercolored Memories", *NW* (13 de diciembre 1993), 68-69; Jon Meacham, "Trials and Troubles in Happy Valley", *NW* (8 de mayo 1995), 58-60; y la historia de los hermanos Menéndez, en la década de 1990. *Cf.* también Reinder Van Til, *Lost Daughters: Recovered Memory Therapy and the People It Hurts* (Grand Rapids: Eerdmans, 1997), y las fuentes que se citan en esta obra. Quiero decir, de nuevo, que no pretendo minimizar el terrible impacto del verdadero abuso, que lamentablemente es común.

35. Sobre soluciones contra la opresión de los dictadores y otros que ocupan posiciones de poder, ver Gary Haugen, *Good News About Injustice* (Downers Grove, Ill.: InterVarsity, 1999), 142-53; sobre la utilización del engaño por parte de los opresores para producir dudas, ver *ibíd.*, 129-41. Un coronel nigeriano fue torturado hasta que estuvo dispuesto a denunciar (falsamente) a un antiguo jefe de estado; su denuncia llevó al encarcelamiento de este último bajo el dictador Abacha (ver Olusegun Obasanjo, *Guides to Effective Prayer* [Abeokuta: Olusegun Obasanjo, 1998], 7-8).

En plena guerra fría, los dirigentes estadounidenses presentaban a la Unión Soviética como un imperio totalmente perverso; tras su colapso, Rusia se convirtió en destino de las inversiones comerciales norteamericanas, y el enemigo pasó a ser los regímenes expansionistas del Medio Oriente y ciertos grupos terroristas islámicos. Aunque en estos lugares existe verdadera maldad, no hay duda de que pueden caricaturizarse de tal modo que todos los soviéticos o musulmanes parezcan iguales. En los Estados Unidos, y aun con nuestra libertad de prensa, la verdad puede manipularse para galvanizar a las masas y conseguir que actúen de un mismo modo, especialmente en tiempos de guerra.

¡Se trata, sin embargo, de personas que los cristianos somos llamados a amar! ¿Podemos realmente conformarnos teniendo un cierto conocimiento de los bloques políticos mientras permanecemos ignorantes sobre quienes los forman? Los musulmanes crecen a menudo oyendo falsedades sobre el cristianismo; un hombre de negocios saudí agotó pronto sus objeciones hacia el cristianismo tras mis respuestas a la falsa propaganda que había escuchado desde su infancia. Muchas veces se suscita la animosidad entre razas y tribus mediante relatos de atrocidades cometidas que, sean verdaderas o falsas, no pueden condenar de un plumazo a todos los individuos, pero que a menudo generan nuevas masacres como respuesta.[36] En este mundo, el engaño es un juego letal y los cristianos han de trabajar con diligencia para revelar la verdad.[37]

No somos nada ante Dios. La "gran ciudad" (16:19) recibe su juicio. Esta ciudad representa al mundo en su pompa y solemnidad; el poder de imperios como Egipto, Asiria, Mali y otros no son ahora sino recuerdos y las glorias del antiguo Imperio británico y de la Unión Soviética desaparecen rápidamente. Lo más imponente del poder humano sigue siendo, cuando menos, pretencioso, nada ante Dios. Haremos bien, por tanto, en recordar que no somos nada delante de él (1Co 8:2; 2Cor 12:11; Gá 6:3), y por tanto, hemos de depender únicamente de su poder (2Co 12:9-10; 13:4).

---

36. Tomemos, por ejemplo, los largos recuerdos en Serbia y Bosnia (sobre la volátil propaganda religiosa en estos países, ver Michael Sells, "Bosnia: Some Religious Dimensions of Genocide", *Religious Studies News & Notes* [mayo 1994], 4-5); o las ideologías supremacistas que fomentaron el colonialismo en África (ver Glenn Usry y Craig Keener, *Black Man's Religion* [Downers Grove, Ill.: InterVarsity, 1996], 25-26).
37. Los cristianos deben también comprometerse en formas éticas de persuasión; *cf.* exposiciones en Em Griffin, "Winning Over: How to Change People's Minds", *Eternity* (mayo 1976), 29-34; Duane Litfin, "The Perils of Persuasive Preaching", *CT* (4 de febrero 1977), 14-17; Raymond W. McLaughlin, *The Ethics of Persuasive Preaching* (Grand Rapids: Baker, 1979).

Apocalipsis 17:1-18

Uno de los siete ángeles que tenían las siete copas se me acercó y me dijo: «Ven, y te mostraré el castigo de la gran prostituta que está sentada sobre muchas aguas. ² Con ella cometieron adulterio los reyes de la tierra, y los habitantes de la tierra se embriagaron con el vino de su inmoralidad».

³ Luego el ángel me llevó en el Espíritu a un desierto. Allí vi a una mujer montada en una bestia escarlata. La bestia estaba cubierta de nombres blasfemos contra Dios, y tenía siete cabezas y diez cuernos. ⁴ La mujer estaba vestida de púrpura y escarlata, y adornada con oro, piedras preciosas y perlas. Tenía en la mano una copa de oro llena de abominaciones y de la inmundicia de sus adulterios. ⁵ En la frente llevaba escrito un nombre misterioso:

LA GRAN BABILONIA
MADRE DE LAS PROSTITUTAS
Y DE LAS ABOMINABLES IDOLATRÍAS
DE LA TIERRA.

⁶ Vi que la mujer se había emborrachado con la sangre de los santos y de los mártires de Jesús.

Al verla, quedé sumamente asombrado. ⁷ Entonces el ángel me dijo: «¿Por qué te asombras? Yo te explicaré el misterio de esa mujer y de la bestia de siete cabezas y diez cuernos en la que va montada. ⁸ La bestia que has visto es la que antes era pero ya no es, y está a punto de subir del abismo, pero va rumbo a la destrucción. Los habitantes de la tierra, cuyos nombres, desde la creación del mundo, no han sido escritos en el libro de la vida, se asombrarán al ver a la bestia, porque antes era pero ya no es, y sin embargo reaparecerá.

⁹ »¡En esto consisten el entendimiento y la sabiduría! Las siete cabezas son siete colinas sobre las que está sentada esa mujer. ¹⁰ También son siete reyes: cinco han caído, uno está gobernando, el otro no ha llegado todavía; pero cuando llegue, es preciso que dure poco tiempo. ¹¹ La bestia, que antes era pero ya no es, es el octavo rey. Está incluido entre los siete, y va rumbo a la destrucción.

¹² »Los diez cuernos que has visto son diez reyes que todavía no han comenzado a reinar, pero que por una hora recibirán

autoridad como reyes, junto con la bestia. ¹³ Éstos tienen un mismo propósito, que es poner su poder y autoridad a disposición de la bestia. ¹⁴ Le harán la guerra al Cordero, pero el Cordero los vencerá, porque es Señor de señores y Rey de reyes, y los que están con él son sus llamados, sus escogidos y sus fieles».

¹⁵ Además el ángel me dijo: «Las aguas que has visto, donde está sentada la prostituta, son pueblos, multitudes, naciones y lenguas. ¹⁶ Los diez cuernos y la bestia que has visto le cobrarán odio a la prostituta. Causarán su ruina y la dejarán desnuda; devorarán su cuerpo y la destruirán con fuego, ¹⁷ porque Dios les ha puesto en el corazón que lleven a cabo su divino propósito. Por eso, y de común acuerdo, ellos le entregarán a la bestia el poder que tienen de gobernar, hasta que se cumplan las palabras de Dios. ¹⁸ La mujer que has visto es aquella gran ciudad que tiene poder de gobernar sobre los reyes de la tierra».

Juan pasa ahora del tema de los juicios de Dios en general, tipificados en las copas de su ira (cap. 16), al juicio específico sobre "Babilonia la grande" (16:19), representada aquí como "la gran prostituta que está sentada sobre muchas aguas" (17:1).

La madre de las prostitutas (17:1-5)

Un ángel pide a Juan que vaya con él a fin de "mostrarle" el juicio de la prostituta (17:1). A continuación lo lleva "en el Espíritu" (17:3; cf. Ez 8:3; 11:1, 24), del mismo modo, otro ángel le mostrará más adelante a la novia, la antítesis de la prostituta (21:9) y lo llevará "en el Espíritu" (21:10).¹ Aquí ve a una elegante prostituta que ha intoxicado a las naciones con su inmoralidad (17:2) y que, sin embargo, está ebria con la sangre de los santos (17:6). La imagen está calculada para poner de relieve el verdadero carácter perverso y repulsivo del imperio en cuestión; el canibalismo inspiraba un gran horror en la antigüedad, y aquellas criaturas imaginarias como los cíclopes que, según se creía, se alimentaban de humanos, resultaban repugnantes incluso para los paga-

---

1. Sobre ángeles que arrebatan a los visionarios, ver también, 1 Enoc 17:1; 2 Bar. 6:3-4; T. Abr. 10B; Ap. Sof. 2:1; cf. quizá Ez 8:2-3. Sobre "mostrar", cf. Ap 1:1; 4:1; 21:9-10; 22:1, 6.

nos.² Las cabezas, cuernos y nombres blasfemos relacionan a la bestia con el dragón y con una visión anterior de la bestia (17:3; *cf.* 12:3; 13:1).

Los profetas del Antiguo Testamento describieron a menudo a Israel como una mujer, la fiel novia de Dios cuando vivía en pureza (p. ej., Is 54:5-6; 62:5; Os 2:19-20) o una adúltera cuando le era infiel (p. ej., Lv 17:7; Is 1:21; Jer 3:1; Ez 16:20).³ En el libro de Apocalipsis se contrastan dos ciudades, Jerusalén y Babilonia, como una novia y una prostituta respectivamente (17:5; 21:2). En el Antiguo Testamento hay dos casos en que la "prostituta" no es Israel, Judá o Jerusalén, sino un imperio mundial de maldad: Nínive o Tiro. Nínive seducirá a las naciones con su prostitución y brujería (Nah 3:4; ver comentarios sobre Ap 18:23); Tiro se prostituirá "con todos los reinos de la tierra" (Is 23:17), aunque su riqueza quedará finalmente para los justos (23:18).

La represión de los profetas de Dios por parte de la pagana Jezabel ofrece un cierto trasfondo para la imagen de la reina de este pasaje; en 2:20-22 se la condenaba por "inmoralidad". Pero Babilonia se sienta como reina en Isaías 47:5-7. La Babilonia literal estaba también situada junto a "muchas aguas" (Jer 51:13), aunque las ciudades más prósperas de la antigüedad (entre ellas Roma, junto al Tíber) tenían algún importante abastecimiento de agua; las "aguas" que aquí representan a las naciones implican posiblemente el poder internacional de Roma.⁴

Asimismo, la retórica gentil personificaba a menudo a los propios antepasados o a la tierra natal como a una mujer.⁵ Las monedas y grabados de otros tipos representaban generalmente a las ciudades como una rica diosa entronizada junto a un río.⁶ Así, por ejemplo, una moneda de bronce de la época del padre de Domiciano presentaba a la diosa Roma (que personificaba el poder del imperio) sentada sobre siete colinas (*cf.*

---

2. Sobre la repulsión por el canibalismo, ver Herodoto, *Hist.* 1.123, 129; Diodoro Sículo, 34/35.12.1; Aquiles Tacio, 5.5.
3. Sobre posteriores contrastes entre Israel como esposa fiel o infiel, ver Pes. Rab Kah. 19:4.
4. Los intérpretes judíos podrían también entender las aguas como las "muchas naciones" de que habla Isaías 17:12-13 (T. W. Manson, *On Paul and John: Some Selected Theological Themes*, SBT 38 [Londres: SCM, 1963], 102, citando *Cant. Rab.* 8:6-7). No está muy claro el alcance de la reputación de inmoralidad de Babilonia (Herodoto, 1.99). Or. sib. 8.194 posiblemente toma prestada la imagen de Apocalipsis.
5. Demetrio, *Sobre el estilo* 5.265.
6. Ford, *Revelation*, 277; de un modo más completo, Aune, *Revelation*, 3:920-22, que traza también aquí elementos del género *ekphrasis* (pp. 923-27). *Cf.* Roma como madre de bestias en Or. sib. 3.469.

17:9).[7] La adoración del estado implicaba adorar, no solo al emperador, sino también a la diosa Roma. Algunos eruditos han propuesto que en este pasaje Babilonia simboliza en parte a Jerusalén.[8] Otros sugieren que predice un nuevo papel para la Babilonia literal.[9] Pero en vista, especialmente, de su ubicación sobre siete colinas (17:9), la mayoría de los comentaristas entienden que se trata de Roma, crean o no que el texto mira también más allá de esta. Como muchas veces reconocen también los comentaristas, Babilonia la prostituta representa un deliberado contraste con la nueva Jerusalén como la novia.[10] Otros contrastaron también a Sión con Babilonia, lamentando la prosperidad de Babilonia, pero anticipando su juicio (2 Bar. 11:1-3; 4 Esd. 3:29, 31).

Los "reyes de la tierra" que "cometieron adulterio" con la prostituta (17:2) sufrirán con ella. Algunos autores de la antigüedad utilizaban el término reyes para aludir a cualquiera de los ricos, pero esta expresión era aun más adecuada para los gobernantes marionetas que gobernaban al pueblo como agentes locales de la autoridad romana (cf. también 17:12, 16, 18).[11] Así, en este pasaje, Babilonia es Roma, pero lo es especialmente "como influencia corruptora sobre los pueblos del imperio"; su poder político y económico hizo de ella un vehículo para la propagación internacional de la idolatría y la inmoralidad.[12] Este retrato de Roma habría sido familiar para una buena parte de los receptores de Juan; por ello, algunos de los Oráculos sibilinos se quejan de sus deca-

---

7. Robert Beauvery, "L'Apocalypse au risque de la numismatique. Babylone, la grande Prostituée et le sixième roi Vespasien et la déesse Rome", *RevBib* 90 (abril 1983): 243-60, aunque su vinculación de la imagen de la loba (*lupa*) que amamantó a Rómulo con su otro sentido latino de una mujer inmoral (también en Aune, *Revelation*, 3:929) posiblemente solo se le habría ocurrido a los receptores de Juan, de haber sido previamente instruidos al respecto.
8. Ver Corsini, *Apocalypse*, 200. Iain Provan, "Foul Spirits, Fornication and Finance: Revelation 18 From an Old Testament Perspective", *JSNT* 64 (1996): 81-100, ve a Jerusalén en las imágenes veterotestamentarias del capítulo 18; pero Apocalipsis aplica claramente muchas de sus imágenes a herederos metafóricos (p. ej., descripciones de Tiro a la Babilonia escatológica); es posible que los cristianos hubieran aplicado también a Roma algunos de sus sentimientos anteriores contra los perseguidores religiosos de Jerusalén. En contraste, S. G. F. Brandon, *Jesus and the Zealots* (Nueva York: Charles Scribner's Sons, 1967), 60 n. 3, sugiere que refleja una fuente judía que hierve con odio antirromano.
9. Quienes estén interesados en una Babilonia literal, ver Dyer, "Identity".
10. Sobre Roma aquí, ver F. F. Bruce, *The Message of the New Testament* (Grand Rapids: Eerdmans, 1981), 86; Michaels, *Revelation*, 196; sobre el contraste, Paul S. Minear, "The Cosmology of the Apocalypse", 23-37 en *Current Issues in New Testament Interpretation*, ed. W. Klassen y G. F. Snyder (Nueva York: Harper & Row, 1962), 30.
11. Ver Ramsay, *Letters to the Seven Churches*, 94.
12. Bauckham, *Climax of Prophecy*, 343.

dentes bodas con sus muchos pretendientes, probablemente los reyes del oriente a quienes estaba seduciendo (Or. sib. 3.356-59).

El hecho de que la mujer vaya montada "en una bestia escarlata" con "siete cabezas y diez cuernos" (17:3) identifica a la bestia con el dragón rojo (este tiene siete cabezas y diez cuernos; 12:3) y con Roma (13:1); esta identificación es algo parecido a llamarla "encarnación de Satanás". También relaciona a esta bestia con el último imperio perverso destinado a ser destruido por Dios mismo (Dn 7:7, 20, 24).[13]

En más de un sentido, Babilonia está "vestida para matar". Su vestido de púrpura y escarlata (17:4) indica su riqueza, puesto que el tinte púrpura era muy costoso, y las prendas confeccionadas íntegramente con púrpura se asociaban en especial con las prostitutas de lujo.[14] Los adornos de oro, piedras preciosas y perlas (17:4) contribuyen más a esta imagen de riqueza (18:12, 16), pero también ayudan a apuntalar el inminente contraste con la ciudad de Dios, cuya estructura y calles eran de oro, tenía perlas por puertas y piedras preciosas en sus cimientos (21:18-21). La verdadera y mayor riqueza no procede del comercio con Babilonia ni con la bestia (13:17; *cf.* Sal 73:6), sino de la renuncia a la prosperidad que ofrece este mundo a cambio de las promesas de Jesús (3:17-18).

Sus adornos escarlata y dorados no evitarán que esta mujer lasciva e infiel sea rechazada y asesinada por sus amantes (17:16 con Jer 4:30). El nombre que lleva escrito en la frente contrasta con el de Jesús en Apocalipsis 19:12-13; el nombre en la frente es, probablemente, para conectarla con la marca de 13:16 y (si los textos se entienden correctamente) para trazar un paralelismo con las prostitutas romanas que llevaban su nombre escrito en una cinta para el pelo.[15] Es posible (aunque de

---

13. Al parecer, en Or. sib. 3.396-400 se aplica la imagen de Daniel a reyes helenistas posteriores a Alejandro. Algunos han comparado a la bestia escarlata con el macho cabrío de la expiación (Lv 16:8-26; Ford, *Revelation*, 277), combinada quizá con la vaca de piel rojiza mencionada en Números 19:2.
14. Sobre su relación con las riquezas, ver p. ej., Lucrecio, *Nat.* 5.1423; Horacio, *Oda* 1.35.12; 2.18.7-8; 1 Mac. 10:20, 62, 64; 14:43-44; Or. sib. 8.74; algunos autores se quejaban de su extravagancia (Séneca, *Dial.* 12.11.2; Plutarco, *T.T.* 3.1.2, *Mor.* 646B; algunos manuscritos de 1 Enoc 98:2). Sobre el púrpura de las prostitutas, ver Sal-Melissa, *Carta a Klearete* (en Malherbe, *Moral Exhortation*, 83).
15. Bauckham, *Climax of Prophecy*, 344; Mounce, *Revelation*, 310; pero las referencias de apoyo son cuando menos cuestionables. Puede que algunos cristianos de épocas posteriores entendieran el nombre escrito con un sentido demasiado literal (Esd. Gr. 4:31). Sobre el significado de la frente de las prostitutas (con el posible sentido de descaro; *cf.* Is 48:4; Ez 3:8-9), ver Jer 3:3; Os 2:2; en este periodo, algunos judíos podrían haberlo aplicado a una mujer con la cabeza descubierta, lo cual podría expresar

ningún modo seguro) que Juan y sus lectores estuvieran al corriente de la antigua tradición de que Roma tenía un nombre "secreto" utilizado por el sacerdocio y que según algunos era la palabra latina *amor* (Roma deletreada al revés), y que en español significa "amor", un sentido que Apocalipsis parodiaría en la imagen de una prostituta.[16] En cualquier caso, como "madre de las prostitutas" (17:5), es el prototipo de esta clase de mujeres, la prostituta por excelencia que ejemplifica esta forma de vida: un mundo en rebeldía contra Dios.

Siete cabezas como montañas y reyes (17:6-11)

Mientras Roma intoxicaba a otros con su inmoralidad (17:2), ella también se embriagaba con la sangre de los santos (17:6; *cf.* 18:20-24). A veces, los escritores de la antigüedad describían ebrias a las prostitutas; sin embargo, la expresión: "se había emborrachado con la sangre" transforma una imagen meramente molesta en otra espeluznante.[17] Beber sangre era una idea horrible para los judíos (Lv 17:14; Dt 12:23), pero no inaudita en oráculos que pretendían ser deliberadamente aterradores (Dt 32:42; Is 49:26; Ez 39:19).[18] En el tiempo de Juan muchos creyentes habían muerto mártires bajo el reinado de Nerón, pero probablemente no fue así bajo Domiciano (2:13); no obstante, en los siglos siguientes, muchos más fueron asesinados, especialmente en los circos romanos.[19] A veces, los visionarios pedían a los ángeles o a otros que les explicaran lo que estaban viendo (p. ej., Dn 12:8; 2 Bar. 38:3), pero Juan solo está atónito, invitando a la respuesta angélica (Ap 17:6-7). La expresión podría sugerir un positivo asombro que requiere corrección

---

disponibilidad sexual (ver C. S. Keener, "Head Coverings", en *Dictionary of New Testament Background*, ed. C. Evans y S. Porter [Downers Grove, Ill.: InterVarsity, de próxima aparición]).

16. Aune, *Revelation*, 3:926-27, con documentación. La tradición encaja con la reivindicación por parte de Roma de ser descendiente de Venus, diosa del amor, a través de Eneas.
17. Ver fuentes en Aune, *Revelation*, 3:937.
18. *Cf.* 1 Enoc 62:12. Mounce, *Revelation*, 310, cita también a algunos escritores romanos que utilizaron esta figura (Suetonio, Tib. 59; Plinio, *N.H.* 14.28; Josefo, *Guerra* 5.344).
19. Ramsay, *Letters to the Seven Churches*, 94-95; ver también, Eusebio, *Libro de los Mártires* 6 (Agapio); William H. C. Frend, *Martyrdom and Persecution in the Early Church* (Garden City, N.Y.: Anchor, 1967); ídem. "Evangelists to the Death", *Christian History* 57 (1998): 31-33; Paul Keresztes, *Imperial Rome and the Christians* (Lanham, Md.: Univ. Press of America, 1989). Los comentarios de Tácito (An. 15.44) me llevan a pensar que, solo durante el mandato de Nerón, cientos de ellos murieron violentamente, por lo cual creo que muchos historiadores contemporáneos subestiman el número de mártires que dieron la vida durante los siglos siguientes.

(13:3; 15:1; 17:8); pero, teniendo en cuenta que Juan sabe de qué está ebria la ramera, es dudoso que su valoración de ella sea positiva.

Cuando el ángel explica el misterio de la mujer y la bestia (17:7-18), solo queda la más pura impresión de sutileza; de varias maneras, la bestia se identifica con Roma (sobre la palabra "misterio", ver comentario acerca de 1:20).[20] (1) La mujer se sienta sobre siete montes (17:9); a Roma se la describía habitualmente de esta manera. (2) El dirigente de Babilonia es, al parecer, el nuevo Nerón (17:8-11); aunque a este se le vinculaba también con los partos, como gobernante en la series de siete juicios, gobernará Roma. (3) Este imperio gobierna a los otros reyes de la tierra (17:18), que rigen a las naciones reunidas junto al mar como poder marítimo (17:15). (4) Por este periodo, "Babilonia" era un típico título judío alusivo a Roma (ver comentario sobre 14:8; ambos imperios destruyeron el templo).

A Roma se la describe habitualmente como una ciudad situada sobre siete colinas o montes, como señala Caird:

> A partir del periodo de su sexto rey, Servio Tulio, a Roma se la conocía como *urbs Septicollis* y cada año, en diciembre, se celebraba el festival de Septimontium para conmemorar la inclusión de los siete montes dentro de sus muros (Suetonio, *Dom.* 4). La literatura latina está llena de alusiones a esta conocida característica de la topografía romana.[21]

El simbolismo de Apocalipsis es tan transparente que los romanos no cristianos habrían entendido de inmediato su significado y considerado este documento como un escrito subversivo; "a todos los videntes que anunciaban la inminente ruina del poder romano se les consideraba comprensiblemente como enemigos del estado".[22] Sin embargo,

---

20. Ver Talbert, Apocalypse, 80; Beaseley-Murray, *Revelation*, 256; Mounce, *Revelation*, 314; Martin Hengel, *Property and Riches in the Early Church* (Filadelfia: Fortress, 1974), 48. Obsérvese también Or. Sib. 2.18; 11.113, 116, que describe Roma como una ciudad construida sobre siete montes.
21. Caird, *Commentary on Revelation*, 216 (ver fuentes citadas por Caird, como Virgilio, Geor. 2.535; *En.* 6.782-83). Podemos añadir otras como Dionisio de Halicarnaso, 4.13.2-3; Varrón, 5.7.41. Las colinas eran el Palatino, el Capitolino, el Aventino, el Celio, el Esquilino, el Viminal y el Quirinal (Andrew D. Clarke, "Rome and Italy", 455-81 en *The Book of Acts in Its Graeco-Roman Setting*, ed. D. W. J. Gill y C. Gempf [Grand Rapids: Eerdmans, 1994], 457). Sobre el uso judío de los siete montes para aludir al paraíso (1 Enoc 24:2; 32:10), ver comentario sobre 21:1.
22. Howard Clark Kee, *Christian Origins in Sociological Perspective: Methods and Resources* (Filadelfia: Westminster, 1980), 71 (sobre Ap 13).

además de verla como Roma, muchos comentaristas ven también a la gran ramera como el perverso sistema del mundo que, por principio, sigue plenamente activo más allá de la caída del Imperio romano.[23]

La mayoría de los comentaristas ven también una alusión a Nerón en 17:8-11.[24] La invitación a discernir sabiduría en 17:9 recuerda la misma fórmula de 13:18; aunque esto no implica necesariamente una conexión entre las identidades de los dos misteriosos reyes, sí subraya la conexión entre dos pasajes que por otros motivos parecen hablar del mismo mandatario redivivo.[25] Que las siete cabezas representen tanto siete montes como siete reyes sugiere que Apocalipsis aplica su imaginería libremente y de manera polivalente. Es incluso posible que Juan espere que sus oyentes sonrían ante su aplicación de las siete cabezas a los "siete montes" de Roma.

¿Quiénes son los siete reyes (17:10)? La bestia de Daniel tenía diez cuernos, y otro que hizo caer a tres de ellos, con lo cual quedaron siete (Dn 7:20, 24); sin embargo, aunque esta sea una de las razones por las que Juan nombra siete reyes, es posible que, en cualquier caso, Apocalipsis quiera el número siete. Puede que su diseño sea un tanto forzado, ya que Juan ha de mantener el esquema de "siete" para desarrollar sus patrones literarios (los "diez" reyes de 17:12, 16, proceden de Daniel); "Limitar la dinastía mesiánica de Satanás a siete emperadores romanos es imponer a la poética imaginería de Juan un literalismo que no soporta".[26] O, en palabras de otro comentarista, el siete es uno de los números simbólicos de Juan, "y estos seguirían siendo siete por larga que resultara ser la lista".[27]

Sin embargo, Juan puede encajar su argumento dentro de su esquema séptuple; no es difícil encontrar un patrón de gobernantes que integre la imagen del Nerón redivivo que Juan parece utilizar en este versículo.[28]

---

23. P. ej., Tenney, *Revelation*, 82; Desmond Ford, *The Abomination of Desolation in Biblical Eschatology* (Washington, D.C.: Univ. Press of America, 1979), 269.
24. P. ej., Talbert, *Apocalypse*, 79.
25. Bauckham, *Climax of Prophecy*, 394-96, sugiere un detallado paralelismo matemático: el 666 es el "doble triángulo" de 8 y el octavo número doblemente triangular; uno de los primeros siete números doblemente triangulares es el 6, lo cual permite que el octavo sea uno de los siete.
26. Bowman, *First Christian Drama*, 115. En 17:18, estos reyes son "los reyes de la tierra" (Beale, *Revelation*, 878).
27. Caird, *Commentary on Revelation*, 218-19. *Cf.* los siete reyes prometidos en Or. sib. 3.191-94, 318, 608-10, posiblemente en el Egipto prerromano.
28. La literatura romana habla a menudo de sus primeros siete reyes como un grupo especial (p. ej., Apiano, *R.H.* 1.2), el sexto de los cuales (*cf.* 17:10) estableció los

El rey que "es" (17:10) ha de ser Domiciano, si la tradición de la iglesia primitiva fecha correctamente el libro; Nerón quedaría dentro de una secuencia de cinco reyes anteriores a Domiciano si saltamos a tres de ellos que usurparon el trono en periodos intermedios y que solo reinaron unos pocos meses entre Nerón y Vespasiano, antes de sus muertes violentas (de otro modo, Nerón se sale del grupo por dos emperadores).[29] El "octavo rey" es uno de los siete que regresa, se trata sin duda de la cabeza antes mencionada como herida de muerte, y que se recuperó (13:3). Esto constituye una parodia de la resurrección de Jesús (del mismo modo que la expresión, "antes era pero ya no es, y sin embargo reaparecerá" (17:8) parodia al Señor "que es y que era y que ha de venir" (1:4, 8; cf. 4:8).[30] Puesto que ciertas formas del mito de Nerón esperaban su regreso liderando a los partos para destruir Roma, Bauckham sostiene que, posiblemente, 17:10-11 no sea una parodia de la resurrección (como en 13:3), sino de la parusía, a saber, el último rey de Roma dirigiendo a los partos para destruirla.[31] Según este punto de vista podría, pues, pensarse en un "mesías pagano", el último intento satánico de instaurar un reino, que menoscabaría finalmente su poder romano y mostraría la futilidad de cualquier gobierno universal

---

siete montes; sin embargo, si este número tiene alguna trascendencia puede que simplemente contraste con la enumeración por parte de Juan de siete reyes hacia finales de la historia de Roma (cf. doce reyes que terminan con Domiciano en 4 Esdras 11:1-35).

29. Cf. Roloff, *Revelation*, 198-99. A. Strobel comienza con Tiberio (desde la exaltación de Cristo) y omite a los emperadores que gobernaron en periodos transitorios ("Abfassung und Geschichtstheologie der Apokalypse nach Kap. xvii.9-12", *NTS* 10 [1964]: 433-45); curiosamente, Jarl H. Ulrichsen cuenta a Domiciano como el sexto y el décimo, entendiendo las siete cabezas como emperadores a partir de Calígula sin los tres que ejercieron durante los interregnos y los diez cuernos entre los que sí los cuenta ("Die sieben Häupter und die zehn Hörner. Zur Datierung der Offenbarung des Johannes", *ST* 39 [1985]: 1-20). Muchos eruditos comienzan su cómputo con Julio (cf. Josefo, *Ant.* 18.225) y cuentan a Nerón como el sexto (y vigente) emperador (E. Lipinski, "L'apocalypse et le martyre de Jean à Jérusalem", *NovT* 11 [1969]: 225-32; Sproul, *Last Days*, 147), o con Augusto y cuentan al sexto como Vespasiano (Rissi, *Time and History*, 81). Algunos textos cuentan a los tres emperadores de los interregnos como gobernantes (Josefo, *Guerra* 4.494, 498; Or. sib. 5.35), pero otros los consideran usurpadores (cf. Suetonio, *Vesp.* 1), lo cual representa posiblemente la idea dominante romana bajo Domiciano, que pertenecía a la dinastía que los suplantó (cf. Mounce, *Revelation*, 314-15).
30. Bauckham, *Climax of Prophecy*, 396-97, sugiere una posible parodia de Cristo también en el número ocho, teniendo en cuenta el acento cristiano en el "octavo día" y en Jesús como 888.
31. *Ibíd.*, 438-40. Cf. la sugerencia de la parusía parodiada antes en Bowman, *First Christian Drama*, 115.

humano o satánico opuesto al reino de Dios. Puesto que en este pasaje la amenaza parta no queda clara, esta propuesta sigue siendo esencialmente especulativa. En cualquier caso, la idea del regreso de Nerón sería tan aterradora para el régimen romano de aquel tiempo que lo había suplantado como para los cristianos, que habían sufrido las anteriores purgas de este perverso emperador.

Diez Cuernos (17:12-18)

Los "diez cuernos" como "diez reyes" (17:12) proceden de Daniel 7:7, 20, 24, y en Apocalipsis pueden aludir simplemente al sistema imperial que seguía vigente.[32] Otros han propuesto que se trata de "los reyes del oriente", que temporalmente unen sus fuerzas a las de Roma para aplastar a la iglesia de Dios, para luego convertirse de nuevo en enemigos de Roma (17:16).[33] Lo más probable es que se les considere como reinos marioneta de Roma; finalmente, el Imperio romano se hundirá y volverá a aquel a quien antes se había vendido.[34] El número de reinos vasallos gobernados por Roma varió de un periodo a otro, ya que algunos llegaron a ser provincias del imperio en varias ocasiones;[35] pero el número "diez" parece una cifra redonda que encaja en Daniel 7. Estos tienen un propósito común con la bestia (17:13; *cf.* Sal 83:5), pero demostrarán ser tan infieles como la prostituta con la que habían mantenido relaciones (Ap 17:16). Reinarán con la bestia durante un breve periodo ("por una hora" [17:12]), para hacer guerra contra el Cordero (17:13-14); la repetición de la expresión "una hora" en la descripción

---

32. Ver Ramsay, *Letters to the Seven Churches*, 95, 113; Bowman, *First Christian Drama*, 117. Sobre un uso parecido de miembros de partes de animales para simbolizar reyes, ver 4 Esdras 12:19-20; sobre la idea de que el juicio llegará tras el reinado de un solo rey más, ver *Gn. Rab.* 83:4. Los diez reinos de Daniel aparecen posiblemente en *Pes. Rab.* 1:7.
33. Beaseley-Murray, *Revelation*, 258, citando como posiblemente relevantes a los catorce sátrapas de Partia; Juan se limita a los "diez" de Daniel.
34. *Cf.* Caird, *Commentary on Revelation*, 219-20; el mito de los diez sátrapas de Nerón en Rissi, *Time and History*, 80. Pueden representar a los siete reyes más los tres usurpadores (Ulrichsen, "Haüpter"), pero tanto los "siete" de Juan (por sus patrones numéricos y las cabezas de la bestia) como sus "diez" (procedentes de Daniel) han sido predeterminados, permitiéndole menos flexibilidad para producir claras aplicaciones.
35. Aune, *Revelation*, 3:951. Aune (*ibíd.*) menciona también el consejo romano de los *decemviri*, "diez hombres" que codificaron la ley romana, aunque se trata de una consideración menos pertinente.

de la fulminante destrucción de Babilonia subraya que su tiempo es breve (18:10, 17, 19).[36]

Quienesquiera que sean estos reyes, caerán inevitablemente cuando hayan tenido su "hora". "Rey de reyes" (17:14) fue el título del rey babilónico en un periodo muy anterior (Ez 26:7) y los mandatarios partos seguían usándolo en el tiempo de Juan.[37] Pero, en este versículo, el rey aludido no es el gobernante parto, sino Jesús (ver comentario sobre 19:16), y los reinos del mundo serán pronto suyos (11:15). El emperador romano se veía a sí mismo como el soberano de todos los demás reyes de la tierra (17:18); sin embargo, este rol pertenece en última instancia a Jesús (1:5), quien es "Señor de señores y Rey de reyes" (17:14).

Jesús es el rey poderoso y triunfante y no viene solo. En este punto, en lugar de aludir a su armamento o ferocidad se describe a su ejército como "llamados, escogidos y fieles" (17:14). Los dos primeros términos designan la certeza de su victoria, puesto que el desenlace eterno está ya decidido en la soberana presciencia de Dios (el término "llamados" se traduce "invitados" en 19:9). La palabra "fieles" puede aludir a su perseverancia hasta la muerte (2:10, 13); esto contrasta drásticamente con la deslealtad de los reyes terrenales (17:16).[38]

El sistema imperial y los gobernantes de las naciones aliadas aniquilarán finalmente a la propia Roma (17:16); las alianzas del mundo están motivadas por intereses personales y son, por ello, temporales. Apocalipsis desarrollará más algunas de estas imágenes: estos destruirán "toda su riqueza" (*cf.* 18:17); "comerán su carne" (*cf.* las aves carroñeras de 19:18); será consumida por el fuego (*cf.* 18:8). La desnudez de la prostituta puede aludir a la vergüenza que uno mismo puede atraer sobre sí cuando ha bebido en exceso (Lm 4:21), especialmente cuando se trata de un imperio perverso que había hecho beber a otros (Hab 2:15-16). Desnudar a los reos formaba también parte del procedimiento protocolario para las flagelaciones o ejecuciones;[39] aquí es, sin

---

36. Quienes deseen considerar un lenguaje similar en otra literatura oracular, ver Or. sib. 12.26. "En una hora" puede significar "al instante" (T. Job 7:12/11).
37. Plutarco, *Pompeyo* 38.2; puede aplicarse a cualquier gobernante superlativo (T. Jud. 3:7). Aune, *Revelation*, 3:954-55, proporciona un detallado resumen de su uso en el Este.
38. Esta triple designación no es desusada (p. ej., Dios es "santo", "fiel" y "justo" en Jub. 21:4).
39. Antes de la ejecución, ver Dionisio de Halicarnaso, 7.69.2; Josefo, *Apión* 1.191; 2.53; m. Sanh. 6:3; b. Sanh. 45a, bar.; antes de las flagelaciones o apaleamientos públicos,

embargo, más relevante considerar que, en la antigüedad, una de las sentencias por infidelidad sexual era despojar de sus ropas a los transgresores de esta ley (Ez 16:37-38; Os 2:3; ver comentarios sobre Ap 16:15). Por lo general, la suerte de las ciudades conquistadas consistía en ser quemadas (p. ej., Jos 6:24; 8:28), el mismo desenlace prometido también para el último anticristo (Dn 7:10-11); sin embargo, esta era también la sentencia para los actos más graves de promiscuidad (Gn 38:24; Lv 20:14; 21:9). Mucho tiempo atrás, Dios había utilizado la traición de sus infieles amantes para castigar la infidelidad de Israel (Jer 4:30; Lm 1:2; Ez 23:9; Os 2:7). De modo que el sistema diabólico encontrará un final a su medida.

Puede que la afirmación más sorprendente sobre la soberanía gubernativa de Dios sea que él controla incluso la maldad, utilizándola para sus propósitos a largo plazo (17:17).[40] Dios puede servirse de los poderes perversos para juzgar a otros también perversos (p. ej., Is 10:5-15; Jer 51:11, 29; Jl 2:11). Por supuesto, Roma gobernaba a los reyes de la tierra (17:18).[41] Pero mucho más importante todavía, Dios gobernaba a Roma y a sus enemigos (17:17). "El reino del mundo" será un día de Dios incuestionablemente (11:15); sin embargo, sus juicios en la historia humana pretenden recordarnos que en este mismo momento Dios sigue siendo, entre bastidores, el Señor de la historia y sus propósitos se cumplirán.

El simbolismo de Roma. Teniendo en cuenta que Roma cayó hace ya mucho tiempo, ¿cómo aplicamos una profecía cuyo principal objetivo a corto plazo era ella? La clave nos la da el que en Apocalipsis se describa esta destrucción mediante familiares imágenes presentadas primero en las profecías del Antiguo Testamento contra anteriores imperios perversos: la pecaminosidad

---

ver Longo, 2.14; Aulo Gelio, 10.3.3.

40. El judaísmo temprano entendía este principio (p. ej., 1QS 3.23; 1QM 1.8; *b. Yoma* 10a; *Lam. Rab.* Proem 23; 4:19, §22). Aunque Satanás afirmó gobernar los reinos del mundo (Lc 4:6), este papel solo pertenece verdaderamente a Dios (Dn 4:32; Sab. Sal. 6:3). En su alabanza de Alejandría, Dión Crisóstomo solo puede llamarla la segunda ciudad bajo el sol (*32° Discurso* §35), porque a Roma se la consideraba universalmente la primera.
41. Dionisio de Halicarnaso (1.9.1) la llamó la "señora que gobierna tierra y mar", y Diodoro Sículo (1.4.3) afirmó que Roma era tan poderosa que gobernaba "hasta los términos del mundo habitado".

humana y la consistente justicia divina nos permiten observar patrones familiares en la forma de proceder de Dios a lo largo de la historia. En este sentido, Jacques Ellul afirma: "La gran prostituta era 'Roma, naturalmente, en aquel momento histórico determinado; sin embargo no era solo ella: en realidad Roma es el resumen de todo aquello que es prostitución, como lo fue Babilonia en su tiempo, que se convirtió en símbolo de ello'". Más que comercio sexual en sí, esta forma de prostitución tiene que ver con la infidelidad al pacto de Dios, "estando en comunicación (mediante la prostitución sagrada) con los poderes espirituales y religiosos, y con las fuentes satánicas y el esoterismo".[42] El espíritu de Babilonia y de Roma (a la que Juan llama nueva "Babilonia") sobrevive a cualquier imperio individual y representa a los imperios perversos como el mundo en su forma más tiránica.[43]

Lo que se subraya en Apocalipsis 17-18 no es solo que Roma fuera un imperio perverso, sino que su privilegiada posición en el ámbito del comercio internacional hacía de ella la principal exportadora de inmoralidad. Por ello, aunque sea correcto denunciar a aquellos imperios perversos que oprimen a sus súbditos por la fuerza, este pasaje nos permite aplicar el modelo de Babilonia de un modo más cercano a nosotros (ver la sección "Significado Contemporáneo").

No obstante, en la aplicación de este pasaje, algunos comentaristas han tratado el texto de maneras un tanto extrañas. Por muchos años fue habitual que los protestantes relacionaran el catolicismo romano con la bestia, apelando a la proximidad geográfica del papado a Roma.[44] Con el surgimiento del movimiento ecuménico, algunos de cuyos representantes comprometieron ciertas creencias cristianas históricas, una corriente de espiritualidad protestante conservadora esperaba el desarrollo de una iglesia apóstata a nivel mundial formada por católicos y protestantes tradicionales.[45] Aquellos que necesitan encontrar una

---

42. Ellul, *Apocalypse*, 190. *Cf.* Mounce, *Revelation*, 303.
43. Los autores judíos hablaban constantemente de los "cuatro reinos" (Babilonia, Persia, Grecia y Roma, basándose en su interpretación de las bestias de Daniel) que oprimían a Israel, viendo a Roma como el último de ellos (2 Bar. 39:4-5).
44. Este punto de vista no se ha extinguido totalmente en el protestantismo; ver Tim LaHaye, *Revelation Unveiled* (Grand Rapids: Zondervan, 1999), esp. 65-71, 260-77.
45. *Cf.* James DeForest Murch, *The Coming World Church* (Lincoln, Neb.: Good News Broadcasting Association, 1971), 22; R. W. DeHaan, "The Coming World Church", *Radio Bible Class* (marzo 1969).

iglesia escatológica apóstata después del arrebatamiento de la verdadera, la iglesia de Filadelfia, la sitúan a menudo en este versículo.[46]

Parte de esta improbable tesis plantea la idea de las religiones mistéricas "babilónicas" supuestamente mezcladas con prácticas católicas romanas.[47] No obstante, aunque es cierto que la iglesia puede haberse adaptado a algunas prácticas romanas paganas, la mayor parte de las evidencias de "las religiones mistéricas babilónicas" es una creación de siglos recientes, más basada en especulaciones que en los datos reales de la historia.[48] Más importante aún, ¿qué encuentran estos comentaristas en el texto del capítulo 18 que apoye la idea de que la prostituta del capítulo 17 es la "Babilonia eclesiástica", una religión falsa, en contraste con la "Babilonia política"? Es cierto que Juan tenía en mente a Roma; sin embargo, al aplicar estos principios a nuestro tiempo, no deberíamos limitarnos a los grupos fuera de nosotros mismos. Hay lecciones para todo aquel que es seducido por la grandiosidad del mundo, sea en un sentido teológico o en nuestro estilo de vida.[49] Hasta donde puedo observar, esto contiene una advertencia para muchos evangélicos occidentales modernos y para otros grupos.

Problemas con el lenguaje de Juan. Algunos críticos modernos se han quejado de que la descripción joanina de Babilonia o del mundo como una prostituta y de la nueva Jerusalén como una novia son estereotipos sexistas. Naturalmente, se trata de roles estereotipados, pero el libro de Apocalipsis está simplemente usando imágenes muy difundidas en su tiempo (ver la sección "Sentido Original"). Juan identifica a todos los creyentes, hombres y mujeres, con la novia fiel de 19:7-8 y 21:2 (*cf.* también 12:1-2). En un principio, esta revelación comunicaba el mensaje de manera efectiva en una cultura que entendió rápi-

---

46. John F. Walvoord, "Revival of Rome", *BibSac* 126 (1969): 317-28; ídem. *Revelation*, 243-44; *Prophecy Knowledge Handbook*, 604-8. Lindsey, *New World Coming*, 242-43, predice una reconstrucción de la Babilonia literal.
47. Walvoord, *Revelation*, 247-48.
48. Los misterios eran principalmente un fenómeno griego con influencia de las culturas de Asia Menor (Walter Burkert, *Ancient Mystery Cults* [Cambridge, Mass.: Harvard Univ. Press, 1987], 2- 6, 37; ídem. *Greek Religion* [Cambridge, Mass.: Harvard Univ. Press, 1985], 166, 177; Giulia Sfameni Gasparro, *Soteriology and Mystic Aspects in the Cult of Cybele and Attis*, ÉPROER 103 [Leiden: Brill, 1985], 49). Ver una respuesta más minuciosa a anteriores puntos de vista sobre los misterios en C. S. Keener y Glenn Usry, *Defending Black Faith*, 50, y notas.
49. Walvoord, *Revelation*, 245, opina que la púrpura y otros ornamentos encajan mejor con las vestiduras de los sacerdotes católicos romanos y ortodoxos que con los de la Roma pagana (ver, sin embargo, comentarios sobre 18:12-13).

damente el sentido de estas imágenes. Es, pues, apropiado explicar este trasfondo para aquellos sectores de la cultura occidental actual que se sienten incómodos con este lenguaje; sin embargo, juzgar y condenar a Juan por utilizar estas imágenes de su tiempo es una actitud culturalmente insensible y anacrónica.[50]

Cuando compartimos el mensaje de este texto con nuevos creyentes puede surgir otro problema. Aunque nuestras palabras más fuertes se dirigen, por regla general, a quienes están más endurecidos, aquellos que responden con mayor sensibilidad son los de corazón más suave, más proclives a la culpa. Aunque este pasaje no habla directamente de la inmoralidad física, una conocida mía se llenó de inquietud por el lenguaje de este pasaje, preguntándose si Dios podía perdonarla por sus pecados pasados. Como cuando predicamos contra la inmoralidad sexual, es importante presentar nuestro mensaje de tal manera que quienes hace ya tiempo que se han arrepentido de estilos de vida inmorales se sepan y sientan perdonados y acogidos entre el pueblo de Dios (*cf.* Mt. 21:31).

Interpretaciones de los símbolos de Juan. A lo largo de la historia, muchos símbolos se han prestado a diversas interpretaciones. Granville Sharp (1735-1813), un destacado erudito en griego y activista contra la esclavitud, "consiguió una vez una entrevista con el destacado estadista Charles Fox y procedió a explicarle las razones por las que debería identificarse a Napoleón con 'el cuerno pequeño de Daniel 7'".[51] Estos deslices históricos podrían haber servido para que generaciones posteriores ejercitaran una mayor prudencia en materia de aplicación, pero lamentablemente, la mayoría de nosotros rara vez estudiamos historia y olvidamos muy rápido las lecciones del pasado. Nuestra vida es demasiado breve para aprender por experiencia todas las lecciones que necesitamos asimilar; es fiel el dicho que nos advierte que quienes no aprenden de la historia están destinados a repetir sus errores.

Algunos comentaristas "pop" modernos se lo han pasado en grande reinterpretando los símbolos de Apocalipsis, muchos de ellos sin mostrar mucha comprensión del contexto original o coherencia en sus métodos interpretativos. Por ejemplo, desde el tiempo del Sacro Imperio romano, muchos esperaban un Imperio romano literal redivivo. Cuando los estados europeos llegaron a un acuerdo sobre la crea-

---

50. Ver C. S. Keener, "Woman and Man", *Dictionary of the Later New Testament and Its Development*, 1205-215 (pp. 1209-211).
51. Bruce Hindmarsh, "Aristocratic Activists", *Christian History* 53 (1997): 23-27, 25.

ción del Mercado Común, los de la profecía entendieron esto como los diez cuernos de Daniel y Apocalipsis (aunque no se corresponden geográficamente con el imperio mediterráneo más amplio de Roma). En las décadas de 1960-70 y 1970-80 el Mercado Común tenía menos de diez naciones miembro, pero muchos maestros proclamaron el triunfo de su tradición interpretativa cuando, en enero de 1981, el número de sus integrantes llegó a diez. Lamentablemente, "en la década de 1990-2000 el Mercado Común creció hasta los quince miembros, lo cual produjo otro problema".[52]

Como observamos en la introducción, hemos de estudiar la Biblia en sus propios términos y no leer en ella acontecimientos modernos. Es cierto que debemos aplicar el texto a los acontecimientos de nuestro tiempo, pero —a no ser que tengamos claras indicaciones bíblicas de que nuestro tiempo es de algún modo especial y esto, normalmente, solo podemos verlo retrospectivamente— hemos de aplicarlo del mismo modo que lo haríamos a los acontecimientos de todas las generaciones y a nuestra propia vida.

El duro trabajo de la aplicación relevante. Juan utiliza imágenes de su tiempo, lo cual nos recuerda la necesidad de contextualizar y aplicar el mensaje bíblico para aquellos con quienes hoy compartimos su mensaje.

Normalmente, el que solo podamos señalar a personajes lejanos significa que aún no hemos desarrollado de manera conveniente la tarea de la aplicación, y, en este caso, tenemos muchas aplicaciones potenciales cercanas. Aun desde el ámbito secular, algunos han llamado a nuestra sociedad al arrepentimiento. En el contexto de una encuesta a los lectores sobre valores religiosos, el editor de una revista secular de amplia circulación observó:

> Cuando nuestro gobierno federal compra martillos de carpintero a doscientos cincuenta dólares por unidad a contratistas militares, mientras recorta los subsidios a personas que tienen que pedir mantas a las organizaciones de beneficencia, y cuando un estafador de Wall Street puede poner en pie a un auditorio de estudiantes en una prestigiosa Escuela Empresarial diciéndoles que tienen todo el derecho a ser

---

52. Kyle, *The Last Days*, 129.

egoístas, tenemos la urgente necesidad de volver a valores morales básicos.[53]

La inmoralidad norteamericana como aplicación de Apocalipsis. Limitar la aplicación de la imagen de la prostituta al imperialismo militar (que solemos adjudicar más a sociedades totalitarias que a nosotros mismos) pierde de vista la conexión del texto. Roma no tenía ya que controlar todo el imperio por medio de tropas, puesto que el imperialismo económico había hecho dependiente a la mayoría de sus vasallos.

Un escritor personifica a Babilonia como "la versión esencial de lo diabólico que triunfa en una nación", sea en la Alemania nazi o en los Estados Unidos de América.[54] Estados Unidos no es hoy un imperio perverso en el sentido de totalitario o políticamente represivo como Asiria, la Alemania nazi, o (mientras escribo este libro) Irán, Sudán o el breve proyecto genocida de Milosevic en Serbia, situaciones todas ellas que invitan al juicio a no ser que se arrepientan. Pero aun así, podemos aplicar los principios el texto de formas pertinentes a nuestra sociedad; nos hemos convertido en uno de los principales exportadores de inmoralidad del mundo. ¿Es de extrañar que algunas naciones musulmanas —que intentan evitar la exposición pública del cuerpo, especialmente de la mujer— hayan considerado a los Estados Unidos como el "Gran Satán" cuando el programa de televisión que más se ve en el mundo es *Baywatch* (*Guardianes de la Bahía* en Latinoamérica o *Los vigilantes de la playa* en España)?[55]

Al menos podemos deducir que las prioridades del gobierno de los Estados Unidos son claras; cuando el gobierno saudí pidió a la embajada de los EE.UU. que cerrara los servicios religiosos y los *nightclubs* para los ciudadanos norteamericanos, esta "cedió y planteó una negociación: estaban dispuestos a cerrar los servicios religiosos si les permitían mantener abiertos los *nightclubs*".[56] Como era de esperar, los escándalos sexuales que se producen en los estamentos más elevados del gobierno estadounidense son el hazmerreír del mundo musulmán,

---

53. David Jordan, in *Better Homes and Gardens* (enero 1988), 15.
54. William Stringfellow, *An Ethic for Christians and Other Aliens in a Strange Land*, 3d ed. (Waco, Tex.: Word, 1979), 33; esta obra me la recomendó John Herzog de Bethel College.
55. Sobre los peligros de la pornografía en los EE.UU., ver Tom Minnery, "Pornography: The Human Tragedy", *CT* (7 de marzo 1986), 17-22; ídem. ed., *Pornography: A Human Tragedy* (Wheaton, Ill.: Christianity Today, Inc., y Tyndale, 1986); sobre la pornografía por Internet, John Zipperer, "The Naked City", *CT* (12 de septiembre 1994), 42-49.
56. Chuck Colson, "Save the Christians", *Jubilee* (primavera de 1996), 15.

con importantes consecuencias para la política exterior de los Estados Unidos y la seguridad de sus ciudadanos (que no es un asunto tan "privado" como algunos pretenden que se considere).[57]

La exportación de la democracia norteamericana a algunos países anteriormente comunistas ha ido acompañada de un impresionante ascenso del mercado negro y de las mafias, y las canciones populares de algunos de esos países hacen apología de las drogas o de la violación, cortesía de la industria del ocio de nuestra nación.[58] "Alarmados por unos índices de divorcio cercanos al veinticinco por ciento, que ellos ven como datos de una rampante infidelidad y una generación más joven que construye sus valores a partir de Hollywood y MTV", los funcionarios chinos han pedido comprensiblemente leyes más estrictas que rijan la moralidad pública.[59]

Aunque pueden utilizarse también para el bien, los medios de comunicación dedicados al entretenimiento se han convertido mayormente en un instrumento para la propagación de valores destructivos.[60] Muchos niños y algunos adultos han perpetrado en la vida real delitos que han presenciado en una película.[61] Por ejemplo, recientemente un joven de diecinueve años mató a puñaladas a una estudiante de dieciocho y, a continuación, se suicidó; la policía encontró en su habitación noventa películas de terror, además de un machete y una máscara como las utilizadas en la serie *Viernes trece*.[62] El treinta y uno por ciento de los adolescentes dicen haber querido reproducir lo que han visto en el cine; "según el departamento de justicia de California, el veintiuno por ciento de los delitos cometidos por adolescentes es una repetición hasta los detalles más escabrosos de lo que han visto en el cine o la televisión".[63]

---

57. Ver Howard Fineman, "Collateral Damage", *NW* (32 de agosto 1998), 18-23, 21.
58. (Matthew Kaminski y Kim Palchikoff, "The Crisis to Come", *NW* [14 de abril 1997], 44-45).
59. "China's New Family Values", *NW* (24 de agosto 1998), 36.
60. Sobre las protestas, ver Bruno Bettelheim, "TV Stereotypes 'Devastating' to Young Minds", *USNWR* (28 de octubre 1985), 55; Susan Baker y Tipper Gore, "Some Reasons for 'Wilding'", *NW* (29 de mayo 1989), 6-7; Kevin Perrotta, "Television's Mind-Boggling Danger", *CT* (7 de mayo 1982), 20-22. Sobre la telebasura, ver Harry F. Waters et al., "Trash TV", *NW* (14 de noviembre 1988), 72-78.
61. Sobre delitos inspirados en películas y series, ver datos en John Leland, "Violence, Reel to Real", *NW* (11 de diciembre 1995), 46-48.
62. Mary Rose McGeady, *Covenant House Newsletter* (agosto 1993), 1.
63. Ted Baehr, "Redefining Culture Through Media", *SCP Journal* 18/1-2 (1993): 36-43 (p. 39). Una encuesta realizada en Inglaterra concluyó que los adolescentes que

A los dieciséis años, un niño estadounidense normal ha presenciado entre la televisión y el cine "veintiséis mil actos sexuales más o menos explícitos y cuatrocientas mil alusiones e insinuaciones de esta índole, así como doscientos mil episodios de violencia, treinta y tres mil de los cuales son asesinatos".[64] Un director de cine de terror admite que "con frecuencia, los asesinatos se filman desde el punto de vista del asesino", pero, sorprendentemente, a continuación defiende con vehemencia ¡que ello no hace que los fans de este género se identifiquen "con los asesinos psicópatas"![65] Hoy tenemos pruebas estadísticas concluyentes en el sentido de que este tipo de violencia de los medios de comunicación nos insensibiliza hacia la verdadera violencia y la genera entre una generación que ha crecido con ella.[66]

Se puede objetar que la iglesia no es responsable de la conducta de la cultura que la rodea; sin embargo, cuando los hábitos de consumo de los cristianos difieren poco de los de nuestros vecinos no creyentes, ¿podemos acaso negar nuestra responsabilidad en el apoyo de una industria que está destruyendo el mundo?[67] Los primeros cristianos se negaron a entrar en los circos para "distraerse" viendo sufrir a otros.[68] Se dice que, en el siglo IV, un monje asiático llamado Telémaco visitó Roma y quedó horrorizado por las luchas entre gladiadores que se celebraban en el Coliseo. Se lanzó entre los gladiadores intentando impedir que se mataran entre sí, hasta que uno de ellos lo acuchilló mortalmente. Cuando su cuerpo quedó inmóvil sobre la arena, un espectador se levantó indignado; de inmediato, otros lo siguieron hasta que no quedó nadie. Este hecho marcó el fin de las competiciones de gladiadores en el Coliseo de Roma.[69] Lamentablemente, aquello que los primeros cristianos evitaban en público, los cristianos de nuestro tiempo lo presencian alegremente en el salón de sus casas.

---

veían mucha violencia mostraban una conducta un "cuarenta y nueve por ciento más violenta y antisocial" que quienes no lo hacían (Baehr, "Culture", 40).

64. Baehr, "Culture", 40.
65. John Russo, "'Reel' Vs. Real Violence", *NW* (19 de febrero 1990), 10.
66. Ver David Gelman, "The Violence in Our Heads", *NW* (2 de agosto 1993), 48; David Neff, "Shootout at the Not-So-OK Corral", *CT* (9 de noviembre 1992), 12-13; especialmente el artículo del experto en psicología de la violencia David Grossman, "Trained to Kill", *CT* (10 de agosto 1998), 30-39.
67. En parte por falta de tiempo, en parte como forma de protesta por la glorificación de la violencia, nunca he tenido televisión.
68. Ver Tertuliano, *Sobre los espectáculos*.
69. El relato de estos hechos aparece en Charles Colson, *Loving God* (Grand Rapids: Zondervan, 1987), 243.

Juicio sobre las naciones del mundo. Quienes se dejan engañar y participan en el pecado de otros compartirán su juicio, aunque los seductores experimentarán un castigo más severo que los seducidos (17:2; 18:9). Que los diez reyes se vuelvan finalmente contra la prostituta (17:16) nos muestra algo sobre las lealtades del mundo. En la política romana se entendía que las alianzas eran, con frecuencia, medidas de carácter temporal para conseguir ciertos fines, y que en beneficio de los propios intereses era lícito cambiar las alianzas. Dios se sirve a menudo de los impíos para llevar a cabo su propia destrucción (*cf.* Jue 7:22; 2Cr 20:23). Esta "disensión", que divide a Satanás contra Satanás, "es inevitable en 'un universo moral'. Y el fin de todo poder perverso es la lucha interna, la autodestrucción, la muerte".[70]

Todos los imperios de la historia, desde los asirios hasta la Unión Soviética, se han desmoronado, asfixiados normalmente por sus propias contradicciones internas antes de que los invasores externos acabaran la faena. No tenemos que temer a ningún imperio ni a ningún tipo de represión, porque la historia garantiza que todo imperio humano o diabólico caerá. Por ahora, el pueblo de Dios sufre; sin embargo, sus propósitos prevalecerán en la historia. Esta verdad estimula a los creyentes a mantenerse firmes, puesto que el futuro está en manos de Dios y no en las de los imperios más poderosos de nuestro tiempo.

Los gobernantes perversos tienen su "hora" (17:12); sin embargo, pasado este breve espacio de tiempo se desvanecen y, finalmente, también sus imperios. Desde el limitado punto de vista de nuestra vida individual, la justicia parece no llegar; sin embargo, cuando miramos la historia con una perspectiva más amplia, el poder de los opresores siempre llega a su fin. Esto es cierto, porque, como también ilustra claramente este pasaje (17:17), Dios sigue siendo soberano aun sobre las decisiones tomadas por los imperios perversos. Pensemos, por ejemplo, en la funesta decisión de Hitler de ponerse en contra de Stalin y mandar tropas al frente ruso. En términos de años de preparación y estrategia militar, Alemania estaba por delante de los Aliados; sin embargo, hacia el final de su gobierno, Hitler cometió algunos graves errores: se vio forzado a ejecutar a algunos brillantes estrategas como Rommel y, finalmente, destruyó su propia causa.

---

70. Bowman, *First Christian Drama*, 117.

Apocalipsis 18:1-24

Después de esto vi a otro ángel que bajaba del cielo. Tenía mucho poder, y la tierra se iluminó con su resplandor. ² Gritó a gran voz:

«¡Ha caído! ¡Ha caído la gran Babilonia!
Se ha convertido en morada de demonios
y en guarida de todo espíritu maligno,
en nido de toda ave impura y detestable.
³ Porque todas las naciones han bebido
el excitante vino de su adulterio;
los reyes de la tierra cometieron adulterio con ella,
y los comerciantes de la tierra se enriquecieron
a costa de lo que ella despilfarraba en sus lujos».

⁴ Luego oí otra voz del cielo que decía:

«Salgan de ella, pueblo mío,
para que no sean cómplices de sus pecados,
ni los alcance ninguna de sus plagas;
⁵ pues sus pecados se han amontonado hasta el cielo,
y de sus injusticias se ha acordado Dios.
⁶ Páguenle con la misma moneda;
denle el doble de lo que ha cometido,
y en la misma copa en que ella preparó bebida
mézclenle una doble porción.
⁷ En la medida en que ella se entregó a la vanagloria y al
arrogante lujo denle tormento y aflicción;
porque en su corazón se jacta:

"Estoy sentada como reina;
no soy viuda ni sufriré jamás".
⁸ Por eso, en un solo día le sobrevendrán sus plagas:
pestilencia, aflicción y hambre.
Será consumida por el fuego,
porque poderoso es el Señor Dios que la juzga».

⁹ Cuando los reyes de la tierra que cometieron adulterio con ella y compartieron su lujo vean el humo del fuego que la consume, llorarán de dolor por ella. ¹⁰ Aterrorizados al ver semejante castigo, se mantendrán a distancia y gritarán:

«¡Ay! ¡Ay de ti, la gran ciudad,
Babilonia, ciudad poderosa,
porque en una sola hora ha llegado tu juicio!».

¹¹ Los comerciantes de la tierra llorarán y harán duelo por ella, porque ya no habrá quien les compre sus mercaderías: ¹² artículos de oro, plata, piedras preciosas y perlas; lino fino, púrpura, telas de seda y escarlata; toda clase de maderas de cedro; los más variados objetos, hechos de marfil, de madera preciosa, de bronce, de hierro y de mármol; ¹³ cargamentos de canela y especias aromáticas; de incienso, mirra y perfumes; de vino y aceite; de harina refinada y trigo; de ganado vacuno y de corderos; de caballos y carruajes; y hasta de seres humanos, vendidos como esclavos.

¹⁴ Y dirán: «Se ha apartado de ti el fruto que con toda el alma codiciabas. Has perdido todas tus cosas suntuosas y espléndidas, y nunca las recuperarás». ¹⁵ Los comerciantes que vendían estas mercaderías y se habían enriquecido a costa de ella se mantendrán a distancia, aterrorizados al ver semejante castigo. Llorarán y harán lamentación:

¹⁶ «¡Ay! ¡Ay de la gran ciudad,
vestida de lino fino, de púrpura y escarlata,
y adornada con oro, piedras preciosas y perlas,
¹⁷ porque en una sola hora ha quedado
destruida toda tu riqueza!».

Todos los capitanes de barco, los pasajeros, los marineros y todos los que viven del mar se detendrán a lo lejos. ¹⁸ Al ver el humo del fuego que la consume, exclamarán: «¿Hubo jamás alguna ciudad como esta gran ciudad?». ¹⁹ Harán duelo, llorando y lamentándose a gritos:

«¡Ay! ¡Ay de la gran ciudad,
con cuya opulencia se enriquecieron
todos los dueños de flotas navieras!
¡En una sola hora ha quedado destruida!
²⁰ ¡Alégrate, oh cielo, por lo que le ha sucedido!
¡Alégrense también ustedes, santos, apóstoles y profetas!,
porque Dios, al juzgarla,
les ha hecho justicia a ustedes».

²¹ Entonces un ángel poderoso levantó una piedra del tamaño de una gran rueda de molino, y la arrojó al mar diciendo:

«Así también tú, Babilonia, gran ciudad,
serás derribada con la misma violencia,
y desaparecerás de la faz de la tierra.
²² Jamás volverá a oírse en ti
la música de los cantantes
y de arpas, flautas y trompetas.

> Jamás volverá a hallarse en ti
> ningún tipo de artesano.
> Jamás volverá a oírse en ti
> el ruido de la rueda de molino.
> ²³ Jamás volverá a brillar en ti
> la luz de ninguna lámpara.
> Jamás volverá a sentirse en ti
> el regocijo de las nupcias.
> Porque tus comerciantes
> eran los magnates del mundo,
> porque con tus hechicerías
> engañaste a todas las naciones,
> ²⁴ porque en ti se halló sangre de profetas y de santos,
> y de todos los que han sido asesinados en la tierra».

Apocalipsis continúa su retrato de Babilonia trazado en 17:1-18, desarrollando ahora con gran lujo de detalle la advertencia de su destrucción (17:16-18). El capítulo 18 contiene una serie de lamentos. Juan comienza esta sección con un canto fúnebre sobre Babilonia (18:2) y concluye con el regocijo producido por su caída, que prepara el camino para la alegría de una boda (19:1-9).

La muerte de Babilonia (18:1-8)

No obstante, el lamento que consigna Juan ¡se parece más a una maldición! Los profetas del Antiguo Testamento se sirvieron a veces de cantos fúnebres, el lenguaje del luto, como un recurso creativo para anunciar un juicio que podía convertirse en causa de gran alegría (p. ej., Is 16:7-11). Recurrieron, asimismo, al duelo de otros como forma creativa de comunicar un juicio inminente (Is 3:26; 19:8; Jer 48:17; Mi 1:10).[1] En la antigüedad, los lamentos sobre las ciudades destruidas se

---

1. Este lamento también podía ser auténtico (p. ej., Jer 6:26; 8:21). Llorar y lamentarse ante los difuntos era una práctica habitual en el antiguo mundo mediterráneo (p. ej., Aquiles Tacio, 1.14; Emanuel Feldman, "The Rabbinic Lament", *JQR* 63 [1972]: 51-75), y a menudo los lamentos se dirigían a ellos (p. ej., Tobit 10:5). Las formas griegas de lamentos y elogios afectaban con frecuencia a las formas judías (J. C. H. Lebram, "Die literarische Form des vierten Makkabäerbuches", *Vigiliae Christianae* 28 [junio, 1974]: 81-96); sin embargo, un lamento de Qumrán sobre Jerusalén subraya el lenguaje veterotestamentario (Maurya P. Horgan, "A Lament Over Jerusalem (4Q179)", *JSS* 18 [otoño, 1973]: 222-34).

convirtieron en una forma literaria reconocida.² El anuncio de la caída de un tirano era una buena noticia (Nah 1:15), como lo era también la restauración de Sión (Is 40:9; 41:27; 52:7).

Con la expresión "¡Ha caído! ¡Ha caído la gran Babilonia!", Juan recapitula las palabras de 14:8, que recuerdan el canto fúnebre sobre Babilonia consignado en Isaías 21:9 (*cf.* Jer 51:8). A este lamento se unen, especialmente, los amantes de la prostituta: los reyes marionetas que gobernaban según los dictados de Roma (18:9-10) y los mercaderes cuya prosperidad dependía también de ella (18:11-19). Por el contrario, los moradores del cielo se alegran (18:20; 19:1-3).³ Este pasaje puede también compararse con los lamentos de los reinos por Tiro, emblema de la prostitución financiera de la antigüedad (Is 23:5-7, 15-17).

Decir que Babilonia se convertirá en morada de aves inmundas (18:2; *cf.* 19:17) es una manera creativa de anunciar su juicio. Cuando las ciudades quedaban deshabitadas, nadie podía impedir que los animales salvajes se alojaran entre sus muros. La población de Roma se redujo drásticamente, pasando del millón de personas que la habitaban en los días de Juan hasta las, aproximadamente, treinta mil que quedaron después de su caída, siglos más tarde.⁴ Los profetas habían anunciado este mismo desenlace a muchas ciudades poderosas (Is 34:11-15; Jer 49:33), entre ellas, Babilonia (Is 13:20-22; Jer 50:13; 51:29, 37) y Jerusalén (Jer 9:11; 10:22), aunque Dios prometió que esta sería restaurada (Is 35:7).

---

2. P. ej. "Lamentation over Ur" en *ANET*, 455-63; Lm 1:1-5:22; 1 Mac. 2:6-13; Antología griega, 9.151. Hay un lamento profético por la futura destrucción de una ciudad en Or. sib. 5.98-99.
3. La estructura del texto alterna las palabras de un ángel (18:1-3, 21-24) con las que pronuncia una voz del cielo (Dios o un alto representante celestial, 18:4-8, 20; 19:5; los santos en 19:1-3, 6-7); la voz celestial también se hace eco del lamento de las naciones (18:9-19).
4. González, *Revelation*, 116. Algunas estimaciones recientes hablan de una población menos numerosa en Roma (Richard L. Rohrbaugh, "The PreIndustrial City in LukeActs: Urban Social Relations", 125-49 en *The Social World of Luke-Acts: Models for Interpretation*, ed. J. H. Neyrey [Peabody, Mass.: Hendrickson, 1991], 133), pero las estimaciones tradicionales se basan en registros romanos del subsidio de cereales que consignan los historiadores romanos (Clarke, "Rome and Italy", 464-66). Incluso si nos desplazamos hasta los días anteriores de la república, la población no podía ser menor de quinientos mil habitantes, puesto que en el censo romano había normalmente unos cien mil ciudadanos inscritos, sin contar a las mujeres, los niños, los extranjeros ni a los lacayos y esclavos (p. ej., Dionisio de Halicarnaso, 5.20.1; 5.75.3; 6.96.4; 9.15.2; 9.36.3).

En algunas de estas descripciones proféticas se mencionan criaturas que la Septuaginta llama "demonios" (Is 34:14; cf. Bar. 4:35), y entre ellas hay oráculos de juicio contra Babilonia (Is 13:21). Convertirse en morada de demonios es un juicio apropiado para un poder movido en otro tiempo por ellos (Ap 16:14; cf. 9:20). Que estos espíritus estén allí "recluidos" (18:2, pero no los textos del Antiguo Testamento) podría ser una forma simbólica de sugerir su juicio más apropiado (20:7; en contraste con el sufrimiento de los creyentes, 2:10).[5] Babilonia experimentó este juicio (Jer 51:37) precisamente por haber aplastado al pueblo de Dios (51:33-36; cf. Ap 18:24; 19:2).

Según la propaganda romana distribuida por las élites locales (cuyo rango dependía del mecenazgo de Roma), Roma hizo el bien a muchos pueblos; sin embargo, en una crítica mordaz, el profeta anuncia aquí que se relaciona con ellos motivada tan solo por sus propios intereses. Tres veces se centra el texto en el "lujo" de Babilonia (18:3, 7, 9).[6] Que las naciones lamenten su destrucción solo pone de relieve la medida en que han sido intoxicadas y hechizadas por su explotadora seducción (14:8; 17:2; 18:3, 23).[7] Pero los receptores de Juan no perderán de vista la soberanía de Dios, porque el lenguaje de este versículo recuerda al libro de Jeremías: Dios ha hecho de Babilonia una copa de vino para intoxicar a las naciones y hacerlas enloquecer (Jer 51:7; cf. Zac 12:2), invitando a hacer duelo por ella (Jer 51:8) y a la huida del pueblo de Dios (Jer 51:6, 45; cf. Zac 2:7).

Quienes hacen duelo por Babilonia son tanto los "reyes" como los "mercaderes", los aliados políticos y comerciales de Roma (18:3); Juan se centra más en el último grupo (18:11-19) que en el primero (18:9-10). Sus oráculos contra Babilonia (18:1–19:8) están llenos de alusiones a los profetas del Antiguo Testamento, entre los que no solo hay profecías contra Babilonia, sino también el oráculo contra Tiro de Ezequiel 26–28. Apocalipsis utiliza muchas imágenes del Antiguo Testamento sobre Tiro, porque esta ciudad (descrita también como una prostituta; ver Is 23:15-17) era un poder económico como Roma: "Si

---

5. La LXX relaciona casi siempre a los "demonios" con la idolatría (Dt 32:17; Sal 96:5; 106:37; Is 65:3; Bar. 4:7), y esto encaja con Babilonia/Roma (Ap 9:20). La literatura judía temprana comenta a menudo el encarcelamiento de los ángeles caídos en varias ubicaciones (ver comentarios sobre 2P 2:4).
6. Aune, *Revelation*, 3:990, conecta la opulencia o prosperidad de Babilonia en 18:3, 9, 16-17, 19 con las cuatro menciones de las riquezas de Tiro en Ezequiel 27:12, 18, 27, 33.
7. Bauckham, *Climax of Prophecy*, 347.

Roma era heredera de Babilonia en su actividad política y religiosa, lo era también de Tiro en su vertiente económica".[8] Tiro, que muchos consideraban una ciudad invencible a pesar de la profecía de Ezequiel, tuvo finalmente un terrible final a manos de Alejandro Magno.

No todos los receptores de Juan están siendo perseguidos por la bestia cuando este escribe el Apocalipsis; algunos de los que viven en Laodicea y Sardis están, de hecho, prosperando como parte del mismo sistema que en otros lugares está matando a los santos. El llamamiento a "salir" (18:4) puede llevar implícita la retirada de ciertas esferas económicas que requerían transigir con la adoración imperial o con otras formas de idolatría.[9] La profecía de Juan se opone a "Balám" y "Jezabel", profetas de las componendas, que daban su apoyo a la inmoralidad —puede que en sentido figurado—, con la bestia (2:14, 20; cf. 18:3). Otros textos judíos utilizaban un lenguaje similar contra las componendas con el mal del mundo.[10]

Quienes permanezcan en Babilonia compartirán su juicio; por ello, mucho tiempo atrás, Jeremías había exhortado en su profecía a su pueblo a que huyera (Jer 51:6), aunque pronunció estas palabras más como una profecía del juicio venidero que como una advertencia presente (29:7). Esta advertencia a huir se enmarca en el mismo contexto que la mención de que Babilonia era una embriagadora copa para las naciones y que sería endechada (51:7-8). Que las personas sigan siendo invitadas a escapar inmediatamente antes del juicio revela la grandeza de la misericordia de Dios. Él invita a su pueblo a abandonar Babilonia, porque tiene una ciudad mejor para ellos (Ap 21:2-3).

El juicio se produce cuando los pecados de Babilonia se amontonan hasta el cielo (18:5); en ocasiones, Dios solo retrasa el juicio para esperar que se complete la medida del juicio sobre varias generaciones (cf. Gn 15:16; Mt 23:36; Lc 11:50). Tales profecías indican que quienes

---

8. Ibíd., 346; cf. Kraybill, *Imperial Cult and Commerce*, 152-61.
9. Ver Bauckham, *Climax of Prophecy*, 376-77; Kraybill, *Imperial Cult and Commerce*, 29. Collins, *Crisis and Catharsis*, 127, relaciona esto con la remoción social más que física (12:6, 14).
10. Cf. las advertencias de Jeremías de permanecer lejos de los pecados babilónicos (4 Bar. 7:37), las de Enoc a alejarse de los pecadores cuyas obras "secretas" Dios conoce (1 Enoc 104:6-8); las que advierten que quienes siguen al mundo compartirán su destrucción (T. Job 33:4); la advertencia de Tobit a salir de Nínive antes de su destrucción (Tobit 14:8); el llamamiento a separarse de "aquellos que están destinados al abismo" (CD 6.14-15); y la creencia de que el remanente escatológico huirá de los apóstatas al verdadero Israel (4QpNah 3.5).

se benefician de los pecados de sus antepasados compartirán también su juicio, así como el debido a su propio pecado.[11] Finalmente, la copa de los pecados de Babilonia, y la de las súplicas de vindicación que los santos elevan como incienso, se llenan y suben ante Dios (Ap 6:10; 8:4). Quienes destruyen a Babilonia le están pagando el doble por sus pecados (18:6), del mismo modo que la Babilonia literal había sido, en otro tiempo, el agente de Dios para retribuir el doble a Israel por sus pecados (Is 40:2); esta era la clase de recompensa que se exigía a los ladrones (Éx 22:4, 7, 9).[12] Babilonia beberá de su propia copa (Ap 14:8-10; *cf.* Is 51:22-23; Jer 50:15, 29; Abd 15).

El mensaje de juicio contra la arrogancia de Babilonia, pronunciado en 18:7, refleja el lenguaje de un antiguo oráculo contra Babilonia: esta pretendía ser una reina eterna (18:7; *cf.* Is 47:7), viviendo de manera lujosa (o sensual; Ap 18:7; *cf.* Is 47:8) y negando que enviudaría o que perdería a sus hijos (18:7; *cf.* Is 47:8).[13] Por tanto, los juicios caerán sobre ella en un solo día (Ap 18:8; *cf.* Is 47:9); ya no podrá seguir engañando con su brujería (Ap 18:23; *cf.* Is 47:9). La profecía de Isaías es muy apropiada para Roma, que pretendía ser una ciudad eterna.[14] Otros autores judíos entendieron también la relevancia de aplicar este oráculo contra Roma (Or. sib. 5.169-74).[15]

La medida en que Roma se glorificaba a sí misma (Ap 18:7) puede ilustrarse por la gran extensión de la adoración del emperador y de la diosa Roma, que personificaba a la ciudad o estado. Como forma de propaganda y control social, Roma esperaba la adoración de aquello

---

11. Los intérpretes judíos reconocían también este principio (*Sifre Dt.* 332.2.1). Sobre la reparación de 18:20, 24, como en Lucas 11:50-51, ver también, F. F. Bruce, *The Time Is Fulfilled* (Grand Rapids: Eerdmans, 1978), 106.
12. Sobre beber una copa de juicio hasta las heces, ver Sal 75:8. Sobre el pago doble, *cf.* 1Ti 5:17; Sherk, *Empire*, 92, 159-60; otras referencias griegas en Aune, *Revelation*, 3:992-93.
13. *Cf.* el destino de Jerusalén en Lamentaciones 1:1. En 2 Reyes 19:28, en el contexto de un oráculo contra Asiria, aparece un cognado de la palabra que significa arrogancia; la pérdida de sus hijos fue el juicio que sufrió la mujer inmoral de Apocalipsis 2:23; el hambre y la muerte (18:8) caen sobre el mundo en 6:8. El hambre y la pestilencia acompañan frecuentemente a la desaparición de una ciudad (Aune, *Revelation*, 3:996).
14. Kraybill, *Imperial Cult and Commerce*, 221; 57, cita *I. Ef.* 599; Josefo, *Guerra* 5.367. *Cf.* la añadidura Génesis 11:4 en Ps. Filón, 7:1.
15. Dios también haría pagar a Roma los sufrimientos de Asia (Or. sib. 3.350-55) y juzgaría su arrogancia (3.466-68; 8.75-76). Egipto (y/o Cleopatra) ha enviudado (11.279; *cf.* 3.75-92); pero, lo que es peor, se casará con Roma (11.290). Esta nueva aplicación del lenguaje no pretendía anular el significado literal de Isaías; Or. sib. 5.444-45 aplica Isaías 47 a la Babilonia literal.

que esta representaba. La Babilonia que se "glorifica" a sí misma en 18:7 contrasta marcadamente con la nueva Jerusalén, que tiene la gloria de Dios (21:11, 23) y es receptora de la gloria de las naciones (21:24, 26). Se acerca el día en que solo Dios y su pueblo recibirán honor, y los arrogantes serán despojados de él (*cf.* 13:5). Babilonia será quemada (ver comentario sobre 17:16); el castigo llegará, porque el Señor Dios que juzga es poderoso (18:8; *cf.* Dt 3:24; 9:26; Sal 89:8; Ez 20:33; Jl 2:11).

Una realidad difícil de aceptar: el llanto de los reyes y el lamento de los mercaderes (18:9-20)

En esta espeluznante profecía, los reyes lamentan la destrucción del perverso imperio (18:9-10); en contraste, el remanente justo de todos los pueblos formará parte de la nueva Jerusalén y sus reyes llevarán su gloria a ella (21:24). Los gobernantes de las provincias tienen razón para lamentarse, puesto que se beneficiaron personalmente del gobierno romano (*cf.* 18:3), y en algunos casos fue el mecenazgo del emperador lo que los elevó a una posición de poder; Roma "proporcionaba seguridad y prosperidad a sus amigos".[16] Asia, donde estaban ubicados los receptores de Juan, era la provincia más rica.[17] Por ello, estos dirigentes no solo se lamentan por Babilonia (Roma) ¡sino por sí mismos! Tanto los reyes como los mercaderes que se beneficiaron del gobierno de Babilonia se lamentarán por su desaparición, pero desde una distancia segura por cuanto temen su padecimiento (18:10, 15; *cf.* Ez 26:18); el amor del mundo no conlleva sacrificio, sino interés (Ap 17:16-17).

La expresión "los reyes de la tierra" alude a los reyes marionetas de Roma (17:2, 18; 18:3), aunque el lenguaje se adapta al Antiguo Testamento. Se trata de una expresión veterotestamentaria común (que se utiliza al menos quince veces), pero este texto recuerda algunos pasajes del AT en particular: el Mesías gobernaría a los reyes (Sal 89:27; Ap 1:5); se unirían contra el Hijo de Dios y serían destruidos (Sal 2:2; Hch 4:26; Ap 19:19); y se hicieron ricos mediante el comercio de Tiro (Ez 27:33). Los mercaderes repiten el grito "¡Ay! ¡Ay!" en Apocalipsis 18:10, 16, 19.

Los lamentos más largos son de los mercaderes que se beneficiaban del comercio de Roma.[18] Los aristócratas y el gran número de quienes

---

16. Kraybill, *Imperial Cult and Commerce*, 57, 59-82.
17. *Ibíd.*, 65-66.
18. Otros escritores esperaban la pérdida de grandes riquezas cuando Dios juzgara Roma (Or. sib. 2.18), o las ciudades marítimas de Fenicia (3.492-94) y la próspera Alejandría

compartían su perspectiva seguían deslumbrados por la grandiosidad de Roma y toda la riqueza del imperio de la que esta era receptora.[19] Algunos afirmaban que Roma era el imperio más poderoso después del de los dioses.[20] Pero el lujo de Roma se debía a las políticas comerciales poco equitativas que mantenía con sus provincias. En menos de un año, el usurpador Vitelio gastó el equivalente a más de veinte millones de dólares, principalmente en alimentos extravagantes, "exquisiteces como sesos de pavo real y lenguas de ruiseñor".[21] Hablando de los mercaderes y fletadores, Kraybill observa:

> Desde Egipto, el norte de África y la región del mar Negro transportaban unas cuatrocientas mil toneladas de cereales al año para abastecer a la capital del imperio. Mientras los habitantes de las provincias pagaban precios muy elevados por los cereales, y a veces se quedaban sin suministro, en Roma, doscientas mil familias recibían del gobierno un subsidio periódico de cereales gratuitos.[22]

Los insaciables apetitos de Roma y su seductora opulencia tentaban a los inversores de las provincias a emplear su capital en artículos que podían exportar a Roma, más que en las necesidades del pueblo. Los terratenientes de Asia dedicaban tanto terreno a la producción de artículos secundarios como el vino para exportar a Roma que las ciudades del sur tenían que importar los cereales desde Egipto y las del norte desde la zona del mar Negro; esto hacía que los terratenientes se enriquecieran, pero todos los demás pagaran precios más elevados para poder suplir sus necesidades básicas.[23]

(5.98). En contraste, aquellos que describían un futuro utópico esperaban que los barcos mercantes dejaran de ser necesarios, porque todos los territorios darían toda clase de frutos (Virgilio, Ec 4:37-39).

19. Bauckham, *Climax of Prophecy*, 375-76, citando a Elio Arístides, *Or.* 26.7, 11-13. Bauckham tiene sin duda razón cuando afirma que Juan está denunciando las riquezas de Roma más que lamentando su pérdida (*ibíd.*, 338-83).
20. Tito Livio, 1.4.1. Más adelante, los rabinos afirmarían que la prosperidad económica de Roma era incomparable (ARN, 28A) y que había en ella 133.225 palacios, cada uno con 365 plantas con suficientes alimentos en cada una para alimentar a todo el mundo (*b. Pes.* 118b).
21. Mounce, *Revelation*, 329.
22. Kraybill, *Imperial Cult and Commerce*, 107, citando *Res Gestae* 15. Los emperadores utilizaban los cereales para mantener la estabilidad en la capital (Plinio, *Panegírico* 29.1-5); cuando dejaban de suministrarlos a la población, se producían disturbios (Apiano, *G. C.* 5.8.67; Tácito, *An.* 6.13; 12.43).
23. Kraybill, *Imperial Cult and Commerce*, 66-67.

Los intereses comerciales de Roma servían también para propagar su paganismo, y la mayoría de la población tenía más interés en comprar y vender que en resistir las demandas del estado (13:17). El lamento de los mercaderes, en el sentido de que ahora nadie compra sus mercancías (18:11), ¡es una irónica retribución para quienes adoraban a la bestia precisamente para poder comprar y vender (13:17)! En los principales puertos mediterráneos, los símbolos paganos ocupaban un lugar destacado y las actividades de las flotas y gremios de mercaderes incorporaban elementos del culto imperial.[24] La ley eximía a los judíos de participar en el culto imperial, pero, probablemente, los cristianos expulsados de las sinagogas estaban obligados a hacerlo o atenerse a la consecuente pérdida de ingresos.[25] En este pasaje, Juan se identifica con los pobres de las provincias, "porque creía que los cristianos no podían ya participar en una red comercial absolutamente injusta, saturada de patriotismo idólatra".[26]

El puerto romano de Ostia, construido por Claudio unos cincuenta años antes de la redacción de Apocalipsis, tenía una gran plaza con columnata llena de oficinas para los *navicularii*, los mercaderes.[27] Las listas de artículos destruidos solían acompañar a los detallados lamentos u oráculos de juicio (2 Bar. 10:19), pero muchos de los elementos específicos de esta enumeración ponen de relieve la crítica que Apocalipsis hace de los artículos de lujo (18:12-13).[28] A continuación los revisaremos brevemente.

En este periodo, los nuevos ricos de Roma hacían generalmente alarde de su "oro" y "plata". La ciudad importaba la mayor parte de estos metales de España, donde poseía varias minas, algunas de ellas confiscadas a sus propietarios; los esclavos que trabajaban en ellas rara vez llegaban a la edad madura.[29] Roma importaba asimismo "piedras

---

24. *Ibíd.*, 29, 123-41; sobre los símbolos paganos en los puertos, ver 125-27; *cf.* Hechos 28:11.
25. *Ibíd.*, 197.
26. *Ibíd.*, 23.
27. Caird, *Commentary on Revelation*, 226.
28. La mayor parte de lo que sigue procede especialmente de Bauckham, *Climax of Prophecy*, 352-66, que documenta detalladamente sus afirmaciones. Otros ofrecen valiosos detalles (p. ej., Caird, *Commentary on Revelation*, 228; Ford, *Revelation*, 298-99; Aune, *Revelation*, 3:998-1002), pero Bauckham ofrece los datos más actualizados.
29. Sobre los esclavos utilizados en las minas, ver Naphtali Lewis, *Life in Egypt Under Roman Rule* (Oxford: Clarendon, 1983), 137-38. Después del siglo I, Roma recurrió más a la zona de los Balcanes para abastecerse de oro (Aune, *Revelation*, 3:998).

preciosas", principalmente de la India, que los hombres engastaban en sus anillos pero que llevaban en especial las mujeres; muchos de los contemporáneos de Juan consideraban las "perlas" como el epítome de la opulencia. Algunas de ellas llegaban a la ciudad procedentes del mar Rojo; otras de mejor calidad, del golfo Pérsico, pero la fuente más abundante estaba en las aguas del Índico; en el tiempo de Juan podría haber representado la mayor parte del comercio de Roma con Oriente.[30]

Roma importaba "lino fino" de España, Asia Menor y, especialmente, de Egipto; por aquel tiempo, este género había comenzado a sustituir a la lana. Durante largo tiempo, la "púrpura" había sido símbolo de riqueza y procedía especialmente de Tiro; las "telas de escarlata" eran también un emblema de ostentación y se confeccionaban principalmente en Asia Menor, a partir de los quermes de un tipo de roble. Los romanos, que pensaban que la seda crecía en los árboles, la importaban de China en su mayor parte a través de los puertos noroccidentales hindúes, pero también por tierra, en caravanas que atravesaban la zona de Partia. Teniendo en cuenta la larga distancia que tenía que recorrer la mercancía, no es sorprendente que las prendas de seda fueran un símbolo de ostentación solo asequible para los ricos.[31]

La "madera de citrón" [así es como traduce la NIV el término griego, que la NVI vierte como "madera de cedro". N. del T.] procedía originariamente de la costa norteafricana, desde Cirene hacia la zona más occidental; sin embargo, en este periodo, la madera de citrón escaseaba tanto que la mayor parte se traía desde Marruecos; las mesas hechas con esta madera eran "una de las modas más costosas de la Roma imperial temprana", de tal modo que una mesa se vendía por el precio de una gran finca.[32] El comercio del "marfil" había llevado al elefante sirio al borde de la extinción, dejando un número muy reducido de estos paquidermos en el norte de África; quienes deseaban hacer alarde de su riqueza utilizaban el marfil para las patas de las mesas y para los ídolos. La expresión "madera preciosa" (18:12) alude probablemente

---

30. No muy familiarizados con la recolección de las ostras, los antiguos tenían a veces interesantes puntos de vista sobre el modo en que esta se llevaba a cabo (p. ej., Arriano, *Indica* 8.11-12).
31. Sobre la producción y el comercio de la seda a lo largo de la historia ver, además de Bauckham, Richard N. Frye, *The Heritage of Central Asia: From Antiquity to the Turkish Expansion* (Princeton, N.J.: Markus Wiener, 1996), 153-57. Roma comerció con China, especialmente entre los años 90 y 130 d.C., posiblemente por valor de unos 45 millones de sestercios al año (y de unos 55 millones con India; Aune, *Revelation*, 3:999).
32. Ver Plinio, *H. N.* 13.95, según lo cita Bauckham, *Climax of Prophecy*, 356-57.

a la procedente de arces, cedros y cipreses, maderas que se utilizaban para fabricar costosos artículos de lujo (el ébano era raro en Roma). El "bronce" más famoso del imperio era el corintio; el mejor "hierro" se importaba del Este, aunque se encontraba también en otros lugares; los romanos importaban "mármol" de África, Egipto y Grecia, especialmente para los palacios.

Es probable que la "canela" se trajese sobre todo de países como Somalia, en África Oriental y este término podría aludir tanto a la casia (la mayor parte del comercio se especializaba en este leño de la planta de la canela) y "la canela propiamente dicha (los brotes tiernos y la delicada corteza del arbusto), que era extraordinariamente cara".[33] Los barcos empleados en el comercio con África Oriental llegaban hasta Zanzíbar —una isla situada frente a las costas tanzanas— en un viaje que, ida y vuelta, duraba dos años.[34] El término que se traduce "especias" designa una especia aromática procedente del sur de la India; el "incienso" no solo se utilizaba para los ritos religiosos, sino también para perfumar las casas de la gente acomodada. La "mirra" se importaba de Yemen y Somalia; el olíbano [así es como la NIV traduce la palabra que la NVI vierte como "perfumes". N. del T.] conocido como artículo de lujo (p. ej., *T. Job* 32:10/11), procedía de la zona sur de Arabia. Algunos romanos de este periodo se quejaban de que algunos de sus compatriotas gastaban excesivamente en artículos orientales de lujo.

Aunque podía conseguirlos en otros lugares, Roma traía sus mejores "vinos" de Sicilia y España. En el tiempo de Juan, el Imperio romano experimentó una gran escasez de cereales junto a un excedente de vino (*cf.* comentario sobre 6:6); puesto que el negocio vitivinícola era más rentable que el de los cereales, algunos latifundistas (propietarios de grandes extensiones de terreno) de las provincias romanas cultivaban vides en lugar de cereales. Italia producía una parte del "aceite de oliva" que necesitaba, pero en este tiempo importaba de África y España la mayor parte de su abastecimiento. La "harina refinada" (a diferencia del vino, el aceite y el trigo) era un artículo de lujo, y la mejor era la que se traía de África.

La mayor parte del "trigo" de Roma se producía en África y Egipto y se traía en una flota imperial creada para este propósito, formada por

---

33. Bauckham, *Climax of Prophecy*, 360. La canela más barata costaba cincuenta veces más que el trigo y llegó a alcanzar un precio trescientas veces superior al de este cereal durante un periodo de escasez (Kraybill, *Imperial Cult and Commerce*, 105, citando a Plinio, *H. N.* 12.93, 97).
34. *Ibíd.*, 104.

miles de barcos gestionados por mercaderes, pero supervisados por el estado. Una buena parte de este trigo se recaudaba en las provincias como pago en especie, pero se distribuía gratuitamente a los habitantes de Roma, de manera que tanto los ricos como los plebeyos de Roma "sobrevivían a expensas del resto del imperio". Este era uno de los sentidos en que la prostituta Roma cabalgaba sobre la bestia del poder imperial.[35]

Aun para los ricos, la carne de vacuno era un lujo que solo podían permitirse en contadas ocasiones; la expresión "ganado" denota a los animales que se utilizaban para el trabajo, y en el siglo I los ricos adquirían extensas fincas ganaderas en Italia y (generalmente por confiscación o conquista) en las provincias. Algunas "ovejas" se dedicaban a la alimentación; sin embargo, Italia importaba principalmente ovejas para ricas explotaciones donde se producía lana. Italia no tenía suficiente pasto para la cría de "caballos", pero los importaba de África, España y otros lugares para las carreras de carros por las que había mucha afición. Los caballos tiraban también los carros galos de cuatro ruedas, chapados a veces en plata, que los ricos utilizaban para moverse "por Roma y para desplazarse hasta sus haciendas rurales".[36]

Juan concluye y culmina su lista con la expresión "cuerpos y almas de hombres". Puesto que en este periodo no se producían suficientes guerras para abastecer directamente a Roma de esclavos, la ciudad tenía que encontrar otras fuentes para el mantenimiento de sus necesidades. Por todo el imperio, muchos pobres abandonaban a los niños que no podían criar; aunque muchos de estos chiquillos eran presa de las aves y los perros, un buen número de ellos eran también rescatados para ser vendidos como esclavos; Asia exportaba a Roma una gran cantidad de estos niños que, probablemente, eran embarcados en el puerto de Éfeso.[37] La palabra "almas" o "vidas" (como puede traducirse también el término) puede derivarse de la versión griega de Ezequiel 27:13, donde "vidas humanas" (trad. lit.) —parte del perverso comercio de Tiro— significa "esclavos" (*cf.* NVI).[38] La ley bíblica condenaba el robo de la "vida"

---

35. Bauckham, *Climax of Prophecy*, 363.
36. *Ibíd.*, 365.
37. Abandonar a los bebés era una práctica común (p. ej., Diodoro Sículo, 4.64.1; 8.4.1; 19.2.3-5; Juvenal, *Sat.* 6.602-9; Longo, 1.2, 5; 4.24, 36; Pausanias, 2.26.4) y a menudo se les criaba como esclavos (Justino, *Apol.* 1.27; Lewis, *Life in Egypt*, 54, 58). Como los judíos (Josefo, *Apión* 2.202; Diodoro Sículo, 40.3.8), los egipcios se oponían al abandono infantil (Diodoro Sículo, 1.80.3).
38. Bauckham, *Climax of Prophecy*, 370; Ford, *Revelation*, 299. Hay referencias a "cuerpos" humanos con el sentido de esclavos en G. Adolf Deissmann, *Bible Studies*,

de otra persona —es decir, secuestrar a alguien para venderlo como esclavo— como un delito castigado con la muerte (Dt 24:7). La expresión "cosas suntuosas y espléndidas" (Ap 18:14) resume la lista, que en griego contiene una especie de juego de palabras (*lipara* y *lampra*) que a veces utilizaban los retóricos griegos y los profetas israelitas.

Esta es la enumeración más larga que tenemos de productos del periodo romano. Juan adapta la lista de cuarenta productos consignada por Ezequiel sobre el comercio de Tiro (Ez 27:2-24), pero la actualiza correctamente para que se corresponda con el comercio real de la Roma del siglo I. Mientras que la enumeración de Ezequiel está organizada según un criterio geográfico, la de Juan sigue uno más bien temático, es decir, según el tipo de mercancías.[39] Aunque incluye algunos elementos que no eran caros (como el aceite, si bien este se importaba en enormes cantidades), Juan se centra principalmente en los artículos costosos, que se superponen sustancialmente a la lista de veintinueve efectos caros consignados por otro escritor.[40]

Algunas fuentes del tiempo de Juan reconocían que los ricos de Roma se gratificaban a expensas del resto del imperio, sin embargo, la mayoría de las que criticaban el lujo lo hacían meramente porque corrompía a los aristócratas y los hacía dependientes. Aunque puede que compartiera parte de esta crítica, Apocalipsis condena explícitamente a Roma por lucrarse a costa del imperio; la prostituta se adorna con los artículos que importa (17:4; 18:16).[41] Aunque una buena parte del capítulo condena el propio lujo de Roma, en parte por su arrogancia (18:7), se alude también a la opresión que éste conllevaba (18:24).

Entre quienes endechan en 18:17 están los que trabajan en los barcos, pero la lamentación alude también, probablemente, a la tristeza de los propietarios de las embarcaciones. Los mercaderes eran los "magna-

---

tr. A. Grieve (Edimburgo: T. & T. Clark, 1923), 160.
39. Bauckham, *Climax of Prophecy*, 350-51.
40. *Ibíd.*, 366 (en Plinio, *H. N.* 37.204 aparecen trece de los veintiocho artículos consignados en Apocalipsis que, por su parte, consigna dieciocho de la lista de Plinio).
41. *Ibíd.*, 368-69. Sobre una denuncia paralela de la explotación de Asia por parte de Roma en los Oráculos sibilinos, ver pp. 378-83. Aune, *Revelation*, 3:990, sostiene que este pasaje denuncia la opulencia (como lo hacen ciertos críticos contemporáneos de la sociedad romana de aquel tiempo) y no la explotación (aunque *cf.* 3:1010 y la antigua conexión entre vida marítima y avaricia, 3:989), puesto que las provincias (especialmente Asia) sacaban también provecho del comercio de Roma. Pero un alejamiento provincial de los mercaderes (13:17-18; 18:3) puede reconocer que Roma adquirió sus riquezas de las provincias mediante injustos patrones de comercio que solo ayudaban a quienes podían participar de él.

tes" de la tierra (18:23) que, según la tabla de categorías sociales de Apocalipsis, se situaban inmediatamente por debajo de los reyes (6:15; 18:23). Sin embargo, Apocalipsis pone de relieve la futilidad en el último análisis del estatus de cualquier persona "de la tierra" (1:5, 7; 17:2, 18; 18:3, 9, 11).[42] Puesto que el transporte marítimo era el más barato, Roma importaba la mayor parte de los artículos que se enumeran en 18:12-13 sirviéndose de su puerto de Ostia. Los naufragios podían arruinar a los propietarios de barcos, pero algunos se habían enriquecido lo suficiente como para poseer muchas embarcaciones, con lo cual el riesgo se reducía.[43] Con la caída de Roma, sin embargo, tanto los propietarios como los empleados de las líneas marítimas quedarían sin trabajo en una situación similar a la de los campesinos que Roma había explotado cruelmente con elevados impuestos.[44]

Para una ciudad que había sufrido un terrible incendio menos de cincuenta años atrás (del que el primer Nerón echó la culpa a los cristianos), la amenaza de un desastre como el que se describe en 18:18 sería vívida (ver Tácito, *Anales* 15.38-44). Echarse polvo sobre la cabeza (18:19) era una tradicional expresión de duelo (Jos 7:6; 1S 4:12; 2S 1:2; 15:32; Lm 2:10; Ez 27:30).

Vindicación de los santos (18:20-24)

Aunque en 18:21-24 un "ángel poderoso" anuncia un mensaje, el pensamiento de la narración continúa a partir de lo que precede. Los versículos 20 y 24 agrupan este párrafo con el tema de la venganza por la sangre derramada de los santos, un tema bíblico que aparece en otros lugares (Dt 32:43; 2R 9:7; Sal 79:10; Jl 3:21).[45] En contraste con los

---

42. Puede que la expresión "grandes de la tierra" (lit.) proceda de Isaías 23:8 (contra Tiro) sin embargo se ajusta bien a las características de los mercaderes del Imperio Romano quienes, aunque no pertenecían a la alta sociedad, eran muchas veces ricos (Bauckham, *Climax of Prophecy*, 373).
43. Ver *ibíd.*, 373-74; *cf.* Hesíodo, *Trabajos y días* 689-91; Brian M. Rapske, "Acts, Travel and Shipwreck", 1-47 en *The Book of Acts in Its Graeco-Roman Setting*, ed. D. W. J. Gill y C. Gempf (Grand Rapids: Eerdmans, 1994), 25-28. Sobre los contratos de entrega segura suscritos por los capitanes, ver *P. Oxy.* 3250.
44. Por supuesto, el insumo de tributos (probablemente un 10 por ciento del producto nacional bruto del imperio) estimulaba el comercio y el flujo de dinero en metálico que beneficiaba a la economía general del imperio urbano (Aune, *Revelation*, 3:989); sin embargo, para quienes habitaban las zonas rurales —la mayoría de los súbditos del imperio— los impuestos resultaban opresivos (ver C. S. Keener, *Matthew* [Grand Rapids: Eerdmans, 1999], 292-93).
45. El cambio de las referencias a Babilonia en segunda persona (18:22-23) a su descripción en tercera persona (18:21, 24) era normal en la literatura profética y, dentro de ella, los

moradores de la tierra que se lamentan, el cielo se regocija por la caída de Babilonia (18:20; *cf.* la caída del dragón en 12:12).⁴⁶ El hecho de que Dios pronuncie sentencia sobre Babilonia por el asesinato de sus santos, apóstoles y profetas sugiere el permanente testimonio y sufrimiento de estos grupos hasta el tiempo del fin.⁴⁷ Los creyentes han sido juzgados y ejecutados por los tribunales de este mundo; sin embargo, este es el que está realmente bajo juicio (*cf.* Jn 16:8-11); este pasaje puede ser un reflejo de las leyes veterotestamentarias sobre el asesinato y el falso testimonio (Gn 9:6; Dt 19:16-19).⁴⁸

Dios ordenó a Jeremías que arrojara una piedra al Éufrates para escenificar la permanente caída de Babilonia (Jer 51:63-64). En Apocalipsis, esto se convierte en una piedra de molino en el mar (Ap 18:21), evocando probablemente la advertencia de Jesús en el sentido de que a quienes hagan tropezar a algún pequeño mejor le sería morir de esta manera (Mr 9:42; Lc 17:2); estas palabras se refieren en todos los casos a una enorme piedra de molino movida por una mula, y no a las que usaban las mujeres para su propio uso doméstico y que ellas mismas podían manejar.⁴⁹ Ahogarse de esta manera se consideraba un desenlace terrible, y con un peso tan elevado no habría ninguna posibilidad de escapar.⁵⁰

Cuando Dios juzgó a Judá por medio de Babilonia, Jerusalén quedó asolada, privada de la luz de las lámparas, del sonido de los molinos

---

discursos de juicio (Aune, *Prophecy in Early Christianity*, 285).

46. En la literatura judía hay muchos ejemplos de vencedores (justos o impíos) que se alegran sobre sus enemigos (T. Leví 15:3), también sobre Babilonia (2 Bar. 11-12), y los justos contemplando eternamente el tormento de los impíos (1 En. 27:3-4).
47. Algunos entienden que, en este versículo, el término "profetas" alude solo a los videntes del Antiguo Testamento, pero probablemente incluye también a los de esta era (Bruce, "The Spirit in the Apocalypse", 338). Sobre la continuidad de estos dones, ver Efesios 4:11-13; Craig S. Keener, *3 Crucial Questions About the Holy Spirit* (Grand Rapids: Baker, 1996), 81-127 (esp. 101-7); Jack Deere, *Surprised by the Power of the Spirit* (Grand Rapids: Zondervan, 1993), 99-115, 229-66 (esp. 241-52).
48. Caird, *Commentary on Revelation*, 229-30; Allison A. Trites, *The New Testament Concept of Witness*, SNTSM 31 (Cambridge: Cambridge Univ. Press, 1977), 172.
49. Es posible que atarse al cuello una piedra de molino haya sido una forma tradicional para hablar simplemente de un estorbo (*b. Kid.* 29b, bar.), pero Jesús quería expresar algo más duro (*cf.* 1 En. 48:9). Un asno podía llevar la mitad de carga que una mula, fácilmente más de cincuenta kilos (*cf.* Rapske, "Travel", 8); en el peor de los casos se utilizaba un caballo viejo (Babrio, 29.1-2).
50. La muerte por ahogo era un castigo típicamente romano (p. ej., Tito Livio, 1.51.9 donde se menciona el ahogo del reo dentro de una caja llena de piedras; 27.37.5-7; Babrio 27), pero no era desconocido entre los judíos (Josefo, *Ant.* 14.450).

o del alegre alborozo de los recién casados (Jer 25:10; *cf.* 16:9). El anuncio del ángel muestra ahora que Babilonia, opresora del pueblo de Dios, cosecha lo que ha sembrado, mencionando también el silencio de molinos y recién casados, y la ausencia de las lámparas (Ap 18:22-23).[51] La nueva Jerusalén no va a necesitar, sin embargo, la luz de ninguna lámpara terrenal, iluminada como estará por la gloria de Dios y del Cordero (21:23; 22:5), la ciudad será una novia (19:7; 21:2, 9; 22:17). Que los arpistas no se oigan ya en Babilonia (18:22) puede contrastar con los que sí se escuchan en el cielo (14:2). Para el pueblo de Dios suponía una dolorosa lucha usar sus arpas para cantar cuando vivían en cautividad (Sal 137:2-4), sin embargo, en la nueva ciudad/ templo el uso de estos instrumentos será completamente apropiado (*cf.* 2Cr 9:11; 20:28; 29:25).

La mención de "hechicerías" es muy significativa (18:23). La brujería está vinculada a la prostitución en la descripción de Jezabel (2R 9:22), que deviene un modelo para la prostituta de Apocalipsis (2:20). Más concretamente, Babilonia, que se consideraba una reina (Is 47:5-7; Ap 18:7) y negaba su inminente viudedad (Is 47:8; Ap 18:7), creía erróneamente que conseguiría protegerse por medio de las hechicerías (Is 47:9, 12). Pero si la profecía de Isaías 47 contra Babilonia nos provee el concepto, el oráculo contra Nínive, la prostituta, nos ofrece el lenguaje: "¡Y todo por las muchas prostituciones de esa ramera de encantos zalameros, de esa maestra de la seducción! Engañó a los pueblos con sus fornicaciones, y a los clanes con sus embrujos" (Nah 3:4). En Asia, la magia era una práctica muy extendida, especialmente en Éfeso (Hch 19:13- 19).[52] Pero Apocalipsis advierte que cualquiera que la practique será juzgado (21:8; 22:15; *cf.* 9:21).[53]

---

51. La cámara nupcial tipificaba la alegría, y la ausencia de las voces de novios y novias representaba el luto (p. ej., 1 Mac. 1:27; 9:39-41; 3 Mac. 4:6; Josefo, *Guerra* 6.301); puede que la especificidad del juicio sobre los recién casados o sobre quienes eran demasiado jóvenes para casarse conmoviera el corazón de los oyentes (Lm 1:18; 2:21; Or. sib. 3.480-82, 525-27). En Jer 31:13 y 33:11, Dios prometía invertir la aflicción "nupcial" de Israel profetizada en 16:9 y 25:10.
52. Ver Floyd V. Filson, "Ephesus and the NT", *BA* 8 (septiembre 1945): 73-80 (p. 80); Clinton E. Arnold, *Ephesians: Power and Magic*, SNTSM 63 (Cambridge: Cambridge Univ. Press, 1989), 14-16; Paul Trebilco, "Asia", 291-362 en *The Book of Acts in Its GraecoRoman Setting*, ed. D. W. J. Gill and C. Gempf (Grand Rapids: Eerdmans, 1994), 314.
53. Aunque la magia se practicaba ampliamente en los círculos judíos del siglo I (Hch 13:6; Craig S. Keener, *The Spirit in the Gospels and Acts* [Peabody, Mass.: Hendrickson, 1997], 29-30 n. 21), muchos sectores judíos la condenaban (Sab. Sal. 17:7; 2 Bar.

Sin embargo, el mayor pecado de Babilonia era haber derramado la "sangre de profetas y de santos" (18:24), los testigos de Jesús (11:3, 7; 17:6). La añadidura de la expresión "de todos los que han sido asesinados en la tierra", puede aludir a los profetas y los santos, pero puede también apuntar de manera más amplia a las injusticias económicas de Roma (sugeridas en 18:5-19). No cabe duda de que, en este contexto, Dios está preocupado por el aplastamiento de los campesinos de Egipto, la brutalidad de la esclavitud, y otros métodos por medio de los cuales Roma explotaba a la mayor parte del imperio.[54] Como judío que era, Juan también habría compartido el dolor de su pueblo cuando fue aplastado por los romanos en el año 70 d.C., una sangrienta conquista que estos celebraron ampliamente mediante la emisión de monedas y la imposición de tributos a todos los judíos del imperio.[55] Sin embargo, teniendo en cuenta el lenguaje paralelo de 18:20, el clímax del pecado de Roma fue el martirio de los mensajeros de Dios.

Buscando modernos equivalentes de Babilonia. La endecha que escucha Juan (18:2) es una apropiada forma literaria de su tiempo para expresar la destrucción de una ciudad. Aunque las audiencias de nuestro tiempo tienden a tener menos cultura bíblica y, por ello, a desconocer el uso de esta forma literaria en oráculos de juicio, podemos recuperar el mismo efecto de sorpresa para nuestra generación mediante un elogio burlesco dirigido a un pueblo pecaminoso. La mayoría de nuestros contemporáneos están familiarizados con los elogios (una forma retórica que se usa habitualmente en los funerales), y puesto que no están habituados a pensar en la "muerte" de una nación (sea la propia u otra), esta imagen puede resultar irritante.

Para Juan, la caída de Babilonia parece poner fin al presente orden mundial (18:2-9). Sin embargo, esto no sucedió con la caída de Roma. Por ello, los escépticos pueden sugerir que Juan se equivoca. Lo cierto, sin embargo, es que las palabras de Juan son rigurosamente acertadas: ¡la historia ha vindicado su extraordinaria afirmación! El poderoso Imperio romano bajo el que Juan vivió acabó desplomándose; sin embargo, la iglesia perseguida que este pretendía erradicar, no solo sigue en pie, sino que se ha extendido a todos los continentes habitados.

66:2; *m. Sanh.* 7:11; Urbach, *Sages*, 1:97-100), manteniendo la pertinencia de la pena capital prescrita en el Antiguo Testamento (*p. Hag.* 2:2, §5; *Sanh.* 7:13, §2).
54. Ver Bauckham, *Climax of Prophecy*, 349.
55. Ver Kraybill, *Imperial Cult and Commerce*, 203-4.

Aunque Roma fue la Babilonia del tiempo de Juan, solo era una de las varias actrices que han interpretado el papel de Babilonia. La historia posterior nos recuerda que, igual que la falsa profetisa de Tiatira era una nueva Jezabel, el falso profeta de Pérgamo un nuevo Balám, el perverso emperador un nuevo Nerón y Roma una nueva Babilonia, así también los imperios de la historia siguen regresando en sucesivas encarnaciones que repiten básicamente las mismas mentiras. Sin embargo, la caída de la Babilonia del tiempo de Juan, como la de todas las que le han precedido y la mayoría de las que han existido desde entonces, nos alienta en la certeza de que la última Babilonia perecerá también ante la gloria del victorioso reino de Dios.[56]

Para la aplicación de este pasaje hemos de buscar equivalentes modernos del mercantil imperio de Babilonia cuya riqueza y grandiosidad sedujo a la mayoría de las gentes del imperio, aun cuando ellos mismos seguían siendo pobres. Puede que el problema de este imperio no sea la prosperidad económica en sí, sino la gran desigualdad de oportunidades que existía en él; los artículos de lujo (18:12-13) representan el derroche de recursos (adquiridos por Roma mediante sus conquistas) o símbolos de una posición y el descuido de las necesidades de otros (propongo algunos paralelismos actuales en la sección "Significado Contemporáneo"). Sin embargo, este pasaje no se aplica solo a la riqueza de quienes forman parte de un imperio mercantil (18:11), sino también a la arrogancia de creerse invencible (18:7-8). Aunque la historia da testimonio de la insensatez de esta noción, algunas poderosas naciones de nuestro tiempo persisten todavía en este tipo de arrogancia.

El libro de Apocalipsis recicla antiguas imágenes proféticas de despoblación (18:2) que muchas personas de nuestro tiempo desconocen. Para comunicar en nuestro tiempo la misma clase de imagen, podemos utilizar los resultados de la bomba atómica de Hiroshima, algunas imágenes simuladas sobre los efectos de una bomba de neutrones, o el fin de la civilización tal como la conocemos, al menos en nuestro mundo occidental. Este pasaje describe el esqueleto de Babilonia, eternamente

---

56. A comienzos del siglo XX, los protestantes conservadores tenían concepciones polarizadas de los "enemigos"; los veían como la vida urbana, el catolicismo romano o el judaísmo, y más adelante como el comunismo; a comienzos del siglo XXI, los "enemigos" pueden presentarse como el islam o la ideología de la Nueva Era (Robert Wuthnow, *Christianity in the 21st Century* [Nueva York: Oxford, 1993], 121). Pero la perspectiva de Juan no permite tal polarización; los enemigos son los valores del mundo en contraste con los del reino (aunque en la práctica, estos se traslapan con muchos de los valores que profesa la iglesia).

inerte, para mostrar lo pretencioso y vacuo de su anterior grandiosidad, especialmente en contraste con la gloria eterna de la nueva Jerusalén. Esta imagen nos emplaza a no poner nuestra esperanza en este mundo, sino a invertir nuestro tiempo en aquello que tiene un valor eterno, a saber, en las personas, sus necesidades y su destino.

Compartir el juicio. Como vemos en este pasaje, quienes se benefician de los pecados de otros (antepasados o aliados) también compartirán su juicio. Algunos dudan de que el pecado pueda tener efectos intergeneracionales, pero tales personas están imponiendo a la Biblia su moderno individualismo occidental. Cuando Dios juzga a Babilonia por siglos de pecados acumulados (18:5), sigue un patrón que se observa en otros pasajes de la Escritura. Castiga a los niños por los pecados de sus antepasados, aunque su misericordia es mayor y quienes abandonan los perversos caminos de sus predecesores son librados (Éx 20:5-6; Dt 5:9-10; 7:9; Ez 18:14-20). En 2 Samuel 21:1-9, una generación de israelitas padeció una escasez de alimentos porque la anterior había maltratado e injuriado a una tribu pagana con quien Israel había establecido un pacto de no agresión; el hambre solo remitió tras la ejecución de los hijos del culpable. Esto no significa, evidentemente, que hoy debamos ejecutar a personas por delitos que cometieron sus padres, sino más bien que hemos de considerar los pecados de nuestros antepasados que, inconscientemente, podemos estar practicando. Los más difíciles de ver son aquellos que también en nuestra cultura pasan desapercibidos.

Paralelismos de injusticia. ¿Cómo puede la sangre de todos los mártires serle imputada a Babilonia (18:24)? Es cierto que Jesús responsabilizó de ella a Jerusalén (Mt 23:35-37); sin embargo, "Babilonia es el modelo de todos los imperios perseguidores".[57] Es posible que los creyentes sufran a corto plazo, pero, a su tiempo, siempre llega la vindicación. Para salvar el vacío que separa la preocupación de Dios por la injusticia (cometida contra su pueblo y contra cualquier ser humano) en este texto y en el mundo de hoy hemos de pensar en las injusticias que conocemos, tanto las que ocupan los titulares de los medios de comunicación como aquellas que nunca aparecerán en las noticias. Hemos de compartir la pasión que Dios siente por que se haga justicia a los quebrantados, orando y actuando (cuando sea posible).

---

57. Caird, *Commentary on Revelation*, 232.

Significado Contemporáneo

La vindicación de la fe. ¡Este profeta cristiano exiliado, de origen judío, tuvo la audacia de redactar un canto fúnebre dirigido al imperio más poderoso que el mundo había conocido hasta entonces! Es posible que este acto no parezca tan temerario visto a posteriori, pero en el tiempo de Juan se juzgó sin duda como un increíble acto de fe o extraordinariamente presuntuoso. No olvídem.s que los cristianos eran una secta minoritaria y perseguida, su profeta estaba desterrado en una isla para prisioneros políticos y, sin embargo, utilizó contra Roma una irónica forma literaria ya empleada por los profetas del Antiguo Testamento para declarar su destrucción.

Roma, sin embargo, se desmoronó hace dieciséis siglos, mientras que la iglesia de Jesucristo sigue creciendo. Esto nos proporciona a nosotros, los herederos de Juan, una plataforma dispuesta para la fe: todos los sucesores de Roma, a saber, los imperios perversos de la historia que reprimen al pueblo de Dios, serán reducidos a polvo y cenizas, ¡sin embargo, el reino de Dios no fracasará! Los imperios surgen y caen, y, generación tras generación, nuestras vidas terrenales perecen.[58] No hemos de poner la mirada en los problemas inmediatos que aparecen en los titulares de los medios de comunicación, sino confiar en los propósitos de Dios para la historia; el Dios que triunfó sobre Roma es el mismo que, en su momento, conseguirá su juicio definitivo. Juan podría apoyarse en anteriores profecías, reconociendo que el pueblo de Dios ha seguido adelante aun cuando los imperios que los conquistaron se desmoronaron; podía tener la confianza de que Dios haría lo mismo con Roma, y la historia ha vindicado su fe.

Salir de Babilonia. Dios advierte a su pueblo que "salga" de Babilonia (18:4). Se trata de una llamada a la santidad, pero hemos de tener cuidado de no equivocarnos sobre la verdadera santidad. La santidad no es simplemente evitar cierta clase de actividades, como han subrayado algunas iglesias tradicionales; ser santos es vivir separados del mundo para Dios. Así, podemos expresar la santidad sumergiéndonos en la Palabra de Dios en lugar de absorber los valores del mundo que se subrayan en la televisión; o rechazando un trabajo mejor retribuido, porque sentimos que Dios quiere que trabajemos en otro

---

58. Considerando la caída de Troya, Asiria, Media, Persia, Macedonia y Cartago, muchos romanos también reconocían que todos los imperios finalmente se derrumban (Apiano, *R.H.* 8.19.132).

lugar, quizá entre los pobres. Esta clase de santidad puede costarnos nuestro lugar en Babilonia y mucho más. Un cristiano, al que llamaremos Stephen, solía orar dos horas al día y comenzó a decirle apasionadamente a Dios que lo amaba tanto que no le importaba nada más. En 1987, Stephen perdió a su esposa. Cuando ahora dice: "Dios, te amo más que a ninguna otra cosa", este hermano entiende mejor lo que está diciendo. En última instancia, ser un verdadero discípulo de Jesús significa que hemos renunciado a cualquier derecho sobre nuestra vida (Mr 8:34-38).

La expresión "salgan de ella" (18:4) nos recuerda también que los cristianos podemos participar de los juicios que afectan a nuestra sociedad, a pesar de haber recibido el perdón de nuestros pecados individuales. Las naciones y las instituciones, como entidades colectivas, pueden ser susceptibles de juicio (p. ej., 1S 15:2-3); quienes participamos de ellas compartimos también su responsabilidad ante Dios a menos que renunciemos explícitamente a nuestra complicidad con ellas, y nos pronunciemos sobre lo erróneo de sus actividades (Dt 21:7-9; *cf.* Am 4:1-3). Sobre todo, el llamamiento "salgan de ella" recuerda al creyente que forma parte de otra ciudad (Gá 4:26; Heb 11:16), cuya verdadera riqueza es mayor que la gloria de Babilonia por la que luchan sus súbditos (Ap 3:17).

Michaels sugiere que Babilonia experimenta una dura venganza (18:6), especialmente porque los cristianos no se vengan, "dejando lugar para que la ira de Dios lleve a cabo su terrible propósito" (13:10).[59] Esta advertencia se convierte en algo muy práctico para aquellos cristianos que, en muchas partes del mundo, han perdido amigos íntimos o miembros de la propia familia a manos de sus perseguidores. Sin embargo, aun aquellos cuya única persecución son las calumnias y el desprestigio, han de considerar las demandas de esta interpretación; si estamos en lo cierto, nos pide que amemos de un modo que sobrepasa completamente la comprensión del mundo.

La advertencia a los justos para que salgan de Babilonia nos recuerda que quienes permanecen en solidaridad con una sociedad perversa comparten sus juicios. La moderna dicotomía entre responsabilidad personal y corrupción social era desconocida para los autores bíblicos. Judas, Pilato, los sumos sacerdotes y el pueblo del tiempo de Jesús fueron todos culpables de haberlo condenado (Mt 27:4, 24- 25; Mr 14:41; 15:1, 15). El pecado acarrea el juicio de sociedades completas (p. ej.,

---

59. Michaels, *Revelation*, 204.

Jos 7:1-26; 22:31); una sociedad que no puede llevar ante la justicia a los delincuentes ha de asumir su responsabilidad por la restitución (Dt 21:1-9).

El pueblo de Dios no debería limitarse a lamentarse por las víctimas de delitos que aparecen en las noticias o esperar a que los demás hagan algo práctico al respecto. Hemos de asumir la responsabilidad de ayudarles como mejor podamos. Nuestra fe debe informar nuestra política pública, porque como parte de una perversa sociedad nosotros también compartiremos sus juicios. Puesto que a todos nos afecta el pecado, hemos de elevar nuestra voz contra él (Jos 22:17-18). Sin embargo, cuando una sociedad es demasiado corrupta para escuchar, Dios puede simplemente advertir a los cristianos para que salgan de ella antes de destruirla (Gn 19:12- 13); aquellos que se entristecen, nostálgicos de lo que dejan atrás en el mundo, compartirán su funesto destino (19:26).

Efectos intergeneracionales del pecado y su remedio. Si los efectos intergeneracionales del pecado son posibles (1S 15:2; 2S 21:1-6; Mt 23:30-32), ¿qué cuestiones deberíamos entonces considerar a nivel personal? En primer lugar hemos de tener en cuenta los patrones pecaminosos que podemos haber adoptado de las conductas que hemos presenciado mientras crecíamos; con frecuencia, los niños que han sufrido abusos los cometen cuando son adultos, los hijos de padres alcohólicos tienen problemas relacionales, los que han sufrido el divorcio de sus padres tienen más problemas para confiar en el compromiso, etcétera.[60] En cada uno de estos casos, la gracia de Dios puede capacitarnos para transformar el legado de nuestro pasado, pero hemos de hacerlo afrontándolo y superándolo en lugar de ignorarlo.

El nivel colectivo de pecado intergeneracional nos es más difícil de reconocer porque, normalmente, quienes nos rodean comparten nuestras mismas dificultades para verlo con claridad. Como se ha dicho anteriormente, Dios castigó a una generación posterior de Israel por incumplir un tratado de no agresión que habían acordado con los habitantes de la ciudad pagana de Gabaón; sin embargo, ¿cuántos tratados de no agresión firmados con las tribus nativas norteamericanas

---

60. Sobre los niños de matrimonios que se divorcian, ver Amy E. Black, "For the Sake of the Children: Reconstructing American Divorce Policy", *Crossroads Monograph Series on Faith and Public Policy* 1 (1995); Douglas E. Adams, *Children, Divorce and the Church* (Nashville: Abingdon, 1992); Joan Guest, "The Biggest Divorce", *CT* (17 de noviembre 1989), 30-32; "Breaking the Divorce Cycle", *NW* (13 de enero 1992), 48-53; Kevin Chappell, "Co-Parenting After Divorce", *Ebony* (marzo 1996), 60-64; David Gushee, "Tears of a Generation", *Prism* 5 (noviembre 1998), 9-14, 23-26.

incumplieron los norteamericanos blancos (y también algunos soldados negros)? Durante una masacre, principalmente de mujeres y niños indios desarmados, protegidos por un tratado de paz con el gobierno estadounidense, algunos hombres corrieron hacia la bandera de los Estados Unidos para rendirse y fueron abatidos a tiros, entre ellos un jefe que confiaba que los soldados lo escucharían, porque "el hombre blanco era su amigo". Un grupo de treinta o cuarenta mujeres enviaron a una niña de seis años con una bandera blanca y los soldados la abatieron, a continuación mataron a todas las mujeres, una por una, y les arrancaron el cuero cabelludo; a una de ellas que estaba embarazada la abrieron en canal. Cuando dos soldados encontraron a una niña de cinco años escondida, la mataron a tiros. Después de esto, los cheyenes comenzaron a rechazar a los dirigentes que habían dado su confianza a los blancos, y se volvieron a la resistencia armada.[61] ¿Justificaría acaso algún cristiano esta masacre?

Asimismo, a menudo nos gusta decir: "lo pasado, pasado está", antes de que se haga justicia. En la Biblia, el éxodo fue seguido por el asentamiento de Israel en una tierra que fluye leche y miel, pero esto no ocurrió después de la esclavitud que hubo en los Estados Unidos. La ley de Israel requería que los propietarios de esclavos ofrecieran recursos a sus antiguos siervos para que pudieran rehacer sus vidas (Dt 15:13-14); sin embargo, en los Estados Unidos, a los esclavos libertos no se les dieron los prometidos "cuarenta acres y una mula". Cuando en el Norte acabó oficialmente la esclavitud por la fuerza, los esclavos libertos todavía carecían de la tierra necesaria para ser autosuficientes en las zonas rurales del Sur; después de la reconstrucción (y tras el linchamiento de miles de dirigentes negros), muchos se convirtieron en virtuales esclavos por las deudas contraídas en las mismas haciendas donde antes habían sido propiedad de sus amos.[62]

Por ello, a comienzos del siglo XX, millones de negros de las zonas rurales del Sur se trasladaron a las ciudades norteñas con la esperanza de encontrar trabajo y una sociedad integradora.

Sin embargo, lo que encontraron fue una nueva clase de segregación provocada por la huida blanca, una huida que, unida a la retirada de

---

61. John Dawson, *Healing America's Wounds* (Ventura, Calif.: Regal, 1994), 146-48.
62. Sobre la reconstrucción, ver explicación más completa en Eric Foner, *Reconstruction: America's Unfinished Revolution, 1863—1877* (Nueva York: Harper & Row, 1988); Sobre Jim Crow algunos años más adelante, ver C. Vann Woodward, *The Strange Career of Jim Crow* (Nueva York: Oxford, 1957). Hay más documentación en las notas explicativas de Glenn Usry y Craig Keener, *Black Man's Religion*, 158.

capital, ayudó a crear los guetos urbanos norteños de nuestro tiempo.⁶³ Por supuesto, hoy los blancos que viven en las zonas residenciales no son directamente responsables de los sufrimientos de quienes viven en los barrios marginados de las ciudades, aunque el racismo blanco ayudó a crear los barrios segregados pobres de las ciudades. Sin embargo, desde que nacemos tenemos oportunidades educativas y económicas que no están al alcance de otros, por una decisión que tomaron nuestros antepasados por motivos más económicos que éticos. ¿Quién se sacrificará, tomando decisiones conscientes para combatir esta disparidad utilizando capacidades y ventajas para servir humildemente a los demás?⁶⁴

En la década de 1990-2000, algunos cristianos blancos, de manera un tanto áspera (y creo que injusta), criticaron a los Cumplidores de Promesas por pedir a los cristianos blancos que pidieran perdón a los cristianos negros por los pecados del pasado.⁶⁵ ¿Es posible que Dios quisiera algo más que un abrazo y una disculpa? Por supuesto, sugerencias como las reparaciones basadas en la raza pueden ser poco prácticas e inútiles quizá, como sugiere el afroamericano evangélico John Perkins, que bromea diciendo que muchos pobres comprarían inmediatamente un coche caro ¡y devolverían así su dinero a los ricos!⁶⁶ Más práctica sería una inversión de nuestro tiempo y dinero trabajando en

---

63. Sobre la migración y la discriminación en el norte, ver Ida Rousseau Mukenge, *The Black Church in Urban America* (Lanham, Md.: Univ. Press of America, 1983), 51-53; Usry y Keener, *Black Man's Religion*, 50-52.
64. John Perkins compara la ignorancia del pasado con un equipo de béisbol al que se sorprende haciendo trampas en el noveno turno y promete: "vamos a jugar limpio en el resto del partido". Perkins se pregunta si jugar limpio a partir de este momento no requiere algo más que limitarse a esperar que el equipo que va perdiendo consiga jugar tan bien que remonte los veinte puntos de desventaja antes de acabar el partido (John Perkins, *With Justice For All* [Ventura, Calif.: Regal, 1982], 169). Hace mucho tiempo, Henry McNeal Turner, obispo de la A.M.E. (African Methodist Episcopal Church) sugirió que la iglesias blancas de los Estados Unidos (que habían excluido a los negros desde hacía mucho tiempo de sus proyectos misioneros) debían apoyar la implicación de las misiones negras (ver Gayraud S. Wilmore, *Black Religion and Black Radicalism*, 2ª ed. [Maryknoll, N.Y.: Orbis, 1983], 123-24).
65. En contraste, un panel de eruditos evangélicos conservadores, entre quienes había representantes de muchos importantes seminarios evangélicos, concluyeron por unanimidad que la Escritura enseña de algún modo la realidad del pecado colectivo e intergeneracional, afirmando el compromiso con la reconciliación de los Cumplidores de Promesas (Promise Keepers Theological Summit on Reconciliation, Denver, Col., 6-7 de septiembre 1996). Yo mismo formé parte de este panel junto a muchos eruditos conservadores famosos, como Walter Kaiser, Grant Osborne, y Craig Blomberg.
66. John Perkins, "Luncheon Address", Reconcilers Fellowship, conferencia "College, Ethnicity & Reconciliation" (Jackson, Miss., 24 de enero 1998).

el desarrollo comunitario de sociedades necesitadas, capacitando a los pobres para que construyan su vida.[67]

Es también digna de mención la propagación del pecado, culpa y juicio que se refleja en este pasaje. Cuando Dios juzgó a Roma, las provincias también sufrieron lo suyo, porque estaban estrechamente vinculadas a los intereses de Roma y se corrompieron con sus proyectos.[68] Si los Estados Unidos se han convertido en el principal exportador de valores inmorales (ver sección "Significado Contemporáneo" de Apocalipsis 17), no sufrirán solos. Todos los que beben la copa de la fornicación compartirán también la de la ira (14:8-10; 16:19; 17:4; 18:6).

Trabajando por la justicia económica. Los cristianos pueden cambiar muchas de las injusticias que aquí enumeramos. No hay duda de que, a lo largo de la historia, los cristianos se han opuesto a los mismos males que Juan denuncia aquí con tanta energía. En su momento de máxima productividad, el comercio de esclavos de las Antillas empleaba a "unos cinco mil quinientos marineros y ciento sesenta barcos cuyo sostenimiento costaba seis millones de libras esterlinas al año".[69] Pero William Wilberforce y sus aliados, movidos por sus convicciones cristianas, lucharon en el Parlamento hasta que la esclavitud fue abolida en todo el Imperio británico.[70] En un periodo anterior, algunos sacerdotes levantaron la voz para protestar contra la explotación de los pueblos indígenas de Sudamérica por parte de los colonialistas españoles.[71]

Pero hemos de prepararnos para enfrentar oposición aun en los pasos más pequeños que demos para ocuparnos de las necesidades de otras personas. En la ciudad de Washington, D.C., algunas asociaciones de barrio consiguieron que el gobierno de la ciudad cerrara un comedor público gestionado por una iglesia presbiteriana, alegando que atraía

---

67. Ver John Perkins, *Beyond Charity: The Call to Christian Community Development* (Grand Rapids: Baker, 1993); Stephen E. Berk, *A Time to Heal* (Grand Rapids: Baker, 1997); ver también los recursos que ofrece la Christian Community Development Association (3827 W. Ogden Ave., Chicago, IL 60623).
68. *Cf.* comentarios en Richard, *Apocalypse*, 135.
69. Charles Colson, *Kingdoms in Conflict* (Grand Rapids: Zondervan, 1987), 166. Sobre el comercio británico de esclavos, ver también, Mark Galli, "A Profitable Little Business", *Christian History* 53 (1997): 20-22.
70. Colson, *Kingdoms in Conflict*, 95-108. Ver además Christopher D. Hancock, "The 'Shrimp' Who Stopped Slavery", *Christian History* 53 (1997): 12-19.
71. Ver Justo L. González, "Lights in the Darkness", 32-34; y John Maust, "Champions for the Oppressed", *Christian History* 35 (1992): 35-38.

a personas no gratas. La iglesia llevó el asunto a los tribunales exponiendo que estaba en juego su libertad religiosa, pero asombrosamente el dictamen inicial fue que dar de comer a los hambrientos (al menos en aquel barrio) no podía formar parte de la misión de una iglesia local.

Cuando acompañé a un pastor amigo mío y a su congregación a repartir comida a los sin techo en la calle de una ciudad del Norte, me dijo que nos arriesgábamos a ser multados por la policía.[72] A pesar de que los centros de acogida estaban llenos hasta los topes y de que era invierno, algunos funcionarios de la ciudad estaban trabajando para que no se alimentara a los sin techo fuera de dichos centros. La razón oficial era conseguir que los vagabundos se recogieran en lugares protegidos de las inclemencias meteorológicas, pero otra razón era hacer que el centro fuera una zona más propicia para las actividades comerciales; aunque mejorar la calidad de vida en el centro de la ciudad era una preocupación válida, muchos de los sin techo no tenían ningún otro lugar al que ir.

Asimismo, cuando trabajé con una misión que predicaba el evangelio y repartía alimentos a los sin techo, nos encontramos con la oposición de los bares locales porque, según ellos, atraíamos a los "indeseables" a aquella zona de la ciudad; un bar de ambiente homosexual se había opuesto a nuestra presencia en nuestra ubicación anterior. ¿Adónde podían dirigirse aquellas personas? Muchos de ellos estaban en aquella condición por un problema de adicción a distintas drogas y alcohol; pero otros se encontraban en la calle porque los recortes presupuestarios los habían obligado a abandonar las instituciones psiquiátricas en las que estaban ingresados; otros se encontraban sin techo por haberse quedado sin trabajo y agotado sus ahorros, una situación en la que yo mismo me he encontrado varias veces en mi vida.[73] El problema es más fácil de identificar que de resolver; ¿pero acaso no deberíamos hacer, al menos, todo lo que está en nuestras manos?

---

72. Debe observarse, no obstante, que muchos agentes se han esforzado por ayudar a los sin techo (ver Penni Roberts, "Helping the Homeless Is No Walk in Park for Officers", www.philatribune.com/72897-4pl.htm, descargado el 21 de abril de 1999).

73. *Cf.* debates parecidos (desde varias perspectivas) en "New Richmond Law Recognizes Churches' Right to Feed the Needy" (noviembre 1997, en www.freedomforum.org); "S. L. Pastor Files Suit Against City: Citations for Aiding Needy Called Unconstitutional", *Salt Lake Tribune* (20 de marzo 1997); estos ejemplos los dio Fred Clark en Evangelicals for Social Action. Ver también los comentarios sobre las personas sin techo en la sección "Significado Contemporáneo" de 6:1-8.

La explotación económica y la negligencia forman también parte del horrible patrón de pecado de Babilonia que se presenta en este pasaje. El antiguo televangelista Jim Bakker, transformado por su lectura de la Escritura mientras cumplía condena en una cárcel, sugiere que la prostituta de Apocalipsis "es el materialismo. [Algunos] solían enseñar que la ramera era la Iglesia Católica. Se trata de una interpretación escapista: queríamos culpar a otros y no fijarnos en nosotros mismos".[74]

La mayoría de los cristianos evangélicos viven hoy en países pobres. Aunque tenemos buenas razones para pensar en las injusticias económicas y la Biblia habla frecuentemente de este tema (p. ej., Pr 13:23; 14:31; 19:17; 21:13; 22:7, 9, 16, 22; Is 10:2; 58:7; Jer 5:28; Ez 18:7-17; 22:29; Dn 4:27; Am 2:6-8; 4:1-2; 5:11-12; Zac 7:10; Mal 3:5; Lc 6:20; 14:13; 16:19-25; 18:22; 19:8; Gá 2:10; Stg 2:2-6), a la mayoría de los cristianos occidentales no les gusta pensar en ello. (Este hecho puede hacernos sentir incómodos con Proverbios 29:7: "El justo se ocupa de la causa del desvalido; el malvado ni sabe de qué se trata").[75] De hecho, los sociólogos que han estudiado los factores que definen las actitudes de los norteamericanos hacia las naciones pobres descubrieron "¡que la religión no desempeña ningún papel relevante en esta cuestión!".[76]

La explotación comercial o la negligencia de otros pueblos deberían hacer que nos detuviéramos a pensar, en especial, si aceptamos de manera acrítica que nuestra nación lidera todos los aspectos de la virtud internacional. Naturalmente, muchas naciones lo han hecho a lo largo de la historia y en el presente; sin embargo, en este momento, los Estados Unidos seguimos siendo una de las mayores economías del mundo y estamos, por tanto, en condiciones de imponer patrones comerciales según nuestros propios intereses.[77] "Un informe del Banco Mundial afirma que las prácticas proteccionistas que llevan a cabo los

---

74. "The Reeducation of Jim Bakker", *CT* (7 de diciembre 1998), 62-64 (p. 62).
75. Quienes estén interesados en una perspectiva bíblica sobre las posesiones y la justicia, ver especialmente Craig L. Blomberg, *Neither Poverty Nor Riches* (Grand Rapids: Eerdmans, 1999). Hay algunas ideas sobre la aplicación de esto en *Economic Justice for All: Pastoral Letter on Catholic Social Teaching and the U.S. Economy* (Washington, D.C.: National Conference of Catholic Bishops, 1986).
76. Ronald J. Sider, *Rich Christians in an Age of Hunger*, 3d ed. (Dallas: Word, 1990), 38.
77. Las potencias coloniales no solo saquearon los recursos naturales de muchos pueblos para sus propios beneficios, sino que también reprimieron las misiones cristianas en muchas zonas; ver Yusufu Turaki, "The British Colonial Legacy in Northern Nigeria" (Tesis doctoral, Boston University, 1982); Elizabeth Isichei, *A History of Christianity in Africa From Antiquity to the Present* (Lawrenceville, N.J.: Africa World Press; Grand Rapids: Eerdmans, 1995), 233.

países industrializados reducen los ingresos de los países del Tercer Mundo hasta casi el doble de la ayuda oficial que reciben".

Hoy, más de mil millones de personas subsisten con menos de un dólar al día y, lejos de mejorar, la situación va empeorando. El vacío económico entre los países ricos y pobres se ha doblado desde 1960: el veinte por ciento de los más ricos del mundo ha pasado de acaparar el setenta por ciento de los ingresos en 1960 a casi el ochenta y tres por ciento en la década de 1990-2000, mientras que el veinte por ciento de los más pobres pasó del 2.3% al 1.4% en este mismo periodo, de modo que la proporción de ingresos entre los más ricos y los más pobres pasó "de treinta a uno en 1960 a cincuenta y nueve a uno en 1989".[78] Teniendo en cuenta que estas cifras afectan a muchos cristianos, y que los ciudadanos y accionistas de las grandes empresas de nuestro país tienen voz, cabría esperar que un número mayor de cristianos trabajara para que la situación fuera más equitativa para nuestros hermanos y hermanas que lo pasan mal en muchos otros países.

Y para que no caigamos en la tentación de pensar que, en otro tiempo, los Estados Unidos eran, en sus relaciones internacionales, un gigante moral mayor que hoy —famoso, por ejemplo, por acoger a todos los inmigrantes oprimidos— hemos de reconocer que, en general, la situación era peor. Nuestra primera ley de ciudadanía (1790) solo permitía a las "personas blancas y libres" acceder a la condición de ciudadanos; en la década de 1940-50 los inmigrantes de Japón y la India todavía tenían que demostrar que eran blancos. ¡Habría que esperar hasta 1952 para que esta ley fuera revocada de manera oficial![79]

Aun en nuestro tiempo sigue habiendo serios prejuicios. Un neozelandés blanco me contó que cuando solicitó la ciudadanía estadounidense fue humillado y agraviado, aunque observó que aquellos que no eran blancos o que no tenían el inglés como lengua materna lo eran

---

78. Andrew Sung Park, *Racial Conflict and Healing*, 34, 60. En los EE.UU., mientras que el cinco por ciento de los más ricos experimentó un incremento en sus ingresos de más de 6000 dólares anuales, el veinte por ciento de los más pobres perdió más de 200 dólares (*Bread for the World Newsletter* [septiembre 1998], 7); sobre esta creciente disparidad, ver también, *Economic Justice*, 8, 90-91, que cita estadísticas de la Oficina Estadounidense del Censo. El trato del gobierno norteamericano hacia ciertos individuos en el extranjero puede ilustrarse con el inquietante recuerdo que consigna Chuck Colson sobre el abuso que él mismo cometió antes de su conversión sobre un necesitado anciano que entró en una propiedad del gobierno en el Caribe (*Loving God*, 100-101).
79. Ellis Cose, "One Drop of Bloody History", *NW* (13 de febrero 1995), 70.

mucho más. A los representantes de una denominación evangélica africana, que viajaban sin sus familias, se les negó en un primer momento el visado de visitantes aunque habían sido invitados por una importante misión norteamericana; la solicitud de algunos de mis amigos y colegas de este mismo país, que querían asistir al seminario en los Estados Unidos, fue rechazada por los funcionarios de la embajada sin ni siquiera mirar su documentación y después de abonar la tasa de solicitud (una suma equivalente al salario de cuatro meses). Sin embargo, cuando yo visité su país me acogieron con la hospitalidad más generosa y sacrificada que jamás he experimentado en ningún otro lugar. En muchos sentidos, los Estados Unidos son un país diferente de Babilonia y Roma, pero a veces se muestra parecido en su arrogancia. Hay un cierto tipo de juicio que puede resultarnos espiritualmente provechoso.

Por poner un ejemplo, con frecuencia consumimos artículos de lujo a expensas de los recursos de otros (*cf.* 18:12-13). Comparándolo con el estilo de vida de los mil millones de personas más pobres del mundo, el de una familia norteamericana normal de clase media equivale aproximadamente al de los aristócratas medievales en comparación con el de sus vasallos.[80] No estamos hablando de personas que no quieren trabajar o que no están contentas con lo que ganan, sino de unos cuatrocientos cincuenta millones de seres humanos "desnutridos o al borde de la inanición".[81] El índice de mortalidad infantil es hasta diez veces más elevado en los países en vías de desarrollo que en el mundo desarrollado; más de doscientos cincuenta mil niños mueren cada semana de desnutrición y de enfermedades fácilmente prevenibles.[82] Podrían

---

80. Ver Sider, *Rich Christians*, 19. Las desigualdades dentro de los Estados Unidos sobrepasan también cualquier baremo de pura meritocracia; si se excluyen los bienes inmuebles (como las casas), el dos por ciento de los estadounidenses (que en la década de 1980 tenían ingresos anuales superiores a 125.000 dólares) poseen el cincuenta y cuatro por ciento de la riqueza de la nación (*Economic Justice*, 91, citando estadísticas del Consejo de la Reserva Federal).
81. *Economic Justice*, 3. Aunque la pereza existe y puede producir o acentuar la pobreza (Pr 13:4; 19:24; 20:4; 21:25; 24:30-34; 2Ts 3:10), no todas las personas tienen acceso al trabajo en todas las sociedades, y la remuneración de algunos trabajos puede dar para pagar el alquiler y la comida, a duras penas, pero ni hablar de la asistencia médica (*cf. Economic Justice*, 96), como yo mismo experimenté durante algunos años tras mi paso por el Instituto Bíblico, y mientras pastoreaba una iglesia y trabajaba media jornada en un restaurante (cuánto más aquellos que no pueden permitirse cursar estudios superiores).
82. Sider, *Rich Christians*, 9. Obsérvese que el índice de mortalidad infantil es de siete muertes por cada mil nacimientos en Suecia, nueve en el Reino Unido, diez en los EE.UU., cincuenta y ocho en Guatemala, noventa y ocho en la India, y ciento setenta

impedirse más de dos millones de muertes al año mediante el uso de sales de rehidratación oral que a los occidentales solo nos cuestan diez céntimos por bolsa.[83]

El ochenta por ciento del desarrollo cerebral se produce durante los dos primeros años de vida, sin embargo ciento cincuenta millones de niños del mundo carecen de las proteínas necesarias para que dicho desarrollo se produzca de manera adecuada, lo cual genera un retraso mental permanente.[84] Un sorprendente estudio concluye que "solo costaría entre treinta y cuarenta mil millones de dólares al año impartir a todas las personas de los países en desarrollo la educación, la atención sanitaria y el agua potable esenciales (lo que se gasta cada año en el sector del golf").[85] A pesar de todas sus diferencias, el consumismo occidental radical y el marxismo comparten la misma premisa filosófica, a saber, el valor supremo de la economía; ambos consideran que la fuerza que controla la vida no es Dios, sino Mammón.

¿Qué países deberían asumir una mayor responsabilidad en el desarrollo internacional? Mientras que a finales de la década de 1980-1990 el producto nacional bruto per cápita era de dieciocho mil quinientos treinta dólares, en la India era de trescientos y en Bangladesh de ciento sesenta.[86] Teniendo en cuenta estas disparidades en lo que a riqueza se refiere, cabe pensar que los Estados Unidos están en condiciones de aportar mucha ayuda a países que actualmente tienen grandes limitaciones en sus recursos económicos. Recordemos, también, que el lugar donde nacemos no se decide en función de nuestros méritos o deméritos, sino que es un don de Dios por el que un día tendremos que dar cuentas. Sin embargo, cuando se trata de ayudar a los países en desarrollo, Noruega ocupa el primer lugar de la tabla (con una cifra que representa el 1,12% de su producto nacional bruto), Canadá es el séptimo (con un 0,5%), y los Estados Unidos, el penúltimo (con un 0,25%) entre los países desarrollados.[87]

---

y dos en Mozambique (p. 12). Para ayudarnos a entender el impacto de estos índices de mortalidad infantil, algunos los han comparado a la caída diaria de ochenta Boeings 747 llenos de niños, o la eclosión cada pocos días de una bomba atómica como la de Hiroshima.

83. *Ibíd.*, 11.
84. *Ibíd.*
85. Ronald J. Sider, "Evangelicals in the Balance", *Prism* (marzo 1998), 36-37, 46 [p. 37, citando un estudio de la ONU]).
86. Sider, *Rich Christians*, 19, 21, con estadísticas del Banco Mundial.
87. *Ibíd.*, 31 (estadísticas de 1988). Australia aportó una ayuda del 0,46%; el Reino Unido de un 0,32%; Japón de un 0,31%; y Nueva Zelanda de un 0,27%.

En un año determinado, los Estados Unidos pueden presupuestar una cantidad veinte veces superior "para defensa que para ayuda extranjera y casi dos terceras partes de esta última" para prestar ayuda militar o económica a naciones consideradas estratégicas para nuestros intereses.[88] Hay que reconocer que, en ocasiones, es difícil y complejo hacer llegar los recursos a quienes los necesitan, pero, aun así, estas prioridades plantean muchas preguntas.[89] La publicidad nos hace pensar que necesitamos más cosas y nos hace olvidar el amor a los demás (aunque cabe esperar una gratificación mucho mayor en el desarrollo de relaciones personales permanentes con amigos de otras partes del mundo que en la acumulación de posesiones).[90]

Puesto que este comentario se dirige especialmente a cristianos, es importante notar lo que Jesús les pide a sus seguidores. Nuestra capacidad para cambiar la conducta de nuestro país se ve a menudo muy limitada por el enorme dominio que ejerce la cultura del consumo; sin embargo, no experimentamos los mismos obstáculos públicos para cambiar nuestra conducta personal. La Escritura es muy explícita al afirmar que los discípulos de Jesús no podemos aferrarnos a las posesiones (Lc 14:33) y que no ocuparnos de las necesidades de nuestros hermanos indica una ausencia de fe salvífica (Stg 2:14-17); la Biblia observa también que este tipo de preocupación ha de cruzar las fronteras geográficas (Ro 15:25-27; 1Co 16:1-4). La misión fundamental de Pablo era predicar el evangelio, pero el apóstol no olvidaba las necesidades de los pobres, y recaudó recursos de los sectores más acomodados de la iglesia para ayudar a quienes estaban en necesidad (2Co 8:13-15; Gá 2:10). Uno se pregunta cómo se entiende la mayordomía en un país rico como los Estados Unidos cuando los miembros de la

---

88. *Economic Justice*, 141 (citando estadísticas de 1985); los gastos del Departamento de Defensa de los Estados Unidos a mediados de la década de 1980-90 fueron de casi trescientos mil millones de dólares al año (*ibíd.*, 9).
89. El cristianismo no está vinculado a un sistema económico específico o a determinadas soluciones, pero los cristianos deben evaluar todos los sistemas de acuerdo con su impacto sobre las personas, en especial aquellas más vulnerables y desfavorecidas (*Economic Justice*, 66). Por ello, Milton Friedman, "Good Ends, Bad Means", 99-106 en *The Catholic Challenge to the American Economy*, ed. Thomas M. Gannon (Nueva York: Macmillan, 1987), plantea ciertas objeciones a algunas de las ideas expresadas en *Economic Justice*, aunque, extrañamente, entiende que su concepción de la "alimentación adecuada" como un derecho esencial conculca la libertad de otras personas (106), puesto que exalta la libertad de unos por encima del derecho a la vida de los otros.
90. Sobre la misma idea esencial, pero desarrollada en mayor detalle, ver Tony Campolo, *Wake Up America* (Grand Rapids: Zondervan, 1991), 5-10.

iglesia dan un promedio de menos del 2,5% de sus ingresos, y la mayor parte de esta cantidad se queda dentro de su propia congregación.[91]

Apocalipsis 18 nos recuerda que Dios no mira para otro lado ante la injusticia económica; en su momento abatirá todos los imperios económicos. África Occidental y China eran mucho más ricas que la mayor parte de Europa durante la Edad Media; el imperialismo británico acabó con la hegemonía española y árabe pocos siglos atrás; ninguna nación se mantiene eternamente en el candelero. Muchos cristianos norteamericanos malgastan el dinero en cosas que no necesitan, ignorando las verdaderas necesidades de los cristianos en otros lugares, y ello a pesar de la explícita enseñanza de la Escritura en sentido contrario (2Co 8:14-15). A veces esto lo hacemos culpando de la pobreza de estas naciones a los malos gobiernos que las dirigen o a sus propias gentes. En lugar de ello, deberíamos recordar que Dios es justo, e invertir nuestros recursos en la extensión del evangelio y en servir a las necesidades de las personas, puesto que la Escritura y la historia nos aseguran que solo tenemos nuestros recursos durante un breve periodo.

Debo añadir aquí una advertencia para no comunicar de un modo erróneo lo que quiero decir. Las posesiones no son malas en sí mismas; tan solo que no tienen valor en comparación con las verdaderas necesidades de nuestros hermanos y hermanas en Cristo (*cf.* Hch 2:44-45; 4:34-35).[92] Si con cincuenta céntimos puedo hacer llegar comida para que un niño se alimente durante un día en zonas castigadas por el hambre, he de preocuparme lo suficiente por ese niño como para tener cuidado de lo que hago con mis recursos, aun en lo más mínimo.

Probablemente, ver con nuestros propios ojos la verdadera necesidad humana haga más por conmover nuestros corazones que las estadísticas. Tony Liston, un joven pastor de Oklahoma, pasó dos días en la habitación de un hospital privado en Filipinas por la que pagó cuarenta dólares; cuando entró, apenas reparó en una mujer que mendigaba apostada en la puerta. Cuando salió del hospital, Liston divisó el cadáver desnudo de aquella mujer entre los escombros de un contenedor cercano; había muerto de la misma enfermedad por la que él acababa de ser tratado. "No tenía dinero", contestó la enfermera con total naturalidad. Aquello sacudió de tal manera a Tony que su vida no

---

91. Ver Sider, "Balance", 46.
92. No se pueden leer estos pasajes de Hechos como modelos negativos; utilizan un lenguaje antiguo que describe una comunidad ideal (ver fuentes académicas citadas en Craig Keener, *The Spirit in the Gospels and Acts* [Peabody, Mass.: Hendrickson, 1997], 198-99).

volvió a ser la misma.⁹³ Aunque no puedo matizar completamente lo que quiero decir en tan breve espacio, espero que entendamos bien la idea esencial, y es que hemos de ser más meticulosos en la utilización de nuestros recursos conforme a los deseos de Dios.

Derramamiento de sangre inocente. Este capítulo concluye denunciando el derramamiento de sangre inocente. El brutal sistema de esclavitud instaurado en Roma fue el responsable de muchas muertes, pero también se derramó mucha sangre en sus circos con las matanzas, por puro divertimento, de esclavos y criminales. Quienes afirmamos que el feto es un ser humano vivo (¡y desde un punto de vista biológico es difícil aventurar qué otra cosa podría ser sino vivo y humano!) verá el aborto como una matanza.⁹⁴ Desde que el Tribunal Supremo de los EE.UU. dictaminó que el aborto era legal, el número de abortos a fecha de hoy ha sido equivalente a la matanza de una décima parte de la población de este país: más sangre inocente per cápita de la necesaria para que Dios derramara su juicio sobre Judá (2R 21:16; 24:4).⁹⁵ Con tanta sangre derramada, ni siquiera el breve avivamiento que se produjo en días de Josías pudo detener la ira de Dios (aunque la retrasó por un tiempo [2R 22:15-20]).

Aunque este pasaje se aplica probablemente a cualquier derramamiento de sangre inocente, trata específicamente de la persecución de

---

93. Ver Stan Guthrie, "Why Tony Spent the Night in a Chicken Coop", *Mission Today* 94 (1994): 148-54. *Cf.* la experiencia ficticia de un pastor colombiano que se ve frente a los excesos del cristianismo norteamericano en Jim Reapsome, "Victor's Reality Check", *Mountain Movers* (abril, 1995), 30 (reeditado de *Pulse* [2 de diciembre 1994]); también la petición de sencillez como parte del testimonio entre misioneros en Roger S. Greenway, "Eighteen Barrels and Two Big Crates", *The 1994 Great Commission Handbook*, 28-29, 36.
94. *Cf.* George Will, "Life and Death at Princeton", *NW* (13 de septiembre 1999), 80-82. Sobre el desarrollo prenatal, ver, p. ej., *Science Digest* (diciembre 1982), 46-53. Hoy la medicina está en condiciones de salvar a bebés prematuros tan pequeños que caben en la palma de la mano, ("Preemies", *NW* (16 de mayo, 1988), 62-70; *cf.* "The Tiniest Patients", *NW* (11 de junio 1990), 56; sobre programas para niños prematuros, ver Elizabeth Sledden, "When Will Life Be Normal?" (Austin, Tex.: Hogg Foundation for Mental Health, 1989).
95. Los abortos legalizados en los Estados Unidos en 1974 ascienden a un millón y medio al año (*cf.* "On Demand = Less Demand", *NW* [27 de junio, 1994], 49, a pesar de su particular aplicación de los datos). La reciente aprobación de la "píldora del día después" puede hacer que las estadísticas sobre el aborto sean mucho más difíciles de elaborar.

cristianos, una transgresión que hoy se lleva a cabo en muchos países.[96] Aunque por su tradición de tolerancia religiosa, las naciones occidentales no ocupan en este momento una posición elevada en la tabla de las más perseguidoras, muchas personas de estos países no muestran mucho interés por la persecución religiosa en otros lugares del mundo. Poco antes de escribir este comentario, la Cámara de Representantes aprobó la ley de Libertad de Persecución Religiosa por trescientos setenta y cinco votos a favor y cuarenta y uno en contra. El Senado también la aprobó, pero algunas grandes empresas se unieron en su presión contra esta ley por el potencial perjuicio de sus intereses comerciales; por ello, finalmente, el proyecto de ley no fue dotado de competencias para la promulgación de sanciones.

La compañía Unocal, por ejemplo, "ha realizado una cuantiosa inversión de mil millones de dólares en un gasoducto de gas natural en Burma, un proyecto que requiere una estrecha colaboración de esta empresa con la violenta y opresiva dictadura militar de aquel país". El actual gobierno que puso en la cárcel al presidente electo de este país ha utilizado esclavos como mano de obra para varios proyectos, entre ellos, posiblemente, el gasoducto, y se sabe que ha cometido varias violaciones de los derechos humanos.[97] En nuestro tiempo, como en el de Juan, los beneficios son más importantes para algunas personas que la justicia. Dios ha prometido corregir estos asuntos.

---

96. Ver International Christian Concern, 2020 Pennsylvania Ave. NW, No. 941, Washington, D.C. 20006.
97. Fred Clark, "USA*Enrage", *Prism* (julio 1998), 30-31 (p. 30) ("USA*Engage" es el mayor lobby de exportadores de los Estados Unidos, muchos de los cuales comercian con regímenes represivos).

Apocalipsis 19:1-21

Después de esto oí en el cielo un tremendo bullicio, como el de una inmensa multitud que exclamaba:

«¡Aleluya! La salvación, la gloria y el poder son de nuestro Dios, ² pues sus juicios son verdaderos y justos: ha condenado a la famosa prostituta
que con sus adulterios corrompía la tierra;
ha vindicado la sangre de los siervos
de Dios derramada por ella».

³ Y volvieron a exclamar:

«¡Aleluya! El humo de ella sube por los siglos de los siglos».

⁴ Entonces los veinticuatro ancianos y los cuatro seres vivientes se postraron y adoraron a Dios, que estaba sentado en el trono, y dijeron:

«¡Amén, Aleluya!».

⁵ Y del trono salió una voz que decía:

«¡Alaben ustedes a nuestro Dios,
todos sus siervos, grandes y pequeños,
que con reverente temor le sirven!».

⁶ Después oí voces como el rumor de una inmensa multitud, como el estruendo de una catarata y como el retumbar de potentes truenos, que exclamaban:

«¡Aleluya! Ya ha comenzado a reinar el Señor,
nuestro Dios Todopoderoso.
⁷ ¡Alegrémonos y regocijémonos
y démosle gloria!
Ya ha llegado el día de las bodas del Cordero.
Su novia se ha preparado,
⁸ y se le ha concedido vestirse
de lino fino, limpio y resplandeciente».

(El lino fino representa las acciones justas de los santos.)

⁹ El ángel me dijo: «Escribe: "¡Dichosos los que han sido convidados a la cena de las bodas del Cordero!"». Y añadió: «Estas son las palabras verdaderas de Dios».

¹⁰ Me postré a sus pies para adorarlo. Pero él me dijo: «¡No, cuidado! Soy un siervo como tú y como tus hermanos que se mantienen fieles al testimonio de Jesús. ¡Adora sólo a Dios! El testimonio de Jesús es el espíritu que inspira la profecía».

¹¹ Luego vi el cielo abierto, y apareció un caballo blanco. Su jinete se llama Fiel y Verdadero. Con justicia dicta sentencia y hace la guerra. ¹² Sus ojos resplandecen como llamas de fuego, y muchas diademas ciñen su cabeza. Lleva escrito un nombre que nadie conoce sino sólo él.¹³ Está vestido de un manto teñido en sangre, y su nombre es «el Verbo de Dios». ¹⁴ Lo siguen los ejércitos del cielo, montados en caballos blancos y vestidos de lino fino, blanco y limpio. ¹⁵ De su boca sale una espada afilada, con la que herirá a las naciones. «Las gobernará con puño de hierro». Él mismo exprime uvas en el lagar del furor del castigo que viene de Dios Todopoderoso. ¹⁶ En su manto y sobre el muslo lleva escrito este nombre:

REY DE REYES Y SEÑOR DE SEÑORES.

¹⁷ Vi a un ángel que, parado sobre el sol, gritaba a todas las aves que vuelan en medio del cielo: «Vengan, reúnanse para la gran cena de Dios, ¹⁸ para que coman carne de reyes, de jefes militares y de magnates; carne de caballos y de sus jinetes; carne de toda clase de gente, libres y esclavos, grandes y pequeños».

¹⁹ Entonces vi a la bestia y a los reyes de la tierra con sus ejércitos, reunidos para hacer guerra contra el jinete de aquel caballo y contra su ejército. ²⁰ Pero la bestia fue capturada junto con el falso profeta. Éste es el que hacía señales milagrosas en presencia de ella, con las cuales engañaba a los que habían recibido la marca de la bestia y adoraban su imagen. Los dos fueron arrojados vivos al lago de fuego y azufre. ²¹ Los demás fueron exterminados por la espada que salía de la boca del que montaba a caballo, y todas las aves se hartaron de la carne de ellos.

Este pasaje contrasta el desenlace de Babilonia, la prostituta (19:1-5), con el futuro de la nueva Jerusalén, la novia (19:6-9; *cf.* 21:2). Ambos acontecimientos invitan a las alabanzas del cielo, reflejando el cumplimiento de los perfectos propósitos de Dios (19:1, 3-7); solo Dios merece alabanza por tales acontecimientos y su proclamación (19:10). Según el plan de Dios, la prostituta muere a manos de sus enajenados amantes y es quemada por ellos (17:16-17); mientras tanto, el Cordero recibe a su novia (19:6-9).

La prostituta y la novia (19:1-10)

La mayoría de los primeros lectores judíos, aun aquellos que solo hablaban griego, sabían que "¡Aleluya!" (19:1, 3, 4, 6) significaba, "¡alaba a Yahvéh!", con un acento especialmente enérgico. La expresión aparece veintitrés veces, sin ser traducida, en la LXX (la versión griega del Antiguo Testamento), siempre en Salmos (con la excepción de dos alusiones en los escritos Apócrifos).[1] Otras tradiciones judías subrayan la alegría escatológica y expresan júbilo por la destrucción de los impíos (ver también comentario sobre 18:2).[2] Por ello, el lamento sobre Babilonia en 18:2 es simplemente un recurso literario; los receptores que se identifican con el mundo y sus valores se lamentarán (18:9, 11); sin embargo, los que se identifican con el cielo y sus valores se alegrarán (19:1, 3-5).

En un contexto de personas que aclaman a un conquistador, el término "salvación" (o "liberación") (19:1) puede aludir a un triunfo (cf. 7:10; 12:10); la prostituta estaba manchada con la sangre de los santos asesinados (18:24) y Dios los había vindicado (19:2). La tradición bíblica anterior emplazaba también al regocijo por el juicio de quienes oprimen al pueblo de Dios (Dt 32:43; Jer 51:48-49).

El juicio de Dios no se limita a detener la opresión de Babilonia, sino que venga sus incomprensibles injusticias. Babilonia, la ciudad del sistema mundial, es la nueva Sodoma (11:8). El humo de su muerte se eleva por los siglos de los siglos (19:3), una expresión que sugiere un tormento eterno (14:11; cf. Is 34:10).[3] Aunque en Apocalipsis la palabra "eterno" se aplica de un modo más amplio (Ap 14:11; 20:10), no es imposible que esta imagen "del juicio eterno [de Roma] pueda ser una

---

1. Ver también Tobit 13:18; 3 Mac. 7:13. No es de extrañar que aparezca también en ciertos textos arameos (Texto de conjuros arameos 20.12). Shepherd, *Liturgy*, 78, encuentra paralelismos con los Salmos de Hallel (Sal 113-18), algunos de los cuales, en griego, aluden al éxodo (Sal 114:1; LXX 113:1); pero estos explican solo una cuarta parte de los usos de la LXX.
2. Sobre la alegría escatológica, ver Is 66:10; Tobit 13:10-14; 1QM 17.7; Jub. 23:30; 1 Enoc 5:7; 25:6; 47:4; 103:3; Sal. de Sal. 11:3; sobre el júbilo por la destrucción de los impíos, ver 1 Enoc 47:4; 94:10; 97:2; T. Job 43:17.
3. Ver Or. sib. 3.504-6; cf. Jer 17:4. La imagen más antigua era una de eterna desolación (Dt 13:16).

polémica parcial contra el mítico nombre de *Roma Aeterna*, con que se conocía al Imperio romano."[4]

Al juzgar el sistema mundial, Dios ha comenzado a reinar (19:6; *cf.* 11:17).[5] Probablemente, entre quienes ahora se unen en triunfante alabanza están los mártires, especialmente si la expresión "el estruendo de una catarata" que se menciona en 19:6 rememora las palabras de 14:2. Todos los "siervos" de Dios (*cf.* 1:1) —es decir, aquellos que le temen (*cf.* 11:18) — alaban a Dios en 19:5; este grupo coincide también, al menos en teoría, con los mártires que se mencionan en 19:2, puesto que todos los verdaderos seguidores de Cristo son mártires potenciales (*cf.* 20:4). Este grupo trasciende explícitamente las clases sociales, puesto que, como el mundo (6:15; 13:16; 19:18; 20:12), está formado por "grandes y pequeños" (19:5; *cf.* 11:18).[6]

Generalmente, el rasgo característico de las bodas es la alegría y algunas fuentes antiguas subrayan como responsabilidad de los invitados promover la alegría de los recién casados.[7] La promesa de este banquete se consigna también como una bienaventuranza (19:9), una forma literaria común ("Bienaventurados [o dichosos] los que..."), un recurso que aparece siete veces en Apocalipsis, normalmente como un estímulo a la perseverancia (1:3; 14:13; 16:15; 19:9; 20:6; 22:7, 14).

La "cena de las bodas" era una figura frecuente para aludir a la llegada de la era mesiánica (p. ej., 1 En. 62:14; 3 En. 48A:10).[8] Dios había prometido un espléndido banquete (Is 25:6), en el que devoraría a la muerte, enjugaría las lágrimas de su pueblo y quitaría su vergüenza (25:8). Algunos maestros judíos decidieron incluso que Leviatán, la

---

4. Beale, *Revelation*, 929.
5. El uso del presente "reina" por parte de la NIV puede oscurecer el sentido del aoristo griego que se consigna en este versículo, aunque puede ser inceptivo.
6. Aune, *Revelation*, 3:1027, cita un paralelismo griego con la voz que en 19:5 "actúa como director de un coro"; pero este es un recurso común en los Salmos y refleja el papel de los cantores levitas que profetizaban dando gracias a Dios (p. ej., 1Cr 25:1; Sal 95:1-2).
7. Ver S. Safrai, "Home and Family", 728-92 en *JPFC*, 759. Como símbolos de alegría, las bodas son un radical contraste con los lamentos (*p. Ket.* 1:1, §6; Jer 7:34; Mt 11:17).
8. P. ej., *m. Ab.* 4:16; *tos. Ber.* 6:21; Mt 8:11; abundantemente en posteriores fuentes, p. ej., *b. Ber.* 34b; *Sanh.* 99a; *Shab.* 153a; *Gn. Rab.* 51:8; 62:2; *Ex. Rab.* 19:6; 45:6; *Lv. Rab.* 13:3; *Nm. Rab.* 13:2; *Koh. Rab.* 9:8, §1; *Pes. Rab.* 41:5; ver además Robert M. Johnston, "Parabolic Interpretations Attributed to Tannaim" (Tesis doctoral, Hartford Seminary Foundation, 1977), 593-94. La terminología nupcial podría aplicarse al amor por la sabiduría (Sab. Sal. 8:2-3), pero los textos escatológicos se aplican normalmente a la relación de Dios con Israel (Is 49:18; 61:10; 62:5).

gran serpiente multicéfala, sería destruida (27:1) y serviría de alimento en el banquete mesiánico. Si esta idea estaba muy extendida cuando se escribió Apocalipsis, podría ser relevante que la cena nupcial del Cordero se contraste con la gran cena de Dios, donde las aves se dan un festín con los despojos de los impíos (19:9, 17-18).[9] Con la llegada del juicio, un sabio judío contemporáneo de Apocalipsis proclamó que todo estaba dispuesto para el banquete (R. Akiba en *m. Ab.* 3:17).

¿Qué quiere decir Apocalipsis cuando afirma que la novia se ha "preparado" (19:7; *cf.* 21:2; Mt 22:8)? Para prepararse para la boda, las novias se bañaban y adornaban con prendas especiales,[10] que aquí son las "acciones justas de los santos", que forman la novia (Ap 19:8; esto refleja quizá el atavío nupcial de justicia consignado en Is 61:10). Aunque las túnicas de lino blanco eran apropiadas para la adoración (ver comentarios sobre Ap 4:4), aquí también aparecen como oportunas para las bodas.[11]

El lino fino de los santos (19:8; *cf.* 19:14) contrasta con el de la prostituta (18:12, 16). Las prostitutas de lujo eran conocidas por su sofisticada indumentaria, pero los santos están vestidos con un atuendo nupcial que complace al novio y que son sus "acciones justas".[12] En algunos textos judíos posteriores, el sufrimiento escatológico podría ayudar a la preparación de los justos para el mundo venidero del mismo modo que participar en los preparativos de una boda daría derecho a participar en el banquete.[13] Probablemente, a la futura novia se la describe también como a los santos vestidos de lino fino y viniendo con Jesús en 19:14; en contraste, Jesús está vestido con un manto ensangrentado (19:13), porque la retribución precederá a la celebración de la boda (*cf.* Mt 22:7-8).

---

9. En 2 Bar. 29:4; *b. B.B.* 74b-75a; *Pes. Rab Kah.* Sup. 2:4; *Pes. Rab.* 48:3.
10. P. ej., Efesios 5:26; *Ex. Rab.* 23:5; Everett Ferguson, *Backgrounds of Early Christianity* (Grand Rapids: Eerdmans, 1987), 54-55. Podía tratarse de un atuendo formado por ropa blanca de lino, brazaletes y caros ornamentos con nombres inscritos (Jos. y Asen. 3:6/9-11; 4:1/2).
11. Pueden simbolizar alegría (*p. R.H.* 1:3, §27) y, por ello, la indumentaria de los justos (Ps. Filón, 64:6; *cf.* Test. Abr. 20:10A; Vida de Adán 48.1; Ap. Moisés 40.1-3; *b. Ber.* 18b).
12. Sobre la indumentaria de las prostitutas de lujo, ver Ps. Melissa, *Carta a Kleareta*; los moralistas preferían el adorno moral (p. ej., Isócrates, *Demon.* 15, *Or.* 1; Crates, *Ep.* 9; 1Ti 2:10). El término que se traduce "acciones justas" solo aparece de nuevo en este libro para aludir a los actos de Dios (Ap 15:4).
13. *Lv. Rab.* 11:2.

No es sorprendente que Juan comience a adorar al mensajero (Ap 19:10); su mensaje se confunde fácilmente con el de Dios (21:5-6). Sin embargo, el que se presenta como un consiervo no es un mero mortal, sino un ángel (*cf.* 22:8-9). Los cristianos y los ángeles tienen distintas funciones, pero ambos grupos pueden proclamar el mensaje de Dios.[14] La explícita prohibición de adorarle por parte del ángel podría estar guardándole contra ciertas prácticas sincretistas entre los judíos de Asia Menor, por las que algunos adoraban ángeles.[15] La enérgica demanda en el sentido de que solo Dios debe ser adorado cuestiona todas las formas de idolatría y, entre ellas, la que se ofrecía al emperador en el nombre de la lealtad al estado.

Es aún más significativo que el ángel afirme estar actuando como un mero agente de Dios (19:10b). El Espíritu profético capacita a quienes declaran el mensaje de Cristo (19:10; *cf.* Hch 1:8; 2:17-18; 1Co 12:3); todos los creyentes son, pues, potenciales profetas, ungidos con el Espíritu de Dios para declarar su mensaje en su nombre.[16] Muchos de los contemporáneos judíos de Juan creían que el Espíritu de la profecía se había retirado y que no volvería en su plenitud hasta la era mesiánica, la actividad presente del Espíritu dando testimonio de Jesús a lo largo de libro de Apocalipsis daría fe de su identidad como verdadero Señor.[17] Para quienes creían algunas profecías de manera precipitada,

---

14. Probablemente, la idea de un ángel movido por el Espíritu de Dios no habría parecido problemática para los receptores de Juan, puesto que el mismo Espíritu profético se relaciona al parecer tanto con los ángeles (*cf.* Ez 1:12, 20-21; 10:17; 1 En. 68:2) como con los seres humanos (Ez 2:2; 1 En. 71:5). Como agentes, los ángeles desarrollaban una función en cierto modo profética (Zac 1:14; Jub. 2:1).
15. Ver Col 2:18; R. A. Kearsley, "Angels in Asia Minor: The Cult of Hosios and Dikaios", 6:206-9 en *New Documents Illustrating Early Christianity*, ed. S. R. Llewelyn con R. A. Kearsley (North Ryde, N.S.W.: Ancient History Documentary Research Centre, Macquarie University, 1992); Kraabel, "Judaism in Western Asia Minor", 143-45. En material cristiano de la primera etapa, ver Asc. Is. 9:36. En vista del paralelismo entre Miguel y Cristo que se consigna en Apocalipsis 12:7 (*cf.* 1:15), este pasaje puede contraponer de manera implícita una cristología angélica (como se atestigua posteriormente; ver Epifanio, *Her.* 30.164-65; Jean Daniélou, *The Theology of Jewish Christianity* [Chicago: Henry Regnery, 1964], 67, 117; *cf.* G. Juncker, "Christ As Angel: The Reclamation of a Primitive Title", *TrinJ* 15 [1994]: 221-250). Ver además R. Bauckham, "The Worship of Jesus in Apocalyptic Christianity", *NTS* 27 (1981): 322-41.
16. Ver también David Hill, "Prophecy and Prophets in the Revelation of St. John", *NTS* 18 (julio 1972): 401-18 (414); *cf.* Hch 1:8; 2:17-18; 1Co 14:1, 31.
17. Sobre la creencia en la supresión y restauración del papel profético del Espíritu en ciertos círculos judíos de principios de la era cristiana, ver C. S. Keener, *The Spirit in Gospels and Acts* (Peabody, Mass.: Hendrickson, 1997), 13-16. Sobre la función

sin discernir lo verdadero de lo falso, aceptando así los mensajes de "Balám" (2:14) y "Jezabel" (2:20), el recordatorio de que la verdadera profecía exalta a Jesús (19:10) sería también esencial.

Guerra santa (19:11-21)

Si en 19:10 el mensajero de Dios no debe ser adorado (*cf.* las palabras "adora a Dios"), en 19:11-16 se revela de manera abrupta e inmediata el adecuado objeto de la adoración. Por su condición de "Verbo" divino (19:13), Jesús es "fiel y verdadero" (19:11), como las demás palabras de Dios (21:5; 22:6); en pasajes anteriores de Apocalipsis esta expresión aludía a la fidelidad para dar testimonio de la verdad de Dios independientemente del coste que ello supusiera (1:5; 2:10, 13). Jesús "juzga y hace la guerra" (19:11). El primer atributo pertenece a Dios (6:10; 11:18; 18:8, 20; 19:2; 20:12) y al Mesías, quien destruirá a los impíos con la vara/espada de su boca (Is 11:4; *cf.* Ap 19:15).[18] El segundo es la imagen del santo guerrero escatológico, una última respuesta a los adoradores de la bestia que preguntaban: "¿Quién puede combatirla?" (13:4). Dios le ha permitido a la bestia hacer guerra contra su pueblo en la tierra (11:7; 12:17; 13:7); pero, cuando llegue el momento, se enfrentarán al Cordero y serán destruidos (17:14; 19:19; 20:8).

En el Antiguo Testamento, Dios enviaba con frecuencia a su pueblo a la guerra santa, y algunas fuentes judías antiguas esperaban una batalla escatológica que rompería el yugo de Roma y otros opresores paganos.[19] Estas fuentes advertían que, entre otras señales, habría sangre en los cielos (Or. sib. 3.800-804) y que, finalmente, se produciría una batalla celestial de soldados de infantería y caballería (3.805-8). Sin embargo, aunque "los ejércitos del cielo" (sean creyentes [*cf.* 17:14], como da a entender el lino fino [19:8], o ángeles santos [*cf.* Zac 14:5]) están aquí con Jesús (19:14), no actúan con violencia; Jesús es el poderoso guerrero que lucha contra los malvados (19:11, 15, 21). Los profetas bíblicos predecían que Dios mismo sería el santo guerrero escatológico (Is

---

de atestiguar, ver también J. M. Ford, "'For the Testimony of Jesus Is the Spirit of Prophecy' (Rev 19:10)", *ITQ* 42 (1975): 284-91.

18. En la tradición judía posterior, la incapacidad de un Mesías para juzgar (¡por medio del olfato!) le convertía en un impostor (*b. Sanh.* 93b).
19. Sobre la imaginería de la guerra santa aquí y en Apocalipsis, ver Fiorenza, *Revelation*, 162; Bauckham, *Climax of Prophecy*, 210-37; S. G. F. Brandon, *Zealots*, 320, ve erróneamente aquí una alusión a una tradición zelote acerca del Jesús terrenal. Sobre la imaginería de la guerra santa, ver también Jub. 38; en los últimos tiempos, ver 1QM pássim; 1 Enoc 1:4; sobre el papel de los santos, ver 1 Enoc 98:12; 4QpNah 4.3; 1QpHab 5.4; 1QM 14.7; 16.1.

42:13; Hab 3:11-14; Sof 3:17; *cf.* 1QM 18.1-3), que se vestiría para la guerra (Is. 59:17) y mancharía sus vestiduras con la sangre del lagar como aquí (Is. 63:3); no cabe duda de que, en este texto, Jesús asume este papel divino.

Igual que sus huestes (19:14), Jesús cabalga sobre un caballo blanco (19:11). Por regla general se consideraba que los caballos blancos eran los mejores.[20] Los caballos de este color eran los indicados para los gobernantes, importantes funcionarios y para los oficiales militares que entraban a Roma festejando su triunfo en la batalla,[21] sin embargo la idea de un "Rey de reyes" (*cf.* 19:16) montado sobre un caballo blanco podría suscitar la imagen del rey parto.[22] Si Roma teme una invasión parta, ¡cuánto más deben temer al verdadero Señor del cielo!

Los llameantes ojos de Jesús indican su divinidad y su furia (ver comentario sobre 1:14); sus "muchas coronas" indican que gobierna sobre todos los reyes del mundo (19:12, 16; *cf.* 1:5). Como los santos (2:17), también Jesús tiene un nombre oculto (19:12). Es posible que este nombre sea un secreto solo para el mundo, ya aceptado entre los santos pero revelado a toda la humanidad con la venida de Jesús: el "Verbo de Dios" (19:13) o el "Rey de reyes y Señor de señores" (19:16).[23] Su manto empapado en sangre representa una aterradora imagen para el típico lector de la antigüedad.[24] Pero este pasaje se sirve concretamente del lenguaje de Isaías 63, indicando que, finalmente, cuando Jesús venga, el mundo se dará cuenta de que es Dios.[25] La sangre que mancha sus vestidos pertenece a quienes han sido ejecutados en su lagar, todo el mundo (19:15; *cf.* 14:18-20), como en Isaías

---

20. Así lo creía Homero, *Il.* 10.436-37, pero no Virgilio, *Georg.* 3.82-83, que expresa un punto de vista contrario.
21. Ver Suetonio, *Dom.* 2; Jos. & Asen. 5:4/5; Tito Livio, 5.28.1.
22. Algunos ven al jinete como la antítesis del anticristo en 6:2 (M. Rissi, "Die Erscheinung Christi nach Off. 19,11-16", *TZ* 21 [1965]: 81-95).
23. También los ángeles eran reacios a revelar sus nombres (Gn 32:29; Jue 13:18), puede que para no apoyar la idea pagana de que conocer el nombre de un espíritu otorgaba poder sobre él; pero esta reticencia no se ajusta al futuro rey (Mounce, *Revelation*, 345). Aune, *Revelation*, 3:1056, sugiere que los antiguos temían a las deidades con nombres desconocidos; esto sería especialmente cierto del Dios de Israel, cuyo nombre intentaban utilizar los magos (*cf.* Hch 19:13).
24. En Ovidio, *Metam.* 4.481-84 se describe de este modo a una horrible Furia.
25. Aunque algunos textos posteriores aplican a veces este texto al Mesías (p. ej., *Pes. Rab.* 37:2); *cf.* la combinación midrásica con Isaías 63:2 también en el Tárgum palestino posterior a Génesis 49:10-11 (Martin McNamara, *Targum and Testament* [Grand Rapids: Eerdmans, 1972], 141). Sobre Isaías 63:2-3 en este pasaje, ver Fekkes, *Isaiah*, 197-99.

63:2.²⁶ Puede que entre las tropas celestiales haya ángeles (Zac 14:5), pero, sin duda, estas incluyen a creyentes (Ap 17:14; *cf.* el lino en 19:14 con 19:8). El ejército que venció a la bestia dando su vida en el martirio (14:1-5) participará ahora del triunfo final de Cristo (*cf.* la "vara" en 19:15; también 2:27).

A muchos oyentes judíos, la "espada afilada" les recordaría probablemente una popular obra apócrifa, la Sabiduría de Salomón, en que la Palabra de Dios salta desde el cielo como un poderoso guerrero (*cf.* Ap 19:13), el mandamiento de Dios, como una espada enhiesta y afilada para dar muerte a los desobedientes (Sab. Sal. 18:15-16; *cf.* Sal. de Sal. 17:24-27, 35-36; ver comentarios sobre Ap 1:16). Puesto que la espada sale de la boca de Jesús, algunos intérpretes la entienden como una guerra escatológica de ideologías que se libra antes de su regreso; aunque es probable que se produzca un conflicto ideológico de este tipo (6:9; *cf.* Is 49:2; 66:16; Os 6:5; Mt 24:14), la alusión a Isaías 11:4 y a Salmos 2:9 demanda posiblemente algo más en este pasaje (*cf.* 2Ts 2:8),²⁷ que puede expresar también un derramamiento literal de sangre (Is 34:5; Jer 12:12; 47:6).

Como se ha dicho anteriormente, el título de Jesús, "REY DE REYES Y SEÑOR DE SEÑORES" (19:16), puede recordar al del mandatario parto. Aunque en ocasiones se le llamaba simplemente el "gran rey", se le conocía también como "rey de reyes".²⁸ En el periodo del Antiguo Testamento este título se aplicaba también a los monarcas orientales (Esd. 7:12; Ez 26:7; Dn 2:37), pero siempre se aplicaba por excelencia al que era el verdadero gobernante supremo, Dios (Dt 10:17; Sal 136:3; Dn 2:47; Zac 14:9; 1Ti 6:15).²⁹ El judaísmo antiguo siguió aplicando

---

26. A los guerreros se les representa a veces empapados de sangre (Sal 58:10; 1QM 14.2-3; *cf.* los asesinos en Is 1:15). La idea de que en este pasaje se habla de la sangre de Jesús en las manos de sus enemigos (John A. T. Robinson, *Twelve New Testament Studies*, SBT 34 [Londres: SCM, 1962], 173) viola este contexto.
27. Sobre la interpretación ideológica, ver p. ej., Bowman, *First Christian Drama*, 129; *cf.* Job 5:15; Is 49:2. Incluso un texto no escatológico que relaciona la espada con la Escritura implicaba un ejecución literal (*Sifre Dt.* 40.7.2); sobre órdenes violentas "de la boca", ver también, Judit 2:2-3.
28. Suetonio, *Calígula*. 5; Plutarco, *Pompeyo* 38.2; sobre la expresión "gran rey", ver Herodiano, 6.2.1.
29. Este título divino aparece también en Daniel 4:37 LXX; ver T. B. Slater, "'King of Kings and Lord of Lords' Revisited", *NTS* 39 (1993): 159-60, quien desarrolla la aplicación de G. K. Beale a 17:14.

este título casi exclusivamente a Dios.[30] En el libro de Apocalipsis se atribuye sistemáticamente a Jesús (17:14; 19:16) que es quien verdaderamente gobierna sobre los otros reyes de la tierra (1:5). Que Jesús llevara este nombre escrito en el muslo no habría sido un elemento desconcertante para los oyentes de la antigüedad; los comentaristas observan que, en ocasiones, los griegos marcaban a los caballos en el muslo y algunos escribían nombres sobre las estatuas en Roma.[31] Mientras que los santos participarán del banquete mesiánico prometido (19:9), la carne de los malvados será el banquete servido para las aves carroñeras (19:17). Su sangre fluirá como desde un lagar (19:15), sirviéndose de una imagen bíblica anterior (Is 63:2-3; cf. 9:5; 34:3-7; 49:26). La imagen de aves carroñeras dándose un festín con la carne de los caídos en la batalla era familiar para los lectores de la antigüedad (1S 17:44-46; Jer 16:4; Ez 29:5).[32] Teniendo en cuenta la idea común entre los griegos de que la propia imagen de los difuntos persistía en el reino de los espíritus, había un desenlace peor que la propia muerte y era un fallecimiento sin sepultura, en que los propios restos mortales son devorados por animales. La literatura judía anticipaba también una batalla escatológica que dejaría los cuerpos de los malvados insepultos y devorados por los buitres y otros animales (Or. sib. 3.643-45). Pero la mayoría de los primeros receptores de Apocalipsis reconocerían la clara e inmediata fuente del lenguaje de este pasaje: Dios invitaba a las bestias y a las aves a devorar la carne del ejército que se le oponía en Ezequiel 39:17-20. Dios arroja después a los dirigentes del ejército de Satanás al "lago de fuego y azufre" (19:20). Este azufre ardiente puede aludir al desenlace de Sodoma (Gn 19:24), pero el castigo en este lago de fuego es eterno (Ap 14:10) y contrasta con el mar de vidrio en la presencia de Dios (4:6).[33]

---

30. Sobre Dios como "Rey de reyes", ver 1 Enoc 9:4; 84:2; 3 Mac. 5:35; Filón, Decal. 41; Spec. 3.18; PGM 13.605; 3 Enoc 22:15; 25:4; m. Ab. 3:1; tos. Sanh. 8:9; Sifra Sav Mekhilta De Milium 98.8.5; ARN, 25A.; 1, §1B; Texto de conjuros arameos 67.2; los paganos aplicaban este título a Zeus (Dión Crisóstomo, Segundo discurso sobre la monarquía 75) o a otras importantes deidades (PGM, 2.53- 54; 4.640-42; Conjuros del libro de los muertos, 185Eb, parte S-1).
31. Ford, Revelation, 323, citando a Cicerón, Verr. 4.43; Justinio, 15.4-5.
32. P. ej., Homero, Il. 1.4-5; 22.42-43; Od. 3.258-60; Tito Livio, 25.12.6; Apiano, R.H. 11.10.64; Lucano, G. C. 7.831-35; concretamente sobre los buitres, ver Eliano, 2.46; 10.22; Longino, Sublime 3.2. Los escritores de la antigüedad se permitían frecuentes licencias poéticas cuando relataban matanzas producidas en batallas (hasta cierto punto en 1QM y 4QpNah 2.2-4).
33. Sobre el fuego, ver 1 Enoc 54:5-6; 63:10; sobre el azufre ardiente, 1QpHab 10.5; sobre lo último Ap. Sof. 6:1-2.

 **Comunicando imágenes bíblicas.** Algunas imágenes transmiten su sentido en la mayoría de culturas. Aunque para una gran parte de los oyentes de nuestro tiempo la idea de un "banquete mesiánico" no evoca la amplia gama de asociaciones bíblicas y judías antiguas que habría suscitado en sus primeros receptores, casi todas las culturas sí tienen celebraciones de boda. Para las nuestras, un banquete de bodas evoca fácilmente una imagen de alegría y (si las parejas no fueran tan proclives al divorcio) transmitiría también una promesa de bendición continua.

A veces imponemos nuestra teología a este texto. Algunos proponen que la cena de las bodas del Cordero se celebra durante la tribulación anterior al regreso de Jesús. Lo que el texto dice, no obstante, es que al final de la era, la novia solo está preparada; como en el judaísmo temprano, en Apocalipsis la cena de bodas era un banquete preparado para los justos en la era mesiánica o en el mundo futuro.[34]

A veces nos gustaría tener un texto al que imponer nuestra teología. En cierta ocasión un amigo me dijo, convencido, que su perro estaría en el cielo. En aquel momento, el único texto que se me ocurría para la idea de animales en el cielo era este pasaje, pero, probablemente, no era demasiado útil. ¿Acaso hemos de asumir que Jesús y sus santos van a montar sobre caballos literales? No es imposible que Dios pueda crear caballos angélicos de algún tipo y, desde luego, los lectores de la antigüedad no habrían considerado que esta opción fuera descabellada. Así, la antigua literatura griega y romana habla de caballos inmortales, equinos capaces de volar entre el cielo y la tierra, y de otros corceles alados y sobrenaturales.[35]

Los judíos veían a las tropas armadas del ejército de Dios adorándolo en el cielo (2 En. 17:1); en este periodo, el pueblo judío esperaba que los ángeles celestiales aparecieran montados a caballo (2 Mac. 5:1-4;

---

34. Por esta razón aun Lindsay, *New World Coming*, 255-56, sitúa la cena durante el milenio, citando la promesa de Jesús sobre el reino del Padre (Mr 14:25).
35. Ver Homero, *Il.* 5.367-69, 770-72; 17.444; Ovid, *Metam.* 4.214-16, 262-63, 765-86; Apolodoro, 2.3.2; 3.13.5. Los carros de las hechiceras podían ser tirados por serpientes aladas (Ovid, *Metam.* 7.350), mientras que las diosas uncían dragones voladores a sus carruajes (8.795). Para algunos antiguos, los animales muertos estaban también en el inframundo junto a los fallecidos humanos (Homero, *Od.* 11.572-75; *Batalla de ranas y ratones* 236; Aristófanes, *Ranas* 209-20; Virgilio, *Culex* 208-384), aunque no hay razón para creer que estos sean espíritus de caballos muertos.

11:8; 4 Mac. 4:10; contrastar *T. Abr.* 2A). Pero lo más probable es que la visión de Juan adapte la más feroz imaginería bélica de su tiempo. El Antiguo Testamento describía a las huestes celestes montadas en carros, como las fuerzas más peligrosas de su tiempo (2R 2:11; 6:17; Sal 68:17; Hab 3:8). Las tropas de élite del tiempo de Juan eran guerreros montados a caballo, sin carros. Probablemente, en nuestro tiempo no sería irreverente presentarlos (a efectos de comparación) llegando en naves espaciales y atacando al mundo con armas nucleares.

Es muy posible que Apocalipsis combine muchas imágenes espeluznantes que invitan al arrepentimiento, sin seguir una secuencia cronológica. Así, por ejemplo, en Ezequiel 38-39, se invita a las aves a devorar los cadáveres de los caídos tras la rebelión de Gog y Magog; en Apocalipsis 19-20, la secuencia se invierte si uno sigue el orden del texto.[36] Aunque las naciones son derrotadas en esta batalla (19:15; *cf.* 2Ts 1:9), en 20:3, 8 encontramos a algunos sobrevivientes de ellas. La intención de este pasaje no es darnos descripciones exactas de los acontecimientos, sino fusionar varios detalles escatológicos que invitan a obedecer la voluntad de Dios.

Graves errores de interpretación. En la tarea de tender puentes entre el contexto original y el contemporáneo, a veces se producen fallos. Basándose a menudo en las imágenes bíblicas de la guerra santa y obviando las enseñanzas de Jesús sobre la no venganza, los cristianos de la Edad Media llevaron a cabo atrocidades no menos terribles que las que atribuían a los musulmanes contra los que luchaban.[37] Siguiendo las costumbres medievales para con las ciudades que no se rendían, los cruzados masacraron a los civiles hasta casi exterminarlos (mujeres y niños incluidos), musulmanes y judíos que vivían en Jerusalén y, a continuación, alabaron a Dios por darles la victoria.[38] Naturalmente, los cristianos orientales perseguidos les habían pedido que los defendieran; los turcos eran expansionistas y los seleúcidas habían limitado el acceso de los cristianos a santuarios que, en la Edad Media, muchos

---

36. Esta interpretación asume una lectura característicamente premilenarista. Desde un acercamiento amilenarista, Apocalipsis 20 recapitula la batalla escatológica relatada ya en Apocalipsis 19, de modo que no hay ningún conflicto.
37. Los musulmanes habían perpetrado también matanzas de civiles, entre ellos bebés y ancianos, aunque llevándose a las mujeres jóvenes como concubinas (Ronald C. Finucane, "Women of the Cross", *Christian History* 40 [1993]: 36-37 [p. 36]).
38. Un suceso a menudo registrado (*cf.* Mark Galli, "Bloody Pilgrimage", *Christian History* 40 [1993]: 8-15 [p. 15]).

de ellos consideraban esenciales para su salvación.[39] Sin embargo, de algún modo, estos guerreros no supieron reconocer que "la espada no es nunca el camino de Dios para extender el reino de Cristo".[40] Esta lección plantea ciertas preguntas para quienes demuestran un compromiso más apasionado con la seguridad nacional de su país terrenal que con la ética cristiana de la nueva Jerusalén.

Algunos comentaristas marginales de nuestro tiempo explotan esta imagen de la batalla final para apoyar proyectos que parecen más perturbadores incluso que las Cruzadas. Por ejemplo, algunos miembros de la pequeña secta supremacista aria llamada *Christian Identity* esperan participar en el Armagedón final masacrando a personas de otras razas y lealtades raciales. Uno de sus dirigentes ha afirmado: "Dios ha ordenado que su pueblo sea luchador [...]. Señor de los ejércitos significa Señor de mucha gente organizada para la guerra". En la actualidad, algunos patriotas vinculados a este movimiento están almacenando armas y participando en acciones terroristas; para desazón de los dirigentes de las milicias no racistas, estos supremacistas blancos han estado infiltrándose en sus círculos para provocar una guerra racial en los Estados Unidos.[41] Uno de sus representantes cita el ejemplo veterotestamentario de la guerra santa, arguyendo que Dios defiende la matanza de todos los enemigos, bebés incluidos.[42]

Aunque la naturaleza presente y proyectada de su "guerra" no es digna de llevar el nombre de "cristiana", su conducta está empañando este adjetivo a ojos de muchos secularistas:

> El año pasado, algunos seguidores de un grupo racista fueron acusados de interpretar la Biblia para justificar el asesinato de toda una familia de Arkansas, en la que había

---

39. Ver Bruce L. Shelley, "How Could Christians Do This?" *Christian History* 40 (1993): 16-19; *cf.* Adriaan H. Bredero, *Christendom and Christianity in the Middle Ages*, tr. R. Bruinsma (Grand Rapids: Eerdmans, 1994), 19; en algunas cruzadas los caballeros dejaron de agredirse entre sí para unir fuerzas contra los agresores externos (*ibíd.*, 107) y fortalecieron el brazo político del papa como cabeza de Europa (Geoffrey Barraclough, *The Medieval Papacy* [Nueva York: W. W. Norton, 168], 91). *Cf.* también la predisposición medieval a pensar en términos de enemistades, honor y venganza (Jonathan Riley-Smith, "Holy Violence Then and Now", *Christian History* 40 [1993]: 42-45 [p. 43]).
40. Shelley, "Christians", 19.
41. "The Patriot Movement", *Southern Poverty Law Center Intelligence Report* (Primavera 1998), 6-7.
42. "Identity Crisis", *Southern Poverty Law Center Intelligence Report* (invierno 1988), 7-12 (p. 12).

una niña de ocho años, en su lucha por establecer la república "aria" de sus sueños. Otro grupo racista blanco fue acusado de colocar bombas y robar bancos en Washington, alegando que la Biblia proscribe los préstamos con interés.[43]

Algunos militantes de esta secta de identidad "cristiana" (*Christian Identity*) "cubrieron la cabeza de una aterrorizada niña de ocho años con una bolsa de plástico fijándola con cinta adhesiva", sujetaron a la niña hasta asfixiarla, y después arrojaron su cuerpo a una ciénaga. Otro de estos "combatientes" le arrancó a disparos todos los dedos a su víctima, le separó la carne del hueso de los muslos, y después lo mató. Entendiendo que un niño blanco de cinco años había ofendido a Yahvé, este mismo dirigente ordenó el abuso sexual del menor; finalmente el niño murió desnucado tras varias semanas de tortura.[44] Este grupo distribuye un tratado que lleva por título "*Vigilantes of Christendom*" (Guardianes de la cristiandad), y en el momento de redactar esta obra tiene al menos "noventa y cuatro [...] ministerios activos en treinta y cuatro estados". Los miembros radicales de *Christian Identity* son un "explosivo cóctel de odio racial y delirante paranoia escatológica" y se ven a sí mismos como instrumentos del juicio final de Dios, por lo cual tienen la tendencia de matar a personas de manera aleatoria.[45]

Sin embargo, quienes explotan las imágenes bíblicas de la última batalla para apoyar sus violentos proyectos enseñan precisamente lo contrario de lo que Juan quiere decirnos en este texto. En el resto del libro de Apocalipsis, los creyentes sufren y proclaman a Cristo de manera pacífica. En este pasaje, el texto no puede ser más explícito en el sentido de que Jesús mismo (Dios, en el Antiguo Testamento) destruye al ejército enemigo con su propia espada (19:11, 15, 21); su ejército está con él (19:14, 19), pero no participa activamente en la matanza. Más adelante, estas huestes vienen del cielo (19:11, 14); es,

---

43. "Religion Stokes the Fires", *Southern Poverty Law Center Intelligence Report* (invierno de 1998), 2. En mayo de 1998 tres "supervivencialistas" mataron e hirieron a varios agentes de policía en Colorado tras preparar, según se dice, refugios en el desierto para el fin del mundo (*Southern Poverty Law Center Intelligence Report* [verano de 1998], 3); quienes defendemos una ética coherente a favor de la vida nos sentiremos también perturbados por el terrorismo "antiabortista" y su creciente conexión con el terrorismo supremacista (Ver Frederick Clarkson, "Anti-Abortion Extremism", *Southern Poverty Law Center Intelligence Report* [verano de 1998], 8-16).
44. "Identity Crisis", 7.
45. *Ibíd.* Muchos otros están buscando apoyo en la religiosidad escandinava neopagana (como los supremacistas arios del Tercer Reich de Hitler); ver "The New Barbarians", *Southern Poverty Law Center Intelligence Report* (invierno 1998), 15-16.

o no, posible que las tropas terrenales estén aliadas entre sí, pero de lo que no hay duda es que todas ellas se oponen a Cristo (16:12-14; 19:19). ¡Los grupos armados de la tierra están ciertamente entre los condenados a muerte por la mano de Jesús a su regreso!

Significado Contemporáneo

Juicios enviados por Dios. La primera imagen de este capítulo, júbilo por la caída de Babilonia, es la respuesta celestial al lamento del capítulo anterior por la desaparición de la prostituta. "¡Qué extraño, puede parecernos que la muerte de una sociedad —en especial, quizá, la violenta desintegración de Babilonia; la más rica y poderosa de las naciones— suscite júbilo en el cielo".[46] Nos es difícil sentirnos cómodos en este mundo con sus valores materialistas, y escuchar claramente la alegría del cielo en su juicio. Esto es especialmente difícil cuando una de las sociedades objeto del juicio de Dios es la nuestra, en particular cuando pensamos en términos de los efectos de tales juicios sobre personas que conocemos y amamos. Una de las razones por las que Dios retrasa el juicio y lo ejecuta con moderación es su compasión; sin embargo, en el ámbito más amplio de la historia los juicios son necesarios para el arrepentimiento de algunos y la vindicación de otros. Si dedicamos más tiempo y energía a lo que el mundo ofrece que a los propósitos de Dios, nos encontramos posiblemente entre quienes necesitan arrepentimiento. En última instancia, Dios juzgará a todas las naciones (Sal 110:6; Jer 25:31; Jl 3:12).

A menudo Dios envía su juicio para detener la opresión, pero lo hace también para vengarla, vindicando justamente a los oprimidos. En este mundo, Dios no ajusta cuentas a corto plazo, pero su justicia siempre se cumple finalmente. Ni siquiera el arrepentimiento permite que los pecados escapen de sus cuentas con la justicia (las deudas de los arrepentidos fueron saldadas de antemano en la cruz).

Alegría y adoración. Los versículos 1-10 prometen que los justos experimentarán vindicación y alegría (19:1-5), porque Dios reina soberanamente (19:6). Este pasaje promete una intimidad más profunda con Dios en una permanente unión que se compara con el matrimonio (19:7). Puesto que las comidas de Jesús con los pecadores eran un

---

46. William Stringfellow, *An Ethic for Christians and Other Aliens in a Strange Land*, 3d ed. (Waco, Tex.: Word, 1979), 25 (este libro me lo recomendó John Herzog, de Bethel College).

anticipo del banquete mesiánico, aquellos que ahora tienen comunión con él (*cf.* 3:20) experimentan un anticipo de su bendición futura. Las acciones justas de los santos constituyen su atavío nupcial y pueden, por tanto, preparar su futura relación íntima con Dios (19:8).

Esta sección enseña también que no hemos de adorar a nadie ni a nada aparte de Dios, tampoco a los ángeles (19:10). (Esto nos recuerda en cambio que en Apocalipsis se adora a Jesús como plenamente divino). Este es un hecho importante para nuestra predicación y enseñanza, puesto que fuera de la subcultura de los que tienen un cierto conocimiento bíblico, muchos de quienes no conocen adecuadamente la enseñanza cristiana apelan a los ángeles —sin duda a los caídos— para sus propósitos ocultos (como en los papiros mágicos del antiguo mundo mediterráneo).[47]

Capacitados por el Espíritu. Este pasaje nos recuerda también que el Espíritu nos capacita para hablar en el nombre de Dios (19:10). El hecho de que el testimonio sobre Jesús implica también una capacitación profética por el Espíritu (19:10) tiene importantes implicaciones para nosotros.[48] Algunos cristianos clasifican la unción de otros cristianos según su posesión de ciertos dones espirituales, pero no tienen en cuenta que Cristo nos dio su Espíritu a todos para que diéramos testimonio de él (Hch 1:8). Cada cristiano que testifica sobre Jesús experimenta, pues, hasta cierto punto la capacitación del Espíritu Santo (*cf.* 1Co 12:3).[49] (Aunque he descubierto que, personalmente, la oración en lenguas me ayuda a crecer en sensibilidad hacia el Espíritu, también en la evangelización, la mayoría de mis colaboradores en esta tarea y otros

---

47. Ver Timothy Jones, "Rumors of Angels?" *CT* (5 de abril, 1993), 18-22; Kenneth L. Woodward, "Angels", *NW* (27 de diciembre 1993), 52-57. Hay un ejemplo de esto en, Joyce Keller, "Your Angel Astrology Love Diet: How Your Guardian Angel and Star Sign Can Work Together to Make You Slimmer and Happier" (Lantana, Fla.: MicroMags, 1998). Keller, un psíquico que practica la terapia de la hipnosis, pretende ser "clarividente desde su nacimiento", y advierte que "cualquier intercesión angélica ha de estar dentro del patrón kármico de nuestra alma" (p. 4). Este folleto defiende la invocación de ángeles para perder peso (p. 7) y aconseja (en nombre de un ángel del zodíaco) casarse con rapidez, arrepintiéndose "con calma" (p. 61).
48. Leemos la expresión "testimonio de Jesús" como un genitivo objetivo (Bruce, "The Spirit in the Apocalypse", 338); sin embargo, el elemento subjetivo no es necesariamente incompatible en este pasaje (Boring, *Sayings*, 106).
49. Ver mi exposición de este asunto en mayor detalle en Keener, *3 Questions*, 35-61. Sobre todos los creyentes como comunidad profética, ver F. F. Bruce, *The Time Is Fulfilled* (Grand Rapids: Eerdmans, 1978), 103; E. Schweizer, "πνεῦμα,πνευματικός," 6:389-51 en *TDNT*, 449.

colegas en el ministerio, cuyo celo y efectividad respeto en grado sumo, no han experimentado este don.)

Esta capacitación del Espíritu significa también que nuestra efectividad puede sobrepasar con mucho nuestras capacidades humanas naturales. Me viene a la mente el caso de James Robison, el conocido evangelista, que en su día era un joven tímido; de repente, Robinson comenzó a predicar a doscientos de sus compañeros de trabajo y siguió haciéndolo a partir de entonces hasta desarrollar el amplio ministerio que tiene hoy.[50] También yo soy normalmente introvertido y tímido (el típico profesor afable y moderado); sin embargo, veo que Dios me imparte una audacia sobrenatural cuando doy testimonio de Cristo; de hecho, cuando estoy enfermo y exhausto, Dios suele darme salud y energía durante el tiempo de mi testimonio o predicación.

La guía del Espíritu para dar testimonio puede ser extraordinaria o parecer más corriente. Muchas veces utilizo el ejemplo de una ocasión en que el Espíritu me dirigió a hablar en detalle sobre el trasfondo de una persona a quien le estaba hablando de Cristo —a la que no conocía de nada— y que rápidamente recibió a Cristo, observando que Dios había revelado los secretos de su corazón (1Co 14:25).

Pero, normalmente, solo siento al Espíritu frenándome o instándome en lo que he de decir y dándome denuedo para testificar claramente de nuestro Señor Jesucristo (Ef 6:19).

Aplicando la guerra santa. El retrato de la guerra santa en 19:11-21 llama también nuestra atención. Nos recuerda que Jesús es el Todopoderoso, responsable final de la vindicación de la justicia. Aunque hemos de esforzarnos al máximo en trabajar por la justicia y la misericordia, hemos de reconocer, siendo realistas, que la visión postmilenarista de establecer el reino de Dios en la tierra no podemos cumplirla; nuestro omnipotente Señor pondrá más bien estas cuestiones en orden cuando regrese. En este mundo no podemos ganar todas las batallas, pero esto no tiene que ser descorazonador si miramos las cosas a largo plazo; ¡cuando nuestro Señor Jesús venga, nada prevalecerá contra él![51] El castigo de los impíos que describe este pasaje ofrece una teodicea para quienes cuestionan la justicia de Dios en este mundo, vindicación

---

50. Ver Deere, *Surprised by the Voice of God*, 33-36.
51. En la sección sobre Apocalipsis 20 hay observaciones acerca del postmilenarismo evangélico del siglo XIX y las experiencias del siglo XX que hicieron añicos su excesivo optimismo; ver también especialmente Stanley Grenz, *The Millennial Maze* (Downers Grove, Ill.: InterVarsity, 1992), 65-89.

para los justos oprimidos y una advertencia a no sentirnos demasiado cómodos con las parciales bendiciones de la era presente.

Si hemos interpretado correctamente el sentido de la espada que procede de la boca de Jesús (19:15), este también nos imparte ánimo. Puede que otras bocas nos calumnien (11:10; 12:15; 13:6); sin embargo, lo que importa en última instancia es el decreto de vida o muerte pronunciado por la boca de Jesús.

Apocalipsis 20:1-15

Vi además a un ángel que bajaba del cielo con la llave del abismo y una gran cadena en la mano. ² Sujetó al dragón, a aquella serpiente antigua que es el diablo y Satanás, y lo encadenó por mil años. ³ Lo arrojó al abismo, lo encerró y tapó la salida para que no engañara más a las naciones, hasta que se cumplieran los mil años. Después habrá de ser soltado por algún tiempo.

⁴ Entonces vi tronos donde se sentaron los que recibieron autoridad para juzgar. Vi también las almas de los que habían sido decapitados por causa del testimonio de Jesús y por la palabra de Dios. No habían adorado a la bestia ni a su imagen, ni se habían dejado poner su marca en la frente ni en la mano. Volvieron a vivir y reinaron con Cristo mil años. ⁵ Ésta es la primera resurrección; los demás muertos no volvieron a vivir hasta que se cumplieron los mil años. ⁶ Dichosos y santos los que tienen parte en la primera resurrección. La segunda muerte no tiene poder sobre ellos, sino que serán sacerdotes de Dios y de Cristo, y reinarán con él mil años.

⁷ Cuando se cumplan los mil años, Satanás será liberado de su prisión, ⁸ y saldrá para engañar a las naciones que están en los cuatro ángulos de la tierra —a Gog y a Magog—, a fin de reunirlas para la batalla. Su número será como el de las arenas del mar. ⁹ Marcharán a lo largo y a lo ancho de la tierra, y rodearán el campamento del pueblo de Dios, la ciudad que él ama. Pero caerá fuego del cielo y los consumirá por completo. ¹⁰ El diablo, que los había engañado, será arrojado al lago de fuego y azufre, donde también habrán sido arrojados la bestia y el falso profeta. Allí serán atormentados día y noche por los siglos de los siglos.

¹¹ Luego vi un gran trono blanco y a alguien que estaba sentado en él. De su presencia huyeron la tierra y el cielo, sin dejar rastro alguno. ¹² Vi también a los muertos, grandes y pequeños, de pie delante del trono. Se abrieron unos libros, y luego otro, que es el libro de la vida. Los muertos fueron juzgados según lo que habían hecho, conforme a lo que estaba escrito en los libros. ¹³ El mar devolvió sus muertos; la muerte y el infierno devolvieron los suyos; y cada uno fue juzgado según lo que había hecho. ¹⁴ La muerte y el infierno fueron arrojados al lago de fuego. Este lago de fuego es la muerte segunda. ¹⁵ Aquel cuyo nombre no estaba escrito en el libro de la vida era arrojado al lago de fuego.

Apocalipsis 20:1-15

 No cabe duda de que Apocalipsis 20 es el capítulo más controvertido del libro. Trata del milenio (un término latino que significa "mil"), el reino milenial de Cristo que se describe en este pasaje. Además de analizar determinados versículos, estudiaremos a grandes rasgos las distintas posiciones que han asumido los evangélicos sobre esta cuestión.

Los mil años y la primera resurrección (20:1-10)

En la interpretación de este capítulo, los comentaristas se dividen en tres amplias escuelas de pensamiento: los premilenaristas, que creen que Jesús volverá para instaurar un reino que durará mil años; los amilenaristas, que generalmente creen que el reino de mil años representa de manera simbólica la era actual; y los posmilenaristas, que creen que los cristianos ayudarán a la instauración del reino milenial en la tierra antes del regreso de Jesús. En la actualidad, la mayoría de los evangélicos son premilenaristas o amilenaristas.

Aunque el amilenarismo como sistema tiene más apoyo bíblico del que muchos premilenaristas están dispuestos a concederle, creo personalmente que este texto habla como si el milenio fuera un periodo histórico posterior a la tribulación más que una recapitulación de esta (capítulos 6-19).[1] Esta observación no resuelve si los mil años son literales o figurativos —un asunto sobre el que los propios premilenaristas están en desacuerdo— ni tampoco si el amilenarismo o el premilenarismo son o no correctos en otros sentidos[2] (ver exposición sobre este asunto en la sección "Construyendo Puentes"). Sí afecta, sin embargo, a nuestro acercamiento a la estructura del libro de Apocalipsis y esto puede afectar a nuestras aplicaciones de este pasaje.

Por supuesto, como observan los eruditos amilenaristas, es difícil interpretar la mayor parte del libro de Apocalipsis como un relato cro-

---

1. Quienes deseen considerar varios puntos de vista sobre el milenio pueden ver Robert G. Clouse, ed., *The Meaning of the Millennium* (Downers Grove, Ill.: InterVarsity, 1977). Hay un resumen más completo de las perspectivas mileniales a partir de la Reforma en Petersen, *Preaching in the Last Days*, 232-47.
2. Muchos premilenaristas no están seguros de si se trata de un periodo literal de mil años o de un número simbólico (ver Johnson, *Revelation*, 189-90); los dispensacionalistas suelen entenderlo en sentido literal, mientras que los premilenaristas históricos lo interpretan más a menudo simplemente como un periodo extenso (Lewis, *Questions*, 127). Beale (*Revelation*, 1017-21) presenta argumentos para defender que no es un periodo literal.

nológico continuo; los sellos, las trompetas y las copas parecen paralelas en su comienzo y finalización.³ Aunque Apocalipsis subraya la escatología futura, no carece, sin embargo, de una cierta "escatología consumada" (implicando bendiciones del futuro disponibles en el presente; ver comentario sobre 22:17). Por otra parte, muchas de las expresiones sobre el tiempo del fin que encontramos en el capítulo 20 son claramente paralelas a anteriores descripciones de este periodo en Apocalipsis.⁴ Sin embargo, y si otros factores lo autorizan, estos paralelismos pueden sugerir simplemente que un final posterior repite lo que quedó inacabado en uno anterior.⁵ De hecho, otros factores favorecen la idea de estos mil años como un periodo posterior a la tribulación dentro del plan narrativo del libro.

(1) Es difícil conciliar la atadura de Satanás durante los mil años con su furiosa, engañosa y sanguinaria actividad durante el tiempo presente (12:12-13; 13:11-15; 20:2-3).

(2) Los santos han muerto ya como mártires, sugiriendo que el periodo de la tribulación precede al milenio (20:4).

(3) La resurrección de los justos se presenta como un evento paralelo a la vuelta a la vida del resto de los muertos tras los mil años y se contrasta con ella (20:4-6), lo que sugiere una resurrección corporal y no simbólica (la futura resurrección más que nuestro nuevo nacimiento espiritual, la muerte natural o la unidad con la resurrección de Cristo).⁶ Sin embargo, aun en sí misma, la expresión "volver a la vida"

---

3. Joaquín de Fiore (h. 1135-1202) pensaba que Apocalipsis predecía en detalle el curso de la historia, pero permitía la recapitulación (Wainwright, *Mysterious Apocalypse*, 49-53), aunque otros veían una secuencia cronológica de eventos (pp. 53-55).
4. Ver R. Fowler White, "Reexamining the Evidence for Recapitulation in Rev 20:1-10", *WTJ* 51 (1989): 319-44; Meredith G. Kline, "Har Magedon: The End of the Millennium", *JETS* 39 (junio, 1996): 207-22.
5. "Juan no pretende contar dos veces el mismo acontecimiento sino mostrar que la historia se repite". (Michaels, *Revelation*, 226).
6. Las siguientes obras explican puntos de vista simbólicos: Norman Shepherd, "The Resurrections of Revelation 20", *WTJ*. 37 (1974): 34-43; James A. Hughes, "Revelation 20:4-6 and the Question of the Millennium", WTJ 35 (1973): 281-302; Meredith G. Kline, "The First Resurrection", *WTJ* 37 (1975): 366-75; Philip E. Hughes, "The First Resurrection: Another Interpretation", *WTJ* 39 (primavera de 1977): 315-18; Paul A. Rainbow, "Millennium as Metaphor in John's Apocalypse", *WTJ* 58 (otoño de 1996): 209-21; hay una minuciosa y detallada interpretación amilenarista en Beale, *Revelation*, 972-1021, y varias interpretaciones premilenaristas, George E. Ladd, "Revelation 20 and the Millennium", *RevExp* 57 (1960): 167-75; Jack S. Deere, "Premillennialism in Revelation 20:4-6", *BibSac* 135 (enero 1978): 58-73; J. Ramsey Michaels, "The First

puede aludir a una escatología consumada (p. ej., Jn 11:25; Gá 2:20) y es también un eufemismo aceptable para referirse a la resurrección (Ap 2:8; *cf.* Jn 5:25; Ro 6:10; 2Co 13:4; 1 En. 103:4; Or. sib. 4.187-90); El contexto de este pasaje señala de manera aun más clara esta última concepción.

(4) Apocalipsis 20 "presupone todo lo que ha sucedido en los capítulos 12-19".[7] La bestia y el falso profeta ya están, pues, en el lago de fuego antes del milenio (20:10); asimismo, el diablo no puede engañar "más" a las naciones, lo cual sugiere una suspensión de su obra engañosa que se pone de relieve a partir de 12:9.

(5) A posteriori entendemos que el periodo entre la primera venida de Jesús y la segunda se ha prolongado por espacio de más de mil años; sin embargo, en el tiempo de Juan, esta cifra debió de parecer excesiva para el periodo intermedio (1:3). La idea de un reino mesiánico intermedio aparece frecuentemente en la literatura judía temprana, como señalan normalmente los comentaristas.[8] Sin embargo, la duración estimada de este periodo, varía considerablemente en las fuentes, y va desde tres generaciones a cuatrocientos años (ver 4 Esd. 7:28-29); el mismo rabino puede plantear cuatro propuestas distintas sobre la duración de este periodo, basada en cuatro exégesis diferentes de la Escritura.[9] El primer libro de Enoc permite tantos periodos transicionales breves que el final parece llegar de manera gradual (1 En. 91:8-17).

Aunque esporádicos, algunas de estas descripciones del tiempo del fin utilizan esquemas que trabajan con periodos de mil años, a veces con el séptimo milenio como un periodo sabático final.[10] (Por ello,

---

Resurrection: A Response", *WTJ* 39 (1976): 100-109. Walvoord subraya que el nuevo nacimiento es una realidad exclusiva de esta era (*Prophecy Knowledge Handbook*, 626).
7. Michaels, *Revelation*, 222.
8. Entre los eruditos, ver Leon Morris, *Apocalyptic* (Grand Rapids: Eerdmans, 1972), 44-45. Sobre el reino mesiánico intermedio, ver 2 Bar. 40:3; Or. sib. 3.741-59, 767-95; T. Abr. 13A; *Sifre Dt.* 34.4.3; *b. Pes.* 68a.
9. Ver Bonsirven, *Judaism*, 212-13, sobre R. Eliezer. Sobre tres generaciones, ver *Sifre Dt.* 310.5.1; *Pes. Rab. Kah.* 3:16.
10. Ver *B. Sanh.* 97ab, aunque enumerando también otros varios esquemas; quizá la lectura variante de Ps. Filón, 28:8; Vida de Adán 51:2 (contrástese el paralelismo en Ap. Mos. 43:3). Mil años era la extensión de la vida de la mítica fénix (*Gn. Rab.* 19:5); para los paganos, entre las reencarnaciones se producían ciclos de mil años (Platón, *Rep.* 10.621D; *cf.* un periodo menos específico en Fedón 113E-114B) que eran también la extensión de la vida de la Sibila (Ovid, *Metam.* 14.144); ver otros paralelismos paganos en Beaseley-Murray, *Revelation*, 286. Quienes deseen considerar estos

algunos premilenaristas han propuesto que los "mil años" no representan tanto la extensión del reino intermedio como su carácter, a saber, un período de descanso). Un oráculo de la antigüedad predijo el colapso de Roma al final de seis mil años, seguido de un periodo de paz de mil años.[11] Aunque Juan utiliza posiblemente este trasfondo es, hasta cierto punto, posible que también esté interpretando los acontecimientos según su secuencia en Ezequiel 36–48: resurrección y reino (Ez 37); Gog desde Magog (caps. 38–39); y el nuevo templo y ciudad (caps. 40–48).[12] Pero la correspondencia con Ezequiel no es exacta o completa en sí; Ezequiel 37 carece de un milenio explícito y en Apocalipsis 21–22 no se consigna ningún templo físico.

Los comentaristas aplican de manera distinta el significado de este tradicional periodo intermedio según sus distintos esquemas. Los premilenaristas encuentran en el típico periodo intermedio de la literatura apocalíptica una confirmación de que Juan ve también un periodo intermedio en este texto; puede también defenderse una cierta dilación en la consumación final en pasajes como Isaías 24:22 y Daniel 7:12. Los amilenaristas, por el contrario, suelen sugerir que Juan no está pronosticando verdaderos acontecimientos futuros basándose en un recurso literario judío; sino que está meramente utilizando este recurso literario para comunicar verdad cristiana tras desmitificarla. Sin embargo, como señala Caird, el milenio no era un recurso literario imprescindible; muchos textos judíos atribuían otras duraciones a este periodo intermedio o simplemente obviaban esta cuestión.[13] Una vez más, "mil años" podrían meramente indicar una gran longevidad (Jub. 23:26-28; ver la sección "Construyendo Puentes", a continuación).

Como en 9:1, Dios entrega a un ángel la "llave" del abismo (20:1). La idea de "atar" a un ángel perverso (20:2; cf. 9:14) aparece con frecuencia en los textos judíos. Por ello, en una popular obra judía, Dios ordena a un arcángel que ate (es decir, inmovilice) a un dirigente de los ángeles rebeldes hasta ser arrojado al fuego en el día del juicio (1 En. 10:4-6). De igual modo, otra obra judía escrita unos dos siglos antes de

---

puntos de vista dentro del cristianismo primitivo, ver Chadwick, *Church*, 78 n. 1. *Cf.* el uso del "milenio" en las traducciones de Soncino de *Gn. Rab.* 20:1; *Ex. Rab.* 25:3, 8, 12; 32:9; 45:6.

11. Aune, *Revelation*, 3:830-31, citando los *Oráculos de Histaspes*.
12. Ver además Moyise, *The Old Testament in Revelation*, 66-67; Rissi, *Time and History*, 116; Beaseley-Murray, *Revelation*, 288-89; Ladd, *Theology*, 557; Boring, *Revelation*, 209. Ryrie, *Revelation*, 115, tiene en mente una batalla distinta, porque "el tiempo es distinto (Ez 38:16) y el juicio disímil (Ez 38:19-22)."
13. Caird, *Commentary on Revelation*, 250-51.

Apocalipsis habla de ciertos ángeles buenos que atan a otros ángeles caídos hasta el día del juicio final.[14] Los textos judíos hablan también de "atar" o inmovilizar a demonios en el presente (Tobit 8:1-3), siguiendo un frecuente uso mágico atestiguado también en los papiros mágicos.[15]

Pero Apocalipsis sigue el uso más familiar de los textos apocalípticos, donde se ata a los espíritus o ángeles perversos decisivamente hasta el día del juicio. En este tipo de textos, los ángeles atados pueden ser también arrojados al abismo (1 En. 88:1). Algunos textos tempranos judíos esperaban con anticipación la liberación escatológica de la actividad de Satanás.[16] Una vez que este es atado y recluido en el abismo, el ángel "sella" su acceso, impidiendo que pueda escapar (*cf.* Dn 6:17); Satanás no puede actuar durante este periodo como lo hace en el presente.

Los mártires de 20:4 murieron "por causa del testimonio de Jesús y por la palabra de Dios"; sufrir por esta causa es un tema tan recurrente en Apocalipsis (1:9; 6:9; 12:11) que constituye una virtual invitación a los oyentes de Juan a pagar su propia cuota de padecimiento. La decapitación de los santos que se negaron a adorar a la bestia o su imagen (20:4) recuerda las palabras de 13:15. La decapitación era el principal método de ejecución para los ciudadanos romanos; después de ser atados a un poste, desnudados y azotados, se les forzaba a arrodillarse y a continuación se les decapitaba. Durante el periodo de la República, los verdugos realizaban las ejecuciones con hachas, pero en el tiempo de Juan, se llevaban a cabo con espadas en las provincias.[17]

Puesto que Juan ve a toda la iglesia ante la necesidad de resistir al sistema mundial, la describe como una iglesia mártir, aunque su redacción permite la realidad de otros que habiendo resistido a la bestia no han muerto como mártires.[18] A lo largo de los últimos capítulos se repite

---

14. Jub 5:6; *cf.* 10:5-7, 11. Hay más ejemplos sobre atar ángeles u otros seres malignos en 1 Enoc 10:12-14; 13:1; 14:5; 21:3-4; 22:11; 90:23; T. Leví 18:12.
15. Ver T. Sal. 3:7; cap. 18.
16. Ver Jub. 23:29; 50:5; Asc. Moisés 10:1; T. Leví 18:12. Sobre acontecimientos dentro de la historia, Jub. 48:15-18; *cf.* 40:10; 46:2. Aune, *Revelation*, 3:1081, tiene relación con la imagen (posiblemente de manera acertada) con la atadura de los titanes en el mito griego.
17. P. ej., Tito Livio, 2.5.8; Séneca, *Dial.* 3.18.4; *m. Sanh.* 7:3; ARN, 38 A; John E. Stambaugh y David L. Balch, *The New Testament in Its Social Environment*, LEC 2 (Filadelfia: Westminster, 1986), 35. Ver Aune, *Revelation*, 3:1086, para más detalles.
18. *Cf.* Rissi, *Time and History*, 117; Ladd, *Theology*, 628-29; Michaels, *Interpreting Revelation*, 136. Ninguna de estas interpretaciones deja mucho espacio para un

el estribillo de la sangre de los justos (16:6; 17:6; 18:24); los seguidores de Jesús "vencen" del mismo modo que él, a saber, por medio de la muerte (3:21; *cf.* 5:5-6).[19] Sin embargo, mientras que el mundo presente ejecuta a los santos, estos gobiernan el futuro (5:10), tanto en el periodo del "milenio" (20:4, 6) como eternamente (22:5). Los justos oprimidos suplicaban vindicación (6:10); ahora por fin ha llegado.

En contraste con la promesa de la "primera resurrección" está la "muerte segunda" (20:6; ver comentario sobre 2:11); la resurrección para condenación es tan horrible que a su vida se le llama "muerte" en contraste con la vida eterna heredada por los creyentes. Daniel había predicho una resurrección de los condenados (Dn 12:2), de la que se hacen eco algunos autores judíos (2 Bar. 51:1-2; *cf.* Tos. Ber. 6:6) y todos los primeros cristianos que son explícitos al respecto (Jn 5:29; Hch 24:15; *cf.* Mt 5:29-30; 10:28; 25:46).

Después de los mil años, Satanás será soltado para levantar a Gog y Magog contra el campamento de los santos (20:8-9); fiel a su naturaleza (*cf.* Jn 8:44), este "reúne" a las naciones una vez más para la guerra (16:16; 19:19). El número de este ejército es "como el de las arenas del mar" (20:8), una figura común en la Biblia hebrea para expresar que un determinado grupo de personas es innumerable, aunque la mayor parte de estos textos son claramente hiperbólicos.[20] Este es incluso más numeroso que el de los anteriores ejércitos orientales (doscientos millones, 9:16), ciertamente es abrumador frente al número (figurativo) de los siervos de Dios (7:4, aunque *cf.* 7:9).

Juan saca esta imagen de Ezequiel; sin embargo, mientras que en Ezequiel Gog es gobernante de Magog, en este pasaje Gog y Magog juntos simbolizan simplemente todas las naciones, las "que están en los cuatro ángulos de la tierra".[21] Teniendo en cuenta el uso de Ezequiel que hacen otros comentaristas judíos de principios de la era cristiana, no es de extrañar que la mención de Gog y Magog fuera común en los

---

escenario de la resurrección anterior a la "primera" (con el perdón de Strombeck, *Rapture*, 194).

19. Michaels, *Interpreting Revelation*, 135-36.
20. Ver Gn 22:17; 32:12; 41:49; Jue 7:12; 1S 13:5; 2S 17:11; 1R 4:20; Is 10:22; 48:19; Jer 15:8; 33:22; Os 1:10; Hab 1:9.
21. Sobre las "cuatro ángulos", *cf.* comentario sobre 7:1. Sobre el uso que hace Ezequiel de Gog y Magog y otras expresiones, ver especialmente la obra de Edwin M. Yamauchi, *Foes from the Northern Frontier* (Grand Rapids: Baker, 1982). En este periodo, algunos intérpretes sostenían que "Magog" aludía a los escitas; ver Josefo, *Ant.* 1.123; Jub. 9:8 (aunque Or. sib. 3.319-20 sitúa a Magog en el sur).

textos escatológicos judíos.[22] En muchos textos judíos, Gog cumple una función mítica; en algunos de ellos, varios dictadores perversos desempeñan el papel de último Gog si Dios pretende que sea el tiempo del fin.[23] Generalmente, los autores judíos utilizaban la invasión de Gog para predecir la reunión de todas las naciones contra el pueblo de Dios y, probablemente, Apocalipsis utiliza esta imagen del mismo modo.[24]

Algunos comentaristas han sugerido que este suceso representa una parodia de la "parusia" o una "segunda venida" de Satanás; si este es el caso, en la providencia de Dios pasa a ser simplemente un escenario para la derrota final de Satanás (20:9-10). El "fuego del cielo" es un castigo familiar empleado por determinados profetas (11:5; cf. 2R 1:10, 12; Lc 9:54), pero aquí el fuego barre a todo el ejército enemigo, como en el caso de Sodoma (Gn 19:24-25). Es posible que Apocalipsis se inspire en la advertencia de Ezequiel 39:6, en el sentido de que Dios arrojará fuego sobre Magog, pero especialmente en la amenaza de 38:22, donde afirma que arrojará fuego, granizo y azufre ardiente sobre este ejército. Esta descripción describe el desenlace del Magog escatológico como el de Sodoma (o en menor grado como el de Egipto; cf. Ap 11:8). Otros textos judíos de este tiempo ponen de relieve un desenlace parecido para los enemigos finales de Israel.[25] Lo que se subraya especialmente en Ezequiel es que Dios se glorificará por medio de su destrucción (38:16, 23) y defenderá a su pueblo (38:14-16).[26]

---

22. P. ej., 4QpIs fr.; 1QM 11.15-16; *tos. Ber.* 1:11; *Mekilta Amalek* 2.115-16; *Sifra Behuq. pq.* 8.269.2.15; *Sifre Nm.* 76.2.1; *Pes. Rab Kah.* 22:5; *Ex. Rab.* 12:2; *Midr. Sal.* 17.9 sobre 17:13; obsérvese los exagerados números de *b. Sanh.* 95b. Estos se distinguen normalmente del periodo mesiánico posterior al triunfo del Mesías (*Sifre Dt.* 343.7.1; *b. A.Z.* 3b.; *Pes. Rab. Kah.* 27:5; *Gn. Rab.* 88:5; cf. no obstante 3 Enoc 45:5). Cf. el "ejército de Belial (Satanás)" escatológico en 1QM 11.8; 15.2-3; y el campo de los santos (1QM 3.5).
23. Ver *B. Sanh.* 94a (aunque aquí los candidatos para un Mesías escatológico pueden también cambiar); 1 Enoc 56:5 sustituye a los partos por Magog.
24. Ver Beaseley-Murray, *Revelation*, 297 (citando 4 Esd. 13:5-11; Or. sib. 3.662-68; cf. Or. sib. 3.319, 512).
25. Sobre este tipo de juicios contra el Magog escatológico, ver Or. sib. 3.669-74, 685-92; contra Roma en 3.52; contra el nuevo Nerón y otros reyes en 5.377-79; cf. otra destrucción divina en 1 Enoc 56:7-8; 1QM 11.16. Sobre la caída de fuego del cielo para destruir a los enemigos de Dios, ver además Sab. Sal. 10:6; 2 Bar. 27:10; T. Zeb. 10:3; cf. Or. Sib. 1.79; 2.252-53; en textos paganos cf. Ateneo, *Banquete de los eruditos* 12.523ab.
26. Sobre la protección del pueblo de Dios en el tiempo del fin, como un muro de fuego que los rodea, ver Or. sib. 3.705-6 (siguiendo la imagen de Zac 2:5); sobre textos posteriores, ver Ira Chernus, "'A Wall of Fire Round About': The Development of a Theme in Rabbinic Midrash", *JJS* 30 (1979): 68-84.

La ciudad santa no tendrá muros, puesto que contará con tantos habitantes que no cabrían en un perímetro cercado (Zac 2:4); Dios mismo será, pues, un "muro de fuego" a su alrededor (2:5; *cf.* 9:8). Pero el lenguaje de un "campamento" de los santos (Ap 20:9) sugiere probablemente algo más que el hecho de que los habitantes no quepan dentro de los muros de la ciudad y alude a la experiencia de Israel en el Éxodo, o como una unidad de guerra.[27] Esto recuerda a los receptores de Juan que, aun durante los mil años, el pueblo de Dios ha de seguir vigilante hasta su victoria final, un recordatorio que invita a los santos a una mayor vigilancia en el presente.

El Juicio Final (20:11-15)

La escena de la batalla da paso al Juicio Final ante el trono de Dios. Las tradiciones judías describen frecuentemente este día; el tiempo de la misericordia y la paciencia ha terminado (4 Esd. 7:33), y los impíos serán avergonzados (1 Enoc 97:6).[28] El que la tierra y el cielo huyan "sin dejar rastro alguno" (Ap 20:11; *cf.* 12:8) pone de relieve el dramatismo de la apariencia de Dios como Juez, y prepara el camino para los nuevos cielos y tierra (21:1). Nadie puede ver a Dios en su gloria y seguir vivo (Éx 33:20), y la visión de Dios hará desaparecer la creación; sin embargo, en la nueva, sus siervos verán su rostro (Ap 22:4-5).

Los "libros" contribuyen también a esta imagen de temor para los impíos (20:12). En algunas tradiciones judías, los ángeles dan cuenta de las malas acciones de los humanos ante el tribunal de Dios inmediatamente tras la destrucción de la tierra y antes de la resurrección de los injustos (*cf.* Or. sib. 2.215-16). Normalmente, los textos judíos presentan los libros celestiales del juicio que consignan las obras de los hombres, preparados para mostrar su contenido el día del juicio.[29] Los libros aluden aquí a los de Daniel 7:10 (*cf.* también 4 Esd. 6:20).[30]

Aquí son juzgados "la muerte y el Hades". El "Hades" (20:13-14) es el reino de los muertos, y los que permanecen allí son los que no resu-

---

27. *Cf.* Heb 13:11, 13; 1QM 3.5; 4.9; más de setenta y cinco veces en relación con el campamento del éxodo en la LXX.
28. Sobre el día del juicio, ver también, 1 Enoc 90:20; *Pes. Rab. Kah. Sup.* 2:2.
29. Ver Jub. 28:6; 39:6; 1 Enoc 39:2; 81:1-4; 89:70-71; 91:14; 93:1-3; 98:7-8; 104:7; 2 Enoc 19:5; 44:5 A; 3 Enoc 44:9; T. Ab. 10 B.; 12 A; Ap. Sof. 3:6-9; 7:1-6. En ciertas fuentes, el "libro de los vivos" puede decir cosas distintas de este (Ap. Sof. 9:2), sobre quiénes morirán y quiénes serán resucitados (3 Enoc 18:24-25; *b. R.H.* 32b).
30. Acerca del libro de la vida, ver comentario sobre 3:5; respecto a juzgar "a cada uno según lo que haya hecho" ver comentario sobre 22:12.

citan en la primera resurrección (20:4-6) y están, por tanto, condenados.[31] La idea de que el Hades devuelve aquello que le ha sido confiado encaja en las imágenes judías de la resurrección para juicio (1 En. 51:1; 4 Esd. 7:32; Ps. Filón 3:10).[32] Que el mar deba entregar también a sus muertos responde a la frecuente preocupación en la antigüedad, y a la de algunos judíos que creían en la resurrección, en cuanto al destino de las personas que no habían sido convenientemente sepultadas.[33]

La pavorosa imagen del confinamiento de los impíos en un lugar de fuego pretende captar la atención de los oyentes, pero no sería extraña para los primeros lectores cristianos de origen judío.[34] La tradición judía creía que Dios confinaría en el abismo de fuego a los ángeles caídos, los gentiles y los israelitas desobedientes (1 Enoc 90:24-27); sin embargo, Apocalipsis prefiere usar la imagen más gráfica y paradójica de un "lago de fuego" (Ap 19:20; 20:10, 14-15; 21:8), sobre el que los santos han salido victoriosos (15:2; el "lago de fuego" puede aludir al "río de fuego" consignado en Dn 7:10). Aunque el fuego puede comunicar la idea de aniquilación instantánea en lugar de tormento eterno, la tradición cristiana más antigua hablaba de un fuego inextinguible (Mt 3:12; Mr 9:43; Lc 3:17), y Apocalipsis habla en otros pasajes de tormento eterno (14:10-11), un concepto implícito también en este contexto por el lago de fuego (20:10).[35]

---

31. Los ángeles podían romper las puertas del Hades para llevar a juicio a los impíos (Or. sib. 2.228-30).
32. Así lo entiende también Bauckham, *Climax of Prophecy*, 56-61 (citando asimismo 2 Bar. 21:23; 42:8; 50:2).
33. Ver *ibíd.*, 68 (citando 1 Enoc 61:5; Or. sib. 2.233), aunque Bauckham prefiere ver este "mar" como un sinónimo del reino de los muertos; Aune, *Revelation*, 3:1102. *Cf.* esp. Aquiles, *Tacio* 5.16.1-2
34. Sobre Satanás arrojado al fuego eterno (20:10), ver T. Jud. 25:3; sobre los gobernantes humanos, 1 Enoc 54:1-2; sobre el sacerdote impío (una figura del anticristo), 1QpHab 10.4-5; sobre todos los impíos, 1 Enoc 100:9; 108:3; 1QpHab 10.13; 4 Esd. 7:36; *Gn. Rab.* 20:1. Sobre el antiguo "río de fuego" ver C. S. Keener, *A Commentary on the Gospel of Matthew* (Grand Rapids: Eerdmans, 1999), 129; *cf. Libro egipcio de los muertos*, Conjuro 17b, parte S3.
35. Sobre la posición aniquilacionista, ver "John's Stott's Response to Chapter 6", 306-31 en David L. Edwards y John Stott, *Evangelical Essentials: A Liberal-Evangelical Dialogue* (Downers Grove, Ill.: InterVarsity, 1988), 313-20; Marie-Émile Boismard, "Le sort des impies dans l'Apocalypse", *Lumière et Vie* 45 (1996): 69-79; sobre la aniquilación después de una resurrección de los perdidos o sin ella, ver Sal. Sal. 3:11-12; 13:11; 1QS 4.13-14; la mayoría de los pecadores en *tos. Sanh.* 13:3.

 **Ideas del milenio.** Repasar la historia de la interpretación nos ayuda a entender de dónde proceden nuestros puntos de vista y, de este modo, a tomar debida nota de ellos e intentar escuchar objetivamente la Escritura reduciendo (en la medida en que sea posible) nuestros prejuicios interpretativos. El capítulo 20 de Apocalipsis ha sido objeto de considerable debate a lo largo de toda la historia de la iglesia. Los primeros padres de la iglesia creían en un reino milenial de Cristo, literal y futuro.[36] Se dice, por ejemplo, que Papías afirmó que el apóstol Juan prometió un futuro paraíso material y agrícola en un milenio posterior a la resurrección de los justos.[37]

Justino Mártir, filósofo cristiano de mediados del siglo II, aceptaba un reino de Cristo literal y futuro de mil años de duración en una Jerusalén reconstruida tras la resurrección de los justos, si bien admitía que algunos cristianos tenían otros puntos de vista; Justino argumenta sus conclusiones a partir de los libros de Isaías y Apocalipsis.[38] Ireneo, un obispo que vivió a finales del siglo II, tiende a interpretar literalmente muchas profecías bíblicas, entre ellas las de Apocalipsis, y advierte sobre el peligro de alegorizarlas.[39]

Sin embargo, en el siglo IV, en días del historiador Eusebio, casi todos los dirigentes cristianos asumían que el milenio representaba la era presente. Decía, pues, que a diferencia de muchos herejes duros de corazón, algunos premilenaristas estaban más dispuestos a aprender; una vez se les mostraba su "error", se hacían amilenaristas.[40] En el año 431, el Concilio de Éfeso condenó como superstición la creencia en un milenio literal.[41]

---

36. Ver Wainwright, *Mysterious Apocalypse*, 21-30. Larry V. Crutchfield, "The Apostle John and Asia Minor as a Source of Premillennialism in the Early Church Fathers", *JETS* 31 (1988): 411-27, sugiere que la influencia de Juan en Asia Menor generó el milenarismo de los antiguos padres de esta región. Algunos sostienen que los padres de la iglesia derivaron esta idea de los reinos mesiánicos de la literatura apocalíptica judía más que del libro de Apocalipsis (Leonhard Goppelt, *Theology of the New Testament*, 2 vols., tr. de J. E. Alsup, ed. J. Roloff [Grand Rapids: Eerdmans, 1981-1982], 2:194).
37. Frags. 4, 6; en Ireneo, *Her.* 5.32; Eusebio, *H.E.* 3.39.
38. Ver sus *Dial.* 80 y 81.
39. Ireneo, *Her.* 5.34-35.
40. Eusebio, *H.E.* 7.24. Sobre el amilenarismo temprano, ver Wainwright, *Mysterious Apocalypse*, 33-48.
41. Kyle, *The Last Days*, 39.

El punto de vista amilenarista dominó la mayor parte de la posterior historia de la iglesia: Agustín, Calvino, Lutero, y muchos destacados dirigentes de la iglesia citados por autores evangélicos para apoyar o aclarar otros asuntos actuales eran amilenaristas.[42] Reconociendo quizá la validez de los argumentos a favor de ambas posiciones, parece ser que Wesley creía en dos milenios, uno celestial y otro terrenal.[43] Durante los primeros mil años de historia de la iglesia, los amilenaristas creían generalmente en un milenio literal y presente; transcurrido el primer milenio y tras la liberación de la iglesia de Roma sin que Cristo regresara, los amilenaristas reinterpretaron generalmente el milenio como el periodo presente, entendiendo los mil años como simbólicos.

Algunos amilenaristas no interpretan este periodo "milenial" como toda la extensión de la presente era cristiana, sino como el periodo posterior a las persecuciones romanas; este punto de vista deja margen para esta distinción entre la "tribulación" como un periodo de opresión romana y el milenio. Un serio problema de esta distinción es que, en nuestro tiempo y en muchas partes del mundo, la iglesia sufre tanto como bajo la Roma imperial.[44] Otros —que representan posiblemente la posición amilenarista dominante en nuestros días— entienden el milenio como todo el periodo que media entre la primera y la segunda venidas de Cristo, que es como muchos interpretan el periodo de la "tribulación" descrita en Apocalipsis (12:5-6).[45]

En los últimos siglos, el premilenarismo ha ganado bastante terreno, especialmente a principios del siglo XX, cuando el premilenarismo dispensacionalista que se inició con John Nelson Darby, en la década de 1830, comenzó a arraigarse en el pensamiento evangélico.[46] Preocupado por el legalismo que percibía en la iglesia y que Darby relacionaba con su adhesión a partes de la Biblia dirigidas específicamente a Israel, se

---

42. Sobre los puntos de vista de la Edad Media, ver *ibíd.*, 41-54; acerca de los reformadores, 55-76; David Wright, "Millennium Today", 13-15, y John R. Franke, "Salvation Now, Salvation Forever", *Christian History* 61 (1999):20-22.
43. Wesley, *Commentary on the Bible*, 608-9, es en gran medida premilenarista; sin embargo, ve dos periodos distintos de mil años: uno en que el diablo es atado (20:2-3, 7) y un segundo y posterior en que los santos reinan (20:4-6; *ibíd.*, 610).
44. Sobre este último, ver Johann Gottfried Eichhorn (1752-1827), *cf.* Wainwright, *Mysterious Apocalypse*, 127. En días más recientes, *cf.* Feuillet, *Apocalypse*, 120-21.
45. Ver Sydney H. T. Page, "Revelation 20 and Pauline Eschatology", *JETS* 23 (1980): 31-43. Algunos hacen del milenio un símbolo de la antigua economía (Corsini, *Apocalypse*, 369).
46. Acerca del avivamiento del premilenarismo, ver Wainwright, *Mysterious Apocalypse*, 67-87.

esforzó en diferenciar estas secciones de las dirigidas a la iglesia. Darby defendía que Dios trató con Israel hasta el nacimiento de la iglesia y lo haría de nuevo durante la última tribulación, tras el arrebatamiento de esta; la mayoría de los primeros dispensacionalistas creían que solo las cartas del Nuevo Testamento iban dirigidas especialmente a la iglesia. Con los años, no obstante, la forma original del dispensacionalismo ha cambiado considerablemente; el "dispensacionalismo progresivo" de nuestro tiempo es muy distinto (y más bíblico) del representado por las tablas de Clarence Larkin, las referencias de la Biblia de Scofield, o la enseñanza de Darby en 1830.[47]

La mayoría de los evangélicos norteamericanos del siglo XIX sostenían una posición postmilenarista, un punto de vista que pocos defienden hoy y que, de hecho, los motivaba a evangelizar el mundo.[48] Creían que establecerían el reino en la tierra y, con ello, prepararían el camino para el regreso de Jesús. Como los premilenaristas, creían en un milenio futuro y, como algunos amilenaristas, esperaban un reino de paz antes del regreso de Jesús, pero después del periodo de persecuciones. Esta perspectiva postmilenarista propulsaba la fe activista de los evangélicos norteamericanos del siglo XIX que evangelizaban y trabajaban para la abolición de la esclavitud. Destacadas figuras de los grandes avivamientos como Jonathan Edwards (de quien se habla a menudo por su influyente teología) y Charles Finney (una voz prominente en un avivamiento que produjo cientos de miles de conversiones) eran postmilenaristas. Este punto de vista generó una excelente motivación para las misiones, pero finalmente se estrelló contra el duro arrecife de la realidad: la devoción cristiana, por sincera que sea, no puede instaurar plenamente el reino de Dios sin su directa intervención.[49]

---

47. Acerca de la historia del pensamiento dispensacionalista, ver Craig A. Blaising, "The Extent and Varieties of Dispensationalism", 9-56 en *Progressive Dispensationalism*, de Craig A. Blaising y Darrell L. Bock (Wheaton, Ill.: Bridgepoint, Victor, 1993); *cf.* Timothy P. Weber, "How Evangelicals Became Israel's Best Friend", *CT* (5 de octubre 1998), 38-49; otras perspectivas en Charles C. Ryrie, *Dispensationalism Today* (Chicago: Moody, 1965), 74-76.
48. Ver Steven R. Pointer, "Seeing the Glory", *Christian History* 61 (1999): 28-30. Quienes estén interesados en un concienzudo planteamiento de la perspectiva postmilenarista, ver especialmente Kenneth L. Gentry Jr., "Postmillennialism", 11-57 en *Three Views on the Millennium*, ed. D. Bock (Grand Rapids: Zondervan, 1999). La forma más defendible es la idea de que Apocalipsis 19 describe (simbólicamente) el juicio de Jesús sobre Roma y el capítulo 20 es su última venida.
49. Ver estos puntos de vista en Stanley J. Grenz, *The Millennial Maze: Sorting Out Evangelical Options* (Downers Grove, Ill.: InterVarsity, 1992); Kyle, *The Last Days*, 79-81. Muchos quiliastas de la Edad Media esperaban también una edad de oro de

Este estudio de las diferentes perspectivas ha sido tan breve que probablemente no hace justicia a la mayor diversidad de los puntos de vista subyacentes; sin embargo, sirve para ilustrar la idea de que diferentes cristianos, igual de comprometidos, han sostenido muchas perspectivas distintas sobre el tiempo del fin, experimentando la misma bendición de Dios. Que el postmilenarismo fuera la idea dominante de los evangélicos norteamericanos en el siglo XIX y que ello ayudara al desarrollo del movimiento misionero ha de hacernos reflexionar. La mayoría de nosotros tenemos puntos de vista sobre el milenio que "sabemos" correctos, porque nos movemos en círculos que los comparten. Conozco a muchos cristianos que ni siquiera se plantean que su punto de vista pueda ser erróneo, porque todos los creyentes comprometidos y maduros que respetan en sus círculos lo sostienen. Sin embargo, de haber formado parte del círculo de Jonathan Edwards o de Charles Finney, habríamos asumido el postmilenarismo con la misma naturalidad.

¡Puede que nuestros predecesores espirituales hubieran cuestionado si éramos verdaderamente evangélicos de haber dudado del postmilenarismo! Naturalmente, hoy nos es fácil entender que el postmilenarismo es incompatible con muchos datos bíblicos. Sin embargo, puesto que cualquier sistema de pensamiento parece coherente desde dentro (sucede lo mismo con los puntos de vista de los Testigos de Jehová o con los nuestros), no deberíamos descansar tan fácilmente en el hecho de que nuestras perspectivas encajan con todos los datos, a no ser que los hayamos puesto a prueba en un diálogo con cristianos que puedan ponerlos en tela de juicio.

Aparte de Billy Graham, y quizá Luis Palau, Bill Bright y algunos otros como ellos, en nuestro tiempo pocos han tenido el impacto directo que en sus generaciones tuvieron hombres como John Wesley, Charles Finney o D. L. Moody; sin embargo, estos tres siervos de Dios mantuvieron puntos de vista completamente distintos sobre escatología. Parece claro, al menos para muchos de nosotros, que Dios no dispensa sus bendiciones basándose en nuestros puntos de vista sobre escatología, y que hemos de aprender del ejemplo de estos hombres una lección de amor hacia quienes tienen otros puntos de vista sobre este asunto.

---

extensión indeterminada tras la derrota del anticristo y antes de la venida de Cristo (Kyle, *ibíd.*, 53). En su forma secularizada y liberal, el optimismo postmilenarista podía alumbrar movimientos como el Destino Singular (Manifest Destiny) en los Estados Unidos, o el Reich de los mil años en Alemania.

¿**Literal o simbólico?** Los dos puntos de vista sobre el milenio más difundidos en distintos sectores de la cristiandad son hoy el premilenarismo y el amilenarismo. Ambos tienen más argumentos a su favor de lo que suelen concederles los defensores de la posición opuesta. A favor del premilenarismo cabe decir que es la lectura más natural de Apocalipsis 20 antes esbozada: los mil años comienzan con la resurrección de los que han muerto como mártires durante la tribulación que la precedió, y concluye con la expulsión del diablo al mismo lugar de tormento donde han estado la bestia y el falso profeta de la tribulación durante los mil años. Por otra parte, algunos ven claves para el milenio en otros textos, como 1 Corintios 15:23-24 (aunque este pasaje no es suficiente por sí mismo para defender un periodo intermedio entre el presente y el futuro eterno).[50]

Algunos premilenaristas (especialmente aquellos que son también dispensacionalistas) encuentran asimismo abundantes referencias al milenio en el Antiguo Testamento. Si se interpretan literalmente los libros de Ezequiel y Apocalipsis, el nuevo templo del primero (Ez 40–43) no puede hacerse realidad después del milenio (Ap 21:22), pero no es imposible su existencia durante este periodo. En el futuro eterno, los siervos de Dios lo sirven y lo ven cara a cara (22:3-4); es, pues, razonable que las descripciones de las bendiciones terrenales y agrícolas (p. ej., Am 9:13-14) se produzcan durante un periodo provisional antes de este reino eterno y futuro (*cf.* no obstante Ap 22:2). Estos medios de reconciliar diversas imágenes escatológicas de los profetas les habrían parecido sensatas y lógicas a los contemporáneos de Juan.[51] Los dispensacionalistas que en las profecías del Antiguo Testamento ven promesas de la restauración del Israel nacional y consideran, sin embargo, que en Apocalipsis 21–22 se habla de la esperanza eterna de

---

50. Algunos encuentran ciertamente un reino intermedio en este texto (*cf.* Hans Joachim Schoeps, *Paul: The Theology of the Apostle in the Light of Jewish Religious History*, tr. H. Knight [Filadelfia: Westminster, 1961], 105; Rissi, *Time and History*, 126). Sin embargo, la gramática es bastante ambigua (W. D. Davies, *Paul and Rabbinic Judaism: Some Rabbinic Elements in Pauline Theology*, 4ª ed. [Filadelfia: Fortress, 1980], 292-93; T. Francis Glasson, *The Second Advent: The Origin of the New Testament Doctrine*, 3d rev. ed. [Londres: Epworth, 1963], 212; Gordon Fee, *The First Epistle to the Corinthians* [Grand Rapids: Eerdmans, 1987], 753).
51. Ver Talbert, *Apocalypse*, 93-94, que cita varias corrientes y algunos escritos judíos que incluyen ambos puntos de vista; también Aune, *Revelation*, 3:1104-8. *Cf.* también Morris, *Apocalyptic*, 51; D. S. Russell, *The Method and Message of Jewish Apocalyptic* (Filadelfia: Westminster, 1964), 286-97.

la iglesia, pueden armonizar ambas cosas afirmándolas: una se produce durante el milenio y la otra después de él.[52]

Estas ideas pueden ponerse en tela de juicio. El futuro eterno de Apocalipsis 21 no está menos arraigado en la herencia de la iglesia en Israel que Apocalipsis 20: aunque la ciudad santa del capítulo 21 desciende del cielo, sigue siendo una nueva Jerusalén, fundada sobre las doce tribus de Israel (21:12) y sobre los doce apóstoles del Cordero (21:14). Por otra parte, muchas de las descripciones veterotestamentarias del futuro son sin duda imágenes simbólicas, concebidas para transmitir de manera gráfica la futura esperanza en términos razonables para los antiguos israelitas. En su tiempo, convertir espadas en arados (Mi 4:3) simbolizaba paz; en nuestro tiempo preferimos quizá la imagen de fundir armas de fuego o desactivar misiles.

Pero si las imágenes son simbólicas, no tienen entonces que ser completamente armonizadas en un sentido literal (lo cual nos salva de ciertos apuros de los que ni siquiera el dispensacionalismo más tradicional podía rescatarnos).[53] Es posible que Apocalipsis incorpore un milenio para que podamos armonizar algunos importantes retratos escatológicos que encontramos en los profetas del Antiguo Testamento; ¡sin embargo, necesitaríamos más de un milenio para armonizar todas las imágenes escatológicas de la Biblia! Ciertos textos hablan de la reunión de las naciones al final de los tiempos (p. ej., Is 2:2, 4; 11:9-10; 42:6; 49:6), otros de su sometimiento y vasallaje (Is 11:14-15; 49:22-23; 54:3; 60:6-14; 66:18-20), y otros de su destrucción (Is 29:5-8; 30:27-28; 34:2-3).

Pero la función de la mayor parte de estos textos es prometer la restauración de Israel y su exaltación entre las naciones que, en otro tiempo, lo ridiculizaron; por tanto, forzar estas imágenes poéticas y convertirlas en moldes contradictorios es entenderlas erróneamente. Estas tienen, sin duda, ciertas implicaciones para la salvación de los gentiles

---

52. Craig Blaising, "Premillennialism", 157-227, en *Three Views on the Millennium*, 160-64, contrasta "el modelo de la visión espiritual" (que subraya solamente lo celestial y lo espiritual) con "el modelo de la nueva creación" (que subraya la vida corporal en la tierra). Sin embargo, Robert B. Strimple, "An Amillennial Response to Craig A. Blaising", 256-76 en *ibíd.*, responde que los amilenaristas modernos no sostienen una esperanza escatológica puramente inmaterial (259).
53. Algunos populares dispensacionalistas han intentado resolver estas cuestiones apelando simplemente al significado "literal" de ciertos textos (Lindsey, *New World Coming*, 103, 267), sin reconocer que tampoco ellos pueden interpretar literalmente todos los textos.

que aceptan la herencia de Israel en Jesús y la perdición del resto del mundo; sin embargo, tales implicaciones solo se hacen claras en vista del resto de la teología bíblica.

Aun en el futuro eterno, si interpretamos literalmente Apocalipsis 21:24-26, cabe la pregunta de si quienes quedan fuera de la ciudad son personas no cristianas que no sufren el castigo eterno, o cristianos gentiles que quedan fuera de la nueva Jerusalén formando una categoría espiritual inferior a los cristianos de origen judío. Otra opción es considerar esta imagen como una mera manera simbólica de describir la exaltación del pueblo de Dios. Ninguna de las dos primeras alternativas encaja con el resto de la teología neotestamentaria.

Por otra parte, uno recibe la clara impresión cuando lee a Pablo (Ro 2:5-9; 2Ts 1:7-9) y Pedro (2P 3:10) de que todos los no cristianos serán destruidos cuando Jesús regrese, un suceso que no dejaría a nadie en la tierra que pudiera entrar en el milenio.[54] Un premilenarista puede argumentar, como respuesta, que Pablo y Pedro están hablando en términos generales, mientras que Apocalipsis proporciona una cronología más detallada de los acontecimientos. Aunque se trata de una respuesta legítima, ilustra, no obstante, nuestro problema interpretativo: no podemos entender todos los textos de manera completamente "literal" ni tampoco se supone que debamos hacerlo. Si invertimos mucho tiempo en la lectura de Isaías, Ezequiel o los otros profetas, resulta evidente que se sirven de una serie de imágenes simbólicas (que no pretendían armonizar en un plano literal) para transmitir la idea de la promesa futura.

Normalmente, los intérpretes amilenaristas señalan la preponderancia de ciertos pasajes de Pablo o Pedro como argumentos contra la clara afirmación de un milenio futuro en Apocalipsis. (Muchos premilenaristas responden apelando aquí a la "revelación progresiva"). Puesto que, en cualquier caso, hemos de interpretar ciertos pasajes simbólicamente —observan los amilenaristas—, y teniendo en cuenta que Apocalipsis está lleno de lenguaje simbólico, ¿no tiene acaso más sentido interpretar literalmente las cartas de Pablo y el resto del Nuevo Testamento y simbólicamente el libro de Apocalipsis, en vez de hacerlo al revés? Por ello, los amilenaristas apuntan a varios pasajes del Nuevo Testamento en los que Pablo u otros comentaristas parecen aplicar las promesas

---

54. Algunos apelan a Mateo 24:40-41 para permitir que un grupo sea "dejado"; sin embargo, en el contexto, los que son "tomados" lo son para ser llevados a juicio (24:39), y, aunque quienes son "dejados" no sean cristianos, no queda claro que sean dejados durante mucho tiempo.

veterotestamentarias del reino futuro a la era actual de la fe en Cristo (p. ej., Hch 2:17; 15:15-18; Ro 9:24-25). Si los apóstoles interpretaron espiritualmente estas promesas del Antiguo Testamento, ¿no deberíamos acaso nosotros seguir su ejemplo?

Con respecto al Israel nacional, muchos amilenaristas de nuestro tiempo reconocerán que Pablo deja un margen para la vuelta a la fe en Jesús de la última generación de judíos (Ro 11:26); sostienen, sin embargo, que ser étnicamente judío no requiere un estado judío ni una distinción espiritual entre cristianos de origen judío y gentil.[55] A partir de Agustín, los amilenaristas han sugerido a menudo que Juan adaptó el reino intermedio tradicional de las obras apocalípticas judías pero lo aplicó nuevamente de un modo simbólico, como antes hemos dicho que lo hizo con la imagen de la tribulación (12:5-6).[56] Saliéndose del marco de Apocalipsis, y con argumentos menos persuasivos, muchos interpretan la atadura de Satanás en 20:2 de acuerdo con Mateo 12:29. Sin embargo, aunque en otros pasajes Apocalipsis se sirve de la tradición sinóptica, asumir que los lectores de Juan tenían conocimiento de este texto frente a la extendida tradición judía sobre atar demonios es, probablemente, pedirles demasiado; por otra parte, aunque realmente conocieran este texto, no está claro que lo hubieran aplicado del mismo modo.

Ambas posiciones sobre el milenio tienen sólidos argumentos a su favor y la aceptación de una u otra tiende a depender de cómo se entienda el resto de la Biblia. En general, quienes parten de Apocalipsis 20 suelen ser premilenaristas; comenzando con esta premisa, quienes se inclinan por esta posición pueden aplicar también literalmente muchas promesas sobre el Israel nacional a este periodo (aunque Apocalipsis 20 no requiera que atribuyamos necesariamente tales promesas a este periodo). Si partimos de la mayoría de pasajes del Nuevo Testamento sobre el tiempo del fin, posiblemente adoptaremos una postura amilenarista y después tendremos que determinar lo que hacemos con Apocalipsis 20. A partir de las propias presuposiciones, los argumentos de cada posición se ven tan lógicos como artificiosos los de la otra.[57]

---

55. Thomas R. Schreiner, "The Church As the New Israel and the Future of Ethnic Israel in Paul", *Studia Biblica et Theologica* 13 (abril 1983): 17-38 plantea un punto de vista que afirma tanto un nuevo Israel (formado por cristianos de origen judío y gentil) como una conversión escatológica del Israel étnico.
56. Ver Ford, *Revelation*, 351.
57. Quienes deseen considerar cómo distintas presuposiciones llevan a distintas conclusiones por lo que respecta al milenio, ver Darrell L. Bock, "Summary Essay", 279-309

Puesto que valorar tales presuposiciones requiere un estudio de toda la Escritura, tal valoración está más allá de nuestras posibilidades en esta obra. Sí podemos, no obstante, señalar las razones que han llevado a otros cristianos a desarrollar distintas convicciones sobre este asunto y que nos invitan a ejercer más amor y comprensión hacia quienes difieren de nuestra posición.

Perspectiva personal. En este apartado solo puedo resumir el fruto de mis propios esfuerzos por sistematizar mi comprensión del panorama bíblico general.[58] En primer lugar, hemos de interpretar cada texto en su propio contexto y términos. Observemos, pues, que los profetas del Antiguo Testamento tenían un mensaje para sus propios contemporáneos y para nosotros. Sus generaciones habrían tenido poco consuelo en una interpretación de la profecía que afirmara: "Voy a divorciarme de Israel y a sustituirlo por la iglesia"; estos esperaban una verdadera restauración de Israel.[59] Al mismo tiempo, los primeros cristianos entendían estas promesas en vista de la victoria de Jesús, y su interpretación nos ofrece directrices que hemos de tener en cuenta. Sean cuales sean las bendiciones literales que vayamos a disfrutar en el reino futuro, en el presente experimentamos el beneficio espiritual del reino de Cristo (Gá 3:14; Ef 1:3).

Por otra parte, los propios profetas del Antiguo Testamento (p. ej., Is 19:22-25; 56:3-8), confirmados por los escritores del Nuevo (Ro 16:25-26), afirmaban que en el futuro del pueblo del pacto no había solo descendientes biológicos de Abraham. En el Antiguo Testamento, muchos gentiles se unían habitualmente al pueblo de Dios y entraban a formar parte del pacto (p. ej., Jos 6:25; Rt 1:16; 2S 8:18), mientras que muchos israelitas lo violaban (p. ej., Éx 32:10; Sal 95:8-11). En el siglo I, el

---

en *Three Views on the Millennium*, 285-90; uno de los principales asuntos es el modo en que el Antiguo Testamento se relaciona con el Nuevo (*ibíd.*, 290-93).

58. Vale la pena leer el estudio del trasfondo veterotestamentario para la escatología de Lewis en, *Questions*, 19-49.

59. Por supuesto, aparte de Romanos 11, el Nuevo Testamento no ofrece muchas indicaciones explícitas sobre la restauración de Israel (*cf.* no obstante Mt 23:39; Hch 3:19-21), pero hay que tener en cuenta que los primeros cristianos tenían que esforzarse especialmente en justificar la inclusión de los cristianos gentiles en el pueblo de Dios. Es una cuestión de acento y de contexto, no de contradicción. La teología sustitutiva de Justino (Justino, *Dial.* 11; 119; 123; 135) es mucho más gráfica (ver Ben Zion Bokser, "Justin Martyr and the Jews", *JQR* 64 [octubre 1973]: 97-122 (p. 99); [enero 1974]: 204-11 (p. 208); Eric F. Osborn, *Justin Martyr* [Tübingen: J. C. B. Mohr, 1973], 175-78).

judaísmo seguía recibiendo un constante flujo de gentiles que se convertían a su fe y pasaban a formar parte de su pueblo.[60]

Por supuesto, nadie esperaba que dicho flujo de gentiles que se incorporaba al pueblo de Dios llegara a ser tan numeroso que sobrepasara al del remanente judío; pero Pablo deja claro que la última generación del pueblo judío volverá a la fe en Jesús (Ro 11:26-27; de otro modo estaría cambiando el significado de "Israel" de 11:25 a 11:26 sin previo aviso). Pablo no estaba siendo radical por decir que los gentiles podían formar parte del pueblo de Dios (idea que compartían la mayor parte de sus contemporáneos judíos), sino por afirmar que podían hacerlo sin circuncidarse, es decir, sin hacerse judíos en un sentido étnico o cultural. Por otra parte, es dudoso que ni siquiera Pablo previera el carácter casi absolutamente no judaico de la iglesia de hoy, alienada en su mayor parte de sus raíces judías (11:18).

Puede que el regreso decisivo del pueblo judío solo se produzca cuando los cristianos gentiles redescubran su herencia espiritual en la historia de Israel (*cf.* Ro 11:14). Entonces, en lugar de pretender ser un "sustituto" colectivo de Israel, podremos reconocer que los cristianos gentiles han sido injertados en la fe de Israel concebida para bendecir al mundo. Es posible que los cristianos judíos de hoy (judíos mesiánicos) puedan ayudar a los cristianos gentiles a recuperar esta perspectiva.[61]

Soy, por tanto, escéptico de una futura promesa para el Israel nacional que excluya a los cristianos étnicamente gentiles injertados en la herencia y esperanza de Israel (*cf.* Ro 2:29; 9:6-13; Gá 3:29). (Este panorama puede plantear una elección especialmente traumática para los cristianos de origen judío: ¿se identificarán con el destino de la iglesia o con el del Israel étnico?). Al mismo tiempo, se me hace muy difícil pensar que los profetas del Antiguo Testamento pensaran en una "sustitución" de Israel ahora desconectada de su legado histórico. Es posible que la imagen bíblica completa sugiera un futuro arraigado en la historia de los patriarcas, David y los profetas, pero que los cristianos gen-

---

60. Ver Craig S. Keener, *The Spirit in the Gospels and Acts* (Peabody, Mass.: Hendrickson, 1997), 62-64, 146-48.
61. Quienes deseen considerar una importante perspectiva mesiánica judía, ver Daniel Juster, *Jewish Roots: A Foundation of Biblical Theology* (Shippensburg, Pa.: Destiny Image, 1995); quienes estén interesados en los antecedentes de parte del movimiento pueden ver Yohanna Chernoff con Jimi Miller, *Born a Jew... Die a Jew: The Story of Martin Chernoff, a Pioneer in Messianic Judaism* (Hagerstown, Md.: EBED, 1996); Robert I. Winer, *The Calling: The History of the Messianic Jewish Alliance* 1915-1990 (Wynnewood, Pa.: Messianic Jewish Alliance of America, 1990).

tiles comparten plenamente como injertados en el pacto y que deberían reconocer (mejor de lo que lo hace la mayoría) su herencia espiritual.

Tampoco creo que esta esperanza establecida en la historia de Israel se limite al milenio; el mismo hecho de que a la ciudad eterna de Apocalipsis 21 se le llame nueva Jerusalén basa nuestra esperanza futura en nuestra historia espiritual. Reconozco que esta solución no será atractiva ni para algunos dispensacionalistas tradicionales ni para ciertos teólogos del pacto igualmente tradicionales; lo planteo simplemente como mi intento personal de sintetizar los diversos retratos bíblicos de nuestra futura esperanza. La Biblia es un libro extenso y pocos lo conocen lo suficientemente bien como para pensar que ya no pueden aprender nada más.

De hecho, algunos eruditos sostienen que nuestros debates contemporáneos sobre el milenio pierden completamente de vista el verdadero propósito del libro de Apocalipsis. Como señala un comentarista evangélico, la visión de Juan se produce dentro de un marco de referencia premilenarista; sin embargo, el verdadero debate entre los distintos puntos de vista sobre el milenio surge cuando nos planteamos si hemos de entender dicha visión como un plan literal para el futuro.[62] No cabe duda de que en Apocalipsis se habla de un futuro milenio, pero el texto no nos presenta una serie de futuros acontecimientos ordenados cronológicamente, sino varias imágenes que entretejen distintas hebras de expectativa escatológica. Apocalipsis consigna en paralelo diversas visiones complementarias del fin; algo parecido a lo que sucede con las diversas descripciones veterotestamentarias de la creación. Estos eruditos sugieren que hemos malentendido el objetivo de Apocalipsis, porque no hemos comprendido bien las peculiaridades de su género literario.[63]

Aunque este acercamiento parece en muchos sentidos el más sensible con la naturaleza del género profético que desarrolla el libro de Apocalipsis, no es de extrañar que pasara desapercibido para muchos comentaristas a lo largo de la historia. Muchos de los primeros lectores de Apocalipsis y de los primeros padres de la iglesia, nunca captaron, posiblemente, los matices de este acercamiento; a menudo nos parece

---

62. Michaels, *Revelation*, 220. Junto con I. T. Beckwith y Robert Mounce, Michaels defiende un milenio futuro que no es necesariamente literal, un espacio entre el colapso del Imperio romano y el definitivo fin de la era, un periodo provisional que se produjo en realidad (*cf.* también Caird).

63. Ver Talbert, *Apocalypse*, 96-97 (citando sobre la creación, p. ej., Gn 1:1-2:3; 2:4-24; Sal 74:12-17; 104); Boring, *Revelation*, 205-6; *cf.* Mounce, *Revelation*, 359.

más natural entenderlo todo literalmente (hasta que nos encontramos con otras profecías que, en el plano literal, contradicen a las que constituyen nuestro punto de partida, forzándonos al menos a considerar este tipo de cuestiones). La complejidad de estos asuntos demanda pues el ejercicio de mucha benevolencia hacia aquellos con quienes podemos disentir sobre detalles mileniales.

Identidades en Apocalipsis. Antes de concluir esta sección deberíamos tocar, al menos brevemente, un asunto más. Las identidades que se han propuesto para varios de los protagonistas de esta narración han cambiado dependiendo de los últimos titulares y muchas generaciones han asumido que su lista de imperios perversos era la última. Lutero y muchos reformadores creían que el Papa era el anticristo e identificaban a los turcos con Gog, sus aliados.[64] Hay una línea de interpretación un poco más actual, aunque forzada desde un punto de vista etimológico, que identifica a Gog con Rusia. ¡Según esta perspectiva, Mesec y Tubal (Ez 38:2-3) serían por ejemplo Moscú y Tobolsk![65] Sin embargo, Gog y Magog tenían un sentido específico para los primeros receptores del libro de Ezequiel, y para los de Apocalipsis estos nombres connotaban al pueblo de la batalla final que se menciona en la profecía de Ezequiel.[66]

Algunos puntos de vista contradicen el texto de manera evidente. Es muy posible que Greg Beale tenga razón, no obstante, cuando propone que el libro de Apocalipsis recicla dicha imagen precisamente porque después de Ezequiel esta podría aplicarse simplemente al enemigo escatológico y, por tanto, a cualquier enemigo del pueblo de Dios (del mismo modo en que hoy podemos decir, por ejemplo, que alguien es un "Hitler").[67]

Es importante que nuestro método interpretativo sea coherente. A partir de ciertas elucubraciones lógicas particulares, los Testigos de Jehová esperan que la resurrección de los justos se produzca en etapas, dando a los resucitados la oportunidad de ser aculturados.[68] Pero el

---

64. Kyle, *The Last Days*, 61.
65. Estos pueblos eran más bien los moschi y los tibareni conocidos en la antigua Asia Menor (ver Mounce, *Apocalipsis*, 362 n. 28). La insistencia de Lindsey en Rusia como "Gog" se hizo más difícil de justificar tras la desintegración de la Unión Soviética (Robert G. Clouse, "Late Great Predictions", *Christian History* 61 [1999]: 40-41).
66. Sobre su sentido original ("Gog" se basaba posiblemente en un rey lidio dentro del territorio de la Turquía actual), ver Yamauchi, *Foes*, como se ha dicho anteriormente.
67. Beale, *Revelation*, 1025.
68. Ver *Revelation: Grand Climax*, 289, 300.

propio texto declara una primera resurrección que deja "al resto de los muertos" para la resurrección de los perdidos, con el fin de que sean juzgados al final del milenio (20:4-6). Lo sorprendente no es la propia idea, sino la incoherencia de la hermenéutica subyacente, puesto que en muchos puntos los Testigos de Jehová interpretan Apocalipsis de un modo completamente literal (como por ejemplo el número 144.000); sin embargo, en este pasaje, ¡consideran pedante una interpretación literal!

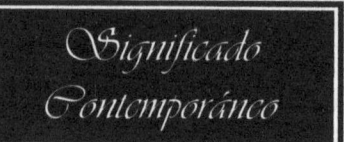

Aplicación pastoral. Para quienes entienden que el milenio de Apocalipsis 20 es un símbolo del tiempo presente les será de ánimo pensar que los creyentes han sido resucitados con Cristo, comparten un papel en el reino de Cristo en el mundo, y serán librados del horror de un juicio final sin Cristo.

Antes hemos defendido que, en su contexto, este pasaje sugiere de manera natural un milenio futuro y, por tanto, también una esperanza futura. Esta sugerencia no resuelve los problemas interpretativos: se puede argumentar que el milenio, como otras muchas representaciones de la esperanza escatológica, es meramente simbólico. Puede argüirse que toma prestada la imagen apocalíptica bastante común de un reino interino, pero no describe un periodo transitorio literal entre el presente y el futuro. Por tanto, ¡no todos los que ven un milenio futuro en Apocalipsis 20 afirman necesariamente un reino interino literal de mil años en la práctica!

Pero cuando se trata de la aplicación pastoral, este tipo de distinciones interpretativas entre un periodo futuro literal o simbólico no afecta a las ideas más importantes. Sea en un reino interino temporal o en los nuevos cielos y la nueva tierra, lo cierto es que estaremos con Cristo.[69] Apocalipsis 20 es la promesa de una esperanza futura, especialmente pertinente para aquellos que han sufrido (como los mártires de 20:4). Jesús resucitará a quienes han padecido por él, y estos serán recompensados reinando con él (*cf.* 2Ti 2:12).[70]

---

69. *Cf.* Arthur D. Katterjohn con Mark Fackler, *The Tribulation People* (Carol Stream, Ill.: Creation House, 1976), 77. Tenney, *Revelation*, 159, advierte a otros premilenaristas sobre el peligro de exagerar la importancia del milenio, puesto que nuestra meta es el estado eterno; asimismo, Oscar Cullmann, *The Early Church*, ed. A. J. B. Higgins (Londres: SCM, 1956), 156, subraya la esencia más que los detalles.
70. Barbara Wootten Snyder, "How Millennial Is the Millennium? A Study in the Background of the 1000 Years in Revelation 20", *Evangelical Journal* 9 (otoño 1991):

El diablo no puede actuar sin el permiso de Dios (Ap 20:2-3), lo cual nos anima a su vez a no tener miedo de sus actuales actividades, entre las que está la persecución (12:12). Cuando Dios lo considere apropiado, solo será necesario un ángel para encarcelar al diablo (20:1); como dice el himno de Lutero: "una sola palabra lo hará caer". Si el regreso de Satanás después del milenio representa una "parusía parodiada" como algunos han argumentado, puede que este pasaje nos recuerde que, aunque el adversario "regrese" a veces tras lo que parece ser el último nocaut, su derrota final es segura, como lo es la preservación de la iglesia (Mt 16:18).

Aunque hayan vivido en escenarios en que rara vez fueron probados, aquellos que no se sujetan activamente al señorío de Cristo son vulnerables a los engaños del diablo (20:8) y serán arrojados al tormento eterno en el juicio final (20:14). En el último análisis, las preguntas que nos hacemos sobre este capítulo para satisfacer nuestra curiosidad sobre el futuro son a menudo las menos importantes para la iglesia de hoy. Aun sin entender todos los detalles sobre el futuro milenio, ¡este pasaje nos ofrece material de predicación más que suficiente para animar a los creyentes a perseverar y a cumplir los propósitos de Cristo en el mundo!

El milenio cumple otra importante función teológica en el libro de Apocalipsis. Los juicios precedentes no produjeron arrepentimiento (9:20-21; 16:9, 11, 21), y ahora, a pesar de su ausencia de mil años, el engañador encuentra corazones humanos receptivos a la insurrección. "El milenio demuestra, pues, que los humanos no pueden echarle la culpa de su pecaminosidad a su entorno o circunstancias". Esto pone en evidencia la maldad humana; aun cuando se suprima el pecado colectivo, permanecerá la depravación individual, frustrando la actividad redentora colectiva de Dios hasta el mismo fin de los tiempos.[71] Podemos comparar esto con la parábola de la depravación humana de C. S. Lewis en su obra *El gran divorcio*, donde sugiere que la mayoría de los condenados siguen sin arrepentirse. En un plano literal los condenados lamentarán sin duda su trayectoria; pero lo más importante que

---

51-74, sostiene que la expresión "mil años" comunica teología sobre Jesús como Mesías; si la duración es o no literal es algo secundario.

71. Ver Talbert, *Apocalypse*, 95. En los textos judíos, ver, p. ej., *Sifre Dt.* 318.1.10; con la supresión de la tentación en el periodo mesiánico intermedio no habría mérito ni culpa (*Koh. Rab.* 12:1, §1). *Cf.* indicios de pecado, invitando a una heroica nueva guerra, en la utópica visión de la esperanza romana para la era de Augusto (Virgilio, Ec. 4:4-7, 31-36).

Lewis parece querer decirnos es que los no regenerados prefieren el pecado a la justicia de Dios.

Si los santos han de permanecer vigilantes aun durante los mil años (ver comentario sobre 20:9), leer esto debe emplazarnos a una mayor vigilancia en el presente. Aunque considero un tanto insólitas muchas de las prácticas que actualmente se aceptan en nombre de la "lucha espiritual", estas pueden ser menos desconcertantes que las actitudes más extendidas en una buena parte de la Cristiandad que prácticamente se comporta como si los poderes hostiles a nuestra misión no existieran.

El triunfo de Dios. La defensa por parte de Dios de una ciudad que encarna la herencia de su pueblo, desde el tiempo de David en adelante (20:8-9), apunta a su amor y fidelidad hacia los suyos. Este pasaje pone asimismo de relieve que, aunque quienes se nos oponen puedan superarnos en número (20:8; *cf.* 7:4), finalmente los propósitos de Dios triunfarán y él impedirá que la iglesia sea finalmente derrotada por los perversos opresores de este mundo. Podemos estar firmes contra el mal aun cuando la batalla parezca perdida; ¡la victoria es del Señor! Sin embargo, como nos recuerda toda la Biblia y nuestra propia experiencia cristiana, sin su ayuda no podremos triunfar contra la superioridad de este mundo.

La presunción de las naciones reunidas contra Dios se pone inmediatamente de manifiesto cuando él las destruye (20:9). Dios permite el sufrimiento de su pueblo durante una buena parte de la historia; sin embargo, esto no es una señal de su impotencia, sino de su misericordioso control y sus soberanos propósitos. Cuando así lo decida, Dios puede destruir a sus enemigos en un momento. Así entendió un rabino del siglo III la respuesta de Dios a Magog en Ezequiel: "Oh gentes perversas, ¿acaso se van a levantar para luchar contra mí?".[72] Como observa Joel 3:9-12, este tipo de acciones de las fuerzas gentiles contra el pueblo de Dios resultarán inútiles. Apocalipsis enseña lo que también declaran otras tradiciones judías: Dios mismo derrocará a Gog y Magog, enemigos demasiado poderosos para que Israel pueda derrotarlos en sus propias fuerzas (*cf.* Ez 38:11-12, 14).[73]

Algunos escépticos han acusado a los cristianos de esperar "utopías", es decir, de vivir con una esperanza incierta mientras descuidan los problemas acuciantes de esta vida. Lo cierto, sin embargo, es que la esperanza bíblica nos emplaza a vivir vidas santas (Tit 2:12-13; 1P 1:13-16;

---

72. *Pes. Rab. Kah.* 9:11.
73. *Pes. Rab.* 31:9.

1Jn 3:3). Los libros celestiales que aparecen en este pasaje (Ap 20:12) nos recuerdan que las obras que hacemos en esta vida son realmente relevantes.

Este pasaje, como la mayor parte de Apocalipsis, ofrece a quienes predican y enseñan una adecuada transición para lo que muchos evangélicos de los siglos XIX y XX denominaban "llamamiento al altar". Conocer la existencia del juicio final nos llama al arrepentimiento en el presente, porque llegará el día —cuando ya no será posible ignorar a Dios y su camino perfecto— en que será demasiado tarde para arrepentirse.

Apocalipsis 21:1–22:5

Después vi un cielo nuevo y una tierra nueva, porque el primer cielo y la primera tierra habían dejado de existir, lo mismo que el mar. ² Vi además la ciudad santa, la nueva Jerusalén, que bajaba del cielo, procedente de Dios, preparada como una novia hermosamente vestida para su prometido. ³ Oí una potente voz que provenía del trono y decía: «¡Aquí, entre los seres humanos, está la morada de Dios! Él acampará en medio de ellos, y ellos serán su pueblo; Dios mismo estará con ellos y será su Dios. ⁴ Él les enjugará toda lágrima de los ojos. Ya no habrá muerte, ni llanto, ni lamento ni dolor, porque las primeras cosas han dejado de existir».

⁵ El que estaba sentado en el trono dijo: «¡Yo hago nuevas todas las cosas!» Y añadió: «Escribe, porque estas palabras son verdaderas y dignas de confianza».

⁶ También me dijo: «Ya todo está hecho. Yo soy el Alfa y la Omega, el Principio y el Fin. Al que tenga sed le daré a beber gratuitamente de la fuente del agua de la vida. ⁷ El que salga vencedor heredará todo esto, y yo seré su Dios y él será mi hijo. ⁸ Pero los cobardes, los incrédulos, los abominables, los asesinos, los que cometen inmoralidades sexuales, los que practican artes mágicas, los idólatras y todos los mentirosos recibirán como herencia el lago de fuego y azufre. Ésta es la segunda muerte».

⁹ Se acercó uno de los siete ángeles que tenían las siete copas llenas con las últimas siete plagas. Me habló así: «Ven, que te voy a presentar a la novia, la esposa del Cordero». ¹⁰ Me llevó en el Espíritu a una montaña grande y elevada, y me mostró la ciudad santa, Jerusalén, que bajaba del cielo, procedente de Dios. ¹¹ Resplandecía con la gloria de Dios, y su brillo era como el de una piedra preciosa, semejante a una piedra de jaspe transparente. ¹² Tenía una muralla grande y alta, y doce puertas custodiadas por doce ángeles, en las que estaban escritos los nombres de las doce tribus de Israel. ¹³ Tres puertas daban al este, tres al norte, tres al sur y tres al oeste. ¹⁴ La muralla de la ciudad tenía doce cimientos, en los que estaban los nombres de los doce apóstoles del Cordero.

¹⁵ El ángel que hablaba conmigo llevaba una caña de oro para medir la ciudad, sus puertas y su muralla. ¹⁶ La ciudad era cuadrada; medía lo mismo de largo que de ancho. El ángel midió la ciudad con la caña, y tenía dos mil doscientos kilómetros: su longitud, su anchura y su altura eran iguales. ¹⁷ Midió también la muralla, y

Apocalipsis 21:1–22:5

tenía sesenta y cinco metros, según las medidas humanas que el ángel empleaba. **¹⁸** La muralla estaba hecha de jaspe, y la ciudad era de oro puro, semejante a cristal pulido. **¹⁹** Los cimientos de la muralla de la ciudad estaban decorados con toda clase de piedras preciosas: el primero con jaspe, el segundo con zafiro, el tercero con ágata, el cuarto con esmeralda, **²⁰** el quinto con ónice, el sexto con cornalina, el séptimo con crisólito, el octavo con berilo, el noveno con topacio, el décimo con crisoprasa, el undécimo con jacinto y el duodécimo con amatista. **²¹** Las doce puertas eran doce perlas, y cada puerta estaba hecha de una sola perla. La calle principal de la ciudad era de oro puro, como cristal transparente.

²² No vi ningún templo en la ciudad, porque el Señor Dios Todopoderoso y el Cordero son su templo. **²³** La ciudad no necesita ni sol ni luna que la alumbren, porque la gloria de Dios la ilumina, y el Cordero es su lumbrera. **²⁴** Las naciones caminarán a la luz de la ciudad, y los reyes de la tierra le entregarán sus espléndidas riquezas. **²⁵** Sus puertas estarán abiertas todo el día, pues allí no habrá noche. **²⁶** Y llevarán a ella todas las riquezas y el honor de las naciones. **²⁷** Nunca entrará en ella nada impuro, ni los idólatras ni los farsantes, sino sólo aquellos que tienen su nombre escrito en el libro de la vida, el libro del Cordero.

22:1 Luego el ángel me mostró un río de agua de vida, claro como el cristal, que salía del trono de Dios y del Cordero, **²** y corría por el centro de la calle principal de la ciudad. A cada lado del río estaba el árbol de la vida, que produce doce cosechas al año, una por mes; y las hojas del árbol son para la salud de las naciones. **³** Ya no habrá maldición. El trono de Dios y del Cordero estará en la ciudad. Sus siervos lo adorarán; **⁴** lo verán cara a cara, y llevarán su nombre en la frente. **⁵** Ya no habrá noche; no necesitarán luz de lámpara ni de sol, porque el Señor Dios los alumbrará. Y reinarán por los siglos de los siglos.

La visión que presenta Juan de la futura realidad ideal recurre ahora a la promesa de los nuevos cielos y la nueva tierra expresada por Isaías (Is 65:17; 66:22); tanto en el libro de Isaías como en el de Apocalipsis, el contexto habla de una nueva Jerusalén (Is 65:18).[1]

---

1. Se relaciona también en Jub. 1:29. Sobre antiguas utopías, ver Aune, *Revelation*, 3:1191-94

Los anteriores cielos y tierra huyeron de delante de Dios (NVI: "de su presencia"; 20:11), y este sustituye ahora la antigua creación por una nueva capaz de soportar la revelación de su gloria (21:23).

Una nueva creación (21:1-8)

El tema de la nueva tierra devino un tópico familiar del debate escatológico judío (1 En. 91:16), y normalmente se sitúa después de la resurrección de los muertos (Ps. Filón 3:10).[2] Como mínimo, la tierra tenía que ser purificada (*cf.* 1 Enoc 10:7). Sin embargo, en muchos escenarios escatológicos, el día del juicio transformaría los cielos y la tierra (1 Enoc 45:4-5). En el judaísmo temprano se conocían dos modelos de nueva creación, a saber, el de la renovación y el de la sustitución; sin embargo, teniendo en cuenta factores como la ausencia del mar, Apocalipsis parece utilizar al menos la imagen del último.[3]

Podría haber sido extrapolada, puesto que la promesa de Isaías solo menciona los nuevos cielos y la nueva tierra, sin referirse a ningún mar, aunque posiblemente la ausencia de este elemento tiene también otro propósito. Algunos la relacionan con su derrota, vinculada a la destrucción del mal tanto en la mitología cananea como en el simbolismo israelita.[4] Puede que el mar sea el lugar de los muertos (20:13) o el reino del anticristo (13:1), aunque este punto de vista genera muchos problemas para explicar otras imágenes más positivas del mar que aparecen en el libro (5:13; 15:2).[5] Puede conectarse su ausencia con el lago de fuego de Apocalipsis, donde los creyentes no tienen parte (*cf.* 15:2).

Algunas tradiciones judías implicaban una destrucción escatológica del mar (Or. sib. 5.157-59).[6] En el contexto de Apocalipsis, la desaparición del mar puede significar el fin de cualquier necesidad posterior de comercio (Ap 18:17); Dios suplirá todas las necesidades de su pueblo

---

2. Ver la nueva creación escatológica en Jub. 1:29; 4:26; 1 Enoc 72:1; 2 Bar. 44:9; 2P 3:13.
3. Aunque una "sustitución" literal no tiene por qué implicar necesariamente una creación de la nada. *Cf.* Gale Z. Heide, "What Is New About the New Heaven and the New Earth? A Theology of Creation from Revelation 21 and 2 Peter 3", *JETS* 40 (1997): 37-56 (transformación de la creación presente más que una completa nueva creación de la nada).
4. P. ej., Beaseley-Murray, *Revelation*, 307.
5. Rissi, *Future of the World*, 55.
6. Tal destrucción no tiene que implicar el completo agotamiento del agua (*cf.* 22:1); aunque en Or. sib. 5.447-48 el mar se seca, en 5.449 se forman otros lugares para almacenar agua.

(22:2).[7] En el contexto general de Apocalipsis la desaparición del mar bien podría significar el fin de las "muchas aguas" de los seguidores de la bestia (17:1, 15) que surgió del mar (13:1).

La nueva Jerusalén (21:2; ver también, 21:9-22:5) se había convertido en una familiar expectativa judía. Dios preparó esta ciudad para su pueblo (4 Esd. 8:52). No es sorprendente (Gá 4:26; Heb 11:16; 12:22) que esta ciudad descienda del cielo (21:2, 10).[8] Ciertos textos expresan la esperanza de una Jerusalén restaurada y exaltada (Tob. 13:7-16; Sal. de Sal. 11:2-6); otros hablan de una ciudad ahora oculta que después será revelada (4 Esd. 7:26; 2 Bar. 4:2-6).[9] Su descenso del cielo significa aquí que la ciudad procede de Dios, no es el fruto de ninguna capacidad humana (Ap 3:12).[10]

El pueblo judío solía llamar a Jerusalén "ciudad santa" como en este versículo (21:2, 10; *cf.* 11:2; 22:19); Dios renueva una ciudad santa otrora corrompida (11:2).[11] Es evidente que, en Apocalipsis, Babilonia representa al pueblo de Roma y no meramente su ubicación, lo mismo que en el Antiguo Testamento, cuando se habla de "Jerusalén", no solo se alude al lugar geográfico donde se levanta la ciudad, sino que se incluye, por regla general, a las personas que la ocupan; del mismo modo la "nueva Jerusalén" comprende sin duda al pueblo de Dios.[12] Esta ciudad es la "novia" (21:2), como lo es también la iglesia (2Co

---

7. Virgilio auguró también una era de prosperidad en la que los barcos ya no comerciarían, porque en todas partes habría abundancia de abastecimientos (Ec. 4.37-39).
8. *Cf.* la "ciudad celestial" (Or. sib. 2.40), "Jerusalén celestial" (4 Esd. 10:25-28), "la ciudad de arriba" (4 Bar. 5:35).
9. Sobre la restauración, ver también *b. Ber.* 44a; *Pes. Rab.* 17:2. Sobre una nueva u oculta Jerusalén, Roloff, *Revelation*, 235, cita también 4 Esd. 8:52; 10:27, 54; 13:36; puede añadirse *b. Hag.* 12b.; el texto de la nueva Jerusalén de Qumrán. Sobre análogos paralelismos celestial/terrenal en los textos apocalípticos, ver Ford, *Revelation*, 361. La tradición judía también había oído hablar de Dios "descendiendo" a morar con su pueblo en el futuro (Jub. 1:26). Se consideraba que algo construido por una deidad era mucho mayor que algo hecho por meras manos humanas (Apuleyo, *Metam.* 5.1).
10. En algunos textos judíos, Dios mismo reconstruiría Jerusalén (1 Enoc 90:29; *Pes. Rab.* 26:7; 28:1; 33:1; posiblemente 4 Esd. 8:52; *cf.* Sal 147:2); quienes estén interesados en una exposición detallada de la escatología de la restauración, ver E. P. Sanders, *Jesus and Judaism* (Filadelfia: Fortress, 1985), 77-90.
11. Neh 11:1, 18; Sal 46:4; Is 48:2; 52:1; Dn 9:16, 24; Zac 8:3; Sir. 36:13; Tob. 13:9; 2 Mac. 3:1; 11QTemple 47:14-15; Mt 4:5; 27:53.
12. La mayoría de los comentaristas entienden que la nueva Jerusalén es un grupo de personas o al menos lo contiene; p. ej., Robert H. Gundry, "The New Jerusalem: People As Place, Not Place for People", *NovT* 29 (3, 1987): 254-64; Bruce, *Message*, 87.

11:2; Ef 5:23).¹³ El adorno nupcial de Jerusalén es aquí apropiado; otros textos describen los hermosos ornamentos de Jerusalén (mediante la analogía del vestido) en el tiempo fin (Is 52:1; Sal. de Sal.11:7), y también en términos de adornos nupciales (Is 61:10).¹⁴ Posiblemente, tanto Cristo (*cf.* Jn 14:3) como la iglesia juegan su papel en la "preparación" de esta para el matrimonio; mientras que en 19:7 se utiliza la voz activa para aludir a la propia preparación de la novia, en 21:2 se hace uso de la pasiva.

La promesa de que Dios va a "hacer su morada" (*skenoo*) con su pueblo (21:3) era una esperanza judía muy extendida que apunta, en última instancia, a una promesa del pacto de Dios con Israel (Éx 25:8; 29:45-46; Lv 26:12; 1R 6:13; Ez 37:27; Zac 2:10-11), en el templo futuro (Ez 43:7, 9).¹⁵ Esta promesa se explica con mayor claridad cuando el texto pone de relieve que la nueva Jerusalén es una ciudad templo (21:22) y tiene la forma del lugar santísimo (21:16). La restauración del templo era una esperanza específica para la Jerusalén reconstruida (Ez 37:26-28; 41-48), pero en Apocalipsis esta esperanza se transfiere a toda la ciudad.¹⁶ Esta será la ocasión más explícita en que Dios "planta su tienda" entre la humanidad desde la encarnación (ver Jn 1:14, donde se declara que Jesús, el Verbo, "hizo su morada" [lit., "puso su tabernáculo"] entre nosotros, la única ocasión del Nuevo Testamento

---

13. El Tárgum a Salmos 48, de fecha incierta, también describe a Jerusalén como una novia (Ford, *Revelation*, 361). Existen descripciones del cristianismo temprano en L. Cerfaux, *The Church in the Theology of St. Paul*, tr. de G. Webb y A. Walker (Nueva York: Herder & Herder, 1959), 360.
14. Ver una descripción más detallada del adorno en los comentarios de 21:11-21. Para más detalles sobre los adornos, ver comentario sobre 19:7. El lino (19:8) y las perlas (21:21) son adornos habituales de las novias procedentes de familias ricas (Fekkes, *Isaiah*, 249, citando a Plinio, *Ep.* 5.16).
15. Sobre la expectativa judía, ver Jub. 25:21; Vida de Adán 29:7; *Sifra Behuq. pq.* 3.263.1.5. Sobre el desarrollo de la promesa bíblica en este texto, ver especialmente Walter C. Kaiser Jr., "The Old Promise and the New Covenant: Jeremiah 31:31-34", 106-20 en *The Bible in Its Literary Milieu*, ed. V. L. Tollers y J. R. Maier (Grand Rapids: Eerdmans, 1979), 114; aunque Fekkes, *Isaiah* 169, ve especialmente Ezequiel 37:27. En consonancia con el contexto nupcial (21:2), Fekkes, *Isaiah*, 248, opina que 21:3 recuerda una fórmula contractual similar, en última instancia, a los antiguos contratos matrimoniales del Oriente Próximo.
16. Sobre un templo restaurado, ver 1 Enoc 90:28-29; Jub. 1:27-28; Tob. 13:10; 14:5; Or. sib. 3.657-60, 702, 772-74; 2 Bar. 4:3; 32:4; *tos. R.H.* 2:9; *Shab.* 1:13; la decimocuarta bendición de la Amidah (Oesterley, *Background*, 65); *cf.* también características sustitutivas del templo en las sinagogas (p. ej., T. Friedman, "Some Unexplained Features of Ancient Synagogues", *Conservative Judaism* 36 [1983]: 35-42). Sobre "tabernáculos" escatológicos, ver T. Abr. 20 A; 2 Enoc 65:10, rec. J; *b. B.B.* 75a.

en que se utiliza el verbo *skenoo* fuera de Apocalipsis), aunque en el cielo, los creyentes fallecidos ya han vivido esta experiencia (Ap 7:15). El cumplimiento de esta promesa se esperaba en el Israel escatológico, pero aquí todos los que "vencen" la reciben (21:7).

Subrayando la presencia de representantes de todas las naciones, el texto griego puede incluso leerse: "ellos serán sus pueblos" (plural) en lugar del singular que consigna la NVI.[17] Puede que con esto se cumpla la promesa de que muchas naciones serán pueblo de Dios y de que él vivirá entre ellos (Zac 2:11; *cf.* Is 19:25).

Juan no describe la nueva creación (21:1) para satisfacer nuestra curiosidad sobre el futuro, sino para consolarnos con la promesa del cambio final en la naturaleza de este mundo. El deceso del "antiguo orden" y la renovación de todas las cosas (21:4-5) significa el fin del dolor (ver comentario sobre 7:17) y sus causas, especialmente la muerte: una realidad de la que, en el presente, los creyentes solo experimentan un anticipo (2Co 5:17).[18] El final de estas "primeras cosas" (trad. lit. de 21:4; ver también, Is 65:16 [LXX]), entre las que estaba el sufrimiento, se hace eco directamente de la promesa de la nueva creación en 65:16-17; la liberación de las lágrimas y la muerte recuerda las palabras de 25:8. Este fin del lamento contrasta marcadamente con el desenlace de los impíos (Ap 18:7-8, 15, 19; *cf.* Mt 8:12). Juan recibe entonces una nueva orden de escribir (Ap 21:5; *cf.* 1:11, 19; 14:13), porque estas palabras son fieles (*cf.* 19:9).

El anuncio: "¡Ya todo está hecho!" (21:6) sugiere la idea de consumación, como un dicho semejante de Jesús (utilizando una palabra distinta) en la conclusión de su obra en Juan 19:30; los propósitos de Dios en la historia han llegado a su conclusión (*cf.* Ap 10:7; 16:17) al crear un pueblo con el cual va a vivir (*cf.* Ef 1:10). Al afirmar que él es "el

---

17. El asunto es incierto: algunos manuscritos anteriores tienen el plural, considerado más difícil, y por ello la lectura más probable; sin embargo, una distribución geográfica más amplia favorece el singular. Sobre los pros y contras con ligera ventaja a favor del plural, ver Bruce M. Metzger, *A Textual Commentary on the New Testament*, 2ª ed. (Nueva York: United Bible Societies, 1975), 763; a favor del plural, ver F. F. Bruce, *The Message of the New Testament* (Grand Rapids: Eerdmans, 1981), 87 n. 8.
18. Algunos autores judíos hablaban también de la transformación presente, como el tiempo en que la Sabiduría hace "nuevas todas las cosas" (Sab. Sal. 7:27); sin embargo, la habitual esperanza completa era para la futura nueva creación (ver comentarios sobre 21:1). Algunos rabinos de un periodo muy posterior aplicaron también esta imagen escatológica a un nuevo comienzo en el presente (*Lv. Rab.* 29:12), en consonancia con su imagen de que quien convertía a otro lo "creaba" (*Sifre Dt.* 32.2.1; ARN 12A; 26, §54B); Dios "crearía" también un nuevo corazón para su pueblo (Jub. 1:20-21).

Alfa y la Omega" (Ap 21:6), Dios nos recuerda que es capaz de llevar a cabo lo que promete (ver comentario sobre 1:8). En el ofrecimiento de agua de la fuente de la vida se recuerdan las palabras de 7:17 y se contrastan las contaminadas aguas de la presente era de juicio (8:10; 14:7; 16:4); esta promesa anticipa la descripción más completa que encontraremos en 22:1, 17. Puede que la sed a la que aquí se hace referencia no sea una exhortación implícita (como en Jn 6:35; 7:37), sino una invitación a los cansados que han padecido los traumas de esta era (Ap 7:16). El ofrecimiento de esta bebida "gratuitamente" (21:6; *cf.* 22:17) se hace posiblemente eco de Isaías 55:1, una invitación a Israel en el contexto de su prometida restauración.

Por sí mismo, el sufrimiento no nos capacita suficientemente para el reino: hay que vencer (21:7). En el contexto de Apocalipsis, vencer implica superar diversas pruebas tales como la transigencia con los valores de este mundo (2:14, 20), la dependencia de nuestras propias fuerzas (3:17) y la persecución (2:10); sin embargo, la dificultad que en Apocalipsis se subraya particularmente para los testigos escatológicos de Jesús es la persecución (12:11; 13:7). Los textos judíos hablan a menudo de heredar el mundo futuro (21:7), una figura literaria también común entre los primeros cristianos (p. ej., Mt 25:34; Ro 8:17; 1Co 6:9).[19] Aquí, los vencedores heredan "todo esto", es decir, el nuevo mundo libre de dolor que Dios ha preparado para ellos (Ap 21:1-6).

La promesa de que él será su Dios y ellos su pueblo es el elemento más esencial de la antigua fórmula contractual (Gn 17:8; Éx 6:7; 29:45; Lv 11:45; 22:33; 25:38; 26:12, 45; Nm 15:41; Dt 29:13). Los profetas practican esta misma fórmula de pacto (Jer 7:23; 11:4; 24:7; 30:22; 31:33; 32:38; Ez 11:20; 14:11; 36:28; 37:23, 27; Zac 8:8).[20] Pero Apocalipsis la adapta ligeramente: él será el Dios del vencedor y este será su hijo (Ap 21:7). En periodos anteriores, Dios había declarado hijos suyos de manera colectiva a los miembros de Israel (Éx 4:22; Dt 32:19-20; Os 1:10; 11:1); pero, aquí, en el tiempo del fin, honra públicamente como hijos suyos a creyentes individuales (21:7; *cf.* Mt 5:9; Ro 8:19; 1Jn 3:2).[21]

Todas estas promesas culminarán, no obstante, en una advertencia: aquellos que no vencen, que resultan ser desobedientes, serán condena-

---

19. Quienes deseen considerar fuentes judías, ver Jub. 32:19; 1 Enoc 5:7; 4 Esd. 6:59; 7:96; 2 Bar. 51:3; *Mek. Beshallah* 7.139-40. Ver especialmente Jer 3:19; Zac 8:12.
20. En la tradición judía, ver Jub. 2:19; 12:24; 15:32.
21. Sobre la vindicación pública de los siervos de Dios como hijos suyos en el tiempo del fin, *cf.* Jub. 1:24-25; Sal. de Sal.17:30; Or. sib. 3.702-4.

dos (21:8). Las normativas de muchas ciudades tradicionales obligaban a ciertos grupos como los extranjeros, comerciantes y prostitutas a pernoctar fuera de sus muros, aunque durante el día podían trabajar dentro de la ciudad; fuera de la nueva Jerusalén, no obstante, está el infierno.[22] La expresión que la NVI traduce acertadamente, "recibirán como herencia" es, más literalmente, "tendrán su parte [o porción] en"; se trata ciertamente del lenguaje de la herencia, un deliberado contraste con la herencia de los vencedores en 21:7. El "lago de fuego" es el destino de todo aquel que no reciba en herencia la nueva Jerusalén y la nueva creación de 21:1-6. "La muerte segunda" (21:8) contrasta con la abolición de la muerte en la nueva Jerusalén (21:4).[23] Aquellos que comienzan como creyentes han de "vencer"; tanto los apóstatas como aquellos que nunca profesaron a Cristo estarán perdidos.

La lista de los excluidos de la nueva Jerusalén (21:8) aparece de formas relacionadas en 21:27; 22:15. Las listas de vicios eran una forma literaria común en los textos antiguos; no obstante, Apocalipsis adapta esta enumeración a cuestiones específicas que sus receptores están afrontando.[24]

- Los "cobardes" pueden ser aquellos que temen a la persecución (2:10) más de lo que veneran a Dios (11:18; 14:7; 15:4; 19:5).[25]
- Los "incrédulos" son los que resultan desleales, los que no están dispuestos a mantener la fe en medio de la prueba (2:13, 19; 13:10; 14:12).

---

22. Sobre los grupos que no podrán franquear los muros de la ciudad, ver Richard L. Rohrbaugh, "The Pre-Industrial City in Luke-Acts: Urban Social Relations", 125-49 en *The Social World of Luke-Acts: Models for Interpretation*, ed. J. H. Neyrey (Peabody, Mass.: Hendrickson, 1991), 145. *Cf.* la exclusión del Edén en Génesis 3:24.
23. La exclusión del disfrute de la nueva creación para los impíos era algo que se asumía (1 Enoc 45:5); esto se aplica también a la nueva Jerusalén (*b. B.B.* 75b, se atribuía al menos a un maestro del siglo I).
24. Sobre listas de vicios, ver Platón, *Leyes* 1.649D; Aristóteles, *E.E.* 2.3.4, 1220b-21a; *V.V.* 1249a-51b; Epicteto, *Disc.* 2.8.23; Diógenes, *Ep.* 36 (a Timómaco); Máximo de Tiro, *Disc.* 36.4; 1QS 4.9-11; Sab. de Sal. 14:25-26; Filón, *Sac.* 32; *Post.* 52; Or. sib. 2.255-82; T. Leví 17:11; Ro 1:28-32; Did. 5.1-2. Sobre listas de vicios escatológicas para el juicio, ver 1QS 4.9-11; Or. sib. 2:255-82 (material cristiano); *b. Sanh.* 103a. Sobre contextualizaciones de esta lista similares a la nuestra, ver Mounce, *Revelation*, 375; Kraybill, *Imperial Cult and Commerce*, 199.
25. Los filósofos también condenaban la cobardía (p. ej., Epicteto, *Disc.* 1.9.33; Aune, *Revelation*, 3:1131, cita textos aplicándolos a la degradación moral); sin embargo, Apocalipsis los aplica de manera más contextual. La literatura joanina también aplica el término "temor" a la incertidumbre acerca del día del juicio (1Jn 4:18) y la incredulidad a la incapacidad para vencer en la lucha (5:4).

- La palabra griega traducida "abominables" (*ebdelygmenos*) se relaciona con palabras que hacen referencia a "execraciones" (17:4-5; 21:27), cosas por las que Dios siente repulsión (Dt 14:3; 17:1; Pr 15:9, 26). En la LXX esta palabra se aplica casi siempre a dos pecados: la inmoralidad sexual (Lv 18:22-29; Dt 22:5; 23:18; 24:4; 1R 14:24; Jer 13:27; Mal 2:11) y —con mucha mayor frecuencia— la idolatría (más de cuarenta veces).[26] Aquellos que transigen con el culto del emperador u otras formas de paganismo y mundanalidad caen en la categoría de lo "abominable" o "vil".

- El término "asesinos" (*cf.* 9:21; 22:15) tiene un amplio sentido, pero incluye ciertamente a quienes persiguen y dan muerte a los santos de Dios (2:13; 6:11; 13:10, 15); es posible que aluda a quienes traicionaban a los cristianos denunciándolos ante el gobierno (2:9; 3:9), aquellos que, para salvarse, no estaban dispuestos a no delatar a otros (*cf.* 1Jn 3:14-16), o a quienes no estaban dispuestos a satisfacer las necesidades de sus hermanos (1Jn 3:17). Tales asesinos sufrirán justamente la muerte segunda (20:14).

- En Apocalipsis, los "que cometen inmoralidades sexuales" (*cf.* 9:21) apuntan a menudo a la inmoralidad espiritual (2:14, 20; 17:1-2, 5, 15-16; 18:3, 9; 19:2); sin embargo, a menos que los lectores tuvieran esto en mente, supondrían que se refiere a la notoria promiscuidad sexual del paganismo. En cualquier caso, la infidelidad sexual de los ciudadanos del mundo contrasta marcadamente con la pureza de la novia, la ciudad santa y sus habitantes (14:4; 19:7-8; 21:2).

- La expresión, "los que practican artes mágicas" (*cf.* 22:15) traduce un término de Apocalipsis que alude a las seductoras señales del mundo (13:13-14) y también, quizá, a su poder de atracción (18:23); en su sentido más amplio, alude a cualquiera de las engañosas herramientas de los demonios (9:20-21; Gá 5:20).[27]

---

26. Hay advertencias muy claras sobre la idolatría en, Dt 7:25-26; 12:31; 13:13-14; 17:3-4; 18:9-12; 20:18; 27:15; 29:17; 32:16; 1R 11:5, 33; 21:26; 2R 16:3; 17:32; 21:2, 11; 23:13; 2Cr 15:8; 28:3; 33:2; 34:33; 36:14; Is 2:8, 20; 17:8; 44:19; 66:3; Jer 7:30-31; 16:18; 32:35; 44:17-23; Ez 5:11; 6:9; 7:20; 8:10; 20:7-8, 30; Os 9:10; Zac 9:7.
27. Muchos judíos habrían aceptado la condenación de los hechiceros (Or. sib. 2.283; *cf.* 1 Enoc 65:5; Asc. Is. 2:5). Sin embargo, un gran número de ellos, en siglos posteriores, participaron en los que nosotros consideraríamos prácticas ocultistas (p. ej., *CIJ*,

- Los "idólatras" son todos los que han sucumbido a las demandas del culto imperial o adoran a los ídolos del sistema mundial (2:14, 20; cf. 1Jn 5:21); estos adoran la imagen de la bestia (Ap 13:15).
- Los "mentirosos" no solo son los falsos profetas (2:2; cf. 1Jn 2:22) como Balám y Jezabel (Ap 2:14, 20), sino también aquellos que afirman falsamente seguir la verdad (3:9; cf. 1Jn 2:4; 4:20), en contraste con los santos (Ap. 14:5).[28]

Materiales y dimensiones de la nueva Jerusalén (21:9-21)

Los retóricos romanos eran muy proclives a desarrollar impresionantes descripciones de ciudades en las que empleaban sus mejores capacidades para el encomium o alabanza de su tema.[29] Se esforzaban en desarrollar descripciones tan vívidas para que los oyentes pudieran prácticamente "ver" lo que estaban describiendo (Teón, *Progymnasmata* 7.53-55). El Antiguo Testamento contenía impresionantes descripciones de Jerusalén, ciudad de Dios (Sal 48) y metrópoli escatológica (Is 2:2-3). Ezequiel había trazado un diseño verbal de la nueva Jerusalén y especialmente del monte del templo en Ezequiel 40–48. Algunos textos judíos posteriores desarrollaron más esta imagen,[30] con la identificación de la nueva Jerusalén con el paraíso (4 Esd. 8:52).

Pero, a menudo, tales descripciones pretenden suscitar una apreciación de la fidelidad de Dios más que subrayar detalles literales; así, por ejemplo, una descripción de la Jerusalén escatológica (Tob. 13:9-17), que presenta sus calles pavimentadas con piedras preciosas, forma

---

2:62-65, §819; *b. Sanh.* 65b; Judah Goldin, "The Magic of Magic and Superstition", 115-47 en *Aspects of Religious Propaganda in Judaism and Early Christianity*, ed. E. Schüssler Fiorenza, UNDCSJCA 2 [Notre Dame: Univ. of Notre Dame Press, 1976]).

28. La tradición judía también esperaba la condenación de los embusteros (*cf.*, Sir. 20:25; ARN 45, §§125-26B). En Apocalipsis, los mentirosos son aquellos que están comprometidos "con esta falsedad fundamental que es la naturaleza del dragón y sus instrumentos terrenales", el engaño del mundo (Caird, *Commentary on Revelation*, 267), que incluye la idolatría (Is 44:20).

29. P. ej., Isócrates, *Panatenaica y Panegírico*. Sobre Israel como "ciudad", *cf. Pes. Rab. Kah.* 24:11. Sobre la alabanza de ciudades como si fueran personas, *cf.* David L. Balch, "Two Apologetic Encomia: Dionysius on Rome and Josephus on the Jews", *JSJ* 13 (1982): 102-22.

30. Ver J. Licht, "An Ideal Town Plan From Qumran—The Description of the New Jerusalem", *IEJ* 29 (1979): 45-59.

parte de la alabanza que Tobit ofrece a Dios (13:1-18).³¹ Isaías, que habló de las puertas de cristal y los muros de piedras preciosas de esta ciudad (Is 54:11-12), alude también a muros de salvación y puertas de alabanza (60:18). En cambio, Zacarías predice una Jerusalén que no va a necesitar muros, porque Dios mismo será una muralla de fuego a su alrededor (Zac 2:4-5). Al margen de cómo se lean los demás detalles de la descripción, esta nueva Jerusalén "resplandecía con la gloria de Dios" (Ap 21:11), como ilustra el resto del relato (21:23).

En 17:1-3 el ángel le muestra a Juan la prostituta, Babilonia; ahora lo invita a ver a la novia, Jerusalén, y lo lleva "en el Espíritu" (12:9-10, probablemente en el estado visionario). Mientras que Babilonia estaba en el desierto, Jerusalén desciende del cielo. Que Juan vea el descenso de la Jerusalén celestial desde un monte puede evocar las tradiciones apocalípticas sobre los montes visionarios (p. ej., 1 Enoc 17:2) o, simplemente, representar una ubicación ideal para contemplar esta vista (Ez 40:2; *cf.* Mt 4:8). Pero la montaña en sí puede apuntar al monte escatológico de Sión (Ap 14:1; *cf.* Is 2:2-3), con lo cual contrastaría con los siete montes sobre los que se sienta Babilonia (Ap 17:9).³²

En su visión, Juan vio una gloriosa ciudad. Algunas fuentes esperaban que la Sión escatológica resplandecería con gloria (4 Esd. 10:25-27). Tras su destrucción, Josefo (*Guerra* 5.208-10) evocó el esplendor del templo de Jerusalén en el siglo I, cuyas puertas estaban adornadas con oro y plata. Pero Dios había prometido a anteriores exiliados un templo futuro más glorioso que ningún otro que hubieran visto (Hag 2:9). Una descripción del glorioso futuro de la nueva Jerusalén tocaría profundamente a los cristianos judíos más ancianos de entre los receptores de Juan, que recordaban el esplendor del templo, del mismo modo que sus contemporáneos judíos comentaban su glorioso futuro.³³

Los primeros receptores de este pasaje no habrían considerado extraño que se escribieran nombres en las puertas y los cimientos de la ciudad (21:12-14); los ricos mecenas que financiaban la construcción

---

31. Algunas visiones escatológicas son predominantemente rurales (Jl 3:18; Or. sib. 3.744-49; *cf.* Virgilio, *Ecl.* pássim), pero para unos oyentes urbanos este futuro urbano es más apropiado (*cf.* Or. sib. 3.750-51).
32. Sobre los siete futuros montes del paraíso, ver 1 En. 18:6-8; 24:1-3; 77:4. Las representaciones judías de Jerusalén la situaban en un monte (Ep. Arist. 83-84, 105-6; Jub. 4:26), especialmente en los textos de carácter utópico (*cf.* exageraciones en Ep. Arist. 116); el Antiguo Testamento alude constantemente a Sión como el "santo monte" de Dios (p. ej., Sal 2:6; 3:4; 48:1; Ez 20:40; Jl 2:1).
33. Ver a lo largo de varios siglos p. ej., Sir. 36:16; *Pes. Rab Kah.* Sup. 6:2.

de grandes edificios a menudo hacían inscribir sus nombres en ellos.³⁴ Sin embargo, en la nueva Jerusalén no se consignan los nombres de ricos patrocinadores, sino los de aquellos cuyas vidas constituyen fundamentos para el pueblo de Dios. La presencia de las doce tribus y los doce apóstoles subraya la conexión y la continuidad entre el antiguo Israel y la iglesia de Cristo.

Algunas tradiciones judías hablaban de las doce puertas del cielo (1 Enoc 33-36, 72-82); en Apocalipsis, las puertas representan las doce tribus de Israel (*cf.* Ez 48:31-34).³⁵ La nueva Jerusalén de Juan se parece a alguna otra visión judía del nuevo templo (el Rollo del Templo de Qumrán celebra los nombres de las doce tribus sobre las doce puertas del templo), solo que Juan ha incorporado previamente a todos los creyentes en Jesús en la herencia de estas tribus (Ap 7:4-9). Según parece, muchos pueblos romanos contaban con tres puertas que permitían el acceso por uno de sus lados; sin embargo, la nueva Jerusalén permite este tipo de acceso por sus cuatro lados, dando a entender que la ciudad da la bienvenida a personas procedentes de todas las direcciones.³⁶

En la tradición bíblica, las doce tribus se representaban mediante doce piedras (Jos 4:3-9); en el pectoral del sumo sacerdote que se describe en Éxodo 28:17-21, las doce piedras preciosas engarzadas en él llevan inscritos los nombres de las doce tribus.³⁷ Aquí, no obstante, las piedras de los cimientos aluden a los doce apóstoles del Cordero, en consonancia con la imagen cristiana del nuevo templo (Ef 2:20; Heb 11:10; 1P 2:5).³⁸ Aunque, en definitiva, nuestro fundamento es Jesús (1Co 3:11), la tradición cristiana temprana subrayaba ya que la iglesia se edificaba sobre el fundamento de apóstoles y profetas que revelaban el mensaje de Jesús.

---

34. Kraybill, *Imperial Cult and Commerce*, 212.
35. Tradicionalmente, el judaísmo relacionaba siempre el número doce con las tribus de Israel, p. ej., los doce meses (Jub. 25:16); aunque algunos doces evocaban el zodíaco (p. ej., Josefo, *Ant.* 3.186; *Guerra* 5.217), también esto podía representar a Israel (*cf.* Pes. Rab. Kah. 16:5; *Ex. Rab.* 15:6; *Pes. Rab.* 4:1; 29/30A:6).
36. Kraybill, *Imperial Cult and Commerce*, 211-12.
37. Algo que también se observa en la tradición judía posterior, p. ej., Ep. Arist. 97; Josefo, *Guerra* 5.234; *Ant.* 3.169; *Ex. Rab.* 38:8-9.
38. Ver Joseph M. Baumgarten, "The Duodecimal Courts of Qumran, *Revelation*, and the Sanhedrin", *JBL* 95 (marzo, 1976): 59-78 (p. 77). Obsérvese también la aplicación por parte de Qumrán de la imagen de muros de cimentación a su consejo gobernante de doce miembros 1QS 8.7-8 (Raymond E. Brown, "The Dead Sea Scrolls and the New Testament", 1-8 en *John and Qumran*, ed. J. H. Charlesworth [Londres: Geoffrey Chapman, 1972], 7).

La vara (o caña) de medir (21:15) es un importante dispositivo escénico que permite a Juan expresar la sobrenatural enormidad de la ciudad (21:16).[39] Evoca la medición de Jerusalén (Zac 2:1-2) o del templo (Ez 40–41) en la Biblia hebrea, y recuerda a los oprimidos receptores de Juan que el remanente perseguido, cuya medición comenzó en Apocalipsis 11:1-2, es el prototipo para la gloriosa ciudad futura. El perímetro de la nueva Jerusalén de Ezequiel era de dieciocho mil codos; el de la ciudad de Juan mide casi dos mil veces más.[40] Los números simbólicos representan a esta ciudad como la morada del pueblo de Dios: tanto doce mil (estadios) como ciento cuarenta y cuatro (codos; 21:16-17) recuerdan el número de los siervos de Dios (7:4-8). El uso de un número cuadrado como el ciento cuarenta y cuatro puede ofrecer también un vívido contraste con el número triangular seiscientos sesenta y seis (13:18), como el fundamento de una ciudad cuadrada en contraste con el de una pirámide.

La forma cuadrada de la ciudad (21:16) encaja con ciertos planos de antiguos edificios.[41] En la zona de Siria y Palestina, los muros eran generalmente irregulares dada la "irregular topografía" de la zona, en contraste con los terrenos más nivelados de Egipto y Babilonia;[42] La nueva Jerusalén difiere, pues, de la antigua. Por regla general, los antiguos pueblos israelitas crecían sin un plan establecido, pero las ciudades griegas y romanas se construían según cuidadosos planes de desarrollo que pivotaban alrededor de un ágora central con obras públicas circundándola.[43] Ezequiel también nos informa que la nueva Jerusalén se establecerá en cuadro, con tres puertas que representan a tres tribus de Israel en cada uno de los cuatro lados de la ciudad (Ez 48:16, 31-35).[44]

---

39. En las representaciones qumranitas de la nueva Jerusalén también aparece un ángel que realiza mediciones (Vermes cita 5Q 15; *cf.* 1Q32; 2Q24; 5Q15). Sobre el indescriptible esplendor de las moradas celestiales, ver 1 Enoc 14:15.
40. En contraste, los muros de Babilonia y Alejandría solo tenían un perímetro de unos quince kilómetros y el de la afamada Nínive era aun más reducido (Aune, *Revelation*, 3:1160).
41. Entre ellas suele mencionarse a Babilonia y a Nínive. 5Q15 tiene un diseño ortogonal como en ciertas ciudades de la antigüedad (Michael Chyutin, "The New Jerusalem: Ideal City", *Dead Sea Discoveries* 1 [1994]: 71-97). En ciertos textos, el cuadrado simboliza también la perfección (Talbert, *Apocalypse*, 101, cita a Platón, *Protágoras* 344A; Aristóteles, *Ret.* 3.11.2).
42. Aune, *Revelation*, 3:1159-60.
43. Kraybill, *Imperial Cult and Commerce*, 211.
44. La forma cuadrada (una dimensión anterior al cubo) es también importante en la imaginería del nuevo templo y la nueva Jerusalén; ver Ez 40:47; 45:2; 48:20; sobre el altar, Éx 27:1; 30:1-2; 37:25; 38:1; Ez 43:16; sobre el efod, Éx 28:16; 39:9. Farrer

Sin embargo, aunque este trasfondo desempeña un importante papel, la nueva Jerusalén no solo será cuadrada en su planta, sino cúbica, y ello a pesar de la absoluta incongruencia que para la imaginación humana representa una ciudad de ¡más de dos mil cuatrocientos kilómetros de altura! Así, la mayor parte de la forma recuerda al lugar santísimo (1R 6:20); no es solo que Dios vaya a vivir con su pueblo en Jerusalén (Ap 21:3), o que toda la ciudad vaya a ser como un templo, sino que esta será como el lugar santísimo. No es, pues, sorprendente que la ciudad no tenga necesidad de templo aparte del propio Señor (21:22). ¡Los creyentes experimentarán la presencia de Dios en toda su intensidad, como nunca antes! Si la iglesia es ya un templo (Ef 2:18-22), nuestra futura experiencia será de una constante adoración y disfrute de la presencia de Dios, como sugiere la parte más santa del templo, que invita precisamente a estas cosas.

Las dimensiones de la ciudad son sobrenaturales (21:15-16), contrastando marcadamente con las pretensiones de Babilonia, la "gran ciudad" condenada (18:10, 16, 18-21).[45] Técnicamente, un muro de setenta y dos yardas (unos sesenta y cinco metros) de altura o hasta de grosor (21:16)[46] resultaría absolutamente inadecuado para proteger una ciudad de más de dos mil cuatrocientos kilómetros de altura (21:16); sin embargo, el propósito de los números no es tanto darnos medidas literales como subrayar la futura gloria de la ciudad y sugerir que, cuando la historia concluya, el remanente de Dios a lo largo de los tiempos no será tan pequeño como les parecía en su momento a las iglesias perseguidas del tiempo de Juan. La altura de la ciudad es el rasgo más impre-

---

sugiere que si la ciudad tuviera doce mil estadios en cada una de las doce líneas exteriores del cubo, totalizaría ciento cuarenta y cuatro mil (Mounce, *Revelation*, 380); pero probablemente solo los más expertos en geometría pensarían en calcular estas líneas.

45. Algunos rabinos de periodos posteriores también esperaban que Jerusalén y Tierra Santa se extendieran y crecieran en altura hacia el cielo (*Sifre Dt.* 1.11.1; *b. B.B.* 75b; *Pes. Rab. Kah.* 20:7; *Dt Rab.* 4:11; *Cnt Rab.* 7:5, §3. citando Is 54:2). Los autores retóricos describían a Roma, de manera hiperbólica, como una ciudad capaz de albergar a todas las gentes (Lucano, *G. C.* 1.511-13), pero las imágenes apocalípticas de Juan son más dramáticas. Algunos opinaban que el mundo presente no podía contener a todas las personas que habían vivido (4 Esd. 5:44), de modo que, aunque sus pobladores se limiten al remanente fiel, una ciudad capaz de albergar a tanta gente ha de ser sobrenaturalmente grande (*cf.* el lenguaje hiperbólico en Or. sib. 5.249-52). En ciertas tradiciones los justos vivirían en las alturas (2 Bar. 51:10), como la nueva Jerusalén (*b. B.B.* 75b).

46. Es más probable que se aluda al grosor (Ez 41:9, 12; ver Aune, *Revelation*, 3:1162), aunque es un asunto que se sigue debatiendo.

sionante (puede que incluso más para los lectores modernos que saben que incluso a menos de nueve kilómetros sobre el nivel del mar, en la cima del monte Everest, ya resulta difícil respirar). Lo que la humanidad no pudo conseguir en Babel —una ciudad que llegara hasta los cielos (Gn 11:4)— Dios lo otorga como un don desconcertante.

¿Por qué necesita Jerusalén un muro en la eterna era de paz? Ciertamente el propósito de esta muralla no es impedir que nadie pueda entrar, ya que sus puertas no se cerrarán jamás (21:25). La descripción de los muros no es tampoco perfectamente literal (ver anteriores comentarios sobre los ciento cuarenta y cuatro codos [21:18]). Pero, en la antigüedad, las ciudades de un cierto tamaño siempre tenían muros; se trata, por tanto, de un elemento necesario en la descripción de la más sublime de las ciudades.[47] Por otra parte, si no hubiera muros, ¡no podría tampoco hablarse de las espléndidas puertas! En las ciudades de Asia Menor y otras zonas las puertas ofrecían la mejor oportunidad para la ostentosa arquitectura imperial;[48] sin estas puertas, Apocalipsis no podría aplicar nuevamente el simbolismo bíblico de su forma específicamente cristocéntrica.

Que las medidas angélicas sean también humanas (21:17) debe aludir a los ángeles normales, no a los de extraordinaria estatura como en 10:2.[49] La medición humana recuerda aquí explícitamente las palabras de Ezequiel 40:5, pero Bauckham sostiene que este elemento plantea un vívido contraste con Apocalipsis 13:18: el número de un humano, que es una bestia, frente a las medidas humanas que son también angélicas (21:17). El reino de la bestia envilece a la humanidad hasta un nivel animal, mientras que la nueva Jerusalén lo eleva a un nivel angelical.[50]

Que las murallas sean de jaspe (21:18; cf. 21:11) significa que reflejan la gloria de Dios (4:3), quizá el rasgo más importante de la ciudad

---

47. Cf. Ladd, *The Last Things*, 112-13; Rissi, *Future of the World*, 67.
48. Aune, *Revelation*, 3:1154.
49. Los ángeles aparecen repetidamente como "personas" en 2 Enoc, p. ej., 20:1-2. En ciertas tradiciones judías posteriores, Moisés veía, en visiones celestiales, a los ángeles como seres humanos (*Pes. Rab.* 20:4); en otros textos, los ángeles podían asumir forma angélica o humana (*Gn. Rab.* 50:2). Apocalipsis solo es ambiguo en ocasiones (p. ej., Ap 22:8-9).
50. Bauckham, *Climax of Prophecy*, 397-98, observa también que, escrito en caracteres hebreos, el término griego para "bestia" totaliza seiscientos sesenta y seis mientras que, escrita con estos mismos caracteres, la palabra "ángel" suma ciento cuarenta y cuatro (cf. Gideon Bohak, "Greek-Hebrew Gematrias in 3 Baruch and in Revelation", *JSP* 7 [1990]:119-21).

(21:19, 23; *cf.* Zac 2:5); Isaías había prometido muros de piedras preciosas (Is 54:12). El jaspe era "transparente" (Ap 21:11), como las aguas celestiales (4:6; 22:1) para que la gloria de Dios resplandeciera en él. El oro de la ciudad puede evocar imágenes del paraíso original (Gn 2:11-12), pero es más probable que aluda al carácter común de lo que ahora se considera riqueza (*cf.* Ap 3:18), un marcado contraste con los sencillos adornos de oro de la "rica" Babilonia (17:4; 18:12, 16). Un oro como el cristal no se corresponde con ningún grado de refinado conocido por los hombres y, en la antigüedad, incluso el vidrio era rara vez completamente "transparente"; esta claridad sugiere de nuevo la gloria de Dios (4:6; 15:2; *cf.* Éx 24:10; Ez 1:22).[51]

Las "piedras preciosas" de los cimientos de la ciudad (21:19-20, desarrollando 21:14) recuerdan la promesa de Dios en Isaías 54:11-12, una promesa ampliada en tradiciones judías posteriores (p. ej., Tob. 13:16).[52] Algunos rabinos habían predicho el tamaño de las piedras preciosas y las perlas (treinta por treinta codos) que constituirían las puertas de Jerusalén (*b. B.B.* 75a). Más cerca de las imágenes de Apocalipsis, un comentario qumranita sobre Isaías 54:11-12 aplicaba sus afirmaciones sobre las piedras preciosas al remanente de Israel y a sus dirigentes.[53] Que Juan repita en Apocalipsis 21:19 la mención del ornamento (NVI, "decorados") al que ya se ha aludido en 21:2 (NVI, "hermosamente vestida", la misma palabra griega) sugiere una descripción de las prendas nupciales de la nueva Jerusalén, un marcado contraste con la indumentaria para la prostitución de Babilonia (17:4).

---

51. La pureza del oro en 21:18, 21, aunque apropiada para un metal refinado, se consigna también en el texto griego de 15:6; 19:8, 14; puede contrastar con lo que el griego llama la impureza de lo que se relaciona con Babilonia en 16:13; 17:4; 18:2. El oro podía compararse con el vidrio, aunque no en lo que respecta a su aspecto (ARN, 24A).
52. Ver con cierto detalle *Pes. Rab. Kah.* 18:4-6, donde estas puertas de perlas y piedras preciosas literales se están fabricando bajo el mar en el presente. Ver, además, con mucha atención los textos prerrabínicos, William W. Reader, "The Twelve Jewels of Revelation 21:19-20: Tradition History and Modern Interpretations", *JBL* 100 (septiembre 1981): 433-57; Fekkes, *Isaiah*, 239. *Cf.* las "costosas piedras" (NVI: "piedra de la mejor calidad") para el fundamento del templo en 1 Reyes 5:17, aunque los comentaristas no las ven como piedras preciosas. En vista del "brillo" de 21:11, podría ser relevante que algunas tradiciones hablaran de piedras de una luminosidad especial (Ps. Filón 26:9-14; *b. Sanh.* 108b; *Gn. Rab.* 31:11; *Pes. Rab.* 32:3/4).
53. Ver J. A. Draper, "The Twelve Apostles As Foundation Stones of the Heavenly Jerusalem and the Foundation of the Qumran Community", *Neot* 22 (1988): 41-63.

A continuación, Juan enumera las piedras (que proceden del pectoral del sacerdote [Éx 28:17-20] y de las ricas decoraciones de Tiro [Ez 28:16], omitiendo algunas de cada lista para llegar al número doce, pero incluyendo nueve piedras que aparecen en ambas listas). No se trata tan solo de una ciudad sacerdotal (algo que sugiere la alusión al pectoral del sumo sacerdote, *cf.* Ap 1:6), sino de una urbe justa y suficiente desde un punto de vista económico que contrasta marcadamente con Tiro, una explotadora que ofrece el modelo para Babilonia en Apocalipsis 18. La fiel forma de vestirse de Jerusalén avergüenza la ostentación de Babilonia (17:4).[54]

Isaías había prometido puertas de cristal (Is 54:12); las puertas de perlas (Ap 21:21) contrastan de nuevo drásticamente con las llamativas, pero inferiores, decoraciones de Babilonia hechas con este material (17:4; 18:12, 16). Una tradición judía posterior subrayaba que, en este tiempo, los ángeles estaban dando forma, en el fondo del mar, a las perlas de Isaías (*Pes. Rab. Kah.* 18:5; *Pes. Rab.* 32:3/4). Un perla preciosa podía tener más valor que otras posesiones (Mt 13:45-46).[55]

El comentario de Apocalipsis sobre la "calle principal" (21:21) es también significativo. Es posible que quienes recordaban la primera Jerusalén (destruida posiblemente más de dos décadas atrás) recordaran sus principales vías que la atravesaban de norte a sur y de este a oeste (de entre diez y trece metros de anchura); pero la visión de la nueva Jerusalén es mucho más grandiosa.[56] Tras describir los adornos de piedras preciosas que decoran la nueva Jerusalén, Tobit declara que sus calles estarán adoquinadas con piedras de berilo (Tob. 13:16; *cf.*

---

54. *Cf.* comentarios en Kraybill, *Imperial Cult and Commerce*, 209; Reader, "Jewels", 456; los paralelismos que se observan en Ps. Filón muestran que el contraste literario no es fortuito. Ciertas tradiciones posteriores opinaban que las piedras preciosas de la ciudad suplirían todas las necesidades económicas y, por ello, resolverían todas las disputas de este tipo (*Pes. Rab Kah.* 18:6; *Pes. Rab.* 32:3/4). Beale, *Revelation*, 1080-88, aporta un útil resumen de los distintos trasfondos. Aun en el pectoral del sumo sacerdote, las piedras preciosas representaban la gloria del pueblo de Dios (Sab. Sal. 18:24). El orden en que Juan enumera las distintas piedras parece también un deliberado eco de Éxodo (hay una explicación de ello en Caird, *Commentary on Revelation*, 275-77, aunque este autor está probablemente equivocado por lo que respecta a la conexión antizodiacal; ver T. Francis Glasson, "The Order of Jewels in *Revelation* xxi.19-20: A Theory Eliminated", *JTS* [1975]: 95-100).
55. Fekkes, *Isaiah*, 243, explica que las perlas representaban una interpretación natural de Isaías 54 (eran la clase de piedra preciosa susceptible de ser perforada).
56. Sobre las calles herodianas de Jerusalén, ver Aune, *Revelation*, 2:618; comparar la Vía Sacra de Roma (620).

Ap 21:20) y entonarán alabanzas a Dios (Tob. 13:17). Aunque la nueva Jerusalén tiene doce puertas y, por ello, sin duda numerosas calles, en Apocalipsis se habla de una sola "calle" (Ap 21:21). Posiblemente se trate de una simple alusión a la vía pública principal (ver 11:8; 22:2; Jue 19:15-20; Est 6:9-11). [57]

La presencia y la gloria de Dios en el nuevo paraíso (21:22-22:5)

La falta de un templo en la nueva Jerusalén (21:22) contrasta marcadamente con las tradicionales expectativas escatológicas judías, según las cuales el nuevo templo sería el rasgo fundamental de la ciudad. Una oración de las Dieciocho Bendiciones que los judíos recitaban habitualmente esperaba, como otras fuentes judías, una renovación del templo.[58] Esta imagen de la nueva Jerusalén le habría parecido sorprendente incluso a un pagano que no conociera las expectativas judías; todas las ciudades griegas y romanas normales tenían templos.[59] No obstante, que en la visión de Juan no haya templo no implica una desautorización de la visión de Ezequiel que describe uno futuro en la nueva Jerusalén (Ez 41—48); este hecho significa más bien que toda la nueva ciudad es en sí un templo, la morada de Dios (21:3, 16, 22). Dios vive entre su pueblo y este vive en él, una realidad presente (Jn 15:4; *cf.* Is 8:14; Ez 11:16), que adquiere un nivel más profundo en el futuro.

La ciudad no solo no tendrá templo, sino tampoco necesidad de sol ni luna que la alumbren (21:23), ya que estos habrán sido suprimidos (8:12; *cf.* 7:16); la ciudad no será la única que andará en explícita dependencia de Dios, lo hará también así todo el orden creado. Dios había prometido a su pueblo que, en el tiempo de su restauración, el de la nueva Jerusalén, no necesitarían sol ni luna; Dios mismo sería su

---

57. Generalmente, las ciudades romanas tenían dos calles principales alrededor de las cuales se organizaban otras: la avenida *Cardus* discurría de norte a sur, y cerca del centro de la ciudad se cruzaba con *Decumanus*, que iba de este a oeste (J. Julius Scott, *Customs and Controversies* [Grand Rapids: Baker, 1995], 240). Beaseley-Murray, *Revelation*, 326, sugiere que esta calle recuerda a la principal calle celestial que los antiguos encontraban en la Vía Láctea.
58. Ver Jub. 1:27-29; 1 Enoc 90:28-29; Or. sib. 3.702-6; *m. Ab.* 5:20; *Taan.* 4:8; de un modo completo Talbert, *Apocalypse*, 102. E. P. Sanders, *Jesus and Judaism* (Filadelfia: Fortress, 1985), 86, sugiere que hay aquí una polémica en contra de las expectativas tradicionales judías. Es cierto que algunas corrientes de expectativa posteriores desestimaban los sacrificios (*Pes. Rab. Kah.* 9:12).
59. Arriano, *Historia índica* 7.2; Kraybill, *Imperial Cult and Commerce*, 213. Algunas personas se oponían a los templos (Or. sib. 4.27-28), pero eran una minoría.

gloria y, a diferencia del sol y la luna, nunca se pondría ni se reduciría su luminosidad (Is 60:19-20; cf. 13:10; 24:23). Incluso un ángel era capaz de alumbrar la tierra (Ap. 18:1); cuánto más Dios y el Cordero (21:23; 22:5; obsérvese que lo que Isaías dice de Dios, Apocalipsis lo aplica aquí al Cordero).[60] Aunque es fácil ver una ciudad iluminada en un horizonte oscuro, la mayoría de las ciudades de la antigüedad no estaban bien iluminadas por la noche. La nueva Jerusalén, en cambio, está siempre llena de luz.

Mientras que algunos textos advierten que Dios va a destruir a las naciones (al menos a sus tropas; Is 17:13-14; Jer 25:31-32; 30:11; Jl 3:2, 10-19; Mi 4:1-4, 11-13; Sof 3:8; Hag 2:22; Zac 12:9), otros pasajes indican que las naciones permanecerán en el tiempo del fin (Is 2:4) y servirán a Israel (Is 45:14; 49:23; Dn 7:14). Ciertos textos excluyen a los gentiles de la futura Jerusalén (Is 52:1; Jl 3:17; cf. Zac 14:21); en otros, sin embargo, estos llevarán sus riquezas a Jerusalén (Sal 72:9-11, 16; Is 45:14; 60:5-16; 61:6).[61] Es la visión más positiva y posible del futuro: mientras que en otro tiempo los gentiles pisotearon la ciudad templo (Ap 11:2), ahora la honran, dirigiéndose a ella para adorar a Dios (15:4; cf. Sal 102:15; Zac 14:16-19). Las naciones andan a la luz de Jerusalén (Ap 21:24; cf. Is 2:3-5; 60:2-3).

En Apocalipsis las naciones no solo llevan a la ciudad sus riquezas, sino su "gloria" (21:24, 26); le ofrecen su gloria a Dios en vista de su mayor gloria (21:23), abandonando la idolatría. En otro tiempo, las naciones llevaron sus riquezas a Babilonia (18:12-16); ahora las llevan a la verdadera ciudad de Dios. Sin embargo, la única razón que les permite entrar en la ciudad es que sus nombres están escritos en "el libro de la vida del Cordero" (21:27). Las naciones se convierten finalmente a los caminos de Dios (Is 19:19-25; Jer 3:17; Zac 2:11; 8:22-23)![62]

---

60. Otros autores judíos de principios de la era cristiana reconocían que Dios resplandecía sobre su pueblo (1 Enoc 1:8; 50:1; 58:2-6; 96:3; 1QH 18.28-29; 4 Esd. 7:39-44; cf. 1QM 1.8; 2 Enoc 65:10; Or. sib. 2.329; 4.190-92; *Pes. Rab. Kah.* 21:5); ver, además, los comentarios sobre 22:5.

61. Sanders, *Jesus and Judaism*, 214, cita también Miqueas 4:13 y Sofonías 2:9. Ver también, Tob. 13:11; 1QM 12.14; Or. sib. 3.772-74. Como la propia Biblia, las tradiciones judías eran diversas: las naciones no sacarían provecho de Israel (*Sifre Dt.* 315.1.1), y solo los invitados podrían entrar en Jerusalén (*b. B.B.* 75b), o Dios los atraería para que entraran a esta ciudad, desde donde los relegaría al Gehena (*Pes. Rab. Kah.* 2:2).

62. *Cf.* quizá Ez 39:21; T. Jud. 25:5; Or. sib. 3.716-19. Algunas tradiciones permitían la continuidad de las naciones sin su conversión (Mi 4:5), o que solo algunas de ellas se convirtieran (Zac 14:16-19).

Que las puertas de la nueva Jerusalén nunca se cierren (21:25) sugiere que hay un acceso ilimitado (tomando prestada la imagen de exaltación de los gentiles que constantemente llevan su tributo, Is 60:11). Para controlar sus accesos, a las ciudades romanas solo podía entrarse, normalmente, por uno de sus lados. Por razones de seguridad, las puertas de la ciudad solían cerrarse por la noche. Sin embargo, la nueva Jerusalén recibe a todas las personas (22:17) y no tiene enemigos que temer. Por otra parte, en esta ciudad nunca se hace de noche, puesto que la luz de la gloria de Dios es incesante (21:25). Los justos pueden entrar por las puertas (3:7; 22:14), y no hay otra manera de hacerlo (cf. Jn 10:1). En la tradición judía, Jerusalén y su templo constituían el centro u ombligo de la tierra.[63]

Pero, como la anterior promesa de 21:1-8, la prometida alegría de la nueva Jerusalén sirve tanto de advertencia como de consuelo, puesto que no todos la habitarán (21:27). Los santuarios de la antigüedad servían a menudo de refugio para los criminales, pero la Biblia solo permitía esto en el caso de pecados accidentales (Éx 21:14; Nm 35:22-25). Esta ciudad santa no albergará a nadie que practique la maldad.[64] Como en Apocalipsis 21:8, los impíos serán expulsados de ella (cf. Zac 5:3-4).[65]

La expresión "luego el ángel me mostró" (22:1) podría indicar una posterior visión de lo que se le muestra a Juan en 21:10 (cf. 21:27 con 21:8 y quizá 22:15); sin embargo, puesto que esta afirmación carece de otros rasgos transicionales, es posible que continúe con la visión de la nueva Jerusalén. Podría tratarse de una perspectiva diferente, pero este párrafo sigue desarrollando elementos de la anterior descripción (p. ej., la calle, 22:2). En cualquier caso, 22:1-5 lleva a su clímax la visión de Juan de una nueva creación.

Que salga un "río" desde el trono de Dios puede reflejar imágenes bíblicas de aguas que fluyen desde la futura Sión (Ez 47:1-12; Jl 3:18;

---

63. Ver Jub. 8:12, 19; Or. sib. 5:249-50; tos. Kip. 2:14; b. Yoma 54b; cf. Ez 5:5; 38:12. Esto respondía a la afirmación griega y romana de que Delfos era el centro (p. ej., Eurípides, Medea 667-68; Orestes 591; Varrón, 7.2.17; Tito Livio, 38.48.2; Ovid, Metam. 10.168; 15.630-31; Lucano, G. C. 5.71).
64. Hemer, Letters to the Seven Churches, 48-51; sobre esta función de los santuarios, ver Hesíodo, Trabajos y días 327; Eurípides, Locura de Heracles 48; Diodoro Sículo, 11.89.6-8; Tito Livio, 35.51.1-2; Apiano, R.H. 12.1.7.
65. Un pomerium, (i.e., una frontera para proscribir las actividades ilegales dentro de una ciudad, se extendía a lo largo de casi dos kilómetros desde cada lado de los pueblos y ciudades romanos (Kraybill, Imperial Cult and Commerce, 212); sin embargo, 21:17 habla del propio muro.

Zac 14:8). Este río cristalino que mana directamente del trono de Dios sustituye al anterior mar de cristal (Ap 4:6; 15:2; 21:1). Aun la Jerusalén presente tenía un manantial que algunos habían descrito poéticamente como un río (Sal 46:4; 4 Esd. 5:25).[66] Todas las ciudades poderosas deben tener su propio suministro de agua (ver comentario sobre 3:15-16: los cristianos de Laodicea podrían haber tomado especial nota), y la nueva Jerusalén tiene un suministro eterno.

El río "de agua de vida" (22:1) evoca posiblemente los ríos del primer paraíso (Gn 2:10), especialmente si se tiene en cuenta la conjunción de esta imagen con el árbol de la vida. Esto no es sorprendente, porque los textos judíos describían a menudo el tiempo del fin en términos de tiempo del principio.[67] Algunos autores asociaban Edén con la nueva Jerusalén (T. Daniel 5:12) o lo consideraban equivalente al lugar santísimo (Jub. 8:19; cf. Ap 21:16). Muchos esperaban un paraíso escatológico.[68] Las visiones del futuro eran a menudo descripciones de abundancia agrícola sobrenatural y la reducción o cese de toda labor (Jl 3:18; Am 9:13).[69] Algunos retratos de prosperidad aludían al huerto primigenio.[70] La palabra "paraíso" significaba literalmente un "huerto/jardín" y las imágenes paradisíacas incluían normalmente ríos y fecun-

---

66. Los judíos de la Diáspora exageraban a veces el sistema de agua del templo (Ep. Arist. 88-91). La palabra "cristal" en la LXX puede relacionarse con el hielo (Job 6:16; 38:29; cf. Sal 147:17; 148:8), pero la fuente de este texto es Isaías 54:12; Ezequiel 1:22.
67. Ver 4 Esd. 8:52-54; 9:5-6; Ep. Barn. 6:13; quizá Hechos 3:21. Ver además D. S. Russell, *The Method and Message of Jewish Apocalyptic* (Filadelfia: Westminster, 1964), 280ff.; French L. Arrington, *Paul's Aeon Theology in 1 Corinthians* (Washington, D.C.: Univ. Press of America, 1978), 77-81. Los antiguos habrían entendido la imagen de un río como una referencia al mundo: los griegos pensaban que el río *Oceanus* rodeaba el mundo, y algunos creían que el Nilo se juntaba con este (Diodoro Sículo, 1.12.6) o con el Éufrates (Pausanias, 2.5.3) y formaban un mismo río. Algunos judíos sostenían, pues, que los cuatro ríos de Génesis 2 eran el Ganges, el Éufrates, el Tigris y el Nilo como cuatro partes de *Oceanus* (Josefo, *Ant.* 1.38-39).
68. Ver 4 Esd. 7:123-24; 8:52; 2 Bar. 51:11; T. Leví 18:10; *Sifra Behuq. pq.* 3.263.1.5; respecto al paraíso tras la muerte ver 1 Enoc 60:8; 61:12; T. Abr. 20 A; 10 B. Esto se comparaba muchas veces con el Edén (Is 51:3; Ez 36:33-35) o se llamaba así (*m. Ab.* 5:20; 1QH 6.16-17). Algunos rabinos de periodos posteriores contrastaban habitualmente el Edén escatológico con el Gehena (ARN, 25A; *b. Ber.* 28b; *Erub.* 19a; *Yoma* 87a; *Ex. Rab.* 7:4; *Lv. Rab.* 32:1; *Koh. Rab.* 7:14, §3) y hablaban de él como el destino de los justos (*b. Temurah* 16a; *Nm. Rab.* 13:2).
69. Ver, además, 2 Bar. 29:5-7; Or. sib. 3.744-49; *b. Ket.* 112b.; cf. 1 Enoc 10:18-19; entre los autores romanos, Virgilio, *Ecl.* 4.18-25, 37-40.
70. P. ej., *Sifra Behuq. pq.* 1.261.1.6.

dos árboles.[71] Este podría incluir el árbol de la vida que se mencionan en el paraíso original (1 Enoc 24:4-25:7; 4 Esd. 8:52; 2 Enoc 8:3; T. Leví 18:11). El árbol de Apocalipsis procede de los diferentes árboles frutales curativos que crecen a ambos lados del río en Ezequiel 47:12; a diferencia de los árboles normales que dan fruto según la estación (p. ej., Mr 11:13), estos lo hacen cada mes.[72]

Algunos escritos judíos desarrollaron esta imagen en doce árboles, basándose probablemente en los doce meses que van a dar fruto (Jub. 21:12; T. Leví 9:12). Apocalipsis, no obstante, prefiere presentarlos como un solo árbol (el árbol de la vida de Edén) con doce frutos (probablemente para subrayar que los creyentes tienen una fuente de vida eterna, a saber, Jesús).[73] Mientras que las principales calles de las ciudades de la antigüedad estaban atestadas de tiendas, el libro de Apocalipsis presenta una clase distinta de provisión. A la "sanación" de Ezequiel, Apocalipsis añade la expresión: "de las naciones", subrayando de nuevo que la comunidad escatológica de Dios incorpora a pueblos de todas las naciones injertados en su ciudad (Ap 7:9).[74]

El lenguaje específico de abolir la maldición (22:3) alude a Zacarías 14:11; el pueblo de Dios será una bendición en vez de una maldición (Zac 8:13). Pero en este contexto sobre el paraíso, revocar la maldición suscita también una inversión de la caída (Gn 3:14, 17). La tradición judía hablaba de una maldición escatológica de los impíos, pero de bendición para Israel (1 Enoc 5:5-6; 97:10; Tob. 13:12). Es posible que el "trono" que está en medio de la nueva Jerusalén recordara a los oyentes

---

71. 1 Enoc 31:1-3; 32:3-6; 3 Enoc 42:2; *Lv. Rab.* 22:10. *Cf.* también los árboles de juicio en 1 Enoc 29:2. En griego, el término *paradeisos* ("paraíso", tomado del persa) significaba normalmente un huerto o parque (p. ej., Dión Crisóstomo, *79° Discurso* 6; Longo, 4.1-2; Filostrato, *V.A.* 1.37; Filón, *Creación* 153).
72. Los paganos reconocían también como ideal el lugar donde los árboles daban fruto durante todo el año (Homero, *Od.* 7.114-19). Imaginaban una dorada era primitiva en que la tierra daba fruto sin necesidad del esfuerzo humano (Ovid, *Metam.* 1.101-6; Babrio, prólogo 12) todos los meses del año (Ovid, *Metam.* 1.106). El judaísmo temprano asignaba cada mes a un ángel (1 Enoc 82:11-20).
73. La nueva aplicación de la imagen de Ezequiel por parte de Juan puede presuponer un uso colectivo de "árbol" en lugar de "árboles", como ocurre tanto en griego como en hebreo (Aune, *Revelation*, 3:1177, cita varios textos, entre ellos Gn 1:11-12; 3:8); sin embargo, le permite apuntar a la tradición del "árbol de la vida", que es singular.
74. En otras visiones del futuro se incluye la salud (p. ej, Is 65:20; Jub. 23:29-30; 1QS 4.6; 2 Bar. 29:7; *Gn. Rab.* 20:5; *Pes. Rab.* 29/30B:3).

de la antigüedad el foro y el teatro que solía haber en el centro de las típicas ciudades romanas.[75]

La mención del "servicio" de sus siervos (22:3) puede implicar adoración [la NIV traduce "servir" pero la NVI vierte "adorar". N. del T.]; se trata de un significado cristiano común del verbo *latreuo*, la palabra griega que se traduce "servir/adorar" y que se utiliza en este versículo; la otra ocasión en que esta palabra se utiliza en Apocalipsis localiza también esta adoración en el templo celestial (7:15).

Los justos "verán [a Dios] cara a cara" (22:4): una afirmación que los lleva más allá de la visión que se le dio a Moisés, siervo de Dios (Éx 33:20; *cf.* Jn 1:18; 1Jn 4:12).[76] La tradicional expectativa judía era ver el rostro de Dios en el tiempo del fin o en el cielo después de la muerte (4 Esd. 7:98).[77] Mientras que la visión del rostro de Dios hizo huir a los antiguos cielos y tierra (Ap 20:11), haciendo necesaria una nueva creación (21:1), los hijos de Dios vivirán con él (21:3) y verán su rostro y su gloria (22:4-5). Esta luz hace desaparecer la noche (21:25; 22:5). Cuando se habla metafóricamente del rostro de Dios resplandeciendo sobre las personas, se alude a su favor (Nm 6:25; Sal 31:16; 67:1; 80:1, 3, 7, 19; 119:135);[78] sin embargo, cuando se utiliza como imagen escatológica, connota mucho más experimentalmente que en el mundo presente. La imagen de la futura gloria de la nueva Jerusalén está posiblemente relacionada con ver el rostro de Dios. Cuando Moisés veía la gloria de Dios, la reflejaba (Éx 34:30). En un *midrash* posterior, los justos resplandecerán como el sol, porque la gloria de Dios brillará sobre ellos (*Lv. Rab.* 30:2). La tradición judía describía a los justos resplandeciendo de gloria en la era futura (Dn 12:3; Sab. 3:7-8; 1 En. 39:7; 108:11-15).[79]

---

75. Kraybill, *Imperial Cult and Commerce*, 221, 212.
76. Ver también, Wesley, *Commentary on the Bible*, 612.
77. *CIJ* 1:452, §634; 1:509, §696; 1 En. 90:35; ARN, 1 A; *Sifra Behuq. pq.* 3.263.1.5; *Sifra VDDen. pq.* 2.2.3.2; *Sifre Dt.* 310.6.1; 357.19.1. *Cf.* además A. Marmorstein, *The Old Rabbinic Doctrine of God: Essays in Anthropomorphism* (Nueva York: KTAV, 1937), 95-99; Kenneth E. Kirk, *The Vision of God: The Christian Doctrine of the Summum Bonum* (Nueva York: Longmans, Green & Co., 1934), 14-15. El pueblo judío hablaba también de una luz primitiva (2 Enoc 24:4; 3 Enoc 5:3; *b. Hag.* 12a), que puede ser restaurada en el tiempo del fin.
78. *Cf.* Aune, *Revelation*, 3:1181, que considera el uso veterotestamentario como una metáfora solar.
79. *Cf.* comentario de Qumrán sobre Isaías 54:11-12; Ps. Filón, 26:13; 4 Esd. 7:97; 2 En. 65:11 A; *Sifre Dt.* 47.2.1-2; *Pes. Rab. Kah.* 27:2; Mt 13:43.

Vencer. El llamamiento a vencer (21:7) sigue siendo relevante, independientemente de lo parecidas o distintas que parezcan nuestras pruebas en relación con las de los primeros receptores de Juan. Incluso quienes viven en las situaciones más cómodas acaban experimentando enfermedad, muerte o duelo. Cada iglesia de Apocalipsis vivía pruebas distintas; sin embargo, a todas ellas se las llama a vencer (2:7, 11, 17, 26; 3:5, 12, 21); aunque cada uno de nosotros experimenta distintas pruebas, todos somos llamados a vencer (21:7).

La nueva tierra y el paraíso. Regresamos a nuestro ejemplo principal de metodología interpretativa errónea en Apocalipsis: una lectura cuidadosa de este libro revela que los Testigos de Jehová están equivocados sobre la deidad de Jesús, sobre la identidad de los ciento cuarenta y cuatro mil y sobre varias otras cuestiones. Sin embargo, hemos de conceder que tienen razón, en un sentido, cuando hablan de la vida en la nueva tierra. Por el contrario, muchos cristianos de nuestro tiempo han apoyado una idea del futuro que la Biblia normalmente limita a los fallecidos en el presente, a saber, la felicidad celestial. Sin embargo, una buena parte de la idea bíblica del futuro es terrenal y física, aunque también del Espíritu (1Co 15:44) y expresada en lenguaje simbólico. Influenciados por el platonismo, algunos de los primeros intérpretes de la iglesia han legado a la cristiandad occidental una idea alegórica del cielo que persiste en nuestro tiempo; el Nuevo Testamento subraya, sin embargo, la resurrección para una existencia corporal en una nueva tierra.[80]

Las gráficas imágenes del futuro paraíso (y de exclusión de este) habrían conmovido a los primeros receptores de Juan y nosotros podemos volver a contar las imágenes de tal manera que sacudan también a nuestras audiencias culturalmente distintas. Se cuenta que James McGready, uno de los dirigentes del movimiento de los *Camp Meetings* [una forma de reuniones religiosas que se originó en Gran Bretaña y

---

80. Aunque la tierra sea purificada o recreada, sigue siendo "la tierra, no una esfera trascendente fuera de ella" (Norman Perrin, *The Kingdom of God in the Teaching of Jesus* [Filadelfia: Westminster, 1963], 69). Sobre el uso de la palabra "espiritual" en 1 Corintios 15, ver George Eldon Ladd, *A Theology of the New Testament* (Grand Rapids: Eerdmans, 1974), 370; ídem. *The Last Things*, 82-83; Gordon D. Fee, *God's Empowering Presence: The Holy Spirit in the Letters of Paul* (Peabody, Mass.: Hendrickson, 1994), 28-31; ídem. *The First Epistle to the Corinthians*, NICNT (Grand Rapids: Eerdmans, 1987), 786.

que llegó a ser muy común en algunas zonas de los Estados Unidos. N. del T.], que configuró profundamente el protestantismo norteamericano del siglo XIX, "describía de tal forma el cielo, que casi podían verse sus glorias".[81] Esta clase de representaciones gráficas siguen el mismo método de Juan en este texto. Sin embargo, puede resultare difícil traducir las imágenes de esperanza de Apocalipsis en imágenes culturalmente inteligibles para nuestro tiempo; es posible que, para muchos occidentales prósperos y de zonas no rurales, los centros comerciales representen mejor la idea de plena provisión, pero esta imagen puede evocar también el consumismo y el deseo de comprar, y poseer más parecido al de Babilonia. Hemos de encontrar otras formas de expresar la plena suficiencia, al tiempo que ponemos la mira en el Cordero.

La descripción de la nueva Jerusalén (21:9–22:5) responde a los anhelos más profundos de las siete iglesias, especialmente de aquellas que están más impregnadas en su legado bíblico. Si estuviéramos más sumergidos en las imágenes de los profetas veterotestamentarios, esta descripción conectaría más con nosotros; la mejor forma para establecer esta conexión es, pues, sumergirnos en la Escritura. En otro nivel, sin embargo, esta narración conecta con cualquiera que entienda el lenguaje; la esperanza de la nueva Jerusalén incluye el cumplimiento de todas las necesidades humanas, como el hambre, la sed, las relaciones personales y la relación con Dios. Que esté arraigada en nuestra herencia bíblica en el antiguo Israel y el ministerio apostólico indica que fue diseñada concretamente para nosotros, los que aceptamos este legado. Es posible que aquellos a quienes no les gusta la historia no valoren completamente esta herencia, pero el buen gusto por la historia bíblica, como el aprecio por una comida saludable, pueden adquirirse.

Hay algo más sorprendente que el emplazamiento terrenal del paraíso, y es su carácter urbano. Un especialista en ministerios urbanos señala que la historia de la salvación comienza en un huerto pero termina en una ciudad.[82] Puede que esta no sea una lectura puramente moderna del texto: en el siglo I, la tensión entre las comunidades rurales y urbanas era muy intensa, lo cual nos permite suponer que a menudo no se apre-

---

81. Timothy K. Beougher, "Did You Know?" *Christian History* 45 (1995): 2-3 (p. 2).
82. Raymond Bakke, *The Urban Christian* (Downers Grove, Ill.: InterVarsity, 1987), 78. Hay una perspectiva más reciente sobre el fundamento bíblico para un ministerio urbano en ídem. *A Theology As Big as the City* (Downers Grove, Ill.: InterVarsity, 1997). Ambas obras son muy perspicaces.

ciaban positivamente unas a otras.[83] No cabe duda de que esta perspectiva es básicamente correcta: se puede encontrar a Dios tanto en la ciudad como en las zonas rurales; dondequiera que esté su pueblo, allí está él. Aunque los seguidores de Jesús surgieron principalmente de las zonas rurales y las aldeas galileas, Pablo centró su ministerio en las ciudades como centros culturales desde los que el evangelio comenzó a propagarse (*cf.* Hch 19:10).

Sin embargo, aunque este pasaje nos recuerda que Dios puede obrar tanto en las ciudades como en el campo, las distintas imágenes del paraíso pueden decirnos mucho más sobre sus diversos escenarios culturales que sobre la preferencia de Dios por las zonas rurales o metropolitanas. Mientras que la mayor parte del periodo más antiguo representado en el Génesis era preurbano, relevante para los seminómadas que lo transmitieron, el libro de Apocalipsis está escrito para iglesias urbanas que utilizaban símbolos judíos que ya circulaban en contextos urbanos.[84] En otras palabras, Dios inspiró a los autores bíblicos y les dio visiones que contextualizaban su mensaje en imágenes con las que sus receptores podían relacionarse. Es posible que nosotros tengamos que hacer lo mismo, aunque el poder de las imágenes originales no debería abandonarse, sino traducirse.

La relación entre los Testamentos. Estos pasajes de Apocalipsis plantean la relación entre el Antiguo Testamento y el Nuevo. ¿Cómo explicamos la ausencia de templo en la nueva Jerusalén en vista del detallado plan de Ezequiel para un templo escatológico? Algunos intérpretes entienden literalmente ambos textos, situando el templo de Ezequiel en el milenio del capítulo 20, aunque este no se menciona explícitamente. Otros ven en el templo de Ezequiel una descripción simbólica de restauración en el segundo templo, que se cumple en Jesús; el Nuevo Testamento aplica esta imagen a Jesús al menos en un nivel simbólico (Jn 7:37-39). Algo de esta nueva aplicación de las imágenes literarias del Antiguo Testamento parece necesario; es evidente que, para los cristianos, la promesa del eterno gobierno davídico no se cumple en el propio David, sino en su línea establecida eternamente en Jesús

---

83. Ver Longo, 2.22; M. I. Finley, *The Ancient Economy*, Sather Classical Lectures 43 (Berkeley: Univ. of California Press, 1973), 123-49; Ramsay MacMullen, *Roman Social Relations: 50 B.C. to A.D. 284* (New Haven, Conn.: Yale Univ. Press, 1974), 15, 30, 32.
84. La conjunción de la imaginería del paraíso y el árbol de la vida con una ciudad, tanto en Apocalipsis 21:9–22:5 como en 4 Esd. 8:52 (aunque distintiva en Jub. 4:26), muestra que por este periodo ambas esperanzas se habían refundido.

(Jer 30:9; Ez 34:23-24; 37:24-25; cf. Os 3:5).[85] Sin embargo, teniendo en cuenta la coherencia de Dios en el trato con su pueblo a lo largo de la historia, una aplicación a corto plazo no agota necesariamente el sentido de la profecía para el futuro.

Pero también es posible que tanto Ezequiel como Apocalipsis describan el mismo futuro con simbologías distintas. Lo central de ambas imágenes es la gloriosa restauración; sin embargo, la imagen sin templo de Apocalipsis es más gloriosa que la de Ezequiel en su presuposición de que la morada de Dios es toda la ciudad (y su pueblo que la ocupa. Ver Ap 21:3, 16, 22). En la tendencia expansiva de la antigua expectativa escatológica judía y cristiana, un cumplimiento mayor no era nunca una abolición de esperanzas menos exaltadas, sino una forma aun mejor de contemplar aquello que estaba más allá de las meras palabras e imágenes. Como nos recuerda Pablo: "Ningún ojo ha visto, ningún oído ha escuchado, ninguna mente humana ha concebido las cosas que Dios ha preparado para quienes lo aman" (1Co 2:9; cf. Is 64:4), aunque el Espíritu nos ha dado un anticipo de nuestra experiencia con Dios (1Co 2:10).

¿Literal o simbólico? ¿Son las piedras preciosas de la nueva Jerusalén (21:18-21) literales o simbólicas, como lo son probablemente en la poesía profética de la que se toma la imagen (Is 54:11-12)? Dios puede, naturalmente, crear literalmente piedras preciosas como las que se describen; sin embargo, aunque lo hiciera, sería posiblemente para subrayar el mismo asunto que prefiere la interpretación simbólica: lo que ahora es raro y precioso será entonces abundante. El pueblo de Dios no experimentará ninguna carencia, y la futura gloria de la ciudad por la que ahora sufrimos es mayor que el mayor esplendor de las instituciones más sublimes de este mundo, sea Roma (cap. 17), la tecnología moderna, o cualquier otra cosa que cautive nuestra imaginación.

En un mismo sentido, ¿deberíamos acaso entender literalmente los números doce mil y ciento cuarenta y cuatro (21:16-17)? El uso de los símbolos en la literatura apocalíptica, y en especial los sistemáticos patrones numéricos de Apocalipsis (ver 7:4-8), nos invitan a entender estos números de un modo simbólico. Aquí, simbolizan al pueblo de Dios, y nos recuerdan quiénes vivirán en la ciudad (7:4-8).

---

85. Los propios profetas bíblicos dejaban claro que estos aludían a la casa de David cuando hablaban de su gobierno escatológico (Sal 89:3-4; 132:10-11, 17; Is 16:5; 55:3; Jer 33:17, 21-26; Am 9:11; Zac 12:7-12; 13:1), un especial gobernante escatológico (Is 9:6-7; Jer 23:5; 33:15).

¿En qué medida debe la luz divinamente impartida de la Jerusalén escatológica (21:23-24; 22:5) entenderse en sentido literal? Las declaraciones de Isaías sobre la luz en el tiempo del fin han de leerse junto a su afirmación de que la luminosidad de los astros se incrementará (Is 30:26; cf. también 1 En. 91:16). Algunos textos hablan también de la "luz" de Sión en sentido figurado (2 Bar. 10:12). En cualquier caso, es el retrato de un futuro sin la clase de adversidades impuestas por la oscuridad (cf. Jn 9:4; 11:10).

Deberíamos negarnos a leer cualquier imagen sin conectarla con las demás dentro del mismo contexto. Así, por ejemplo, la ausencia de noche (21:25) puede interpretarse como una falta de descanso para los cansados o (para quienes leen este texto durante una ola de calor veraniego) como el peligro de quemaduras por una intensa exposición solar.[86] Pero la conjunción de imágenes positivas nos invita a entenderlas todas ellas positivamente, como piezas de un único retrato de un paraíso futuro. Las quemaduras solares serán imposibles porque no habrá sol (21:23) ni calor (7:16), y quienes afirman lo contrario están leyendo una vez más estas ausencias de manera negativa. Naturalmente, según las leyes de la física que hoy conocemos, la vida sin el sol es imposible. Una falta literal de calor reduciría la temperatura al cero absoluto; pero, nuevamente, no captaremos el sentido aplicando un pedante literalismo, sino entendiendo que se trata de una descripción del paraíso mediante una acumulación de imágenes positivas.

Las naciones. La imagen de la conversión de las naciones (21:24) es problemática si se insiste en entenderla de un modo estrictamente literal y sin cotejarla con otras imágenes de Apocalipsis.[87] Una posibilidad es entender que Dios crea nuevos pueblos para que sus santos los gobiernen; sin embargo, puesto que esto no se afirma explícitamente, los comentaristas rara vez lo han propuesto. La narración tal como está deja un importante vacío. Los impenitentes parecen ser destruidos en 19:15, 18, 21, y los que sobreviven, engañados y aniquilados en 20:8-9. Pero, aquí, los sobrevivientes se convierten y, no obstante, parecen dis-

---

86. Algunas tradiciones judías posteriores restringen el resto de los sabios al mundo futuro por cuanto estos estudiarían constantemente (b. Ber. 64a); sin embargo, esto no encaja con el contexto de Apocalipsis (cf. el punto de vista distinto que se nos ofrece en Ec 12:12).
87. En la literatura escatológica judía no había un claro consenso sobre sus imágenes escatológicas acerca de los gentiles; ver Terence L. Donaldson, "Proselytes or 'Righteous Gentiles'? The Status of Gentiles in Eschatological Pilgrimage Patterns of Thought", *Journal for the Study of the Pseudepigrapha* 7 (1990): 3-27.

tintos del pueblo de Dios que vive en la nueva Jerusalén (y distintos también de los impíos que aparecen en 21:27). Los "reyes de la tierra" servían a los poderes del anticristo (16:14; *cf.* 17:2, 18; 18:3, 9; 19:19), de modo que algunos sostienen que, tras su muerte (19:19-21; 20:15), estos resucitan y se reconcilian con Dios, dando a entender que todos los seres humanos serán finalmente salvos.[88]

Pero este punto de vista "lee demasiada teología en referencias incidentales que se explican más fácilmente de otro modo".[89] La narrativa de Apocalipsis no permite afirmar que estos mismos reyes se reconcilian con Dios tras su resurrección, puesto que son arrojados a la muerte segunda (20:14-15), para sufrir eternamente (14:11; 19:3). Esto descarta el universalismo, pero sigue dejando un problema: ¿en qué parte del texto encontramos a los supervivientes de la guerra final? Posiblemente debamos buscar la solución en el nivel de los principios interpretativos. Como hemos señalado, hasta Isaías presenta imágenes enfrentadas del tiempo del fin, demasiado complejas para explicarlas atribuyendo algunas de ellas al milenio y otras al futuro eterno (las naciones destruidas, convertidas y subyugadas). Sin embargo, esto es problemático para la mayoría de nosotros, poco familiarizados con la naturaleza de las imágenes proféticas y apocalípticas que pueden comunicar gráficamente una idea sin forzar un sentido literal que contradice otras imágenes dentro del mismo libro. La gloria futura de Dios resuelve sus propósitos para todas las personas sin implicar que todos se convertirán.

¿Sugieren, acaso, estas visiones enfrentadas situaciones potenciales divergentes para el futuro, en el sentido de que las naciones pueden convertirse o ser destruidas, dependiendo de la fidelidad de la iglesia de Cristo? Lo más probable es que desarrollen la misma función, como dos formas de la innumerable multitud, algunos que adoran a Cristo y otros a la bestia. Aunque las gentes del mundo se unen al sistema mundial para aplastar al pueblo de Dios, muchas de estas personas se acabarán uniendo a este. Obsérvese que, aun en esta visión, nadie entra en la ciudad sin que su nombre esté escrito en el libro de la vida del Cordero; esta visión no apoya una idea universalista de la salvación (21:27). La imagen de las naciones llevando su gloria a la nueva Jerusalén subraya

---

88. Rissi, *Future of the World*, 77-78. Puede hallarse este potencial en Apocalipsis, pero considerarse su cumplimiento como algo incierto (*cf.* Walter E. Pilgrim, "Universalism in the Apocalypse", *Word & World* 9 [verano 1989]: 235-43).

89. Mounce, *Revelation*, 384-85, siguiendo a Beckwith y Glasson en la idea de que Apocalipsis adopta imágenes de los profetas, pero dándoles un significado distinto del que tienen en estos textos.

también la gloria de esta: si perseveras, serás vindicado (p. ej., Is 61:9; 62:2; Mal 3:12). Finalmente, aun aquellos que se burlaban se inclinarán ante ti y reconocerán que tenías razón (Ap 3:9).

Edén. Entre los maestros judíos circulaban varias leyendas sobre el Edén, y la mayor parte de ellos lo entendían como un lugar literal. Algunas tradiciones, por ejemplo, mencionaban muchos árboles allí, todos ellos santos (Jub. 3:12). Muchos creían que el huerto seguía existiendo en algún lugar.[90] Algunos visionarios judíos afirmaban incluso haber visto el agua de vida (1 Enoc 17:4) en regiones míticas cerca del río de fuego (1 Enoc 17:5, según el modelo de un mítico río de fuego griego), o el mismísimo jardín del Edén (Ap. Abr. 21:6). Por otra parte, algunos judíos de la diáspora alegorizaban el Edén, afirmando por ejemplo que era un huerto de virtudes celestiales.[91] Ocasionalmente, aun los judíos palestinos adaptaban figurativamente este lenguaje (1 Enoc 39:5); algunos hablaban de ríos de alegría y amor fluyendo desde el trono de Dios (2 Enoc 22B:7; para usos figurativos de la imaginería del árbol de la vida ver comentario sobre 2:7). Sin embargo, muchos de los autores judíos que utilizan el Edén en sentido figurado lo aceptan también como un lugar literal.

No obstante, si mantenemos una imagen literal del río bordeado por árboles hasta la mitad de la calle (22:2), podemos vislumbrar una carretera dividida con un río recto y vegetación hasta la mitad. Pero es muy probable que esta visión no deba forzarse en sentido literal: ¿hay literalmente un árbol a ambos lados del río, extendiéndose a lo largo de la calle principal?[92] No hay duda de que Dios podría crear un árbol cuyas raíces se extendieran por debajo del río y junto a él, creando una trama de fructífera vegetación a lo largo del río. Pero insistir en que este es el sentido del pasaje supera el objetivo de la imaginería.

---

90. P. ej., *b. Tamid* 32b; *Gn. Rab.* 33:6; *Cnt Rab.* 1:15, §4; 4:1, §2. Entre las tradiciones sobre el Edén, fue creado antes que el resto del mundo (*b. Ned.* 39b, *bar*; *Pes.* 54a, bar.) o en el tercer día de la creación (*Gn. Rab.* 15:3).
91. Filón, *Creación* 153-54; *Conf.* 60-61. Para Filón el río representaba la Palabra divina (*Som.* 2.242-43) o fluía como virtud del Edén, que representaba la Palabra (*L.A.* 1.65).
92. Es posible que este árbol represente a los "árboles" de Ezequiel; sin embargo, como antes se ha sugerido, también es probable que Juan utilice deliberadamente el singular para explicar lo que quiere decir. Los antiguos afirmaban que el árbol de la vida era un viaje de quinientos años de duración (*Gn. Rab.* 15:6), o imaginaban un "río" que regaba muchos frutales (Jos. & Asen. 2:11-12/19-20).

Los ríos que fluyen del trono reflejan posiblemente la misma imagen implícita en Juan 7:37-39, donde el agua es el Espíritu Santo.[93] Jerusalén no tenía un río literal que la cruzara (*cf.* Is 7:3); es, pues, posible que los pasajes veterotestamentarios que hablan de este río (Sal 46:4; *cf.* Ez 47) lo estén utilizando como "un símbolo de la presencia de Dios".[94] Juan aplica nuevamente las familiares imágenes del paraíso para prometernos el cumplimiento de nuestro mayor anhelo, que es la presencia misma de Dios. Si forzamos varias imágenes bíblicas del futuro paraíso dándoles un sentido demasiado literal, ¡acabarán contradiciéndose las unas a las otras![95]

Varias culturas comparten la esperanza del paraíso. Muchas religiones africanas tradicionales, por ejemplo, entienden la vida feliz como la presencia de Dios entre las gentes, supliendo todas sus necesidades terrenales, aunque no es tan frecuente que hablen de una futura restauración del paraíso primigenio.[96] Pero no todas las esperanzas sobre el paraíso son las mismas, a diferencia de lo que se daba a entender en una película de Star Trek que representaba ingenuamente un supuesto Edén, que era también la aspiración de los vulcanianos y todas las demás civilizaciones. Aunque rechacemos las polígamas fantasías de mormones y musulmanes, la aniquilación del ser en un nirvana budista, o la deificación de las aspiraciones de la Nueva Era y nos concentremos en los paralelismos más cercanos de la visión cristiana en la literatura apocalíptica judía, el paraíso cristiano muestra una perspectiva que es característicamente cristiana. Los creyentes adorarán eternamente a Dios y al Cordero; el paraíso no lo es sin nuestro Redentor, el Cordero de Dios (22:3-4).

Nuestra dependencia de Cristo aparece incluso en la era final en que sigue siendo no solo nuestro rey, sino el cordero de Dios, nuestro intercesor y la fuente, junto con el Padre, de nuestra agua viva.[97] Por otra parte, una sola dosis no es tampoco suficiente; que el árbol sea para

---

93. *Cf.* John A. T. Robinson, *Twelve New Testament Studies*, SBT 34 (Londres: SCM, 1962), 174.
94. *Cf.* la entrada "river", 729–31 en el *Dictionary of Biblical Imagery*, ed. Leland Ryken et al. (Downers Grove, Ill.: InterVarsity, 1998), 730.
95. De forma natural, los escritores, urbanos o rurales, subrayaban aquellas imágenes que mejor expresaban sus esperanzas. Por ello, algunos rabinos de periodos posteriores describían el paraíso ¡como un maravilloso lugar para estudiar la Biblia (p. ej., *b. Ber.* 18b; 64a; *Cnt Rab.* 6:2, §6)!
96. John S. Mbiti, *African Religions and Philosophies* (Garden City, N.Y.: Doubleday, 1970), 127.
97. Ver los comentarios de la Strong, *Teología Sistemática*, p. 776 en el original en inglés.

sanidad sugiere que el pueblo de Dios continuará dependiendo de Cristo por toda la eternidad. El cuadro del fin no pretende ser exhaustivo, sino presentar una invitación: que quien lo desee venga y experimente el sorprendente paraíso de Dios, del que este libro ha presentado una poderosa muestra visual (22:17). Cualquiera que decida ignorar esta promesa tendrá que atenerse a las graves consecuencias que se derivan de tal decisión (22:14-15).

Significado Contemporáneo

Principios para nuestro tiempo. Este pasaje nos da muchos principios relevantes para nuestras vidas.

(1) La nueva Jerusalén es la creación de Dios (21:2: "procedente de Dios"); lo único que podemos hacer es preparar nuestros adornos con acciones justas (19:8; 21:2). Muchas veces, incluso en nuestra subcultura cristiana, se invita a la competitividad entre cristianos, denominaciones, ministros, etcétera. A veces nos sentimos tentados a integrarnos en los valores de una determinada denominación o movimiento para tener un hogar espiritual; pero Dios demanda fidelidad por encima de todo, y puede que aquellos que en nuestras subculturas cristianas gozan de más prestigio, no lo mantengan en el mundo futuro (Mr 9:37; Lc 9:48). Podemos adornarnos para la nueva Jerusalén; sin embargo, nuestro acceso se debe solo a la gracia del amor de nuestro Padre celestial.

(2) El momento de adornarnos con "acciones justas" (19:8) es ahora. Aunque Apocalipsis subraya que la nueva Jerusalén es una ciudad futura, se está construyendo en el presente. Si el carácter de Babilonia se hace evidente en el mundo que nos rodea, la gloria de la presencia de Dios entre nosotros debería revelarse al menos en nuestra forma de vivir. En la teología joanina, la gloria de Dios se manifiesta en el modo en que los cristianos nos tratamos unos a otros (Jn 13:34-35; 17:22-23; 1Jn 4:12). Aunque en la teología del Nuevo Testamento la esperanza dirige nuestra atención hacia el futuro, tiene también implicaciones en el modo en que vivimos en el presente (Ro 12:12; Col 1:4-5; Tit 2:12-13; 1Jn 3:3). Los más fieles receptores de Juan (esp. en las iglesias de Esmirna y Filadelfia) se veían probablemente como una minoría perseguida; pero Apocalipsis los emplaza también a verse como herederos del futuro. Si vemos nuestra vida según el destino al que Dios nos ha llamado, actuaremos según este criterio.

(3) La promesa de que las tristezas y los problemas pasarán es de gran valor para consolar a quienes experimentan sufrimientos o pérdidas, pero también para hacer frente a los obstáculos de la vida; seguro que a cada lector y expositor se le ocurren muchas aplicaciones concretas para las situaciones que viven.

(4) La perfecta morada de Dios estará con nosotros; disfrutaremos eternamente la intimidad del lugar santísimo. Si este es verdaderamente el futuro que anhelamos, tenemos entonces que disfrutar ahora la intimidad con él disponible por medio de la oración.[98] Que la nueva Jerusalén sea una ciudad/templo nos promete una constante experiencia de adoración; como ciudadanos de ella, hemos de comenzar ahora a disfrutar de esta adoración. La Escritura nos dice que ya somos templo y morada de Dios (1Co 3:16-17; 2Co 6:16; Ef 2:21-22); su presencia es la que nos sostiene en nuestras pruebas (Jer 1:8; Hch 18:10; Heb 13:5-6). En el futuro seguiremos siendo su morada para la adoración, solo que no tendremos las distracciones actuales.

(5) Este pasaje está lleno de contrastes entre Babilonia y la nueva Jerusalén. Cuando predico sobre este pasaje suelo centrarme en lo enormemente superior que es la ciudad de Dios a lo que este mundo ofrece, y lo hago para que recordemos la necesidad de vivir para las promesas de Dios y no para el disfrute del mundo presente.

El increíble amor de Dios. Juan toma prestada de fuentes anteriores la imagen de la nueva Jerusalén como novia de Cristo (sobre todo de Israel como novia de Dios en la Biblia hebrea). Pero posiblemente pretende transmitir la misma imagen de la intimidad y amor de Dios por su pueblo implícita en dichas fuentes. En una época de mi vida en que me sentía profundamente enamorado, la fuerza de este pasaje me sacudió pensando que, por mucho que yo pudiera amar, mi amor era solo una sombra del de Cristo por nosotros. Es posible que los símbolos solo consigan comunicar de manera imperfecta la profundidad del amor de Jesús por nosotros; sin embargo, aquellos ejemplos que más se acercan a un amor altruista, como un matrimonio fuerte, pueden ofrecernos cierto sentido inicial de dicho amor. La decisiva imagen del amor de Dios es la muerte de Jesús por nosotros en la cruz, aun siendo sus enemigos (Ro 5:6-10). Pablo nos dice que el Espíritu viene a nues-

---

98. Sobre esta relación íntima con Dios desde varias perspectivas, ver J. I. Packer, *Hacia el conocimiento de Dios* (Miami, Fl: Logoi, 1979); Craig S. Keener, *3 Crucial Questions About the Holy Spirit* (Grand Rapids: Baker, 1996), 131-80; Jack Deere, *Surprised by the Voice of God* (Grand Rapids: Zondervan, 1996).

tros corazones, señalando la cruz y afirmando: "¿No lo ves? ¡Te amo! ¡Te amo! ¡Te amo!" (*cf.* Ro 5:5).

Tanto para el pastor saturado de trabajo que no se siente apreciado como para la esposa herida y abandonada por su marido, el niño retraído del que se burlan sus compañeros por su sobrepeso o sus espinillas, o cualquiera de nosotros cuando sufrimos, el mayor consuelo es el amor de Dios. Cuando se trata de nuestro dolor podemos permitirnos ser vulnerables con él, sabiendo que él empatiza plenamente con nosotros. Cuando las adversidades nos parecen demasiado monumentales —como debieron parecérselo a muchos de los primeros cristianos a quienes se les leyó el libro de Apocalipsis— hemos de recordar que su amor nos promete realización en el futuro. Y si las adversidades nos tientan a dudar de su amor presente y de nuestra esperanza futura, solo hemos de volver la mirada a la cruz, donde el Dios encarnado compartió nuestro dolor con nosotros y lo sufrió en nuestro lugar.

Verdadera riqueza. Vemos también que las riquezas por las que las personas se esfuerzan en este mundo serán cosas comunes según las normas del mundo venidero (21:18, 21). La riqueza más auténtica es la gloria del Cordero (21:11, 23-26; 22:5). ¿A qué clase de riquezas dedicaremos nuestros esfuerzos (3:17-18)?[99] No necesitamos ninguna riqueza de este mundo, templo físico, o tan siquiera luminarias creadas como el sol o la luna (21:22-26); Dios es la fuente directa de todo. De su trono fluye incluso agua (22:1) que nutre también el árbol cuyo fruto imparte vida (22:2). A fin de practicar para el futuro, hemos de aprender a depender de él ahora.

Seguir a Cristo o los valores de este mundo. La lista de vicios (21:8, 27) nos advierte que no podemos seguir verdaderamente a Cristo, negándolo con nuestra forma de vida; el temor y la incredulidad no deben disuadirnos de dar nuestra vida por el evangelio; por ello hemos de fortalecer nuestra fe cristiana ahora, antes de que llegue la prueba. No podemos transigir con los valores del mundo ni delatar o calumniar a nuestros hermanos delante de él o tolerar que los falsos profetas del compromiso hagan su trabajo en la iglesia.

Las listas de pecados plantean advertencias de lo más severas contra este tipo de ofensas (21:8, 27). Esto incluye la inmoralidad sexual y las hechicerías. La primera vez que me encontré con pastores que creían que la inmoralidad sexual era irresistible o que temían predicar contra

---

99. Ver comentarios sobre el materialismo, especialmente en la sección "Significado Contemporáneo" de 18:11-19.

ella por miedo a ofender a sus congregaciones, me fui a casa a llorar. Teniendo en cuenta esta advertencia, uno se pregunta: ¿cómo puede un pastor ser fiel a su llamamiento y no tratar estas cuestiones de vida o muerte espiritual en la medida que sea necesario?[100] Muchas culturas distinguen entre "magia negra" y "magia blanca", pero el libro de Apocalipsis no nos permite este tipo de distinción, puesto que toda actividad mágica tiene sus orígenes en los poderes diabólicos (9:20-21; 21:8; 22:15). En nuestros días, la magia blanca (y otras prácticas bíblicas relacionadas como la adivinación) se presentan en formatos como las "líneas telefónicas psíquicas"; en algunos círculos en los que he trabajado, he encontrado a más cristianos profesantes implicados en este tipo de prácticas de los que nunca habría imaginado.

Comunicar el juicio y la felicidad eternos. La cultura estadounidense de la tolerancia ha hecho que hablar del juicio eterno sea algo poco popular, pero hemos de encontrar maneras relevantes de comunicar esta imagen en cada época.[101] "Cuatro secciones de la última parte de la profecía de Juan acaban con el mismo tono de severa advertencia (20:15; 21:8, 27; 22:15)".[102] La única alternativa a la condenación en este pasaje es "vencer" (21:7-8); los capítulos 2-3 ponen de relieve que cada iglesia ha de hacer frente a distintas pruebas, pero todas ellas son llamadas a vencer.

El uso de los números doce mil y ciento cuarenta y cuatro (21:16-17) subrayan, como hemos visto, que la nueva Jerusalén es una ciudad preparada para los siervos de Dios (7:4-8). Las magníficas dimensiones subrayan también que el insignificante remanente de Dios en esta era (*cf.* 7:4; 11:1-2) tiene un glorioso futuro, más elevado de lo que hubiera podido ser la torre de Babel y más espléndido que Babilonia en esta era.

Que el árbol sea para "la salud de las naciones" (22:2) no indica que todos los seres humanos que han existido vayan a ser salvos, una propuesta que contradice abiertamente la teología de Apocalipsis.[103]

---

100. Sobre la abstinencia, ver Michele Ingrassia, "Virgin Cool", *NW* (17 de octubre 1994), 58-69; Robert C. Noble, "'There Is No Safe Sex'", *NW* (1 de abril 1991), 8; Katherine Bond, "Abstinence Education: How Parents Are Making It Happen", *Focus on the Family* (septiembre 1998), 12-13; ver otras fuentes en la sección "Significado Contemporáneo" de 2:14.
101. He intentado comunicar esto de manera culturalmente relevante en la ilustración que consigno en Craig Keener y Glenn Usry, *Defending Black Faith* (Downers Grove, Ill.: InterVarsity, 1997), 129-31.
102. Michaels, *Revelation*, 254.
103. Pace Rissi, *Future of the World*, 80.

Nos recuerda más bien que personas de todos los pueblos seguirán al Cordero en esta era y constituirán las naciones en su carácter ideal en el mundo futuro (21:24), llevando los dones de todas las culturas para adorar a Jesús (ver comentario sobre 7:9). Sin duda, el único árbol de la vida de 22:2 (a diferencia de los árboles de Ezequiel) y la única calle de 21:21 y 22:2 pueden apuntar a que Dios ha provisto una única fuente de vida y un "camino" para llegar a la nueva Jerusalén (*cf.* Jn 14:6). Naturalmente, la unicidad de esa calle alude a la calle principal y es una figura literaria (11:8), como puede serlo el árbol; no obstante, tomadas junto a las otras imágenes cristocéntricas de Apocalipsis, subrayan la necesidad de estar inscrito en el libro de la vida del Cordero, de ser seguidores del Cordero (14:4; 21:27).

Apocalipsis 22:6-21

El ángel me dijo: «Estas palabras son verdaderas y dignas de confianza. El Señor, el Dios que inspira a los profetas, ha enviado a su ángel para mostrar a sus siervos lo que tiene que suceder sin demora».

⁷ «¡Miren que vengo pronto! Dichoso el que cumple las palabras del mensaje profético de este libro».

⁸ Yo, Juan, soy el que vio y oyó todas estas cosas. Y cuando lo vi y oí, me postré para adorar al ángel que me había estado mostrando todo esto. ⁹ Pero él me dijo: «¡No, cuidado! Soy un siervo como tú, como tus hermanos los profetas y como todos los que cumplen las palabras de este libro. ¡Adora sólo a Dios!».

¹⁰ También me dijo: «No guardes en secreto las palabras del mensaje profético de este libro, porque el tiempo de su cumplimiento está cerca. ¹¹ Deja que el malo siga haciendo el mal y que el vil siga envileciéndose; deja que el justo siga practicando la justicia y que el santo siga santificándose».

¹² «¡Miren que vengo pronto! Traigo conmigo mi recompensa, y le pagaré a cada uno según lo que haya hecho. ¹³ Yo soy el Alfa y la Omega, el Primero y el Último, el Principio y el Fin.

¹⁴ »Dichosos los que lavan sus ropas para tener derecho al árbol de la vida y para poder entrar por las puertas de la ciudad. ¹⁵ Pero afuera se quedarán los perros, los que practican las artes mágicas, los que cometen inmoralidades sexuales, los asesinos, los idólatras y todos los que aman y practican la mentira.

¹⁶ »Yo, Jesús, he enviado a mi ángel para darles a ustedes testimonio de estas cosas que conciernen a las iglesias. Yo soy la raíz y la descendencia de David, la brillante estrella de la mañana».

¹⁷ El Espíritu y la novia dicen: «¡Ven!»; y el que escuche diga: «¡Ven!». El que tenga sed, venga; y el que quiera, tome gratuitamente del agua de la vida.

¹⁸ A todo el que escuche las palabras del mensaje profético de este libro le advierto esto: Si alguno le añade algo, Dios le añadirá a él las plagas descritas en este libro. ¹⁹ Y si alguno quita

palabras de este libro de profecía, Dios le quitará su parte del árbol de la vida y de la ciudad santa, descritos en este libro.

20 El que da testimonio de estas cosas, dice: «Sí, vengo pronto». Amén. ¡Ven, Señor Jesús!

21 Que la gracia del Señor Jesús sea con todos. Amén.

Esta sección lleva el libro a su conclusión, presentado los últimos testimonios de Dios, el Cordero, el Espíritu, la novia y los profetas que se dirigen a la novia por el Espíritu. En ella se subraya marcadamente el mensaje del resto de la revelación de Dios a Juan.

Es posible que la frase "el Dios que inspira a los profetas" (22:6) fuera una expresión familiar. El Antiguo Testamento lo llama "Dios de toda la humanidad (lit. Dios de los espíritus de toda carne)" (Nm 16:22; 27:16), y para los primeros cristianos era el "Padre de los espíritus" (Heb 12:9). Esta llegó a ser una descripción familiar de Dios en el judaísmo temprano, aunque no exclusivamente en la oración.[1] Algunas veces, "los espíritus" aluden a ángeles asignados a las personas (1 Enoc 20:3), algunos piensan, pues, que aquí se refiere a los espíritus relacionados con la profecía (como algunos entienden 1Co 12:10; 14:32; Ap 22:9). Puede también referirse al Espíritu Santo como "los siete espíritus" (*cf.* Ap 1:4), y que también inspira la profecía (19:10). Sin embargo, teniendo en cuenta su uso en el Antiguo Testamento, lo más probable es que esta expresión se refiera a Dios como el que gobierna los espíritus humanos: en este caso, concretamente los de sus profetas (como otros entienden el sentido de 1Co 14:32).

El Dios de los profetas ha hablado de nuevo a "sus siervos lo que tiene que suceder sin demora" y "estas palabras son verdaderas" (22:6).[2] La mayor parte de este versículo repite el anuncio de 1:1 en el sentido de que Dios había enviado su mensaje por medio de su ángel, igual

---

1. P. ej., 1QH 10.8; Jub. 10:3; 1 Enoc 37:4; 38:2, 6; 39:2, 8-9, 12; 40:1-2, 4; *CIJ*, 1:524, §725; PGM, 62.25-26; 1 Clem. 59.3; *b. Ber*. 60b; otras fuentes en G. Adolf Deissmann, *Light From the Ancient East* (Grand Rapids: Baker, 1978), 424; John Bowman, tr., *Samaritan Documents Relating to Their History, Religion and Life*, POTTS 2 (Pittsburgh: Pickwick, 1977), 328.
2. Beale, *Revelation*, 1124, plantea un buen argumento para apoyar que se trata de un eco de Daniel 2:45. 3. Aune, *The New Testament in Its Literary Environment,* 241, sostiene que 22:10-21 puede ser una especie de epílogo epistolar y resumir, por tanto, los temas del libro.

que la promesa de su venida y bendición sobre los obedientes en 22:7 es un eco de 1:3, y la expresión de 22:8 "yo, Juan" lo es de la introducción narrativa de 1:9. Puesto que los escritores de la antigüedad ponían muchas veces entre paréntesis sus escritos o porciones de ellos, estos ecos son una forma de dar a conocer a sus oyentes que el libro ha llegado casi a su fin.

Quienes prestan atención a esta fiel profecía serán recompensados, porque Jesús viene "pronto" (22:7) para recompensar a cada uno según sus obras (22:12). La promesa de venir "pronto" enmarca 22:7-12 y más ampliamente 22:7-20, formando un tema recurrente de esta sección final.[3] La venida de Jesús recuerda las palabras de 1:7 (ver comentario sobre este texto) y la descripción más completa en 19:11-16; la palabra "pronto" recuerda 1:3; 2:16; 3:11. Ahora en 22:8, Juan menciona su nombre por primera vez desde el primer capítulo (1:1, 4, 9) y por la misma razón: ofrecer un testimonio de primera mano, como hace el discípulo amado en el Evangelio de Juan (Jn 19:35). El hecho de que el ángel profético rechace la adoración de Juan (Ap. 22:8-9; *cf.* 19:10) recuerda al lector que solo Dios y el Cordero son dignos de adoración. Por ello, y a modo de contraste, Juan destaca de nuevo la deidad de Cristo que se subraya en otros pasajes del libro.

Dios pidió a Daniel que sellara su profecía (Dn 12:4, 9), porque el tiempo del fin distaba mucho todavía (8:26; 9:24; 10:14).[4] En contraste, el libro de Apocalipsis no ha de sellarse (Ap 22:10), porque consigna acontecimientos que se habían ya iniciado en aquel periodo (ver comentario sobre 12:5-6). El tiempo parece tan próximo que la gente seguirá en su conducta actual (22:11) y recibirá la recompensa debida (22:12). Este pasaje también indica posiblemente que el fin es inminente, porque Daniel había dicho que los impíos seguirían en su maldad (Dn 12:10); los impíos cumplirán su papel negativo en el plan de Dios dentro de la historia.[5]

En la práctica, no obstante, Dios no está invitando a nadie a permanecer en rebeldía; el lenguaje es más bien irónico y cumple la función retórica de desafiar a los impenitentes, como sucede a menudo en los

---

3. Aune, *The New Testament in Its Literary Environment*, 241, sostiene que 22:10-21 puede ser una especie de epílogo epistolar y resumir, por tanto, los temas del libro.
4. Pseudo-Enoc afirmaba que sus palabras solo se entenderían en el tiempo del fin (1 En. 100:6). Algo "sellado" estaba "cerrado" y era inaccesible (Is 29:11; *b. Sanh.* 103b.).
5. Ver Beale, *Revelation*, 1131-33.

profetas bíblicos (Is 29:9; Jer 44:25; Am 4:4).[6] Dios invita a escuchar a los que quieran hacerlo, y a quienes escogen la rebeldía a afrontar las consecuencias de ella (*cf.* Ez 3:27).[7] No obstante, Juan estaría de acuerdo con sus contemporáneos judíos en que, cuando llegue el fin, el Señor recompensará justamente a cada cual según lo que haya hecho (Ap 22:12; *cf.* 20:12).[8]

Sin embargo, la mayoría de los contemporáneos judíos de Juan se sentirían probablemente incómodos con su afirmación de que Jesús iba a ser el Juez en el día final (22:12), un papel que el judaísmo no cristiano reservaba para Dios en su sentido más exclusivo.[9] Quienes captan la alusión a Isaías reconocerán, aun con mayor claridad, que Jesús pretende ser aquí divino, puesto que en Isaías 40:10 y 62:11 Dios prometió venir con su recompensa ("Su galardón lo acompaña; su recompensa lo precede").[10] En 22:13, Apocalipsis refuerza esta implicación de la deidad de Cristo: de tres formas distintas llama primero y último a la persona que habla (afirmando, por tanto su deidad [Is 41:4; 44:6; 48:12; ver comentario sobre 1:8, 17]). Al subrayar que es "el Principio y el Fin", Jesús también recuerda a los receptores de este libro que él gobierna la historia. Los textos judíos sobre los últimos tiempos recordaban a veces a los lectores que Dios creó el mundo y, por tanto, solo él tenía el poder para concluirlo (4 Esd. 6:6).

El llamamiento a lavar "sus ropas" (22:14) suena como una fuerte nota de advertencia, especialmente para los cristianos de Sardis que ya conocían su necesidad en este sentido (3:4).[11] Las ropas han de lavarse en la sangre de Jesús (7:14) a fin de estar preparados para su inminente

---

6. Ver también, Ec 11:9; Mt 23:32; Or. sib. 3.57-59. El llamamiento al arrepentimiento es más explícito en Did. 10.6. El término que se traduce "sucio" aparece en la LXX en Zac 3:3-4.
7. El castigo por rechazar una buena enseñanza es el de seguir en el mismo estado (Epícteto, *Disc.* 1.12.21-22; *PGM*, 4.749-50).
8. Ver Sal 62:12; Pr 24:12; Jer 17:10; Sir. 16:12, 14; 4 Esd. 7:35; Mt 16:27; Ro 2:6; 2C 11:15; Ap 22:12; *Pes. Rab.* 8:2. Acerca de las recompensas, ver comentario sobre 11:18.
9. P. ej., Or. sib. 4.183-84; 1 Enoc 9:4; 60:2; 62:2. En sentidos más generales podría aplicarse a Abel (T. Abr. 12-13A; 11B), Enoc (3 Enoc 16:1), o al Hijo del Hombre (1 Enoc 69:27), pero Jesús aparece en el sentido supremo (*cf.* Mt 7:23; 25:31-33).
10. La expresión de Apocalipsis "lo que haya hecho" (22:12) comparte también un término con Is 40:10; 62:11 (LXX), pero posiblemente solo al conectarlo con Sal 62:12, que es el texto que cita Apocalipsis. Los intérpretes judíos relacionaban frecuentemente los textos en virtud de palabras clave en común.
11. En mi opinión, la exhortación a lavar sus ropas es la lectura más probable, si tenemos en cuenta la evidencia textual más amplia; pero algunos dan preferencia a "los que guardan sus mandamientos" siguiendo ciertos datos que aporta la patrística y el resto

regreso (16:15), como se observa en este contexto (22:12). Quienes están listos para el regreso de Jesús, y dependen de su sangre, pueden participar del "árbol de la vida" (ver comentarios sobre 2:7; 22:2) y entrar "por las puertas de la ciudad" (22:14; ver comentarios sobre 21:25-26); las nuevas alusiones a las puertas y al árbol sugieren que 22:14, junto con 22:15 (que alude a 21:8, 27), es un resumen de lo que precede.

Pero no todos serán bienvenidos a la ciudad; el paraíso futuro para los fieles no implica un universalismo. Igual que en 21:25-27 las puertas solo se abrieron para los que están escritos en el libro de la vida del Cordero, en 22:15 Jesús nos da una lista parcial de aquellos que no podrán entrar (ver comentario sobre 21:8). Tanto los que practican las artes mágicas (9:21; 18:23) como los que cometen inmoralidades sexuales (2:14, 20; 9:21; 14:8) y los idólatras (13:14-15) participan en el sistema de la bestia; quienes contribuían a la persecución y muerte de los cristianos se mencionan como asesinos (2:9-10; 13:15); aquellos que aman y practican la mentira parecen ser los engañados por el sistema del anticristo (3:9; 14:5; *cf.* Jn 8:44; 2Ts 2:10; 1Jn 2:22). El término "perros" puede aludir a hombres que se prostituyen en relaciones homosexuales (Dt 23:18), desarrollando la advertencia sobre los peligros de la inmoralidad sexual.[12]

No solo es Juan quien da testimonio (22:8), sino también Jesús, que está tras toda esta revelación (22:16).[13] Jesús no es meramente "la descendencia de David", sino también su "raíz" (22:16; *cf.* 5:5). Teniendo en cuenta que el Mesías prometido es un vástago de la línea genealógica de David (Is 11:1) —este podría ser aquí el trasfondo—, y considerando todo el contexto de la cristología de Apocalipsis, el alcance

---

de Apocalipsis (ver Stephen Goranson, "The Text of Revelation 22:14", *NTS* 43 [1997]: 154-57).

12. A los perros se los consideraba a menudo sexualmente inmorales (Eliano, *Animales* 7.19); en la tradición de los antiguos mitos paganos, esta designación se convirtió en un insulto familiar (Homero, *Il.* 8.527; 9.373; 11.362; 20.449; 22.345; *Od.* 17.248; 22.35; *cf.* Mr 7:27). Marc Philonenko piensa que Apocalipsis espiritualiza el tipo de prohibición sobre la entrada de los perros que había en el templo de Jerusalén y que se consigna en 4QMMT ("'Dehors les Chiens' [Apocalypse 22.15 et 4QMMT B 58-62]", *NTS* 43 [1997]: 445-50); pero la pregunta es si, en cualquier caso, se habría permitido la entrada de algún animal inmundo en el templo literal.

13. Teniendo en cuenta que el "ustedes" de este versículo parece distinguirse de las (siete) iglesias, Aune piensa que probablemente se aplica a los profetas de 22:9 ("The Prophetic Circle of John of Patmos and the Exegesis of *Revelation* 22.16", *JSNT* 37 [1989]: 103-16; ídem. *Revelation*, 3:1225-26).

de este pasaje puede ser mucho mayor, representando a Cristo como la misma raíz de la que surgió la línea de David y de la que, en última instancia, depende.[14] Como "brillante estrella de la mañana", Jesús compara su gloria con la de uno de los cuerpos celestes que a menudo adoraban los contemporáneos de Juan; con este título, también se identifica como Mesías (Nm 24:17).[15]

En 22:17, el "Espíritu" es posiblemente el que inspira las palabras de los profetas (como también en las cartas a las siete iglesias, p. ej., 2:7).[16] Puede que el Espíritu hable aquí por medio de la "novia", presentándola como una comunidad profética; o puede que el Espíritu hable y sea secundado por ella.[17] Es posible que con la palabra "ven", el Espíritu y la novia estén invitando a los sedientos a beber, de lo que más tarde se hacen eco en una petición a Jesús para que venga (22:20). Sin embargo, aunque Apocalipsis no se dirige solo a quienes leen el texto por primera vez, parece notable que quienes responden a la invitación del Espíritu y la novia lo hagan inicialmente desde el contexto anterior más que desde la siguiente línea. Es, pues, más probable que al decir "ven" estén pidiendo la presencia de Jesús según su promesa de 22:7, 12 y anticipando una última oración de esta naturaleza en 22:20. Esta realidad evoca el llamamiento de venir a los sedientos y encaja con otras enseñanzas cristianas tempranas sobre el anhelo del regreso de Jesús que sienten el Espíritu y los santos (Ro 8:22-23, 26).

Esta invitación a beber "del agua de la vida" que procede del trono de Dios (22:17) indica posiblemente su actual disponibilidad y es también una invitación a beber de ella en el futuro; de ahí la frase, "tome gratuitamente del agua de la vida". La "parte del árbol de la vida y de

---

14. *Cf.* un argumento parecido implícito por la estructura la genealogía de Mateo (Craig S. Keener, *Matthew* [Downers Grove, Ill.: InterVarsity, 1997], 53). Sobre los patriarcas como raíces, *cf. Pes. Rab. Kah.* 15:5; Ro 11:16.
15. Sobre la estrella de la mañana, ver comentario acerca de 2:28, aunque muchos comentaristas creen que la estrella de este texto (que no tiene por qué aludir a Cristo) es otra. Sobre la estrella de Balám como mesiánica, ver también 1QM 11.6-7; además de otras fuentes en comentarios, ver Richard N. Longenecker, *The Christology of Early Jewish Christianity* (Grand Rapids: Baker, 1981), 112, n. 221.
16. Sobre la relación del Espíritu con la profecía entre los contemporáneos de Juan, ver Craig S. Keener, *The Spirit in the Gospels and Acts* (Peabody, Mass.: Hendrickson, 1997), 10-12. Sobre la respuesta del Espíritu, ver *Sifre Dt.* 355.17.1-6; 356.4.1.
17. Ver Bruce, "The Spirit in the Apocalypse", 342-43, ídem. *Time Is Fulfilled*, 112, y Caird, *Commentary on Revelation*, 287, que favorece la idea de que la novia secunda al Espíritu en la invocación del regreso de Jesús, la oración Marana ta; por mi parte, y con ciertas reservas, me inclino a pensar que el Espíritu dice esto a través de la novia.

la ciudad santa" (22:19) alude a una herencia futura (21:7); no es, sin embargo, incompatible con el presente anticipo del reino, como el concepto de la vida eterna en el Evangelio de Juan (Jn 3:16).

La última de las siete cartas de Juan a las iglesias indica que podemos cenar con Jesús ahora (3:20) y, por tanto, recibir belleza espiritual (21:2, 19), riquezas (21:18) y sanación (22:2) en la era presente (3:18). Si es legítimo leer la descripción que Apocalipsis hace de la nueva Jerusalén junto con el Evangelio de Juan, entonces los frutos (22:2) pueden aludir a la vida de Jesús en los creyentes (Jn 15:2), y el agua de la vida que sale del trono (Ap 22:1) a la presente experiencia que el creyente tiene del Espíritu (Jn 4:14; 7:37-39; el mismo término que se traduce "sale" del trono aparece en relación con el Espíritu que "procede" del Padre en Jn 15:26). Aunque se nos promete gloria en el futuro, podemos, sin embargo, experimentar un anticipo de esta gloria en nuestra actual relación con Dios.

Además del testimonio de Juan en 22:8, de Jesús en 22:16 y del que está implícito en la confiada oración del Espíritu y la novia (22:17), hay una solemne maldición contra cualquiera que procure cambiar el libro (22:18-19) y otro testimonio de Jesús: el testigo fiel (22:20).[18] Es una reivindicación normal para un libro o escrito que pretende ser inspirado; estas palabras aluden específicamente al libro de Apocalipsis (aunque el principio se aplica asimismo al resto de la Biblia, basado como está en la inspiración del libro).

Moisés había advertido a los oyentes que no añadieran ni quitaran palabra alguna de la ley (Dt 4:2; 12:32); más adelante, algunos autores judíos afirmaban que la Septuaginta era perfecta y no tenía que revisarse (Ep. Arist. 310-11); 1 Enoc demandaba una concienzuda labor en la transmisión (1 En. 104:11-13) y amenazaba con la condenación a cualquiera que alterara sus palabras proféticas (108:6).[19] La afirmación

---

18. Sobre la fórmula de la maldición, ver Aune, *Prophecy in Early Christianity*, 115-16, 288. Que este libro esté sin sellar (aunque sea figurativamente, 22:10) hace que sea más vulnerable a los cambios.
19. Josefo advirtió que nadie se atreviera a añadir algo a las Escrituras o a cambiarlas (Josefo, *Apión* 1.42; *cf.* Pr 30:6). Los rabinos de periodos posteriores también estaban de acuerdo en que no se podía cambiar ni una sola letra de la Torá (*b. Sanh.* 107ab; *p. Sanh.* 2:6, §2; *Gn. Rab.* 47:1; *cf.* Mt 5:18); el deber de los levitas era asegurarse de esto (*Pes. Rab. Kah. Sup.* 1:8). Más adelante, los gnósticos adaptaron libremente el texto del Nuevo Testamento, la clase de cambio sobre el que Apocalipsis advierte (Beasley-Murray, *Revelation*, 346).

de que las plagas del libro caerán sobre la persona que haga esto encaja también con las expectativas bíblicas y judías (Dt 29:19-20, 27).

Apocalipsis concluye (inmediatamente antes de su esperada bendición epistolar en 22:21) con la que en aquel momento era, posiblemente, una oración familiar: "Ven, Señor Jesús" (22:20; Did. 10.6). Más o menos la misma oración que expresa el término arameo, "*Marana tha*" ("Ven, oh Señor"), aparece en 1 Corintios 16:22, lo cual sugiere que estas palabras reflejan los anhelos aun de las más antiguas iglesias de habla aramea, que ya reconocían a Jesús como el divino Señor próximo a venir.[20]

Leer presuposiciones en un pasaje. Con demasiada frecuencia, los comentaristas leen sus presuposiciones en el texto bíblico. Las sectas ofrecen un ejemplo extremo de este peligro. Volviendo a nuestro modelo más claro y menos polémico de metodología interpretativa deficiente, los Testigos de Jehová, conscientes de que la expresión "Alfa y Omega" es un título divino (1:8), afirman que es "Jehová" y no Jesús quien habla en 22:12.[21] Sin embargo, este punto de vista es sorprendente si se tiene en cuenta el característico uso del lenguaje que vemos en Apocalipsis. Un miembro de este grupo, que no sabía que esto violaba la enseñanza oficial de los Testigos de Jehová, admitió que parecía Jesús quien hablaba en 22:12; bien pensado, en otros pasajes del libro, Jesús es el que paga a cada uno según sus obras (2:23) y el que viene "pronto" en los demás pasajes de Apocalipsis donde se dice esto (2:16; 3:11; 22:20).

No cabe duda de que es Jesús quien está hablando en 22:16, como los Testigos de Jehová tienen que conceder.[22] Puesto que, ciertamente, los personajes cambian en esta sección (22:8-9; *cf.* Gn 16:10), es importante recordar también otros persuasivos detalles.[23] En todos los demás

---

20. Hay más comentarios al respecto en Oscar Cullmann, *Early Christian Worship* (Filadelfia: Westminster, 1953), 13-14; ídem. *The Christology of the New Testament* (Filadelfia: Westminster, 1959), 210; Otto Betz, *What Do We Know About Jesus?* (Filadelfia: Westminster, 1968), 108; Gordon D. Fee, *The First Epistle to the Corinthians* (Grand Rapids: Eerdmans, 1987), 838-39.
21. *Revelation: Grand Climax*, 316.
22. *Ibíd.*, 317-18.
23. El aparente cambio de oradores puede apuntar a un "ángel" que profetiza en el nombre de Dios, quizá como en algunos casos del veterotestamentario "ángel del Señor"; sobre esta actividad del ángel del Señor, ver John H. Walton y Victor H. Matthews,

pasajes de Apocalipsis en que aparece la expresión "el Primero y el Último" (Ap 22:13), esta alude a Jesús (1:17; 2:8), el título "Principio" se utiliza una vez para referirse a él (21:6), y "el Alfa y la Omega", sin duda un título divino, lo es porque significa precisamente esto (Is 44:6; 48:12; ver comentario sobre 1:8).

Vengo pronto. Este pasaje subraya repetidamente que Jesús viene "pronto" (22:7, 12, 20). Se trata de un importante acento del texto, y ha generado muchas respuestas (ver comentario sobre 1:3). Una de las formas de comunicar este texto en nuestro tiempo es reiterar nuevamente la inminencia del regreso del Señor. Al margen de qué más signifique el pasaje, nos llama a estar preparados para la venida de nuestro Señor, esperándola con vigilancia y expectación. Si la idea de su venida nos produce pánico es porque estamos demasiado apegados a este mundo y sus valores. Ver el regreso de nuestro Señor debería ser nuestro mayor deseo.

Advertencias. Apocalipsis nos advierte que su consumación es tan inminente que las personas pueden seguir con su conducta actual (22:10-11). Desde un punto de vista retórico, estas palabras son especialmente un llamamiento a la perseverancia para los primeros oyentes del libro, pero funcionan también como una advertencia para sacudir de su autocomplacencia a los cristianos de Sardis y Laodicea. Es posible que algunos se quejen, alegando que la promesa de que estos acontecimientos estaban próximos a producirse no se materializó, al menos no en el sentido del prometido regreso de Jesús (22:12). Aun la caída de Roma se retrasó varios siglos, aunque, ciertamente, por último se cumplió. Pero la función retórica del lenguaje no es precisar el cuándo (no se nos da ninguna fecha), sino emplazarnos a estar preparados. El texto enseña lo que muchos de nosotros entendemos por inminencia: hasta que se produzca, el regreso de Jesús es siempre potencialmente cercano y hemos de mantenernos vigilantes, porque, inevitablemente, el Señor vendrá y tomará por sorpresa a los que no se hayan preparado moralmente.

La advertencia sobre los peligros de añadir algo a este libro no han de interpretarse como un cese de la profecía o de otros medios por los que Dios se revela a su pueblo.[24] (1) Esta es la conclusión del libro

---

The IVP Bible Background Commentary: Genesis-Deuteronomy (Downers Grove, Ill.: InterVarsity, 1997), 43.

24. Robert L. Thomas, "The Spiritual Gift of Prophecy in Rev 22:18", *JETS* 32 (junio 1989): 201-16, relaciona (creo que erróneamente) este versículo con el cese de la profecía.

de Apocalipsis, y la única forma en que los primeros oyentes podían entender este versículo era como una advertencia a no añadir nada al libro que concluye; como antes hemos visto, en otros textos aparecen advertencias semejantes y siempre se refieren únicamente a la obra que las consigna.

(2) No hay ningún pasaje del Nuevo Testamento que nos permita asumir que dones como el de profecía cesarán antes del regreso de Cristo (1Co 13:8-13, especialmente 13:12); de hecho, Apocalipsis espera que siga habiendo profetas hasta el regreso del Señor (Ap 11:10; 16:6; 18:20, 24).[25]

(3) Podemos distinguir también entre revelación en un sentido más general y como canon. La Biblia reconoce a muchos profetas legítimos cuyas profecías no se consignaron en ninguna parte (p. ej., 1R 18:13; 1Co 14:29-32); Dios mismo dijo muchas cosas que no están consignadas en la Escritura (algo que se implica incluso en Apocalipsis; ver 10:4). La función del canon, no obstante, es la de una vara de medir, proveyendo un mínimo de revelación exacta y autoritativa críticamente consensuada por la que podamos evaluar todas las otras reivindicaciones de revelación. La propia Biblia nos enseña que no consigna exhaustivamente todo lo que Dios ha hablado alguna vez, pero sí es la Palabra de Dios y, por tanto, el modelo y el criterio por los que medir otras reivindicaciones.

Aunque la advertencia de 22:18-19 no alude al cese de la profecía y al cierre, por tanto, del canon cristiano, hay poca duda entre la mayoría de los cristianos de hoy de que Apocalipsis es el último libro del canon. Creo, naturalmente, que el canon está cerrado (i.e., que no se añadirán más libros al Antiguo Testamento o al Nuevo), pero un canon cerrado

---

25. Sobre la continuidad de los dones, ver Gordon D. Fee, *God's Empowering Presence: The Holy Spirit in the Letters of Paul* (Peabody, Mass.: Hendrickson, 1994), 893-94; ídem. *Gospel and Spirit: Issues in New Testament Hermeneutics* (Peabody, Mass.: Hendrickson, 1991), 75-77; Jack Deere, *Surprised by the Power of the Spirit* (Grand Rapids: Zondervan, 1993), 99-115, 229-66; Craig Keener, *3 Crucial Questions About the Holy Spirit* (Grand Rapids: Baker, 1996), 79-130. Quienes quieran considerar y contrastar cuatro puntos de vista sobre este asunto pueden ver Wayne A. Grudem, ed., *Are Miraculous Gifts for Today?* (Grand Rapids: Zondervan, 1996); ver también la excelente exposición sobre los dones que desarrollan D. A. Carson, *Showing the Spirit* (Grand Rapids: Baker, 1987) y Max Turner, *The Holy Spirit and Spiritual Gifts* (Peabody, Mass.: Hendrickson, 1998).

no significa que Dios no pueda ya hablar de forma espectacular como lo hizo en la propia Escritura y como esta nos invita a esperar que suceda.[26]

Significado Contemporáneo

Verdad y cumplimiento. Este pasaje subraya que las promesas divinas son "verdaderas y dignas de confianza" y que él las cumplirá. Este principio nos anima en vista de las promesas individuales cuyo cumplimiento esperamos en nuestra vida, pero el texto habla de algo mucho más extenso, a saber, todo el propósito de Dios en la historia de la redención. Puede que no vivamos para ver el cumplimiento de todo lo que Dios nos ha llamado a hacer en esta vida; este fue el caso de algunos personajes bíblicos como Jeremías (Jer 43:1-7) y Pablo (2Ti 1:15); no obstante, Dios cumplió sus palabras (p. ej., 2Cr 36:21-22; Esd. 1:1; Dn 9:2).

Dios nos emplaza a recordar la próxima era en que se cumplirán todas las promesas que quedan (Hch 3:21-25; Ef 3:6; 1Ti 4:8; Heb 6:12). Aferrarnos a estas promesas nos capacita para permanecer fieles en las tareas presentes que él nos ha encomendado, teniendo en mente su decisiva trascendencia eterna (Ef 1:17-20; 2P 1:4). Las gráficas promesas de esperanza futura nos brindan una invitación presente a saborear de antemano muchas de ellas por medio del Espíritu, que es nuestro anticipo del mundo venidero (1Co 2:9-10; Ef 1:3, 13-14; *cf.* Heb 6:4-5).

Adoración. Este pasaje recuerda a los creyentes que, por magnificente que sea el papel de cualquier ser creado, solo Dios merece nuestra adoración (22:8-9). Pero incluso en la iglesia hay cosas que pueden distraernos de una adoración pura a Dios, como el culto a los personajes famosos, la ansiedad por cómo ven los demás nuestra adoración y otras cuestiones. Recordemos que, en definitiva, Dios es aquel a quien hemos de agradar por encima de cualquier otra persona (Gá 1:10; Col 3:22) y a quien hemos de complacer con nuestra adoración; hacer esto nos ayudará a fijar de nuevo nuestra atención en él.

Obediencia. Se nos dice también que la profecía no está sellada (22:10), lo que implica que el mensaje de todo el libro es aplicable para el pueblo de Dios a lo largo de esta era. Aunque no podamos resolver cada detalle de la profecía, sí podemos recordar todas las verdades

---

26. Ver especialmente los argumentos de Deere, *Surprised by the Voice of God*, pássim. La Biblia no restringe la palabra que traducimos como "revelación" (*apocalypsis*) al contenido de lo que tenemos en la Escritura (1Co 14:6, 26, 30; Gá 2:2), por ello, insistir en que quienes afirman esto son "liberales" deshonra y contradice la Escritura.

vitales que nos aporta este libro para nuestra obediencia y esperanza. Esto incluye advertencias contra pecados específicos (22:15; ver comentario sobre 21:8), pero especialmente el pecado de identificarnos con Babilonia o el mundo, hostil a Dios y a la futura nueva Jerusalén, nuestro verdadero hogar (3:12; cf. Heb 11:10, 16; 12:22; 13:14).

También hemos de tener en cuenta que seremos juzgados por lo que hagamos en esta vida (22:12). Con demasiada frecuencia, los cristianos han utilizado otras teologías para justificar un patrón de pecado habitual y la petición de perdón como si esta actitud no tuviese consecuencias. Apocalipsis nos recuerda que, en cierto sentido, todas las decisiones que tomamos tienen sus consecuencias, que estas son justas y que, por tanto, deberíamos poner a un lado las excusas. Cuando pecamos, nos autoengañamos si decimos que no *podemos* dejar de hacerlo; deberíamos ser lo suficientemente honestos para reconocer que no *queremos* detenernos. Esta clase de honestidad es un prerrequisito para reconocer que Cristo nos ofrece la gracia para vivir en santidad si nos apropiamos de ella. La advertencia de lavar nuestra ropa (22:14) puede aplicarse a quienes nos movemos en el ámbito de la iglesia (3:4). En vista de la venida de Jesús (22:12), hemos de "prepararnos".

La lista de vicios (22:15) refuerza este llamamiento a una preparación moral. Sin embargo, a pesar de la fuerza de este llamamiento a la santidad que se dirige a quienes ya están en la iglesia, las palabras de 22:11 no significan que sea demasiado tarde para que quienes ahora se arrepienten puedan hacerlo (2:5, 16, 21-22; 3:3, 19; 9:20-21; 16:9, 11; ver exposición anterior sobre la fuerza retórica de 22:11). Esta lista de conductas pecaminosas comienza posiblemente con los hombres que se prostituyen en relaciones homosexuales, y muchas iglesias de nuestro tiempo se sentirían incómodas acogiendo a personas de este trasfondo. Pero Dios desea alcanzar a todas las personas. Cuando un amigo de Teen Challenge y yo compartimos a Cristo con un prostituto en las calles de Chicago, este nos hizo saber rápidamente lo mucho que quería cambiar de vida.

Es cierto que los pecadores que aparecen en esta lista no van a entrar a la ciudad santa; las buenas noticias del evangelio son, sin embargo, que quienes antes se prostituían, o eran mentirosos, idólatras y otras cosas, pero ahora "lavan su ropa" (22:14) serán bienvenidos a la ciudad. Apocalipsis nos advierte sobre la exclusión, en parte quizá para prometer que los cristianos que actualmente soportan la hostilidad del mundo algún día tendrán buenos vecinos (22:14), pero también para emplazar a quienes están viviendo de manera equivocada a que vayan a Cristo para que él los transforme (*cf.* 22:17).

La advertencia de no añadir nada al contenido de Apocalipsis (22:18) es severa. Aunque su sentido más directo hace referencia específicamente a este libro, ilustra el principio más amplio de que jamás hemos de añadir nada a las palabras de Dios (Pr 30:5-6; quizá Gn 3:3), ya sea en Apocalipsis o en cualquier otro lugar. En la práctica, nuestras suposiciones teológicas o la forma en que le damos la vuelta al texto bíblico para hacerlo más conveniente ¡pueden conseguir precisamente esto: quitar o añadir a lo revelado en el texto bíblico! Puede haber distintas opiniones entre los cristianos sobre cuáles son las posiciones que muestran estas dudosas maniobras exegéticas, pero lo cierto es que hemos de guardar nuestros corazones para asegurarnos de que hacemos todo lo posible por escuchar y obedecer con integridad toda la Palabra de Dios.[27]

Ven, Señor Jesús. Vamos a concluir con una última observación. No todos los cristianos se sienten cómodos orando: "Ven, Señor Jesús" (22:20). Los cristianos que sufren, anhelan el regreso de Jesús, pero otros se sienten más cómodos en el mundo y ven con ansiedad el final del presente orden mundial (*cf.* 3:3). En ocasiones, nos sentimos apegados a cosas que no son erróneas en sí, pero, si las anhelamos más que a Jesús, nuestras prioridades sí son, entonces, erróneas.

Hace muchos años oraba con ansiedad por una esposa. Pero un día entré en una iglesia y oí que mis hermanos y hermanas cantaban sobre el regreso de Jesús. De repente me sorprendió descubrir que estaba deseando más tener una esposa de lo que anhelaba el regreso de Cristo. Me arrepentí y le pedí al Señor que ayudara a ordenar mi corazón delante de él. Cualquier otro anhelo que podamos tener no será sino una sombra de nuestro deseo del amor más sublime y verdadero que existe, aquel del cual la sangre derramada del Cordero es un eterno testimonio.

---

27. Ver el desafío de Dietrich Bonhoeffer a quienes intentan eludir el claro sentido de las enseñanzas de Jesús sobre el sacrificio (*El precio de la gracia: el seguimiento*. Salamanca: Ediciones Sígueme, 1986).

www.ingramcontent.com/pod-product-compliance
Lightning Source LLC
Chambersburg PA
CBHW011305150426
43191CB00015B/2339